생각보다 쉽네요! 드림위버로 APP 앱 만들기

이문형 지음

생각보다 쉽네요!
드림위버로 앱 만들기

ISBN : 978-89-314-4264-9

독자님의 의견을 받습니다

이 책을 구입한 독자님은 영진닷컴의 가장 중요한 비평가이자 조언가입니다. 저희 책의 장점과 문제점이 무엇인지, 어떤 책이 출판되기를
바라는지, 책을 더욱 알차게 꾸밀 수 있는 아이디어가 있으면 팩스나 이메일, 또는 우편으로 연락주시기 바랍니다. 의견을 주실 때에는 책 제목
및 독자님의 성함과 연락처(전화번호나 이메일)를 꼭 남겨 주시기 바랍니다. 독자님의 의견에 대해 바로 답변을 드리고, 또 독자님의 의견을
다음 책에 충분히 반영하도록 늘 노력하겠습니다.

이메일 : support@youngjin.com

주 소 : (주)153-803 서울특별시 금천구 가산동 664번지 대룡테크노타운 13차 10층 (주)영진닷컴 기획팀

팩 스 : 02-2105-2200

STAFF

집필 이문형 │ **기획** 기획1팀, 앤미디어 │ **책임** 김태경 │ **진행** 서정임, 앤미디어

편집디자인 앤미디어, 이은아 │ **표지디자인** 앤미디어

머리말

드림위버 CS5.5는 앞으로 표준화될 HTML5에 최적화하였기 때문에 하이브리드 앱 개발부터 웹 사이트 개발 및 프로그램 언어 작업에 매우 도움이 되는 프로그램으로, 웹 사이트 제작을 위한 강력한 저작도구 중 하나입니다.

이제는 어느 웹 에디터 프로그램도 드림위버처럼 강력한 프로그램은 없다고 해도 될 정도입니다. 물론 드림위버보다는 텍스트 형태의 에디터를 활용하는 분들이 많지만, 드림위버는 디자인이나 멀티미디어를 다양하게 활용할 수 있기 때문에 다른 에디터보다 유용합니다.

특히 앱 개발을 위해 다양한 기능이 필요한 경우, 텍스트 에디터로는 어려움이 많고 처음 시도하는 분은 개발 시작부터 어려울 수 있지만 드림위버는 이러한 부분을 해소할 수 있도록 강력한 기능을 갖고 있습니다. 드림위버는 Phonegap부터 jQuery까지 여러 가지 기능을 손쉽게 적용하여 웹 페이지나 하이브리드 앱 제작에 활용할 수 있습니다.

이 책 한 권으로 모든 기능을 마스터할 수는 없겠지만, 기본 기능을 가능한 손쉽게 익힐 수 있도록 구성되어 있습니다. 물론 드림위버로 홈페이지의 원하는 기능을 100% 구현하기는 어려울 수 있습니다. 웹 사이트 개발을 위해서는 많은 웹 사이트를 참고하고 분석하는 안목이 필요하고, 이것을 자료로 삼아 부록 CD에 제공된 예제를 만들어 보는 과정도 필요합니다.

이 책을 보는 독자 중에서 페이스북의 개발자와 같은 사람이 나오지 말라는 법도 없으리라 생각합니다. 마지막으로 좋은 책이 출간되도록 진행해주신 영진닷컴 서정임님 및 앤미디어 유선영님, 박유미님 감사합니다.

이문형

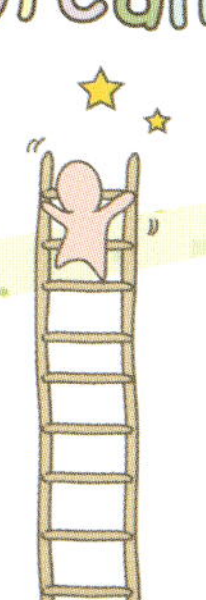

이 책의 구성

이 책은 드림위버 CS5.5를 처음 접하는 독자도 쉽게 배울 수 있도록 이론 설명과 따라하기 형태로 구성했습니다. 각 Part의 시작 부분에 Intro 코너를 마련하여 해당 Part에서 다루는 전반적인 내용을 한눈에 파악할 수 있도록 구성했으며 따라하기 단계에서 필요한 부연 설명이나 주의할 사항은 'TIP', '꼭! 알고 가세요' 등의 요소로 구성했습니다. 'Special page' 코너에서는 본문에서 다루지 못한 드림위버의 업그레이드된 내용을 소개합니다.

❶ Intro
각 Part별로 활용하는 드림위버 CS5.5의 기능을 전반적으로 살펴볼 수 있도록 구성했습니다. 드림위버 CS5.5의 기능을 쉽게 익힐 수 있도록 자세히 설명했습니다.

❷ Lesson
드림위버 CS5.5의 다양한 기능을 Lesson으로 나누어 구성했습니다. Lesson을 하나씩 따라하다 보면 어느새 드림위버 CS5.5의 기능을 마스터할 수 있게 될 것입니다.

❸ Lesson 설명
각 Lesson의 시작 부분에 배치하여 Lesson 안에서 어떤 내용을 다루는지 한눈에 파악할 수 있도록 구성했습니다.

❹ 따라하기 과정
하나하나 쉽게 따라할 수 있도록 자세하게 설명했습니다.

❺ 꼭! 알고 가세요
본문에서 설명하지 않은 내용 중에서 중요하거나 알아두면 좋은 내용, 또는 본문 내용 중에서 상세한 설명이 필요한 경우 해당 설명 등을 정리한 부분입니다.

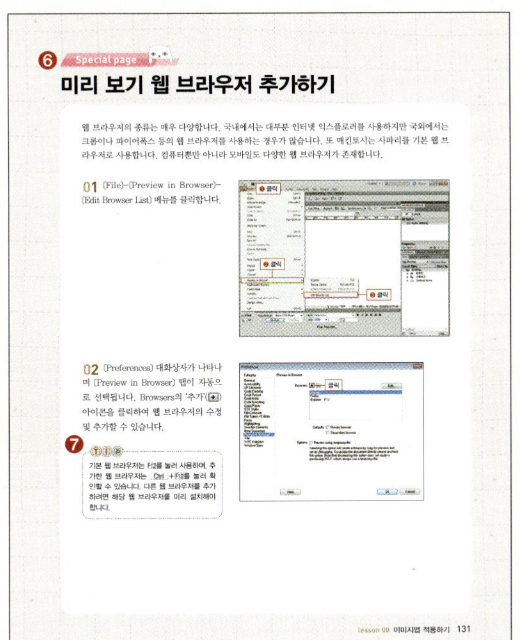

⑥ Special page

드림위버 CS5.5의 특별한 기능이나 사용 중인 기능과 메뉴를 200% 활용할 수 있는 내용으로 구성합니다.

⑦ TIP

따라하기 과정에 관련하여 주의하거나 참고해야할 사항을 알려주거나, 부연 설명이나 저자만의 알짜배기 노하우를 공개합니다.

부록 CD 살펴보기

이 책의 부록 CD에는 드림위버 CS5.5의 체험판 설치 파일과 예제 파일 및 완성 파일이 담겨 있습니다. 드림위버 CS5.5의 체험판을 설치하려면 47쪽을 참고하세요.

따라하기 과정을 진행하면서 필요한 파일은 부록 CD에서 직접 불러와 사용해도 되지만, 먼저 하드디스크에 예제 파일을 복사한 후 따라하기 과정을 진행하는 것이 편리합니다.

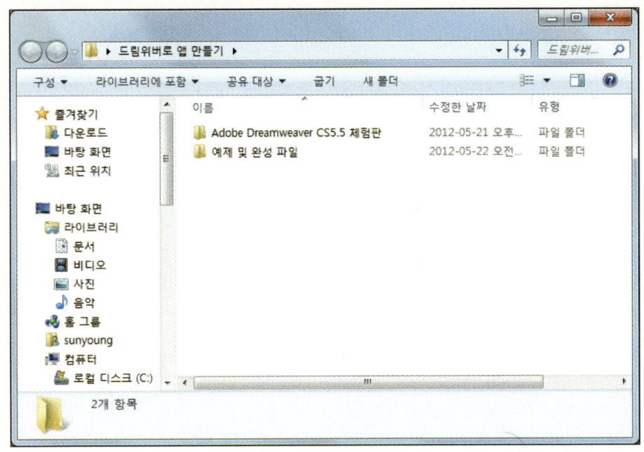

파트 내용 미리 보기

드림위버 CS5.5는 어도비 사에서 제공하는 웹 제작 도구로서 다양한 기능과 언어로 작성할 수 있습니다. 뿐만 아니라 어도비 사의 다른 프로그램과도 호환성이 뛰어나 활용도가 높습니다. Part 01에서는 드림위버 CS5.5의 새 기능과 작업 환경에 대해 알아봅니다. 또한 웹 사이트 제작을 위한 웹 디자인 기초에 대해 알아봅니다.

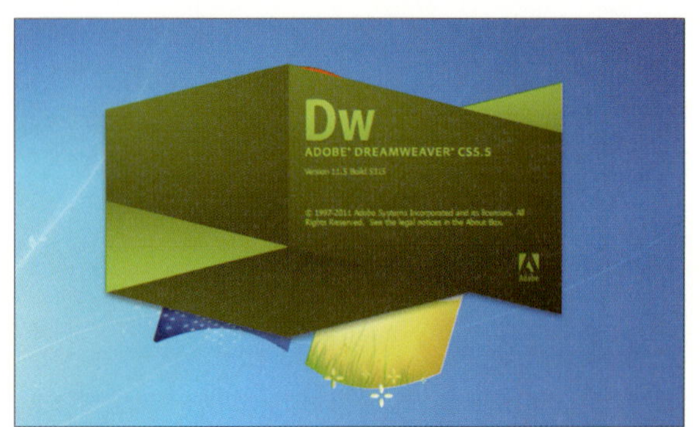

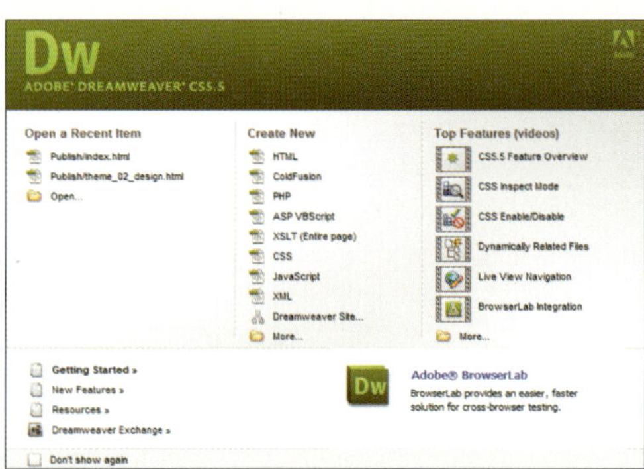

Part 02에서는 드림위버의 기본 기능에 대해 알아보고, 드림위버에서 가장 중요한 역할을 담당하는 HTML에 대해 알아봅니다. 드림위버를 공부하기 전에 HTML에 대한 충분한 이해가 이루어지는 것도 좋지만 드림위버를 공부하면서 HTML에 대해 이해하는 것도 좋습니다.

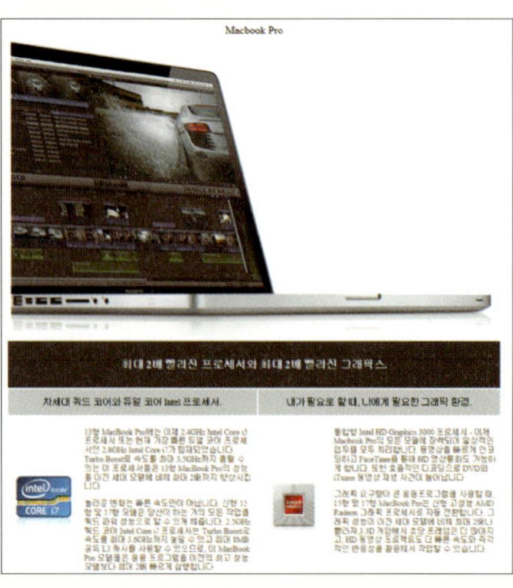

Part 03에서는 CSS를 이용해 문서를 일관성 있게 유지하고 문서별로 CSS를 설정하는 방법에 대해 알아봅니다. 뿐만 아니라 Div 태그를 이용하여 문서를 장식하는 방법도 알아봅니다. CSS는 문서 내에 설정하는 방법과 외부 문서에 설정하는 방법이 있으며, 지정 방식도 다양합니다.

Part 04에서는 HTML5에 대해 자세히 설명하며 HTML5를 활용하여 웹 사이트뿐만 아니라 웹 앱의 형태를 제작하는 방법을 알아봅니다. 또 태그를 이용하여 페이지가 자유롭게 이동하는 웹 페이지를 만드는 방법과 모바일용 페이지를 자유롭게 구성할 수 있도록 비헤이비어를 활용하는 방법에 대해 알아봅니다.

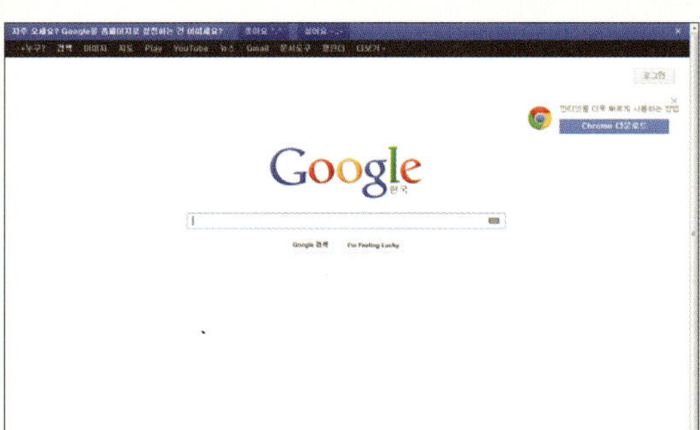

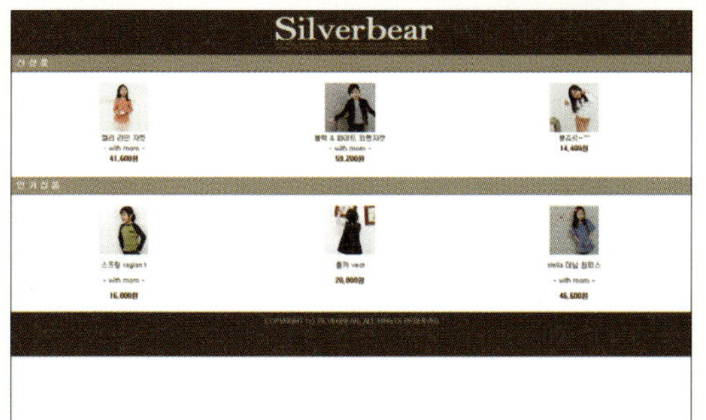

Part 05 모바일 웹 사이트 & 패키지 제작하기

Part 05에서는 HTML5를 이용하여 모바일용 페이지를 제작하는 방법에 대해 알아봅니다. HTML5를 활용하여 자유자재로 모바일용 페이지를 제작하고, 해당 페이지를 각종 멀티미디어 요소를 삽입하여 페이지를 좀 더 짜임새 있게 구성하는 방법에 대해 알아봅니다.

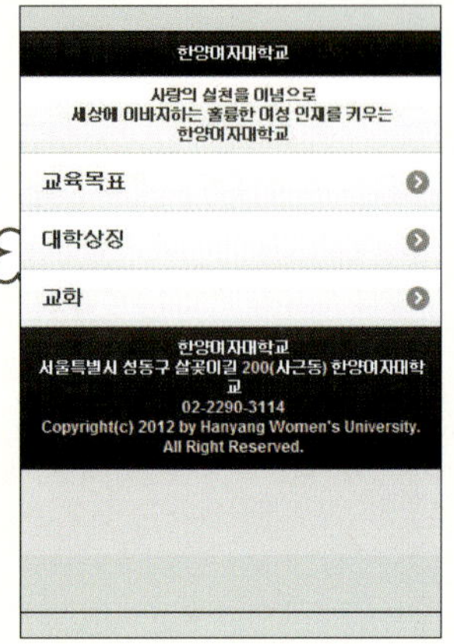

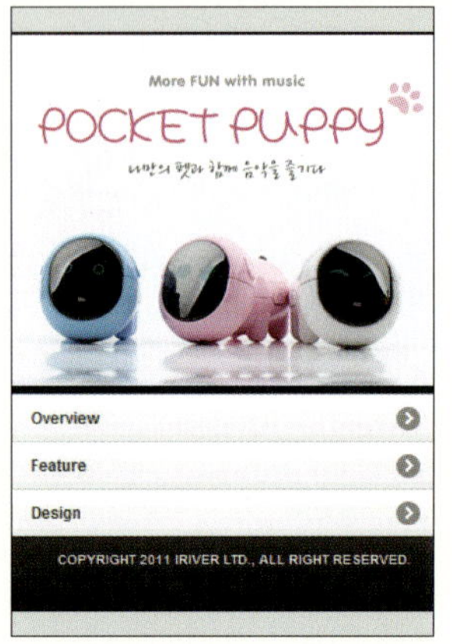

Part 06 드림위버의 기타 기능 활용하기

Part 06에서는 드림위버를 좀 더 활용할 수 있는 드림위버의 기타 기능에 대해 설명합니다. 프레임과 프레임셋, 폼 태그, AP Element, 아이프레임 등 드림위버의 기능 중 사용도가 높은 기능에 대해 설명하고 실제 작업에 활용할 수 있도록 예제를 통해 설명합니다.

차 례

Part 06 드림위버의 기타 기능 활용하기 • 332

배울내용

Dreamweaver CS5.5

Part 01

앱 제작을 위한 새로운 드림위버 CS5.5 알아보기

이런걸 배웁니다

드림위버 CS5.5는 어도비 사에서 제공하는 웹 제작 도구로서 다양한 기능과 언어로 작성이 가능하며, 어도비 사의 다른 프로그램과도 호환성이 뛰어난 프로그램입니다. 또한 디자이너부터 프로그래머까지 다양한 사용자의 요구에 맞춘 기능과 인터페이스를 확보하여 웹 제작에 부족함이 없습니다. 특히 새롭게 선보인 드림위버 CS5.5는 스마트폰 등의 모바일 기기에 최적화된 형태로 출력할 수 있도록 기능을 보강했으며, 특히 웹 표준으로 언급되는 HTML5에 최적화된 작업까지 가능합니다.

드림위버 CS5.5의 새 기능 알아보기

드림위버 CS5.5는 HTML5와 CSS3를 활용해 웹 사이트를 구축할 수 있으며, 다양한 효과와 기능을 활용하여 다양한 디바이스에 콘텐츠를 배포할 수 있습니다. 드림위버 CS5.5에 추가된 기능을 살펴보겠습니다.

드림위버 CS5.5의 새 기능

드림위버 CS5.5는 HTML5와 CSS3의 지원이 가장 큰 변화라고 할 수 있습니다. 이를 통하여 모바일 기기를 위한 웹 사이트 또는 모바일 앱 형태의 웹 앱 제작에도 활용이 가능합니다.

■ Multiscreen Preview 패널

Multiscreen Preview 패널에서 멀티스크린을 미리 보면서 다양한 디바이스에 최적화된 콘텐츠를 제작할 수 있습니다. 이전까지는 각각의 디바이스, 즉 스마트폰이나 태블릿·컴퓨터 등의 환경이 다르기 때문에 각각의 환경에 맞춰 각각의 디자인을 제작해야 했습니다. 그러나 드림위버 CS5.5에서는 Multiscreen Preview 패널을 통하여 각 환경에 맞춰 디자인이 일관성 있게 표현되었는지, 오류가 발생하지는 않는지 시각적으로 확인할 수 있습니다. 또 원하는 디바이스에 맞춰 특정 CSS를 지원하도록 만들 수 있다는 장점도 있습니다.

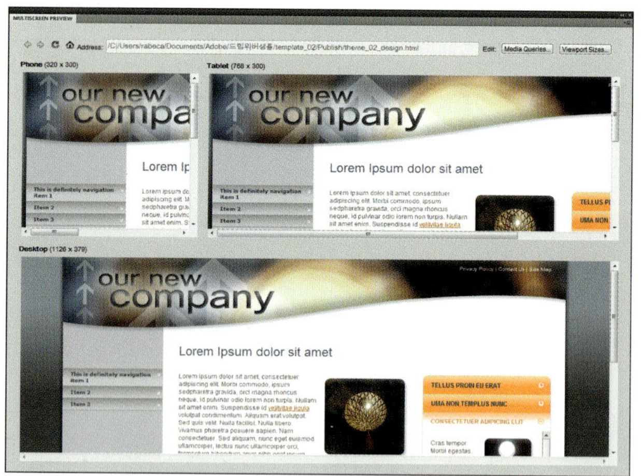

■ CSS3/HTML5 지원

새로워진 CSS3를 지원하기 위해 CSS 패널 기능
이 향상되었습니다. 또한 디자인 화면에서 미디어
쿼리를 지원하며, 화면 크기를 조정할 때 서로 다
른 스타일을 적용할 수 있도록 HTML5로 코드를
작성할 수 있습니다. 뿐만 아니라 라이브 뷰에서는
〈video〉 태그와 〈svg〉 태그를 지원합니다.

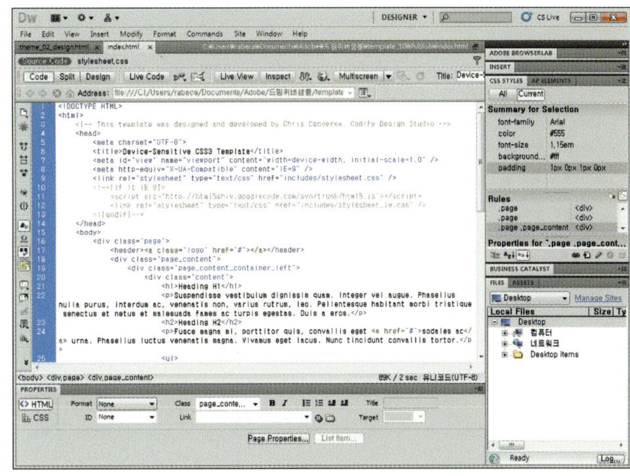

■ jQuery 통합

jQuery는 JavaScript 라이브러리로 jQuery 코드
힌트를 사용하여 고급 기능을 추가할 수 있습니다.

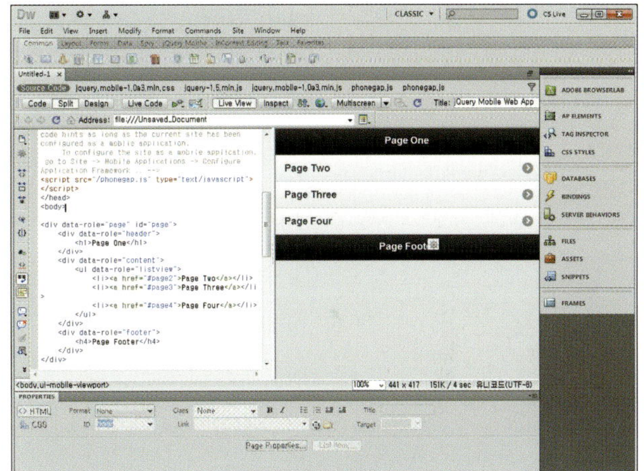

■ Media Query 지원

Media Query(미디어 쿼리)를 사용하면 다양한 화
면 해상도에 맞춰 사이트의 형태를 정의할 수 있습
니다.

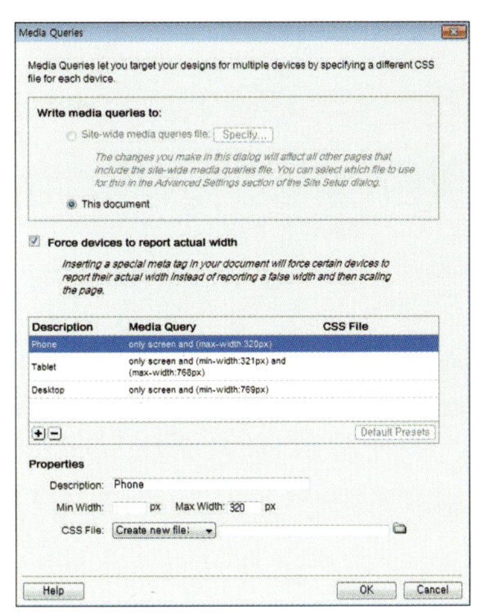

■ PhoneGap을 통한 모바일 디바이스 앱 제작

PhoneGap 기능을 사용하면 Android와 iOS용 기본
앱을 제작하거나 패키지화할 수 있습니다. 오픈 소스
PhoneGap 프레임워크를 사용하면 드림위버에서 기
존 HTML을 모바일 애플리케이션으로 변환할 수 있
습니다.

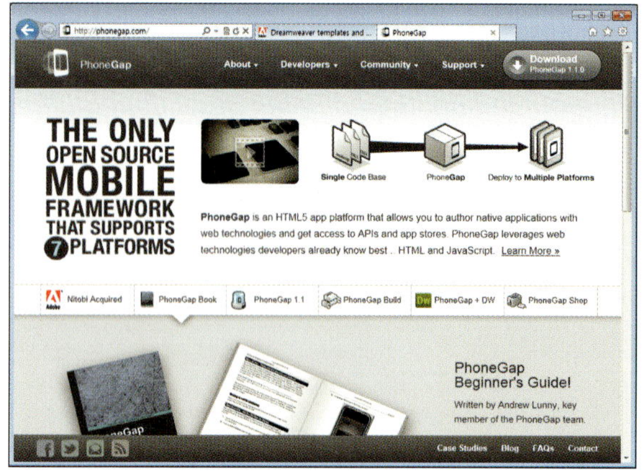

▲ PhoneGap의 웹 사이트(http://phonegap.com)

■ FTPS, FTPeS 지원

향상된 FTP 보안이 강화되어 안전하게 파일을 전송할 수
있으며, FTPS와 FTPeS를 기본으로 지원합니다.

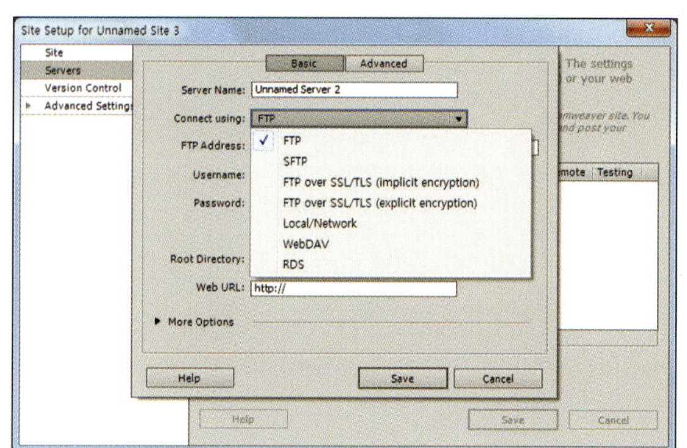

■ W3C 유효성 검사기 지원

W3C 유효성 검사기를 사용하여 웹 표준의 HTML과 XHTML 문서를 제작할 수 있습니다.

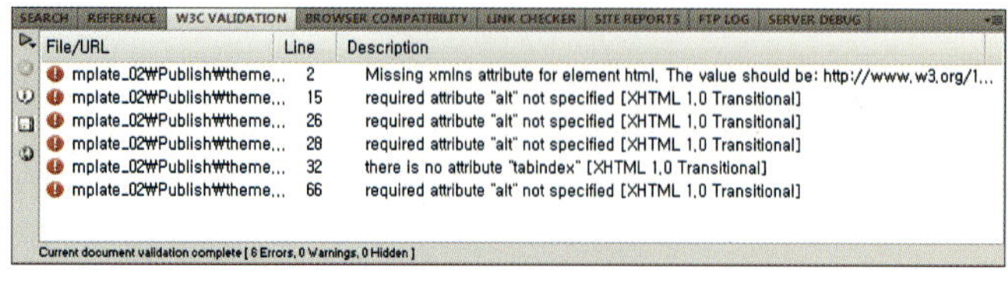

드림위버 CS5부터 지원되는 기능

드림위버 CS4와 CS5는 이전 버전보다 많은 부분이 변경되어 기능적으로 보강되었습니다. 드림위버 CS5.5에서는 드림위버 CS5의 새로운 기능을 활용할 수 있으므로 아래의 기능을 참고하여 드림위버 CS5.5를 활용하길 바랍니다.

기능	활용 방법
Business Catalyst 통합	Adobe Business Catalyst는 데스크톱을 하나의 중앙 플랫폼으로 대체하는 호스트 응용 프로그램으로, 드림위버와 함께 사용하면 다양한 사이트 작업에 유용하게 활용할 수 있습니다.
CSS 비활성화/활성화	CSS Styles 패널에서 CSS 속성이 비활성화되면 속성을 주석으로 처리하여 문서에 적용된 CSS를 해제할 수 있으며, 다시 활성화할 수도 있습니다.
CSS 검사	패딩, 테두리 및 여백을 포함한 CSS 상자 모델 속성을 시각적으로 자세히 표시할 수 있습니다.
동적 관련 파일	PHP 기반 CMS(내용 관리 시스템) 페이지를 모으는 데 필요한 모든 외부 파일 및 스크립트를 검색하고 (관련 파일) 툴바에서 해당 파일의 이름을 표시할 수 있습니다.
Live View(라이브 뷰)	라이브 뷰는 라이브 뷰의 링크를 활성화하므로 서버의 응용 프로그램 및 동적 데이터와 상호 작용할 수 있습니다.
PHP 사용자 정의 클래스 코드 힌트	PHP 사용자 정의 클래스 코드 힌트에는 PHP 함수, 객체 및 상수의 올바른 구문이 표시되어 정확한 코드를 입력할 수 있도록 도와줍니다.
간편한 사이트 설정	새로운 디자인의 (Site Setup For…) 대화상자를 사용하면 로컬 드림위버 사이트를 쉽게 설정하여 웹 페이지 구축을 시작할 수 있습니다.
사이트 특정 코드 힌트	사이트 특정 코드 힌트 기능을 사용하면 WordPress, Drupal, Joomla! 또는 기타 프레임워크와 같은 타사의 PHP 라이브러리 및 CMS 프레임워크로 작업할 때 코드 환경을 정의할 수 있습니다.
Subversion 지원 확장	드림위버 CS5 버전부터는 Subversion 지원이 확장되어 파일을 로컬로 이동, 복사 및 삭제한 다음 원격 SVN 저장소에 변경된 내용을 동기화할 수 있습니다. 새로운 (복귀) 명령을 사용하여 트리 충돌을 빠르게 수정하거나 이전 버전의 파일로 되돌릴 수 있습니다. 또한 새롭게 확장된 기능을 통해 기존 프로젝트에 사용할 Subversion 버전을 지정할 수 있습니다.

02 드림위버 CS5.5 알아보기

Intro

드림위버는 어도비 사의 다른 프로그램과 기본 레이아웃이 비슷하기 때문에 쉽게 활용할 수 있습니다. 특히 드림위버 CS4 버전 이후부터는 레이아웃이 크게 변경되지 않았으며 사용자에 따라 별도의 레이아웃을 제공합니다. 때문에 사용자들은 원하는 레이아웃으로 구성해 드림위버를 유용하게 활용할 수 있습니다.

드림위버 CS5.5 시작 화면

드림위버를 실행하면 드림위버의 시작 화면이 나타납니다. 여기에서 기본적으로 문서를 만들거나 기존 문서를 불러올 수 있으며, 여러 기능에 대한 튜토리얼 동영상도 참고할 수 있습니다.

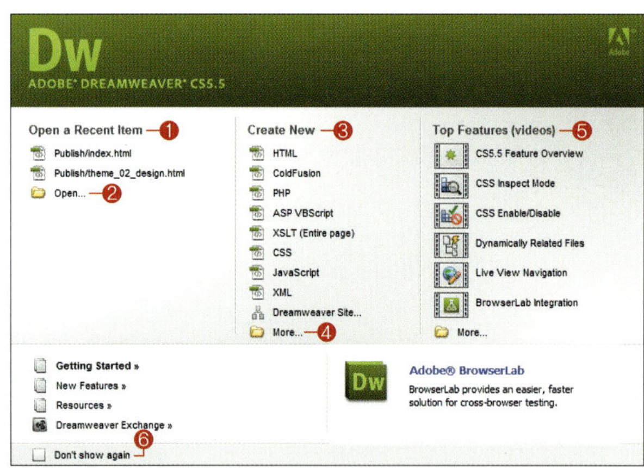

❶ **Open a Recent Item** : 최근 사용한 문서를 불러옵니다.

❷ **Open** : 탐색기를 통하여 기존의 문서를 불러옵니다.

❸ **Create New** : 여러 가지 문서 형식을 만듭니다.

❹ **More** : 여러 가지 문서를 만들수 있는 〔New Document〕 대화상자가 나타나며, 추가로 다양한 문서 형식을 선택할 수 있습니다.

❺ **Top Features (videos)** : 다양한 기능에 대한 튜토리얼 동영상을 확인합니다.

❻ **Don't show again** : 항목에 체크하면 드림위버를 시작할 때 시작 화면이 나타나지 않습니다.

드림위버 CS5.5 작업 환경 설정

드림위버 CS5.5에는 기본적으로 제공하는 8종류의 작업 환경이 있습니다. 기본적인 작업 환경 외에도 사용자의 편의에 따라 직접 작업 환경을 설정한 다음 저장하여 사용할 수 있습니다. 작업 환경 설정은 메뉴 위쪽에서 선택하거나 [Window]-[Workspace Layout] 메뉴를 클릭하여 실행합니다.

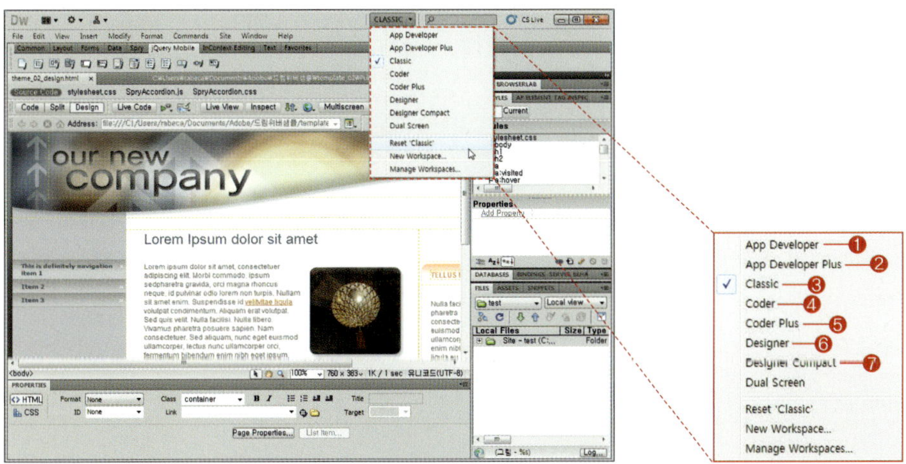

❶ [App Developer] : 앱 개발자를 위한 기본 작업 환경을 제공합니다. 오른쪽에 배치되었던 패널 그룹이 왼쪽에 배치됩니다.

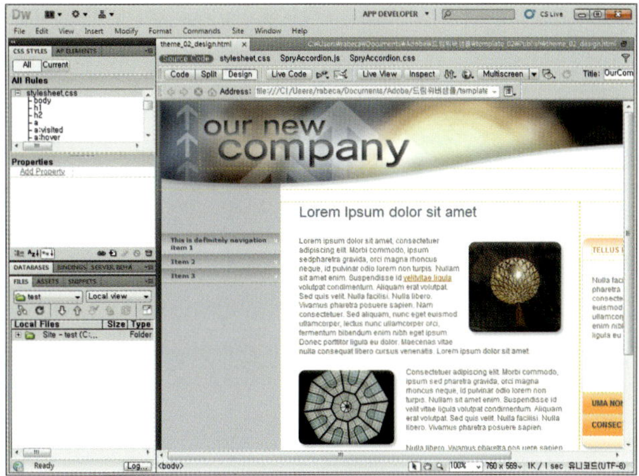

❷ 〔App Developer Plus〕: 앱 개발자를 위한 작업 환경으로, App Developer 작업 환경에 추가로 오른쪽 패널 그룹이 생성됩니다. 또 왼쪽에 있던 패널들이 이동되며 Adobe BrowserLab과 Insert 패널이 나타납니다.

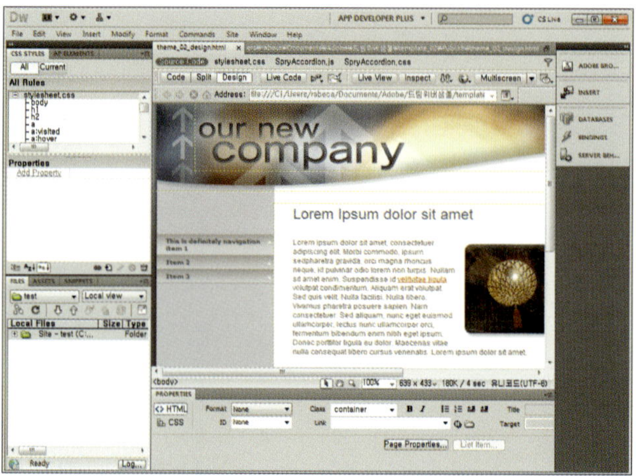

❸ 〔Classic〕: 전통적인 작업 환경으로 위쪽에 각종 기능이 탭과 아이콘 형태로 제공되며, 오른쪽에 패널 그룹이 위치합니다. 아이콘으로 제공되는 메뉴에 익숙한 사용자라면 〔Classic〕 작업 환경을 활용하는 것이 좋습니다.

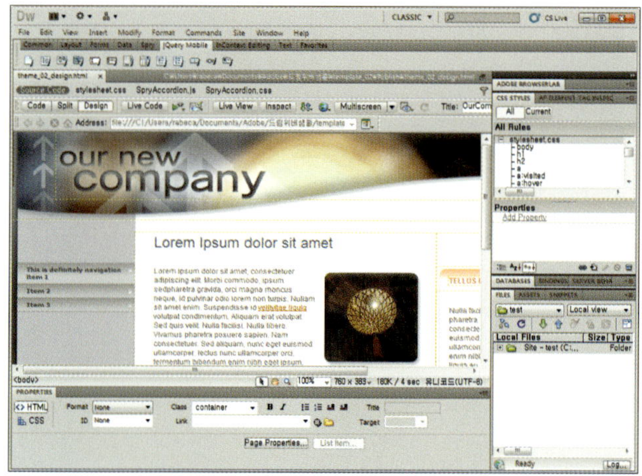

❹ 〔Coder〕: 주로 코드 입력 시 사용하는 작업 환경입니다. 화면에 코드 화면 위주로 나타나며, 각종 패널들은 최소화된 형태로 제공됩니다.

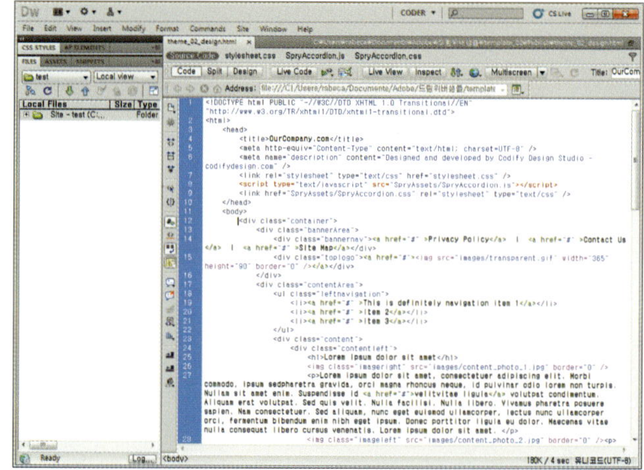

❺ 〔Coder Plus〕: 코드 입력을 위한 작업 환경입니다. 일부 패널이 오른쪽으로 이동되며, Adobe BrowserLab 패널과 Insert 패널이 나타납니다.

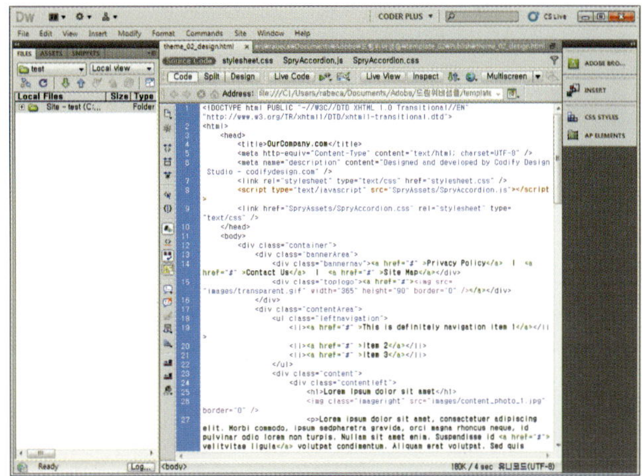

❻ 〔Designer〕: 문서의 디자인 작업 및 문서 제작을 위한 환경으로, 〔Classic〕 작업 환경과 함께 가장 많이 활용됩니다.

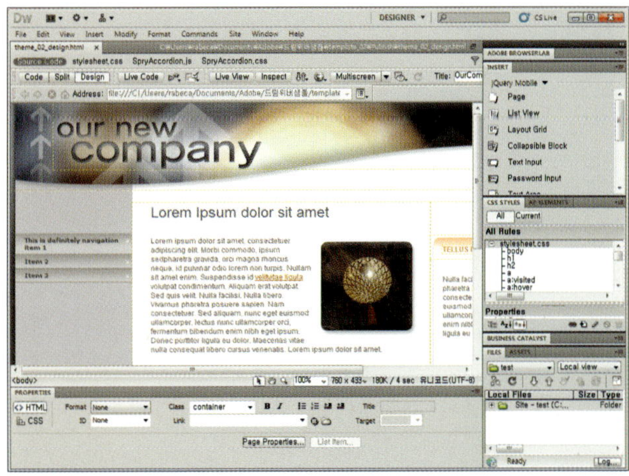

❼ 〔Designer Compact〕: 문서의 디자인 작업을 위한 환경으로 오른쪽 패널들을 최소화하여 작업영역을 최대화한 환경입니다.

이 밖에도 〔Dual Screen〕 작업 환경이 있는데, 이 환경은 2개 이상의 모니터를 사용하는 사용자를 위한 환경입니다. 이 작업 환경은 작업 영역과 각종 패널이 모니터별로 구분된 작업 환경입니다.

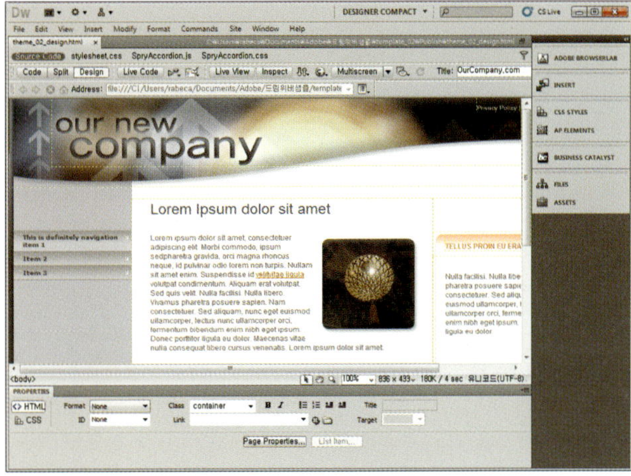

나만의 작업 환경 설정

사용자마다 자주 사용하는 패널이 있고 사용하기 편리한 위치가 있습니다. 이번에는 자주 사용하는 패널과 기능의 위치를 설정하고 저장하는 방법을 알아보겠습니다. 나만의 작업 환경을 만들어 작업 중 패널의 위치가 변경되거나 비활성화되었을 때 재설정에 사용합니다.

01 자주 사용하는 패널을 활성화하고 불필요한 패널은 비활성화합니다. 패널을 자유롭게 배치하여 원하는 작업 환경을 만듭니다.

02 작업 환경을 저장하기 위해 화면의 오른쪽 윗부분에서 〔작업 환경 설정〕-〔New Workspace〕를 선택합니다.

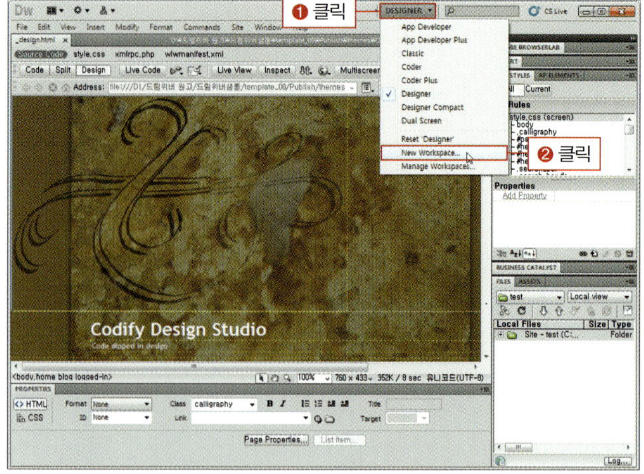

03 〔New Workspace〕 대화상자가 나타나면 Name에 작업 환경 이름인 'myspace'를 입력하고 〔OK〕 버튼을 클릭합니다.

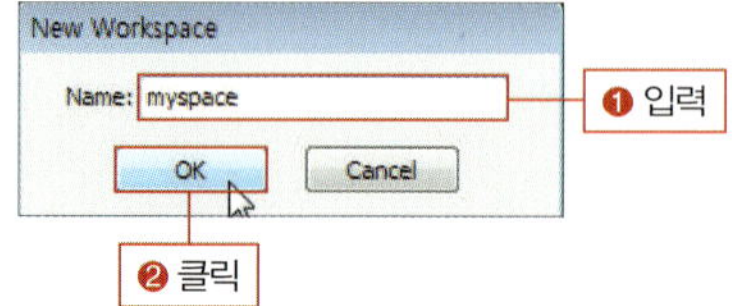

04 작업 환경이 저장되면 작업 환경 선택 메뉴에 저장한 작업 환경의 이름이 추가되어 선택할 수 있습니다. 작업 도중 어지럽혀진 작업 환경을 원래대로 설정하려면 〔작업 환경 설정〕-〔Reset 'myspace'〕를 선택해 설정 상태로 복구합니다.

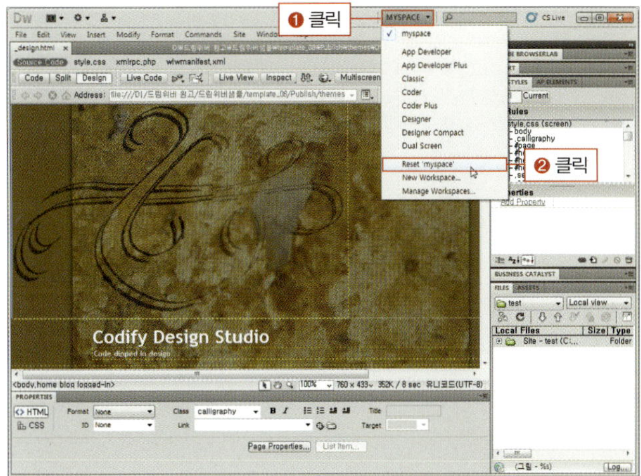

05 작업 환경의 이름을 변경 또는 삭제하려면 〔작업 환경 설정〕-〔Manage Workspaces〕를 선택합니다. 〔Manage Workspaces〕 대화상자가 나타나면 〔Rename〕 또는 〔Delete〕 버튼을 클릭하여 변경하거나 삭제합니다.

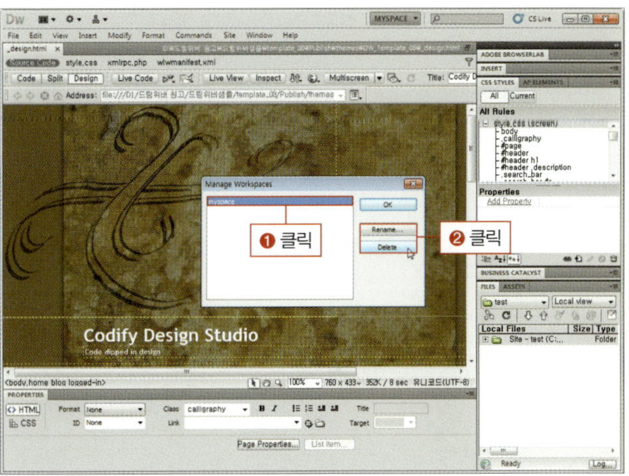

Insert 패널 알아보기

Insert 패널은 삽입 막대 또는 Insert 바라고도 합니다. 작업 환경이 (Classic)일 때 화면 위쪽에 나타나며 일부 작업 환경에서는 나타나지 않으므로 직접 활성화해야 합니다. 지금부터 Insert 패널의 세부 항목과 해당 기능을 알아보겠습니다. Insert 패널의 세부 기능을 익혀 실제 작업에 활용하길 바랍니다.

 Insert 패널의 탭 기능

■ (Common) 탭 살펴보기

기본적인 기능이 가장 많이 포함되어 있으며 기본 설정을 할 수 있습니다.

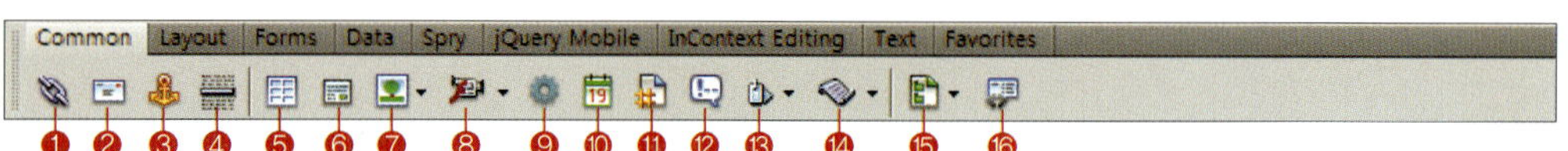

❶ **Hyperlink** : 페이지 이동을 위한 하이퍼링크를 설정합니다.

❷ **Email Link** : 이메일 링크를 설정할 수 있으며, 아웃룩을 통하여 이메일 보내기 기능을 실행할 수 있습니다. 사용자는 사용하는 컴퓨터에 아웃룩 설정이 필요합니다.

❸ **Named Anchor** : 앵커 이름을 설정합니다.

❹ **Horizontal Rule** : 수평선을 추가합니다.

❺ **Table** : 표를 추가합니다.

❻ **Insert Div Tag** : Div 태그를 삽입합니다. CSS를 이용하여 Div의 속성을 설정할 수 있습니다.

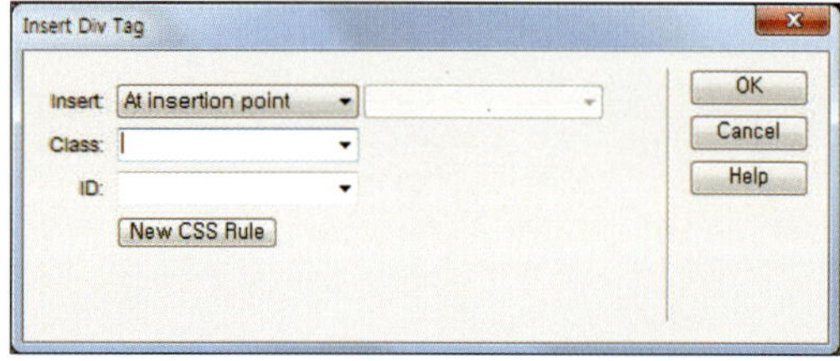

❼ **Images** : 이미지를 삽입하거나 이미지에 관련된 옵션을 설정합니다.

❽ **Media** : 동영상이나 플래시와 같은 멀티미디어와 플러그인 등을 문서에 추가 적용합니다.

❾ Widget : 위젯을 문서에 추가합니다. 이때 위젯이 미리 설치되어 있어야 합니다.

❿ Date : 날짜 및 시간의 보기 형식을 설정하고 삽입합니다.

⓫ Server-Side Include : 서버 스크립트를 삽입합니다.

⓬ Comment : 주석을 삽입합니다.

⓭ Head : HTML 태그의 헤드 영역에 들어갈 내용을 삽입합니다. Meta 및 외부 문서 링크 등을 설정합니다.

⓮ Script : 스크립트를 적용합니다.

⓯ Templates : 공통적으로 사용할 수 있는 템플릿 문서를 만들거나 수정합니다.

⓰ Tag Chooser : 태그를 선택하여 적용할 수 있으며 문서 보기는 자동으로 〔Split〕 상태로 변경됩니다.

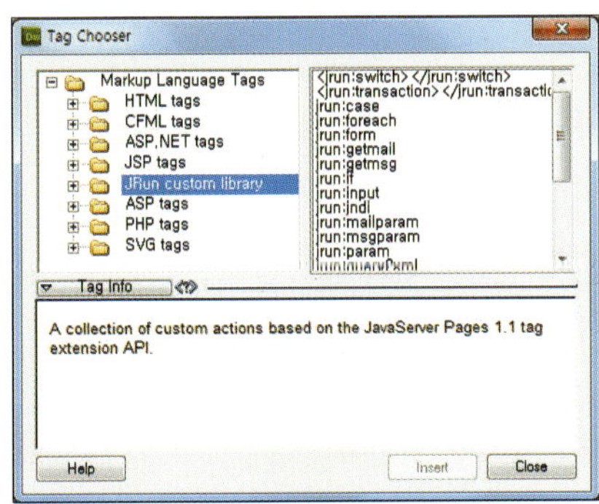

〔Layout〕 탭 살펴보기

작업 모드 설정이 가능하며 표, Div 태그, 레이어, 프레임 등 레이아웃에 관련된 기능을 선택할 수 있습니다.

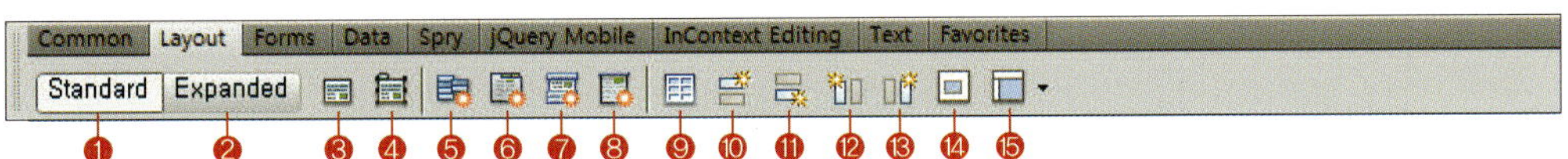

❶ Standard : 디자인 화면에서만 나타나며 일반 화면으로 전환됩니다.

❷ Expanded : 디자인 화면에서만 나타나며 셀 선택이 편리한 확장 모드로 전환됩니다.

❸ Insert Div Tag : Div 태그를 삽입합니다. CSS를 이용하여 Div의 속성을 설정할 수 있습니다.

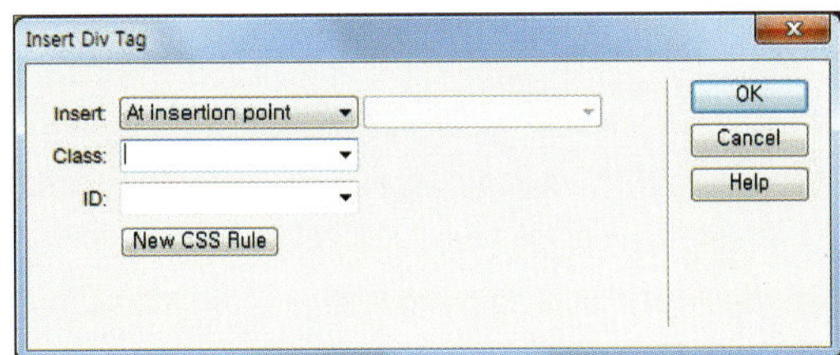

❹ Draw AP Div : 작업 문서에 AP Element를 추가합니다.

❺ Spry Menu Bar : 확장 메뉴 기능을 선택하여 삽입합니다.

❻ Spry Tabbed Panels : 탭 형식의 메뉴 기능을 선택하여 삽입합니다.

❼ Spry Accordion : 아코디언처럼 늘어났다 줄어드는 메뉴를 삽입합니다.

❽ Spry Collapsible Panel : 클릭하면 나타나는 메뉴 기능을 선택하여 삽입합니다.

❾ Table : 표를 추가합니다.

❿ Insert Row Above : 표에서 선택한 위치의 위쪽에 행을 삽입합니다.

⓫ Insert Row Below : 표에서 선택한 위치의 아래쪽에 행을 삽입합니다.

⓬ Insert Column to the Left : 표에서 선택한 위치의 왼쪽에 열을 삽입합니다.

⓭ Insert Column to the Right : 표에서 선택한 위치의 오른쪽에 열을 삽입합니다.

⓮ IFrame : 문서 안에 외부 문서를 불러올 수 있는 아이프레임을 삽입합니다.

⓯ Frames : 문서를 프레임 형식으로 변경합니다.

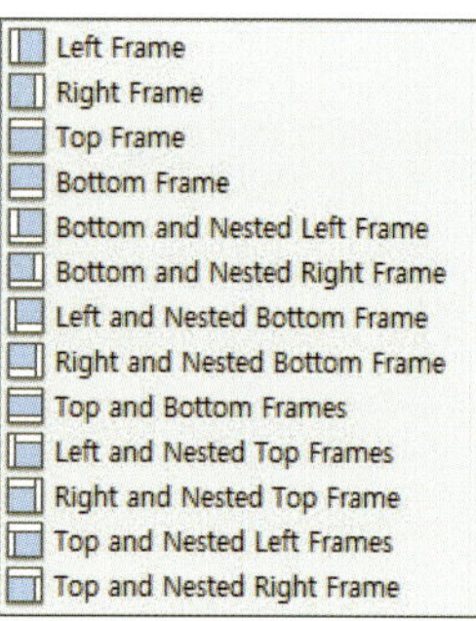

■ [Forms] 탭 살펴보기

폼에 관련된 문서를 만들 때 필요한 기능을 선택할 수 있습니다.

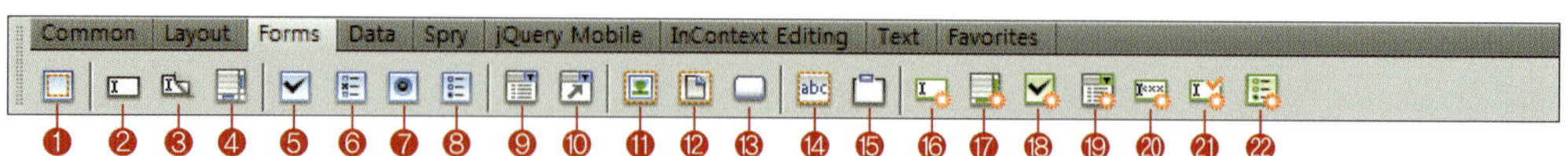

❶ Form : 폼 형식을 지정할 문서 영역을 설정합니다.

❷ Text Field : 폼 형식에서 문자 입력 영역을 삽입합니다.

❸ Hidden Field : 폼 형식에서 숨겨진 문자 입력 영역을 삽입합니다.

❹ Textarea : 여러 줄의 문자 입력이 가능한 문자 입력 영역을 삽입합니다.

❺ Checkbox : 다중 선택이 가능한 체크박스를 삽입합니다.

❻ Checkbox Group : 체크박스의 그룹을 설정합니다.

❼ Radio Button : 라디오 버튼을 삽입합니다.

❽ Radio Group : 라디오 버튼의 그룹을 설정합니다.

❾ Select(List/Menu) : 풀다운 형태의 선택 메뉴를 삽입합니다.

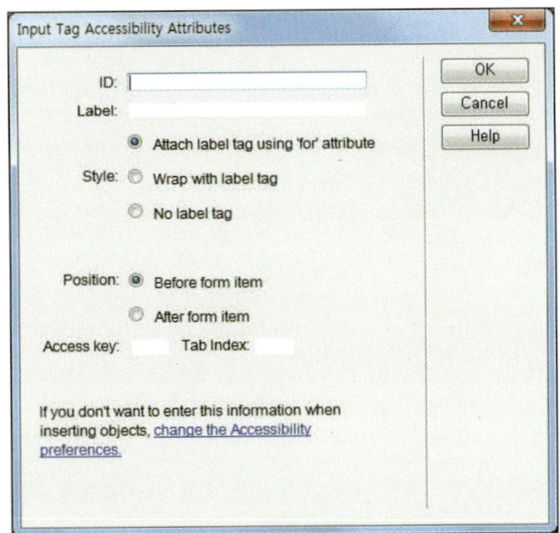

❿ Jump Menu : 점프 선택 메뉴를 삽입합니다. 메뉴에 직접 하이퍼링크를 설정할 수 있습니다.

⓫ Image Field : 이미지 폼 영역을 삽입합니다.

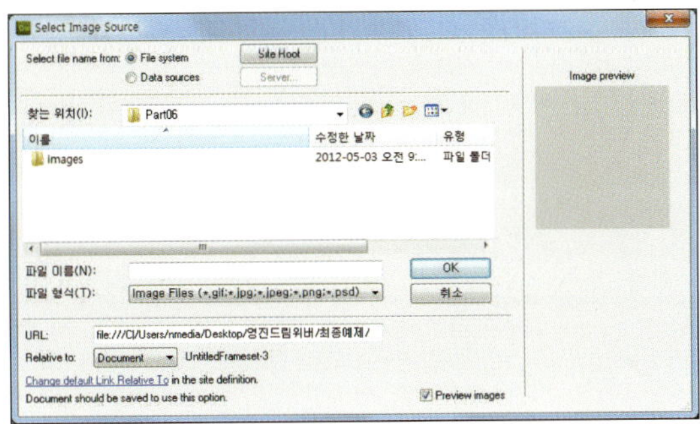

⓬ File Field : 파일 폼 영역을 삽입합니다.

⓭ Button : 폼 버튼을 삽입합니다.

⓮ Label : 폼 요소의 이름을 설정합니다.

⓯ Fieldset : 폼 형식에 필드 세트를 적용합니다.

⓰ Spry Validation Text Field : Spry 유효성 검사 문자 입력 영역을 삽입합니다.

⓱ Spry Validation Textarea : 여러 줄의 문자 입력이 가능한 Spry 유효성 검사 문자 입력 영역을
삽입합니다.

⓲ Spry Validation Checkbox : Spry 유효성 검사 체크박스를 삽입합니다.

⓳ Spry Validation Select : Spry 유효성 검사 선택상자를 삽입합니다.

⓴ Spry Validation Password : Spry 유효성 검사 암호를 삽입합니다.

㉑ Spry Validation Confirm : Spry 유효성 검사 확인을 삽입합니다.

㉒ Spry Validation Radio Group : Spry 유효성 검사 라디오 버튼 그룹을 삽입합니다.

■ 〔Data〕 탭 살펴보기

Spry 데이터, 레코드 세트, 반복 영역, 레코드 삽입 및 업데이트 양식 등의 동적 요소를 삽입할
수 있습니다.

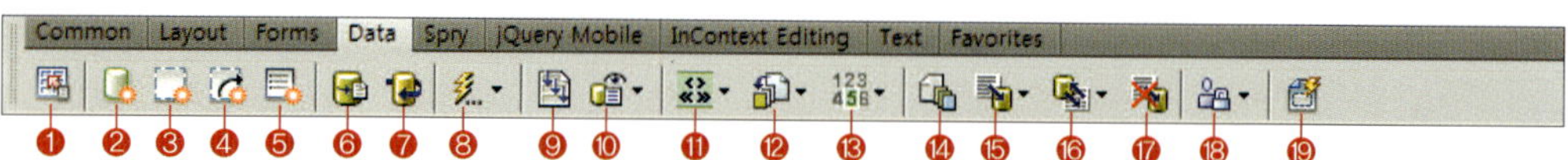

❶ Import Tabular Data : 탭, 콤마로 구분된 데이터를 표로 만듭니다.

❷ Spry Data Set : Spry 데이터 세트를 삽입합니다.

❸ Spry Region : Spry 영역을 삽입합니다.

❹ Spry Repeat : Spry 반복 영역을 삽입합니다.

❺ Spry Repeat List : Spry 반복 목록 영역을 삽입합니다.

❻ Recordset : 연결된 데이터베이스 쿼리문으로부터 레코드 세트를 삽입합니다.

❼ Stored Procedure : 프로시저를 저장합니다.

❽ Dynamic Data : 동적인 데이터를 삽입합니다.

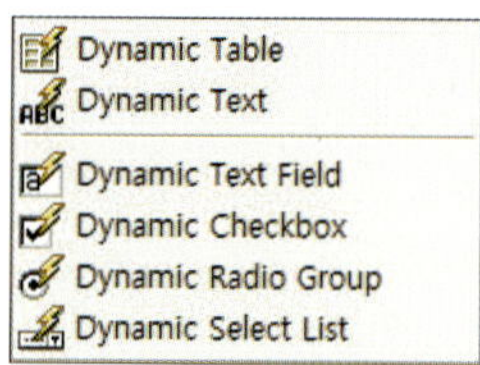

❾ Repeat Region : 반복적으로 레코드 세트를 출력합니다.

❿ Show Region : 레코드 세트를 나타냅니다.

⓫ Recordset Paging : 레코드 세트에 관련된 내비게이션이나 페이지 이동을 설정합니다.

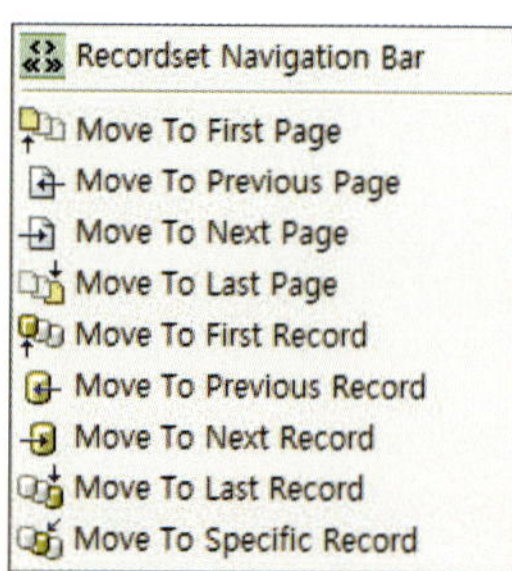

⓬ Go to Detail Page : 세부 페이지로 이동합니다.

⓭ Display Record Count : 레코드 카운트를 표시합니다.

⓮ Master Detail Page Set : 마스터와 세부 페이지 세트를 추가합니다.

⓯ Insert Record : 레코드를 추가합니다.

⓰ Update Record : 레코드를 업데이트합니다.

⓱ Delete Record : 레코드를 삭제합니다.

⓲ User Authenticaton : 사용자 확인 요소를 추가합니다.

⓳ XSL Transforma : XSL로 변형합니다.

■ 〔Spry〕 탭 살펴보기

Spry 위젯을 만들 수 있는 기능을 선택할 수 있으며 필요한 자바스크립트 및 CSS가 문서에 자동
으로 포함됩니다.

❶ Spry Data Set : Spry 데이터 세트를 삽입합니다.

❷ Spry Region : Spry 영역을 삽입합니다.

❸ Spry Repeat : Spry 반복 영역을 삽입합니다.

❹ Spry Repeat List : Spry 반복 목록 영역을 삽입합니다.

❺ Spry Validation Text Field : Spry 유효성 검사 문자 입력 영역을 삽입합니다.

❻ Spry Validation Textarea : 여러 줄의 문자 입력이 가능한 Spry 유효성 검사 문자 입력 영역을
삽입합니다.

❼ Spry Validation Checkbox : Spry 유효성 검사 체크박스를 삽입합니다.

❽ Spry Validation Select : Spry 유효성 검사 선택상자를 삽입합니다.

❾ Spry Validation Password : Spry 유효성 검사 암호를 삽입합니다.

❿ Spry Validation Confirm : Spry 유효성 검사 확인을 삽입합니다.

⓫ Spry Validation Radio Group : Spry 유효성 검사 라디오 버튼 그룹을 삽입합니다.

⓬ Spry Menu Bar : 확장 메뉴 기능을 선택하여 삽입합니다.

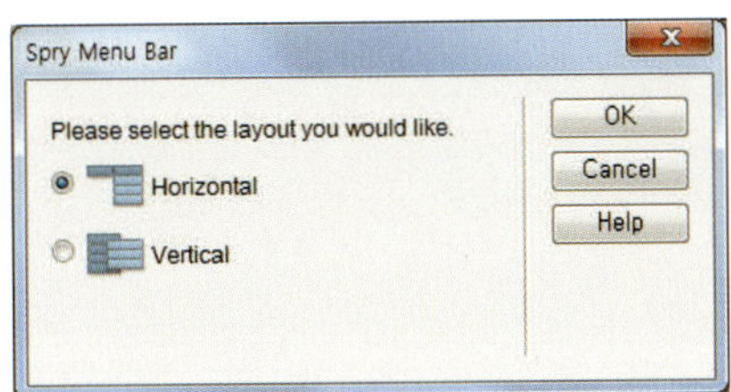

⓭ Spry Tabbed Panels : 탭 형식의 메뉴 기능을 선택하여 삽입합니다.

⓮ Spry Accordion : 아코디언처럼 늘어났다 줄어드는 메뉴를 삽입합니다.

⓯ Spry Collapsible Panel : 클릭하면 나타나는 메뉴 기능을 선택하여 삽입합니다.

⓰ Spry Tooltip : 툴팁 기능을 선택하여 삽입합니다.

■ 〔jQuery Mobile〕 탭 살펴보기

모바일 제작에 필요한 jQuery와 관련 기능을 선택할 수 있습니다.

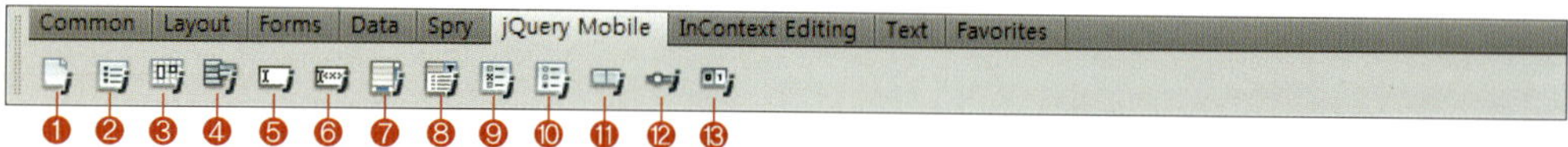

❶ jQuery Mobile Page : 모바일용 페이지를 만들 수 있으며, 〔jQuery Mobile Files〕 대화상자가
나타납니다.

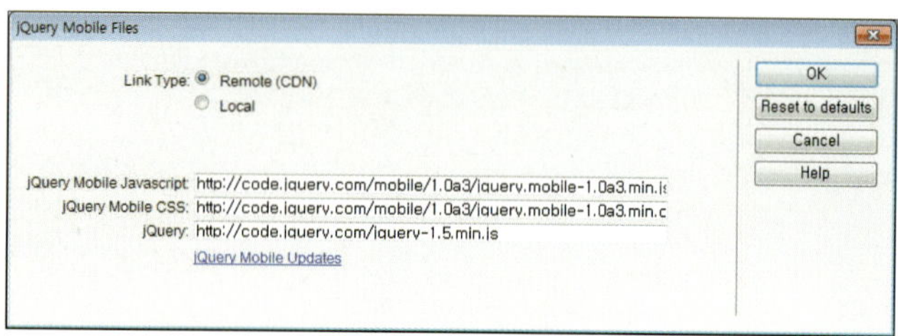

❷ jQuery Mobile List View : 모바일용 페이지 목록을 추가합니다.

❸ jQuery Mobile Layout Grid : 모바일용 레이아웃 블록을 추가합니다.

❹ jQuery Mobile Collapsible Block : 모바일 화면에서 접을 수 있는 블록을 추가합니다.

❺ jQuery Mobile Text Input : 모바일용 문자 입력 영역을 추가합니다.

❻ jQuery Mobile Password Input : 모바일용 비밀번호 입력 영역을 추가합니다.

❼ jQuery Mobile Text Area : 모바일용 문자 입력 영역을 추가합니다.

❽ jQuery Mobile Select Menu : 모바일용 목록 선택 메뉴를 추가합니다.

❾ jQuery Mobile Checkbox : 모바일용 체크박스를 추가합니다.

❿ jQuery Mobile Radio Button : 모바일용 라디오 버튼을 추가합니다.

⓫ jQuery Mobile Button : 모바일용 버튼을 추가합니다.

⓬ jQuery Mobile Slider : 모바일용 슬라이더를 추가합니다.

⓭ jQuery Mobile Flip Toggle Switch : 모바일용 선택형 스위치(좌우 슬라이드)를 추가합니다.

■ 〔InContext Editing〕 탭 살펴보기

내용에 관련된 기능을 선택할 수 있습니다.

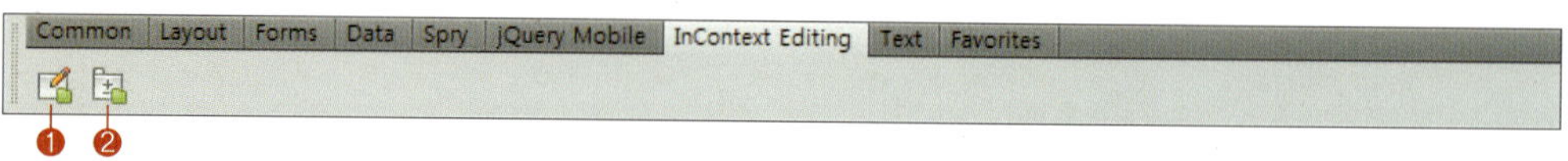

❶ Create Editable Region : 편집 가능한 영역을 만듭니다.

❷ Create Repeating Region : 반복되는 영역을 만듭니다.

■ 〔Text〕 탭 살펴보기

다양한 텍스트 및 목록 서식 등에 관련된 태그를 설정할 수 있습니다.

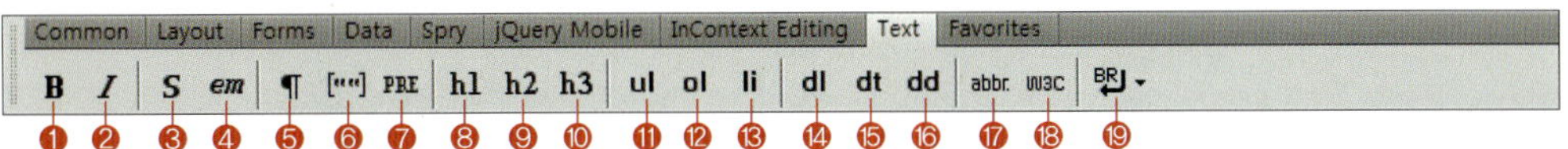

❶ Bold : 텍스트를 굵게 설정합니다.

❷ Italic : 텍스트를 기울인 형태로 설정합니다.

❸ Strong : 텍스트를 강조합니다.

❹ Emphasis : 텍스트를 기울이며 강조합니다.

❺ Paragraph : 문단을 구성하는 〈p〉 태그를 만듭니다.

❻ Block Quote : 탭 단위로 한 단위 들여쓰기된 문단을 구성합니다.

❼ Preformatted Text : 태그의 설정과 관계없이 입력한 형태를 유지하는 문단 포맷을 설정합니다.

❽ Heading 1 : 〈h1〉 태그로 구성합니다.

❾ Heading 2 : 〈h2〉 태그로 구성합니다.

❿ Heading 3 : 〈h3〉 태그로 구성합니다.

⓫ Unordered List : 비순차적 목록을 구성합니다.

⓬ Ordered List : 순차적 목록을 구성합니다.

⓭ List Item : 목록의 구성 내용을 적용합니다.

⓮ Definition List : 용어 정의와 설명이 포함된 목록을 구성합니다.

⓯ Definition Term : 텍스트 내에서 용어를 정리합니다.

⓰ Definition Description : 정의된 용어를 설명합니다.

⓱ Abbreviation : 약어를 말풍선 형식으로 표시합니다.

⓲ Acronym : 동의어를 말풍선 형식으로 표시합니다.

⓳ Characters : 아래와 같은 팝업 메뉴가 나타나며 특수 문자나 줄 바꿈, 공백 등을 삽입합니다.

04 웹 디자인 기초와 색상 알아보기

Intro

웹 사이트를 제작한다고 하면 흔히 웹 디자인을 생각하기 쉽습니다. 그러나 웹 사이트 제작에도 다양한 분야가 있으며 웹 기획자, 웹 디자이너, 웹 코더, 웹 프로듀서, 웹 프로그래머 등 다양한 분야의 전문가들이 모여서 작업하는 경우가 많습니다. 웹 디자인은 디자인의 한 분야이기 때문에 간단하게 학습할 수 있는 것은 아니지만 웹 사이트 제작을 위한 기본적인 부분을 살펴보겠습니다.

웹 디자인을 위한 웹 사이트 레이아웃

웹 사이트 제작에서 가장 중요한 것은 레이아웃입니다. 레이아웃이 잘 만들어졌다면 콘텐츠의 가독성도 높아지며, 사이트 방문자의 시선을 편안하게 만들기도 합니다.

웹 디자인을 위해 포토샵의 안내선을 이용하여 레이아웃을 설정하고 디자인하는 것도 중요하지만 기존 웹 사이트의 레이아웃을 분석하는 것도 중요합니다.

레이아웃을 설정할 때 단순하게 디자인적으로 아름답게 보이기 위한 것뿐만 아니라 웹 브라우저에서의 위치를 고려해야 합니다. 좌우의 폭이나 메뉴의 간격 및 너비, 위쪽의 이미지 및 메뉴 부분의 크기 등을 기본적으로 설정하며, 사용자의 화면 해상도에 따라 보이는 위치와 영역까지 고려해야 합니다. 특히 최근에는 모바일 기기의 보급으로 인해 한 화면에서 볼 수 있는 영역이 매우 작아졌기 때문에 작은 화면에서 보이는 영역도 고려해야 합니다.

화면에 보이는 위치와 크기까지 고려한 레이아웃은 불필요한 스크롤을 방지하고 웹 사이트의 내용을 빠르게 전달할 수 있다는 장점이 있습니다.

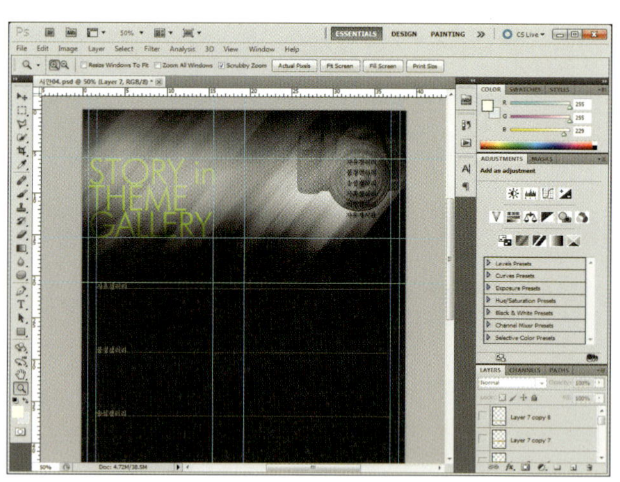

▲ 포토샵의 안내선을 이용하여 레이아웃 설정 및 웹 디자인을 진행하는 과정

레이아웃을 이야기하면서 빠질 수 없는 것이 웹 사이트의 가로 폭입니다. 웹 사이트 가로 폭의 기준은 넷북의 가로 해상도인 '1,024px'입니다. '1,024px'로 기준으로 작업해도 웹 브라우저의 양쪽 테두리와 스크롤의 크기로 인하여 대략의 크기는 '900~960px' 정도로 작업되며, 날개 양쪽에 별도의 배너가 추가되어 넓은 모니터에 대응하기도 합니다. 웹 사이트의 가로 폭은 컴퓨터의 보급 속도에 따라 다릅니다. 우리나라는 외국에 비해 가로 '1,024px' 이하의 모니터 사용자가 매우 적기 때문에 '1,024px'을 기준으로 만든 웹 사이트는 문제없이 내용을 볼 수 있습니다. 대부분 웹 사이트의 아래쪽으로 이동할 수 있는 스크롤을 제공하기 때문에 세로 크기의 제한은 두지 않습니다.

▲ '1,024×768px' 해상도로 본 KIXX 웹 사이트(www.kixx.co.kr)

레이아웃은 포토샵을 통하여 확인할 수 있습니다. 아래의 그림중 왼쪽 그림은 포토샵의 안내선을 이용하여 레이아웃을 구분한 것으로 네이버 웹 사이트의 레이아웃이며, 오른쪽은 안내선만 남기고 웹 사이트는 숨긴 상태입니다. 레이아웃에 따라 각 콘텐츠의 크기와 영역, 위치 등을 설정할 수 있고 안내선만으로는 레이아웃의 형태를 구분하기 힘들 수 있습니다. 화면 전체의 레이아웃을 확인하기 위해 각 영역별로 색상을 적용하여 정리하는 것이 편리합니다. 레이아웃은 콘텐츠를 영역별로 구분하여 디자인 작업 전 웹 사이트 기획 단계에서 제시되는 것이 대부분이며, 레이아웃 작업을 통해 제작될 웹 사이트 디자인과 프로그래밍이 동시에 진행될 수 있습니다. 또 어떤 콘텐츠가 메인 페이지나 서브 페이지에 출력될 것인지 미리 확인할 수 있습니다.

▲ 안내선을 이용한 웹 사이트 레이아웃

▲ 안내선을 이용한 레이아웃

▲ 레이아웃에 따른 배색

▲ 색상별 영역 구분

윈도우 7의 익스플로러 8은 오른쪽 스크롤과 익스플로러의 양쪽 테두리를 제외한 나머지 콘텐츠의 가로 영역은 '988px'입니다. 따라서 '1,024px'의 해상도에 맞춘 웹 사이트를 제작하려면 '988px'를 넘지 않는 것이 좋지만 '988px'로 작업하면 양쪽 여백이 없으므로 답답하게 느껴집니다. 따라서 '960px' 이하의 크기로 지정하는 것이 좋으며 그 이상의 해상도를 위한 웹 사이트 작업시에는 더 넓은 해상도를 설정해야 합니다.

유명 웹 사이트 및 잘 디자인된 웹 사이트는 레이아웃을 확인하여 데이터로 보관하면 앞으로 진행할 웹 디자인에 도움이 됩니다. 편집 디자인의 그리드 작업과 비슷하며, 그리드의 개념은 웹 사이트에 그대로 적용할 수 있습니다.

오른쪽의 웹 사이트는 일본 후지 TV의 드라마 소개 페이지입니다. 최근 일본에서는 '1,024px' 또는 그 이상의 해상도에 적용되는 웹 사이트가 개발되고 있지만 해당 웹 사이트는 다단 형태로 디자인되어 작은 화면에서도 주요 내용을 바로 확인할 수 있도록 레이아웃이 구분되었습니다. 메뉴와 다르게 디자인하여 하나의 웹 사이트처럼 느껴지지 않도록 콘텐츠와 레이아웃 측면이 강조된 사이트입니다.

▲ 후지TV 웹 사이트(http://www.fujitv.co.jp/C-273/index.html)

레이아웃에서 변함없이 설정되는 것은 위쪽의 로고 부분과 아래쪽의 저작권, 3차 메뉴 등입니다. 또 장식적인 부분보다 웹 사이트의 레이아웃을 기준으로 디자인된 많은 사이트가 있으며 특히 포털 성격의 대규모 웹 사이트가 레이아웃을 중심으로 디자인되는 경우가 많습니다.

오른쪽의 웹 사이트는 미술대학으로 유명한 Art Center College of Design의 웹 사이트입니다. 디자인으로 유명한 대학의 웹 사이트이지만 장식적인 요소를 찾아보기 힘들며, 웹 사이트 전체에 단순함이 강조된 레이아웃을 기준으로 제작된 웹 사이트입니다.

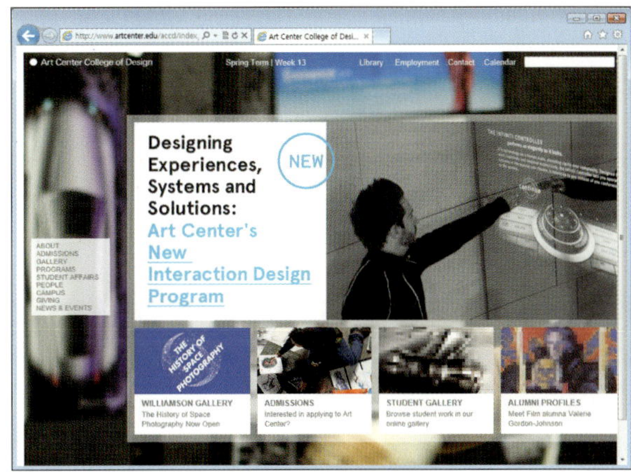

▲ Art Center College of Design 웹 사이트(http://www.artcenter.edu)

웹 사이트 포지셔닝

웹 사이트 포지셔닝을 간단히 말하면 어떤 경향으로 웹 사이트를 제작할지 추측해 볼 수 있도록 돕는 작업을 의미합니다. 예를 들어 관공서의 웹 사이트는 깨끗하고 신뢰감을 줄 수 있도록 차가운 색상을 많이 사용하고, 화장품 회사와 같은 웹 사이트는 따뜻하거나 보라색 등의 중성색을 많이 활용합니다. 이처럼 색상뿐만 아니라 웹 사이트가 가지는 이미지와 성격까지도 사이트 디자인 전에 정하고 진행해야 하는데, 이 작업을 돕는 것이 포지셔닝입니다.

포지셔닝은 규격화되어 제시되기도 하지만 자신만의 척도를 이용하여 만들 수도 있습니다. 주관적인 경향이 강하더라도 자신만의 포지셔닝맵을 만들어 두는 것이 좋습니다.

포지셔닝 작업에서는 현재 웹 사이트의 경향을 알 수 있으며 연도별로 정리하면 좋은 자료가 됩니다. 포지셔닝은 여러 가지 분류로 만드는 것이 좋으며, 오른쪽의 그림은 4가지 성격을 기준으로 웹 사이트를 임의로 구분한 포지셔닝맵입니다.

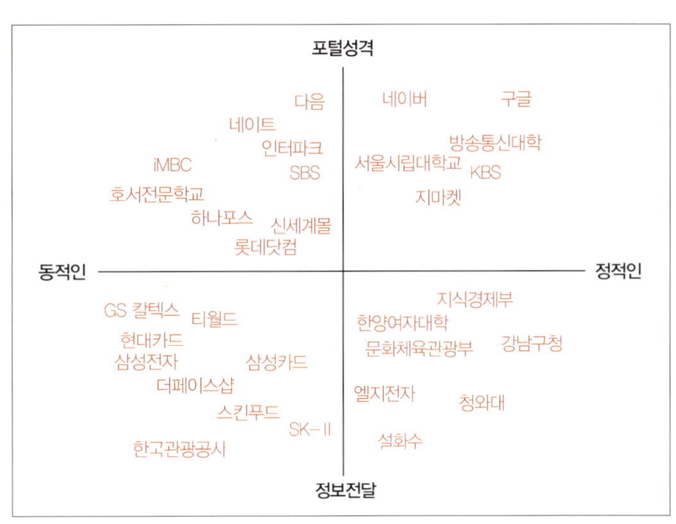

▲ 포지셔닝맵

이 외에도 색상별, 감성별로도 구분할 수 있으며 대략적인 웹 사이트의 성격 또는 주체 그룹화도 할 수 있습니다. 따라서 새로운 웹 사이트의 성격을 기존의 웹 사이트와 어느 정도 비슷하게 유지하거나 또는 전혀 다른 분위기로 전환하기 위해서는 포지셔닝맵을 활용하여 웹 사이트의 위치를 정한 후 진행하는 것이 좋습니다.

웹 디자인을 위한 색채학

웹 디자인에 대해 이야기하기 전에 색채학을 살펴보겠습니다. 웹 사이트는 모니터를 통하여 보이는 색상과 그 차이로 이루어지는 형태를 통해 인지됩니다. 그러므로 색상은 레이아웃과 함께 사이트의 중요한 부분을 차지합니다.

색상은 기본적으로 원색에 대1개념이 있습니다. 원색은 순수한 색으로 색상 체계에 따라 서로 다를 수 있습니다. 웹 사이트는 모니터를 기준으로 하기 때문에 RGB(Red, Green, Blue)의 색상 체계를 가지며 Red, Green, Blue 색상을 가진 광선의 강도에 따라서 색상이 달라집니다. 3가지 색상의 광선이 전혀 비추지 않으면 검은색으로 표현되며, 3가지 색상이 모두 최대 강도로 비추면 흰색으로 표현됩니다. 색상을 표현할 때는 각각의 색상을 가진 광선의 강도를 조절하여 대부분의 색상을 표현합니다.

RGB처럼 많이 사용하는 색상 체계로는 CMYK(Cyan, Magenta, Yellow, Black)가 있습니다. 안료의 삼원색이라고도 하는데, 인쇄할 때 사용하는 색상 체계입니다. 안료를 기준으로 색이 혼합되기 때문에 RGB와 같이 빛을 띠는 형광색의 표현에 부적절하며, 파란색과 빨간색과도 약간 차이가 있습니다. 또한 3가지 색상을 섞으면 검은색이 되며, CMY의 3가지 색상 외에 K(검은색; Black)가 있습니다. 3가지 색을 섞으면 검은색이 됨에도 불구하고 검은색이 추가된 이유는 안료가 100% 순수하지 않기 때문에 3가지 색을 혼합하면 이론상으로는 검은색이지만 실제로는 순수한 검은색이 되지 않기 때문입니다. 따라서 검은색을 표현하기 위해 별도의 검은색을 원색에 추가하여 표기합니다.

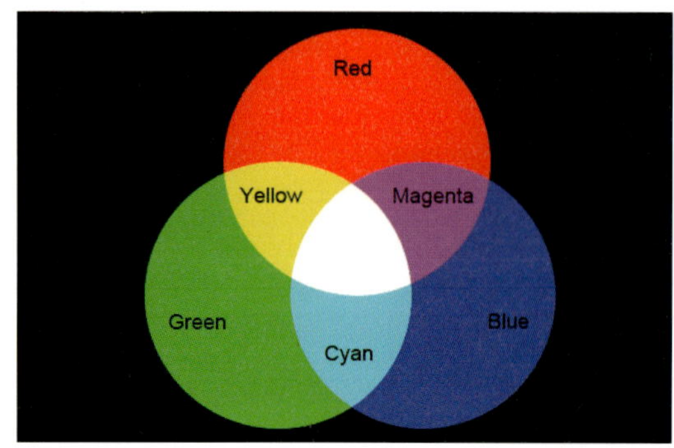

▲ RGB 색상 체계

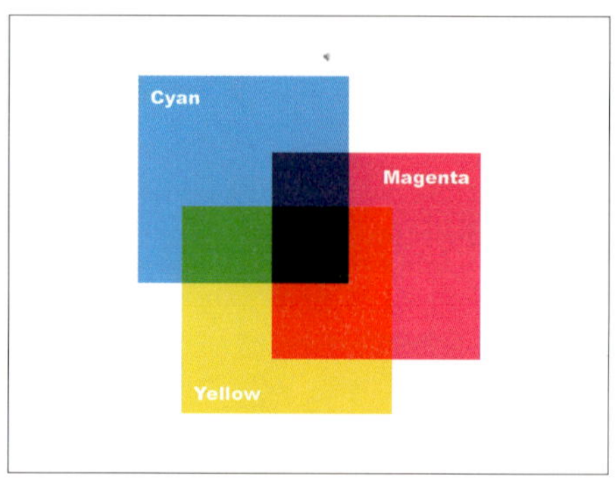

▲ CMYK 색상 체계

색상 체계는 사용하는 프로그램에 따라 기본 설정이 달라지는데 포토샵의 경우 RGB를, 일러트 스레이터의 경우 CMYK를 기본으로 사용합니다. 물론 포토샵에서도 CMYK 색상 체계를 사용할 수 있고, 일러스트레이터에서도 RGB 색상 체계를 사용할 수 있습니다.

색상 체계도 중요하지만 정말 중요한 것은 3가지 색상의 속성입니다. 3가지 속성에는 색상을 결정하는 색상(Color), 색상의 밝기를 결정하는 명도(Lightness), 색상의 맑고 탁함을 결정하는 채도(Saturation)가 있습니다. 우리가 눈으로 보이는 3가지 색상의 속성을 통하여 모두 정의할 수 있으며, 색상의 속성을 조정하는 것만으로도 대부분의 색상을 결정할 수 있습니다. 물론 웹 브라우저에서 표현하는 색상 코드에는 RGB 값을 이용하여 16진수로 표현한 색상 코드가 별도로 있지만, 색상의 3가지 속성을 이해하지 못한다면 배색 결정에 많은 어려움이 있을 수 있습니다.

▲ 색상(Hue)을 기준으로 한 스펙트럼

▲ 색상(Hue)을 기준으로 한 채도의 변화(Saturation)

▲ 색상(Hue)을 기준으로 한 명도의 변화(Lightness)

▲ 색상(Hue)을 기준으로 한 명도와 채도의 변화

좀 더 자세하게 설명하면 색상은 빨강, 파랑, 노랑처럼 이름으로 구분할 수 있는 색상 스펙트럼을 의미하며, 일반적으로 색상을 선택한 다음 명도와 채도를 변경하여 원하는 색상으로 조정합니다.

실제로 시각을 가장 먼저 자극하는 것은 명도입니다. 우리 눈은 색상을 인식하기 전에 밝기를 먼저 파악하는 것이죠. 그래서 명도 대비가 강하면 시선을 집중할 수 있다는 장점이 있습니다. 물론 명도 대비만 강하고 색상과 채도에 신경쓰지 않은 배색이라면 시선만 자극할 뿐 메시지를 정확하게 전달할 수 없습니다.

명도 차이는 단순하게 좋고 나쁨을 판단하기 어려울 수 있고, 개인차도 비교적 적지만 색상과 채도는 개인마다 선호가 많이 다르기 때문에 주의를 기울여야 합니다. 대비에는 명도 대비 외에도 색상 대비, 채도 대비, 면적 대비, 동시 대비 등이 있습니다. 따라서 명도 대비가 약한 경우 색상과 채도, 면적 등을 이용하여 시각적 주목도를 높이는 방법은 많습니다.

색상을 잘 사용하기 위한 훈련은 웹 디자인 작업에 많은 도움이 될 수 있습니다. 그러므로 다양한 사례를 살펴보는 것이 좋으며, 자신만의 대비 효과 샘플을 정리하는 것도 좋습니다. 대비 효과에 관련된 사례는 실생활에서도 찾을 수 있으므로 마음에 드는 배색이나 대비 효과를 찾아 촬영하여 보관하는 것도 좋은 방법 중 하나입니다.

▲ 배색 효과 예시

색상을 사용하는데 색의 대비와 속성 등과 함께 중요하게 인지해야 하는 것이 바로 색상이 가진 의미입니다. 심리학적인 특성이기도 하고 나라마다 조금씩 차이가 있기 때문에 외국의 웹 사이트를 제작할 때는 중요하게 확인해야 할 사항이기도 합니다. 아무리 아름답고 효율적인 웹 사이트를 제작했더라도 색상의 의미를 잘못 활용하면 클라이언트에 의해 채택되지 않을 수 있으며, 문제가 발생할 수도 있습니다. 예를 들어, '빨강'은 피를 의미하기도 하고 정열적이며 강한 경고 등의 의미가 있는데, 이 색을 병원 웹 사이트에 주 색상으로 사용한다면 사용자들이 불편해할 것입니다.

아래의 표는 일부 색상에 대한 예를 구분한 것입니다. 색상은 채도와 명도에 따라 미묘한 변화가 있을 수 있으므로, 아래의 표를 참고하여 배색하는 것이 좋습니다.

구분	의미	웹 사이트의 이미지 및 사용
검은색	무거움, 죽음, 더러운	명품 사이트
흰색	가벼움, 깨끗한, 순결한	웨딩 사이트
빨간색	정열, 강한 경고, 불, 뜨거운	화장품 사이트 강조색으로 사용
주황색	경고, 따뜻한, 포근한	젊은 층 대상 사이트 의류 사이트
노란색	봄, 따스한, 새로운, 부, 고급스러운	유/초등 대상 사이트
초록색	평안함, 정적인, 자연, 신선한	학습 사이트
파란색	우울한, 차가운, 신뢰감	관공서 및 기업 사이트
남색	장중함, 차분한	남성복 사이트
보라색	고급스러운, 중성적인, 감성적인	화장품 사이트 명품 사이트

물론 배색에는 정답이 없습니다. 색은 상황에 따라 적절하게 배치하고 주요 색상과 보조 색상을 선택하여 클라이언트의 의도를 정확하게 파악하는 것이 매우 중요합니다. 경우에 따라 클라이언트를 설득할 수 있는 능력도 필요합니다.

웹 디자인과 색상의 관계는 다음 장에서 설명하겠지만, 주관적인 성향이 강할 수 있습니다. 기본적으로 심리적인 부분과 사이트 성격을 충분히 강조할 수 있는 주요 색상과 보조 색상을 선정하여 클라이언트와 충분한 이야기를 나눠야 합니다.

또한 위쪽의 표에서 살펴본 색상 의미의 예는 주변의 색상이나 의도하는 바에 따라 전혀 다른 의미가 될 수가 있습니다. 또 빨간색이 차가운 의미를, 파란색이 따뜻한 느낌을 연출하는 등 색 본연의 느낌과는 전혀 다른 느낌으로 연출될 수도 있습니다. 그러므로 평소에 비슷한 사이트의 주요 색상과 보조 색상에 대한 충분한 조사와 분석하는 습관이 중요합니다.

웹 디자인과 색상

색상에 관련된 기본 내용을 앞에서 미리 살펴봤습니다. 이제 실제 웹 사이트에 적용하는 색을 살펴보겠습니다. 웹 브라우저에서는 16진수로 표현된 색상 코드가 존재합니다. RGB의 색상 값을 조정하여 사용하는 것으로, 흰색은 '#FFFFFF'로 표현합니다. F는 16진수 중에서 가장 마지막 숫자로, 각 채널별 색상 강도가 가장 강한 경우를 의미합니다. 반대로 검은색은 모든 채널의 색상 강도가 0이어야 표현되기 때문에 '#000000'으로 표현합니다. 선호하는 색상의 색상 코드를 미리 저장하여 필요할 때 불러와 작업하는 것이 편리하며, 색상 코드는 인터넷에서도 쉽게 찾아볼 수 있습니다.

#000000	#003300	#006600	#009900	#00CC00	#00FF00
#000033	#003333	#006633	#009933	#00CC33	#00FF33
#000066	#003366	#006666	#009966	#00CC66	#00FF66
#000099	#003399	#006699	#009999	#00CC99	#00FF99
#0000CC	#0033CC	#0066CC	#0099CC	#00CCCC	#00FFCC
#0000FF	#0033FF	#0066FF	#0099FF	#00CCFF	#00FFFF
#330000	#333300	#336600	#339900	#33CC00	#33FF00
#330033	#333333	#336633	#339933	#33CC33	#33FF33
#330066	#333366	#336666	#339966	#33CC66	#33FF66
#330099	#333399	#336699	#339999	#33CC99	#33FF99
#3300CC	#3333CC	#3366CC	#3399CC	#33CCCC	#33FFCC
#3300FF	#3333FF	#3366FF	#3399FF	#33CCFF	#33FFFF
#660000	#663300	#666600	#669900	#66CC00	#66FF00
#660033	#663333	#666633	#669933	#66CC33	#66FF33
#660066	#663366	#666666	#669966	#66CC66	#66FF66
#660099	#663399	#666699	#669999	#66CC99	#66FF99
#6600CC	#6633CC	#6666CC	#6699CC	#66CCCC	#66FFCC
#6600FF	#6633FF	#6666FF	#6699FF	#66CCFF	#66FFFF
#990000	#993300	#996600	#999900	#99CC00	#99FF00
#990033	#993333	#996633	#999933	#99CC33	#99FF33
#990066	#993366	#996666	#999966	#99CC66	#99FF66
#990099	#993399	#996699	#999999	#99CC99	#99FF99
#9900CC	#9933CC	#9966CC	#9999CC	#99CCCC	#99FFCC
#9900FF	#9933FF	#9966FF	#9999FF	#99CCFF	#99FFFF
#CC0000	#CC3300	#CC6600	#CC9900	#CCCC00	#CCFF00
#CC0033	#CC3333	#CC6633	#CC9933	#CCCC33	#CCFF33
#CC0066	#CC3366	#CC6666	#CC9966	#CCCC66	#CCFF66
#CC0099	#CC3399	#CC6699	#CC9999	#CCCC99	#CCFF99
#CC00CC	#CC33CC	#CC66CC	#CC99CC	#CCCCCC	#CCFFCC
#CC00FF	#CC33FF	#CC66FF	#CC99FF	#CCCCFF	#CCFFFF
#FF0000	#FF3300	#FF6600	#FF9900	#FFCC00	#FFFF00
#FF0033	#FF3333	#FF6633	#FF9933	#FFCC33	#FFFF33
#FF0066	#FF3366	#FF6666	#FF9966	#FFCC66	#FFFF66
#FF0099	#FF3399	#FF6699	#FF9999	#FFCC99	#FFFF99
#FF00CC	#FF33CC	#FF66CC	#FF99CC	#FFCCCC	#FFFFCC
#FF00FF	#FF33FF	#FF66FF	#FF99FF	#FFCCFF	#FFFFFF

▲ 색상 코드표

색상을 잘 활용하는 것은 레이아웃을 설정하는 것보다 어렵습니다. 개인마다 선호하는 색상이 다르기 때문에 색상은 그만큼 더 선택하기 어려운 것이죠. 특히 디자인 작업에서 색상은 디자이너와 클라이언트의 시각 차이로 인해 조정되므로 웹 디자이너뿐만 아니라 모든 디자이너에게 공통적으로 발생하는 상황이고, 협의를 통하여 조정하는 것이 중요합니다. 특히 클라이언트에게 모든 결정을 맡긴다면 웹 사이트의 성격이 모호해지거나 좋은 디자인이 나오기가 힘들어 지기도 합니다.

필자 또한 웹 사이트를 디자인할 때 좋은 색상을 선택하고 관리하기 위한 방법에 대해 많은 질문을 받지만 여기에 정답은 없습니다. 색상은 주관적인 경향이 강하기 때문입니다. 그렇다고 주관적인 느낌만으로 색상을 선택하여 디자인하면 방문자가 공감하지 못하는 경우가 많습니다. 주 색상을 선정하기 전에 잘 디자인된 웹 사이트를 기준으로 색상을 정리하고, 회사의 성격이나 웹 사이트의 콘셉트에 맞춰 색상을 선정해야 문제가 발생하지 않습니다. 이 자료들은 클라이언트와의 디자인 조율에도 중요한 바탕이 됩니다. 색상에 대한 객관적인 정보가 부족한 초보 웹 디자이너에게는 잘 디자인된 웹 사이트가 주 색상, 보조 색상의 분포와 색상별 배색 등을 공부하는 좋은 자료가 되며, 콘셉트에 맞는다면 그대로 활용할 수도 있습니다. 여러 사이트의 색상과 레이아웃에 따른 느낌을 살펴보겠습니다.

▲ 문화포털 웹 사이트(http://www.culture.go.kr)와 색상표

위 웹 사이트는 문화포털의 웹 사이트로, 배경색은 무채색 계열이며 레이아웃을 포인트로 정한 디자인 중 하나입니다. 복잡하거나 화려한 장식을 포함하지 않지만 간결하며 각각의 정보를 바로 선택할 수 있는 내비게이션을 제공합니다. 주 색상은 오른쪽 색상표에서 위쪽의 2개 색상이며, 사이트의 장식적인 부분은 아래쪽 2개의 색상을 장식 색상과 강조 색상으로 사용합니다. 보색의 느낌이 강한 색상이지만 단순한 색상에 긴장감을 부여하여 시각적 주목도를 높일 수 있는 디자인과 색상으로 표현되었습니다.

▲ 한양여자대학교 웹 사이트(http://www.hywoman.ac.kr)와 색상표

43쪽의 한양여자대학 웹 사이트는 고정관념적인 여성 선호 색상을 배제하고 시원한 느낌의 색상을 선택하여 학교의 신뢰성을 강조한 색상을 주/강조 색상으로 사용하고 있습니다. 오른쪽 색상표에서 위쪽의 2개 색상은 웹 사이트의 주 색상으로 바탕 색상으로 사용하며, 강조 색상은 차가운 느낌의 색상이지만 녹색 계열의 파란색과 군청색 계열의 파란색을 사용하여 명도 대비를 크게 적용한 디자인입니다. 일반적인 기업 사이트 느낌의 디자인이라 여학교의 느낌이 부족하다는 단점이 있지만 안정적인 구도를 가진 사이트입니다.

▲ 서울호서전문학교 웹 사이트(http://www.shoseo.ac.kr)와 색상표

위쪽의 호서전문학교 웹 사이트는 메인 페이지와 서브 페이지의 디자인이 다르기 때문에 페이지를 구분하여 살펴보겠습니다. 일반적으로 웹 사이트는 메인 페이지와 서브 페이지의 디자인을 유지하는 경우가 많습니다. 그러나 위쪽의 웹 사이트는 메인 페이지와 서브 페이지가 전혀 다른 디자인으로 구성되어 있습니다.

메인 페이지는 채도가 높은 색상을 주 색상으로 사용했으며 무채색으로 이루어져 시각적으로 강한 느낌을 주지만, 오랫동안 사이트를 볼 때 시각적인 피로도와 주목도를 떨어트릴 수 있다는 단점이 있습니다. 기본 색상으로 채도가 높은 색상을 사용하고 내비게이션 부분은 무채색을 사용했습니다. 채도가 높은 주황색과 파란색을 사용하여 보색 대비를 적용하였으며, 색상보다 디자인의 장식적인 요소를 이용하여 배경 색상의 강한 부분과 대비를 이룰 수 있도록 디자인되었습니다.

전체적으로 채도가 높고 다양한 색상을 사용하여 조금 어수선한 느낌이 있으나 강한 연상 효과를 만들어 방문자에게 웹 사이트에 대한 느낌을 강하게 심어 줄 수 있다는 장점이 있습니다.

서브 페이지를 살펴보면 메인 페이지와는 전혀 다른 느낌이기 때문에 서로 같은 사이트인지 의문이 생길 위험이 있습니다. 실제 콘텐츠 내용을 채도가 높은 배경 색상에 담기에는 가독성에 문제가 생기기 때문에 배경 색상을 채도가 낮은 색상을 사용했습니다. 또 강조 색상도 메인 페이지에 비해 채도를 낮춘 색상으로 사용합니다. 그러나 메인 페이지와 서브 페이지 모두 조금은 어수선한 느낌이 들기 때문에 단점으로 작용하며, 레이아웃이나 색상으로 시각적 주목도를 유도하는 부분과 시선의 부담을 줄여 줄 수 있는 디자인이 필요하다고 판단할 수 있습니다.

일부 사이트에서는 특정 색상의 이미지가 강해 디자인이 변경되더라도 색상의 일관성을 유지하여 같은 사이트임을 밝히고, 방문자에게 사이트 디자인이 바뀌더라도 편안함을 줄 수 있다는 장점도 있습니다. 네이버는 주 색상과 레이아웃만으로 디자인된 사이트라고 해도 무리가 없을 정도로 간결한 디자인을 채택했습니다. 이처럼 사이트의 색상이 바뀐다면 어색한 느낌이 들 정도로 색상은 디자인에서 매우 중요한 요소 중 하나입니다. 아래쪽의 그림은 네이버 사이트의 주 색상을 변경한 것입니다.

▲ 네이버의 기본 색상

▲ 네이버의 주 색상을 보라색으로 변경한 경우

▲ 네이버의 주 색상을 파란색으로 변경한 경우

▲ 네이버의 주 색상을 자주색으로 변경한 경우

45쪽의 네이버 사이트는 자주 접하는 웹 사이트이기 때문에 다른 색상을 접했을 때 어색할 수 있습니다. 다음 사이트는 파란색, 네이트 사이트는 빨간색을 기본 색상으로 사용하지만 실제 메인 배경은 흰색을 사용합니다.

만약 기존 사이트의 새로운 디자인을 기획하고 있다면 디자인이 달라지더라도 색상 계획은 이전 사이트에서 크게 바뀌지 않고 이어질 수 있도록 제작하는 것이 중요합니다.

디자인이 크게 바뀌더라도 기본적인 주조색이 연결된다면 사이트에 접속한 사용자들은 이질감을 덜 느끼게 되며, 이로 인해 편안함을 느끼기도 합니다. 결국 웹 사이트의 주조색을 하나의 아이덴티티로 인식할 수 있도록 웹 사이트의 색을 선택하는 것이 중요합니다.

꼭 알고 가세요   웹 디자이너가 되고 싶다면?

드림위버는 웹 디자이너가 되는 방법이 아니라 웹 사이트를 제작하는 프로그램입니다. 드림위버를 활용하지 않아도 웹 디자이너가 될 수 있고, 메모장만 활용해도 충분히 웹 사이트를 개발할 수 있습니다. 물론 메모장으로 작업을 하는 경우 작업이 그만큼 복잡하고 힘들어지겠죠.

웹 디자이너가 되기 위해서는 디자인을 위해서라도 레이아웃의 개념과 색의 개념이 필수적입니다. 따라서 드림위버뿐만 아니라 포토샵이나 일러스트레이터 등의 프로그램에 익숙해져야 하며, 디자인 감각과 색에 대한 감각을 키우기 위해 노력해야 합니다. 어떤 것을 먼저 시작해야 할지 그에 따른 정답은 없지만 색, 레이아웃, 디자인 감각에 대한 공부는 필수입니다.

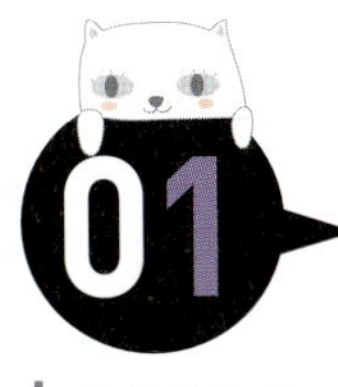

드림위버 CS5.5 설치하기

드림위버 CS5.5는 일부 프로그램이 실행 중일 경우 설치가 일시 정지되고 해당 프로그램의 실행 중지를 요청하기도 합니다. 드림위버 CS5.5는 유료 프로그램이기 때문에 어도비 사는 30일간 무료로 체험할 수 있는 체험판을 제공합니다. 부록 CD를 활용하여 드림위버 CS5.5의 설치 방법을 알아보겠습니다.

드림위버 CS5.5 체험판 설치하기

01 부록 CD에서 'Adobe Dreamweaver CS5.5 체험판' 폴더의 'Set-up.exe' 파일을 더블 클릭합니다.

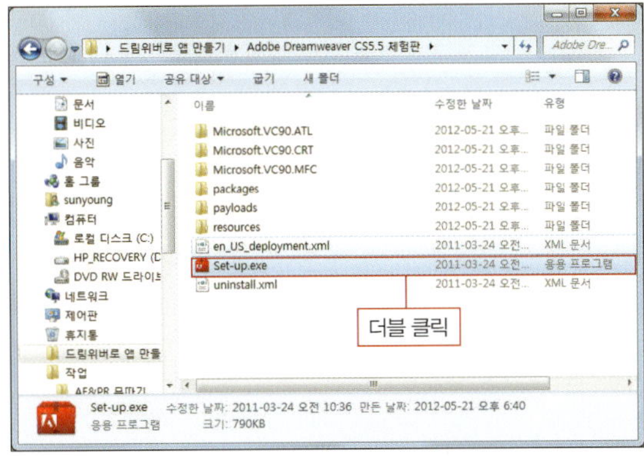

02 'Set-up.exe' 파일이 실행되면 설치 관련 프로그램과 파일의 초기화 작업이 진행됩니다. 잠시 기다리면 다음 단계로 자동으로 넘어가며 문제가 있다면 경고 메시지가 나타납니다.

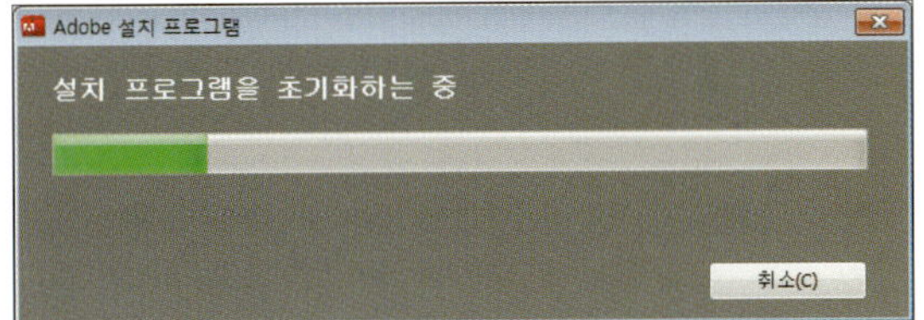

03 설치 초기화 과정이 완료되면 프로그램의 사용권 계약에 동의 여부를 묻는 창이 나타납니다. 사용권 계약서와 기타 관련 내용이 포함되어 있으며 내용을 읽은 후 (동의함) 버튼을 클릭합니다.

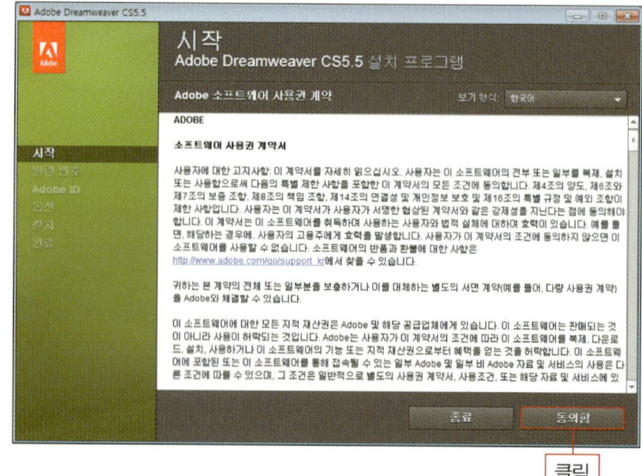

04 일련 번호를 입력하는 창이 나타나며 정품 구매자라면 제공된 일련 번호를 입력합니다. 30일간 무료로 사용할 수 있는 체험판이 필요하다면 '이 제품을 시험판 버전으로 설치합니다.'를 선택합니다. 설치할 언어로 'English (North America)'를 선택하고 (다음) 버튼을 클릭합니다

Tip

드림위버 CS5.5를 무료로 체험할 수 있는 30일이 지났다면 다시 설치해도 동일한 버전은 사용할 수 없습니다. 따라서 30일 이후에는 해당 제품을 구매하거나 다른 버전을 설치해야 합니다. 학생의 경우 저렴한 가격에 패키지 제품을 구매할 수 있으니 참고하세요.

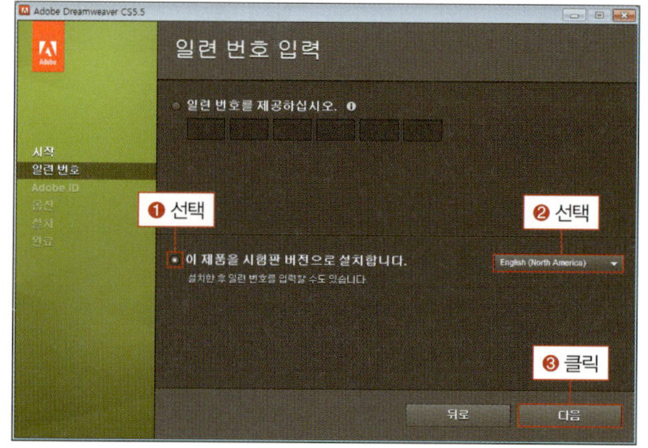

05 설치 옵션에 관련된 프로그램 및 프로그램 설치를 선택할 수 있으며, 설치 위치 등을 확인할 수 있습니다. 설치할 내용을 선택하고 (설치) 버튼을 클릭합니다.

Tip

설치 옵션 이전 단계에 Adobe ID를 입력하는 창이 나타나면 Adobe ID를 만들거나 로그인할 수 있으며, 경우에 따라 (SKIP) 버튼을 눌러 다음 단계를 진행할 수 있습니다.

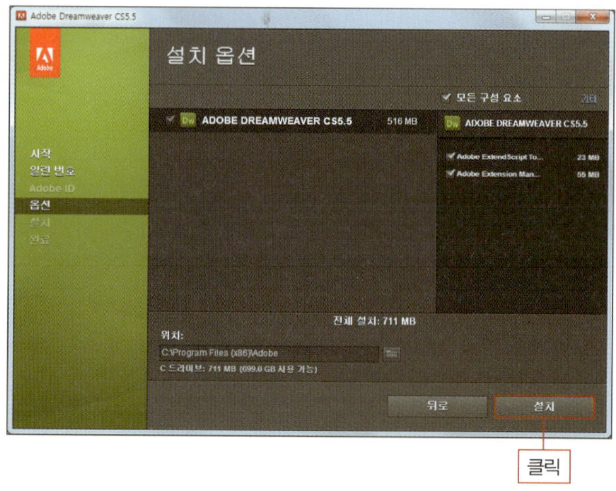

06 설치가 시작됩니다. 사용자의 컴퓨터 사양에 따라 다소 시간이 걸릴 수도 있습니다.

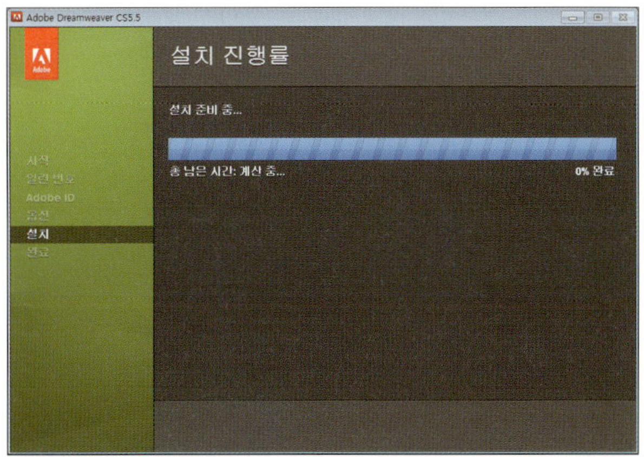

07 그림과 같이 경고창이 나타납니다. 종료해야 할 프로그램 목록이 나타난다면 해당 프로세스를 모두 종료해야 합니다. 해당 프로세스를 종료한 후 〔계속〕 버튼을 클릭합니다.

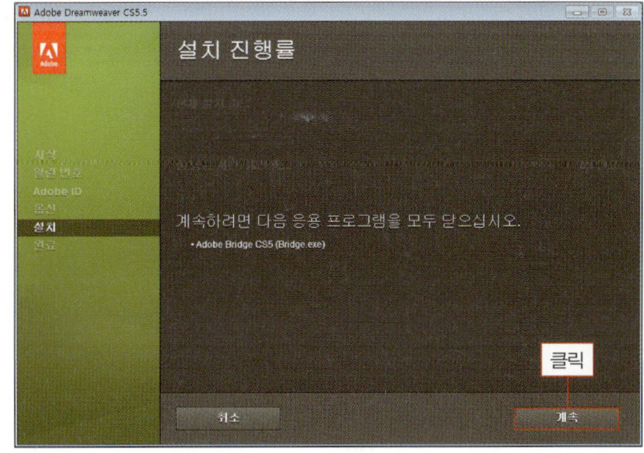

08 설치가 진행됩니다. 설치 시간은 사용자의 컴퓨터 사양에 따라 5~10분 정도가 소요됩니다. 설치 중에는 되도록 다른 작업은 진행하지 않는 것이 좋습니다.

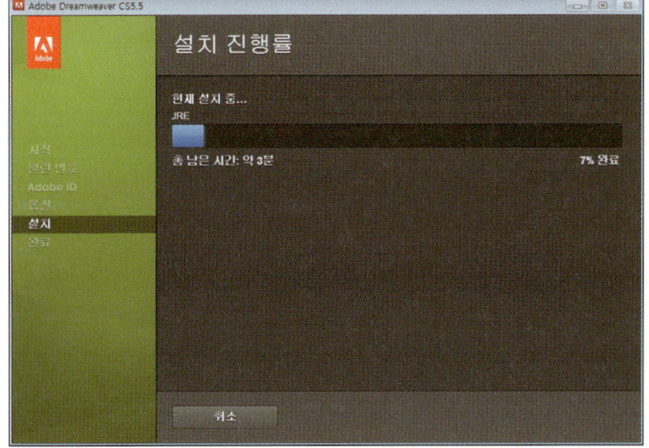

09 설치가 완료되면 다음과 같은 창이 나타납니다. 〔완료〕 버튼을 클릭하여 설치를 마무리합니다.

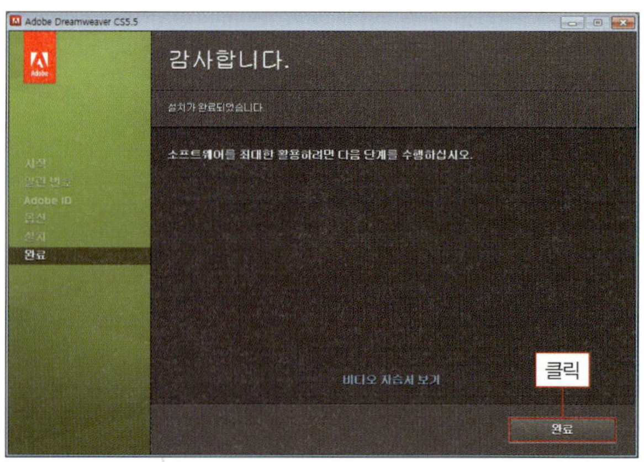

10 시작 메뉴를 통해 드림위버 CS5.5를 실행합니다.

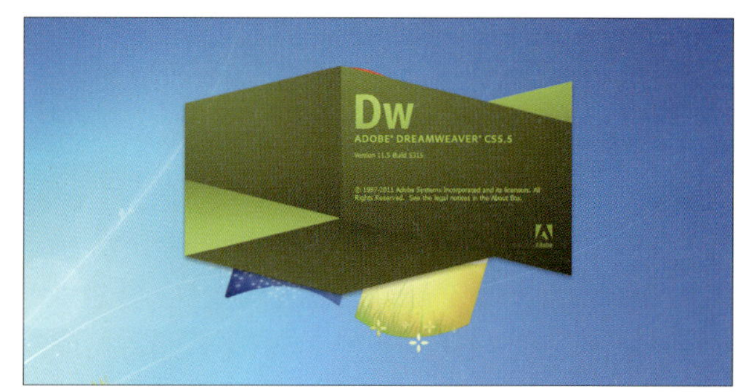

꿀! 알고 가세요 드림위버 CS5.5 설치를 위한 시스템 요구 사항 알아보기

	Window	Macintosh
CPU(프로세서)	인텔 펜티엄 4 또는 AMD 애슬론 64 프로세서	멀티코어 인텔 프로세서
OS(운영체제)	윈도우 XP(서비스 팩 2/서비스 팩 3 권장), 윈도우 비스타 홈 프리미엄, 비즈니스, 얼티밋 또는 엔터프라이즈(서비스 팩 1), 윈도우 7	맥 OS X v10.5.7 또는 v10.6
RAM(메모리)	512MB	512MB
HDD(설치 공간)	설치를 위한 1GB의 하드디스크 여유 공간 (설치 시 추가 여유 공간 필요, 플래시 메모리 기반의 저장 장치에 설치할 수 없음)	설치를 위한 1.8GB의 하드 디스크 여유 공간(설치 시 추가 여유 공간 필요, 대소문자를 구분하는 파일 시스템을 사용하는 볼륨 또는 플래시 메모리 기반의 저장 장치에 설치할 수 없음)
그래픽 카드	16비트 비디오 카드가 장착된 1,280x800 디스플레이	·
기타	DVD-ROM 드라이브, 온라인 서비스 이용 시 필요한 인터넷 연결	·

02 Lesson 웹 사이트 제작을 위한 사이트 정의하기

웹 사이트를 제작할 때 컴퓨터에 실제 파일 구조와 같이 파일을 배치하고 링크를 연결하는 작업을 진행하기 위해 드림위버의 사이트를 정의하는 것이 좋습니다. 사이트 정의를 하지 않아도 작업할 수 있지만 드림위버에서 FTP를 직접 이용할 수 있으므로, 사이트 정의는 반드시 진행하는 것이 좋습니다.

사이트 정의하기

01 드림위버를 실행하고 시작 화면에서 [Create New] 항목의 [Dreamweaver Site]를 선택합니다.

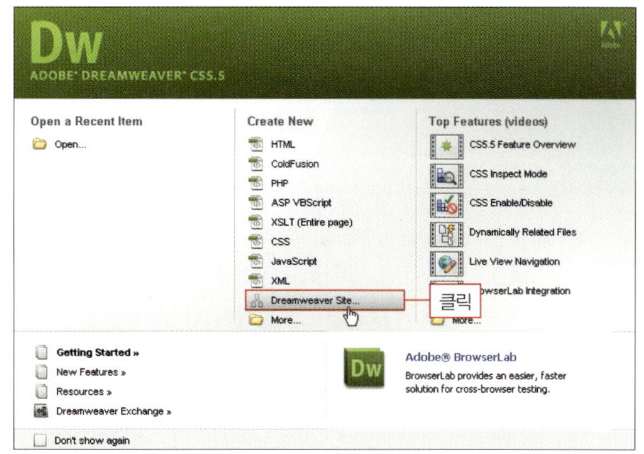

Tip

작업 도중에 [Site]-[New Site] 메뉴를 클릭하면 사이트를 정의할 수 있습니다.

02 [Site Setup for '파일명'] 대화상자가 나타나면 Site Name에 정의할 사이트의 이름을 입력하고 Local Site Folder의 'Browse for folder' 아이콘(📁)을 클릭하여 문서나 이미지 등의 소스를 저장할 위치를 지정합니다.

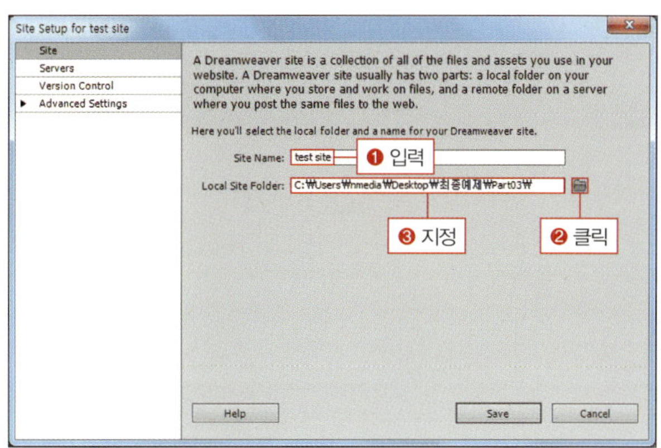

03 왼쪽 영역에서 〔Servers〕 탭을 선택하고 서버 목록이 없다면 그림과 같이 'Add new Server' 아이콘(➕)을 클릭합니다.

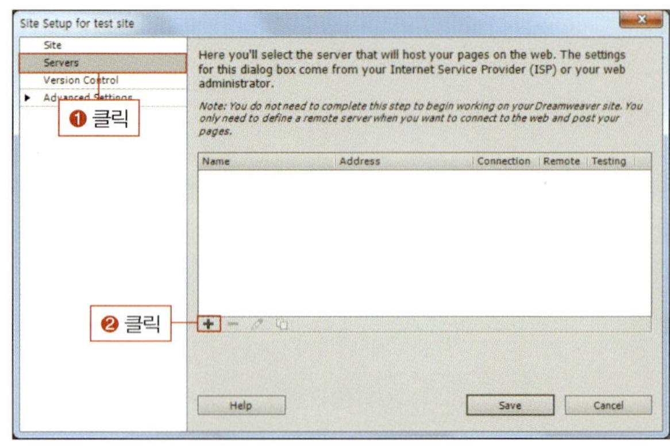

〔Servers〕 탭을 선택하면 작성한 문서를 웹 사이트에 업로드하고, 관리할 수 있는 서버를 등록할 수 있습니다.

04 서버 설정 창이 나타나면 서버 이름과 전송 방식 및 FTP 주소와 ID, Password 등을 입력한 다음 〔Save〕 버튼을 클릭합니다.

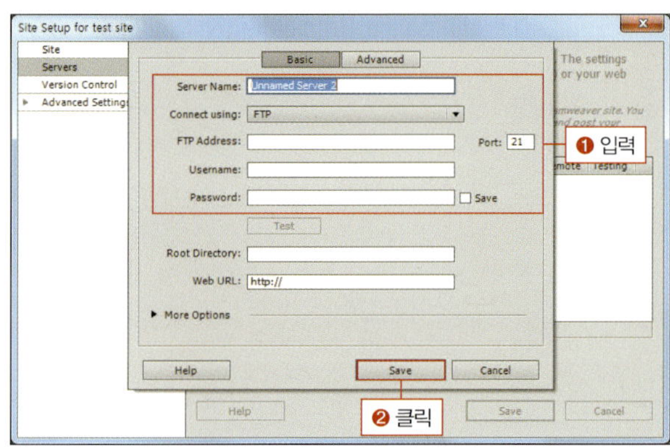

별도의 FTP 프로그램을 사용하지 않아도 서버로 데이터를 전송할 수 있습니다.

05 이외에도 Version Control과 사용자 고급 설정 등의 기능을 지원합니다. 설정을 모두 완료된 후 〔Save〕 버튼을 클릭하여 저장하면 사이트맵이 완성됩니다.

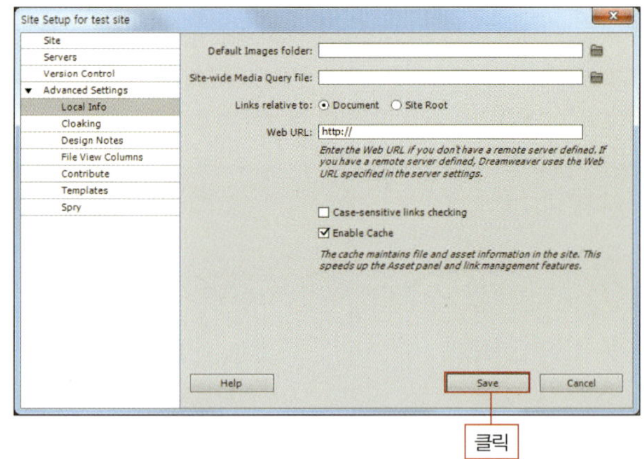

06 〔Site〕-〔Manage Sites〕 메뉴를 클릭하여 〔Manage Sites〕 대화상자가 나타나면 사이트 설정을 변경할 수 있습니다.

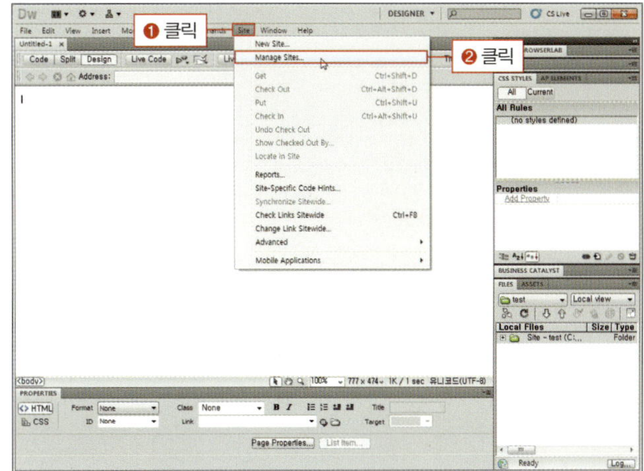

Tip

Files 패널에는 사이트에 설정된 내용이 저장되어 사이트를 설정하거나 변경할 수 있습니다. Files 패널의 오른쪽 윗부분에 있는 확장 옵션을 클릭하고 〔Site〕-〔Manage Sites〕 메뉴를 클릭하면 변경할 수 있으며, 〔Site〕-〔New Site〕 메뉴를 클릭하면 새로운 사이트가 정의됩니다.

꼭! 알고 가세요 외부 FTP 프로그램 활용하기

드림위버에서도 기본적으로 FTP 기능을 지원하여 서버로 직접 데이터를 전송할 수 있지만 여러 사이트 관리나 기타 목적에 의해 외부 FTP 프로그램을 활용하는 경우도 많습니다. FTP 프로그램은 다양한데 국내에서는 알 FTP나 WS FTP 등을 많이 활용하며, 이외에도 다 FTP나 Cute FTP 등을 활용하기도 합니다. 대부분 무료로 제공되거나 기업에 한해서만 유료 정책을 펴고 있어 간편하게 사용할 수 있습니다.

FTP의 사용법은 큰 차이는 없지만 설정방법이 서버를 관리하는 업체나 관리자에 따라 다를 수 있습니다. 최근에는 보안 설정을 위해 일부 FTP 프로그램을 차단하거나 제한하는 경우도 있습니다.

이외에도 텔넷을 이용하여 접속하는 방법이나 웹 브라우저 내에서 자체 FTP 프로그램을 지원하는 경우도 있습니다. 물론 웹 브라우저를 이용하여 접속하는 방법도 있는데, 이것은 주소를 입력할 때 'http://' 대신 'ftp://'를 입력하여 접속할 수 있습니다.

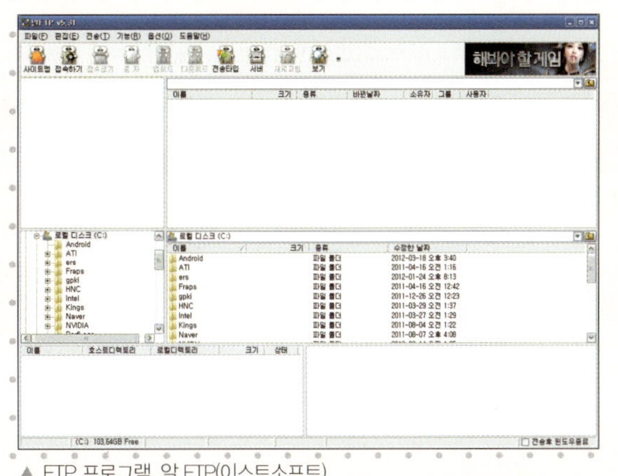

▲ FTP 프로그램, 알 FTP(이스트소프트)

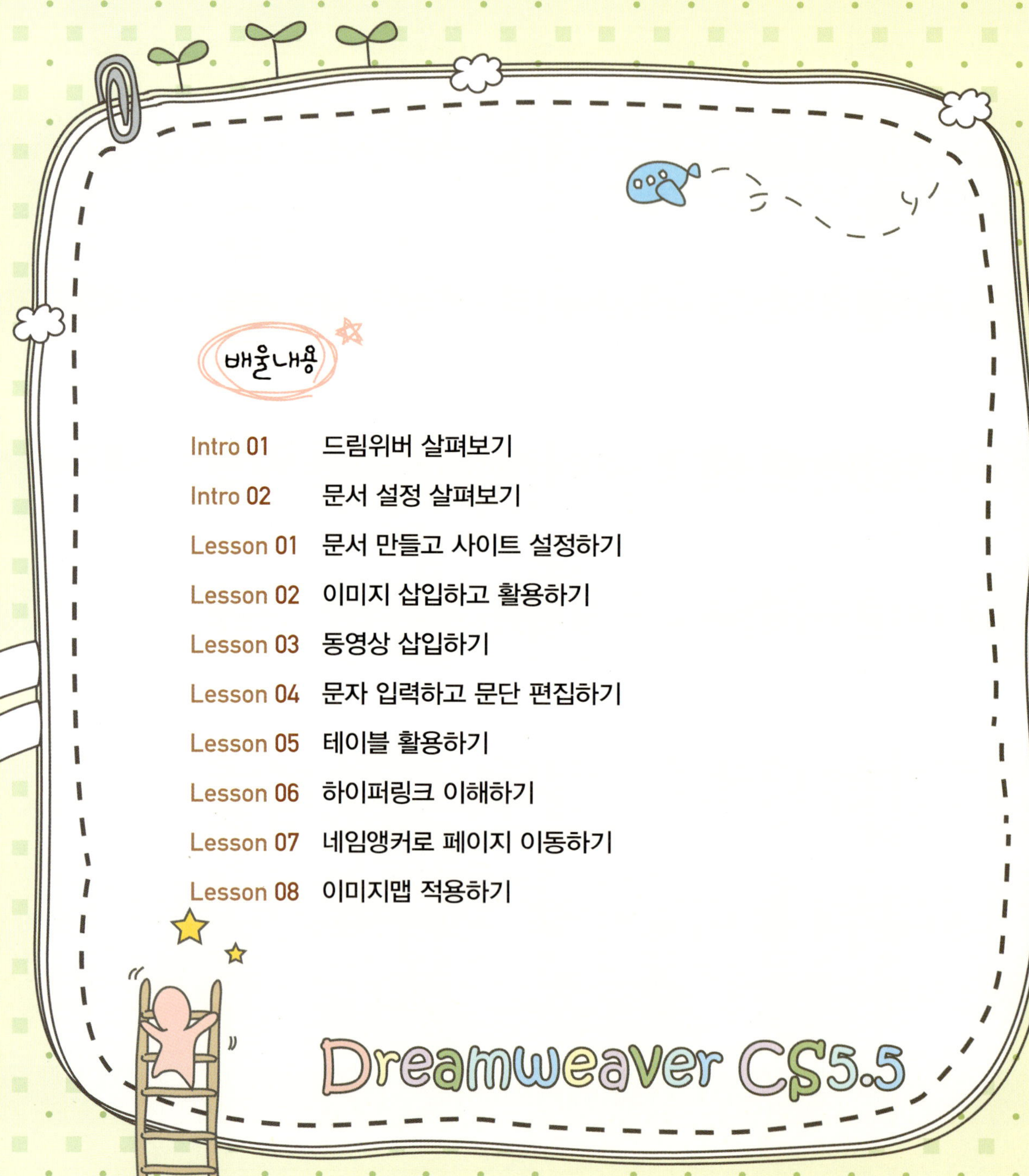

배울내용

Dreamweaver CS5.5

드림위버 CS5.5의 기본 기능 알아보기

드림위버의 가장 중요한 기능은 HTML 문서를 제작하는 것입니다. 여기서는 드림위버의 기본 기능을 이용해 HTML 문서를 제작해 보겠습니다. 드림위버를 공부하기 전에 HTML을 공부하고 진행하는 것이 좋지만, 드림위버를 이용하여 HTML 문서를 제작할 수 있으므로 드림위버를 통해 HTML을 공부하는 것을 추천합니다. 초보자는 드림위버의 기본 기능을 충분히 이해하고 다음 과정을 진행하는 것이 좋습니다.

01 드림위버 살펴보기

드림위버는 기본적으로 워드 프로세서와 비슷하여 쉽고 빠르게 기능을 익힐 수 있습니다. 포토샵과 드림위버의 기본적인 레이아웃이 비슷하기 때문에 포토샵을 다뤄본 적이 있는 사용자라면 드림위버에 적응하는 것도 쉽습니다.

문서 보기 영역 설정하기

드림위버는 문서 보기 영역을 설정하여 모니터 또는 스마트 기기 등에서 어떻게 보이는지 확인할 수 있습니다. 상태 표시줄에서 문서의 크기를 지정하거나 화면 비율을 설정하고 확대나 축소, 이동 등의 설정을 할 수 있습니다.

상태 표시줄의 Window Size를 클릭하면 그림과 같이 '240×320 Feature Phone'부터 스마트폰 화면의 크기나 아이패드에서 사용하는 태블릿 화면의 크기도 지원합니다.

'768×1,024 Tablet' 크기 이후는 웹이 기준인 크기입니다. 현재 대부분의 웹 사이트는 '1,024×768' 크기를 기준으로 제작되며, 그 이상의 해상도도 작업하지만 웹 사이트의 기본적인 넓이를 유지한 상태에서 날개 배너 등을 통하여 화면의 양쪽을 넓게 활용하고 있습니다.

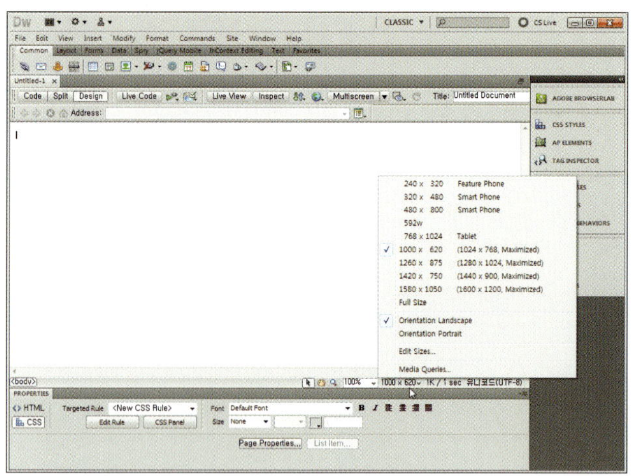

상태 표시줄의 Window Size에서 '240×320
Feature Phone'을 선택합니다. 선택한 크기에 맞
춰 작업 영역이 만들어지며 왼쪽 아래쪽에 크기와
설정이 표시됩니다. 이때 작업 영역은 보이는 영역
의 크기를 표시한 것으로, 작업 영역 내에서 원하
는 문서를 작업할 수 있습니다.

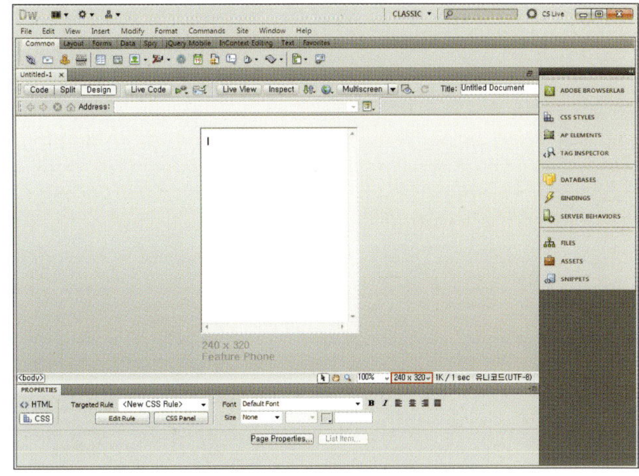

작업 영역보다 큰 이미지가 삽입되면 그림과 같이
스크롤이 나타나며 스크롤을 드래그하여 이미지를
확인할 수 있습니다.

문서 설정하기

HTML 문서도 문서의 기본 포맷을 설정해야 합니다. 드림위버는 워드 프로세서의 여백과 같이
화면에 출력하는 것임에도 불구하고 여백이 설정되어 있습니다. 따라서 웹 브라우저에 최적화하
고 문서를 최대한의 넓이로 활용하려면 여백 조정, 문서 설정 및 배경 색상 등 다양한 설정이 필
요합니다. 문서는 CSS나 HTML 형태로 제작할 수 있습니다.

문서의 기본 설정을 위해 Properties 패널에서 〔Page Properties〕 버튼을 클릭합니다. 〔Page
Properties〕 대화상자에서 문서의 가장 기본 설정인 CSS와 HTML 방식 중 선택할 수 있습니다.
CSS는 별도의 문서 또는 문서 내에 설정이 가능하며 HTML은 〈body〉 태그 내에 설정됩니다.

■ CSS와 HTML 설정 비교

기본 설정에 어떤 방식을 사용하든 큰 문제가 없을 수 있지만, 가능한 CSS 방식을 적용하는 것이
좋습니다. CSS는 별도의 문서를 이용한 관리가 가능하므로 문서마다 같은 설정을 할 필요가 없
어 매우 편리합니다.

❶ Appearance 〔CSS〕 설정

〔Page Properties〕 대화상자에서 〔Appearance (CSS)〕 탭을 선택하고 그림과 같이 글자 크기와
배경 색상을 설정한 다음 여백을 모두 '0'으로 설정했습니다. 문서 설정이 완료된 문서를 살펴보
면 CSS, 즉 〈style〉 태그가 생성되며 각 태그 또는 지정된 Class나 ID 등으로 해당 설정이 적용
됩니다.

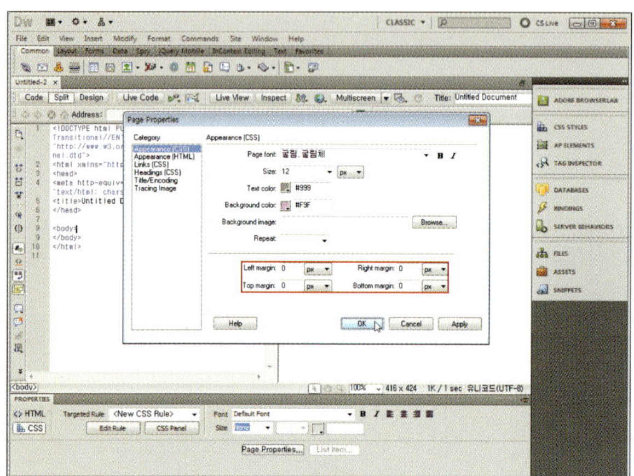
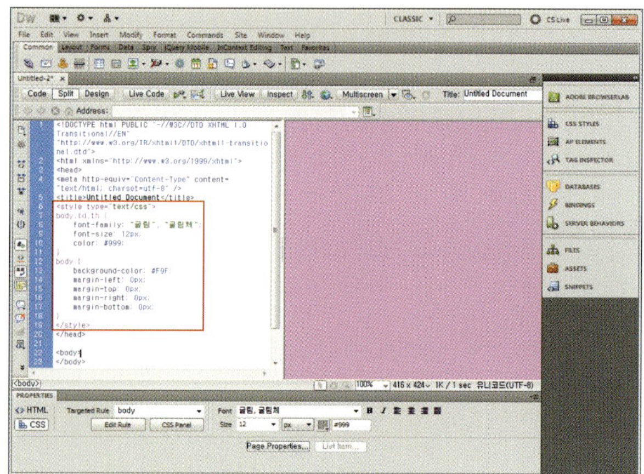

❷ Appearance 〔HTML〕 설정

〔Page Properties〕 대화상자에서 〔Appearance (HTML)〕 탭을 선택하고 그림과 같이 문서의 텍
스트 색상, 여백 및 배경 색상을 설정합니다. HTML에서는 CSS를 〔Links〕 탭에서 설정하는 기능
을 포함하며, 글꼴을 설정할 수 없다는 차이점이 있습니다. 전체 태그는 비슷하게 설정되었으나
〈body〉 태그 부분을 살펴보면 태그에 각종 설정이 적용된 것을 확인할 수 있습니다.

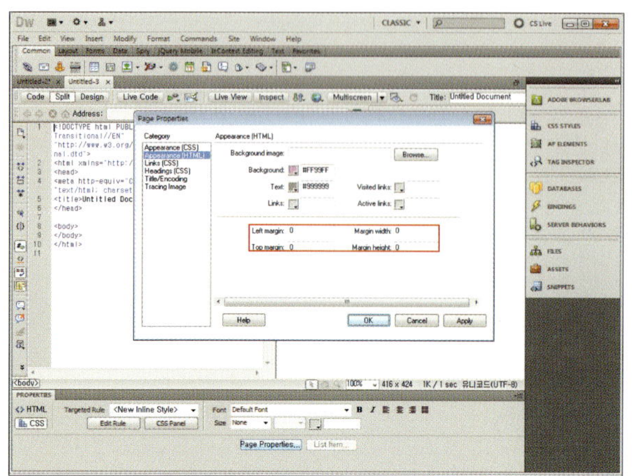
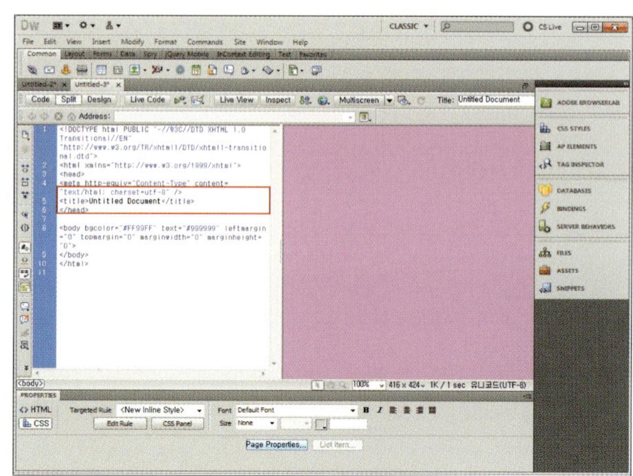

문서 설정 살펴보기

Intro

이번 장에서는 드림위버에서 문서를 제작하기 위한 기본적인 내용을 살펴보겠습니다. 아래의 기능은 드림위버의 활용에서 꼭 필요한 기능이므로 필수적으로 익혀 문서 설정을 위한 기본적인 개념을 이해 하는 것이 좋습니다.

[New Document] 대화상자 살펴보기

새로운 문서는 제자 방법에 따라 문서를 설정하는 형식이 다릅니다. 새로운 문서를 만들 때 메뉴를 클릭하여 [New Document] 대화상자에서 더 많은 문서 형식이나 템플릿을 선택할 수 있습니다.

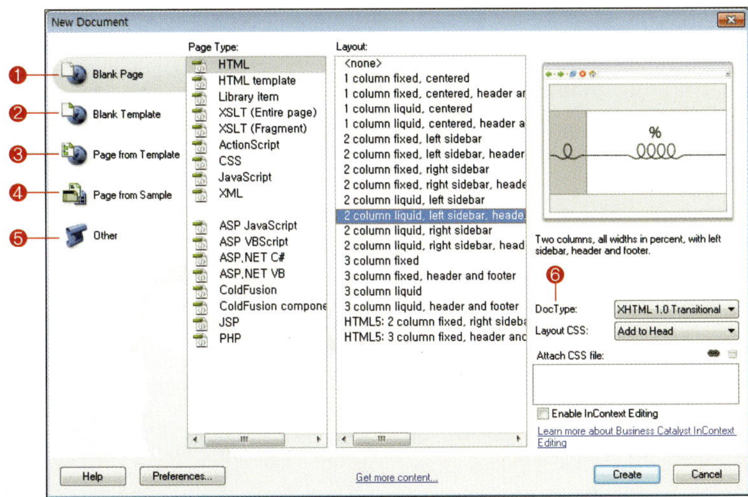

❶ **Blank Page** : 빈 문서를 만들 수 있으며, 다양한 문서 형식을 지원합니다. 또 레이아웃을 선택 하여 문서를 디자인하거나 복잡한 Div를 간단하게 설정할 수 있습니다.

❷ **Blank Template** : 빈 템플릿 문서를 만들 수 있으며, 만들어진 템플릿을 문서에 적용할 수 있 습니다. 템플릿에서도 문서 형식과 레이아웃을 선택할 수 있습니다.

❸ **Page from Template** : 템플릿에서 문서를 만들 수 있습니다.

❹ **Page from Sample** : 샘플에서 문서를 만들 수 있습니다.

❺ **Other** : 플래시에서 사용하는 액션스크립트나 C#, VB 등의 문서를 만들 수 있습니다.

❻ **Doc Type** : 모든 문서 형식에서 설정할 수 있으며 HTML 방식을 선택할 수 있습니다. 최신 규격인 HTML5 문서부터 HTML 4.01 문서를 만들 수 있으며, Transitional 또는 Strict 문서 포맷도 설정할 수 있습니다.

이미지 삽입하기

이미지를 삽입하는 방법에는 'Images' 아이콘(▣·)을 클릭하여 불러오는 방법과 메뉴 및 Files 패널을 활용하는 방법이 있습니다. 2가지 방법 중 편리한 방법을 사용합니다.

■ 메뉴를 활용하는 방법

[Insert]−[Image] 메뉴를 클릭하여 이미지를 삽입할 수 있습니다.

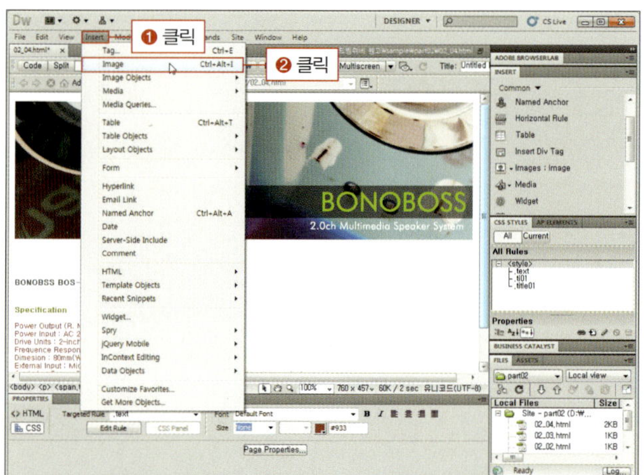

■ Files 패널을 활용하는 방법

Files 패널에는 샘플 폴더가 등록되어 있습니다. 등록된 사이트에서 이미지 문서를 선택한 다음 삽입하려는 부분으로 드래그하면 이미지가 삽입됩니다.

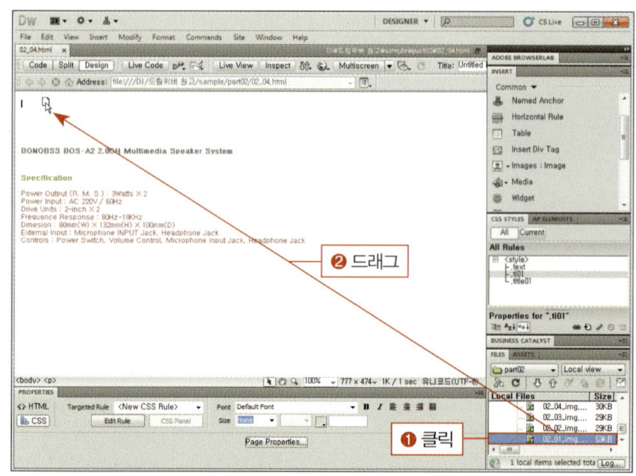

■ 〔Classic〕 작업 환경을 활용하는 방법

〔Classic〕 작업 환경에서는 여러 가지 기능을 아이콘 형태로 제공합니다. 위쪽의 Insert 패널에서 〔Common〕 탭의 'Images' 아이콘()을 클릭하여 〔Image〕를 선택합니다. 〔Select Image Source〕 대화상자에서 파일을 선택하면 문서에 이미지를 삽입할 수 있습니다.

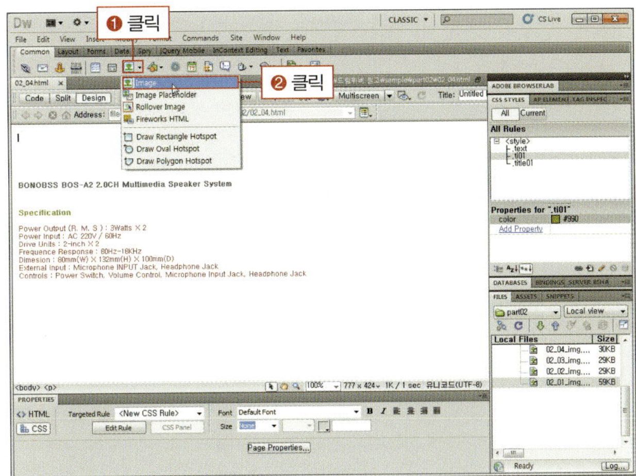

Target 설정하기

Target은 기본적으로 5가지 형태를 지원하며, 각 타깃에 따른 실행을 살펴보겠습니다.

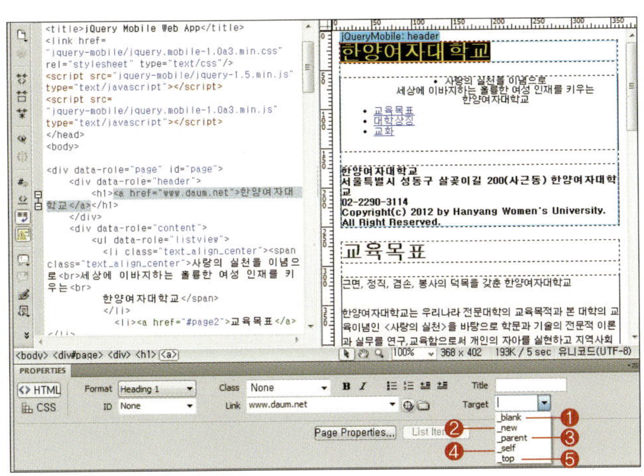

❶ **_blank** : 하이퍼링크로 연결된 페이지를 새 창(웹 브라우저)에서 볼 수 있습니다.

❷ **_new** : _blank와 같이 새 창에서 하이퍼링크로 연결된 페이지를 볼 수 있습니다.

❸ **_parent** : 하이퍼링크로 연결된 상위 페이지가 되므로 프레임은 창 전체에 적용됩니다.

❹ **_self** : 프레임으로 나뉘었을 때 하이퍼링크로 연결된 해당 창에서 페이지를 볼 수 있습니다.

❺ **_top** : 프레임으로 나뉘었을 때 가장 위쪽에 위치한 창에서 페이지를 볼 수 있습니다.

상대 경로와 절대 경로 알아보기

하이퍼링크나 이미지, 동영상 등을 HTML 문서에서 불러올 때 경로의 개념이 발생하는데, 여기에는 상대 경로와 절대 경로가 있습니다.

예를 들어 타인에게 자신의 집 주소를 알려줄 때, 같은 아파트 단지에 사는 사람이거나 해당 아파트 단지에서 만났다면 자신의 현재 위치를 기준으로 확인하기 때문에 굳이 구나 동을 알려줄 필요 없이 몇 동 몇 호에 산다고만 말해도 어디인지 알 수 있습니다.

같은 지역에 사는 사람이 아닌데 해당 지역이 아닐 때 타인에게 집 주소를 알려줘야 한다면 동, 호수만으로는 부족합니다. 이때 주소 전체를 알려줘야 하는데, 이것을 절대 경로라고 합니다.

드림위버는 기본적으로 상대 경로를 사용하며, 실제 웹에서도 상대 경로로 작업하는 것이 서버 이전이나 기타 상황 발생 시 수정 없이 적용할 수 있어 편리합니다. 그러나 HTML 문서를 만든 다음 저장하지 않고 작업을 진행할 때 이미지를 삽입하거나 하이퍼링크를 설정하면 자동으로 절대 경로가 설정됩니다.

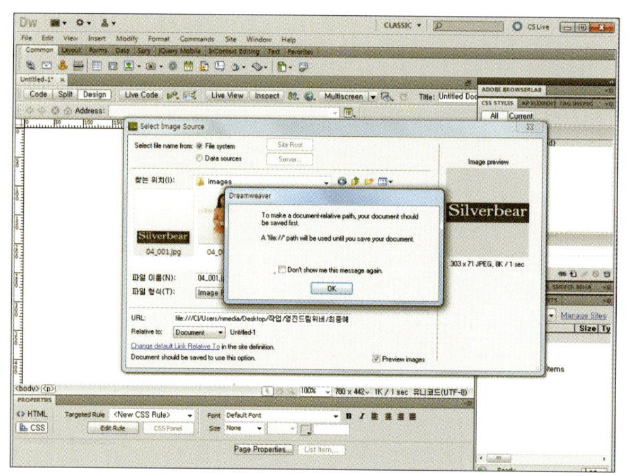
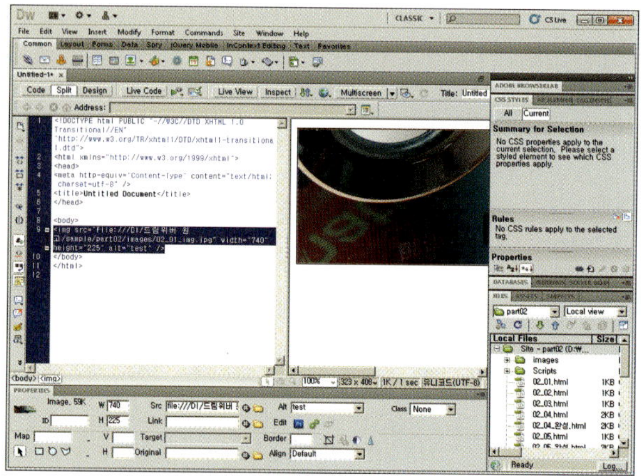

위의 그림에서 새 문서를 만든 다음 문서를 저장하지 않고 이미지를 불러올 때 절대 경로로 설정된다는 경고 메시지가 나타납니다. 계속 진행하고 코드 화면을 확인하면 오른쪽 그림과 같이 태그의 경로가 파일로 설정되며 작업한 컴퓨터 이외의 다른 컴퓨터나 웹 상에서 확인이 불가능합니다.

하이퍼링크도 절대 경로를 파일로 설정할 수 있지만 의도적으로 절대 경로를 설정하는 경우도 있습니다. 예를 들어 특정 홈페이지로 이동하는 것은 당연히 절대 경로만 사용할 수 있으며, 자신의 홈페이지나 서버 위치에서 벗어나면 절대 경로로 설정해야 링크가 가능합니다.

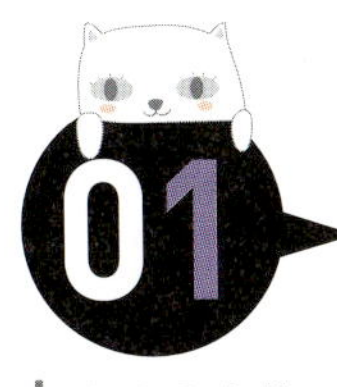

문서 만들고 사이트 설정하기

드림위버에서 '문서'는 웹에서 사용하는 다양한 형식의 문서를 의미하며 기본적으로 HTML을 말합니다. PHP, JSP 등의 문서도 제작 및 수정이 가능합니다.

● **완성 파일** : Part02\02_01~03.html

새 문서 만들고 사이트 설정하기

01 새 문서를 만들기 위해 시작 화면의 [Create New] 항목에서 [HTML]을 선택합니다.

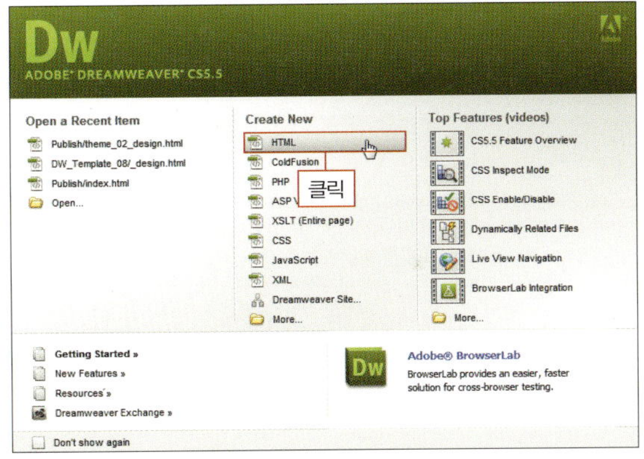

Tip

사이트를 설정하면 문서의 경로 설정 및 관리가 유용합니다.

02 입력 대기 상태로 왼쪽 윗부분에 커서가 깜박입니다. 작업 영역 오른쪽의 Files 패널에서 확장 옵션을 클릭하여 [Manage Sites]를 클릭하거나 [Site]–[New Site] 메뉴를 클릭합니다.

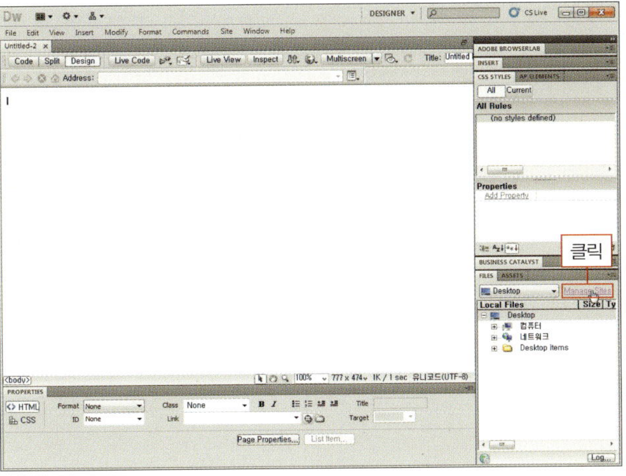

Tip

커서가 왼쪽 윗부분에 약간의 여백을 두고 깜빡이는 것을 확인할 수 있습니다. 여기서 여백을 'Margin'이라고 하며 기본적으로 문서를 열면 약간의 여백이 존재합니다. 여백은 문서 설정에서 조정할 수 있습니다.

03 〔Manage Sites〕 대화상자가 나타나면 이미
설정된 사이트를 수정할 수 있습니다. 사이트를 설
정하기 위해 〔New〕 버튼을 클릭합니다.

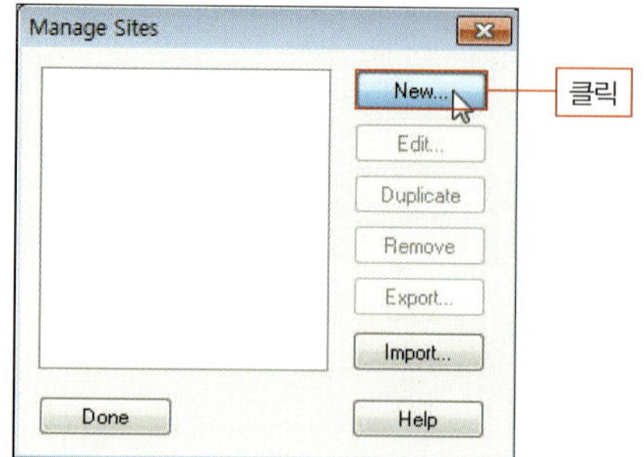

04 〔Site Setup〕 대화상자가 나타나면 Site
Name에 'Part02'를 입력하고 Local Site Folder
에서 문서를 저장할 위치를 지정합니다. 모든 설
정이 완료되면 〔Save〕 버튼을 클릭합니다.

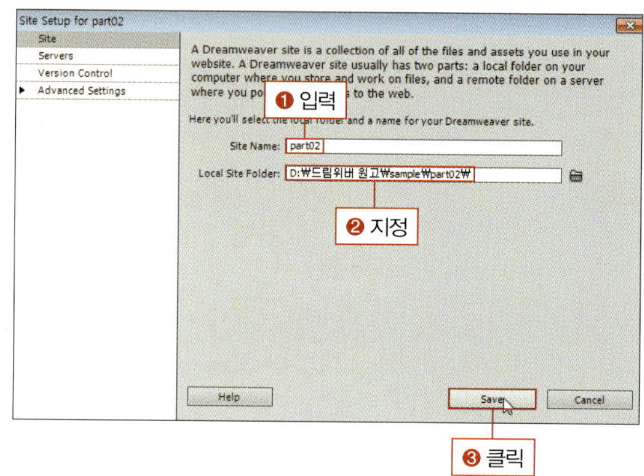

05 〔Manage Sites〕 대화상자에 설정한 사이트가
나타납니다. 원하는 사이트 정의를 선택하고 〔Done〕
버튼을 클릭하여 사이트 정의를 완료합니다.

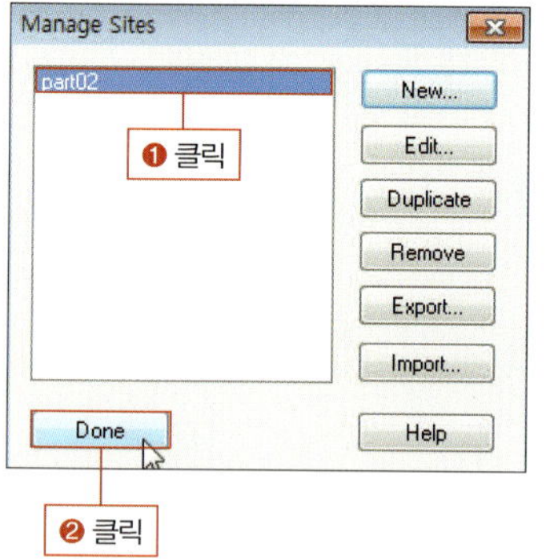

문서 설정하기

01 문서의 크기를 설정하기 위해 작업 영역 오른쪽 아랫부분의 Window Size를 클릭하여 1000 × 620 (1024×768, Maximized)를 선택하여 문서의 크기를 설정합니다.

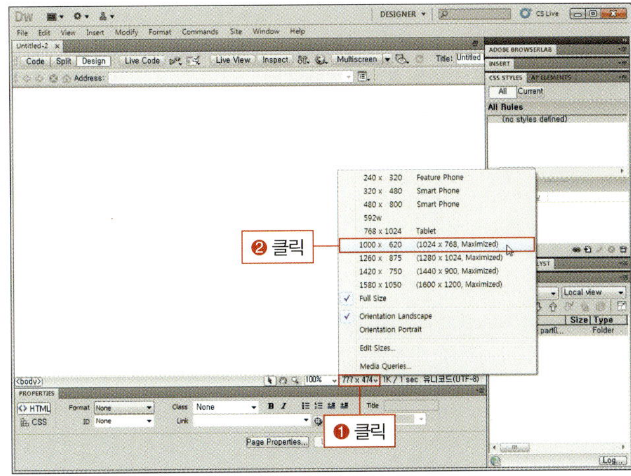

02 문서의 세부 설정을 위해 Properties 패널의 〔Page Properties〕 버튼을 클릭합니다.

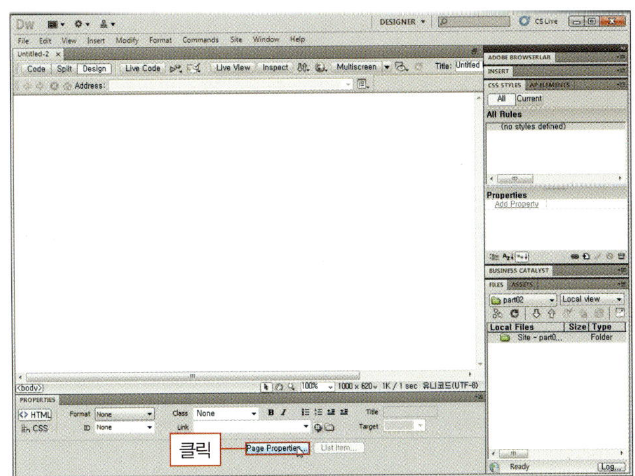

03 〔Page Properties〕 대화상자가 나타나면 왼쪽 영역에서 〔Appearance 〔CSS〕〕 탭을 선택합니다. 글꼴을 설정하기 위해 Page font의 오른쪽 확장 메뉴를 클릭합니다. 한글 글꼴을 지정하기 위해 아래쪽의 〔Edit Font List〕를 선택합니다.

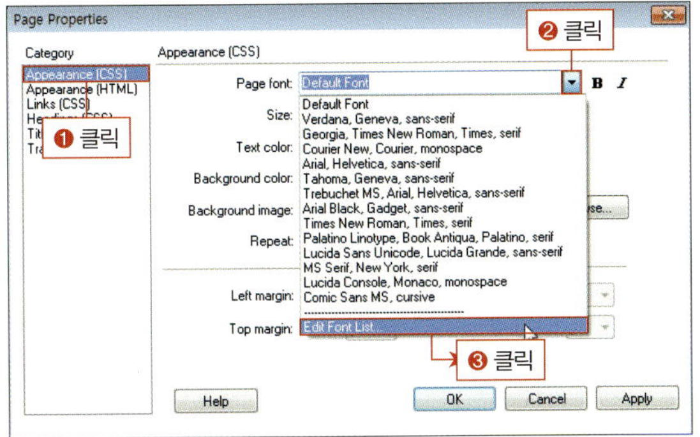

04 〔Edit Font List〕 대화상자가 나타나면 글꼴 목록을 추가하기 위해 '추가' 아이콘(⊞)을 클릭하고 Available font 항목에서 글꼴을 선택합니다. '이동' 아이콘(《)을 클릭하여 Chosen fonts 항목에 그림과 같이 '나눔고딕', '굴림', '굴림체'를 추가하고 〔OK〕 버튼을 클릭합니다.

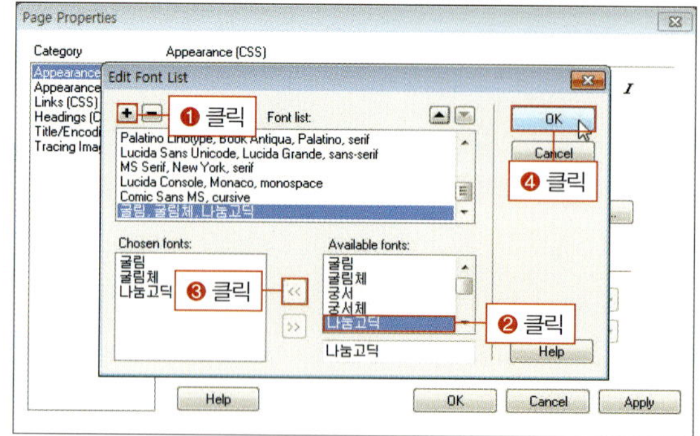

05 〔Page Properties〕 대화상자에서 Page font의 오른쪽 확장 메뉴를 클릭하면 추가된 글꼴 목록을 확인할 수 있습니다. 추가한 목록을 선택하면 현재 문서의 글꼴이 변경됩니다.

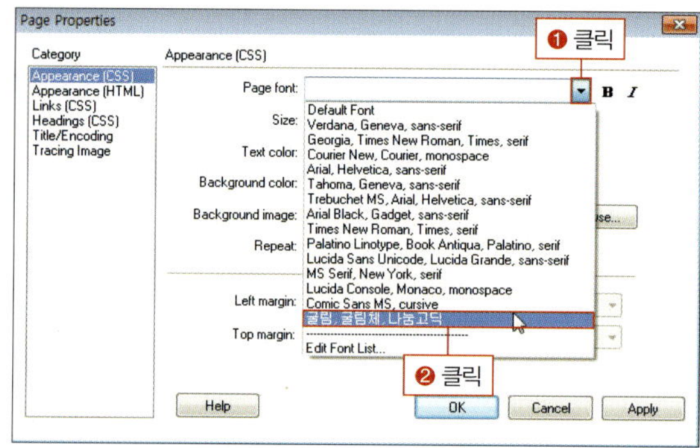

06 글꼴이 설정되면 글꼴의 크기와 색상, 배경색 및 배경 이미지와 여백 등을 설정할 수 있습니다. Text color는 '#333', Background color는 '#FFF'로 설정하고 margin 항목에 모두 '0'으로 설정한 다음 〔OK〕 버튼을 클릭합니다.

Margin은 문서의 오른쪽 · 왼쪽 · 위 · 아래 여백을 각각 설정할 수 있습니다.

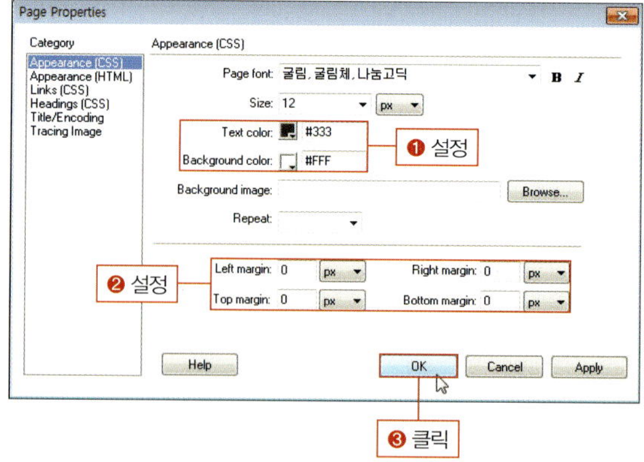

07 드림위버는 3가지 작업 모드를 지원합니다. 설정된 문서에 적용된 CSS를 확인하기 위해 〔Code〕 탭을 클릭합니다. Code 모드에서는 기본적으로 〈body〉 태그에 설정된 CSS를 확인할 수 있으며 글꼴의 경우 〈td〉와 〈th〉 태그에도 적용되는 것을 확인할 수 있습니다.

08 〔Design〕 탭을 클릭하면 기존의 작업 환경으로 돌아옵니다. 작업 영역에 문자를 입력하면 왼쪽과 위쪽에 여백이 없는 상태로 입력되며 문서에 설정된 글꼴, 크기, 색상이 적용된 것을 확인합니다.

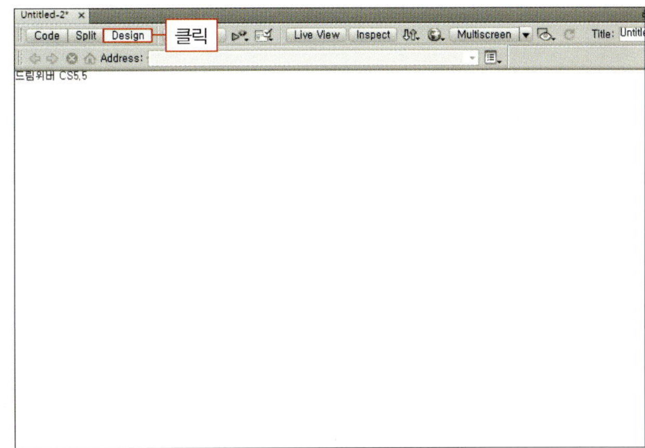

문서 저장하고 사이트에 문서 추가하기

01 문서를 저장하기 위해 〔File〕-〔Save〕 메뉴를 클릭하거나 Ctrl + S 를 누릅니다.

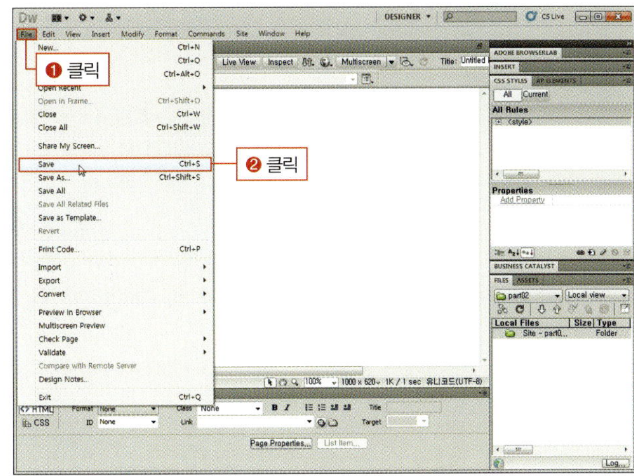

> **Tip**
> 저장할 수 있는 파일 형식은 기본적으로 'HTML'이며, 다른 문서 형식으로도 저장할 수 있습니다.

02 〔Save As〕 대화상자가 나타나면 파일 이름에 '02_01'을 입력하고 〔저장〕 버튼을 클릭합니다.

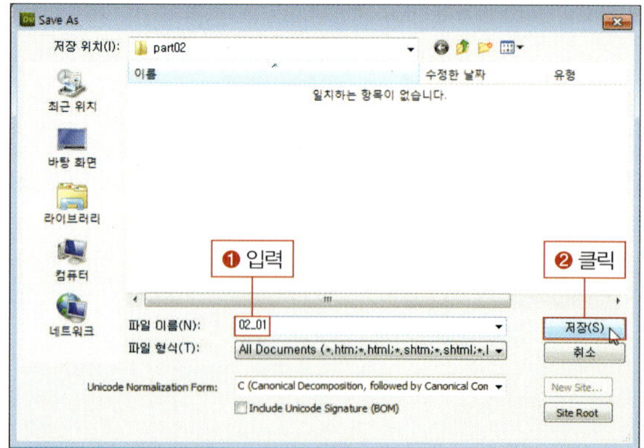

03 Files 패널의 Site 항목에 '02_01.html' 문서가 추가되었습니다. Site 목록에 문서가 추가되어야 상대 경로로 설정됩니다.

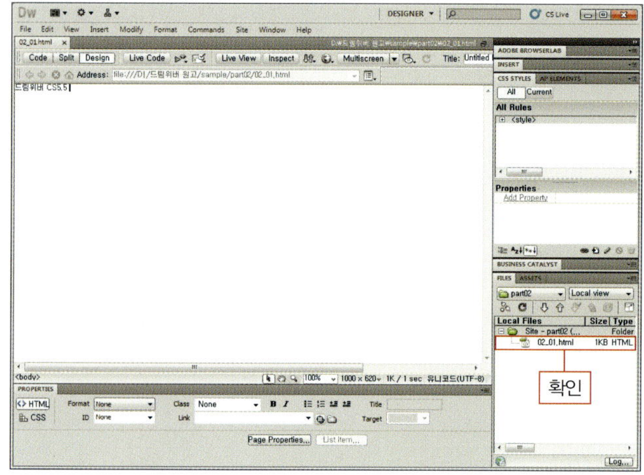

04 Files 패널에서도 정의된 사이트에 문서를 추가할 수 있습니다. Files 패널에서 확장 옵션을 클릭한 다음 〔File〕-〔New File〕 메뉴를 클릭하거나 Ctrl + Shift + N 을 누릅니다.

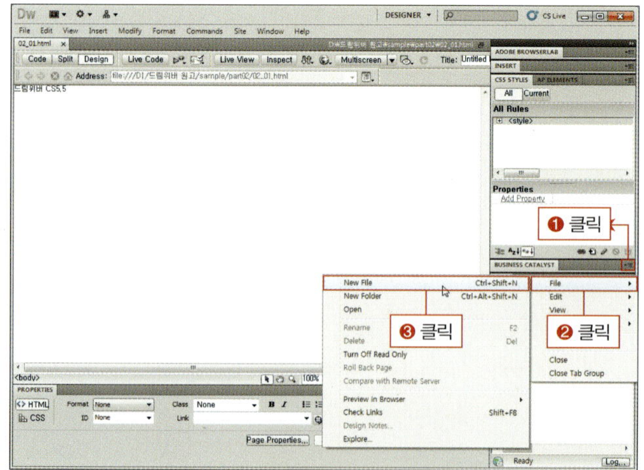

05 새 문서가 추가되면 문서 이름이 'untitled. html'로 설정됩니다. 문서 이름을 클릭하고 다시 클릭하여 문서 이름을 '02_02.html'으로 변경합니다.

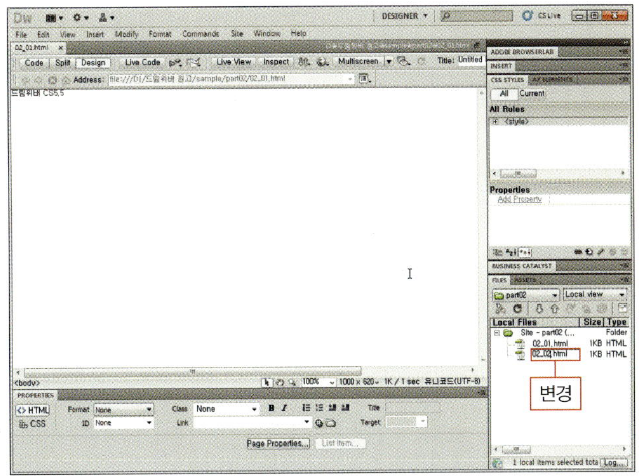

06 Files 패널에서 '02_02.html' 파일을 더블 클릭하면 문서가 열립니다.

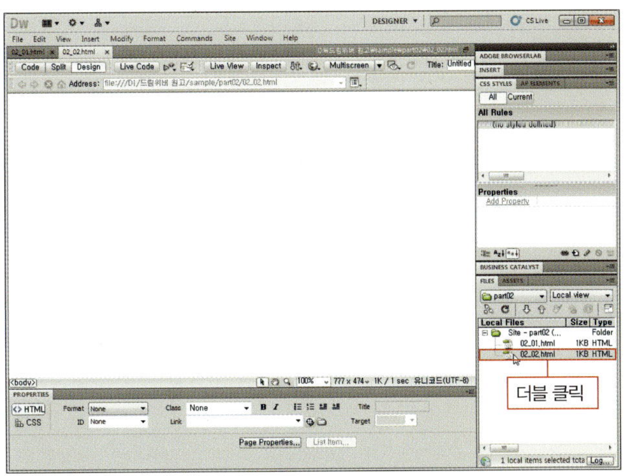

07 새로운 문서를 만들기 위해 [File]-[New] 메뉴를 클릭하거나 Ctrl + N을 누릅니다.

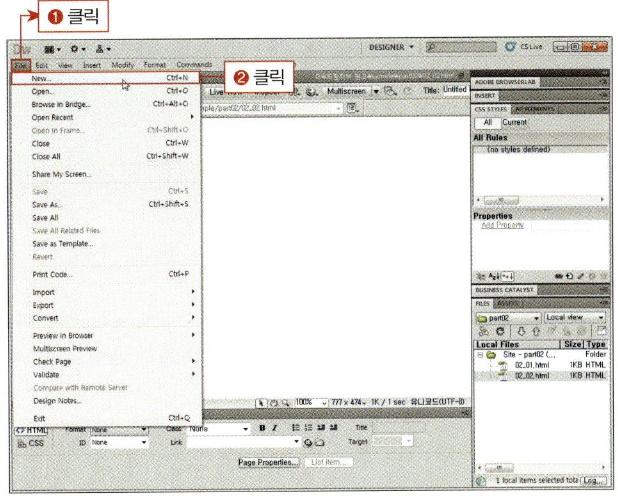

08 〔New Document〕 대화상자가 나타나면 왼쪽 영역에서 〔Blank Page〕 탭을 선택하고 Page Type에서 〔HTML〕을 선택합니다. Layout에서 〔〈none〉〕을 선택하고 〔Create〕 버튼을 클릭합니다.

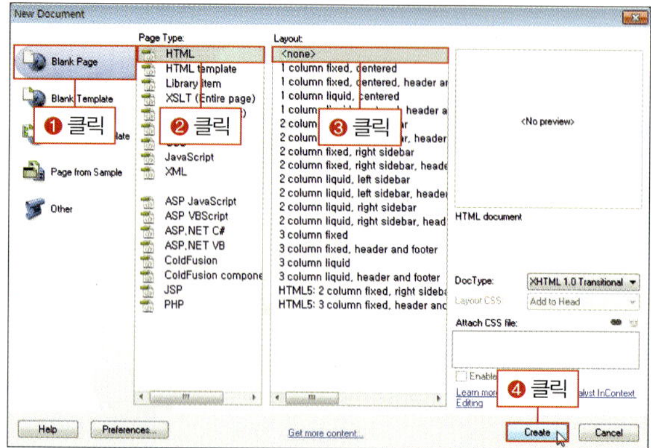

09 문서를 저장하기 위해 〔File〕-〔Save〕 메뉴를 클릭하거나 Ctrl + S 를 누릅니다. 〔Save As〕 대화상자가 나타나면 파일 이름에 '02_03'을 입력하고 사이트가 정의된 폴더를 지정한 다음 〔저장〕 버튼을 클릭합니다.

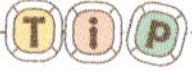

메뉴에서 문서를 추가할 때 자동으로 사이트 정의에 포함되지 않으므로 문서를 만들 때 저장해야 합니다.

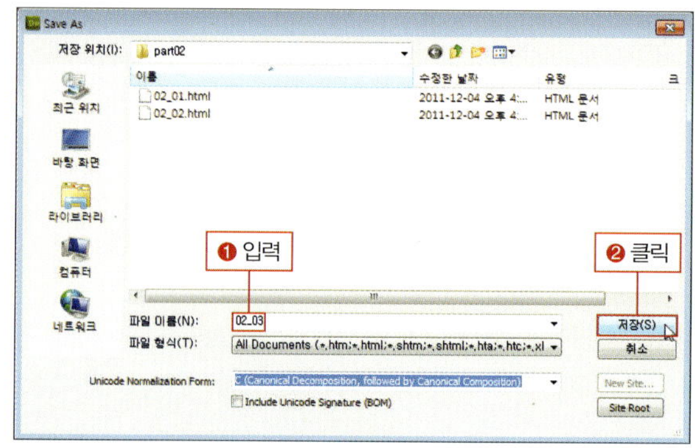

10 Files 패널에 저장된 문서를 확인합니다.

저장된 문서는 Files 패널의 사이트 정의에 포함되지만 이전에 설정된 문서 형식은 유지되지 않기 때문에 문서 설정은 문서마다 별도로 설정하거나 템플릿 문서를 만들어 활용해야 합니다.

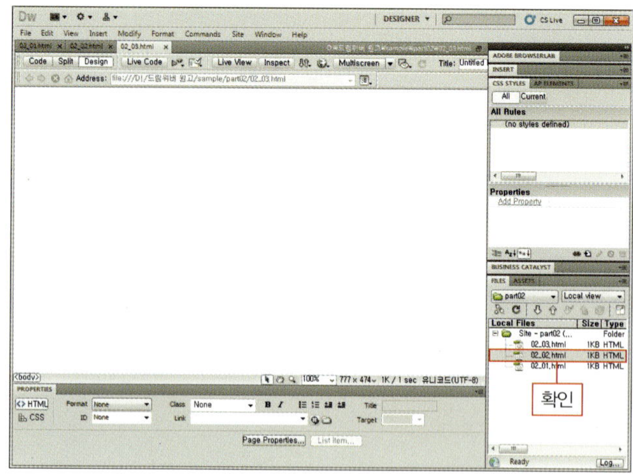

이미지 삽입하고 활용하기

웹 브라우저에서는 다양한 형식의 멀티미디어 문서를 삽입하지만, 이미지를 삽입하여 사이트를 꾸미는 경우가 많습니다. 최근에는 이미지 삽입이 조금씩 줄고 있지만, 이미지는 문서를 꾸미는 가장 기초적인 오브젝트입니다.

> **예제 파일** : Part02\02_04~05.html, Part02\images\02_01~04_img.jpg
> **완성 파일** : Part02\02_04~05_완성.html

문서에 이미지 삽입하기

01 시작 화면에서 [File]-[Open] 메뉴를 클릭하거나 Ctrl + O 를 누릅니다.

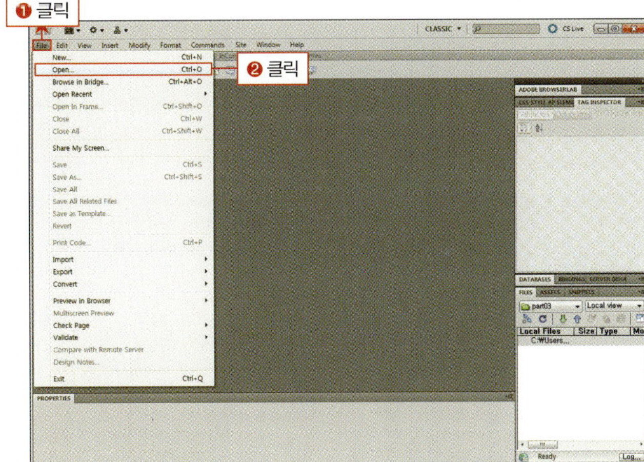

> **Tip**
> 문서를 불러오기 전에 폴더를 사이트에 등록하는 것이 좋습니다. 폴더를 사이트에 등록하는 방법은 63쪽을 참고하세요.

02 [Open] 대화상자가 나타나면 'Part02' 폴더에서 '02_04.html' 파일을 선택하고 [열기] 버튼을 클릭합니다.

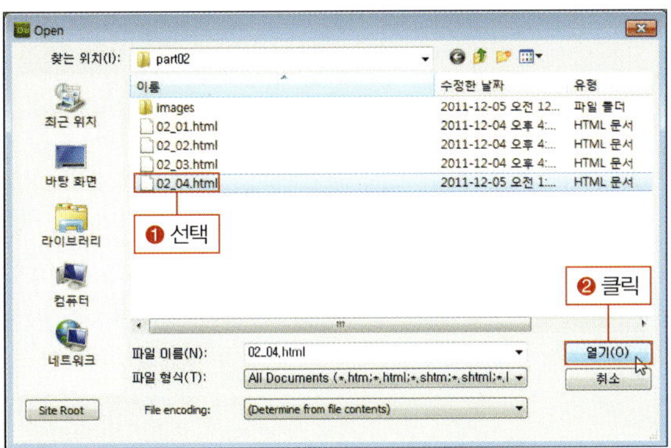

> **Tip**
> 폴더를 사이트에 등록한 경우 또는 Files 패널에서 '02_04.html' 파일을 더블 클릭하여 문서를 열 수 있습니다.

03 컴퓨터 스피커 사양 설명이 입력된 문서가 나타납니다. 작업 환경에 따라 달라질 수 있습니다. 디자인 화면을 기준으로, 오른쪽의 Insert 패널에서 〔Images〕-〔Image〕를 선택합니다.

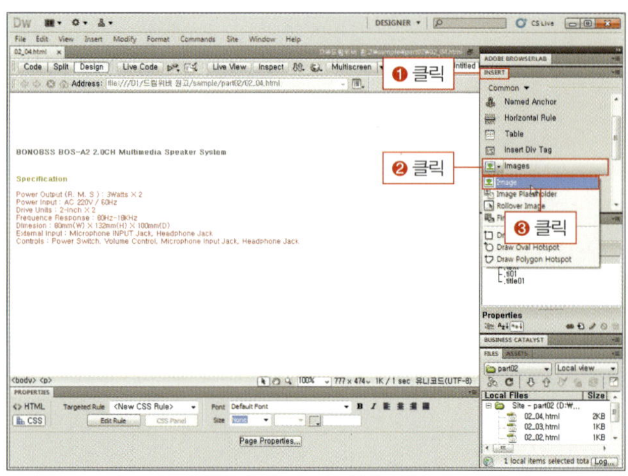

04 〔Select Image Source〕 대화상자가 나타나면, 'Part02\images' 폴더에서 문서에 삽입할 '02_01_img.jpg' 파일을 선택하고 〔OK〕 버튼을 클릭합니다.

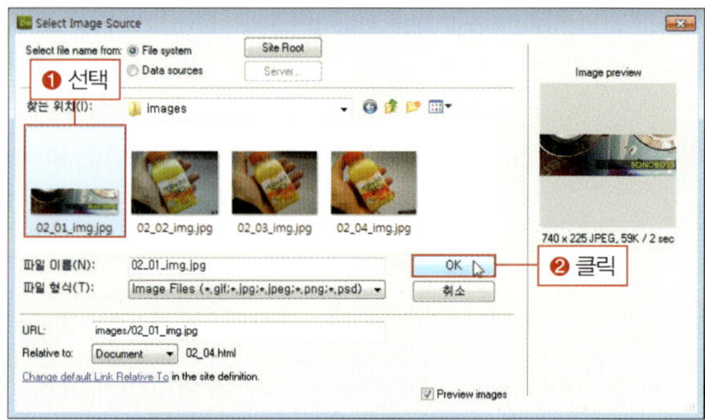

05 〔Image Tag Accessibility Attributes〕 대화상자가 나타나면 Alternate text에 'Bonoboss'를 입력하고 〔OK〕 버튼을 클릭합니다.

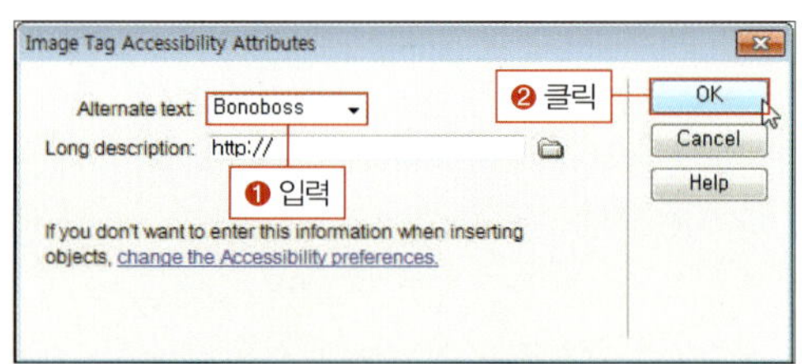

06 문서에 이미지가 삽입된 것을 확인합니다.

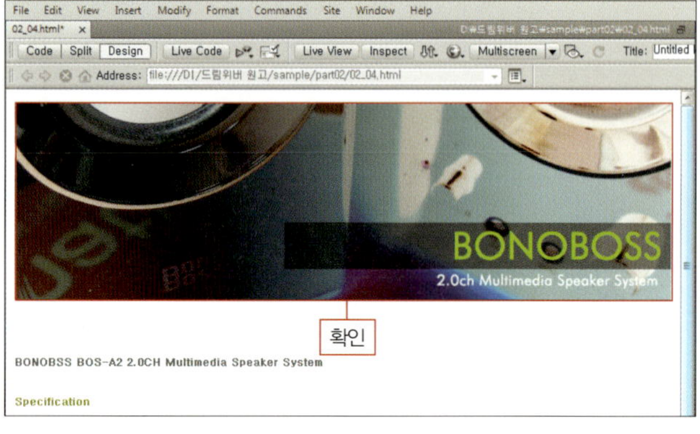

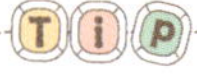

테이블에 이미지 삽입하기

01 작업 환경 설정에서 〔Classic〕을 선택하여 메뉴 아래쪽에 기능 아이콘을 나타냅니다.

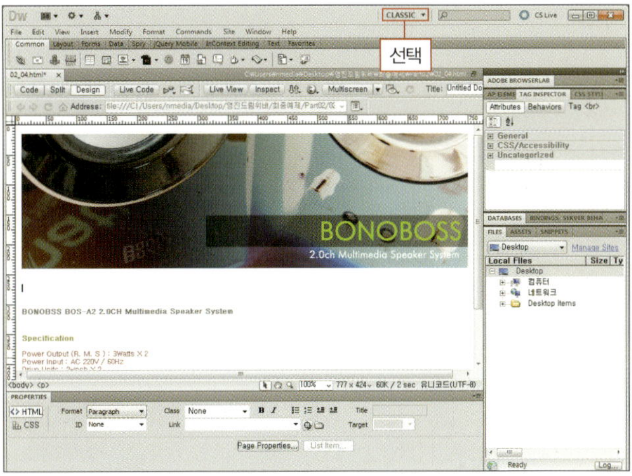

02 문서를 열기 위해 〔File〕-〔Open〕 메뉴를 클릭하거나 Ctrl + O 를 눌러 'Part02' 폴더의 '02_05.html' 파일을 선택하고 〔열기〕 버튼을 클릭합니다.

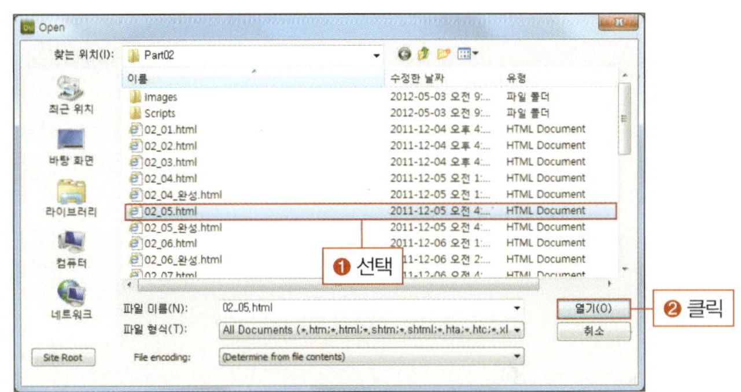

03 불러온 문서에는 테이블이 삽입되어 있으며, 테이블의 오른쪽 위쪽 셀을 클릭하여 이미지가 삽입될 위치를 선택합니다. 위쪽의 Insert 패널에서 〔Common〕 탭의 'Images' 아이콘(📷)을 클릭한 다음 〔Image〕를 선택합니다.

Tip

이미지를 삽입하는 태그는 종료 태그 없이 단독으로 사용되며, <img src=" ..경로.." width="..가로크기.." height="..세로크기.." alt="이미지 내용" />의 규칙으로 입력합니다. 가로/세로 크기는 생략할 수 있으며, <alt> 태그는 꼭 입력해야 합니다.

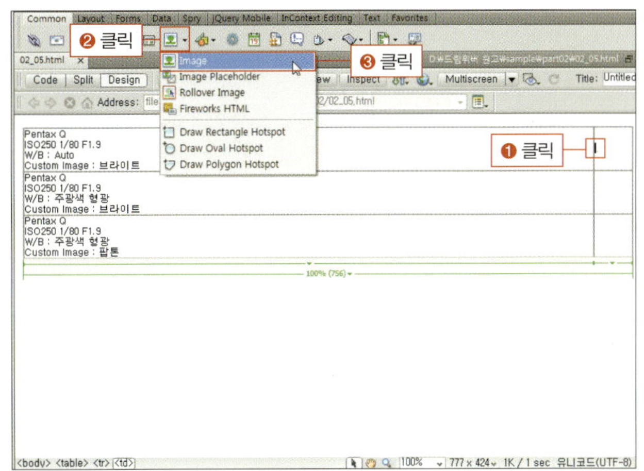

04 〔Select Image Source〕 대화상자가 나타나면 'Part02\images' 폴더에서 '02_02_img.jpg' 파일을 선택하고 〔OK〕 버튼을 클릭합니다.

05 〔Image Tag Accessibility Attributes〕 대화상자가 나타나면 Alternate text에 'pentax q 01'을 입력하고 〔OK〕 버튼을 클릭합니다.

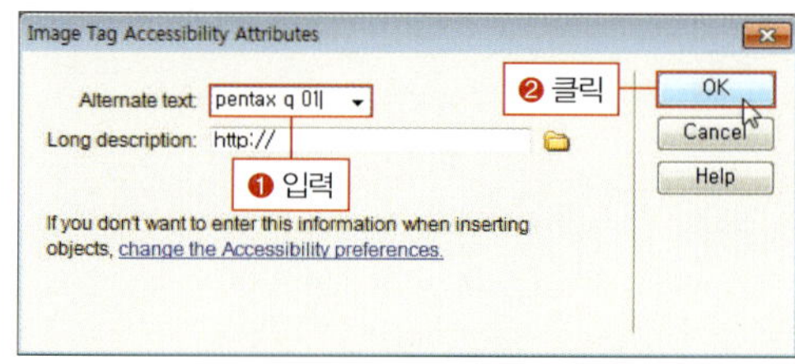

06 이미지가 테이블의 셀에 삽입된 것을 확인합니다. 다음 이미지를 삽입할 위치인 오른쪽 가운데 셀을 선택합니다.

Ｔｉｐ

사진 왼쪽에 있는 텍스트는 촬영한 카메라 이름과 설정 상태입니다.

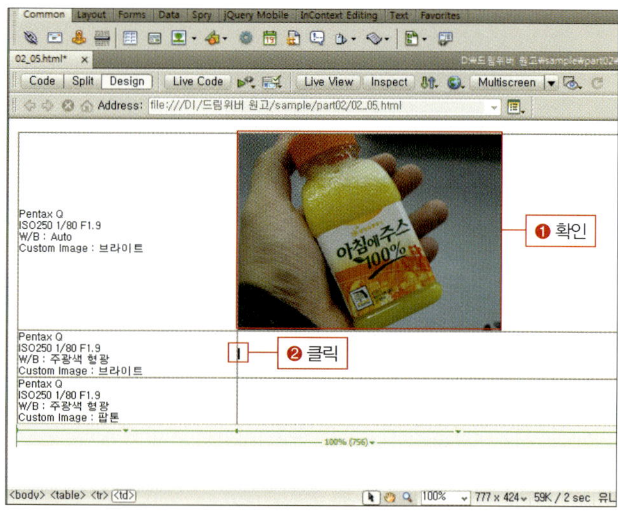

07 위와 같은 방법으로 위쪽의 Insert 패널에서 〔Common〕 탭의 'Images' 아이콘()을 클릭합니다.

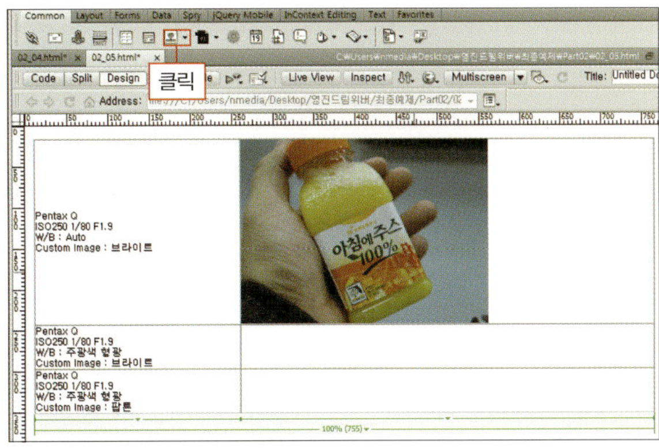

08 〔Select Image Source〕 대화상자가 나타나면, 'Part02\images' 폴더에서 셀에 삽입할 '02_03_img.jpg' 파일을 선택하고 〔OK〕 버튼을 클릭합니다.

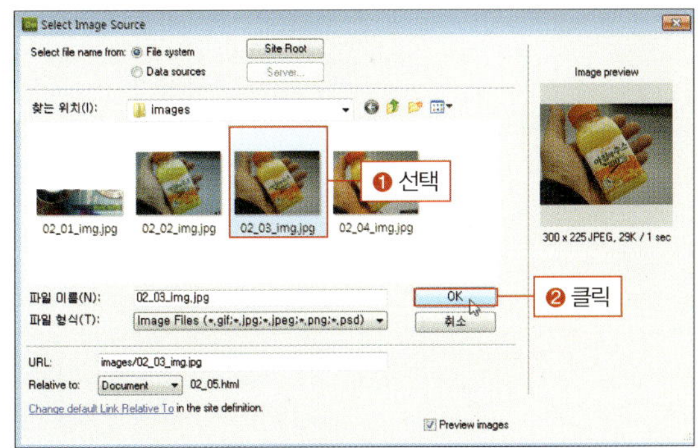

09 〔Image Tag Accessibility Attributes〕 대화상자가 나타나면 Alternate text에 'pentax q 02'를 입력하고 〔OK〕 버튼을 클릭합니다.

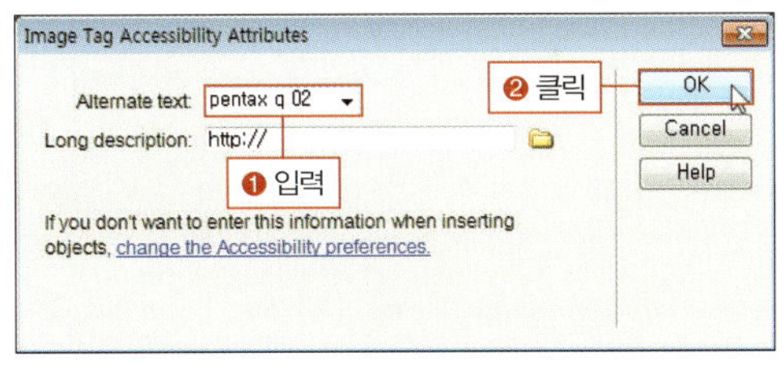

10 추가로 삽입된 이미지를 확인합니다. 이미지 크기에 따라 테이블의 셀 크기도 자동으로 조정됩니다. 마지막 이미지를 삽입하기 위해 아래쪽의 셀을 선택합니다.

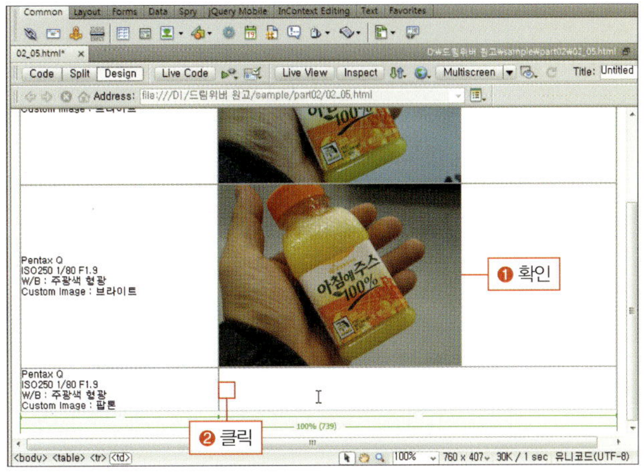

11 위쪽의 Insert 패널에서 〔Common〕 탭의 'Images' 아이콘을 클릭합니다. 〔Select Image Source〕 대화상자가 나타나면 'Part02\img.jpg' 이미지를 선택하고 〔OK〕 버튼을 클릭합니다.

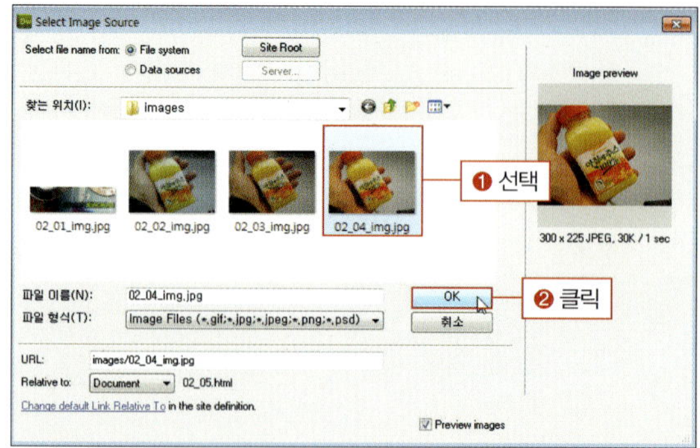

12 〔Image Tag Accessibility Attributes〕 대화상자가 나타나면 Alternate text에 'pentax q 03'을 입력하고 〔OK〕 버튼을 클릭합니다.

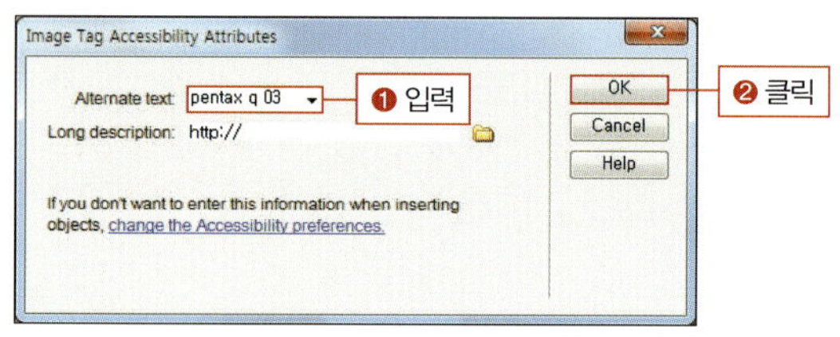

13 이미지가 모두 삽입되었습니다. 삽입된 이미지에 맞춰 테이블의 높이가 자동으로 변경되며, 테이블의 가로 크기는 현재 100%로 설정되어 있습니다.

동영상 삽입하기

웹 서핑을 할 때 플래시나 동영상이 적용된 웹 사이트를 볼 수 있습니다. 플래시에서도 HTML 문서를 만들 수 있지만, 드림위버에서 미리 제작된 플래시 문서를 삽입하는 경우가 일반적입니다. 기본적으로 SWF 문서를 삽입할 수 있으며, FLV 등의 플래시 동영상 파일도 삽입할 수 있습니다.

> **예제 파일** : Part02\02_06~10.html, Part02\images\02_05_flash.swf, 02_10_flv.flv
> **완성 파일** : Part02\02_06~10_완성.html

SWF 파일 삽입하기

01 〔File〕-〔Open〕 메뉴를 클릭하거나 `Ctrl`+`O`를 눌러 'Part02' 폴더의 '02_06.html' 파일을 불러옵니다. 위쪽의 Insert 패널에서 〔Common〕 탭의 'Media' 아이콘()을 클릭하고 〔SWF〕를 선택합니다.

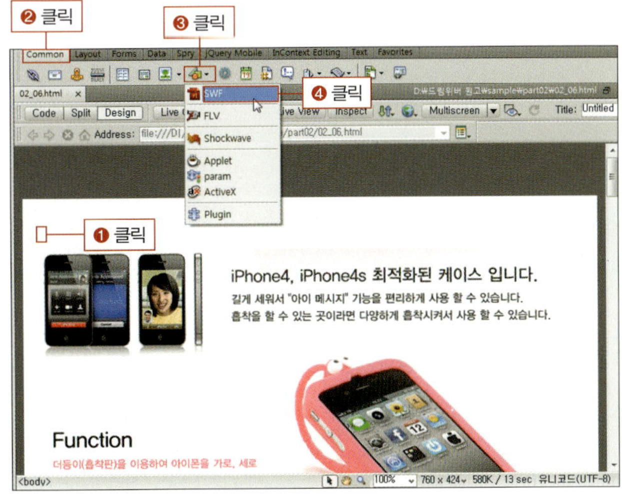

02 〔Select SWF〕 대화상자가 나타나면 'Part02\images' 폴더의 '02_05_flash.swf' 파일을 선택하고 〔OK〕 버튼을 클릭합니다.

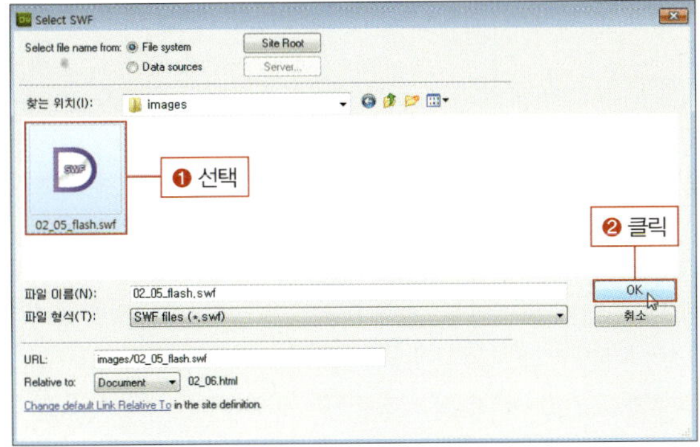

 **03** 〔Object Tag Accessibility Attributes〕 대화상자가 나타나면 Title에 'widpin meddogi iphone case', Access key는 'a', Tab index는 '1'을 입력하고 〔OK〕 버튼을 클릭합니다.

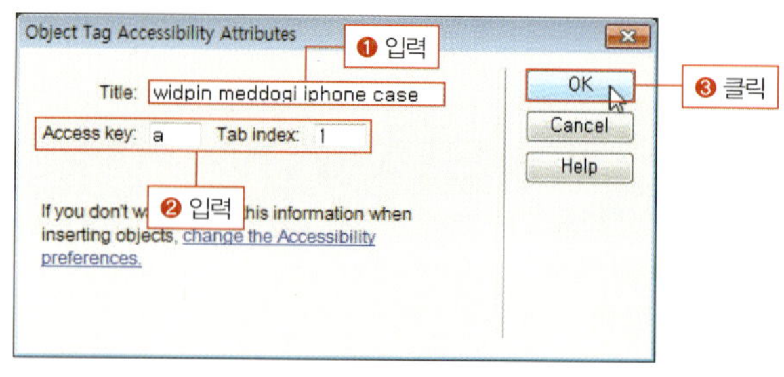

> **Tip**
>
> **Access key와 Tab index**
> - Access key : 선택키로 텍스트 사이에 브라우저 내에서 해당 플래시를 선택하는데, 사용할 키보드의 키를 입력할 수 있습니다. 지정된 선택키와 Ctrl 을 눌러 해당 플래시 문서를 선택할 수 있습니다.
> - Tab index : 플래시의 탭 순서를 설정합니다. 플래시와 같은 특정 객체가 여러 개 존재하고 Tab 을 눌러 선택하는 이동 순서가 필요할 때 탭 순서를 설정하면 편리합니다.

04 작업 영역의 왼쪽 윗부분에 'SWF : FlashID' 파일 표시자가 나타나며 문서에서 플래시의 크기만 확인할 수 있습니다. 플래시 무비를 확인하려면 Properties 패널에서 〔Play〕 버튼을 클릭합니다.

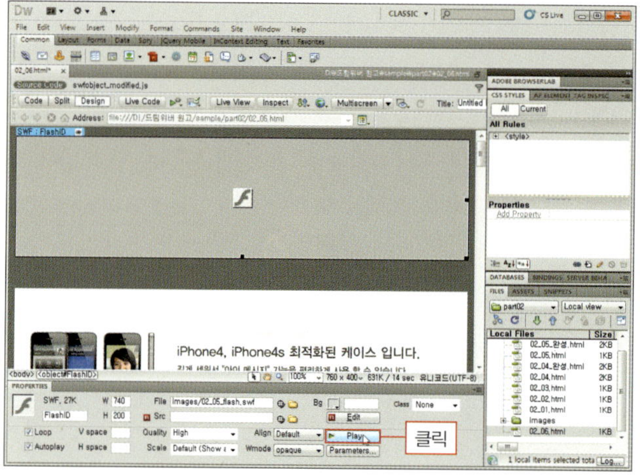

05 문서에서 플래시 무비가 재생됩니다. 플래시 무비를 확인하고 Properties 패널에서 〔Stop〕 버튼을 클릭하여 재생을 정지합니다.

> **Tip**
>
> 문서에서 플래시가 계속 작동하면 작업 속도가 느려질 수 있습니다.

06 웹 브라우저에서 삽입된 문서를 확인하려면 먼저 저장해야 합니다. (File)-(Preview in Browser)-(IExplore) 메뉴를 클릭하거나 F12를 누릅니다.

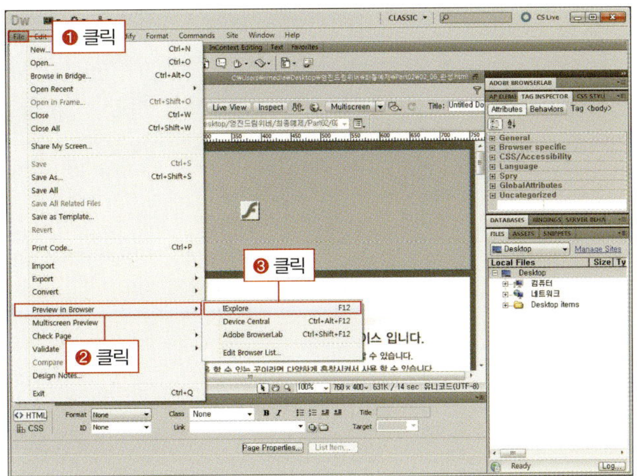

07 (Copy Dependent Files) 대화상자가 나타나며 Scripts 폴더에 2가지 종속 파일(express Install.swf, swfobject_modified.js)이 저장됨을 알려줍니다. (OK) 버튼을 클릭합니다.

TiP

웹 서버에 올릴 때 2가지 종속 파일을 업로드하지 않으면 SWF 파일이 표시되지 않을 수 있습니다.

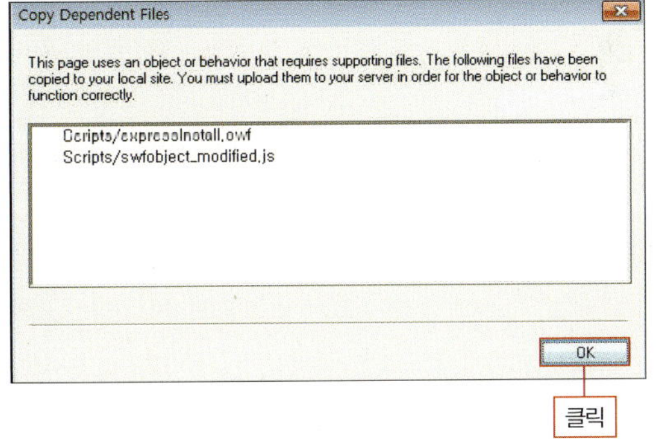

08 저장이 완료된 문서의 (Code) 탭을 클릭하면 플래시 문서를 불러오는 태그가 <object> 태그를 활용하는 것을 확인할 수 있습니다. <object> 태그는 비교적 복잡한 태그이므로 직접 입력하기에는 어려움이 있습니다.

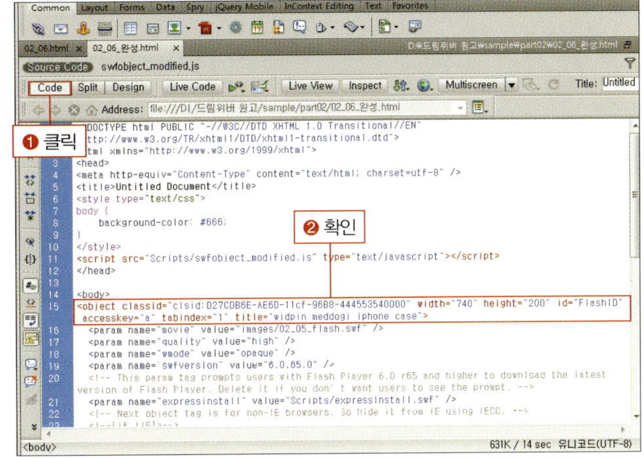

09 웹 브라우저에서 확인하기 위해 〔File〕-
〔Preview in Browser〕-〔IExplore〕 메뉴를 클릭하
거나 F12를 누릅니다. 웹 브라우저에서 해당 문서
가 열리지만, Active X 컨트롤 관련 보안 경고창
이 나타납니다. 〔차단된 콘텐츠 허용〕 버튼을 클릭
합니다.

> **Tip**
>
> 웹 서버에 업로드한 플래시 파일은 일반적으로 보안 경고창
> 이 나타나지 않고, 컴퓨터 상의 플래시에서만 보안 경고창이
> 나타납니다.

10 위쪽에 플래시를 삽입하고 아래쪽에 제품 설
명이 담긴 페이지를 완성하였습니다.

> **Tip**
>
> 상품이 이미지로 설명되었지만, 최근의 웹 사이트는 이미지
> 사용을 줄이고 텍스트 위주로 페이지를 구성하여 검색률을
> 높이고 웹 표준 규격에 맞고 있습니다.

FLV 파일 삽입하기

01 〔File〕-〔Open〕 메뉴를 클릭하거나 Ctrl
+O를 눌러 'Part02' 폴더에서 '02_09.html' 파
일을 불러옵니다. HTML 문서를 살펴보면 2개의
수평선이 있습니다. 수평선 사이를 클릭하여 동영
상을 추가할 위치를 지정하고, 위쪽의 Insert 패널
에서 〔Common〕 탭의 'Media' 아이콘(📷 ▼)을
클릭한 다음 〔FLV〕를 선택합니다.

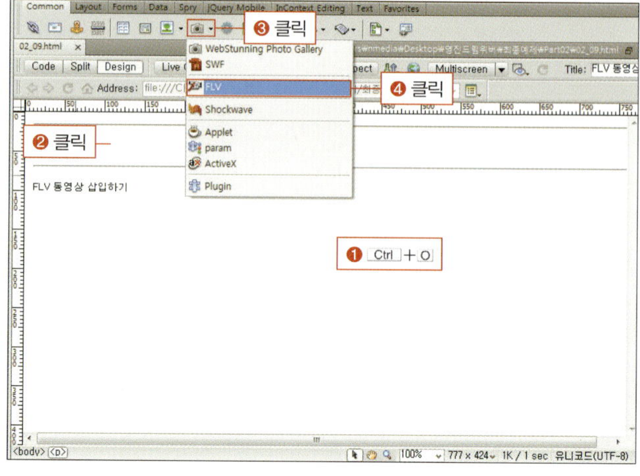

02 〔Insert FLV〕 대화상자가 나타나면 Video type을 'Progressive Download Video', Skin은 'Halo Skin 3'로 선택합니다. 동영상 위치를 지정하기 위해 URL의 〔Browse〕 버튼을 클릭합니다.

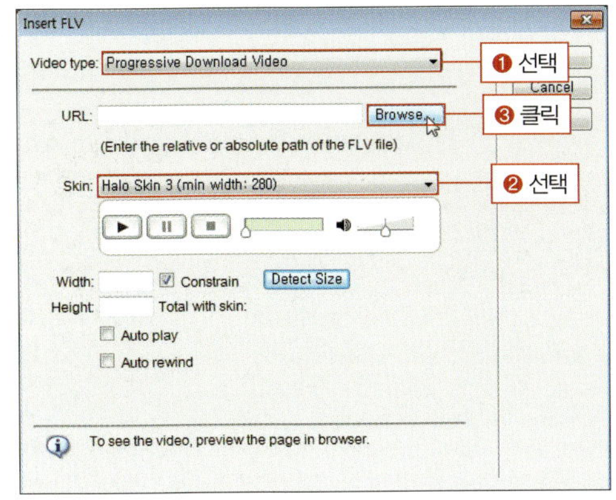

03 〔Select FLV〕 대화상자가 나타나면 'Part02 \images' 폴더에서 '02_10_flv.flv' 파일을 선택하고 〔OK〕 버튼을 클릭합니다.

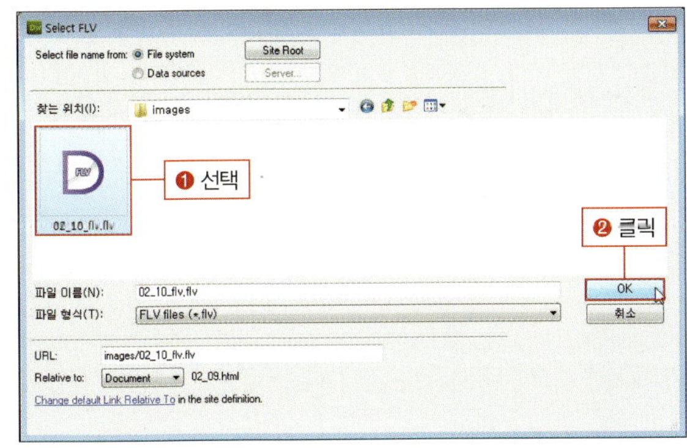

04 〔Insert FLV〕 대화상자에서 문서에 삽입할 이미지의 크기를 지정합니다. 직접 크기를 입력하거나 〔Detect Size〕 버튼을 클릭하여 자동으로 원본 크기에 맞춰 크기를 설정합니다.

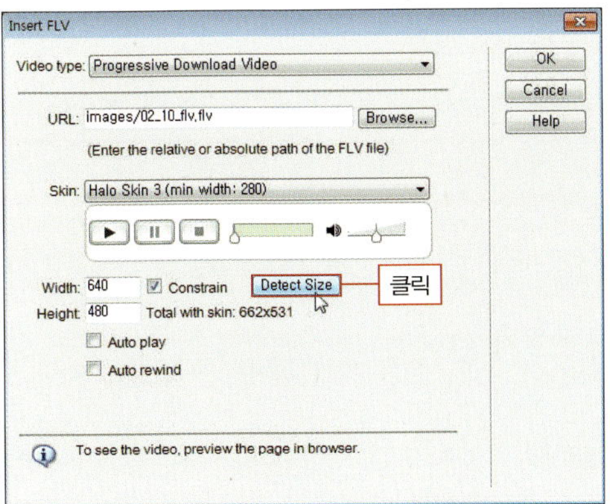

05 문서의 동영상이 자동으로 재생되도록 'Auto play'를 선택합니다. 재생한 다음 처음으로 돌아오도록 'Auto rewind'를 선택하고 (OK) 버튼을 클릭합니다.

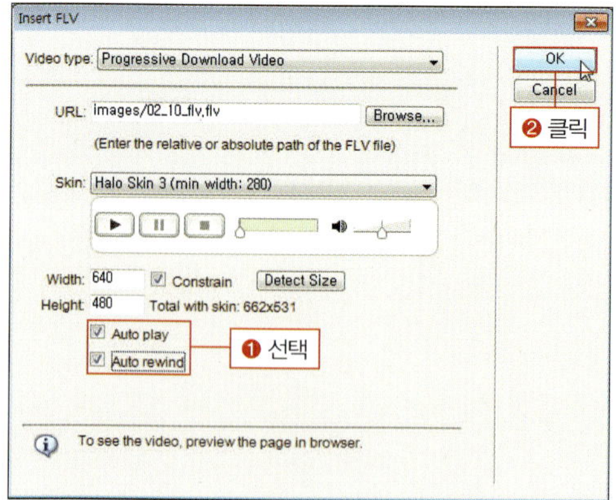

06 문서로 돌아와 SWF : FLV Player가 함께 작동 중이고, 동영상이 삽입된 것을 확인합니다.

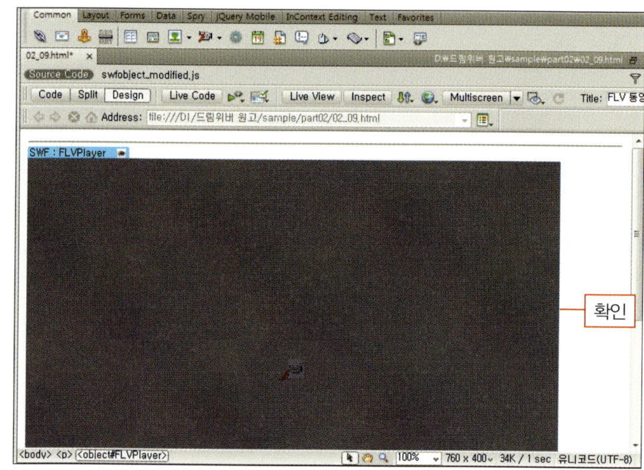

07 동영상이 정상적으로 삽입되고 작동하는지 웹 브라우저에서 확인하기 위해 (File)-(Preview in Browser)-(IExplore) 메뉴를 클릭하거나 F12 를 누릅니다. 컴퓨터에서 실행했기 때문에 보안 경고창이 나타나면 (차단된 콘텐츠 허용) 버튼을 클릭합니다.

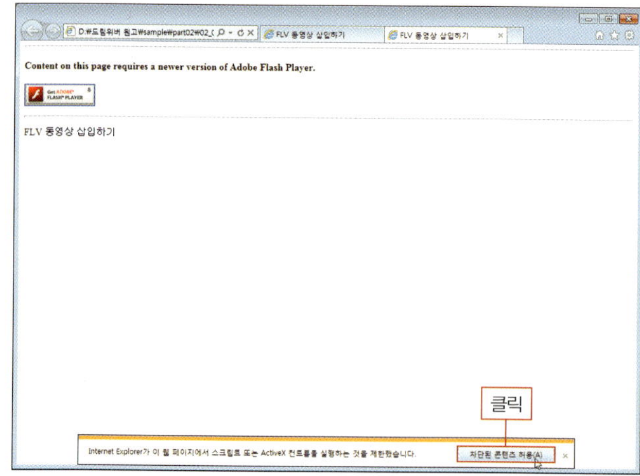

08 적용한 스킨과 동영상이 웹 브라우저에서 자동으로 재생되는 것을 확인합니다.

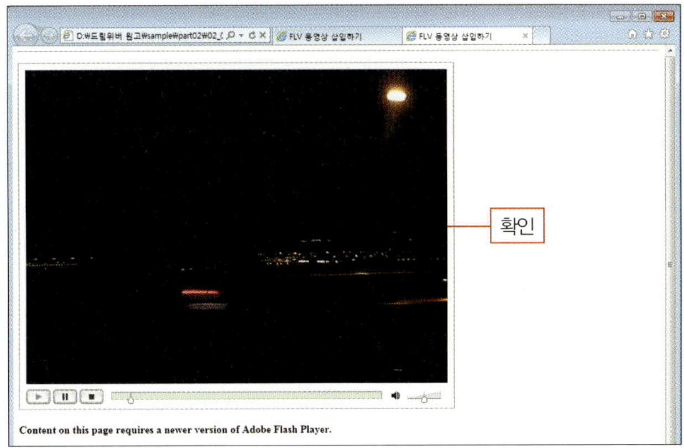

유튜브(Youtube) 동영상 삽입하기

01 유튜브 동영상을 삽입한 문서를 열기 위해 〔File〕-〔Open〕 메뉴를 클릭하거나 Ctrl + O 를 눌러 'Part02' 폴더의 '02_10.html' 파일을 불러옵니다.

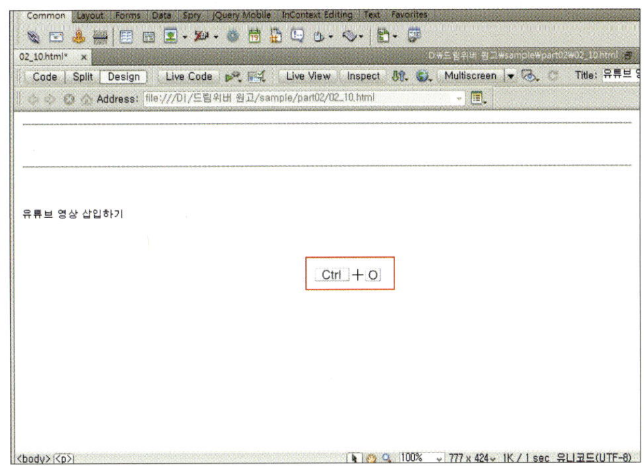

02 유튜브 사이트(www.youtube.com)에 접속하여 원하는 동영상을 찾습니다. 여기서는 자동차 광고를 선택했습니다. 〔공유〕 버튼을 클릭합니다.

03 동영상을 확인하고 소스를 복사하기 위해 아래쪽의 〔소스 코드〕 버튼을 클릭합니다. 소스 코드가 나타나며, 코드를 삽입하기 위해 '이전 소스 코드 사용'을 선택하면 object 코드가 만들어집니다.

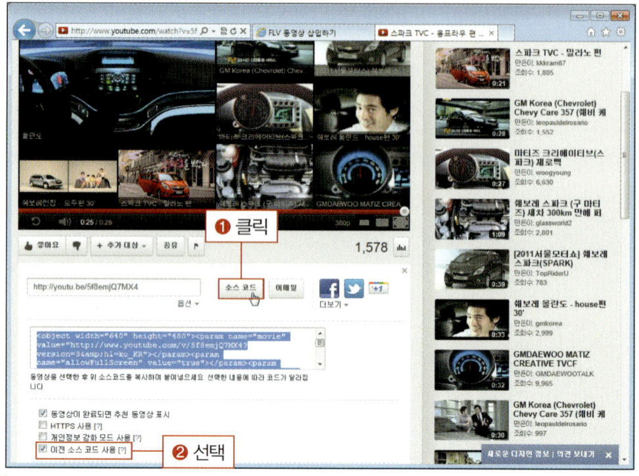

04 삽입할 동영상의 크기를 설정하기 위해 아래쪽의 '640×480'을 선택합니다. 동영상 크기를 설정한 다음 소스를 모두 선택하고 Ctrl + C 를 눌러 코드를 복사합니다.

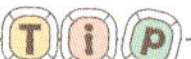

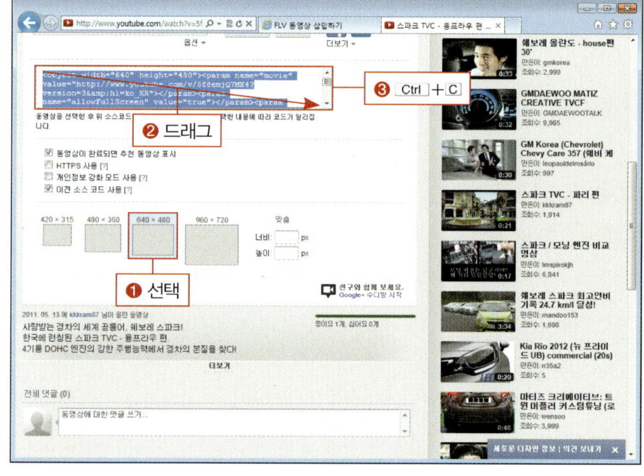

동영상의 크기는 직접 입력할 수 있으며, 동영상의 종류에 따라 동영상의 크기가 다르게 표기될 수 있습니다.

05 복사한 유튜브 동영상의 코드를 문서에 삽입하기 위해 드림위버의 〔Split〕 탭을 클릭합니다.

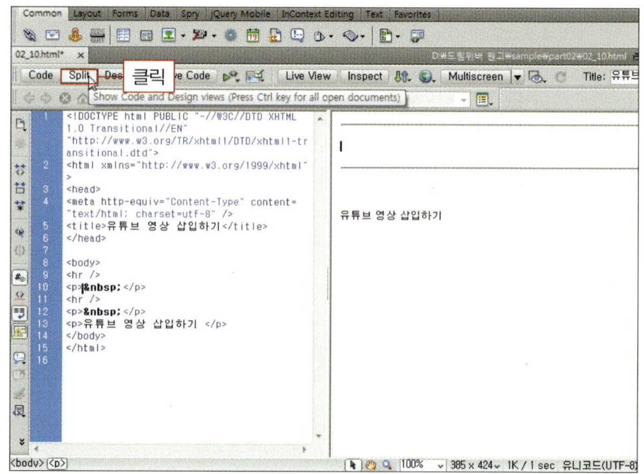

06 코드 화면에서 〈hr〉 태그 사이의 ' ' 부분을 드래그하여 선택합니다.

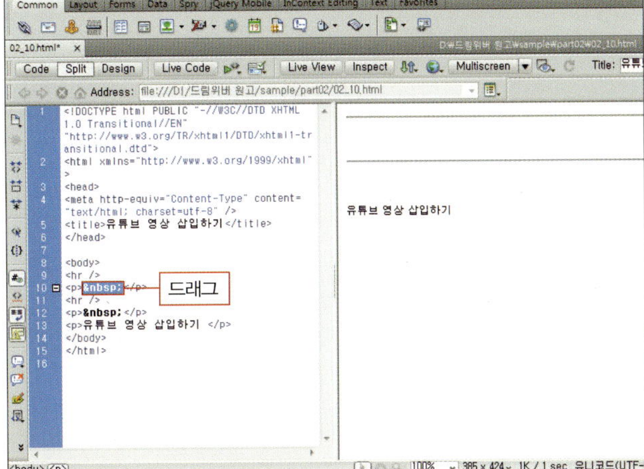

07 복사한 코드를 붙여넣기 위해 해당 위치에서 Ctrl + V 를 누릅니다. 코드는 입력되었지만, 동영상을 확인할 수 없습니다. 복사만 해둔 상태이므로 아직 적용이 되지 않았기 때문입니다.

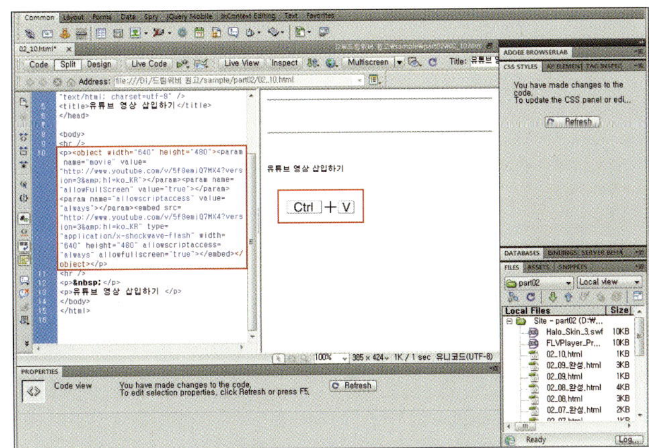

08 〔Design〕 탭을 클릭하여 디자인 화면으로 변경해 동영상이 적용된 것을 확인합니다.

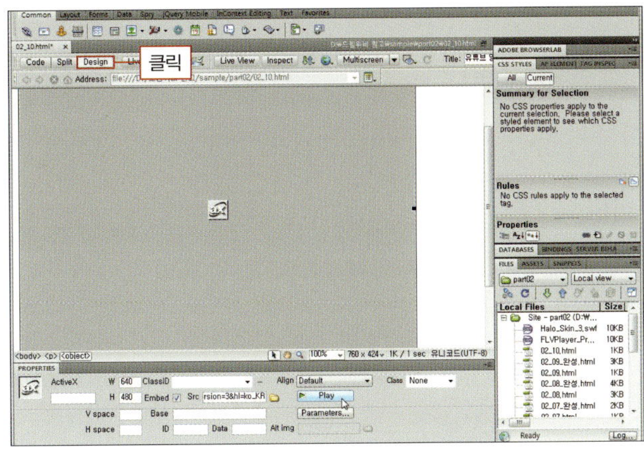

09 웹 브라우저에서 확인하기 위해 〔File〕–
〔Preview in Browser〕–〔IExplore〕 메뉴를 클릭하
거나 F12 를 누릅니다. 컴퓨터에서 실행했기 때문에
보안 경고창이 나타납니다. 〔차단된 콘텐츠 허용〕
버튼을 클릭하여 보안 설정을 해제합니다.

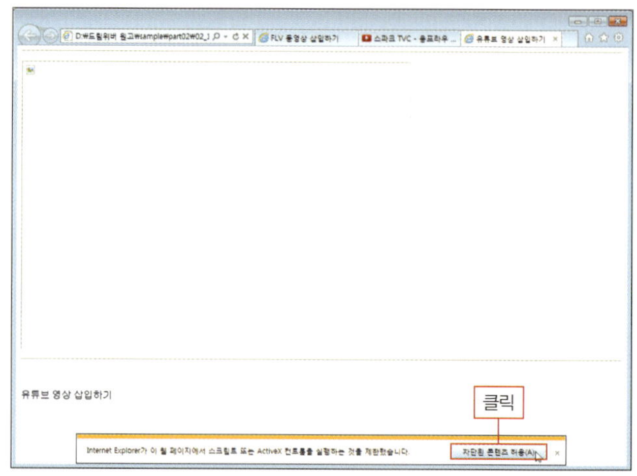

10 유튜브 동영상은 플래시 방식의 동영상으로
재생되기 때문에 Flash Player 보안 경고창이 나
타납니다. 위험성이 있는 콘텐츠가 아니므로 〔확
인〕 버튼을 클릭합니다.

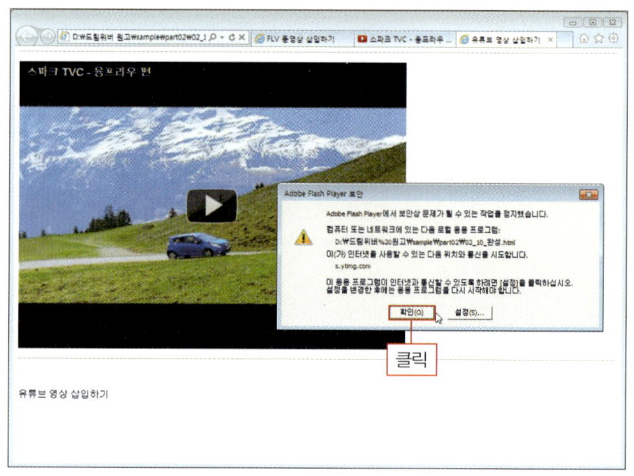

11 보안 설정을 마치고 동영상 가운데 부분의
'재생' 아이콘(▶)을 클릭해 재생합니다.

문자 입력하고 문단 편집하기

04 Lesson

최근 웹 사이트의 경향은 플래시나 동영상 위주의 홈페이지보다 텍스트 위주의 홈페이지가 늘어나고 있습니다. 드림위버에서 문자 입력과 문단 편집은 사이트를 제작하는 기초가 되고 있으며, 꼭 필요한 부분에서만 테이블 또는 이미지를 사용하여 검색률을 높이고 웹 표준에 맞춰 제작하고 있습니다.

> **예제 파일** : Part02\02_07.html
> **완성 파일** : Part02\02_07_완성.html

문자 입력하기

01 〔File〕-〔Open〕 메뉴를 클릭하거나 Ctrl + O 를 눌러 'Part02' 폴더의 '02_07.html' 파일을 선택하고 〔열기〕 버튼을 클릭합니다.

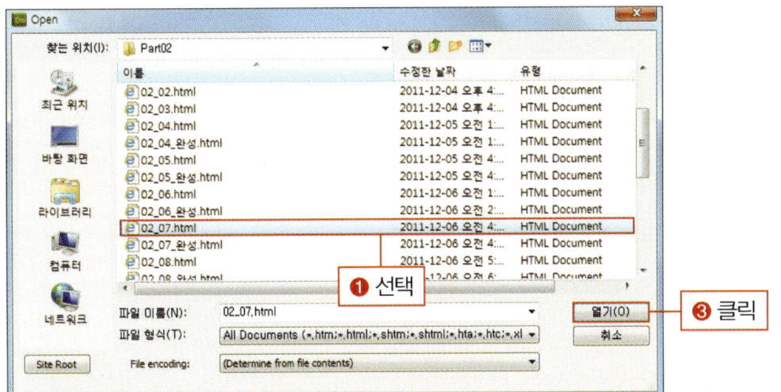

02 문서 타이틀을 설정하기 위해 작업 영역 오른쪽의 패널 그룹 위쪽에 있는 'Collapse to Icons' 아이콘(▶▶)을 클릭하여 패널을 그림과 같이 축소합니다. 작업 영역 오른쪽 윗부분에 나타난 Title에 '텍스트 입력하기'를 입력합니다.

사용하는 모니터의 해상도에 따라 패널을 축소하지 않아도 됩니다.

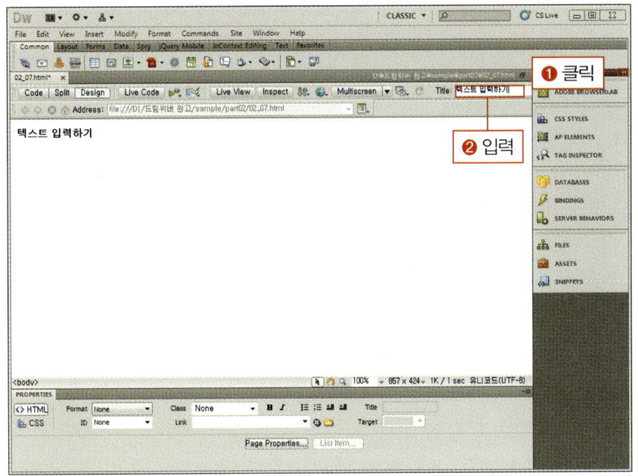

03 문서에는 '텍스트 입력하기'가 입력되어 있습니다. 문자의 끝부분을 클릭하고 Enter 를 누른 다음 '동해물과 백두산이 마르고 닳도록'을 입력합니다.

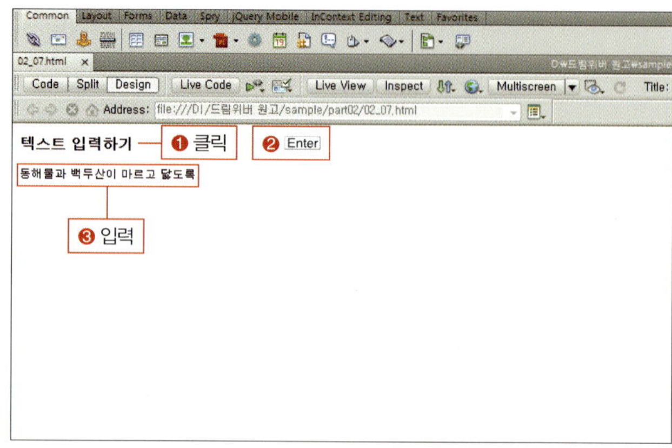

04 〔Code〕 탭을 클릭하여 입력된 문자에 적용된 태그를 확인합니다. '텍스트 입력하기'의 앞, 뒤에는 〈h3〉 태그가 적용되어 텍스트의 크기가 자동으로 조정되었으며, 입력한 텍스트는 〈p〉 태그가 적용된 것을 확인할 수 있습니다. 문장을 입력하면 문단을 구성하는 태그가 설정되어야 하기 때문에 자동으로 〈p〉 태그가 적용됩니다. 다시 〔Design〕 탭을 클릭합니다.

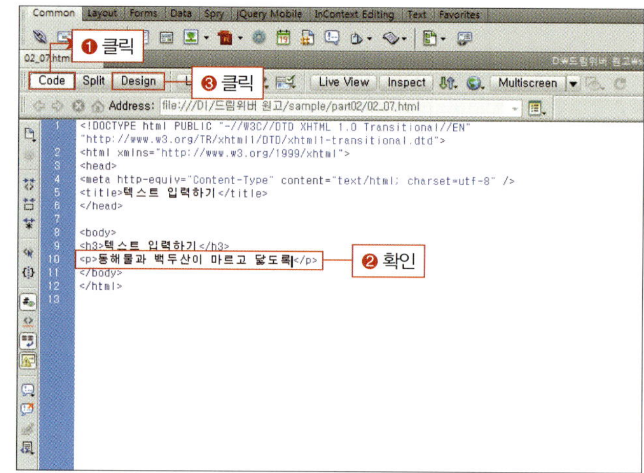

05 애국가를 입력하기 위해 첫 번째 문장이 입력된 끝부분에서 Shift + Enter 를 누르고 '하느님이 보우하사 우리나라 만세'를 입력합니다. Shift + Enter 를 누르고 '무궁화 삼천리 화려강산'을 입력합니다. 마지막으로 Shift + Enter 를 누르고 '대한사람, 대한으로 길이 보전하세'를 입력합니다.

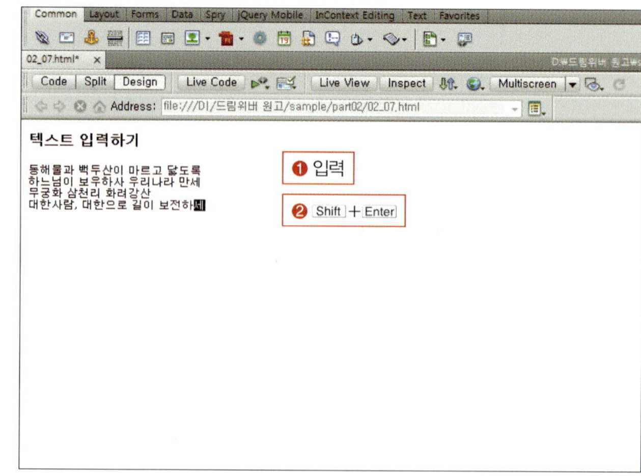

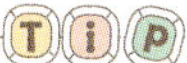

06 태그를 확인하기 위해 (Code) 탭을 클릭하고 Shift + Enter 를 누른 지점에
 태그가 입력된 것을 확인합니다. 또 문장의 시작과 끝부분의 <p>와 </p> 태그도 확인합니다.

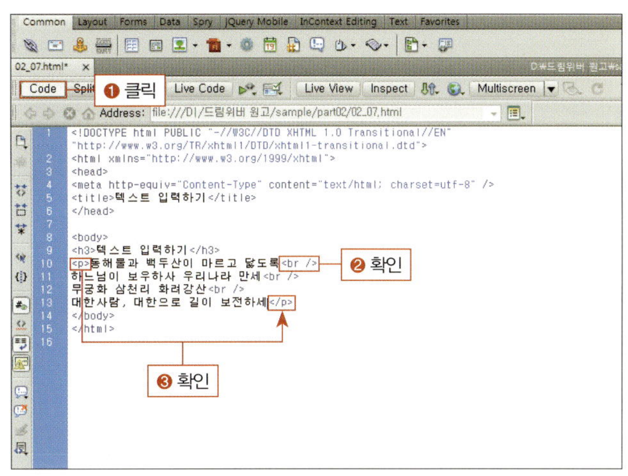

Tip

<p>와 </p> 태그는 하나의 문단을 표시하는 태그이며
 태그는 문장을 구분하는 태그입니다.

07 코드와 실제 화면을 비교하기 위해 (Split) 탭을 클릭합니다. 문장의 끝부분에서 Enter 를 눌러 문단을 구분합니다. 소스 코드를 보면 Enter 를 누른 부분에 <p>와 </p> 태그가 만들어지며, 화면에 보이지 않지만 ' '가 입력됩니다.

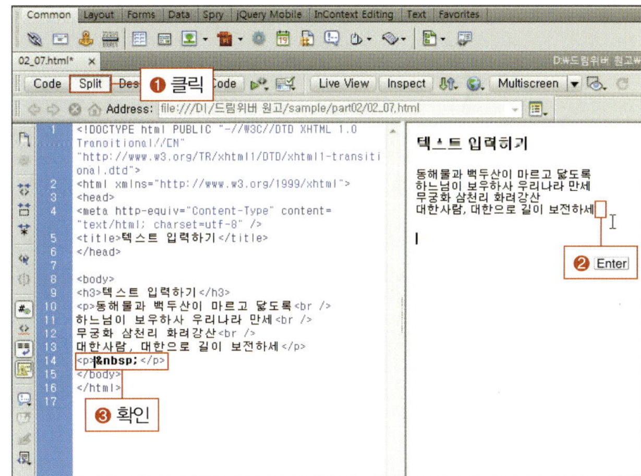

Heading 태그 적용하기

01 문단이 바뀐 부분에 '남산 위에 저 소나무 철갑을 두른듯' 을 입력한 다음 문자를 드래그하여 선택 영역으로 지정합니다.

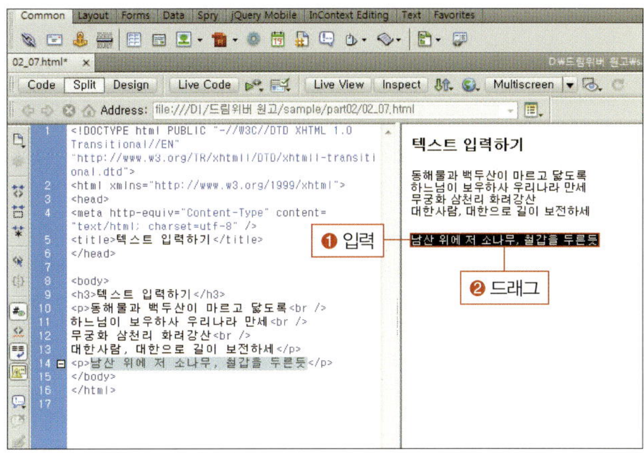

02 문자가 선택된 상태로 Properties 패널의 〔HTML〕 탭에서 Format을 'Heading 3'을 선택하여 타이틀 태그로 설정합니다.

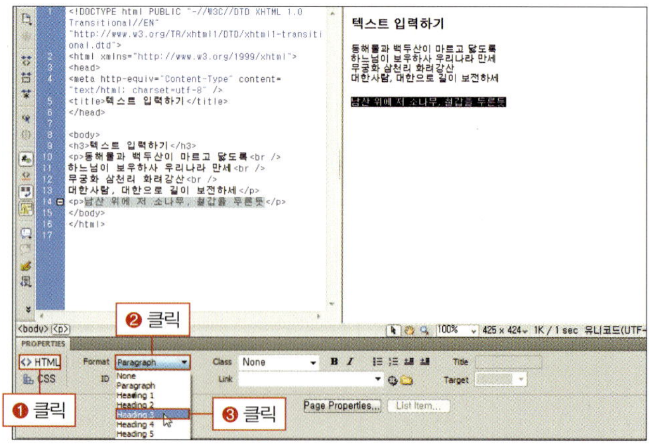

03 입력된 문자의 크기가 커지고, 두껍게 처리된 것을 확인합니다. 태그 화면을 살펴보면 〈h3〉 태그가 적용된 것을 확인합니다.

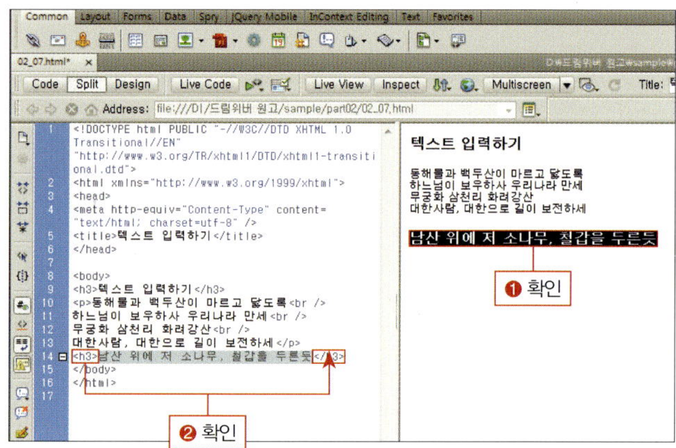

Preformatted 태그 적용하기

01 입력한 문장의 끝부분에서 Enter를 눌러 새 문단을 만들고 '바람서리'를 입력한 다음 Space Bar를 여러 번 누릅니다. 코드 화면에서는 연속으로 공백이 입력되지만 문서 상에서는 1개 이외의 공백은 추가되지 않는 것을 확인합니다.

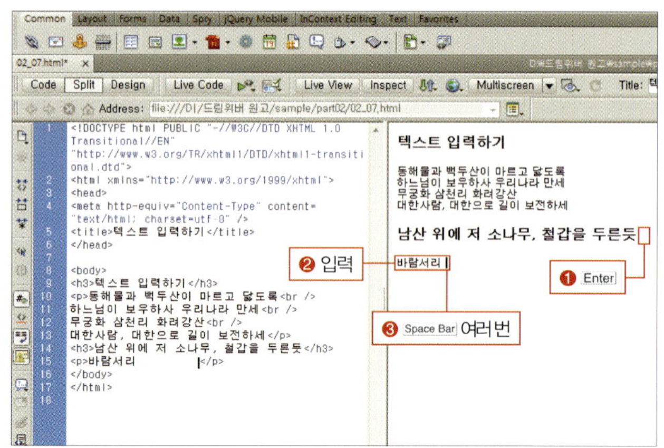

02 '불변함은 우리 기상일세'를 입력해 코드와 문서의 차이점을 정확하게 확인합니다.

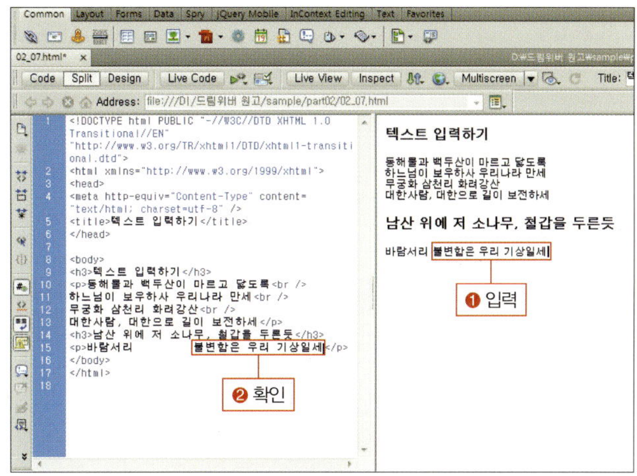

03 문장의 끝부분에서 Shift + Enter 를 눌러 〈br /〉 태그를 적용한 다음 Space Bar 를 여러 번 누르고 '무궁화 삼천리 화려강산'을 입력합니다. 이때 '무궁화'와 '삼천리' 사이에서 여러 번 Space Bar 를 눌러 간격을 띄웁니다.

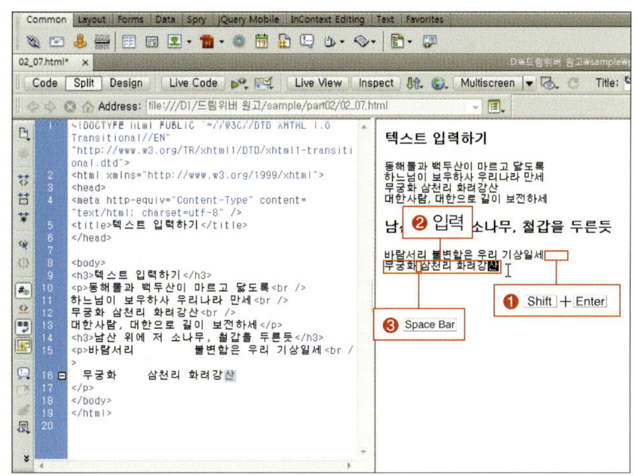

04 이전 단계에서 입력한 '무궁화 삼천리 화려강산' 부분을 드래그하여 선택하고, Properties 패널의 〔HTML〕 탭에서 Format을 'Preformatted' 로 선택합니다. 〈pre〉 태그는 〈p〉 태그가 적용된 전체에 적용되는 것을 확인합니다.

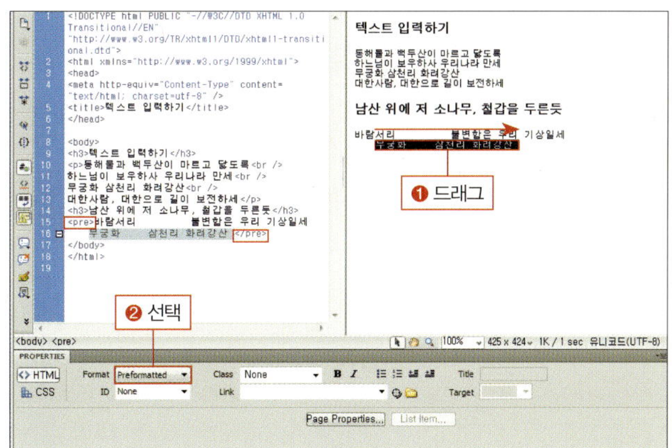

05 〈pre〉 태그를 살펴보면서 코드 화면에서 공백을 입력한 부분뿐만 아니라 문장 앞쪽에 입력된 공백도 문서 상에서 그대로 표현되는 것을 확인합니다.

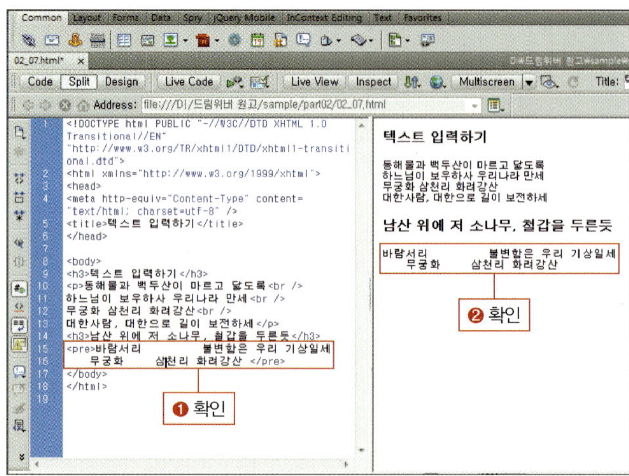

06 입력된 문장의 끝부분에서 Enter 를 눌러 줄을 바꾸고 '대한사람,'을 입력합니다. Space Bar 를 여러 번 누르고 '대한으로 길이 보전하세.'를 입력합니다. 〈pre〉 태그가 적용된 부분에는 줄 바꿈과 공백이 입력되는 것을 확인합니다.

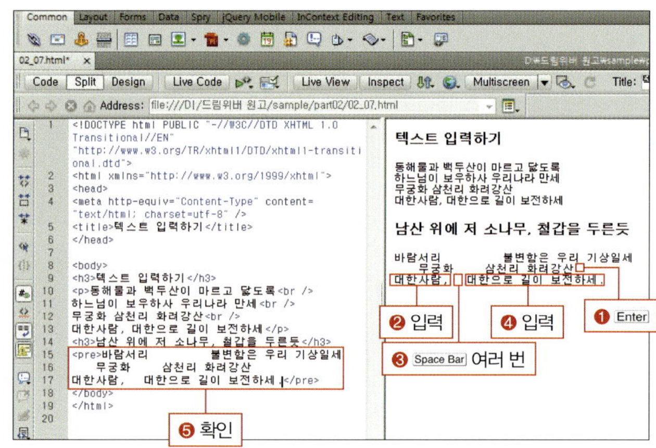

소스 활용하여 문단 구성하기

01 〈pre〉 태그는 유용하게 사용할 수 있지만, 태그를 활용하여 문단을 구성하는 것이 좋으므로 '남산~보전하세.'를 드래그하여 선택하고 Properties 패널의 〔HTML〕 탭에서 Format을 'Paragraph'로 선택합니다.

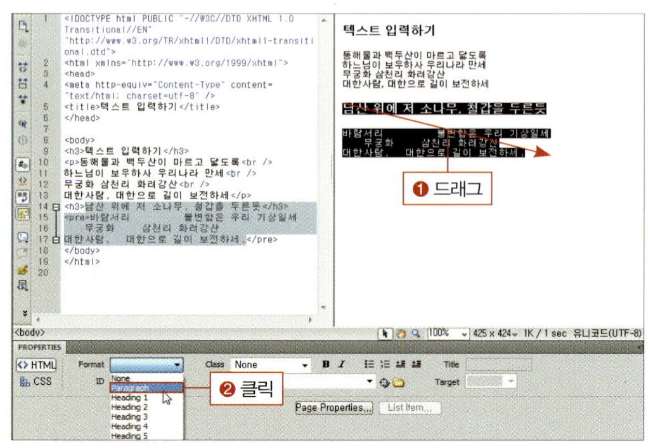

02 2절의 첫 소절과 나머지 소절이 문단으로 구분되어 줄 바꿈이 넓게 지정되어 있습니다. 태그 화면에서 수정하기 위해 </p>, <p> 태그를 드래그하여 선택하고 Delete 를 눌러 삭제합니다.

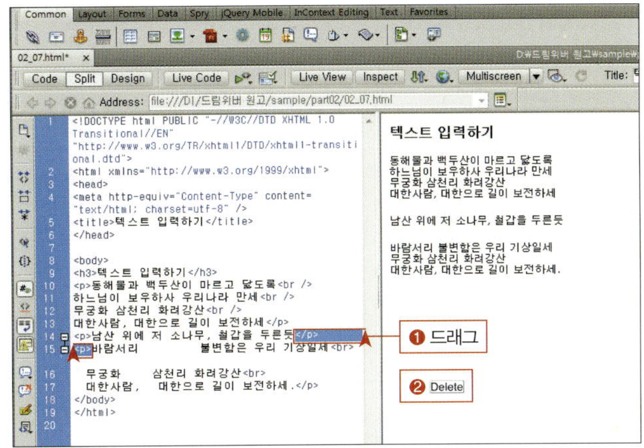

03 줄 바꿈을 위해 태그 화면에서 '두른듯' 뒤에
 태그를 입력합니다. 줄 바꿈이 필요한 부분에
 태그를 입력합니다.

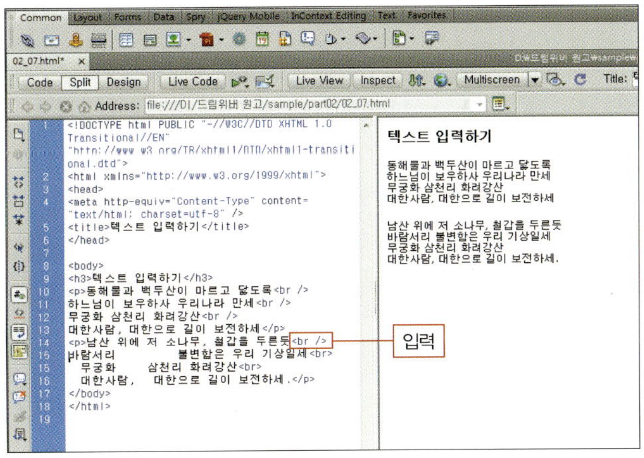

CSS 적용하기

01 애국가의 2절 부분을 드래그하여 선택한 다음 Properties 패널에서 〔CSS〕 탭을 클릭하고 Size를 '14'로 선택합니다.

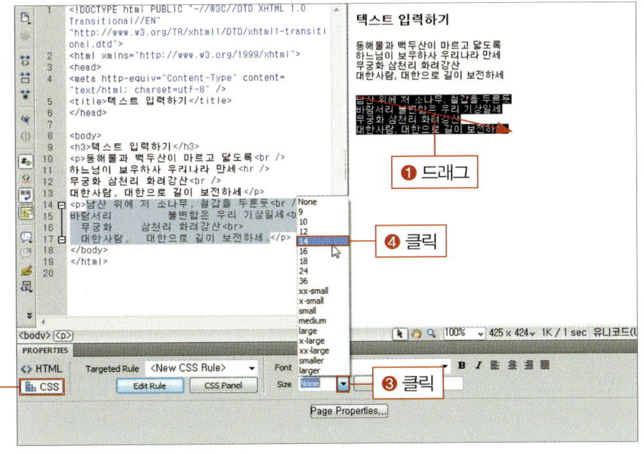

02 그림과 같이 〔New CSS Rule〕 대화상자가 나타나면 Selector Name에 'text14pt'를 입력하고 〔OK〕 버튼을 클릭합니다.

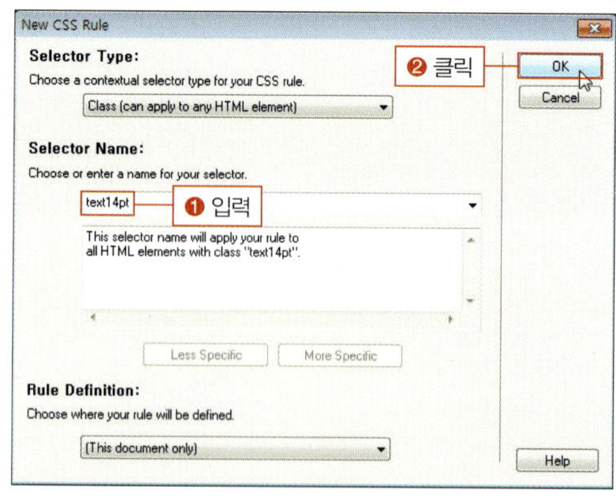

03 적용된 텍스트의 CSS는 코드 화면에서 확인할 수 있으며 〈p〉 태그에 Class를 활용하여 지정했습니다. 또 〈head〉 태그의 〈style〉 태그를 활용하여 CSS의 내용이 적용된 것을 확인합니다.

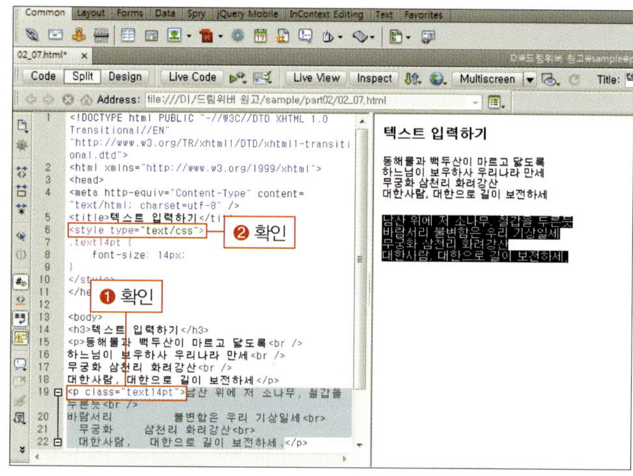

04 Properties 패널에서 드래그한 부분의 색상을 '#66F'로 설정합니다. 〈head〉 태그에 적용된 CSS에 'color: #66F'가 자동으로 추가됩니다. 〈p〉 태그의 수정 없이 색상과 글자 크기가 변경된 것을 확인합니다.

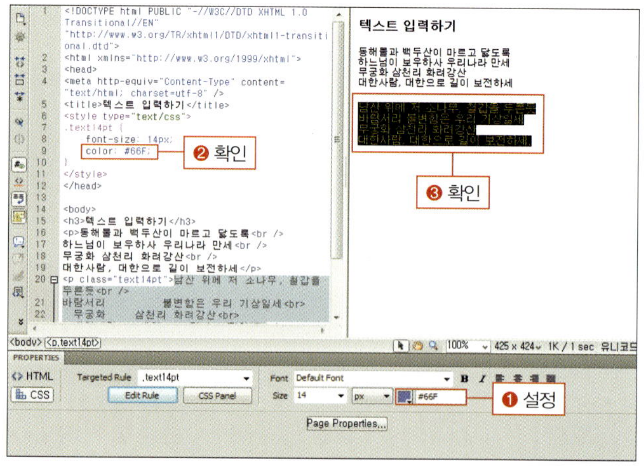

05 애국가의 1절 부분도 드래그하여 선택하고 Properties 패널의 Targeted Rule을 'text14pt'로 선택하여 같은 CSS를 1절에 적용합니다.

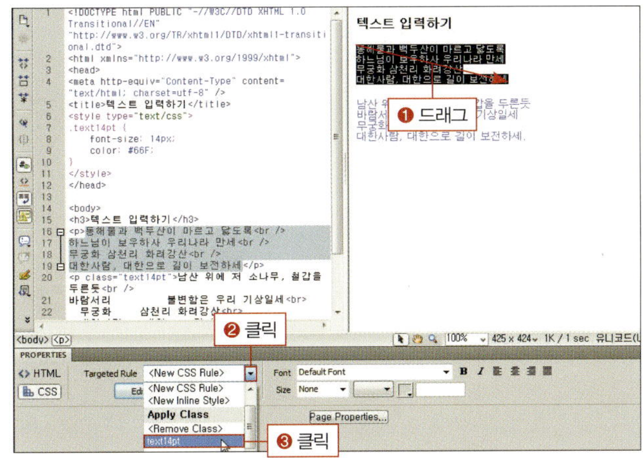

06 위와 같은 방법으로 CSS를 적용하며 3절과 4절을 입력합니다.

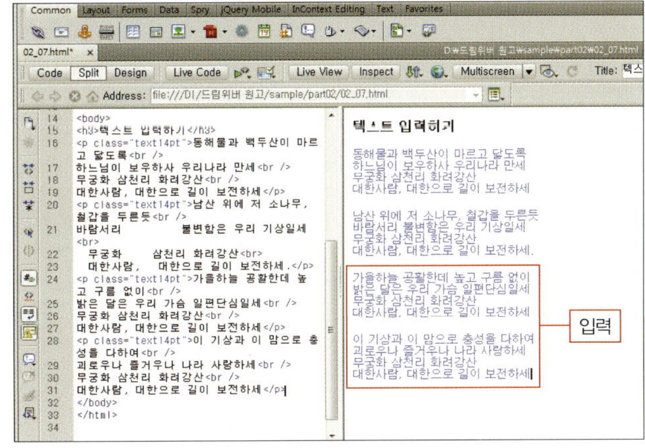

> **T i P**
>
> 입력된 애국가에 간단하게 Class를 활용하여 CSS를 적용해서 완성할 수 있습니다. 만약, CSS가 적용된 부분을 변경하면 문서 전체에 걸쳐 변경됩니다.

07 위쪽의 '텍스트 입력하기'를 '애국가'로 변경하여 완성합니다.

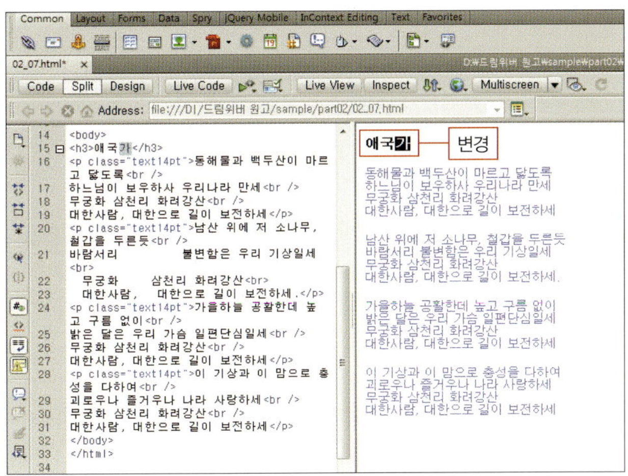

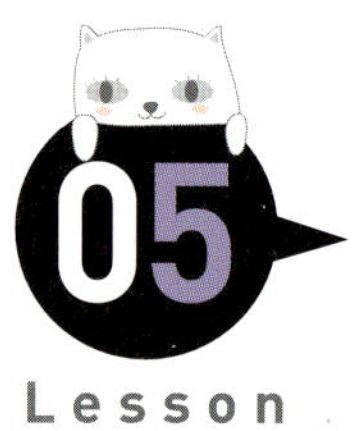

테이블 활용하기

05
Lesson

테이블은 웹 사이트를 다양하게 꾸밀 수 있는 가장 기초적이며 중요한 부분입니다. 직접 태그를 이용하여 테이블을 작성하는 것은 매우 복잡하고 어렵지만, 드림위버에서는 간단하게 테이블을 만들 수 있습니다.

예제 파일 : Part02\02_08.html
완성 파일 : Part02\02_08_완성.html

테이블 만들기

01 〔File〕-〔Open〕 메뉴를 클릭하거나 Ctrl + O 를 눌러 'Part02' 폴더의 '02_08.html' 파일을 불러옵니다. '02_08.html' 파일에는 텍스트는 있지만 테이블이 없습니다.

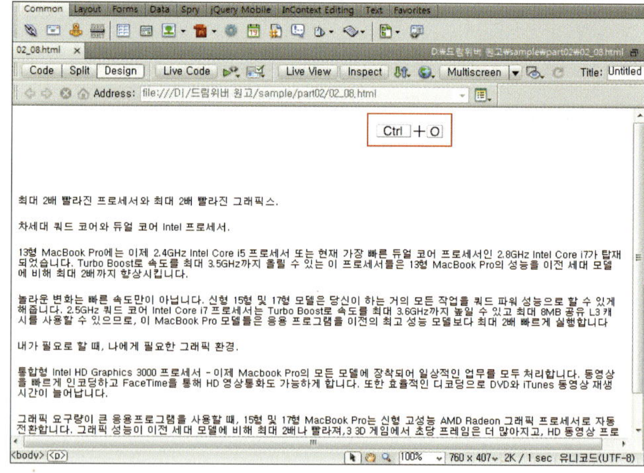

02 테이블을 추가하기 위해 위쪽의 Insert 패널에서 〔Common〕 탭의 'Table' 아이콘(▦)을 클릭합니다.

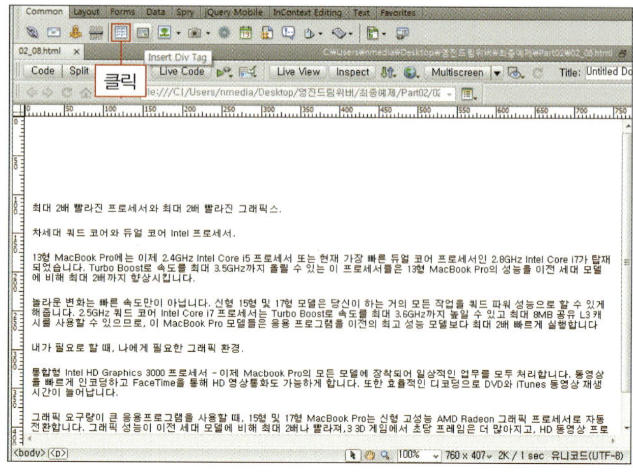

03 〔Table〕 대화상자가 나타나면 Rows를 '4', Columns를 '4', Table width를 '750pixels', Border thickness는 '1', Cell padding과 Cell spacing은 '0'으로 설정합니다. Accessibillity 항목의 Caption은 'Macbook Pro', Summary는 'Apple Macbook Pro/www.apple.co.kr'을 입력한 다음 〔OK〕 버튼을 클릭합니다.

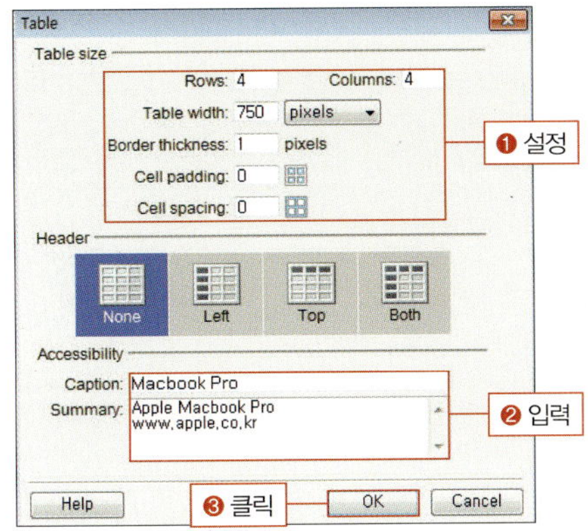

04 추가한 테이블과 캡션을 확인합니다.

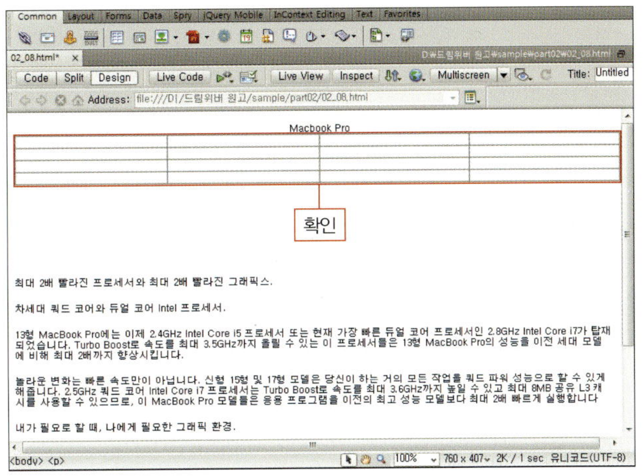

05 테이블에서 위쪽의 4개의 셀을 드래그하고 마우스 오른쪽 버튼을 클릭합니다. 〔Table〕－〔Merge Cells〕를 선택하여 4개의 셀을 하나로 합칩니다.

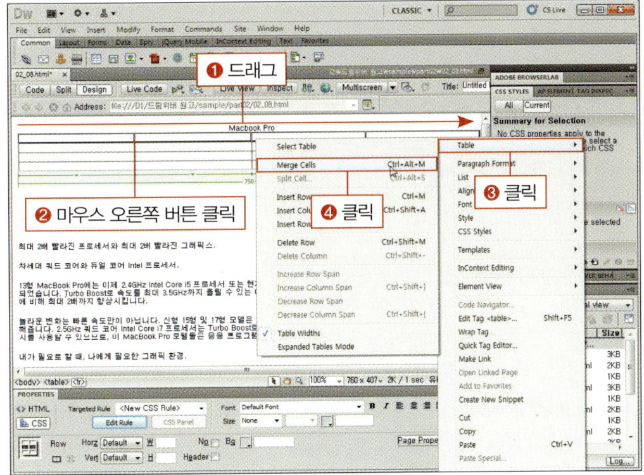

06 **05**번과 같은 방법으로 두 번째 줄에 있는 가로 방향의 4개의 셀을 하나로 합칩니다.

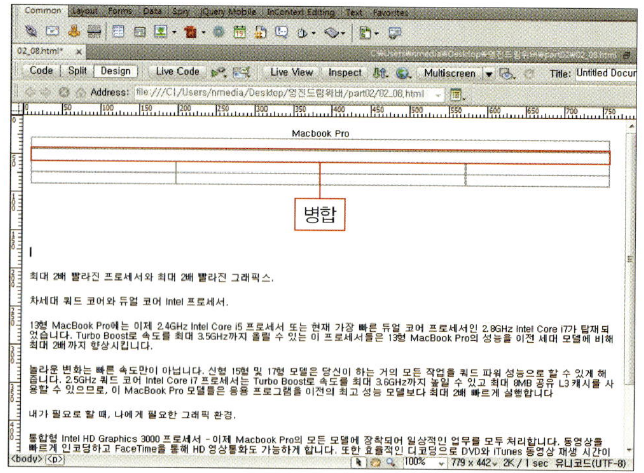

07 세 번째 줄 왼쪽의 가로 방향 셀 2개를 선택하고 마우스 오른쪽 버튼을 클릭합니다. 〔Table〕-〔Merge Cells〕를 선택하여 2개의 셀을 하나로 합칩니다.

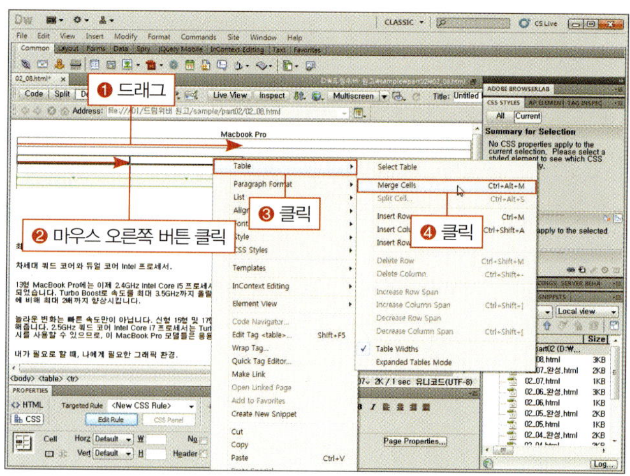

08 위와 같은 방법으로 세 번째 줄 오른쪽 가로 방향의 2개의 셀을 선택하고 2개의 셀을 하나로 합칩니다.

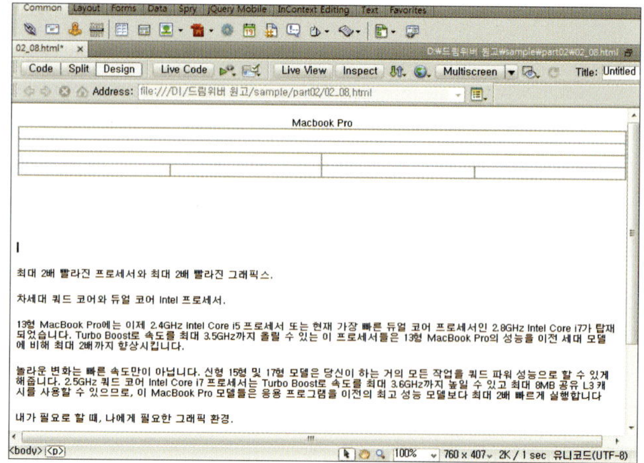

테이블에 이미지 삽입하기

01 가장 위쪽에 있는 셀의 안쪽을 클릭하고, 위쪽의 Insert 패널에서 〔Common〕 탭의 'Images' 아이콘(🖼▾)을 클릭합니다.

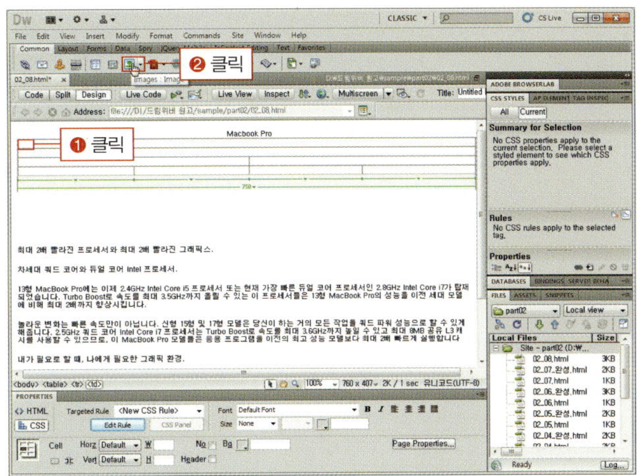

02 〔Select Image Source〕 대화상자가 나타나면 'Part02\images' 폴더에서 '02_10_img.png' 파일을 선택하고 〔OK〕 버튼을 클릭합니다.

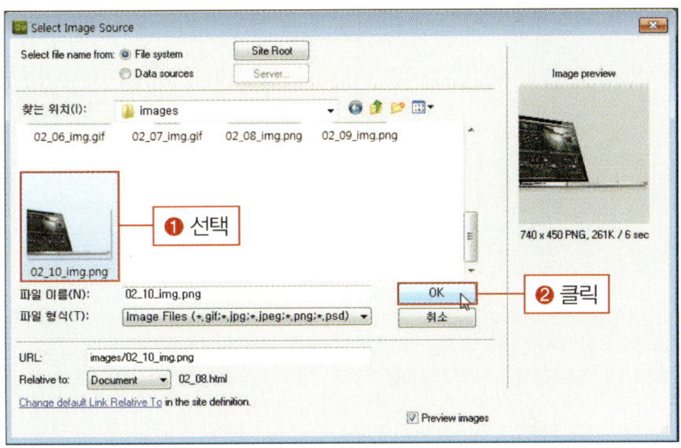

03 〔Image Tag Accessibility Attributes〕 대화상자가 나타나면 Alternate text에 'Macbook'을 입력한 다음 〔OK〕 버튼을 클릭합니다.

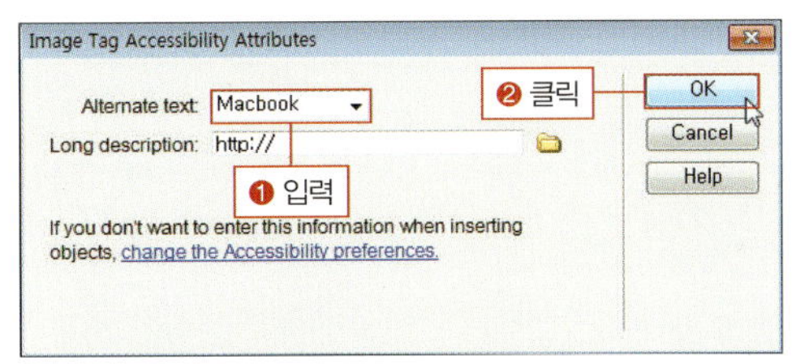

04 테이블 가장 위쪽의 셀에 이미지가 삽입된 것을 확인하고, 입력된 문자 중 첫 번째 문장을 드래그합니다. 선택한 부분을 잘라내기 위해 Ctrl + X 를 누릅니다.

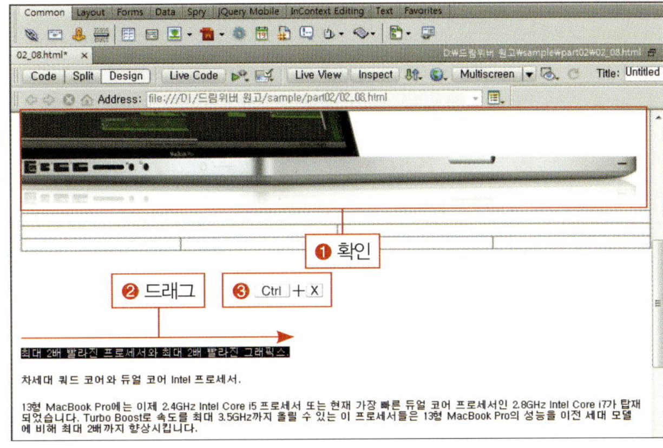

05 두 번째 줄 셀의 안쪽을 클릭하여 문장을 붙여 넣을 부분을 선택하고 Ctrl + V 를 눌러 이전 단계에서 잘라둔 문장을 붙여 넣습니다.

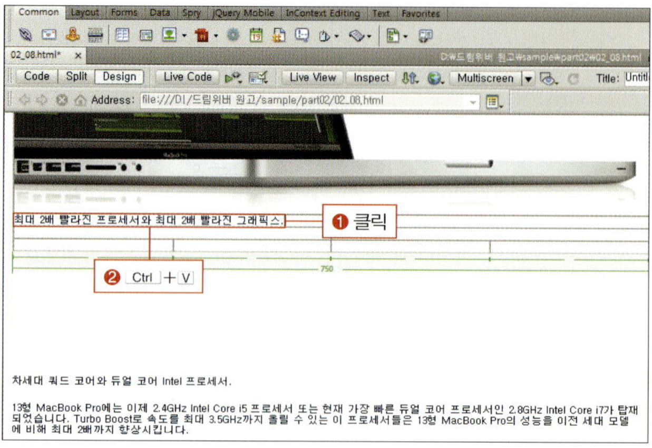

06 오른쪽의 그림을 참고하여 **04~05**번과 같은 방법으로 순서대로 두 번째와 세 번째 문장을 잘라 내어 그림과 같이 붙여 넣습니다.

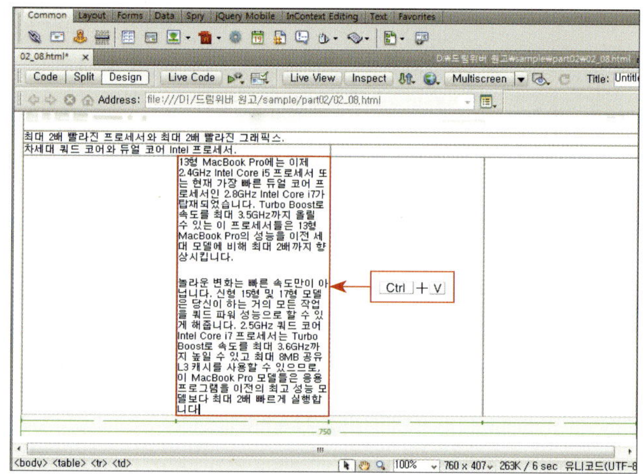

07 가장 오른쪽 셀에도 위와 같은 방법으로 나머지 문장을 입력합니다.

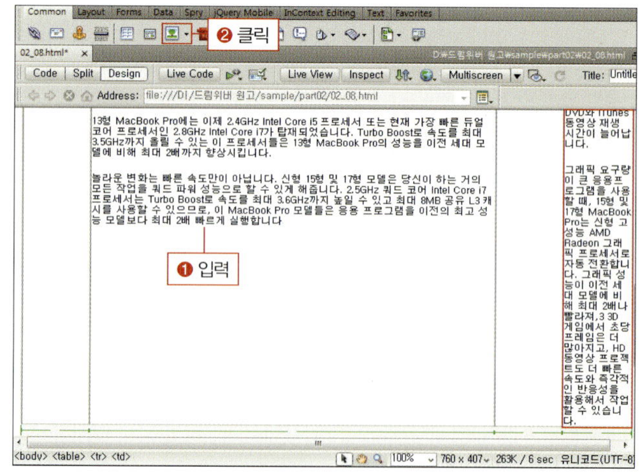

TiP

여기서는 셀의 크기를 설정하지 않았기 때문에 문장의 길이에 따라 셀의 길이가 변경됩니다.

08 이미지를 추가하기 위해 왼쪽의 빈 셀을 클릭하고 Insert 패널의 〔Common〕 탭에서 'Images' 아이콘(▣▾)을 클릭합니다. 〔Select Image Source〕 대화상자가 나타나면 'Part02\images' 폴더에서 '02_08_img.png' 파일을 선택하고 〔OK〕 버튼을 클릭합니다.

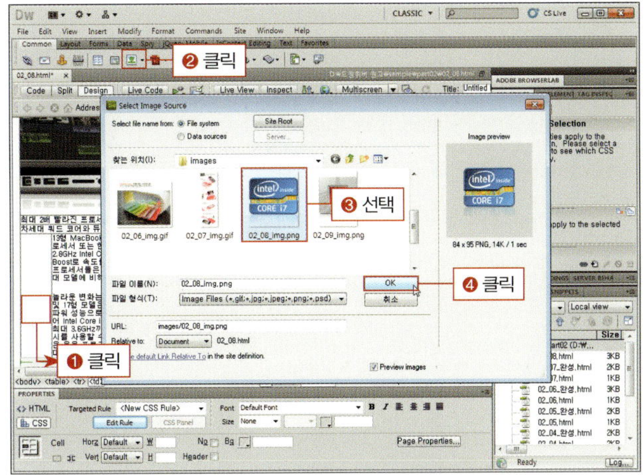

09 〔Image Tag Accessibility Attributes〕 대화상자가 나타나면 Alternate text에 'intel'을 입력하고 〔OK〕 버튼을 클릭합니다.

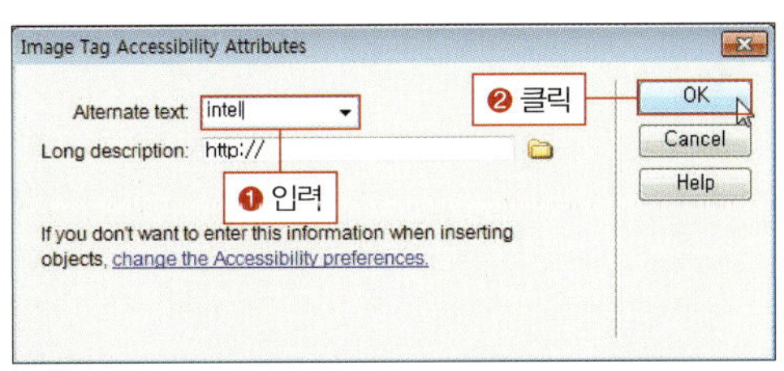

10 오른쪽의 빈 셀도 위와 같은 방법으로 '02_09_img.png' 파일을 삽입하고 〔Image Tag Accessibility Attributes〕 대화상자가 나타나면 Alternate text에 'AMD'를 입력한 다음 〔OK〕 버튼을 클릭합니다.

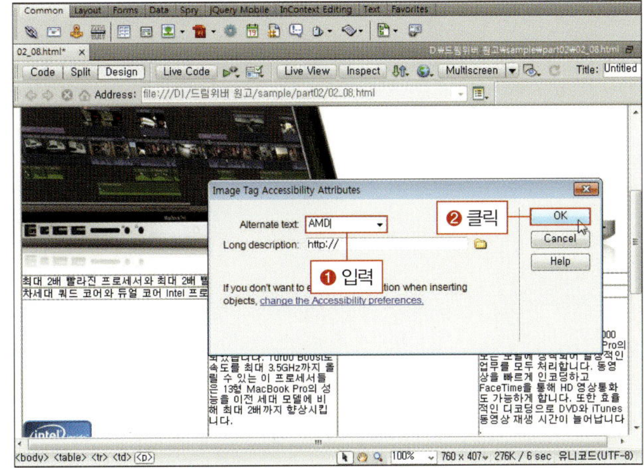

테이블 조정하고 변형하기

01 테이블 아래쪽에서 이미지 오른쪽에 있는 테이블 테두리를 드래그하여 테이블 크기를 조정하고, 가운데 부분의 테이블 테두리를 테이블 전체 크기의 가운데로 드래그하여 맞춥니다.

02 두 번째 줄의 텍스트를 드래그합니다. 선택된 셀의 배경색을 변경하기 위해 Properties 패널의 〔HTML〕 탭에서 Bg를 '#333333'로 설정하여 배경색을 진한 회색으로 설정합니다.

03 문자색을 변경하기 위해 Properties 패널에서 〔CSS〕 탭을 클릭하고 Text Color를 '#FFF'로 설정합니다. 〔New CSS Rule〕 대화상자가 나타나면 Selector Name 항목에 'title01'을 입력하고 〔OK〕 버튼을 클릭합니다.

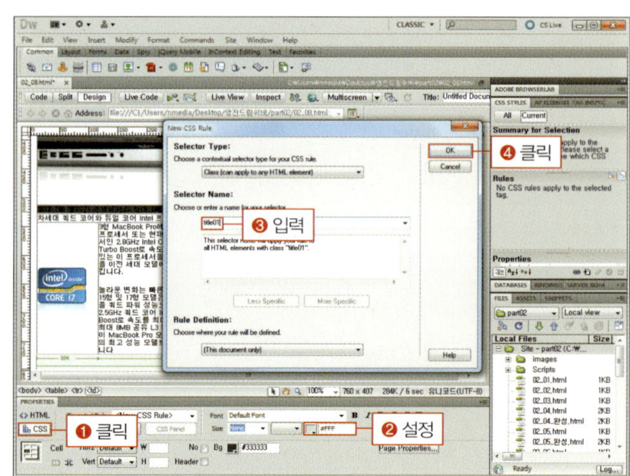

04 셀에 입력된 문장의 위치를 조정하기 위해 Properties 패널에서 'Align Center' 아이콘(圭)을 클릭합니다. CSS Styles 패널에 'text-align : center'가 추가된 것을 확인합니다.

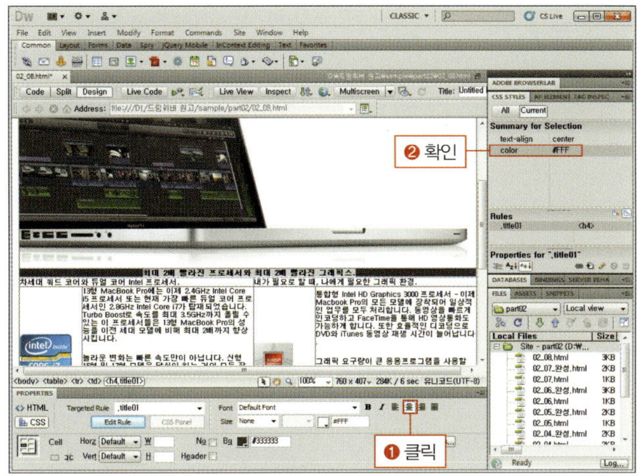

05 셀의 높이를 조정하기 위해 Properties 패널의 H를 '40'으로 설정합니다.

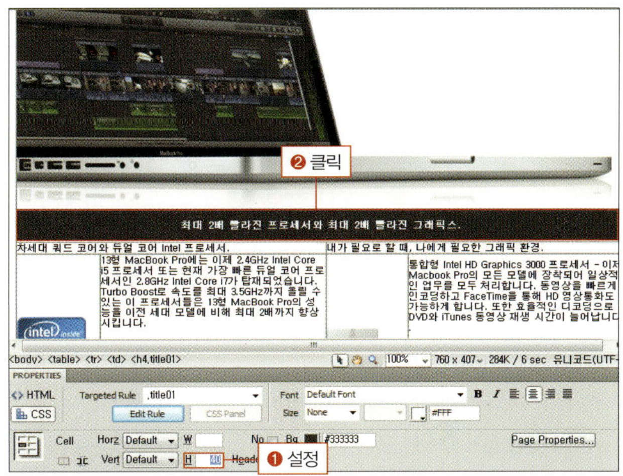

06 아래쪽 셀의 높이를 조정하기 위해 세 번째 줄의 셀을 클릭하고 Properties 패널에서 H를 '30'으로 설정합니다.

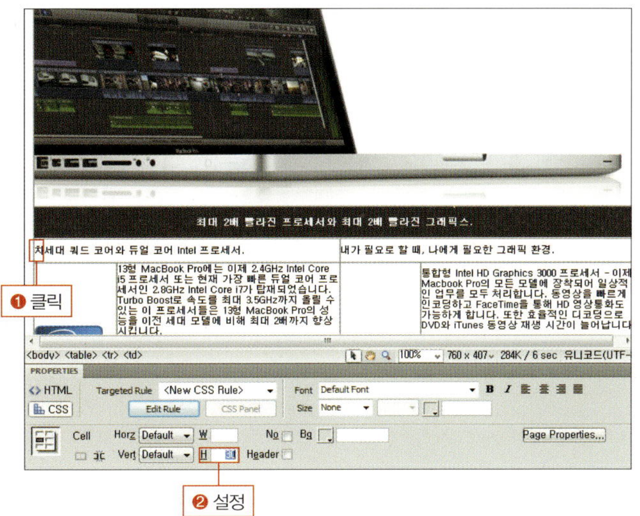

07 세 번째 줄에서 2개의 셀을 드래그하여 모두 선택하고 셀의 배경색을 변경하기 위해 Properties 패널의 Bg를 '#CCCCCC'로 설정합니다.

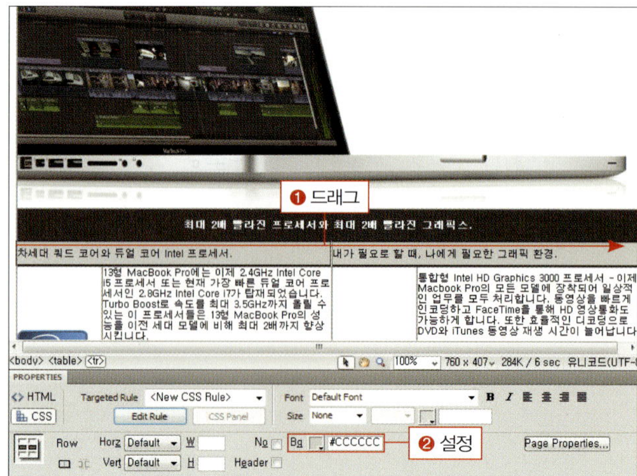

08 텍스트를 가운데로 정렬하기 위해 Properties 패널에서 'Align Center' 아이콘(￼)을 클릭합니다. 〔New CSS Rule〕 대화상자가 나타나면 Selector Name에 'title02'를 입력하고 〔OK〕 버튼을 클릭합니다.

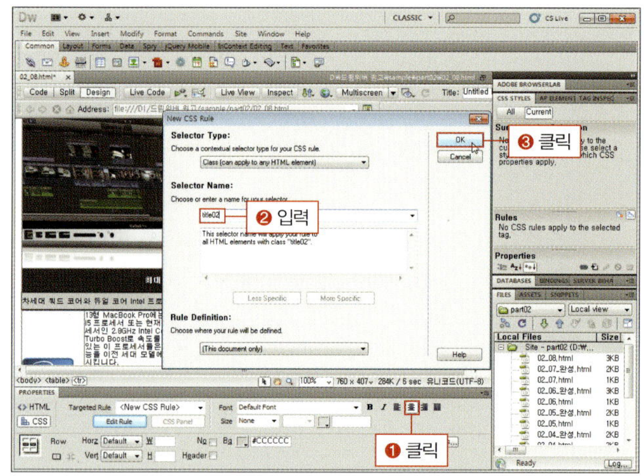

09 이전에 설정한 CSS를 이용하여 이미지의 위치를 정렬하기 위해 이미지가 있는 셀을 선택하고 Properties 패널에서 Targeted Rule를 'title02'로 선택합니다. 2개의 이미지가 있는 셀 모두 같은 CSS를 적용합니다.

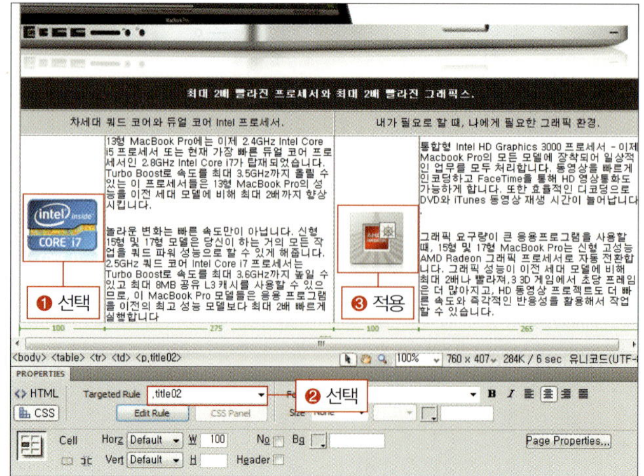

10 인텔 이미지 오른쪽 셀의 텍스트를 모두 선택한 다음 문자 색상을 변경하기 위해 Properties 패널에서 Text Color를 '#666'으로 설정합니다. (New CSS Rule) 대화상자가 나타나면 Selector Name에 'text01'을 입력하고 (OK) 버튼을 클릭합니다.

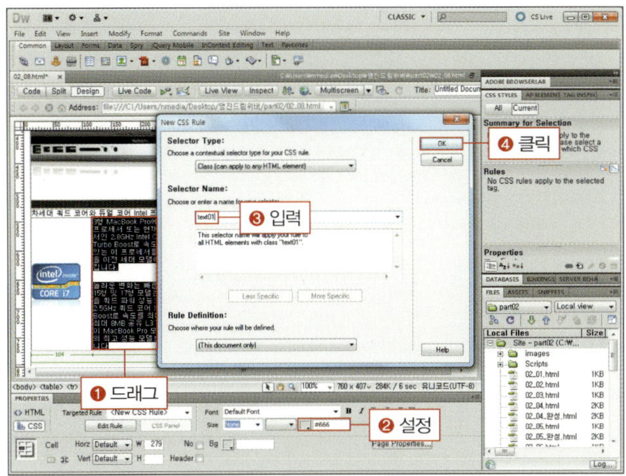

11 위와 같은 방법으로 AMD 이미지의 오른쪽에 있는 텍스트를 선택하고 이전에 설정한 CSS를 적용하기 위해 Targeted Rule을 'text01'로 선택합니다.

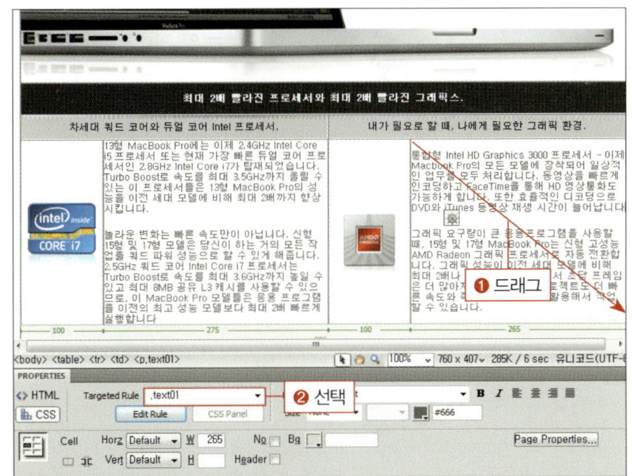

12 오른쪽의 텍스트는 왼쪽의 텍스트에 비해 양이 적으므로 자동으로 가운데 정렬됩니다. 셀을 위쪽으로 정렬하기 위해 셀 또는 문장을 드래그하여 선택한 다음 Vert를 'Top'으로 선택합니다.

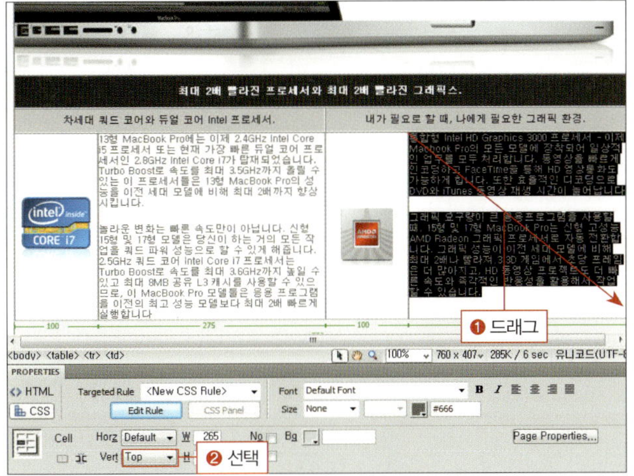

13 테이블의 셀이 선택된 상태에서 테이블 전체의 설정을 변경하기 위해 작업 영역 아래쪽의 태그 선택자에서 '⟨table⟩'을 클릭합니다.

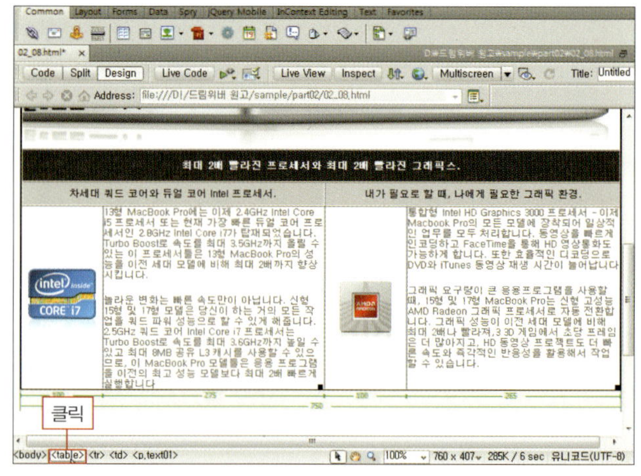

Tip

해당 태그를 클릭하면 관련 부분이 자동으로 선택됩니다. 클릭하기 전 마우스 포인터를 위치시켰을 때 해당 태그에 적용된 속성도 표시됩니다.

14 아래쪽의 Properties 패널에서 CellPad는 '5', CellSpace는 '2', Border는 '0'으로 설정합니다. 지정된 값으로 셀을 구분하는 테두리의 굵기가 변경되고 셀 안의 여백도 조정됩니다.

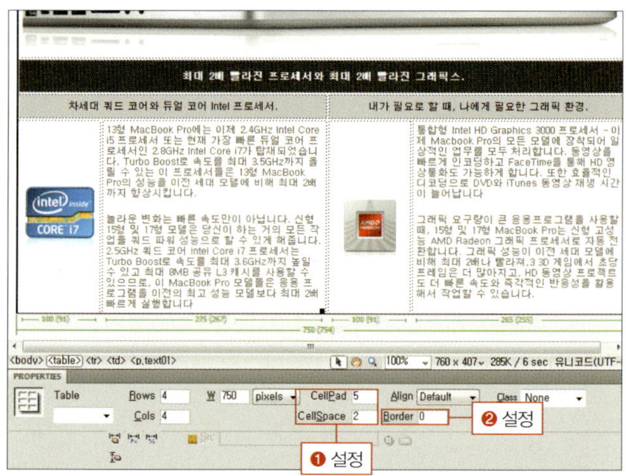

Tip

- Cell padding : 셀 내부의 여백으로, '1' 이상 설정해야 테이블의 테두리에 입력된 내용이 겹치는 것을 방지할 수 있습니다.
- Cell spacing : 테이블은 바깥쪽 테이블을 구성하는 선과 셀을 구성하는 선이 존재하는데, 이때 테이블의 외곽선과 셀의 외곽선과의 거리를 의미합니다.

15 문서 전체에 적용된 문자 크기를 변경하기 위해 Ctrl + A 를 누르거나 문서 전체를 드래그하여 선택 영역으로 선택합니다. 또한 태그 선택자에서 '⟨body⟩'를 클릭하여 설정할 수도 있습니다. 선택이 완료되면 Properties 패널에서 Size를 '12'로 선택합니다.

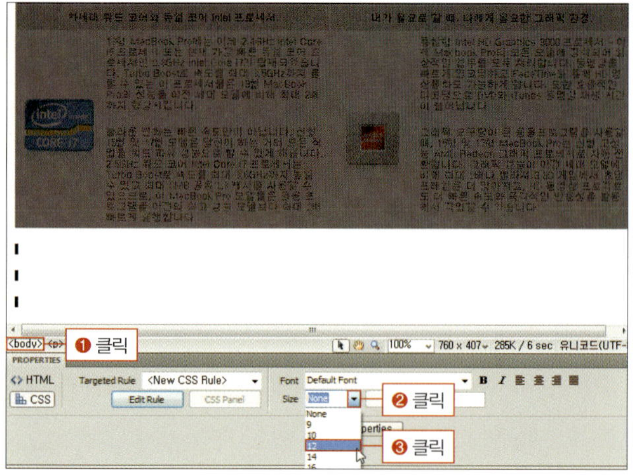

16 〔New CSS Rule〕 대화상자가 나타나면 Selector Name에 'body p'를 입력하고 〔OK〕 버튼을 클릭하면 새로운 CSS가 추가됩니다.

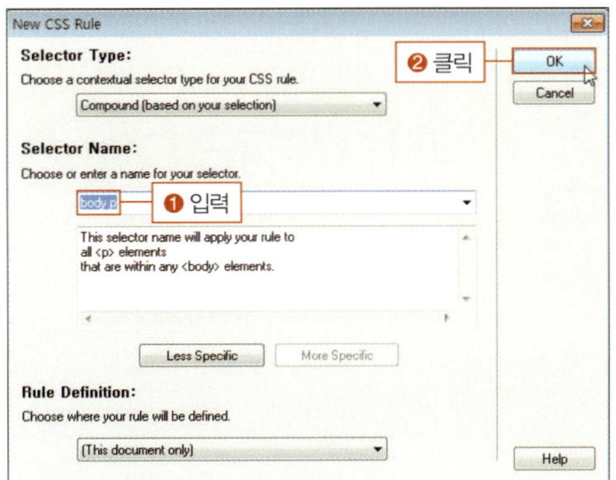

17 세 번째 줄의 왼쪽 셀을 선택하고 Properties 패널에서 Size를 '14'로 변경합니다.

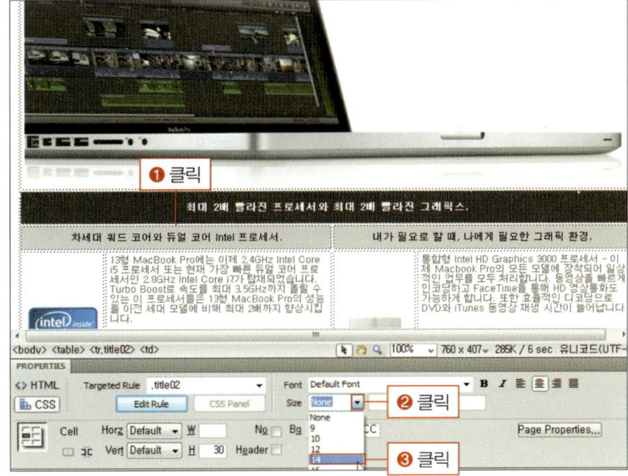

> **Tip**
> 본문 및 테이블 내의 모든 문자에 별도의 CSS가 지정되지 않았다면 크기가 변경됩니다.

18 같은 CSS가 적용된 오른쪽 셀도 Size가 변경된 것을 확인합니다. CSS를 수정하면 같은 CSS가 적용된 부분에 모두 적용되므로 주의해야 합니다.

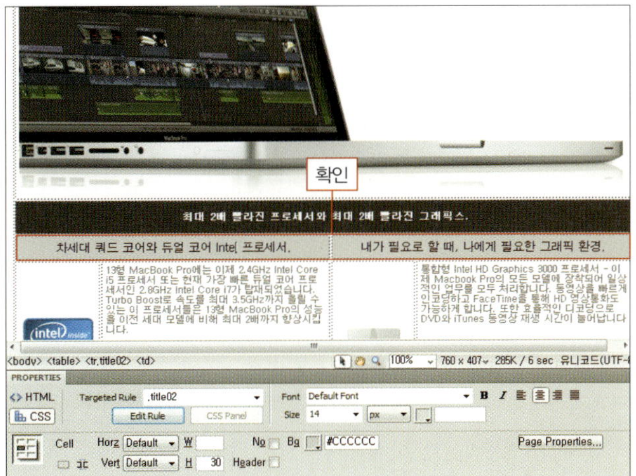

하이퍼링크 이해하기

Lesson 06

하이퍼링크는 웹 사이트나 문서 내에서 이동할 때 사용합니다. 드림위버에서는 기본적으로 〈a〉 태그가 적용되며 하이퍼링크는 텍스트와 이미지에 적용할 수 있습니다.

예제 파일 : Part02\02_11~12.html
완성 파일 : Part02\02_11~12_완성.html

텍스트에 하이퍼링크 연결하기

01 〔File〕-〔Open〕 메뉴를 클릭하거나 Ctrl +O를 눌러 'Part02' 폴더의 '02_11.html' 파일을 선택한 후 〔열기〕 버튼을 클릭합니다.

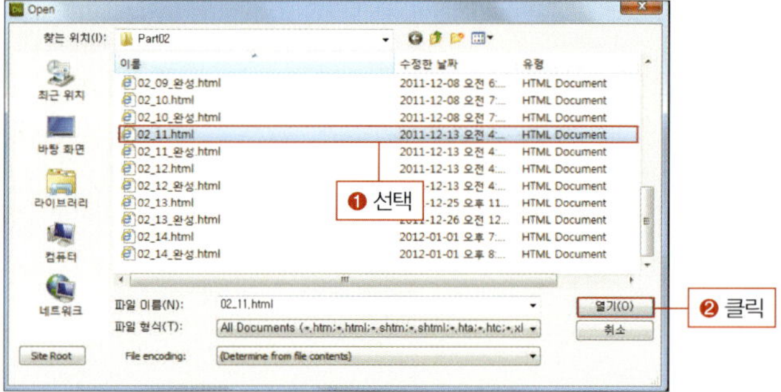

02 '02_11.html' 문서에는 하이퍼링크로 연결할 사이트의 이름이 적혀 있습니다. 하이퍼링크를 연결하기 위해 '〉〉 네이버로 가기'를 드래그하여 선택합니다.

텍스트에 하이퍼링크를 연결하려면 먼저 연결하려는 텍스트를 드래그하여 선택해야 합니다.

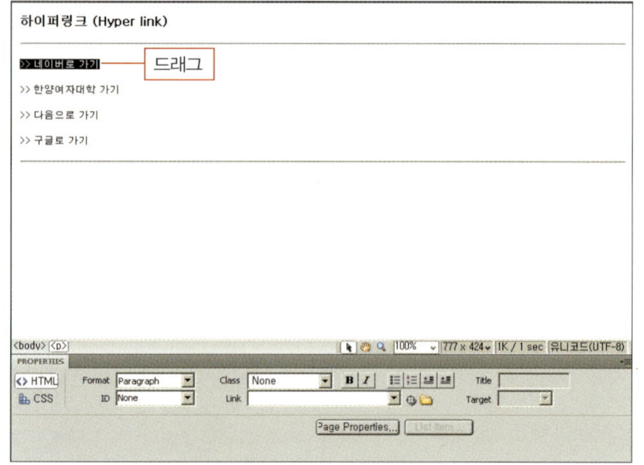

03 텍스트가 선택된 상태에서 Properties 패널
의 〔HTML〕 탭에서 Link에 하이퍼링크로 적용할
웹 사이트 주소인 'http://www.naver.com'을 입
력합니다.

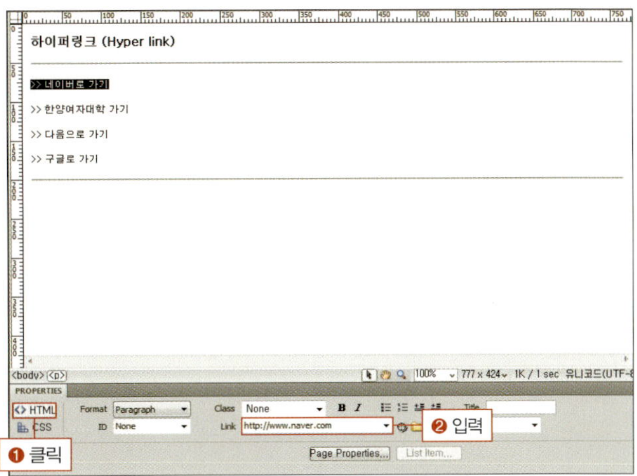

04 하이퍼링크가 연결되면 텍스트가 파란색으
로 변경되며 밑줄이 나타납니다. 하이퍼링크를 클
릭하여 새 창에서 설정한 웹 사이트 주소로 연결하
기 위해 Properties 패널의 Target을 '_blank'로
선택합니다.

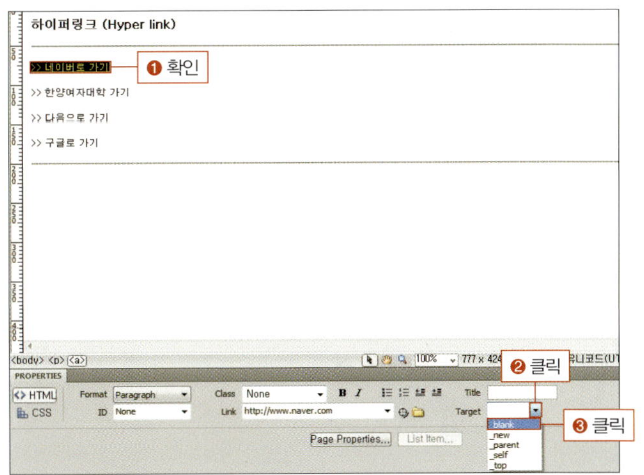

05 '>> 한양여자대학 가기'를 드래그하여 선택
하고 Properties 패널의 Link에 'http://www.
hywoman.ac.kr'을 입력한 다음 Properties 패널
의 Target은 '_self'로 선택합니다.

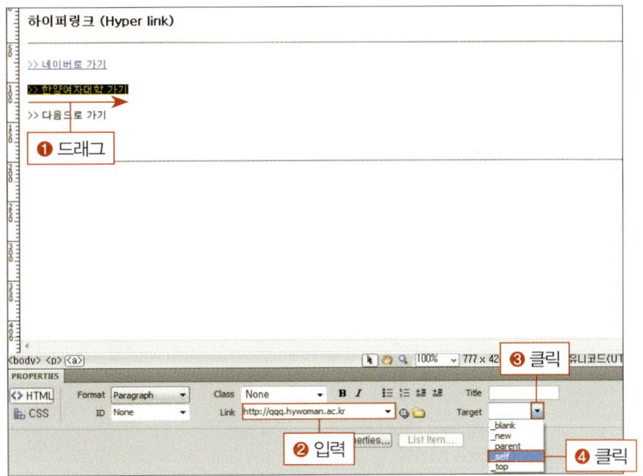

06 세 번째 텍스트와 네 번째 텍스트를 각각 드래그하여 선택하고 Properties 패널의 Link에 각각 'http://www.daum.net', 'http://www.google.co.kr'을 입력한 다음 Target은 설정하지 않습니다.

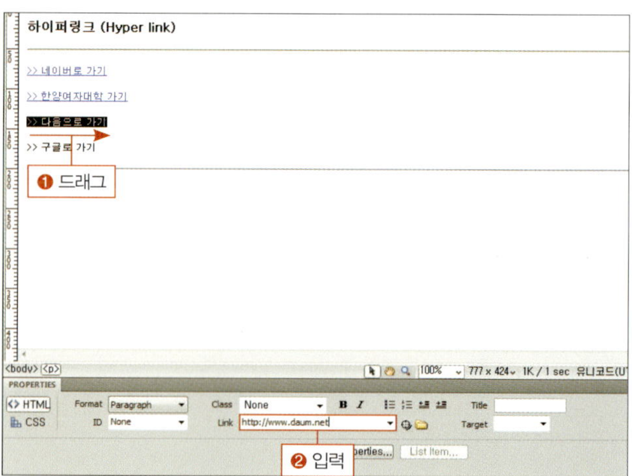

07 적용된 코드를 확인하기 위해 (Split) 탭을 클릭해 하이퍼링크가 연결된 부분에 〈a〉 태그가 적용된 것과, 'ahref'에 웹 사이트 주소가 입력된 것을 확인합니다.

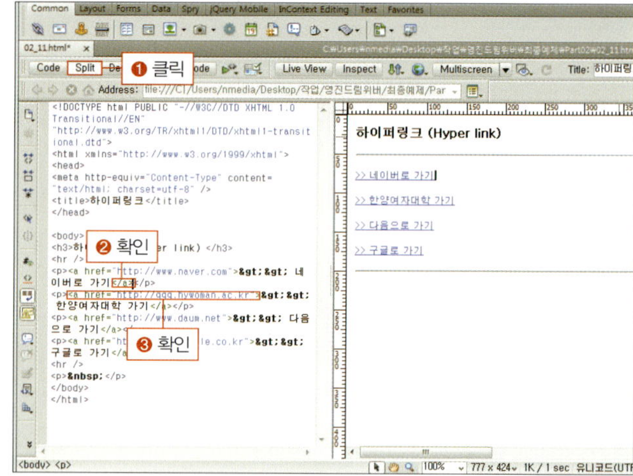

T i p

'>'는 입력한 '〉' 표시가 태그 적용을 위한 〈 〉와 같으므로 코드 화면에서는 태그인 '>'로 입력된 것입니다.

08 하이퍼링크가 제대로 연결되었는지 웹 브라우저에서 확인하기 위해 (File)-(Preview in Browser)-(IExplore) 메뉴를 클릭하거나 F12를 누릅니다.

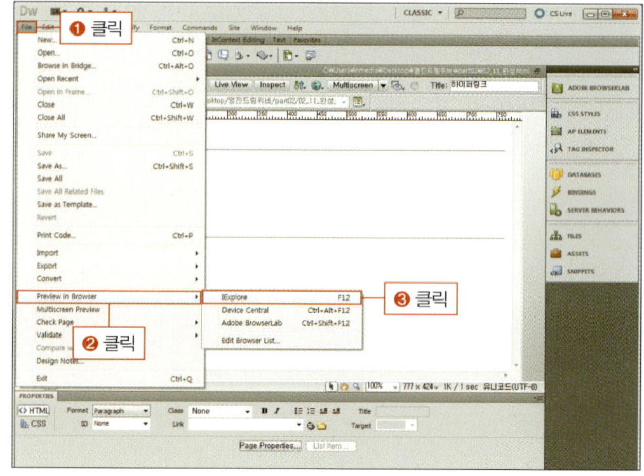

09 웹 브라우저에서 하이퍼링크가 연결된 부분은 파란색 밑줄이 표시되며, 방문했던 웹 사이트는 색상이 변경됩니다.

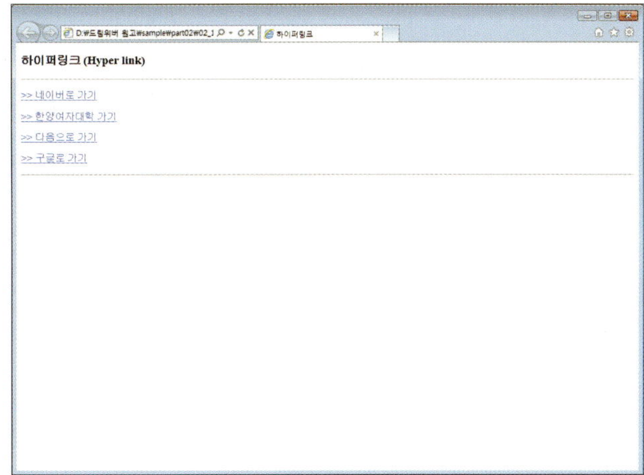

10 웹 브라우저에서 확인했듯이 하이퍼링크가 적용된 부분은 불필요한 밑줄이 생기고 텍스트 색상도 변경되기 때문에 문서 설정을 수정해야 합니다. 드림위버에서 Properties 패널의 (Page Properties) 버튼을 클릭합니다.

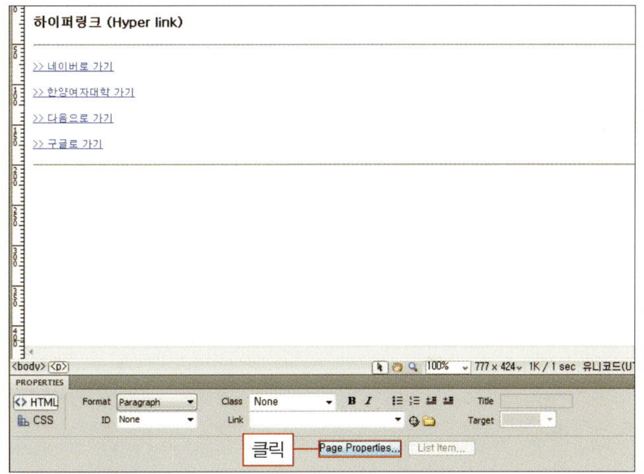

11 (Page Properties) 대화상자가 나타나면 왼쪽 영역의 (Links (CSS)) 탭을 선택합니다. 그림과 같이 Link color를 '#000', Rollover link를 '#903', Visited links를 '#000', Active links를 '#000'으로 설정하고 밑줄이 나타나지 않도록 Underline style을 'Never underline'로 선택한 다음 (OK) 버튼을 클릭합니다.

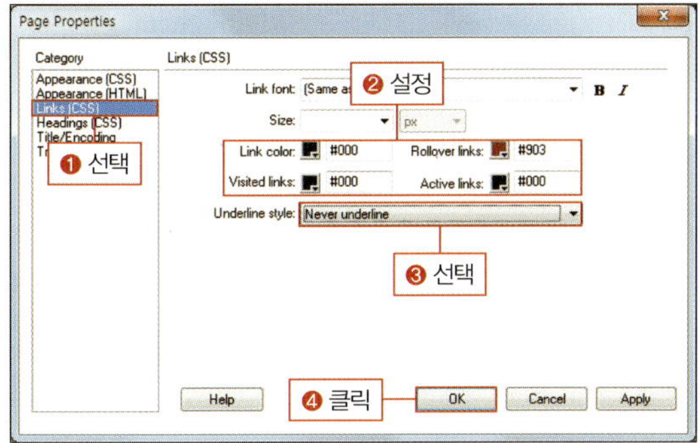

12 드림위버에서도 하이퍼링크의 밑줄이 사라지고 텍스트 색이 변경된 것을 확인합니다.

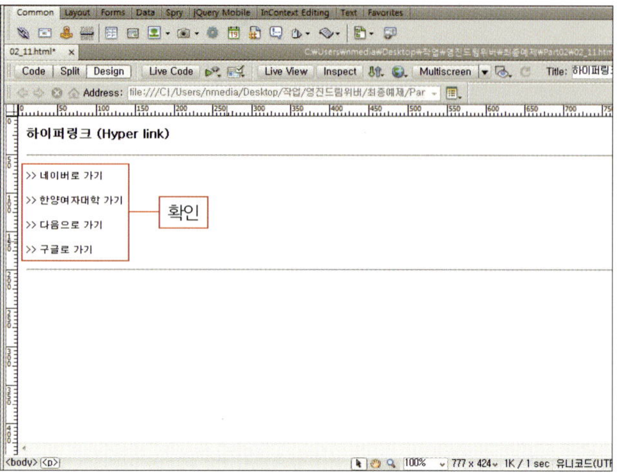

13 소스를 확인하기 위해 〔Split〕 탭을 클릭해 하이퍼링크와 관련된 스타일을 확인합니다. 밑줄을 제거하는 태그는 'text-decoration: none'으로 설정되었습니다.

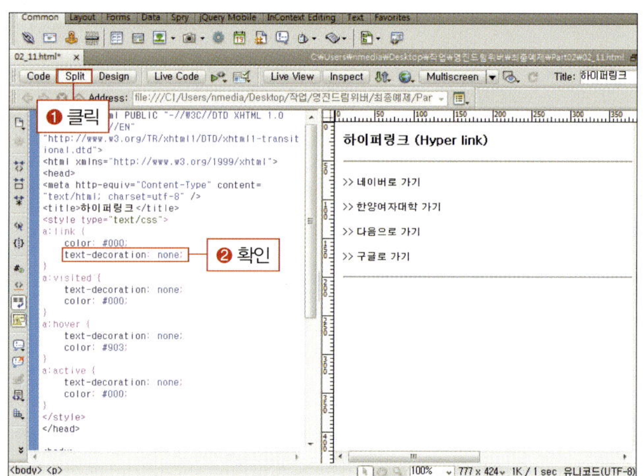

14 변경된 설정을 웹 브라우저에서 확인하기 위해 〔File〕-〔Preview in Browser〕-〔IExplore〕 메뉴를 클릭하거나 F12를 누릅니다.

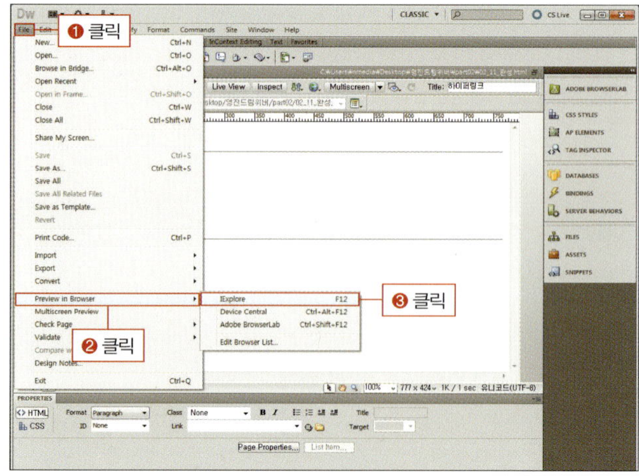

15 웹 브라우저에서 밑줄 및 링크와 관련된 색상이 모두 변경된 것을 확인합니다. 문서 설정이 변경되어도 링크가 정상적으로 작동됩니다.

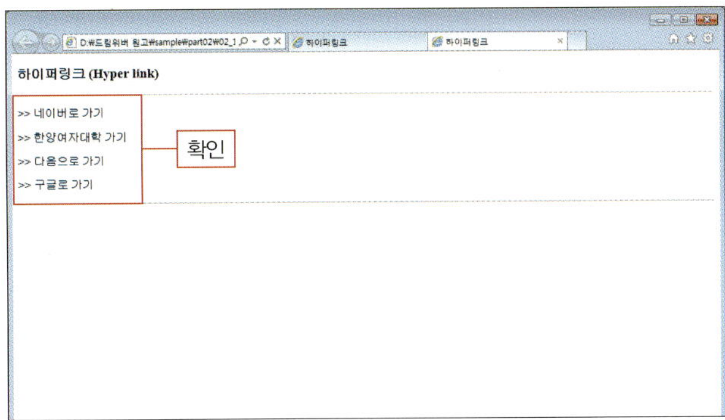

이미지에 하이퍼링크 연결하기

01 〔File〕-〔Open〕 메뉴를 클릭하거나 `Ctrl`+`O`를 눌러 Part02 폴더의 '02_12.html' 파일을 불러옵니다. 하이퍼링크를 적용하기 위해 첫 번째 이미지를 선택하고 Properties 패널의 Link에 'http://www.naver.com'를 입력합니다.

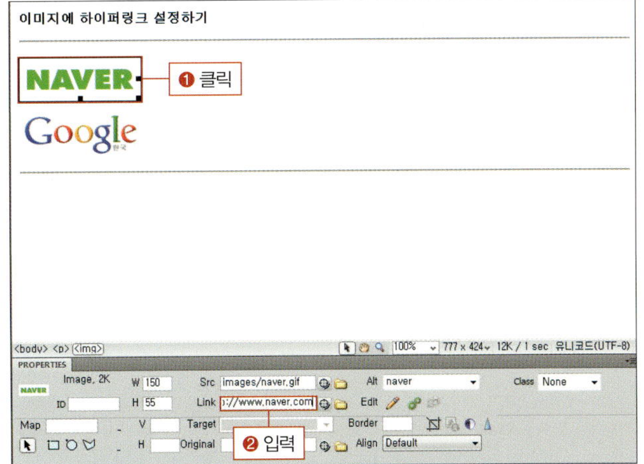

02 Link를 입력하면 이미지의 크기가 약간 변경됩니다. 해당 링크가 새 창에서 열리도록 Properties 패널의 Target을 '_blank'로 선택합니다.

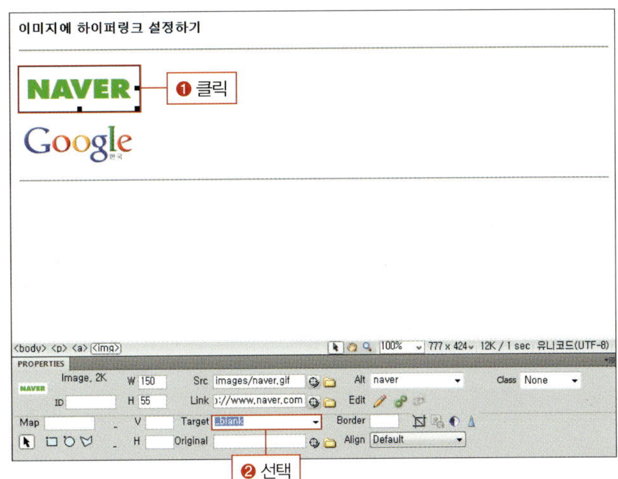

03 테두리를 없애기 위해 하이퍼링크가 설정된 이미지를 선택한 다음 Properties 패널에서 Border를 '0'으로 설정합니다.

04 작업 영역의 공간을 클릭해 첫 번째 하이퍼링크를 설정한 이미지의 테두리가 없어진 것을 확인합니다.

05 〔Split〕 탭을 클릭하여 적용된 코드를 확인하면 〈a href="링크될 주소" target="_blank"〉로 하이퍼링크가 적용된 것을 확인합니다.

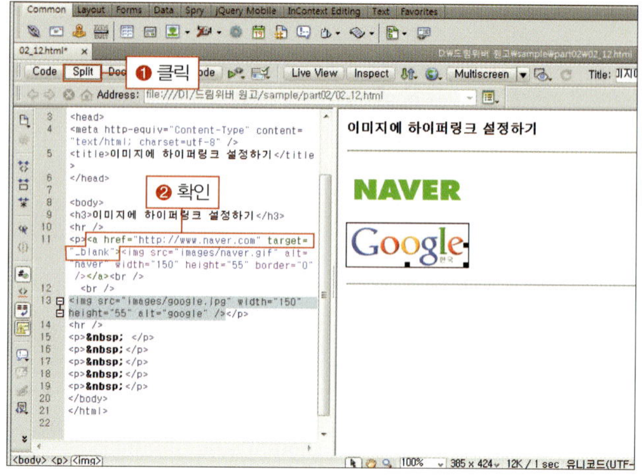

06 두 번째 이미지가 선택된 상태에서 코드를 확인하고 〈img〉 태그에 'onclick="location.href ='http://www.google.co.kr';"'를 직접 입력하여 〈a〉 태그 대신 자바스크립트로 하이퍼링크를 적용합니다.

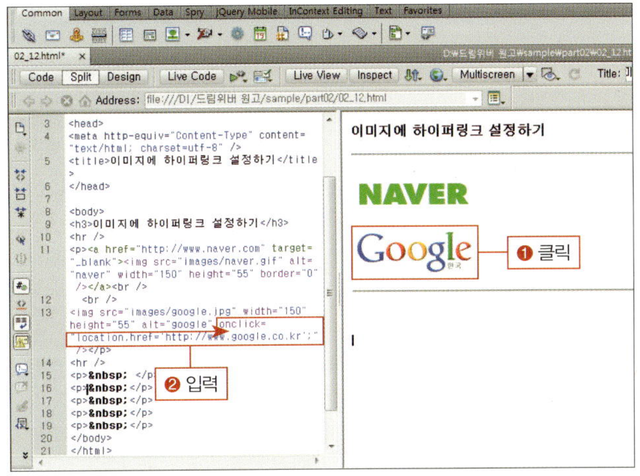

TiP

자바스크립트로 하이퍼링크를 적용하면 하이퍼링크에 테두리가 적용되지 않습니다.

07 적용된 하이퍼링크를 웹 브라우저에서 확인하기 위해 〔File〕-〔Preview in Browser〕-〔IExplore〕 메뉴를 클릭하거나 F12 를 누릅니다.

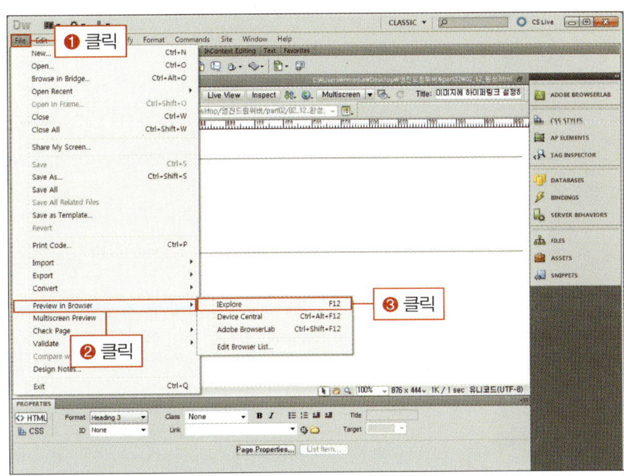

TiP

자바스크립트를 사용했으므로 익스플로러에서 보안 경고창이 나타나면 〔차단된 콘텐츠 허용〕 버튼을 클릭합니다.

08 첫 번째 이미지는 〈a〉 태그를 사용했기 때문에 마우스 포인터를 위치시키면 마우스 포인터가 손가락 모양으로 변경되지만, 두 번째 이미지는 자바스크립트를 활용했기 때문에 마우스 포인터가 손가락 모양으로 바뀌지 않습니다.

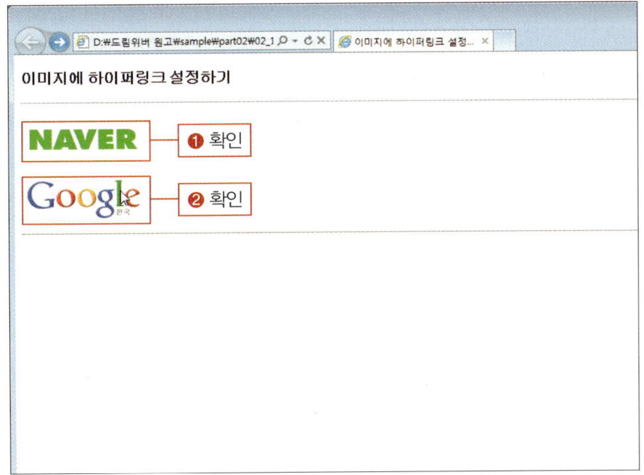

네임앵커로 페이지 이동하기

07 Lesson

문서에서 페이지가 길어 스크롤을 내려야 하는 경우가 있는데, 이 때 페이지 위쪽으로 이동하는 Top 기능과 페이지 내 이동 기능이 필요합니다. 페이지를 자유롭게 이동하기 위해 앵커 기능을 적용해 보겠습니다.

예제 파일 : Part02\02_13.html
완성 파일 : Part02\02_13_완성.html

네임앵커 지정하기

01 〔File〕-〔Open〕 메뉴를 클릭하거나 [Ctrl] +[O]를 눌러 'Part02' 폴더의 '02_13.html' 파일을 선택한 후 〔열기〕 버튼을 클릭합니다.

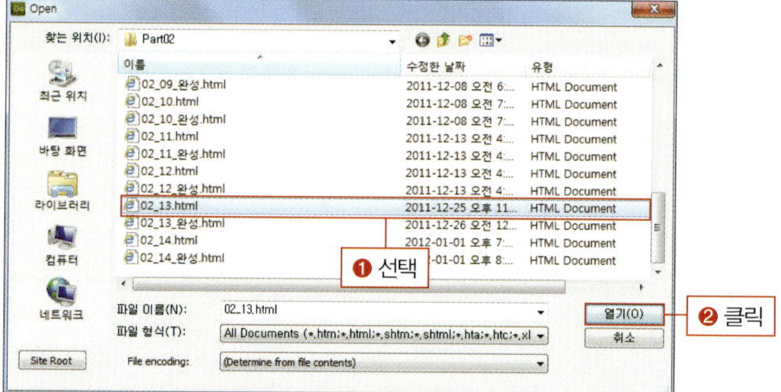

02 제품 이름이 적힌 부분의 앞쪽을 클릭하고 위쪽의 Insert 패널에서 〔Common〕 탭의 'Named Anchor' 아이콘(📑)을 클릭합니다.

페이지 어느 부분에서나 위쪽으로 이동하는 기능을 추가하려면 네임앵커를 해당 위치에 적용해야 합니다.

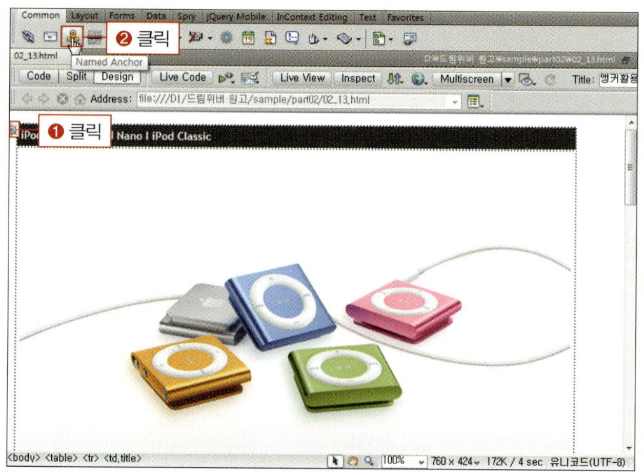

03 〔Named Anchor〕 대화상자가 나타나면 Anchor name에 'top'을 입력한 다음 〔OK〕 버튼을 클릭합니다.

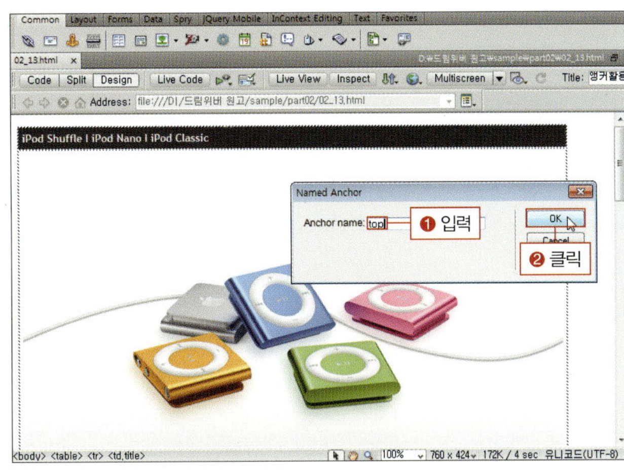

04 앵커가 적용된 부분에는 돛 모양의 아이콘(🔖)이 표시되며, 실제 웹 브라우저에서는 나타나지 않습니다. **02~03**번과 같은 방법으로 첫 번째 이미지의 앞쪽을 클릭하고 'shuffle'이라는 이름의 앵커를 추가합니다.

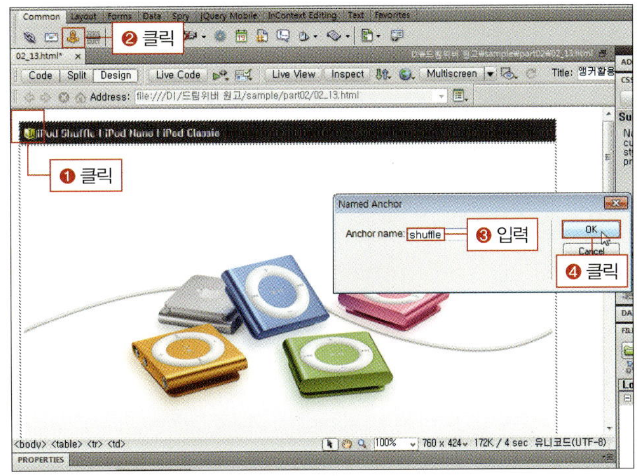

05 같은 방법으로 두 번째 이미지 앞쪽에 'nano'라는 이름의 앵커를 추가합니다.

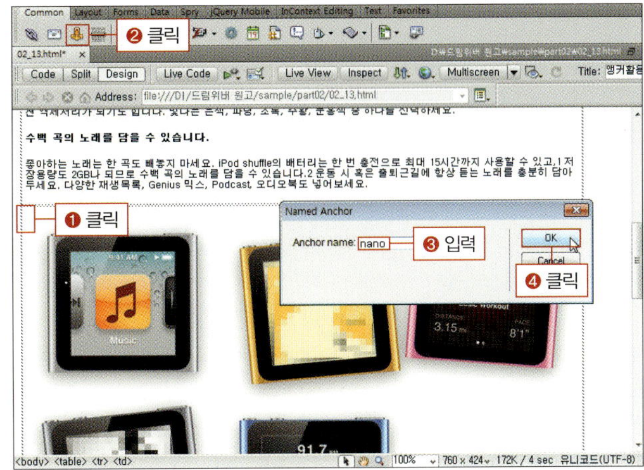

06 세 번째 이미지의 앞부분을 선택하고, 위와 같은 방법으로 'classic'이라는 이름의 앵커를 추가합니다.

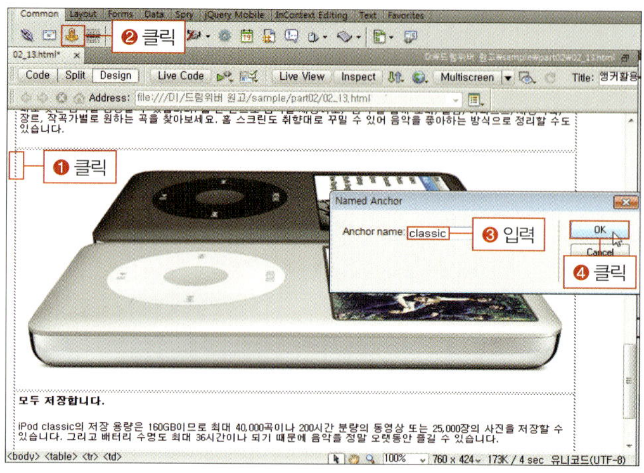

07 문서의 가장 아래쪽에 'TOP' 텍스트를 드래그하여 선택한 다음 Properties 패널 [HTML] 탭의 Link에 '#top'을 입력합니다.

> **Tip**
>
> 하이퍼링크 위치에 '#'와 함께 앵커 이름을 설정하면 문서 내 해당 위치로 이동합니다.

08 'iPod Shuffle' 텍스트를 드래그하여 선택합니다. Properties 패널에서 Link에 '#shuffle'을 입력하여 링크를 연결합니다.

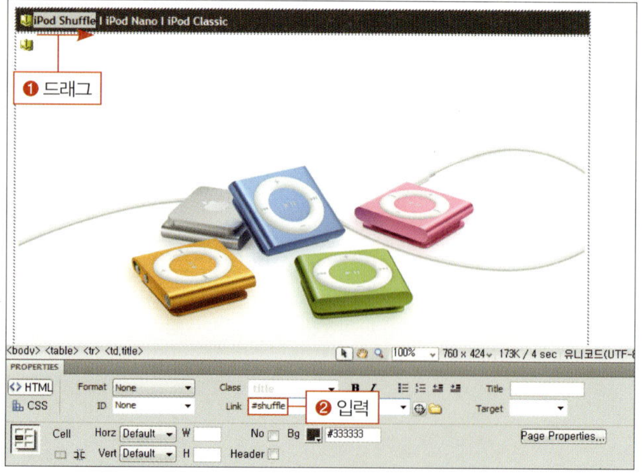

09 같은 방법으로 iPod Nano는 '#nano', iPod Classic은 '#classic'을 입력하여 링크를 연결합니다.

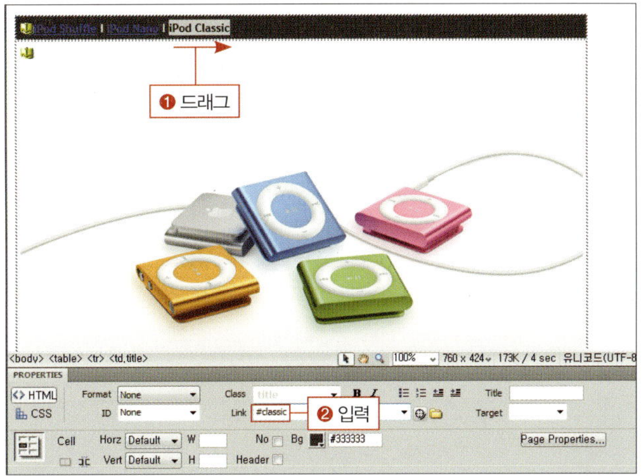

10 하이퍼링크를 설정하면 텍스트가 파란색으로 변경되고 밑줄이 생깁니다. 밑줄을 제거하고 텍스트 색을 변경하기 위해 Properties 패널의 〔Page Properties〕 버튼을 클릭합니다.

11 〔Page Properties〕 대화상자가 나타나면 〔Links 〔CSS〕〕 탭을 선택하여 그림과 같이 Link color, Visited links, Active links에 각각 '#FFF'를 입력하여 텍스트 색을 설정한 다음 〔OK〕 버튼을 클릭합니다.

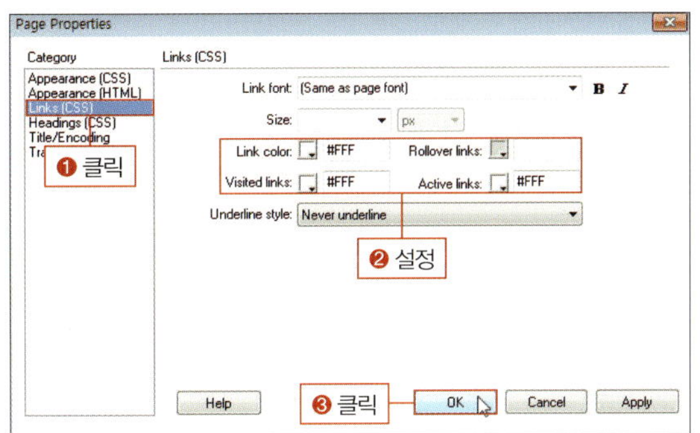

12 완성된 문서를 웹 브라우저에서 확인하기 위해 〔File〕-〔Preview in Browser〕-〔IExplore〕 메뉴를 클릭하거나 F12를 누릅니다.

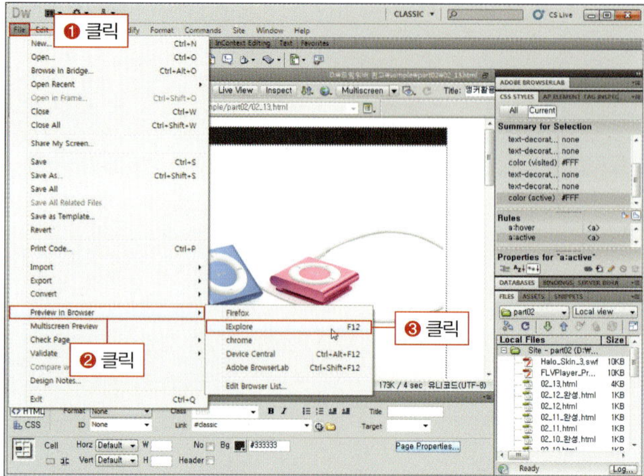

13 웹 브라우저에서 각각의 메뉴를 클릭하여 해당 내용으로 이동하는지, 'TOP'을 클릭하면 페이지 위쪽으로 이동하는지 확인합니다.

이미지맵 적용하기

08 Lesson

한 장의 이미지에 여러 개의 하이퍼링크를 설정하는 방법을 살펴보겠습니다. 이미지맵 기능을 태그로 직접 입력하기는 쉽지 않지만, 드림위버를 활용하면 간단하게 설정할 수 있습니다.

● **예제 파일** : Part02\02_14.html
● **완성 파일** : Part02\02_14_완성.html

테이블과 이미지 삽입하기

01 〔File〕-〔Open〕 메뉴를 클릭하거나 Ctrl +O를 눌러 'Part02' 폴더의 '02_14.html' 파일을 불러옵니다. 문서에 테이블을 추가하기 위해 위쪽의 Insert 패널에서 〔Common〕 탭의 'Table' 아이콘(圓)을 클릭합니다.

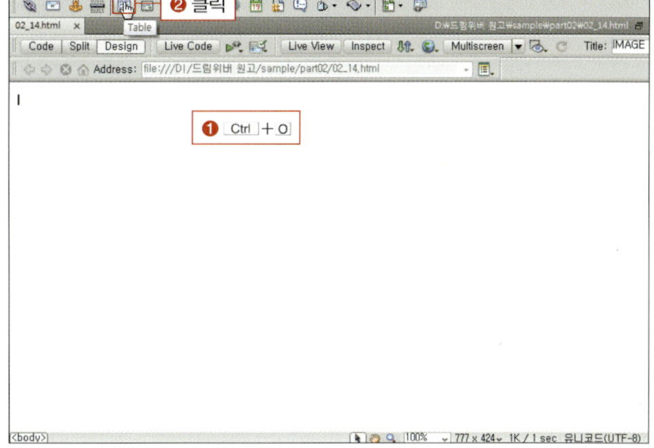

02 〔Table〕 대화상자가 나타나면 Rows를 '4', Columns를 '1', Table width를 '600pixels', 나머지 항목은 '0'으로 설정한 다음 〔OK〕 버튼을 클릭합니다.

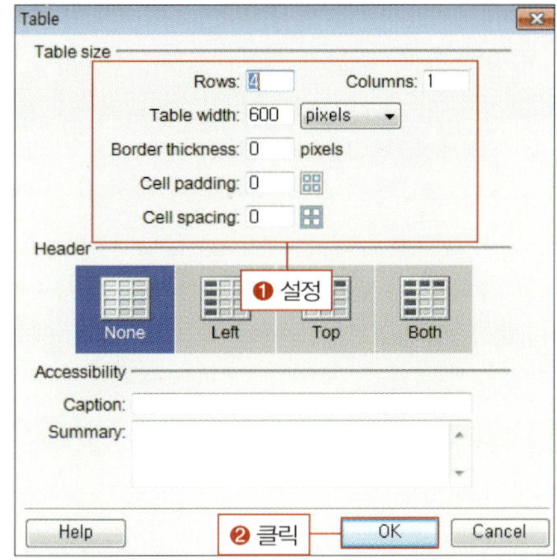

03 가장 위쪽에 있는 셀을 선택하고 위쪽의 Insert 패널에서 〔Common〕 탭의 'Images' 아이콘 (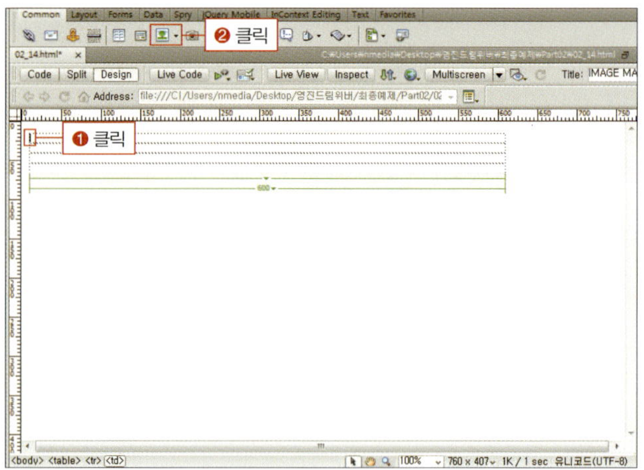)을 클릭합니다.

04 〔Select Image Source〕 대화상자가 나타나면 'Part02\images' 폴더의 '02_14_img.jpg' 파일을 선택하고 〔OK〕 버튼을 클릭합니다.

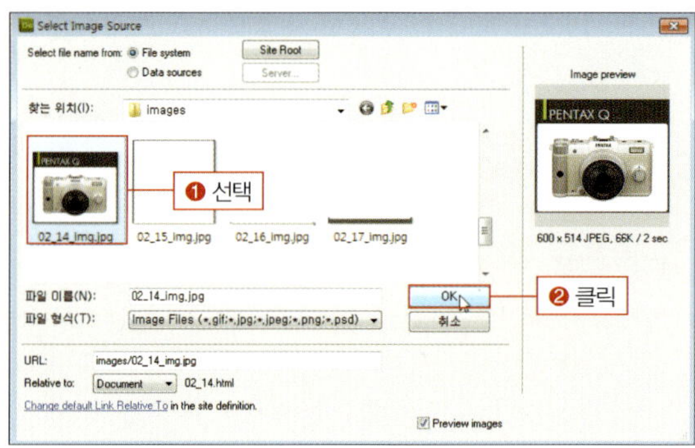

05 〔Image Tag Accessibility Attributes〕 대화상자가 나타나면 Alternate text에 'pentaxQ'를 입력하고 〔OK〕 버튼을 클릭합니다.

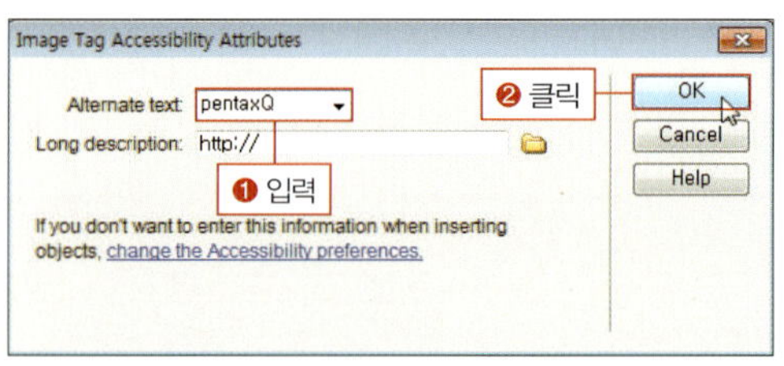

06 'Part02' 폴더의 '펜탁스큐.txt' 파일을 불러옵니다. Ctrl + A 를 눌러 전체 텍스트를 선택하고 Ctrl + C 를 눌러 복사합니다.

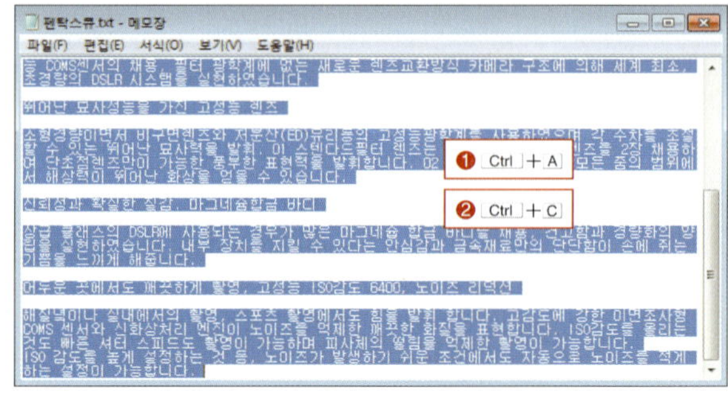

07 세 번째 셀을 클릭한 다음 Ctrl + V 를 눌러 텍스트를 붙여 넣습니다.

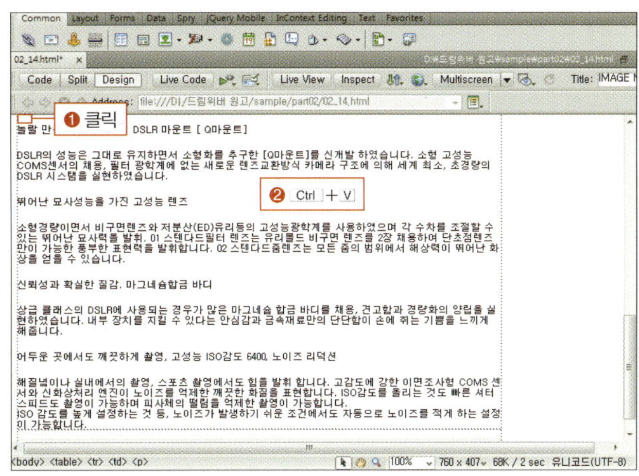

08 텍스트 크기를 변경하기 위해 텍스트 전체를 드래그하여 선택합니다. Properties 패널에서 [CSS] 탭을 클릭한 다음 Size를 '12'로 선택합니다.

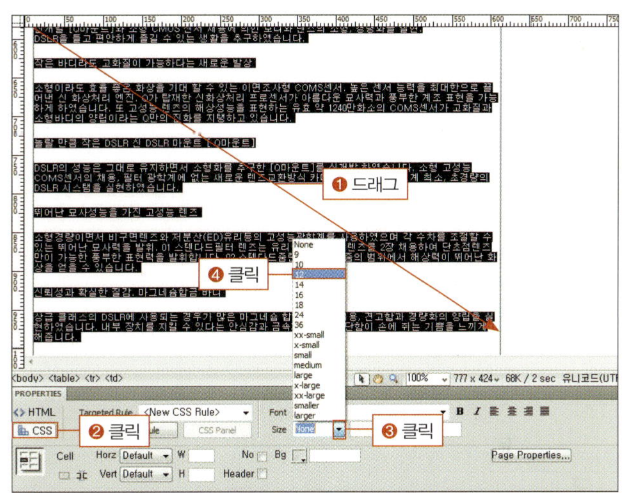

09 그림과 같이 [New CSS Rule] 대화상자가 나타나면 Selector Name에 'body p'가 입력된 것을 확인한 다음 [OK] 버튼을 클릭합니다.

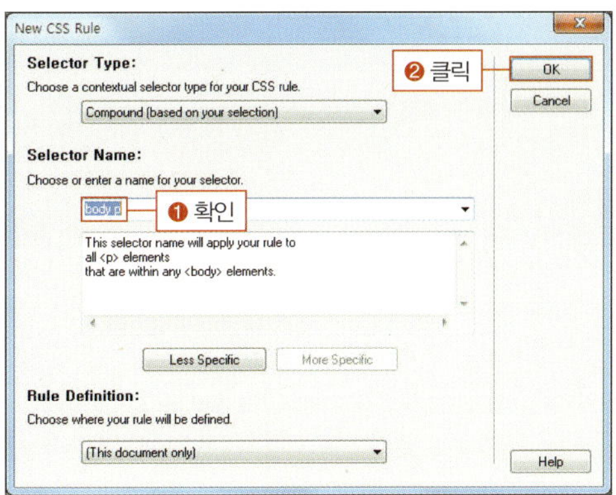

10 입력된 텍스트의 문장을 굵게 만들기 위해 첫번째 문장을 드래그합니다. Properties 패널에서 〔CSS〕 탭을 클릭한 후 Targeted Rule에서 'New CSS Rule'을 선택합니다.

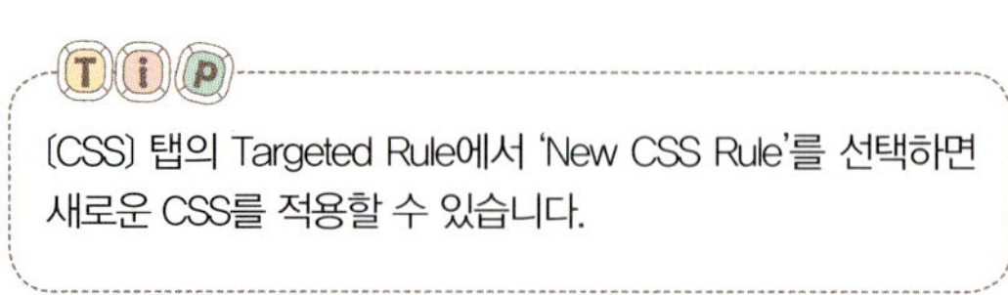

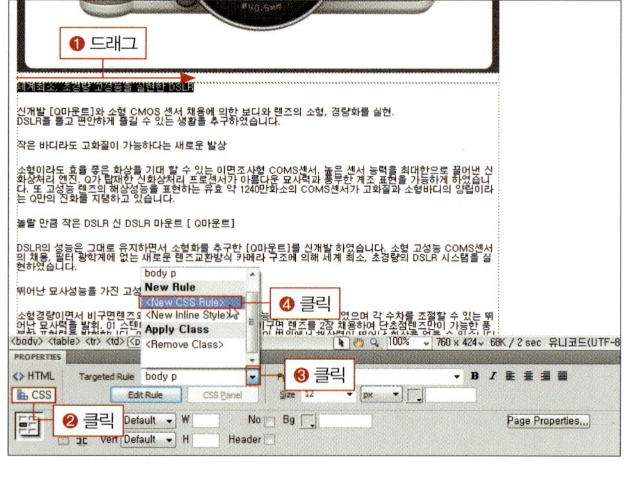

〔CSS〕 탭의 Targeted Rule에서 'New CSS Rule'를 선택하면 새로운 CSS를 적용할 수 있습니다.

11 그림과 같이 〔New CSS Rule〕 대화상자가 나타나면 Selector Name에 'titletext'를 입력하고 〔OK〕 버튼을 클릭합니다.

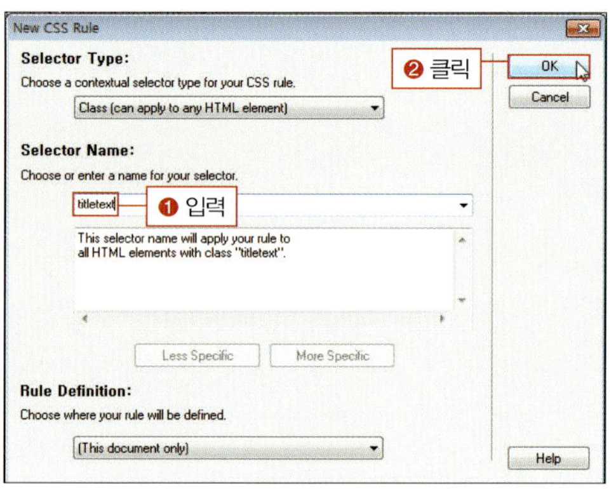

12 텍스트가 선택된 상태로 Properties 패널의 〔CSS〕 탭이 선택된 상태에서 텍스트 색을 '#0CF'로 설정합니다.

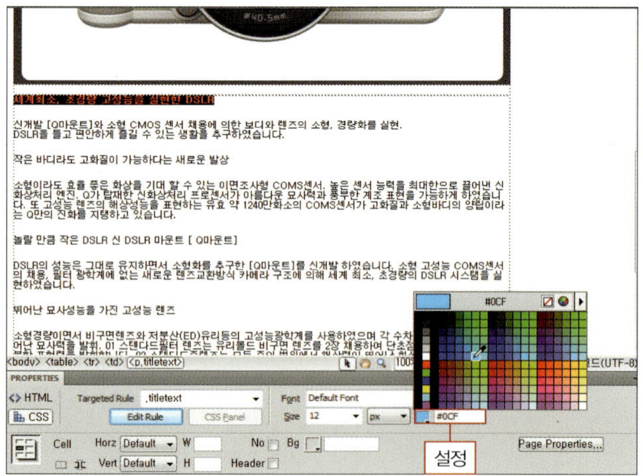

13 그림과 같이 각 타이틀을 드래그하여 선택하고 Properties 패널의 〔CSS〕 탭에서 Targeted Rule을 'titletext'로 선택합니다.

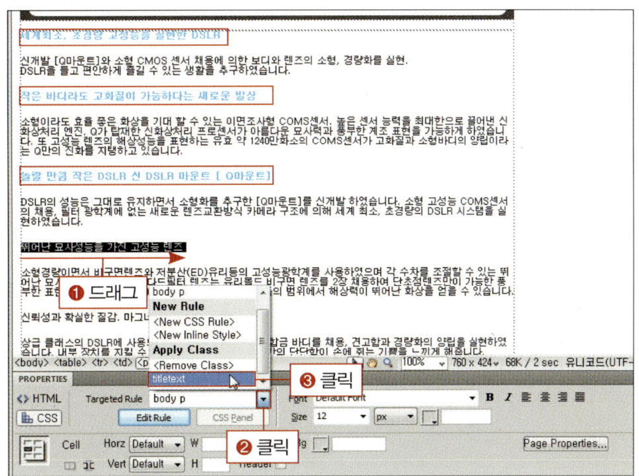

14 CSS 설정을 변경할 때 해당 CSS가 적용된 부분은 자동으로 변경됩니다. 설정을 변경하기 위해 〔Rules〕 탭에서 'body p'를 선택하고 'Edit Rule' 아이콘(📝)을 클릭합니다.

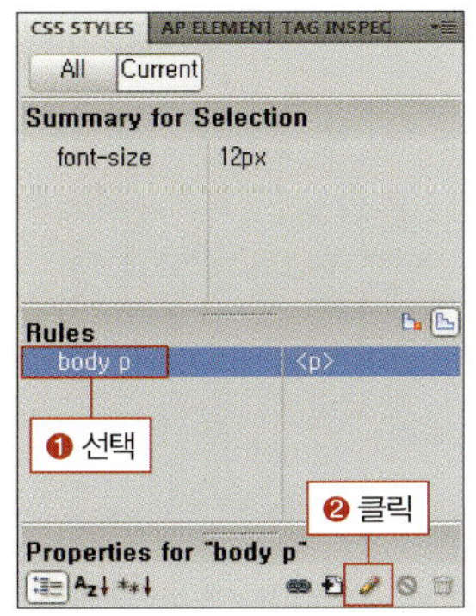

15 〔CSS Rule definition for body p〕 대화상자가 나타나면 왼쪽의 영역에서 〔Type〕 탭을 선택하고 Color를 '#666'으로 설정하고 〔OK〕 버튼을 클릭합니다.

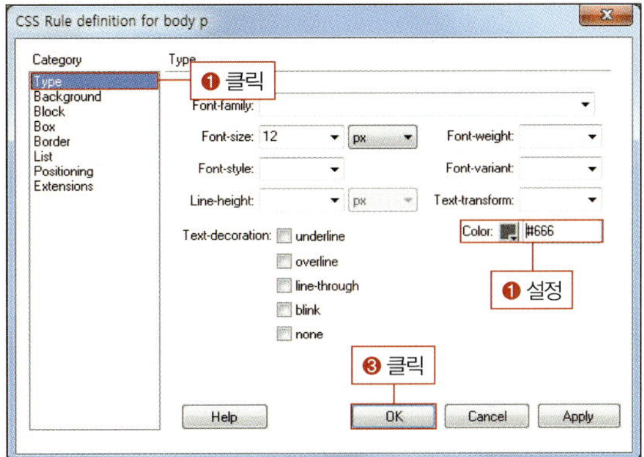

16 테이블에서 네 번째 셀을 선택하고 위쪽의 Insert 패널에서 〔Common〕 탭의 'Images' 아이콘()을 클릭합니다.

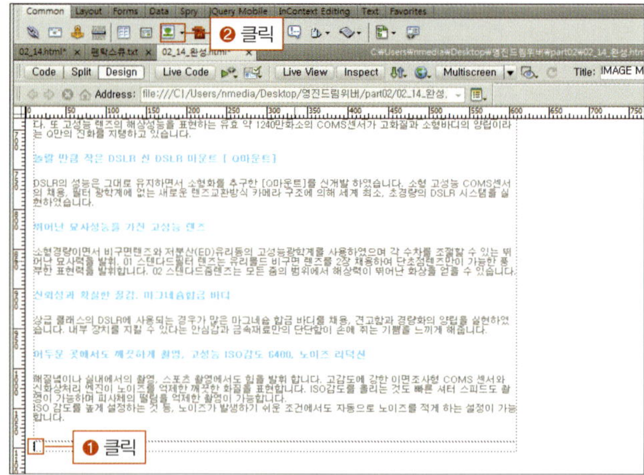

17 〔Select Image Source〕 대화상자가 나타나면 'Part02\images' 폴더의 '02_15_img.jpg' 파일을 선택하고 〔OK〕 버튼을 클릭합니다.

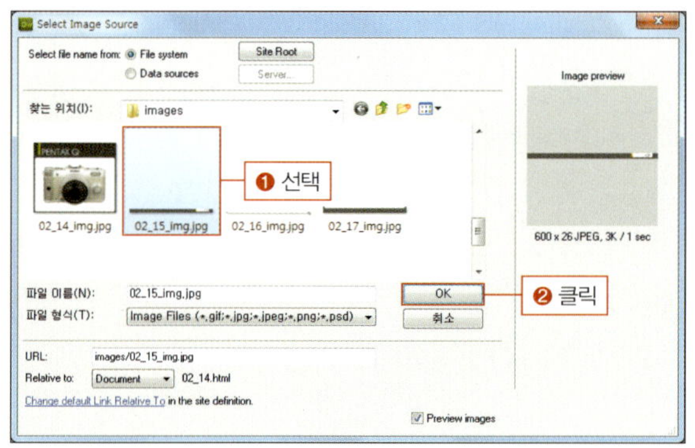

18 〔Image Tag Accessibility Attributes〕 대화상자가 나타나면 Alternate text에 'top'을 입력한 다음 〔OK〕 버튼을 클릭합니다.

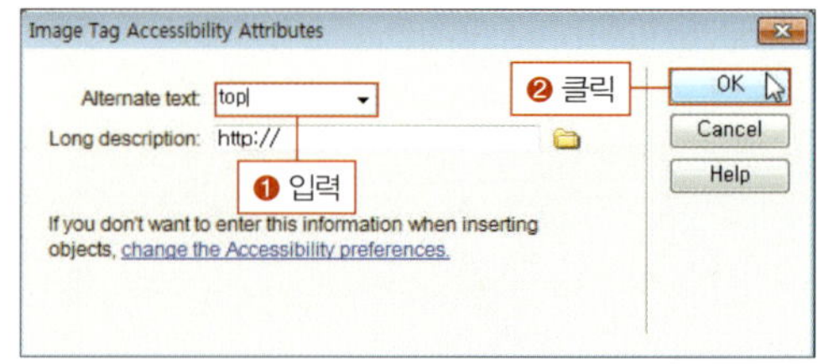

네임앵커 지정하기

01 입력된 텍스트 중에서 그림과 같이 '뛰어난 ~' 부분의 앞쪽을 클릭하고, 위쪽의 Insert 패널에서 [Common] 탭의 'Named Anchor' 아이콘()을 클릭합니다. [Named Anchor] 대화상자에서 Anchor name에 'lens'를 입력하고 [OK] 버튼을 클릭합니다.

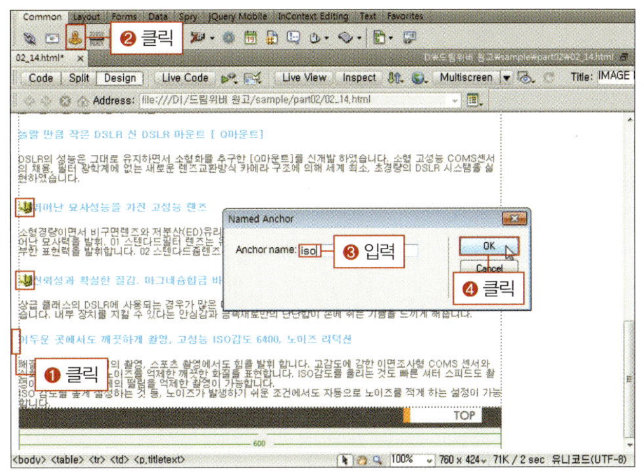

02 같은 방법으로 '신뢰성~' 부분에는 'body' 앵커를 적용하고 '어두운~' 부분에는 'iso' 앵커를 각각 적용합니다.

03 테이블 앞쪽을 선택한 후 가장 위쪽에 'top' 앵커 포인트를 적용합니다.

04 아래쪽에 적용된 이미지를 선택하고, Link에 '#top'을 입력합니다. 링크를 적용하면 테두리가 생성되기 때문에 Properties 패널에서 Border에 '0'을 입력합니다.

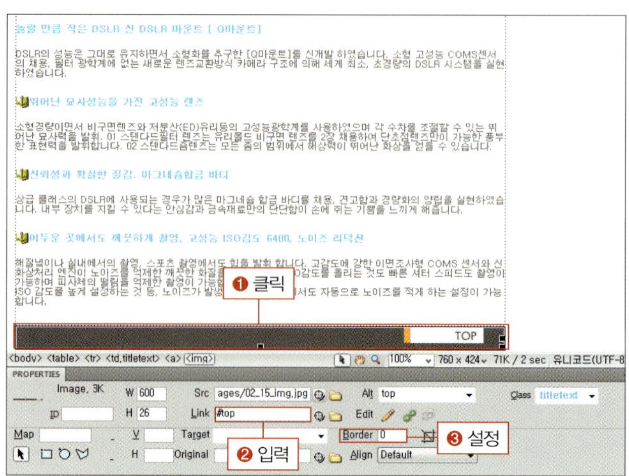

05 이미지맵을 적용하여 각 위치로 이동할 수 있도록 가장 위쪽에 적용된 카메라 이미지를 선택합니다. 이미지가 선택되면 Properties 패널에 Map이 표시됩니다. 'Circle Hotspot Tool' 아이콘(◯)을 클릭합니다.

06 카메라 렌즈 부분을 드래그하면 원형의 이미지맵이 표시되며 경고 창이 나타납니다. 〔확인〕 버튼을 클릭합니다.

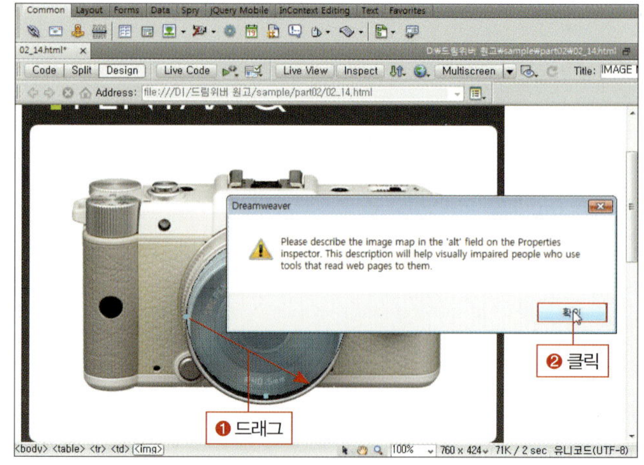

07 하이퍼링크를 적용하기 위해 Properties 패널에서 Link에 '#lens'를 입력하고 Alt에 'LENS'를 입력합니다.

08 Properties 패널에서 'Ractangle Hotspot Tool' 아이콘(□)을 클릭한 다음 드래그하여 왼쪽 윗부분에 이미지맵 영역을 만들고 Link에 '#iso', Alt에 'ISO'를 입력합니다.

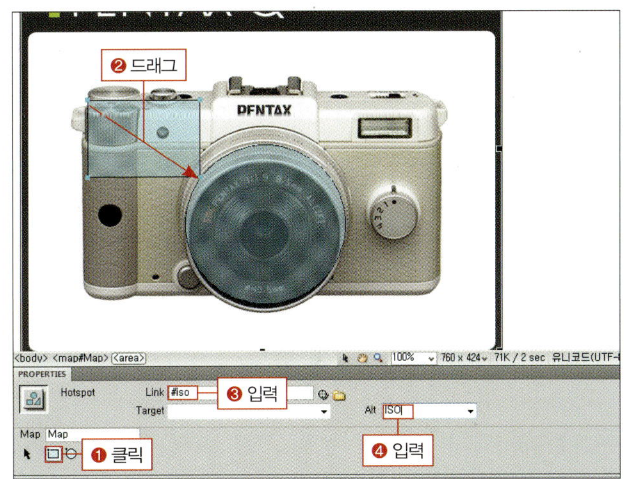

09 Properties 패널에서 'Polygon Hotspot Tool' 아이콘(▽)을 클릭하여 자유 형태의 맵 영역을 설정할 수 있습니다. 다각형은 클릭하는 점을 연결하므로 오른쪽의 그림을 참고하여 각 점을 연결합니다.

10 이미지맵이 완성되면 Properties 패널에서 Link에 '#body'를 입력하고 Alt에 'BODY'를 입력하여 하이퍼링크를 설정합니다.

11 이미지맵이 작동되는 것을 웹 브라우저에서 확인하기 위해 〔File〕-〔Preview in Browser〕-〔IExplore〕 메뉴를 클릭하거나 F12를 누릅니다.

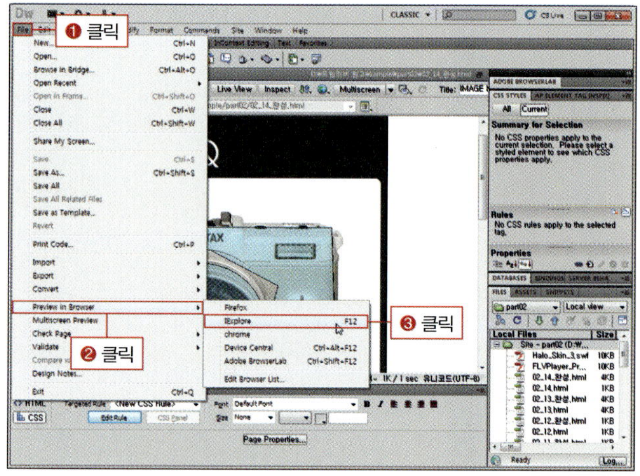

12 웹 브라우저에서 이미지의 이미지맵을 적용한 부분에 마우스 포인터를 위치시키면 마우스 포인터가 손가락 모양으로 변경됩니다. 이미지맵을 클릭하면 해당 위치로 이동하는 것을 확인합니다.

미리 보기 웹 브라우저 추가하기

웹 브라우저의 종류는 매우 다양합니다. 국내에서는 대부분 인터넷 익스플로러를 사용하지만 국외에서는 크롬이나 파이어폭스 등의 웹 브라우저를 사용하는 경우가 많습니다. 또 매킨토시는 사파리를 기본 웹 브라우저로 사용합니다. 컴퓨터뿐만 아니라 모바일도 다양한 웹 브라우저가 존재합니다.

01 〔File〕-〔Preview in Browser〕-〔Edit Browser List〕 메뉴를 클릭합니다.

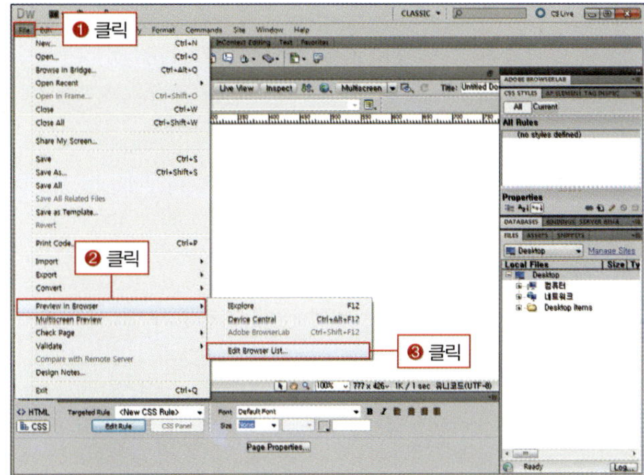

02 〔Preferences〕 대화상자가 나타나며 〔Preview in Browser〕 탭이 자동으로 선택됩니다. Browsers의 '추가'(⊞) 아이콘을 클릭하여 웹 브라우저의 수정 및 추가할 수 있습니다.

> ⓣⓘⓟ
>
> 기본 웹 브라우저는 F12를 눌러 사용하며, 추가한 웹 브라우저는 Ctrl + F12를 눌러 확인할 수 있습니다. 다른 웹 브라우저를 추가하려면 해당 웹 브라우저를 미리 설치해야 합니다.

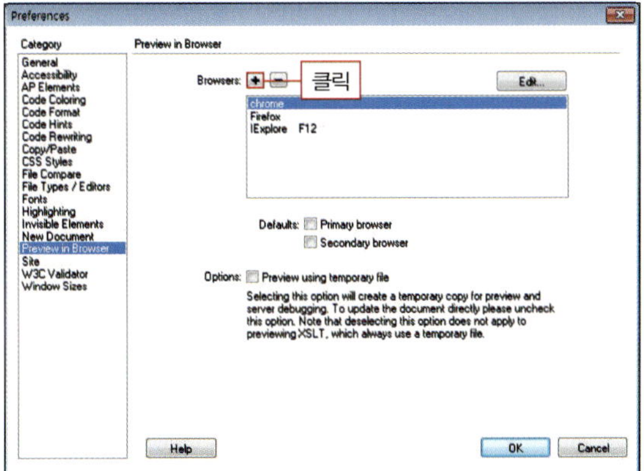

배울내용

Dreamweaver CS5.5

CSS로 웹 문서 디자인하기

CSS(Cascading Style Sheets)는 웹 문서의 속성을 저장한 문서 또는 태그를 말합니다. CSS를 이용해 문서의 일관성을 유지할 수 있고, 문서별로 CSS를 설정하는 등 장점이 많습니다. 현재 웹 표준은 CSS3며 CSS4가 HTML5의 표준과 함께 개발 및 보완 중입니다. 물론 HTML5에는 CSS3가 우선적으로 사용되지만, 곧 CSS4로 업그레이드될 것으로 예상됩니다.

CSS는 문서 내에 설정하는 방법과 외부 문서에 설정하는 방법이 있으며, 지정하는 방식도 다양합니다. 조금 복잡하다고 느낄 수 있지만 꼭 이해해야 하는 부분 중 하나입니다.

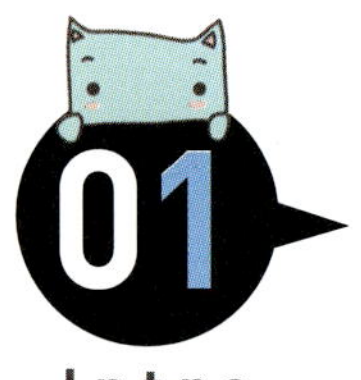

01 CSS로 문서 장식하기

워드 프로그램은 문서에 적용된 텍스트의 크기나 폰트 등을 간단하게 변경할 수 있지만, HTML은 텍스트 속성을 변경하기 위해 입력된 부분마다 태그를 각각 지정해야 합니다. 매우 번거로운 작업이기 때문에 좀 더 쉽게 CSS를 이용하며, HTML5나 웹 표준에 맞추기 위해 반드시 익혀야 합니다.

CSS란?

CSS(Cascading Style Sheets)는 문서의 속성을 설정하는 기능으로, 최근의 웹 사이트는 대부분 CSS와 Div 구조로 구성되어 있습니다. 테이블을 사용하거나 기타 프레임과 같은 방법으로 페이지 구성이 가능하지만 최신 웹 표준에 맞추기 위해 CSS를 사용하는 것이 좋으며, HTML5에 대응하기 위해 꼭 알아두어야 합니다.

문서 내부에 CSS를 적용하려면 <head> 태그 안에 적용해야 하며 '<style type="text/css">'를 입력하고 CSS를 적용합니다. 태그에 직접 적용하거나 Class 및 ID를 적용하는 방식이 있습니다. 태그는 직접 입력한 다음 '{ }' 괄호 안에 해당 CSS 태그를 입력합니다.

```
<style type="text/css">
body,td,th {
        font-family: "굴림", "굴림체";
        font-size: 12px;
        color: #999;
}
</style>
```

위쪽의 'body,td,th' CSS는 <body> 및 <td>, <th> 태그에 적용한다는 의미입니다. 태그의 형태도 반복 적용할 수 있으며 각각의 내용을 별도로 추가할 수 있습니다. 만약 여러 개의 <body> 태그를 지정하고 각각의 CSS가 다르다면 실제 HTML 문서는 각 <body> 태그에 지정된 CSS가 한 번에 모아져 실행됩니다.

외부 CSS 문서 설정하기

CSS는 HTML 문서 내에서 〈style〉 태그 형태로 적용하며 내부 문서와 외부 문서로 설정할 수 있습니다. 기본적으로 외부 문서로 설정하는 것이 각 페이지별로 통일하는데 유리하며, 하나의 외부 CSS 문서가 아닌 여러 CSS 문서를 설정할 수도 있습니다. 외부 CSS 문서는 동시에 여러 문서를 설정하여 불러올 수 있으며 필요에 따라 지정합니다.

```
<link href="03_06_css.css" rel="stylesheet" type="text/css" />
```

위와 같은 〈link〉 태그를 사용하여 〈head〉 태그에 적용하면 '03_06_css.css' 문서를 불러와 해당 문서에 CSS를 적용한다는 의미입니다.

CSS 문서를 별도로 설정하기 위해서는 (New CSS Rule) 대화상자에서 Rule Definition을 'New Style Sheet File'로 선택해 CSS 문서를 새로 만들어 연결할 수 있습니다. Class 이름 또는 ID 등을 입력하고 (OK) 버튼을 클릭합니다.

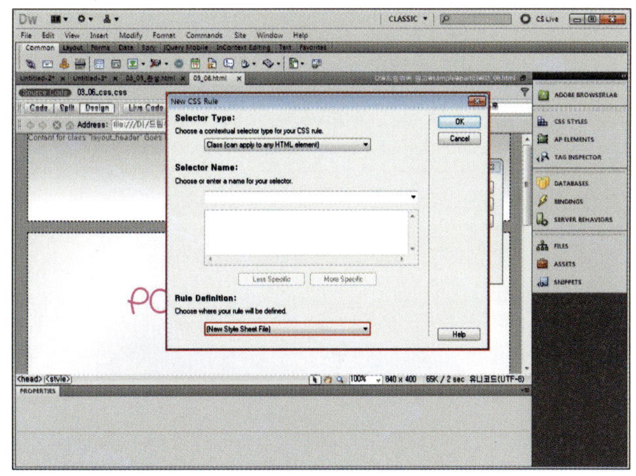

(Save Style Sheet File As) 대화상자가 나타납니다. CSS 파일 이름을 입력하고 (저장) 버튼을 클릭하면 CSS가 자동으로 연동되며 CSS 문서가 만들어집니다.

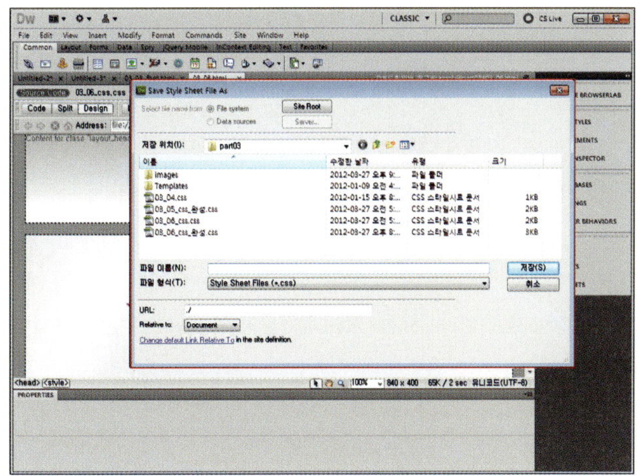

CSS 설정하고 적용하기

CSS는 기본적으로 3가지 방식을 활용할 수 있습니다. 태그를 설정하면 해당 태그에 바로 적용되며, 경로를 설정하여 특정 태그에만 CSS를 적용할 수도 있습니다. 주로 Class 방식을 활용하며 ID 방식을 사용하기도 합니다.

아래의 그림은 CSS 문서의 일부로, CSS 문서는 별다른 메타 설정이나 HTML 선언 등이 필요 없습니다. 그러므로 필요한 Class나 ID, 태그 등을 직접 설정하여 '{ }' 괄호 형태로 묶고, 각각의 CSS는 ';' 세미콜론으로 구분합니다. 'body'는 태그 형태로 지정된 것이며 '#'은 ID 방식입니다. Class의 경우 '.' 온점 이후에 Class 이름을 입력합니다. 〈Div〉로 적용할 경우 다음과 같은 형태로 설정합니다.

<Div id="layout_center_box"> ……. </Div>

<Div Class="layout_contents"> ……. </Div>

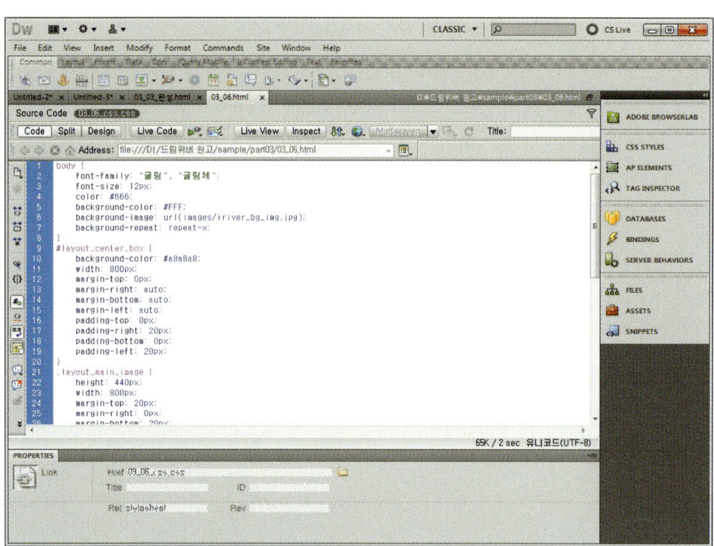

ID 방식으로 설정하면 같은 ID로 지정된 CSS를 하나의 문서 내에서 반복 사용할 수 없으며, Class는 반복 사용할 수 있습니다. 전체 레이아웃을 만들 때 ID 방식으로 작성하지만 Class 방식으로 작성해도 문제없습니다.

CSS를 적용할 때 ID나 Class가 아닌 형태가 있는데, 바로 태그에 방식 중에 'a:~'로 시작하는 부분입니다. 일반적인 태그와 다른 형태로, 링크에 관련된 내용입니다. 즉 'a:link'로 설정하면 링크에 관련된 CSS가 설정됩니다. 만약 'a:visited'라면 방문한 링크 또는 메뉴에 표시되는 CSS를 설정합니다.

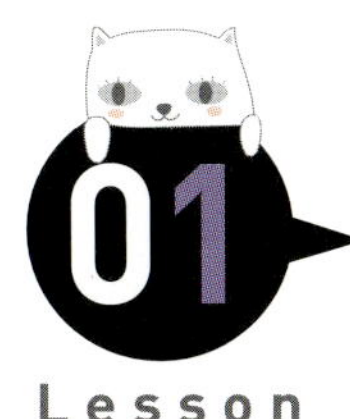

Class로 스타일 적용하기

01 Lesson

CSS를 적용하는 방법은 태그에 직접 적용하는 방법 외에 스타일만을 별도로 구성하여 적용할 수 있으며 적용하는 방법도 여러 가지가 있습니다. 가장 많이 활용하는 방법은 Class이지만 다른 방식을 사용하는 경우도 있습니다. 기본적인 가장 많이 활용하는 Class 방식을 활용하여 스타일을 적용하겠습니다.

완성 파일 : Part03\03_01_완성.html

테이블 만들기

01 새 문서를 만들기 위해 시작 화면의 〔Create New〕 항목에서 〔HTML〕을 선택합니다.

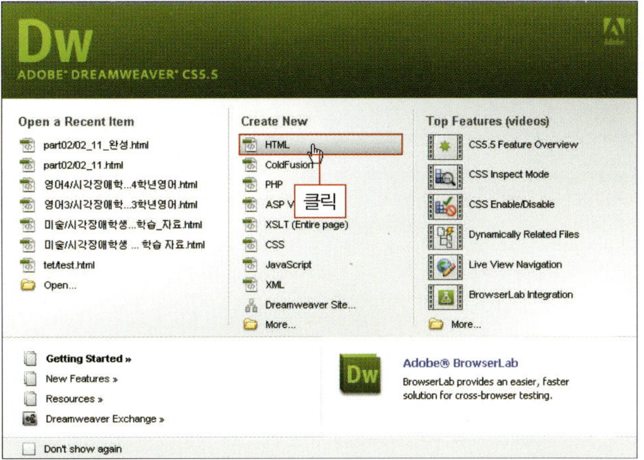

02 빈 문서에 테이블을 삽입하기 위해 위쪽의 Insert 패널에서 〔Common〕 탭의 'Table' 아이콘 (圃)을 클릭합니다. 〔Table〕 대화상자가 나타나면 Rows를 '5', Columns를 '1', Table Width를 '480 pixels', Border thickness/Cell padding/Cell spacing을 '0'으로 설정하고 〔OK〕 버튼을 클릭합니다.

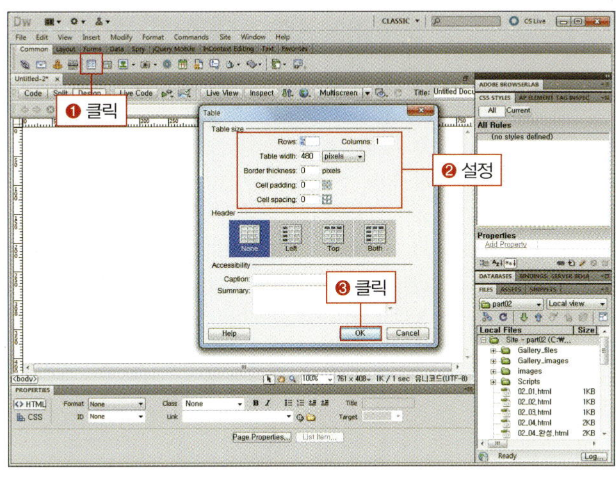

03 테이블이 삽입되면 테이블의 높이를 설정하기 위해 첫 번째 셀을 클릭하고 Properties 패널 (HTML) 탭에서 H에 '50'을 입력합니다.

셀 높이를 고정하면 적용된 내용과 관계없이 높이가 고정되지만, 셀에 입력된 내용에 따라 셀 높이가 늘어날 수 있습니다.

04 두 번째 셀을 클릭하고, H를 '420'으로 설정합니다. 같은 방법으로 Properties 패널에서 세 번째 셀의 H를 '30', 네 번째 셀의 H는 '420', 마지막 셀의 H는 '40'으로 설정합니다. 기본적인 문서 설정을 위해 Properties 패널에서 (Page Properties) 버튼을 클릭합니다.

05 (Page Properties) 대화상자가 나타나면 왼쪽 영역의 (Appearance (CSS)) 탭을 선택하고 Page font에서 (Edit Font List)를 선택합니다.

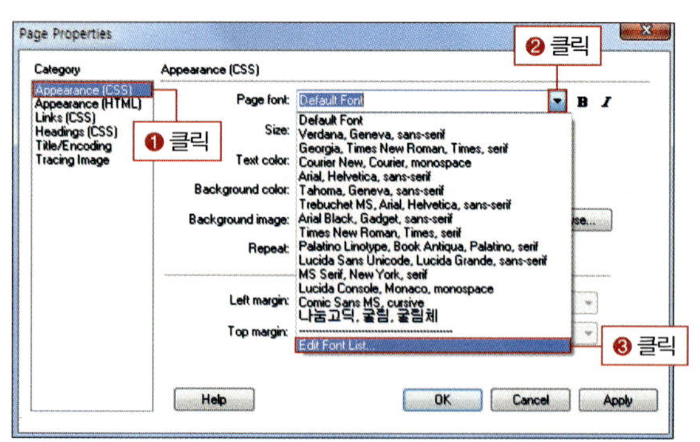

06 〔Edit Font List〕 대화상자에서 그림과 같이 '굴림', '굴림체'를 선택하고 '이동' 아이콘(<<)을 클릭하여 Chosen fonts에 추가한 다음 〔OK〕 버튼을 클릭합니다.

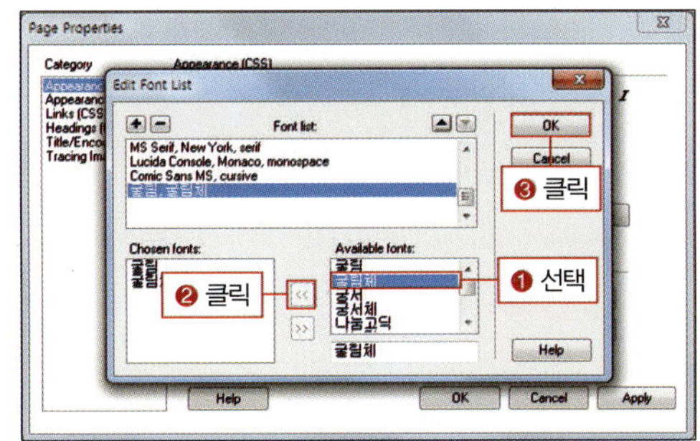

07 〔Page Properties〕 대화상자에서 Size는 '12 px', Text color는 '#333'으로 설정합니다. 페이지 여백을 설정하기 위해서 4개의 margin 항목을 각각 '0px'로 설정하고 변경 사항을 문서에 적용하기 위해 〔Apply〕 버튼을 클릭합니다.

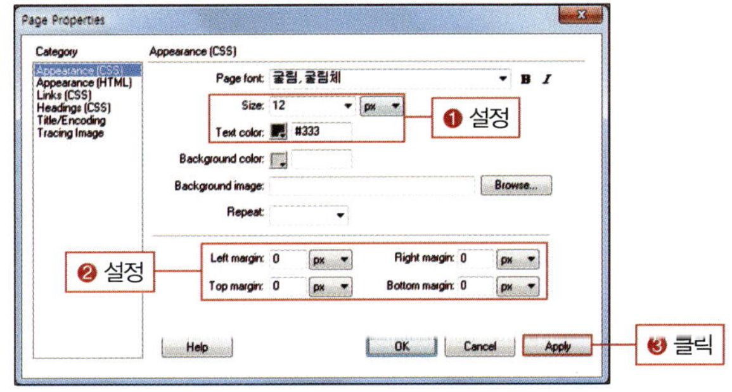

08 링크의 속성을 설정하기 위해 왼쪽 영역의 〔Link 〔CSS〕〕 탭을 선택합니다. Link color/Rollover links/Visited links를 '#FFF', Active links는 '#CCC'로 설정한 다음 〔OK〕 버튼을 클릭합니다.

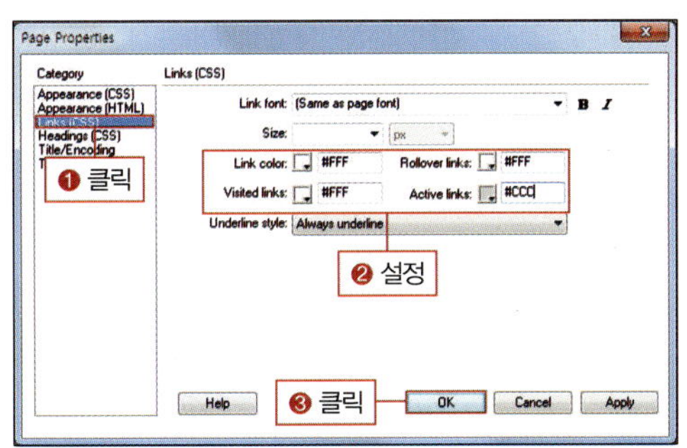

09 셀의 배경 색을 설정하기 위해 첫 번째 셀을 선택하고 Properties 패널에서 Bg를 '#333333'으로 설정합니다. 같은 방법으로 마지막 셀의 배경 색을 설정합니다.

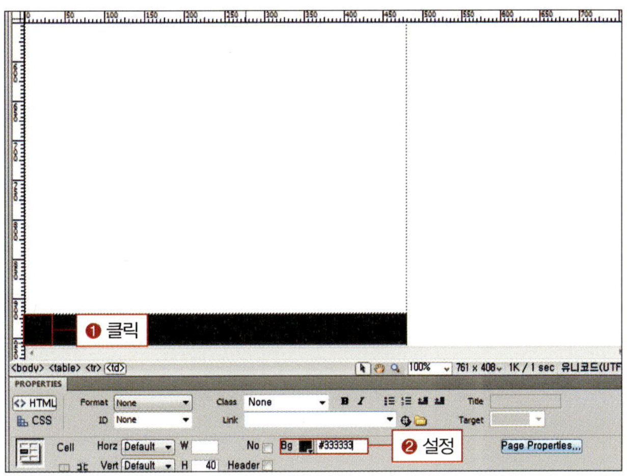

이미지 삽입하고 스타일 적용하기

01 이미지를 삽입하기 위해 두 번째 셀을 클릭하고 위쪽의 Insert 패널에서 〔Common〕 탭의 'Images' 아이콘(￼)을 클릭합니다. 〔Select Image Source〕 대화상자에서 'Part03\images' 폴더의 'apple01.jpg' 파일을 선택하고 〔OK〕 버튼을 클릭합니다.

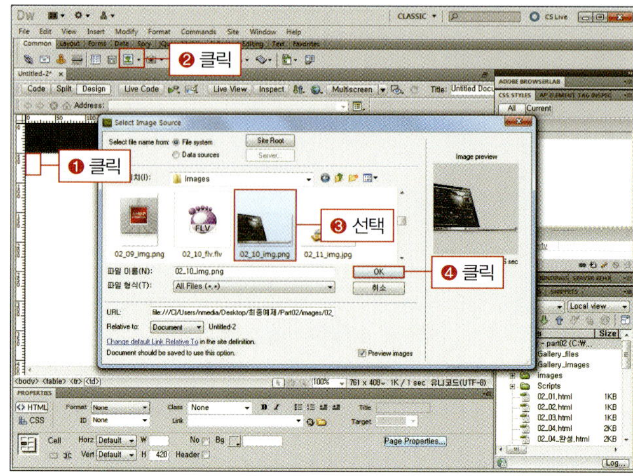

02 〔Image Tag Accessibility Attributes〕 대화상자가 나타나면 Alternate text에 'air'를 입력하고 〔OK〕 버튼을 클릭합니다.

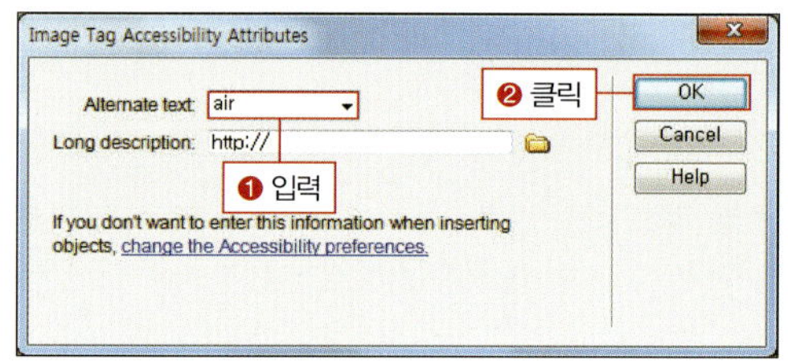

03 이미지를 가운데 정렬하기 위해 이미지가 있는 셀을 클릭하고 Properties 패널의 〔CSS〕 탭에서 Targeted Rule을 '〈New CSS Rule〉'로 선택한 다음 'Align Center' 아이콘(￼)을 클릭합니다.

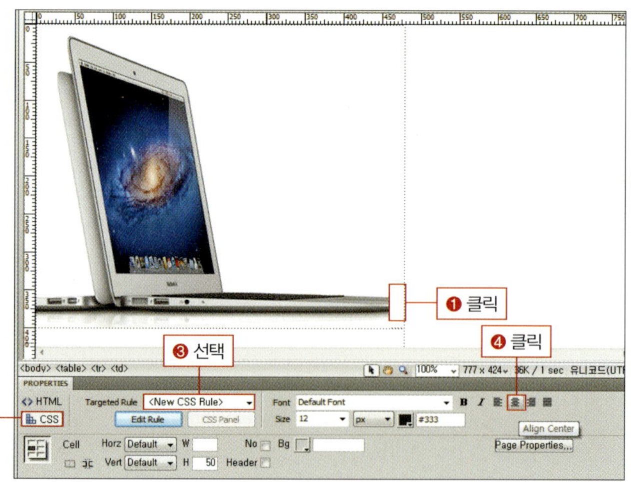

04  그림과 같이 (New CSS Rule) 대화상자가 나타나면 Selector Type을 'Class (can apply to any HTML element)'로 선택합니다. Selector Name에 Class 이름으로 사용할 'img_Center'를 입력하고 (OK) 버튼을 클릭합니다.

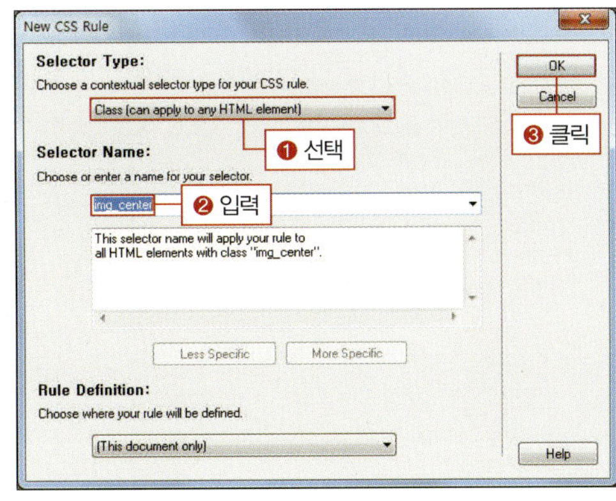

> **TiP**
>
> 이미지는 가운데 정렬되고, 지정한 Class 이름으로 CSS가 적용됩니다.

05 (Split) 탭을 클릭하여 코드 화면에서 테이블의 셀에 해당하는 〈td〉 태그에 'Class="img_Center"'가 추가된 것을 확인합니다.

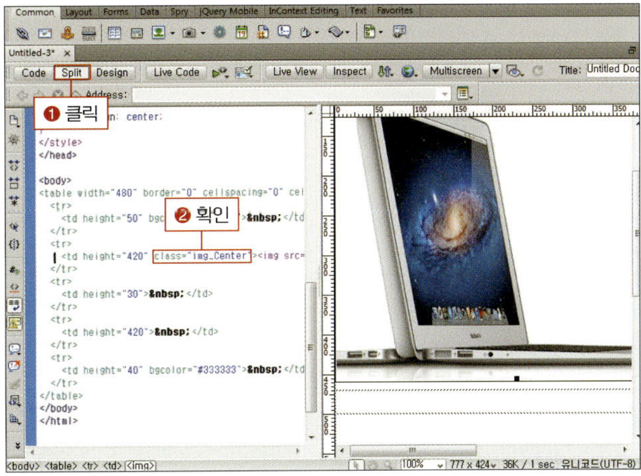

06 〈head〉 태그에 '.img_Center { text-align: Center; }'가 입력된 것을 확인합니다.

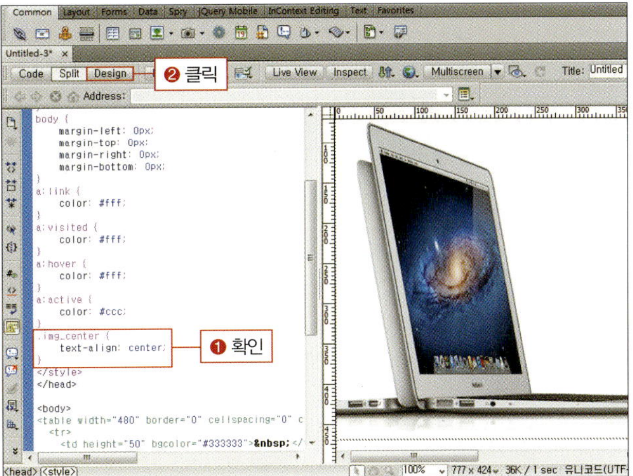

07 세 번째 셀을 클릭하고 내비게이션 메뉴를 적용하기 위해 위쪽의 Insert 패널에서 〔Common〕 탭의 'Images' 아이콘(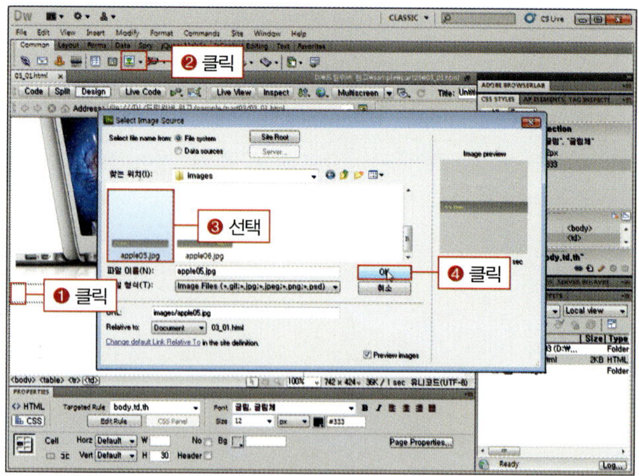)을 클릭합니다. 〔Select Image Source〕 대화상자가 나타나면 'Part03\images' 폴더의 'apple05.jpg' 파일을 선택하고 〔OK〕 버튼을 클릭합니다.

08 〔Image Tag Accessibility Attributes〕 대화상자가 나타나면 Alternate text에 'prev'를 입력하고 〔OK〕 버튼을 클릭합니다.

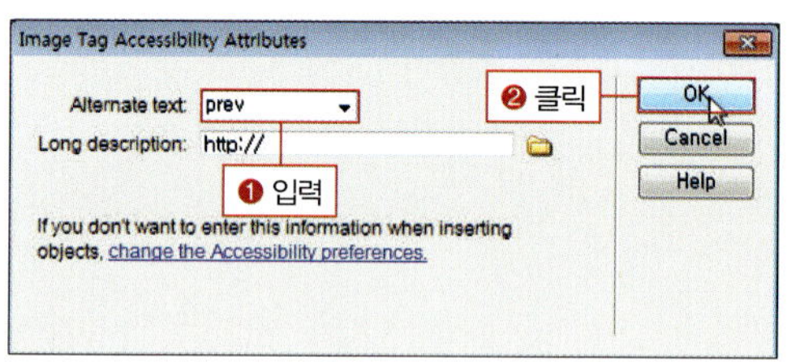

09 **07**번과 같은 방법으로 'apple06.jpg' 파일을 같은 셀에 적용하고 〔Image Tag Accessibility Attributes〕 대화상자에서 Alternate text를 'next'로 입력한 다음 〔OK〕 버튼을 클릭합니다.

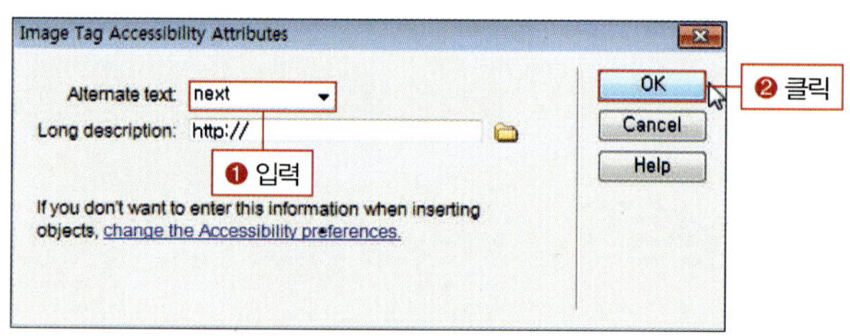

10 제품에 대한 설명을 입력하기 위해 'Part03' 폴더의 'apple_text.txt' 파일을 불러옵니다. 가장 위쪽의 텍스트를 드래그한 다음 Ctrl + C 를 눌러 복사합니다.

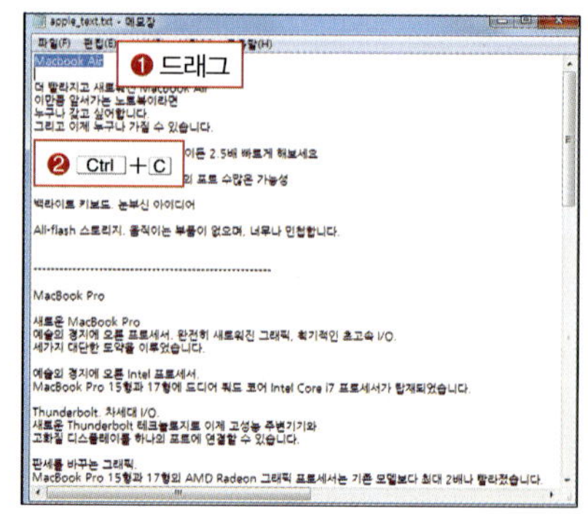

11 첫 번째 셀을 클릭하고 [Ctrl]+[V]를 누르면, 셀에 텍스트가 입력되지만 설정된 색상때문에 보이지 않습니다. 텍스트의 태그를 변경하기 위해 복사된 텍스트를 드래그하여 선택한 다음 Properties 패널의 [HTML] 탭에서 Format을 'Heading 1'로 선택합니다.

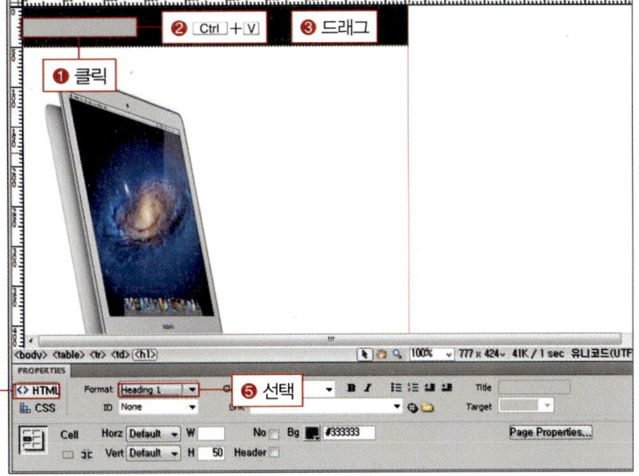

12 텍스트를 드래그하여 선택하고 Properties 패널의 [CSS] 탭에서 Targeted Rule을 '〈New CSS Rule〉'로 선택한 다음 Color를 '#333'으로 설정합니다.

13 그림과 같이 [New CSS Rule] 대화상자가 나타나면 Selector Type을 'Class [can apply to any HTML element]'로 선택합니다. Selector Name에 'title_text'를 입력한 다음 [OK] 버튼을 클릭합니다.

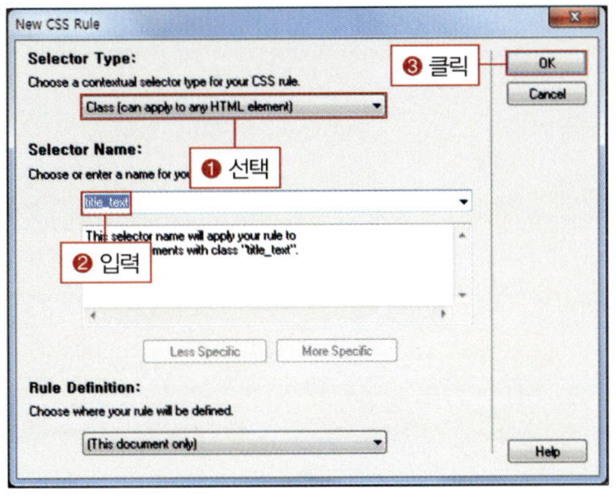

14 〔CSS Rule Definition for…〕 대화상자가 나타나면 〔Type〕 탭에서 Color를 '#FFF'로 설정하고 〔OK〕 버튼을 클릭합니다.

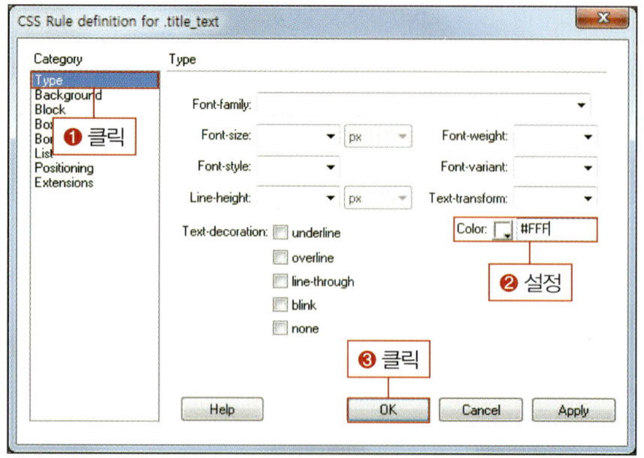

15 Properties 패널에서 〔CSS〕 탭의 Targeted Rule에 '.title_text'가 선택된 것을 확인합니다. 타이틀 텍스트를 가운데 정렬하기 위해서 'Align Center' 아이콘(틀)을 클릭합니다.

16 네 번째 셀을 클릭하고, 'apple_text.txt' 파일의 설명 부분을 드래그하여 선택한 다음 Ctrl + C를 눌러 복사합니다. 드림위버로 이동하여 네 번째 셀에 Ctrl + V를 눌러 붙여 넣습니다.

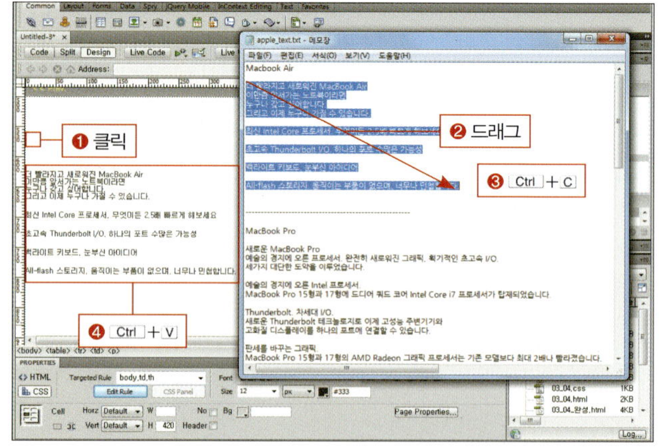

17 위쪽에 있는 4개의 문장을 드래그하여 선택합니다. Properties 패널의 〔HTML〕 탭에서 Format을 'Heading 4'로 선택합니다.

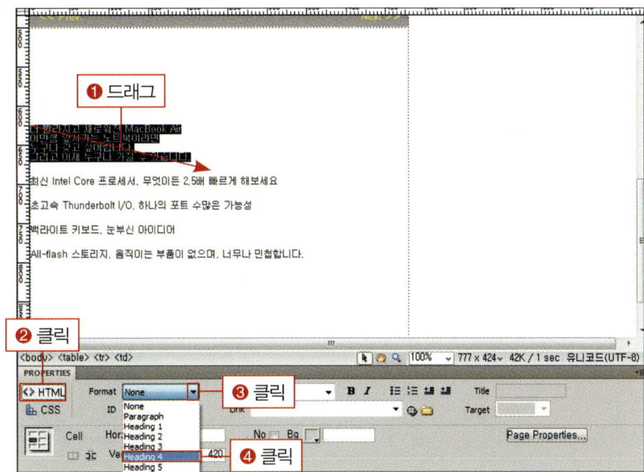

18 텍스트를 위쪽으로 정렬하기 위해 셀이 선택된 상태로 Properties 패널에서 Vert를 'Top'으로 선택합니다.

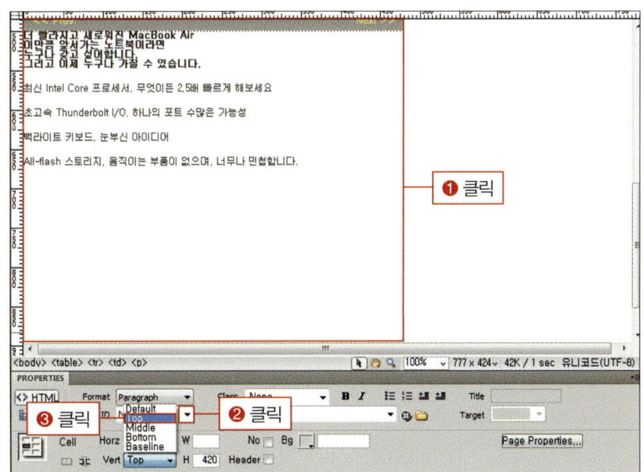

19 첫 문장 앞에서 Shift + Enter를 눌러 한 줄을 띄고 첫 번째 문장을 드래그하여 선택합니다. Properties 패널의 〔CSS〕 탭에서 Targeted Rule을 '〈New CSS Rule〉'로 선택합니다. 색상을 변경하기 위해 Text Color를 '#06F'로 설정합니다.

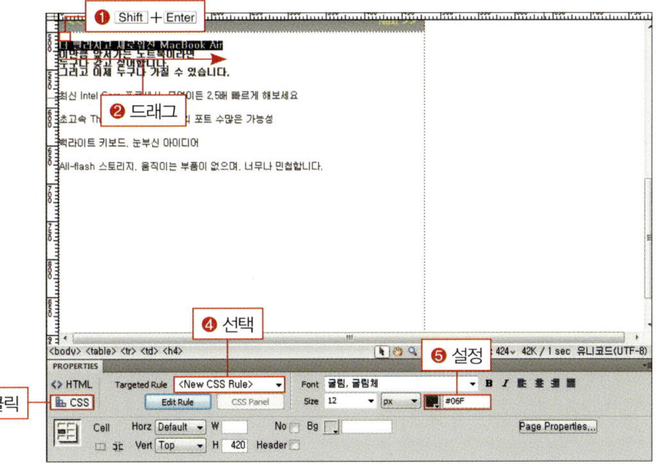

20 그림과 같이 〔New CSS Rule〕 대화상자가 나타나면 Selector Type을 'Class 〔can apply to any HTML element〕'로 선택하고, Selector Name에 'subtitle'을 입력한 다음 〔OK〕 버튼을 클릭합니다.

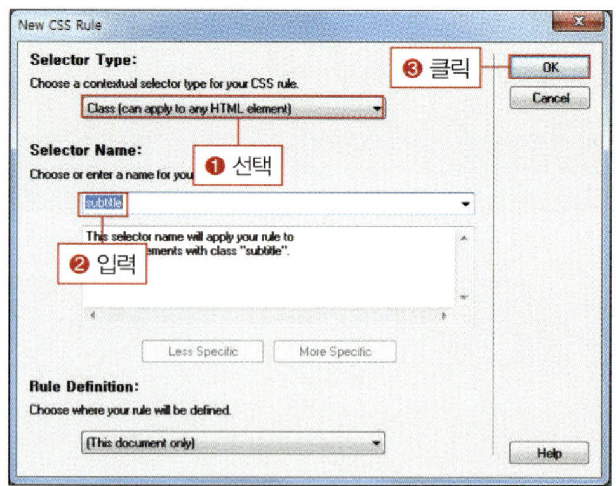

21 세부 설명 중 앞쪽 부분을 드래그하여 선택합니다. Properties 패널의 〔CSS〕 탭의 Targeted Rule을 '〈New CSS Rule〉'로 선택하고 Text Color를 '#C33'으로 설정하여 색상을 변경합니다.

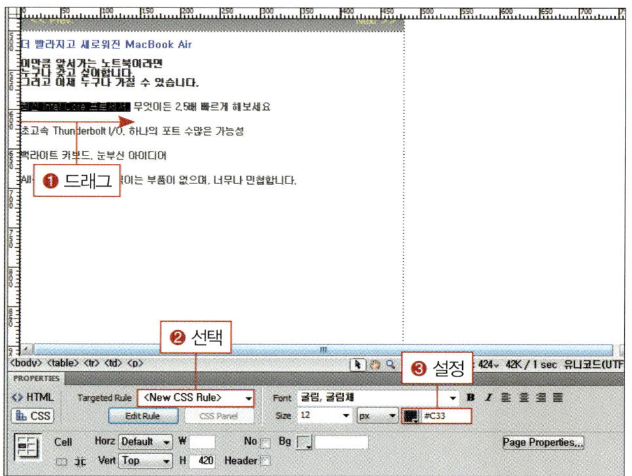

22 그림과 같이 〔New CSS Rule〕 대화상자가 나타나면 Selector Type을 'Class 〔can apply to any HTML element〕'로 선택하고 Selector Name에 'subtitle 02'를 입력한 다음 〔OK〕 버튼을 클릭합니다.

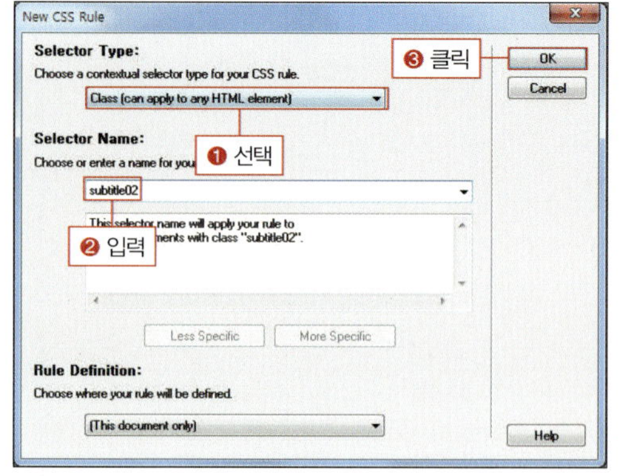

23 세부 설명 중 색상을 변경할 부분을 드래 그하여 선택하고 Properties 패널의 〔CSS〕 탭의 Targeted Rule에서 'subtitle02'를 선택하여 같은 CSS를 적용합니다. 위와 같은 방법으로 나머지 문 장의 앞부분에도 같은 CSS를 적용합니다.

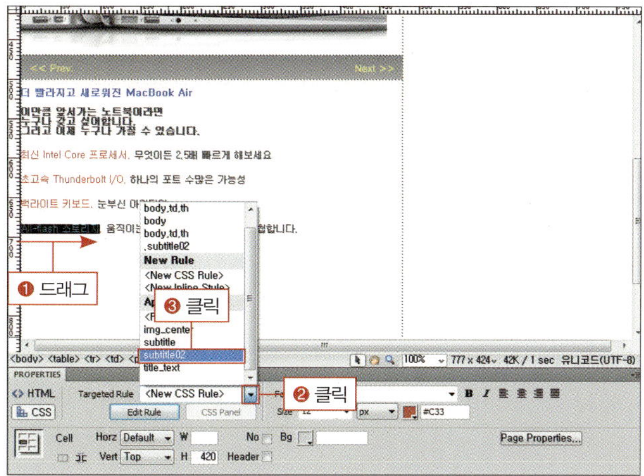

24 〔Split〕 탭을 클릭하여 적용한 CSS를 살펴보 면 각각의 〈p〉 태그 다음에 〈span〉 태그가 생성 된 것과 해당 태그에 Class가 적용된 것을 확인합 니다.

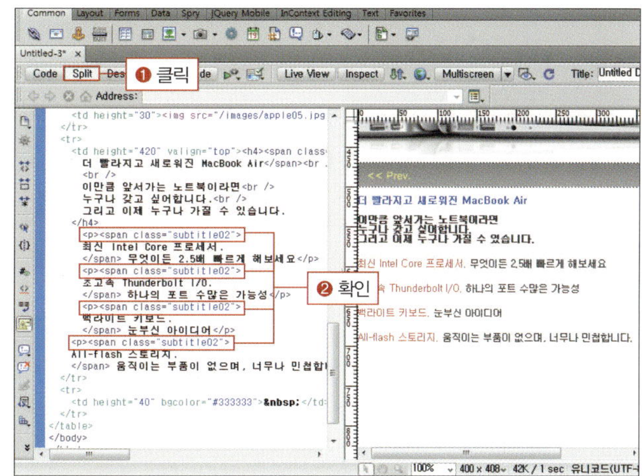

25 마지막 셀을 클릭한 후 'APPLE www. apple.co.kr'을 입력하고 입력한 텍스트를 드래그 하여 선택합니다. CSS를 적용하기 위해 Properties 패널에서 〔CSS〕 탭의 Targeted Rule을 'title_text' 로 선택합니다.

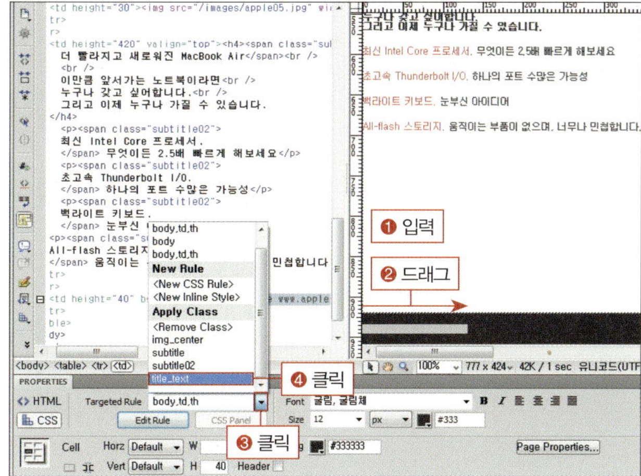

26 텍스트가 가운데 정렬되고 색상도 변경됩니다. title_text에 해당하는 CSS가 적용되었으며, Class로 지정된 CSS는 여러 곳에 같은 속성을 적용할 수 있습니다. 웹 브라우저에서 확인하기 위해 〔File〕-〔Preview in Browser〕-〔IExplore〕 메뉴를 클릭하거나 F12를 누릅니다.

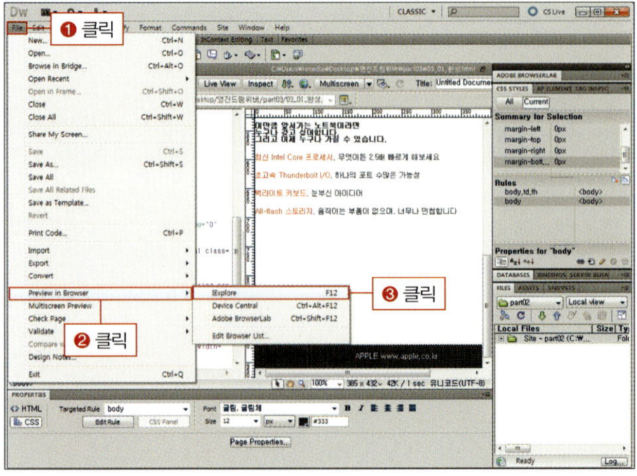

27 웹 브라우저에서 텍스트의 크기와 색상, 폰트 등이 일괄 적용된 것을 확인합니다.

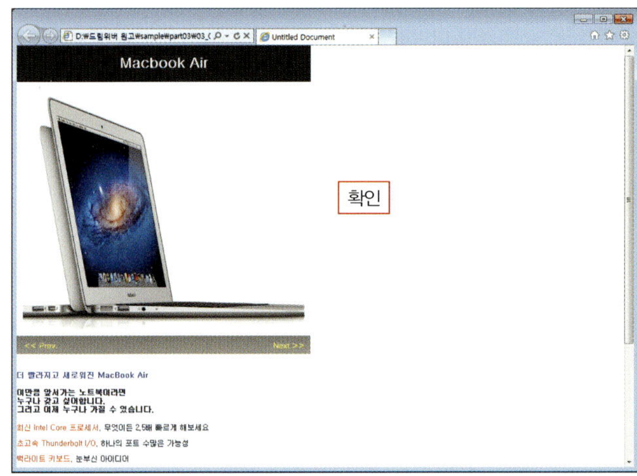

 웹 사이트를 준비하는 사이트맵

웹 사이트를 제작할 때 기본 준비 과정을 마치고 전체적인 디자인 및 레이아웃과 사이트 규모 등 전체적인 사이트의 내용을 한눈에 파악할 수 있는 사이트맵이 필요합니다.

사이트맵은 대부분 사이트 기획 초기부터 고려되며 여러 가지 방법과 과정을 거쳐서 완성합니다. 사이트맵이 설정되면 메인 페이지에 노출할 정보와 그 양을 결정하며 이를 이용하여 전체 레이아웃 및 사이트 디자인이 이루어집니다.

사이트맵은 꼭 필요한 메뉴는 아니지만 많은 사이트에서 메뉴로 사이트맵을 제공하며, 빠르게 각각의 메뉴를 찾아갈 수 있도록 제공하는 경우가 많습니다. 웹 사이트 제작을 준비하거나 공부하는 분이라면 다양한 사이트를 방문하여 사이트맵을 캡처하거나 내용을 정리하는 것이 좋습니다.

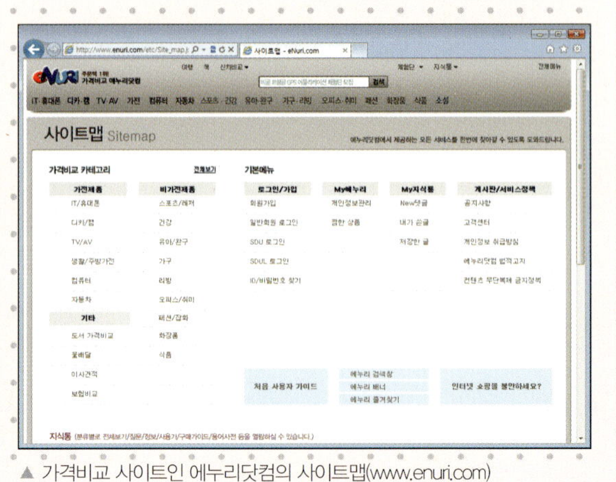

▲ 가격비교 사이트인 에누리닷컴의 사이트맵(www.enuri.com)

ID로 스타일 적용하기

CSS는 주로 Class 방법을 사용하지만 ID 방식으로도 적용할 수 있습니다. Class 방식은 여러 번 적용할 수 있지만 ID 방식은 한 번만 적용할 수 있으므로 참고하여 작업하는 것이 좋습니다. 이번 예제에서는 ID 방식을 사용하여 스타일을 적용하는 방법을 알아보겠습니다.

> **예제 파일** : Part03\03_02.html, apple_text.txt
> **완성 파일** : Part03\03_02_완성.html

스타일 적용하고 확인하기

01 (File)-(Open) 메뉴를 클릭하거나 [Ctrl] +[O]를 눌러 'Part03' 폴더의 '03_02.html' 파일을 불러옵니다. 'Part03' 폴더의 'apple_text.txt' 파일을 열고 두 번째 텍스트 부분의 'MacBook Pro'를 드래그하여 선택한 다음 [Ctrl]+[C]를 눌러 복사합니다.

02 첫 번째 셀을 클릭하고 [Ctrl]+[V]를 눌러 텍스트를 붙여 넣습니다. 텍스트를 드래그하여 선택하고 Properties 패널의 (HTML) 탭에서 Format을 'Heading 1'로 선택하여 〈h1〉 태그를 적용합니다.

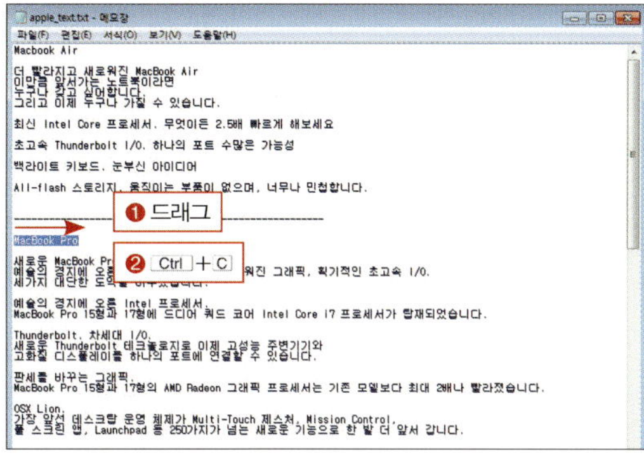

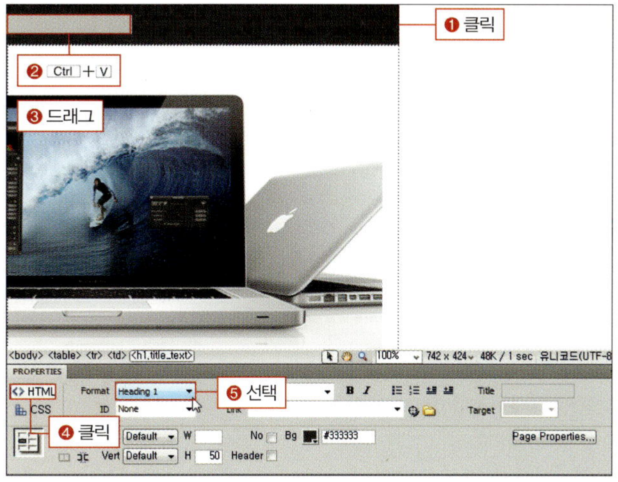

03 ID 방식으로 CSS를 적용하기 위해 텍스트가 선택된 상태에서 Properties 패널의 〔CSS〕 탭에서 Targeted Rule을 '〈New CSS Rule〉'로 선택한 다음 'Align Center' 아이콘(畺)을 클릭합니다.

04 그림과 같이 〔New CSS Rule〕 대화상자가 나타나면 Selector Type을 'ID 〔applies to only one HTML element〕'로 선택합니다. Selector Name에 'title_Center'를 입력하고 〔OK〕 버튼을 클릭합니다.

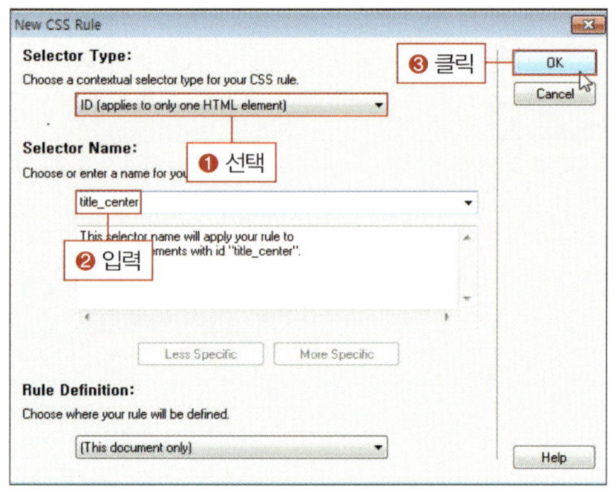

05 텍스트 색을 변경하기 위해 텍스트가 선택된 상태에서 Properties 패널의 〔CSS〕 탭에서 Text Color을 '#FFF'로 설정하면 흰색으로 변경되며, 해당 내용은 CSS에 적용됩니다.

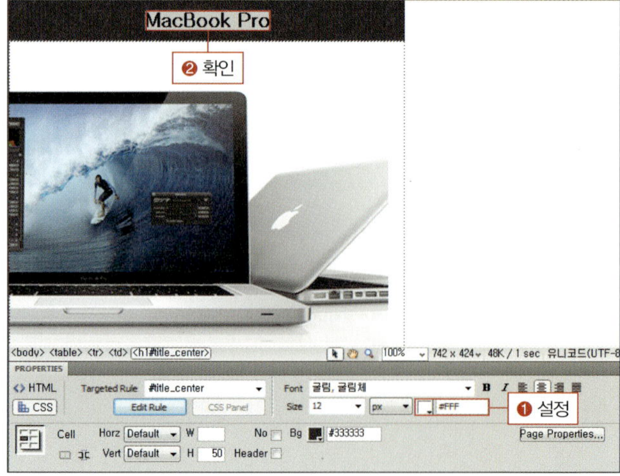

06 이미지가 있는 셀을 클릭하고 Properties 패널의 [CSS] 탭의 'Align Center' 아이콘(틀)을 클릭합니다. [New CSS Rule] 대화상자가 나타나면 Selector Type을 'ID [applies to only one HTML element]'로 선택합니다. Selector Name에 'img_Center'를 입력하고 [OK] 버튼을 클릭합니다.

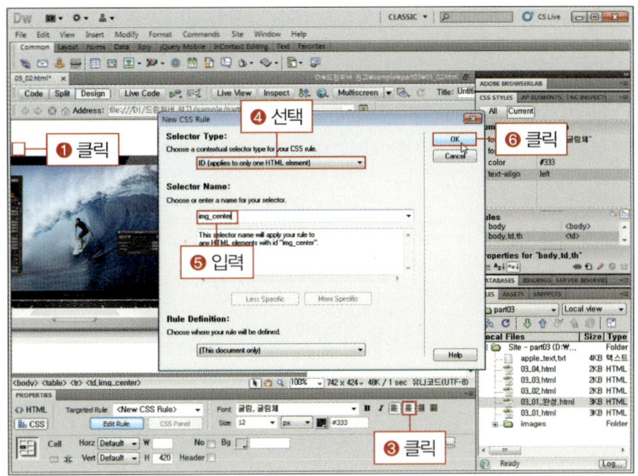

07 'apple_text.txt' 파일에서 그림과 같이 세부 설명 부분을 드래그하여 선택하고 Ctrl + C를 눌러 복사합니다.

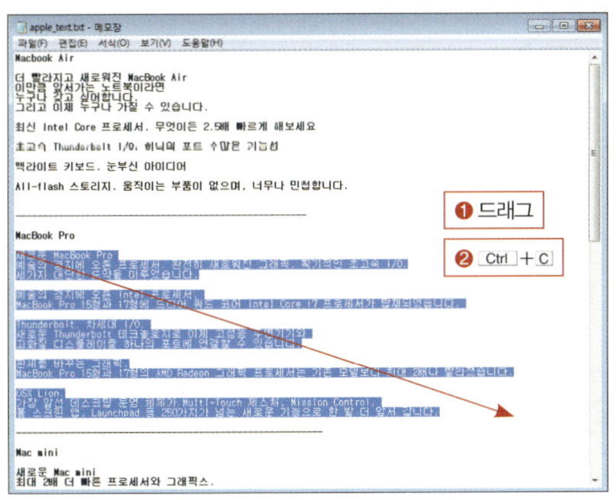

08 네 번째 셀을 클릭하고 Ctrl + V를 눌러 복사한 텍스트를 붙여 넣습니다. 가장 위쪽의 텍스트 앞부분을 클릭하고 Shift + Enter를 눌러 〈br〉 태그를 적용합니다.

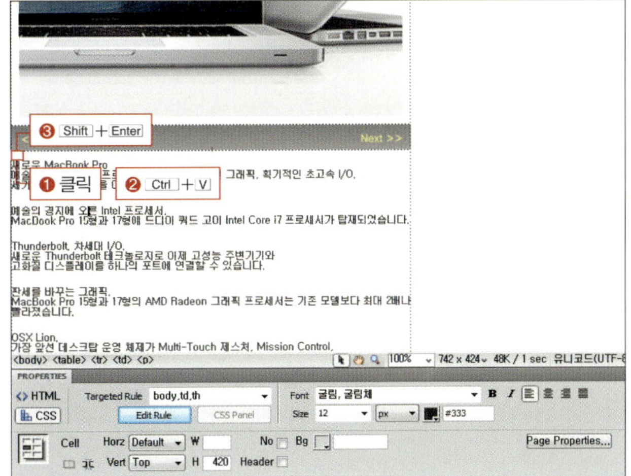

09 텍스트의 일부분을 그림과 같이 드래그하
여 선택하고 Properties 패널의 〔HTML〕 탭에
서 Format을 'Heading 4'로 선택합니다. '새로운
MacBook Pro' 뒷부분에서 Shift + Enter 를 누릅
니다.

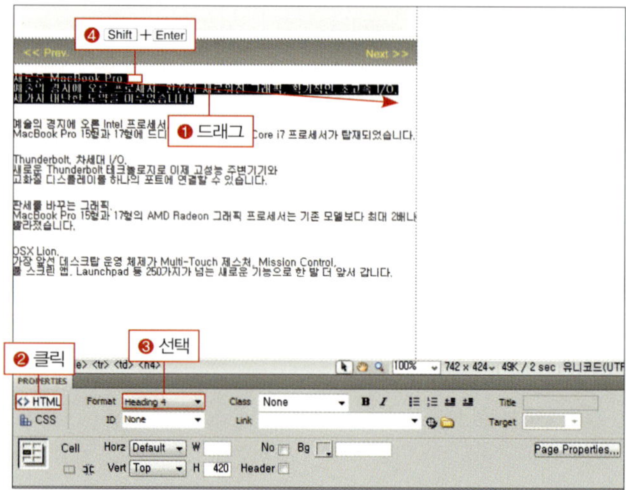

10 첫 번째 줄의 텍스트를 드래그하여 선택하
고 〈h4〉 태그가 적용된 일부분에 CSS를 별도로
적용하기 위해 Properties 패널의 〔CSS〕 탭에서
Targeted Rule을 '〈New CSS Rule〉'로 선택하고
Text Color를 '#06F'로 설정합니다.

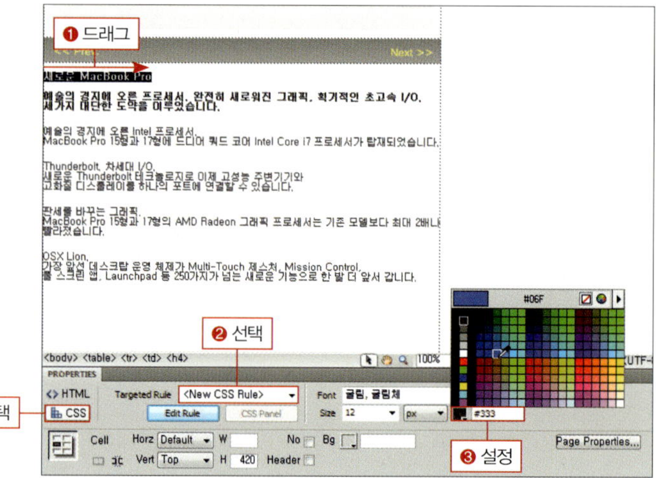

11 그림과 같이 〔New CSS Rule〕 대화상자가
나타나면 Selector Type을 'ID 〔applies to only
one HTML element〕'로 선택합니다. Selector
Name에 'sub_title'를 입력한 다음 〔OK〕 버튼을
클릭합니다.

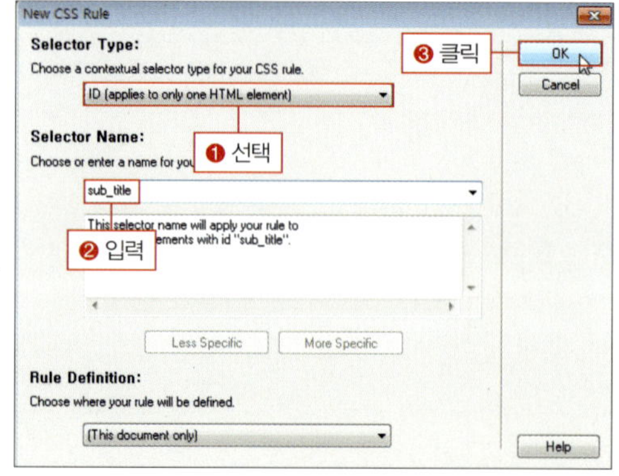

12 그림과 같이 '예술의~프로세서' 부분을 드래그하여 선택하고 Properties 패널의 [CSS] 탭에서 Targeted Rule을 '〈New CSS Rule〉'로 선택한 다음 Text Color를 '#C33'으로 설정합니다.

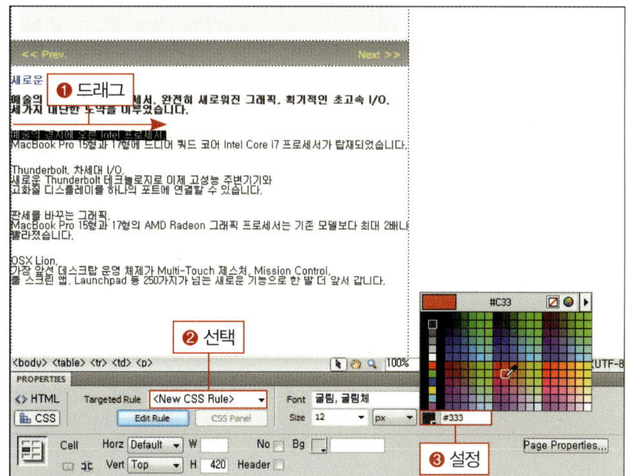

13 그림과 같이 [New CSS Rule] 대화상자가 나타나면 Selector Type을 'ID [applies to only one HTML element]'로 신택합니다. Selector Name에 'sub01'을 입력하고 [OK] 버튼을 클릭합니다.

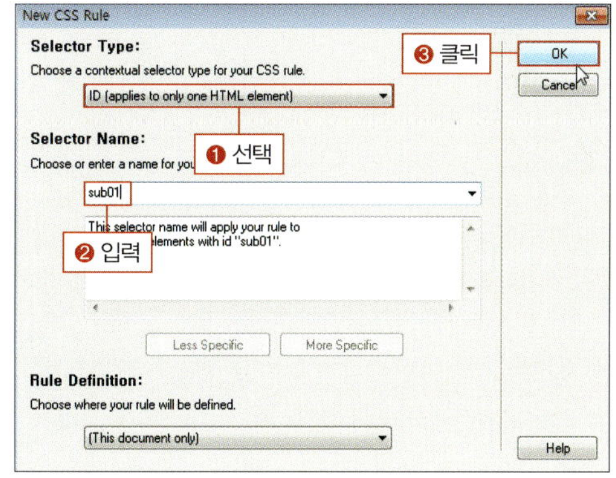

14 두 번째 소제목 부분도 **12~13**번과 같은 방법을 활용하여 'sub02'로 ID를 설정하고 같은 색상을 적용합니다.

ID 방식은 같은 CSS를 여러 곳에 적용할 수 없기 때문에 각각 다른 ID를 부여해야 합니다. 따라서 각 위치마다 선택하고 '〈New CSS Rule〉'를 선택하여 ID를 부여한 다음 CSS를 적용해야 합니다.

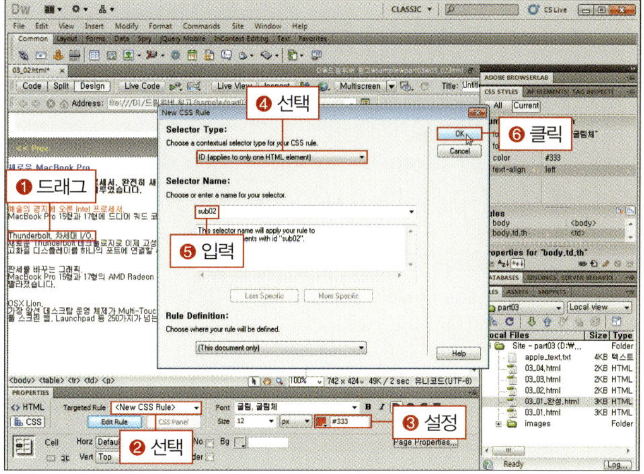

15 12~13번과 방법으로 'sub03'과 'sub04'도 각각의 ID를 적용하여 텍스트의 색을 변경합니다.

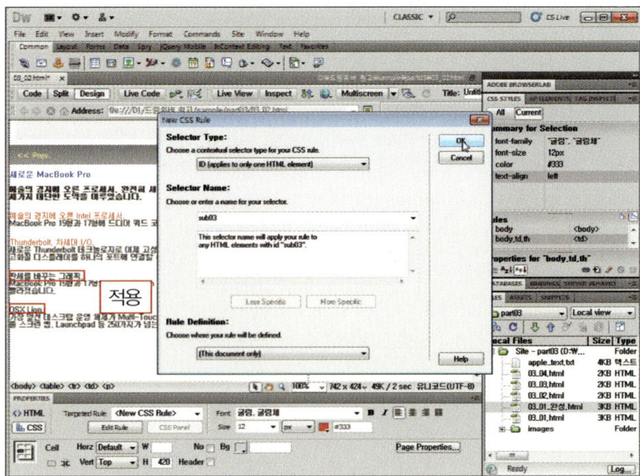

16 가장 아래쪽 셀에 'APPLE www.apple.co.kr' 을 입력하고 드래그하여 선택합니다. Properties 패널의 [CSS] 탭에서 Targeted Rule을 '〈New CSS Rule〉'로 선택하고 'Align Center' 아이콘(重)을 클릭합니다.

17 그림과 같이 [New CSS Rule] 대화상자가 나타나면 Selector Type을 'ID [applies to only one HTML element]'로 선택하고 Selector Name에 'copy_text'를 입력한 다음 [OK] 버튼을 클릭합니다.

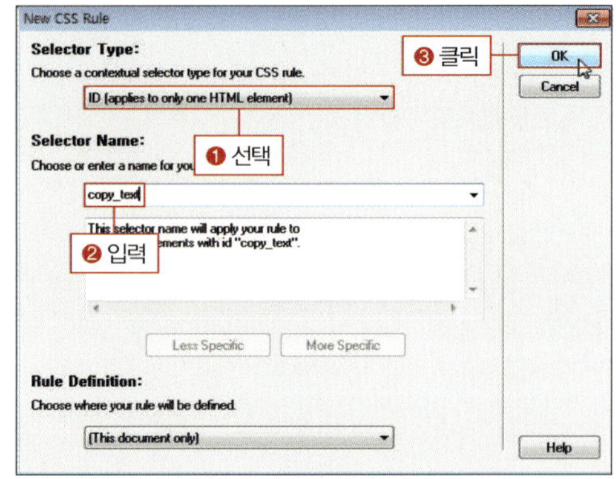

18 적용된 CSS를 수정하기 위해 CSS Styles 패널에서 'copy_text'를 더블 클릭합니다. 〔CSS Rule Definition for…〕 대화상자가 나타나면 왼쪽 영역의 〔Type〕 탭에서 Color를 '#FFF'로 설정하고 〔OK〕 버튼을 클릭합니다.

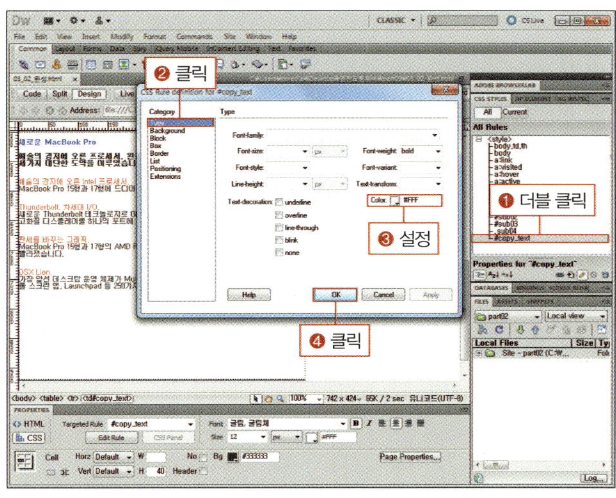

Tip

CSS Styles 패널에는 copy_text에 적용된 CSS 속성을 확인하고 추가할 수 있습니다.

19 〔Split〕 탭을 클릭하고 CSS가 적용된 부분을 살펴보면서 ID 방식으로 각각의 CSS가 적용된 것을 확인합니다.

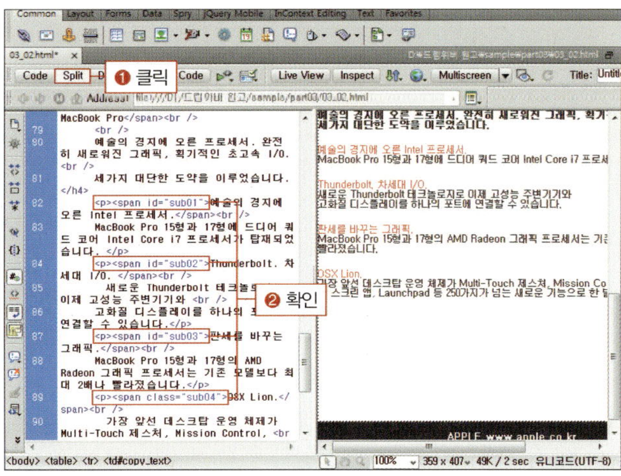

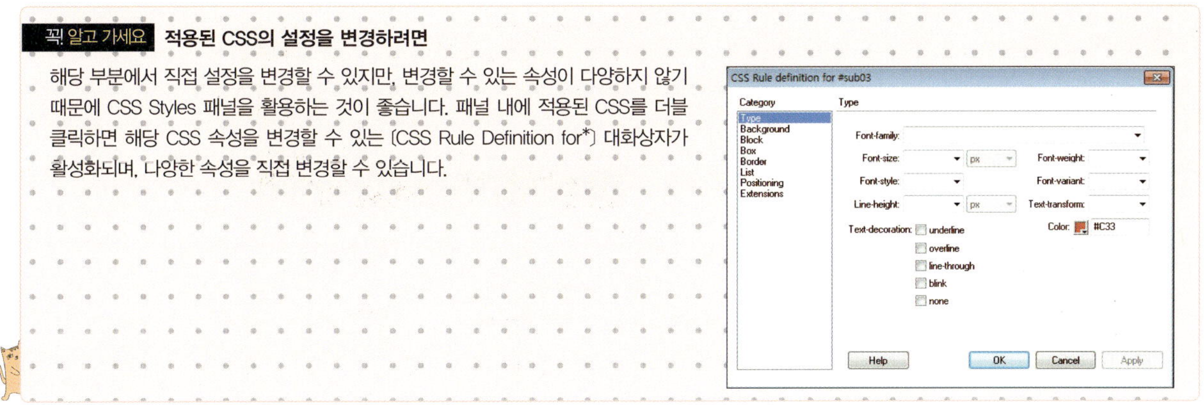

꼭! 알고 가세요 **적용된 CSS의 설정을 변경하려면**

해당 부분에서 직접 설정을 변경할 수 있지만, 변경할 수 있는 속성이 다양하지 않기 때문에 CSS Styles 패널을 활용하는 것이 좋습니다. 패널 내에 적용된 CSS를 더블 클릭하면 해당 CSS 속성을 변경할 수 있는 〔CSS Rule Definition for*〕 대화상자가 활성화되며, 다양한 속성을 직접 변경할 수 있습니다.

태그로 스타일 적용하기

03 Lesson

Class와 ID 방식 외에도 해당 태그에 직접 CSS를 적용할 수 있습니다. 해당 태그에 우선 적용되기 때문에 문서 설정이나 같은 설정이 반복 적용되는 부분에 유용하게 활용됩니다.

> **예제 파일** : Part03\03_03.html, apple_text.txt
> **완성 파일** : Part03\03_03_완성.html

태그 활용하여 CSS 적용하기

01 〔File〕-〔Open〕 메뉴를 클릭하거나 `Ctrl` +`O`를 눌러 'Part03' 폴더에서 '03_03.html' 파일을 불러옵니다. 'Part03' 폴더의 'apple_text.txt' 파일을 열고 그림과 같이 타이틀 부분을 드래그하여 선택한 다음 `Ctrl`+`C`를 눌러 복사합니다.

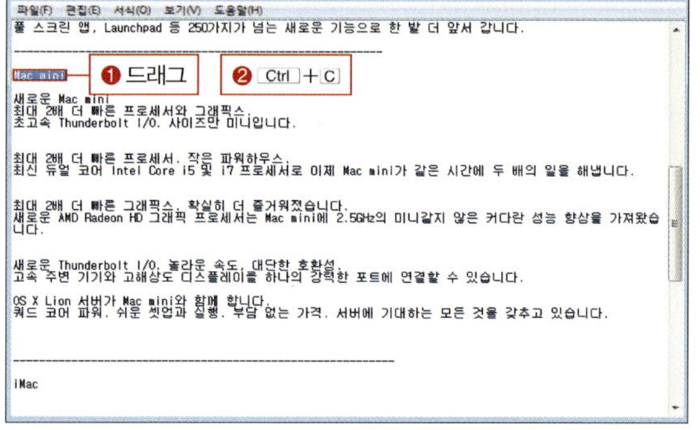

02 첫 번째 셀을 클릭하고 `Ctrl`+`V`를 눌러 제품 이름을 붙여 넣습니다. CSS를 적용해야 하므로 Properties 패널의 〔HTML〕 탭에서 Format을 'Heading 1'로 선택하여 텍스트에 〈h1〉 태그를 적용합니다.

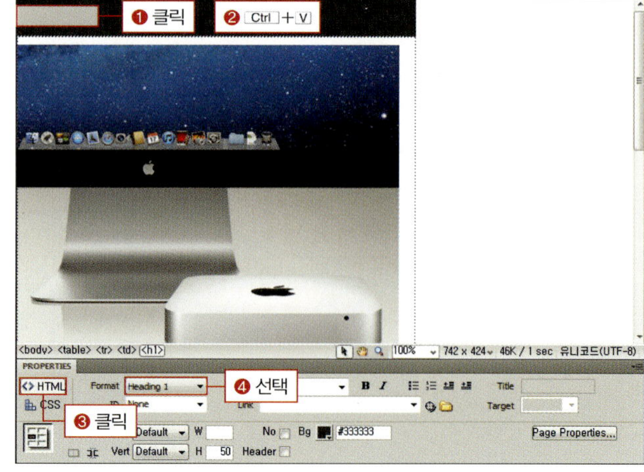

03 텍스트 문서에서 세부 설명 부분을 드래그하
여 선택하고 Ctrl + C 를 눌러 복사합니다.

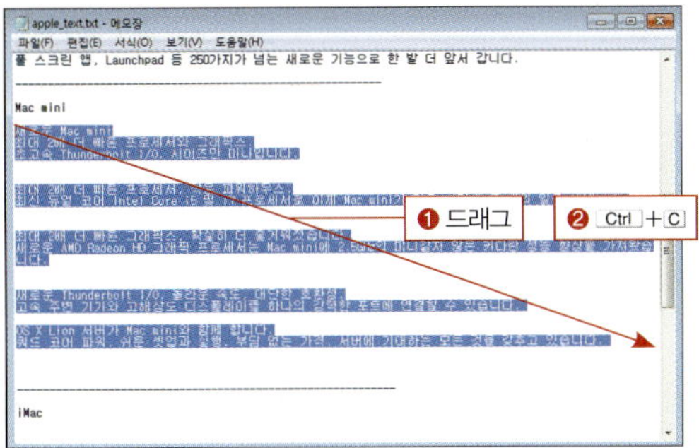

04 네 번째 셀을 클릭하고 Ctrl + V 를 눌러서
복사했던 텍스트를 붙여 넣습니다. Shift + Enter
와 Enter 를 눌러 그림과 같이 문단을 나눕니다.

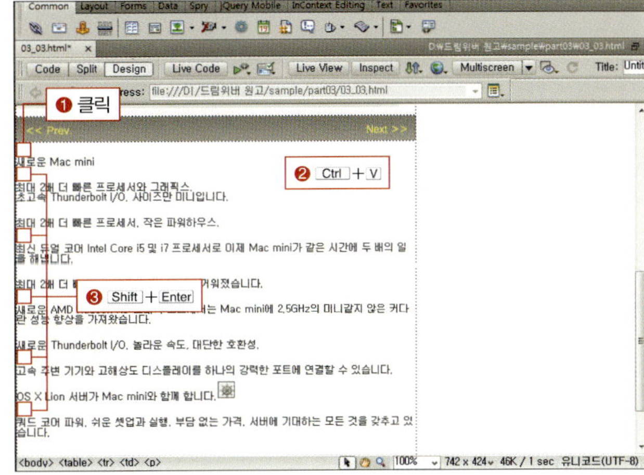

05 세부 설명 중에서 첫 번째 문장을 드래그하
여 선택하고 Properties 패널의 〔HTML〕 탭에서
Format을 'Heading 3'으로 선택합니다.

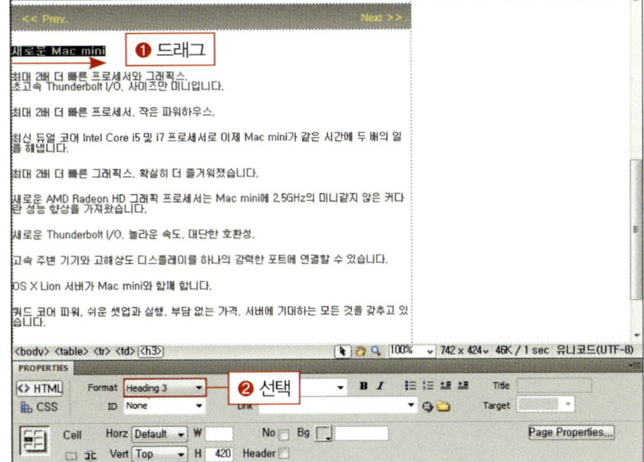

06 그림과 같이 네 번째 줄의 내용을 드래그하고 **05**번과 같은 방법으로 Properties 패널의 〔HTML〕 탭에서 Format을 'Heading 4'로 선택합니다.

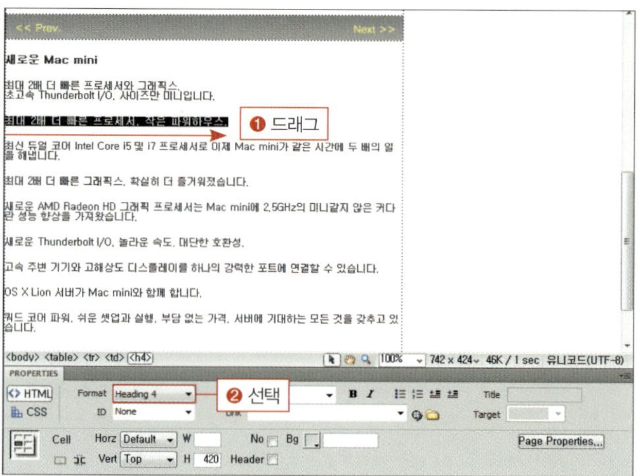

07 **05**번과 같은 방법으로 각각의 소제목을 선택하고 Properties 패널의 〔HTML〕 탭에서 Format을 'Heading 4'로 선택합니다.

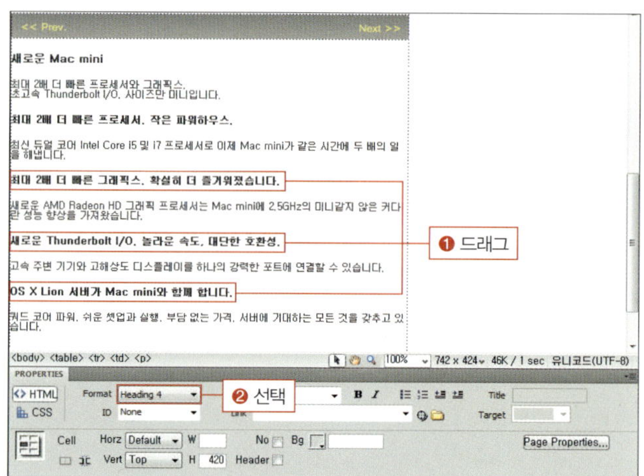

08 CSS를 적용하기 위해 'Heading 1'로 지정하고 〈h1〉 태그가 적용된 첫 번째 셀의 내용을 드래그하여 선택합니다. Properties 패널의 〔CSS〕 탭에서 Targeted Rule을 '〈New CSS Rule〉'로 선택하고 'Align Center' 아이콘(를)을 클릭합니다.

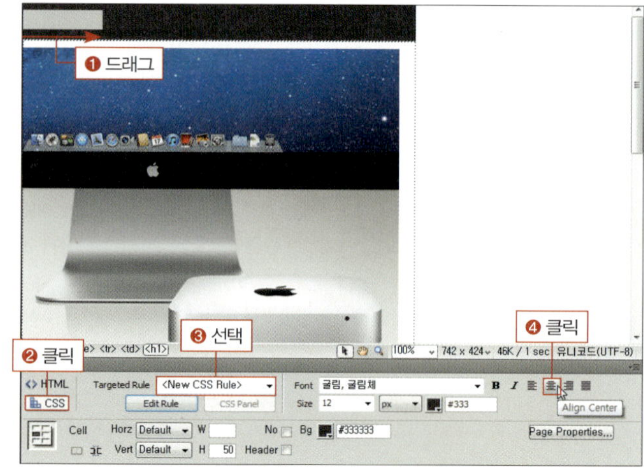

09 〔New CSS Rule〕 대화상자가 나타나면 Selector Type을 'Tag 〔redefines an HTML element〕'로 선택합니다. Selector Name에 'h1'이 입력된 것을 확인하고 〔OK〕 버튼을 클릭합니다.

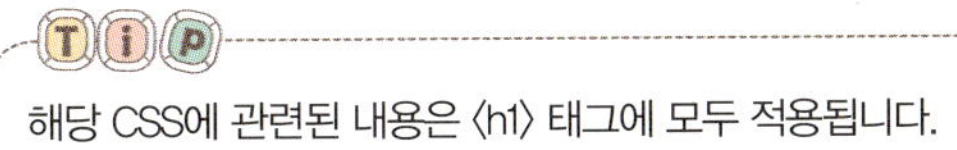

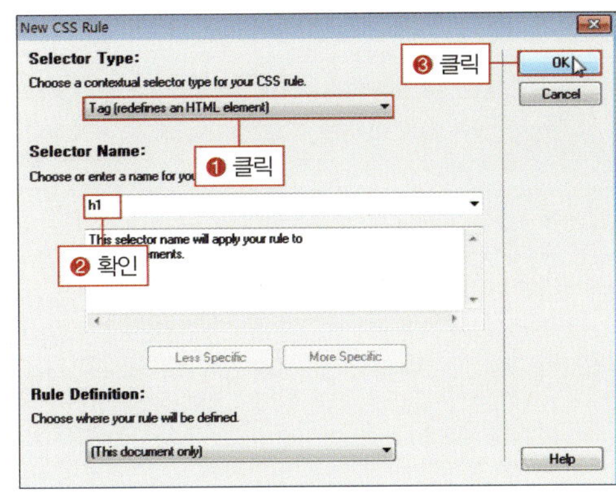

해당 CSS에 관련된 내용은 〈h1〉 태그에 모두 적용됩니다.

10 제목이 가운데 정렬되었다면 Properties 패널의 〔CSS〕 탭에서 Text Color도 '#FFF'로 설정합니다. 〈h1〉 태그에 적용되어 해당 태그가 적용된 부분은 가운데 정렬된 흰색 텍스트로 변경됩니다.

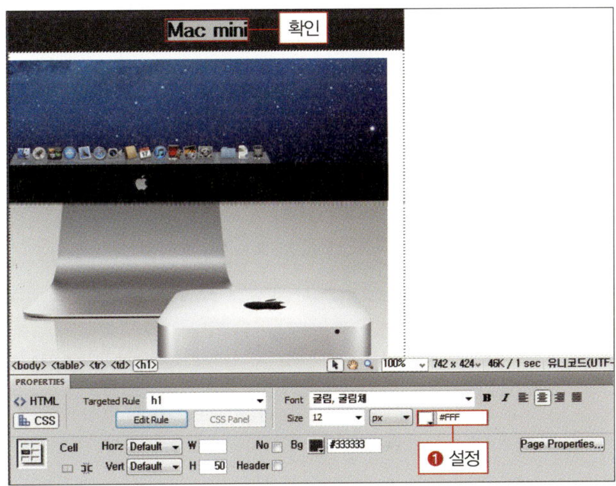

11 이미지를 가운데 정렬하기 위해 〔Split〕 탭을 클릭한 다음 이미지 코드 부분에 '〈c'를 입력하면 그림과 같이 코드 선택 목록이 나타납니다. 'Center'를 선택하거나 입력합니다. 이미지의 뒷부분에는 〈/Center〉 태그를 입력합니다.

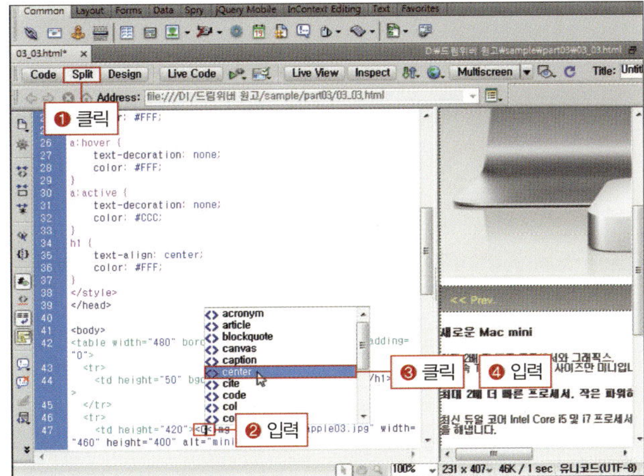

12 〔Design〕 탭을 클릭한 후 네 번째 셀을 클릭하고 Properties 패널의 〔CSS〕 탭에서 Targeted Rule을 '〈New CSS Rule〉'로 선택하고 〔Edit Rule〕 버튼을 클릭합니다.

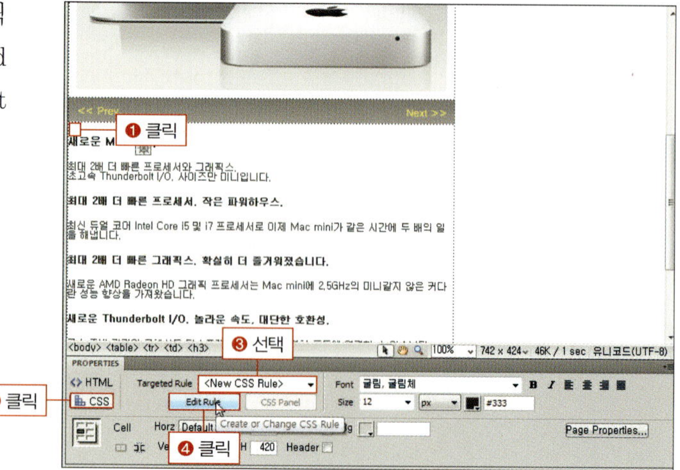

13 그림과 같이 〔New CSS Rule〕 대화상자가 나타나면 Selector Type을 'Tag 〔redefines an HTML element〕'로 선택합니다. Selector Name에 'h3'가 입력된 것을 확인하고 〔OK〕 버튼을 클릭합니다.

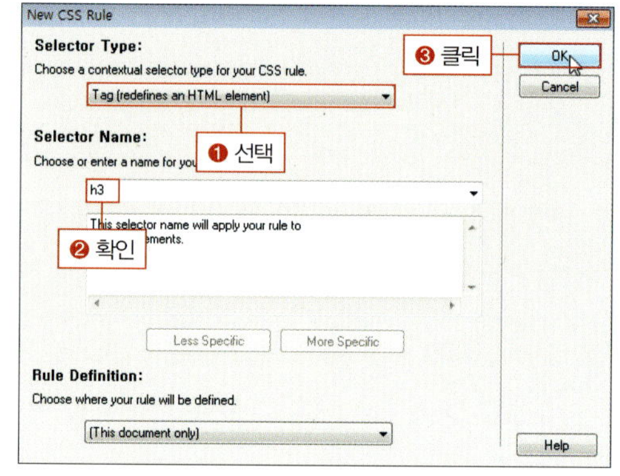

14 〔CSS Rule Definition for…〕 대화상자가 나타나면, 왼쪽 영역의 〔Type〕 탭을 선택한 후 Font-size는 '16px', Font-weight는 'bold', Color는 '#09F'로 설정하고 〔OK〕 버튼을 클릭합니다.

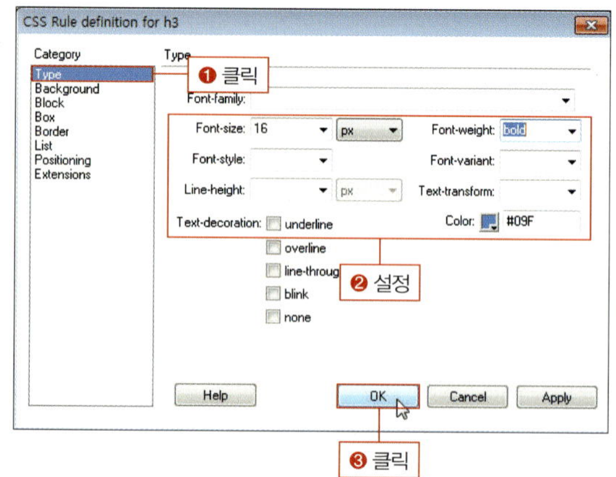

15 〈h4〉 태그가 적용된 부분을 클릭하고 **14**번과 같은 방법으로 Targeted Rule을 '〈New CSS Rule〉'로 선택한 다음 〔Edit Rule〕 버튼을 클릭합니다.

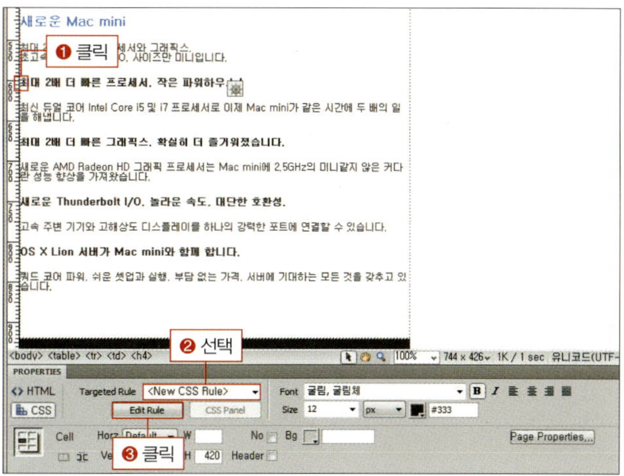

16 그림과 같이 〔New CSS Rule〕 대화상자가 나타나면 Selector Type을 'Tag 〔redefines an HTML element〕'로 선택합니다. Selector Name에 'h4'가 입력된 것을 확인하고 〔OK〕 버튼을 클릭합니다.

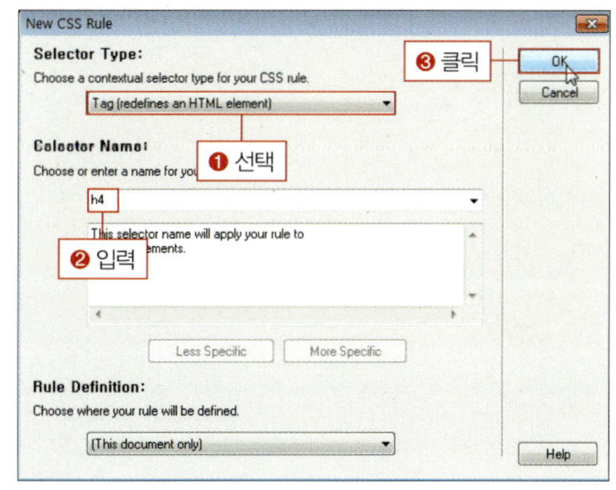

17 〔CSS Rule Definition for…〕 대화상자가 나타나면, 왼쪽 영역의 〔Type〕 탭을 선택한 후 Font-size는 '14px', Font-weight는 'bold', Color는 '#F6F'로 설정한 다음 〔OK〕 버튼을 클릭합니다.

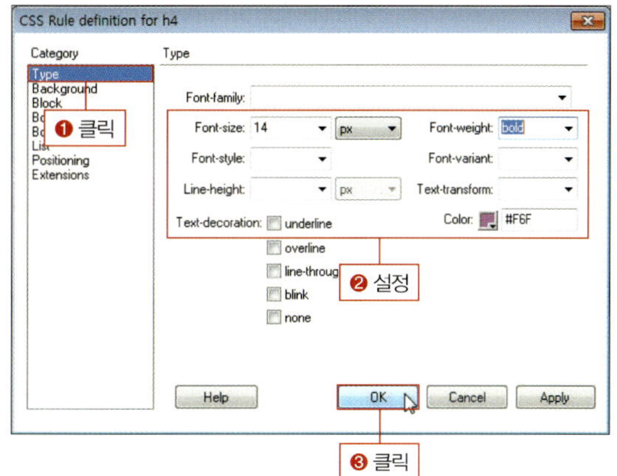

18 〈p〉 태그가 적용된 네 번째 셀의 위에서 세 번째 줄을 클릭하고 **15~16**번과 같은 방법으로 〔New CSS Rule〕 대화상자가 나타나면 Selector Type을 'Tag 〔redefines an HTML element〕'로 선택합니다. Selector Name에 'p'가 입력된 것을 확인하고 〔OK〕 버튼을 클릭합니다.

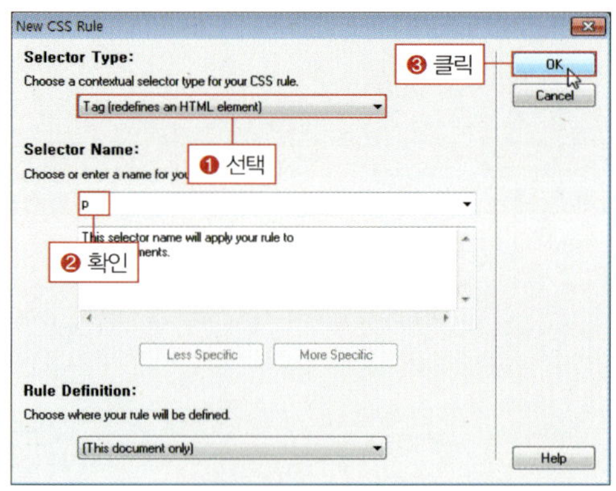

19 〔CSS Rule Definition for…〕 대화상자가 나타나면 왼쪽 영역의 〔Type〕 탭을 선택합니다. Color의 색상 박스를 클릭하고 그림과 같이 'System Color Picker' 아이콘(🌐)을 클릭합니다.

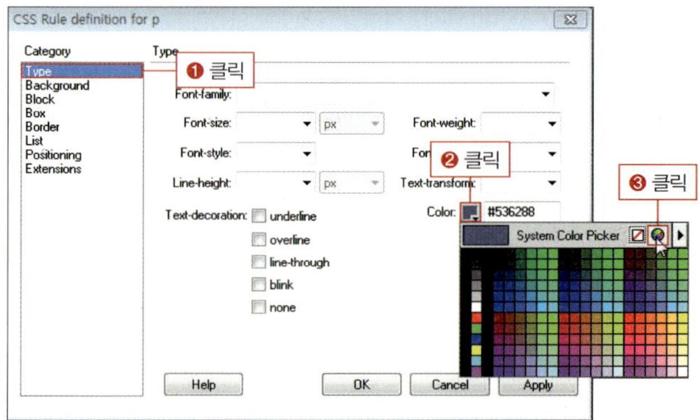

20 〔색〕 대화상자가 나타나면 그림과 같이 원하는 색상을 선택하고 〔사용자 지정 색에 추가〕 버튼을 클릭한 다음 〔확인〕 버튼을 클릭합니다.

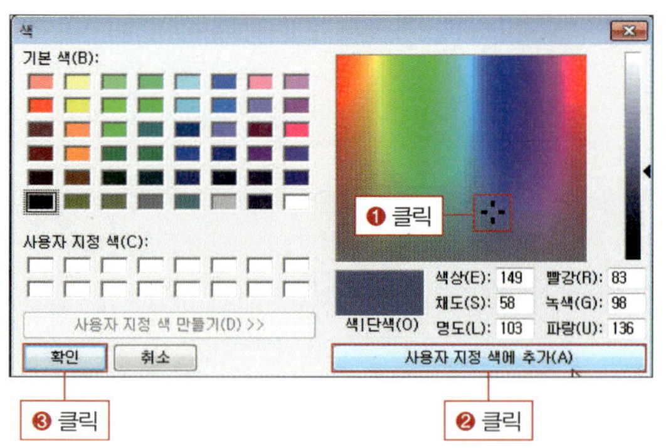

21 Color의 색상이 추가한 색상으로 변경된 것을 확인합니다. Font-size를 '10px'로 설정하고 〔OK〕 버튼을 클릭하여 〈p〉 태그에 적용된 모든 텍스트를 변경합니다.

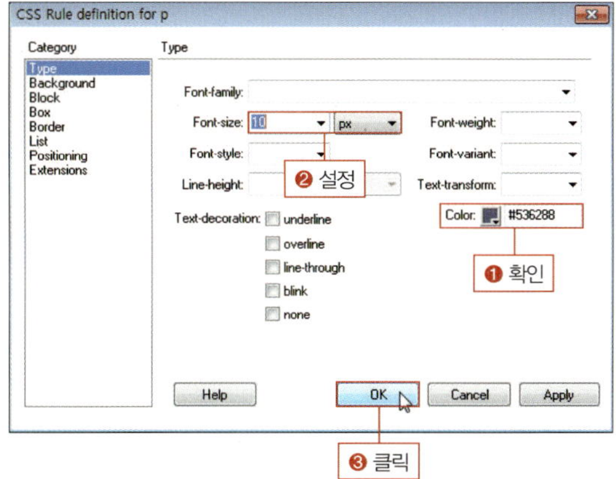

22 마지막 셀에 'APPLE www.apple.co.kr'을 입력하고 Properties 패널의 〔HTML〕 탭에서 Format을 'Heading 5'로 선택합니다.

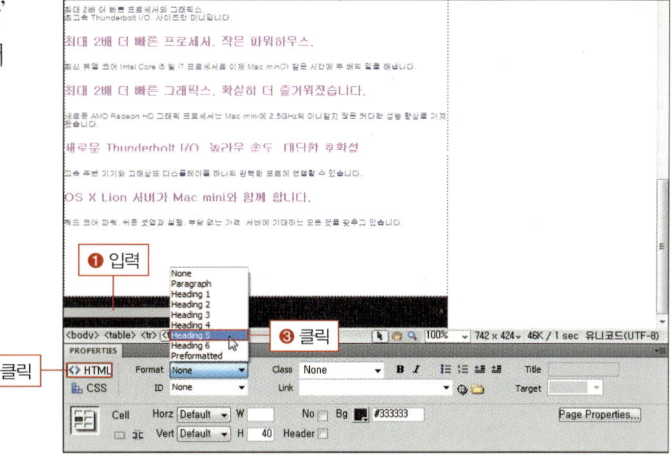

23 Properties 패널의 〔CSS〕 탭에서 Targeted Rule을 '〈New CSS Rule〉'로 선택하고 〔Edit Rule〕 버튼을 클릭합니다. 〔New CSS Rule〕 대화상자가 나타나면 Selector Type을 'Tag〔redefines an HTML element)'로 선택합니다. Selector Name에 'h5'가 입력된 것을 확인한 다음 〔OK〕 버튼을 클릭합니다.

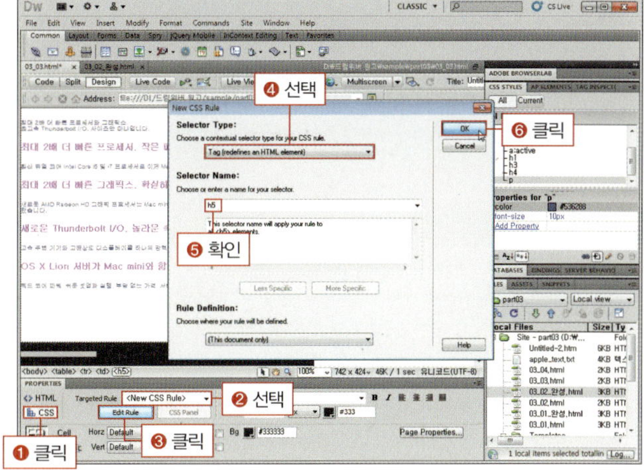

24 〔CSS Rule Definition for…〕 대화상자가 나타나면, 왼쪽 영역의 〔Type〕 탭을 선택한 후 Font-size는 '14px', Color는 '#09F'로 설정합니다.

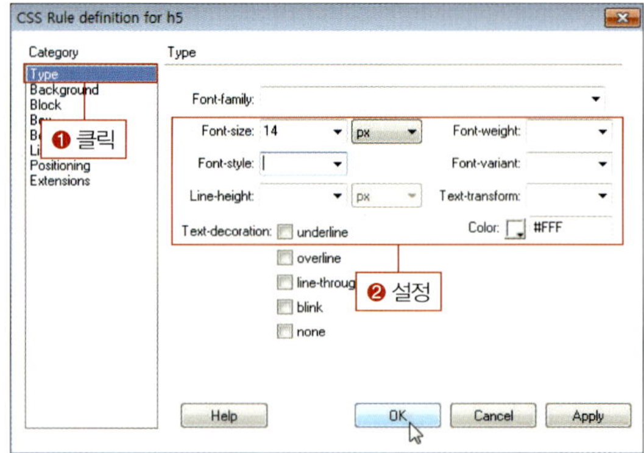

25 왼쪽 영역의 〔Block〕 탭을 선택한 다음 Text-align을 'Center'로 선택하고 〔OK〕 버튼을 클릭합니다.

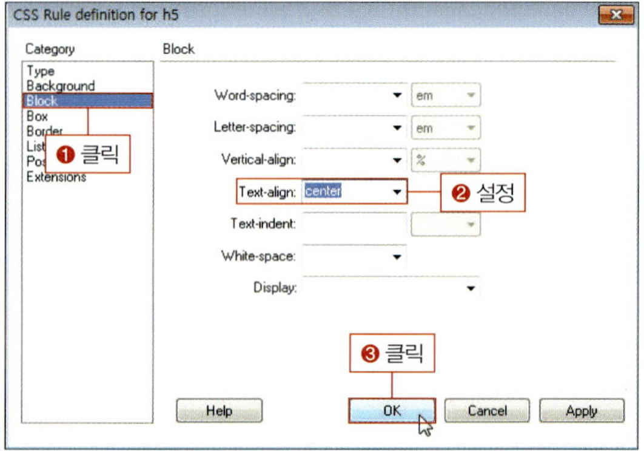

26 웹 브라우저에서 확인하기 위해 〔File〕-〔Preview in Browser〕-〔IExplore〕 메뉴를 클릭하거나 F12를 누릅니다.

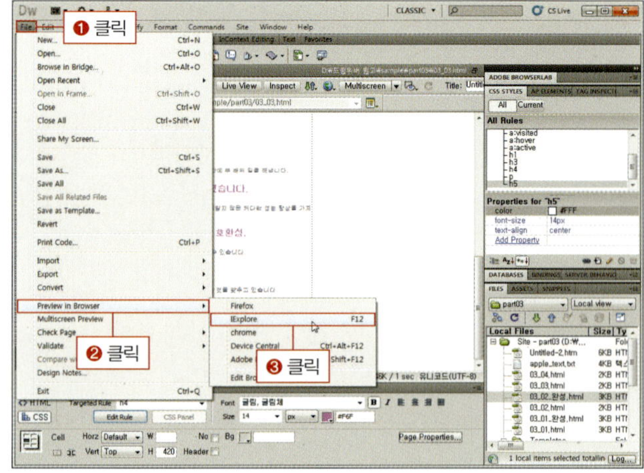

27 웹 브라우저에서 해당 태그에 CSS가 적용된 것과 〈p〉 태그에 적용된 텍스트의 크기가 작은 것을 확인합니다.

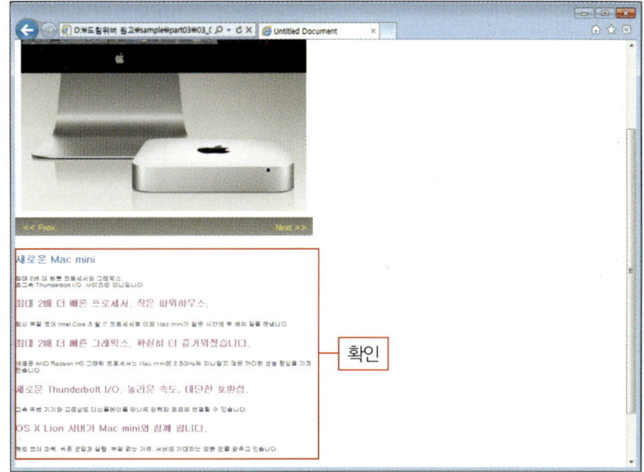

28 텍스트의 크기를 조정하기 위해 드림위버로 돌아와 CSS Styles 패널에서 'p'를 선택하여 적용된 텍스트의 색상과 크기를 확인합니다. Properties 패널의 〔CSS〕 탭에서 Font-size를 '12'로 설정합니다.

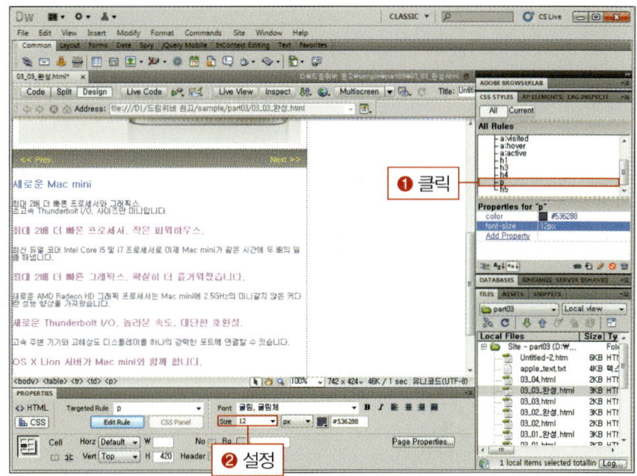

29 변경된 텍스트를 웹 브라우저에서 확인하기 위해 〔File〕-〔Preview in Browser〕-〔IExplore〕 메뉴를 클릭하거나 F12를 누릅니다. 〈p〉 태그에 적용된 텍스트의 크기가 변경된 것을 확인합니다.

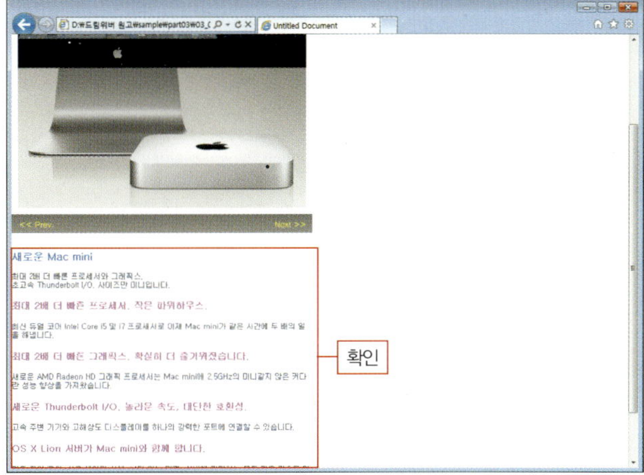

외부 CSS 파일로 스타일 적용하기

04 Lesson

CSS는 외부 문서로 저장하여 여러 문서에 동일하게 적용할 수 있습니다. 따라서 실제로는 문서 내에 CSS를 저장하는 것보다 외부 문서로 만들어 저장하는 것이 좋으며 웹 표준 및 일관성 있는 페이지 구성을 위해서도 필요합니다.

○ **예제 파일** : Part03\03_04.html, apple_text.txt
○ **완성 파일** : Part03\03_04_완성.html, 03_04.css

외부 문서 만들고 저장하기

01 (File)-(Open) 메뉴를 클릭하거나 Ctrl +O를 눌러 'Part03' 폴더에서 '03_04.html' 파일을 불러옵니다. 'Part03' 폴더의 'apple_text.txt' 파일을 열고 아래쪽의 'iMac' 텍스트를 드래그하여 선택한 다음 Ctrl + C를 눌러 복사합니다.

02 첫 번째 셀을 클릭하고 Ctrl + V를 눌러 복사한 내용을 붙여 넣습니다. 입력된 텍스트를 드래그하여 선택하고 Properties 패널의 (HTML) 탭에서 Format을 'Heading 1'로 선택합니다.

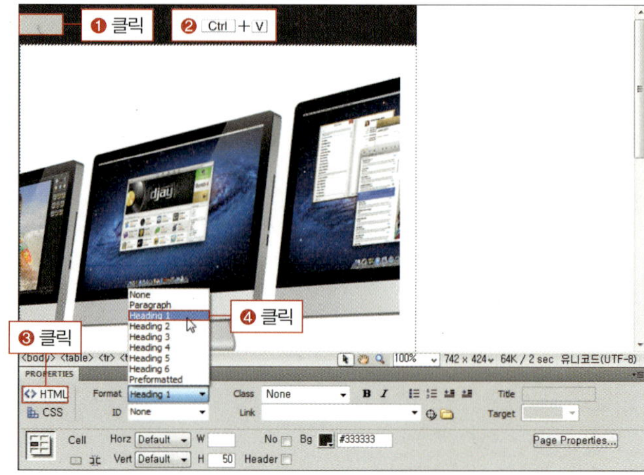

03 Properties 패널의 〔CSS〕 탭에서 Targeted Rule을 '〈New CSS Rule〉'로 선택하고 〔Edit Rule〕 버튼을 클릭합니다.

04 〔New CSS Rule〕 대화상자가 나타나면 Selector Type을 'Class (can apply to any HTML element)'로 선택합니다. Selector Name에 '.title_text'를 입력한 다음 Rule Definition에 별도의 CSS 문서를 만들기 위해 '(New Style Sheet File)'로 선택한 다음 〔OK〕 버튼을 클릭합니다.

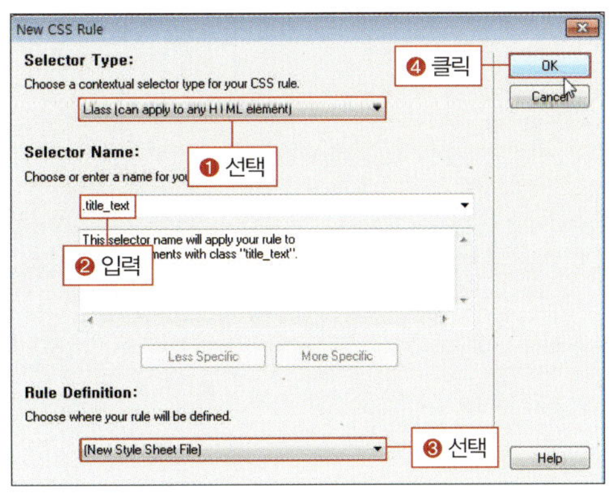

05 〔Save Style Sheet File As〕 대화상자가 나타나면 저장 위치를 'Part03' 폴더로 설정하고 파일 이름에 '03_04'를 입력한 다음 〔저장〕 버튼을 클릭합니다.

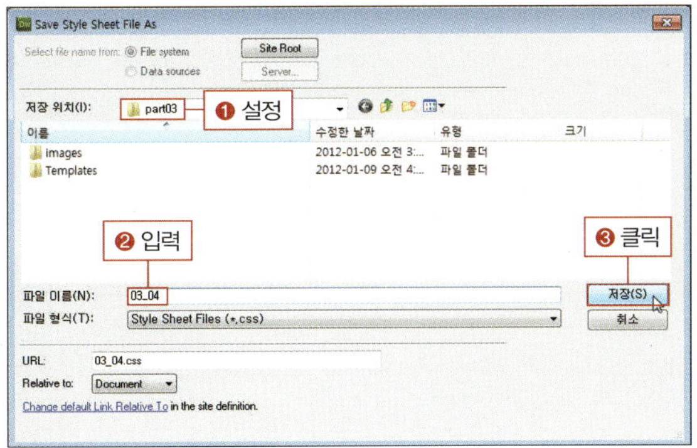

06 〔CSS Rule Definition for…〕 대화상자가 나타나면, 왼쪽 영역의 〔Type〕 탭을 선택하고 Font-weight를 'bold', Color를 '#FFF'로 설정합니다.

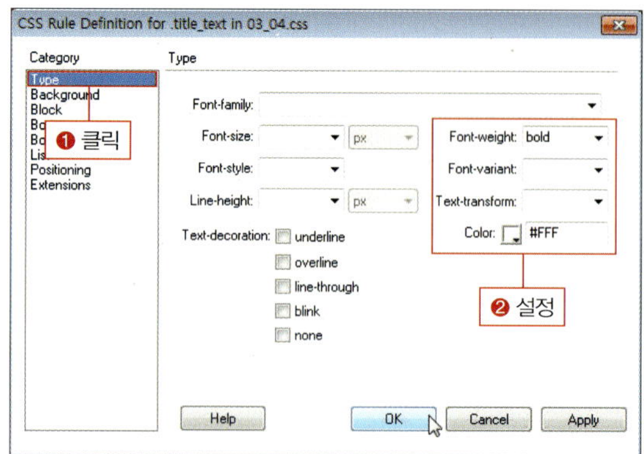

07 왼쪽 영역의 〔Block〕 탭을 선택한 다음 Text-align을 'Center'로 선택합니다. 〔OK〕 버튼을 클릭하면 텍스트의 크기와 색상 및 정렬이 설정됩니다.

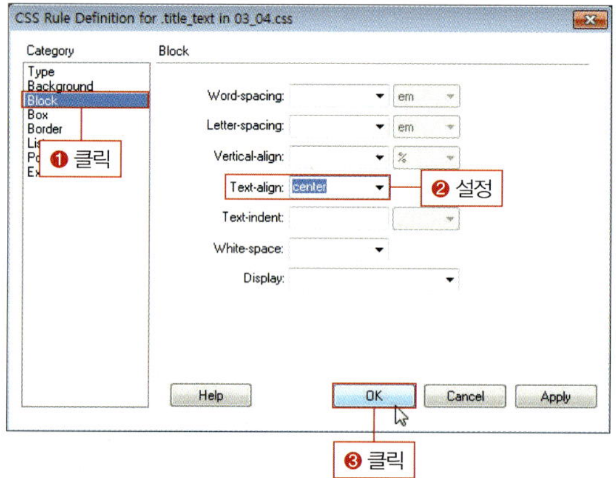

08 〔Split〕 탭을 클릭하고 제목 표시줄 아래쪽 Source Code 옆에 '03_04.css' 파일이 추가된 것을 확인합니다. 적용된 CSS를 확인하기 위해 해당 탭을 클릭해 적용된 CSS를 확인합니다.

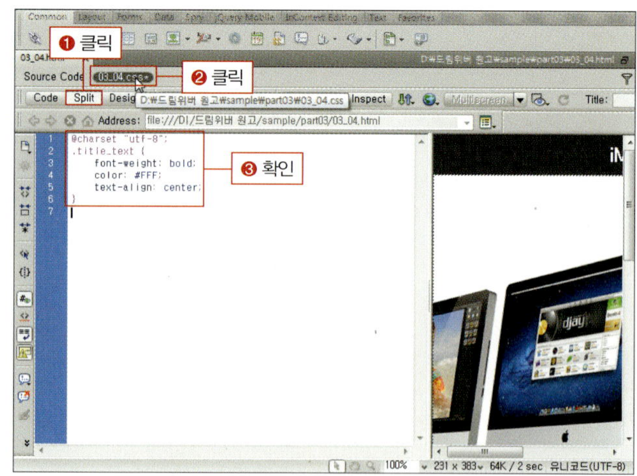

09 코드 화면을 살펴보면서 CSS가 적용되지 않았으며 외부 CSS 문서를 불러온 〈link〉 태그가 추가 적용된 것을 확인합니다.

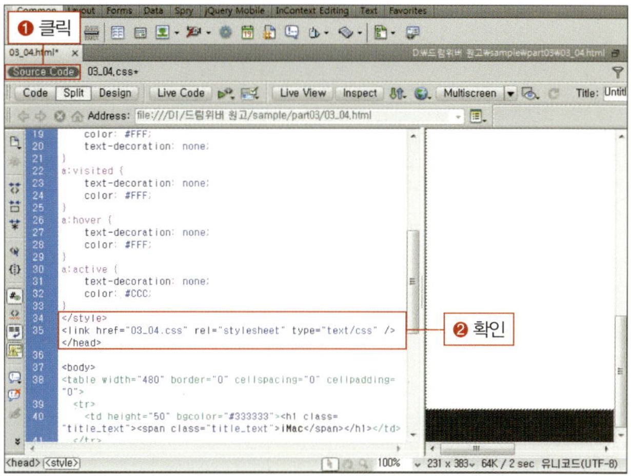

10 [Design] 탭을 클릭한 다음 이미지를 클릭합니다. Properties 패널의 [CSS] 탭에서 Targeted Rule를 'title_text'로 선택하여 이미지를 가운데 정렬합니다.

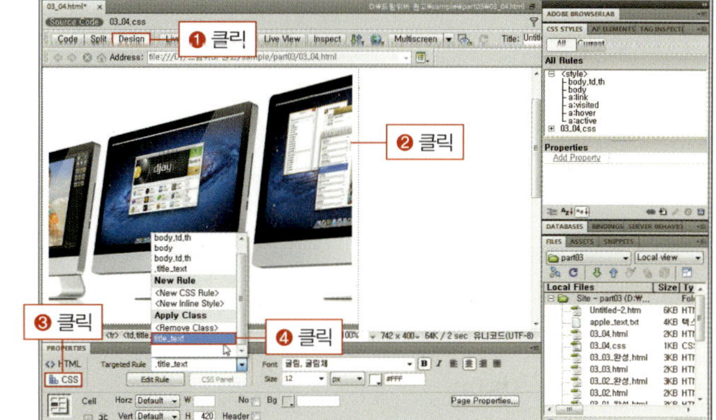

(T)(i)(p)

외부 파일의 CSS이지만 여러 곳에 반복 적용할 수 있습니다.

11 'apple_text.txt' 파일에서 세부 설명 부분을 복사하여 네 번째 셀에 붙여 넣습니다. 세부 설명 중 첫 번째 문장을 드래그하여 선택하고, Properties 패널의 [CSS] 탭에서 Targeted Rule을 '〈New CSS Rule〉'로 선택한 다음 [Edit Rule] 버튼을 클릭합니다.

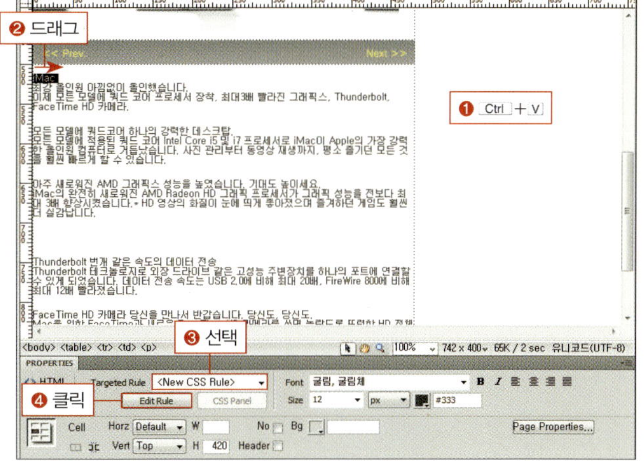

12 그림과 같이 〔New CSS Rule〕 대화상자가 나타나면 Selector Type을 'Class 〔can apply to any HTML element〕'로 선택합니다. Selector Name에 'sub01'을 입력하고 Rule Definition에서 CSS 문서인 '03_04.css'를 선택한 다음 〔OK〕 버튼을 클릭합니다.

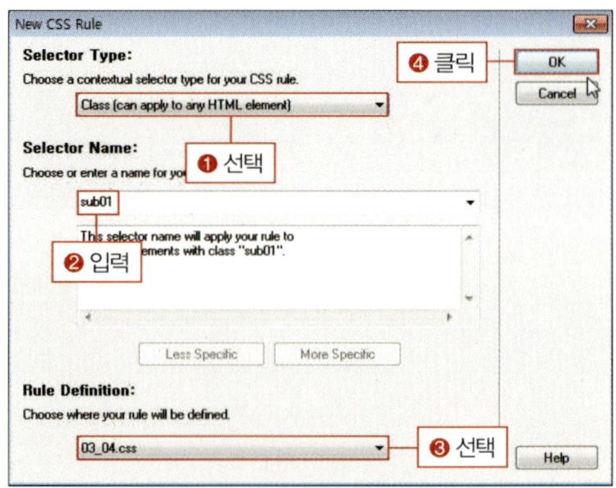

13 〔CSS Rule Definition for…〕 대화상자가 나타나면 왼쪽 영역의 〔Type〕 탭을 선택하고 Font-size를 '16px', Font-weight를 'bold', Color를 '#36F'로 설정한 다음 〔OK〕 버튼을 클릭합니다.

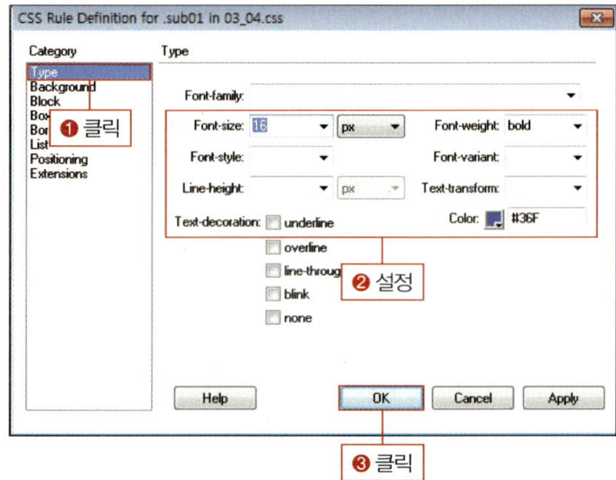

14 11번과 같은 방법으로 그림과 같이 텍스트를 드래그하여 선택하고 〔Edit Rule〕 버튼을 클릭합니다. 〔New CSS Rule〕 대화상자가 나타나면 Selector Name에 'sub_con'을 입력한 다음 〔OK〕 버튼을 클릭합니다.

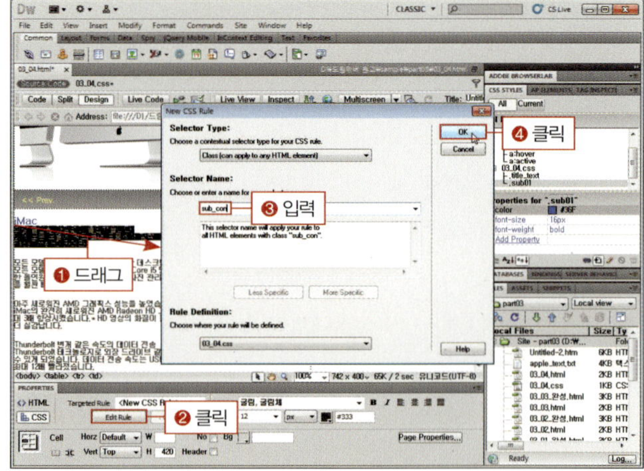

15 〔CSS Rule Definition for…〕 대화상자가 나
타나면 왼쪽 영역의 〔Type〕 탭을 선택하고 Font-
size를 '12px', Font-weight를 'bold', Color를
'#333'으로 설정한 다음 〔OK〕 버튼을 클릭합니다.

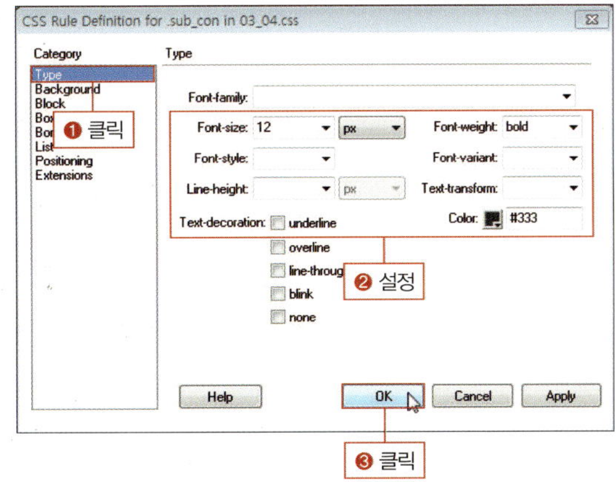

16 그림과 같이 '모든~데스크탑' 부분을 드래그
하여 선택하고 **11**번과 같은 방법으로 〔Edit Rule〕
버튼을 클릭합니다. 〔New CSS Rule〕 대화상자가
나타나면 Selector Name에 'sub02'를 입력한 다
음 〔OK〕 버튼을 클릭합니다.

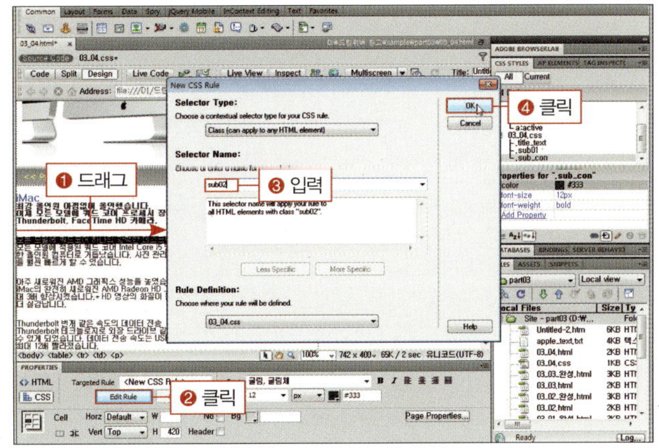

17 〔CSS Rule Definition for…〕 대화상자가 나
타나면 왼쪽 영역의 〔Type〕 탭을 선택하고 Font-
weight를 'bold', Color를 '#69F'로 설정한 다음
〔OK〕 버튼을 클릭합니다.

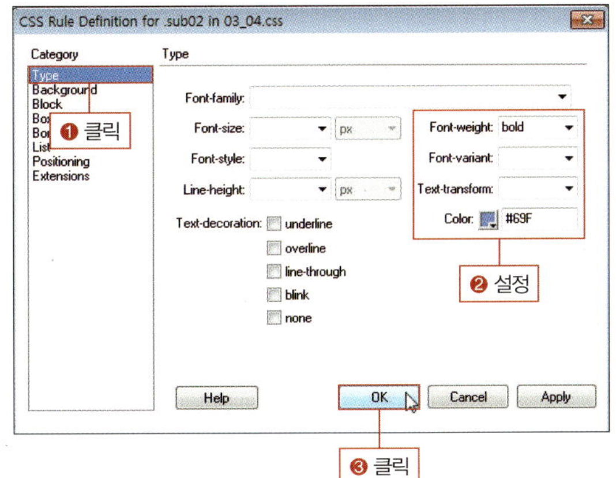

18 그림과 같이 '아주~높이세요' 부분을 드래 그하여 선택하고 Properties 패널의 〔CSS〕 탭에서 Targeted Rule을 'sub02'로 선택합니다. 제목의 텍 스트 색상이 변경됩니다.

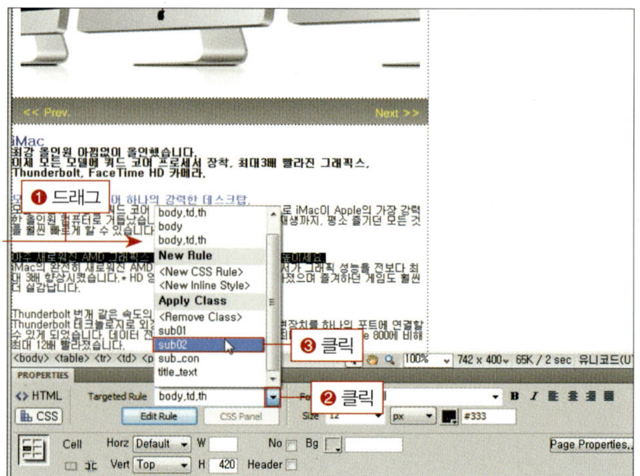

19 마지막 셀을 클릭하고 'APPLE www.apple. co.kr'을 입력한 다음 드래그합니다. Properties 패 널의 〔CSS〕 탭에서 Targeted Rule을 '〈New CSS Rule〉'로 선택하고 〔Edit Rule〕 버튼을 클릭합니다.

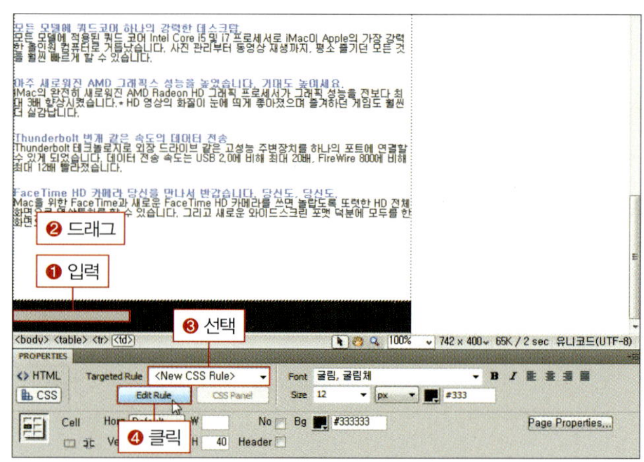

20 그림과 같이 〔New CSS Rule〕 대화상자가 나 타나면 Selector Type을 'Class 〔can apply to any HTML element〕'로 선택합니다. Selector Name에 'copy'를 입력하고 Rule Definition에서 '03_04.css' 를 선택한 다음 〔OK〕 버튼을 클릭합니다.

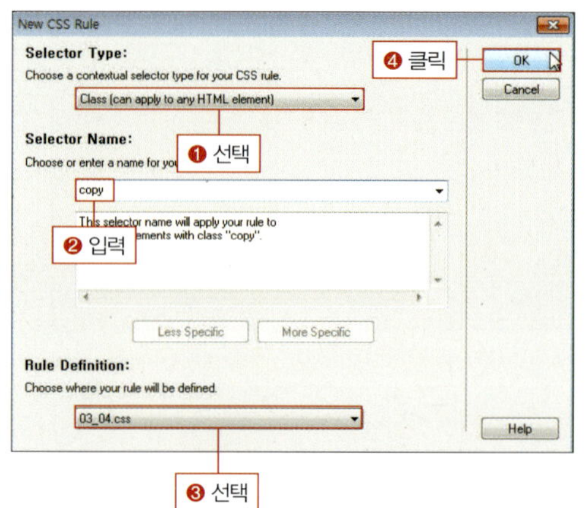

21 〔CSS Rule Definition for…〕 대화상자가 나타나면 왼쪽 영역의 〔Type〕 탭을 선택하고 Font-size를 '14px', Font-weight를 'bold', Color를 '#FFF'로 설정합니다.

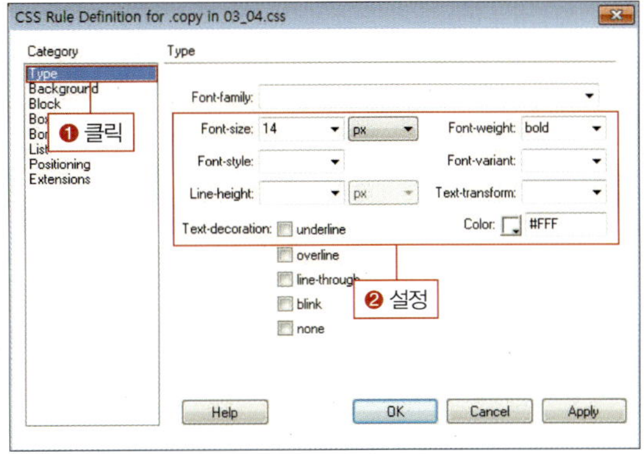

22 텍스트를 가운데 정렬하기 위해 왼쪽 영역의 〔Block〕 탭을 선택하고 Text-align을 'Center'로 선택한 다음 〔OK〕 버튼을 클릭합니다.

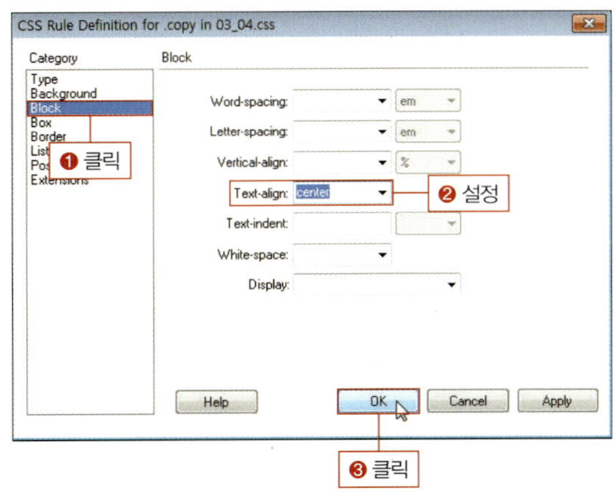

23 〔03_04.css〕 탭을 클릭하면 지금까지 적용된 CSS가 정렬되어 나타납니다.

Tip
다른 문서에도 해당 CSS를 적용할 수 있습니다.

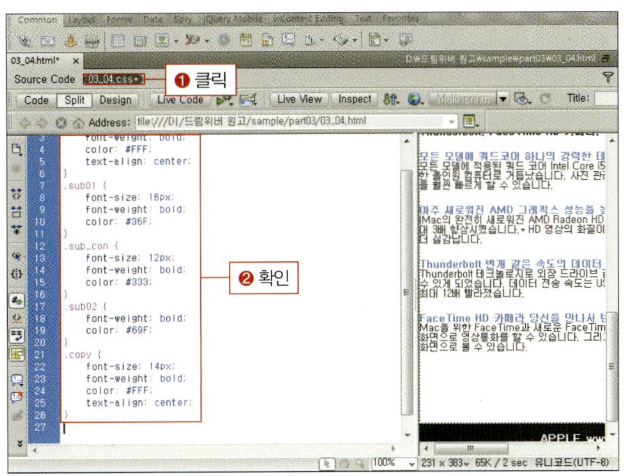

Div 태그로 레이아웃 구성하기

최근 웹 표준 및 HTML5와 모바일에 대응하기 위해 CSS와 Div 태그를 활용하여 페이지를 구성하는 경우가 많으며 이것을 한 페이지 구성이라고도 합니다. 페이지 전체가 스크롤됩니다. 최근의 웹 표준에 맞추기 위해서도 Div 태그를 활용한 레이아웃 구조로 만드는 것이 유리하며 Div 태그를 활용하여 레이아웃을 구성하고 스타일을 적용하는 방법에 익숙해지는 것이 좋습니다.

완성 파일 : Part03/03_05_완성.html, 03_05_css_완성.css

페이지 레이아웃 구성하기

01 화면을 구성하기 전에 레이아웃을 구상합니다. 여러 가지 시안을 구성하고 적당한 시안을 토대로 포토샵으로 작업하는 것이 좋습니다.

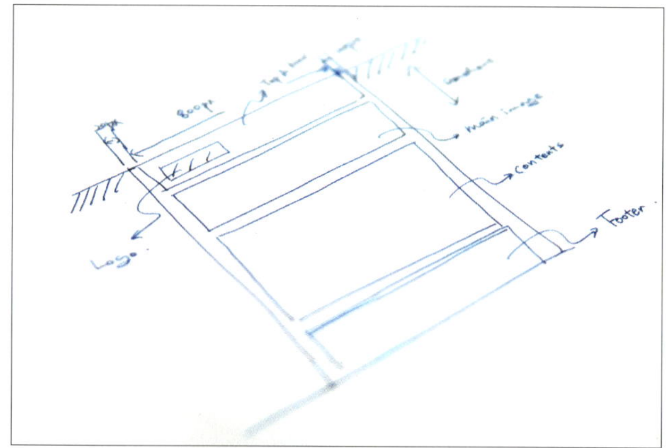

02 포토샵을 이용하여 스케치한 레이아웃의 실제 화면 구성을 바탕으로 간격 및 색상 등을 정합니다. 이때 눈금자와 안내선 등을 활용하여 화면을 구성합니다. 레이아웃을 구성할 때에는 주요 콘텐츠를 배치하여 균형을 확인하는 것이 좋습니다. 작업이 완료되면 색상, 크기 등을 설정합니다.

페이지 설정하기

01 새 문서를 만들기 위해 시작 화면의 (Create New) 항목에서 (HTML)을 선택합니다.

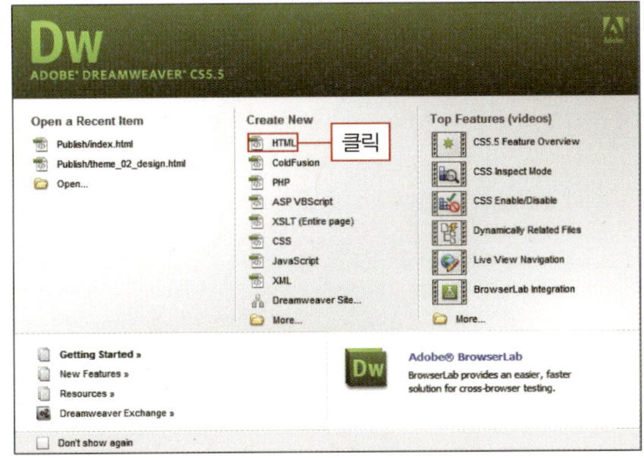

02 작업 영역 오른쪽 위에 있는 Title에 'DIV 레이아웃'을 입력하고, 문서를 저장하기 위해 (File) −(Save) 메뉴를 클릭하거나 Ctrl + S 를 누릅니다. 파일 이름에 '03_05.html'을 입력한 다음 (저장) 버튼을 클릭합니다.

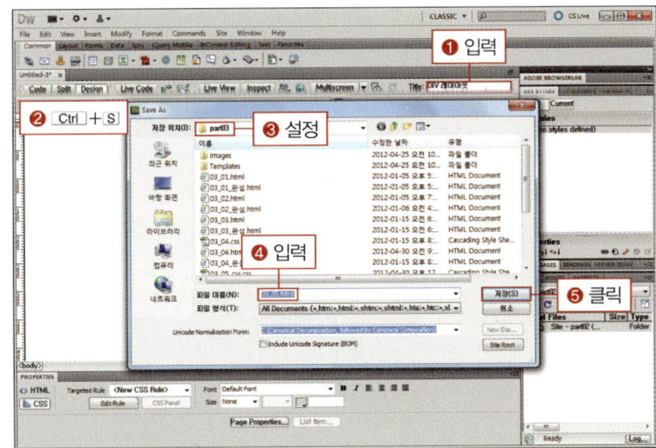

03 CSS를 이용하여 레이아웃을 만들기 위해 Properties 패널의 (CSS) 탭을 선택하고 Targeted Rule을 '⟨New CSS Rule⟩'로 선택한 다음 (Edit Rule) 버튼을 클릭합니다.

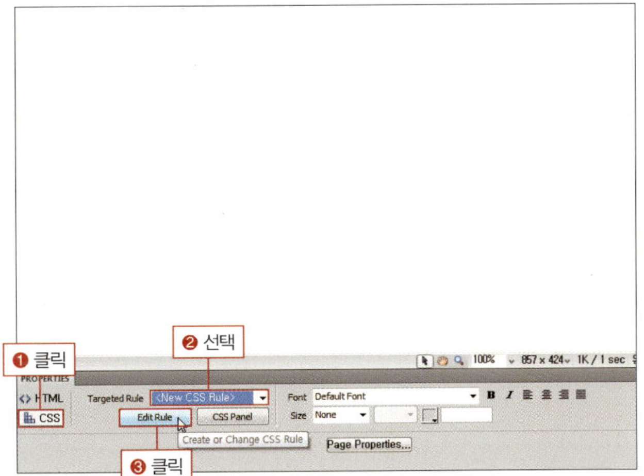

04 〔New CSS Rule〕 대화상자가 나타나면 Selector Type에서 'Tag 〔redefines an HTML element〕'를 선택합니다. Selector Name 에 'body'가 입력된 것을 확인합니다. Rule Definition에 별도의 CSS 문서를 만들기 위해 '〔New Style Sheet File〕'을 선택하고 〔OK〕 버튼을 클릭합니다.

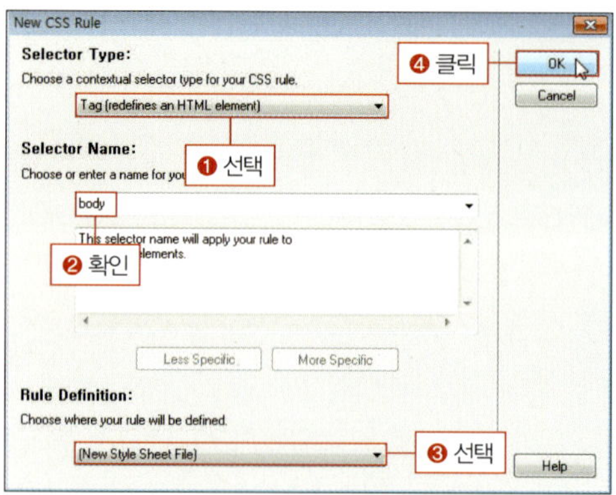

05 〔Save Style Sheet File As〕 대화상자가 나타 나면 파일 이름을 '03_05_css'로 입력하고 〔저장〕 버튼을 클릭합니다.

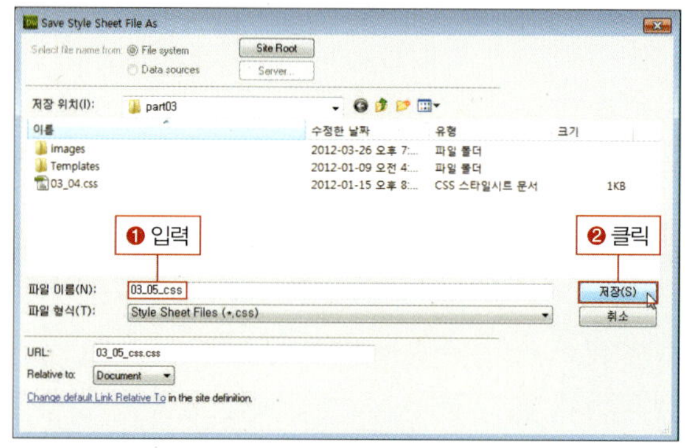

06 〔CSS Rule Definition for…〕 대화상자가 나 타나면 〔Type〕 탭을 선택한 다음 Font-Family에 '굴림, 굴림체'를, Font-size는 '12px', Color는 '#666'으로 설정하고 〔Background〕 탭을 클릭합 니다.

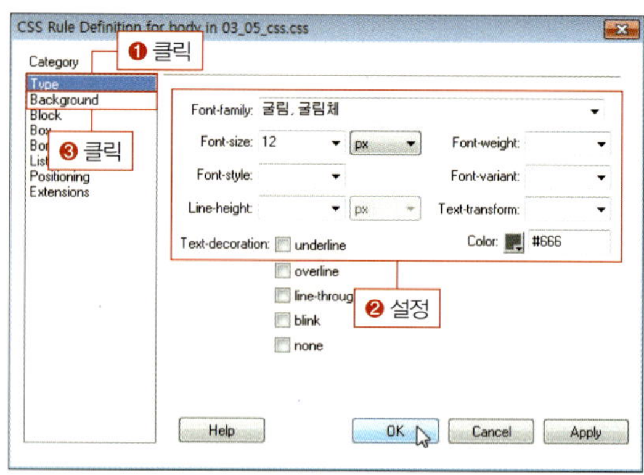

07 〔Background〕 탭의 Background-image의
〔Browse〕 버튼을 클릭합니다. 'Part03\images'
폴더에서 'iriver_bg_img.jpg'파일을 선택하고
〔OK〕 버튼을 클릭합니다.

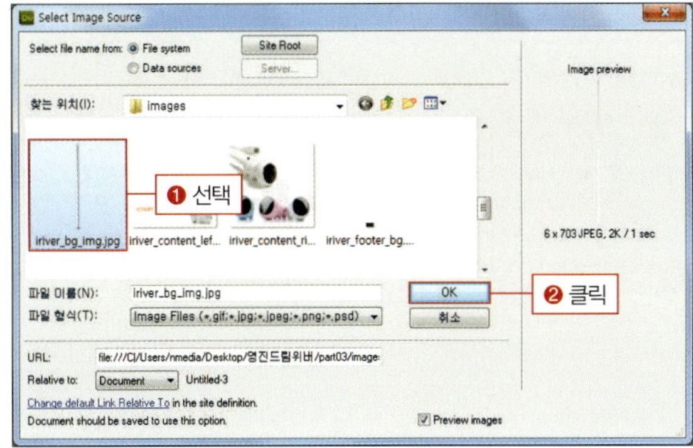

08 Background-color를 '#FFF', Background-
repeat를 'repeat-x'로 선택하여 가로 방향으로만
반복되도록 만들고 〔OK〕 버튼을 클릭합니다.

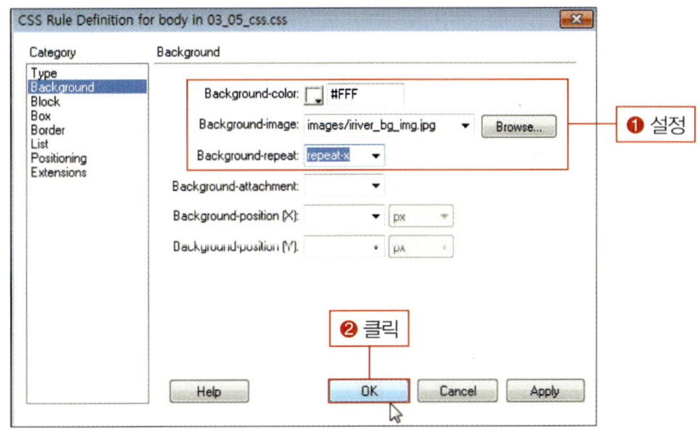

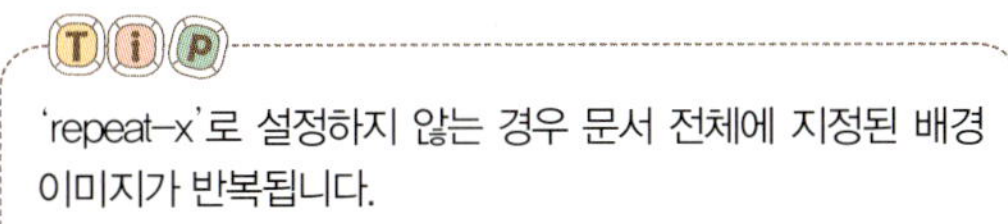

'repeat-x'로 설정하지 않는 경우 문서 전체에 지정된 배경
이미지가 반복됩니다.

09 Properties 패널에서 〔Page Properties〕
를 클릭하고, 문서의 기본 설정을 하기 위해 그림
과 같이 버튼을 설정합니다. 여백에 관련된 4개의
margin에 각각 '0'을 입력합니다.

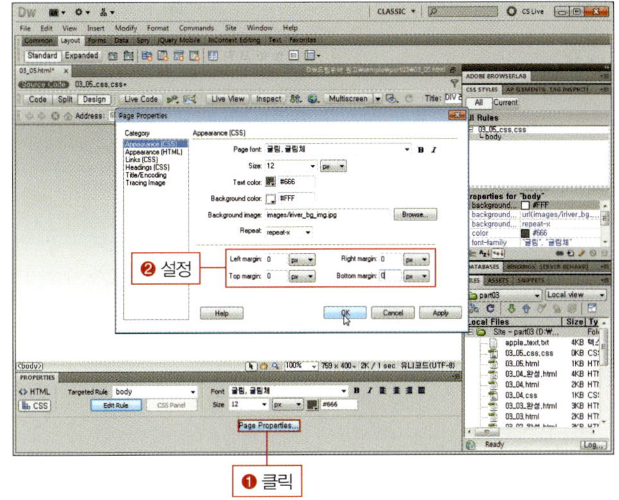

10 〔Links 〔CSS〕〕 탭을 선택한 다음 링크에 관
련된 설정을 변경하기 위해 Size를 '12px', 4가지
색상 모두 '#666'으로 설정합니다. 텍스트에 링크
가 연결되면 밑줄이 생기는 것을 방지하기 위해
Underlind style을 'Never underline'으로 선택한
다음 〔OK〕 버튼을 클릭합니다.

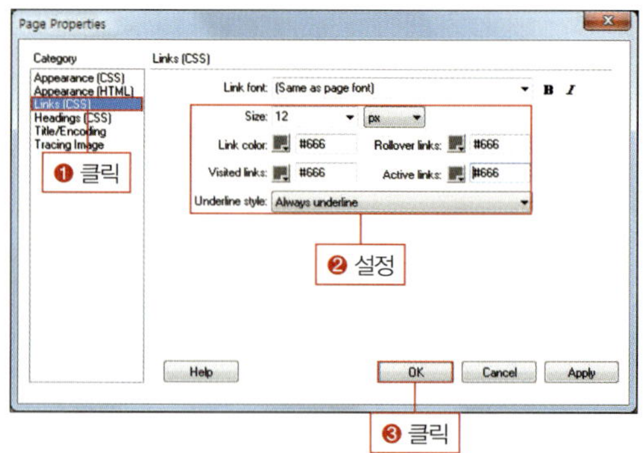

페이지 가운데 정렬하기

01 Div를 문서에 적용하여 CSS로 레이아웃을
구성하기 위해 문서의 Div를 적용할 부분을 클릭
하고 〔Common〕 탭의 'Insert Div Tag' 아이콘
(囲)을 클릭합니다.

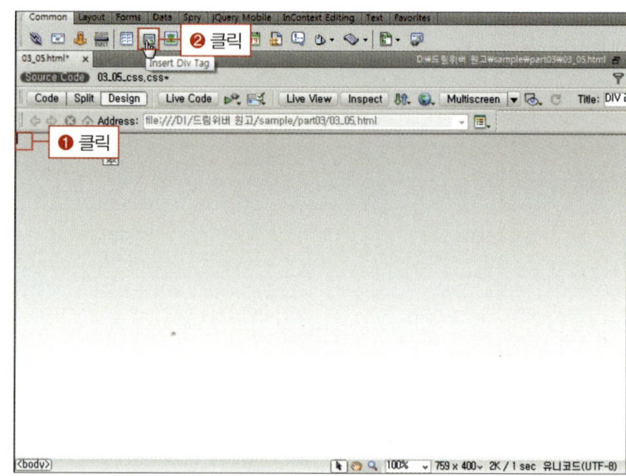

02 새로운 CSS를 설정하여 Div 태그에 적용하
기 위해 〔New CSS Rule〕 버튼을 클릭합니다.

〔Insert Div Tag〕 대화상자가 나타나면 이미 설정된 Class 또
는 ID를 통하여 Div의 속성을 설정할 수 있습니다.

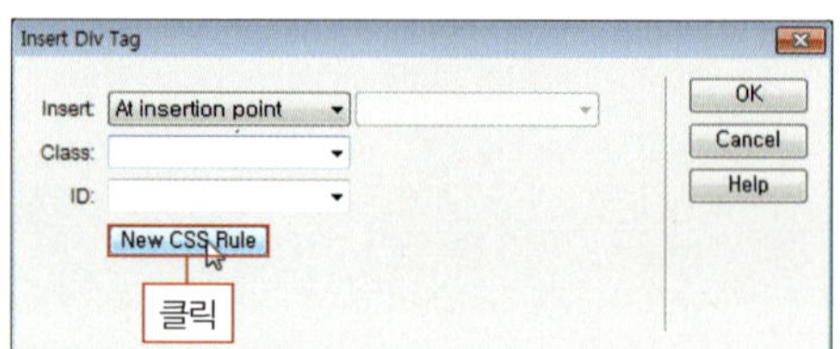

03 그림과 같이 〔New CSS Rule〕 대화상자가 나
타나면 Selector Type을 'ID 〔applies to only one
HTML element〕'로 선택합니다. Selector Name에
'layout_center_box'를 입력하고 Rule Definition에
'03_05_css.css'를 선택한 다음 〔OK〕 버튼을 클릭합
니다.

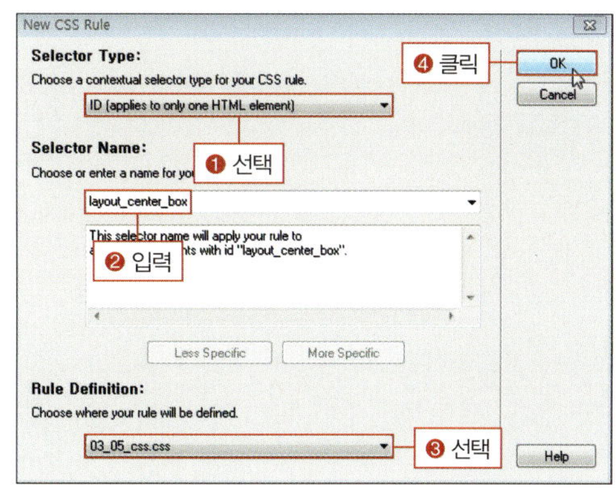

04 〔CSS Rule Definition for…〕 대화상자가 나
타나면 〔Box〕 탭을 선택한 다음 Width를 '840px'
로 설정합니다. Padding과 Margin 항목의 'Same
for all' 선택 해제한 다음 Padding 항목의 Top
은 '0px', Right는 '20px', Bottom은 '0px', Left
는 '20px'으로 설정합니다. Margin 항목의 Top은
'0px', 나머지는 'auto'로 설정합니다.

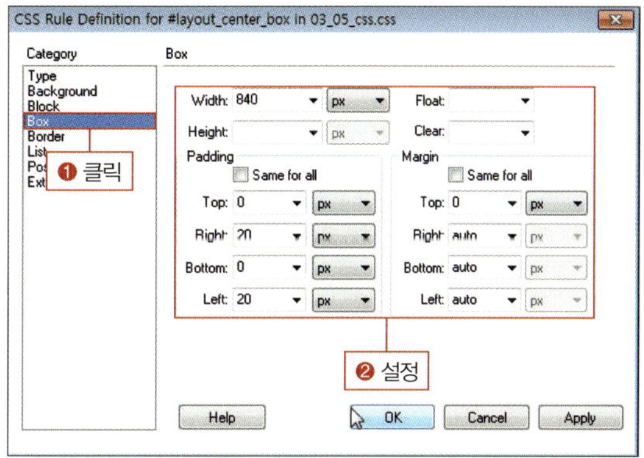

05 〔Background〕 탭을 선택하고 Background-
color를 '#a8a8a8'로 설정한 다음 〔OK〕 버튼을 클릭
합니다.

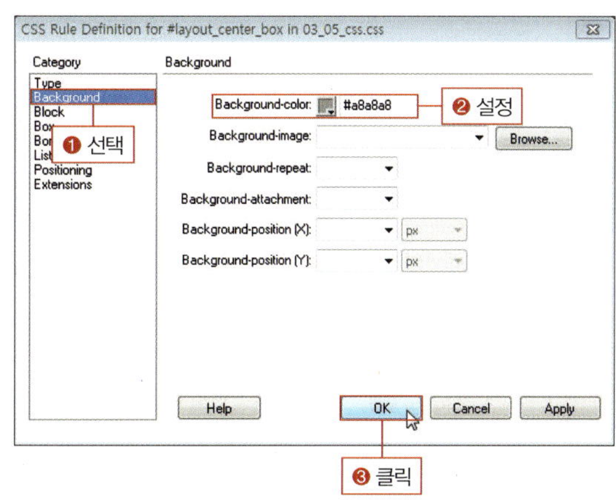

꼭! 알고 가세요 | Same for all

'Same for all'은 같은 설정을 각 항목에 입력하기 위하여 선택하는 것으로, 설정 값을 다르게 설정하려면 선택 해제합니다. 선택을 해제하고 설정 값을
같은 값으로 입력할 때 각각에 해당하는 설정이 추가됩니다. 예를 들어 Padding 항목의 'Same for all'의 선택 해제한 다음 '10px'을 각각 입력하면 Top은
'10px', Right는 '10px', Left는 '10px', Bottom은 '10px'로 4개의 CSS가 만들어지지만 선택된 상태로 값을 통일하면 Padding 항목이 전체적으로 '10px'로 만
들어집니다.

06 〔Insert Div Tag〕 대화상자가 나타나면 ID에 'layout_center_box'가 선택된 것을 확인하고 〔OK〕 버튼을 클릭합니다.

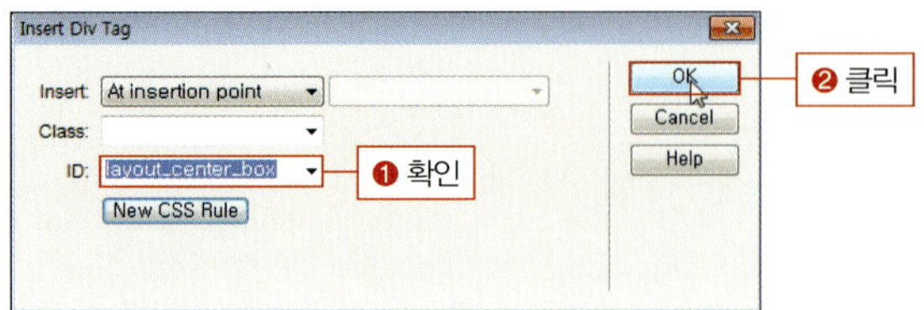

07 작업 영역 위쪽의 〔Source Code〕 탭은 '03_05.html'의 문서 내용이며 〔03_05_css.css〕 탭은 별도로 저장한 CSS 문서로, 링크로 연결된 CSS 문서는 자동으로 탭의 목록으로 나타납니다. CSS 문서를 선택하고 〔Code〕 탭을 클릭하면 이전에 적용한 CSS를 확인할 수 있습니다.

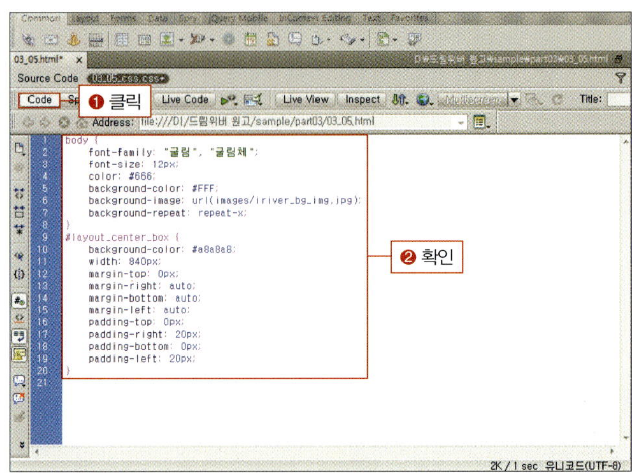

페이지 헤더 설정하기

01 〔Source Code〕 탭을 클릭한 다음 〔Design〕 탭을 클릭합니다. 입력된 텍스트의 가장 앞쪽을 클릭한 다음 Insert 패널에서 〔Common〕 탭의 'Insert Div Tag' 아이콘(圖)을 클릭합니다.

> **Tip**
> 이전에 적용한 CSS로 인해 진한 회색 부분이 설정되며 해당 CSS의 이름이 입력된 것을 확인할 수 있습니다.

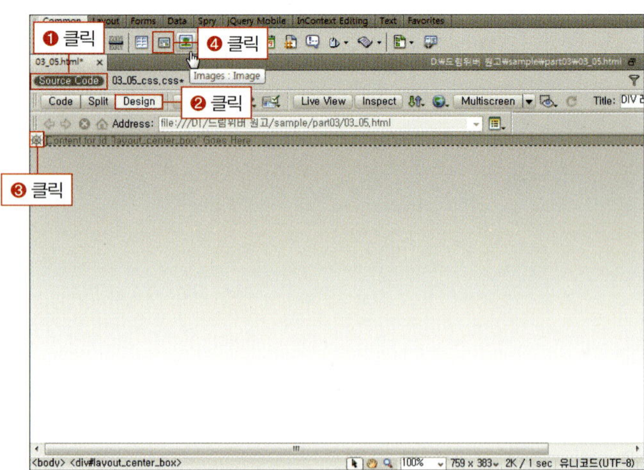

02 [Insert Div Tag] 대화상자가 나타나면 새로운 CSS를 적용하기 위해 [New CSS Rule] 버튼을 클릭합니다.

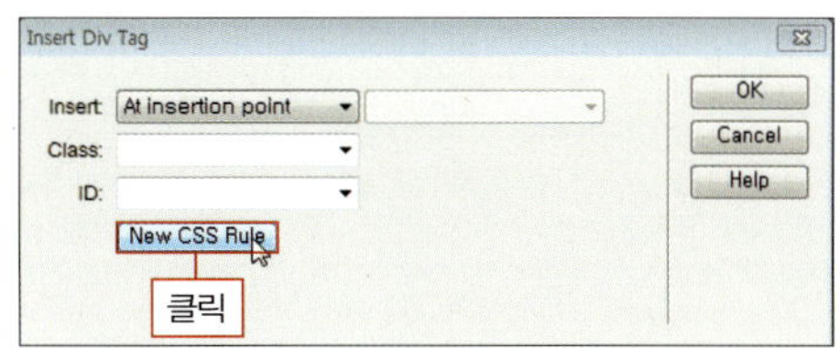

03 그림과 같이 [New CSS Rule] 대화상자가 나타나면 Selector Type을 'Class [can apply to any HTML element]'로 선택합니다. Selector Name에 'layout_header'를 입력하고 Rule Definition에서 '03_05_css.css'를 선택한 다음 [OK] 버튼을 클릭합니다.

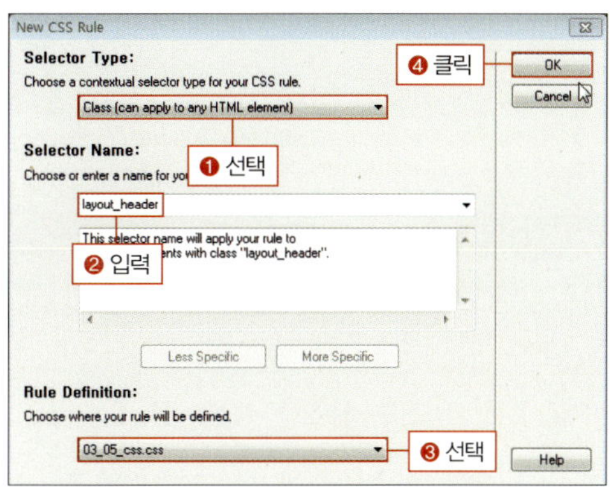

04 [CSS Rule Definition for…] 대화상자가 나타나면 [Box] 탭을 선택합니다. Width는 '800px', Height는 '145px'로 설정한 다음 Padding과 Margin 항목은 모두 '0px'으로 설정합니다.

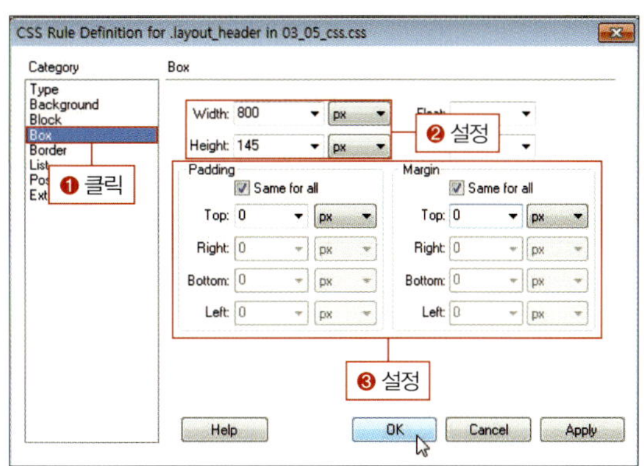

05 [Background] 탭을 선택하고 Background-image 항목에서 [Browse] 버튼을 클릭합니다.

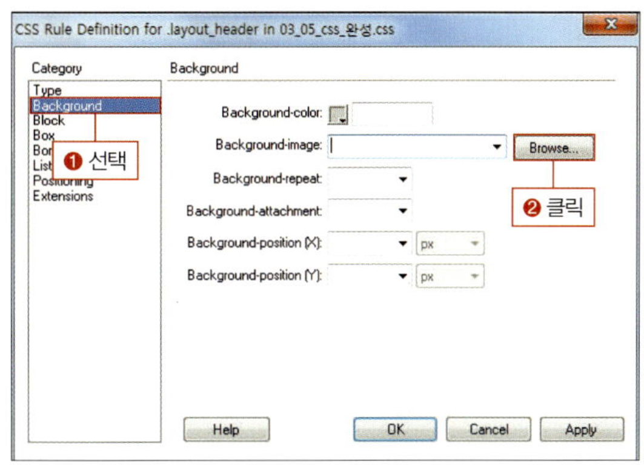

06 〔Select Image Source〕 대화상자가 나타나면 찾는 위치를 'Part03\images' 폴더로 설정하고 'iriver_top_bg_img.jpg' 파일을 선택한 다음 〔OK〕 버튼을 클릭합니다.

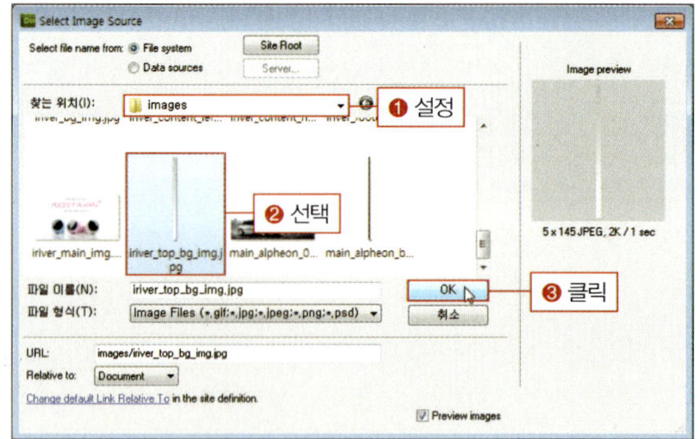

07 Background-color를 '#FFF', Background-repeat를 'repeat-x'로 설정하여 배경 이미지가 가로 방향으로 반복되고, 배경 이미지가 없는 부분의 색상도 설정한 다음 〔OK〕 버튼을 클릭합니다.

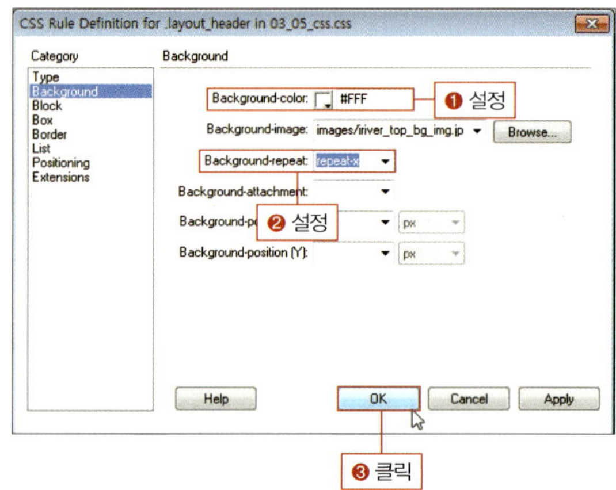

08 〔Insert Div Tag〕 대화상자가 나타나면 Class에 'layout_header'가 선택된 것을 확인하고 〔OK〕 버튼을 클릭합니다.

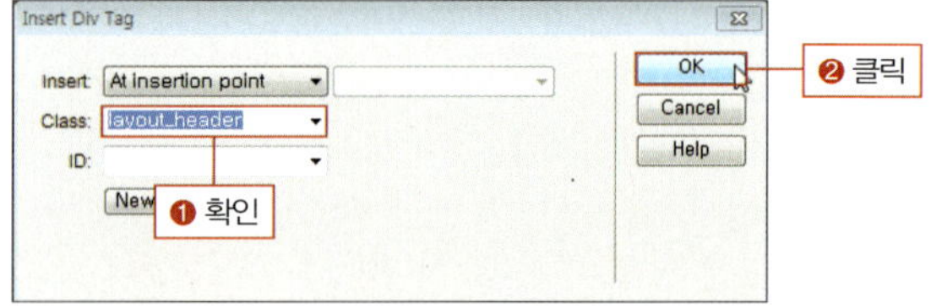

09 위쪽 헤더 부분에 박스가 추가되며 색상과 배경 이미지가 적용된 것을 확인합니다. 또 텍스트가 적용되어 Class 이름을 확인할 수 있습니다.

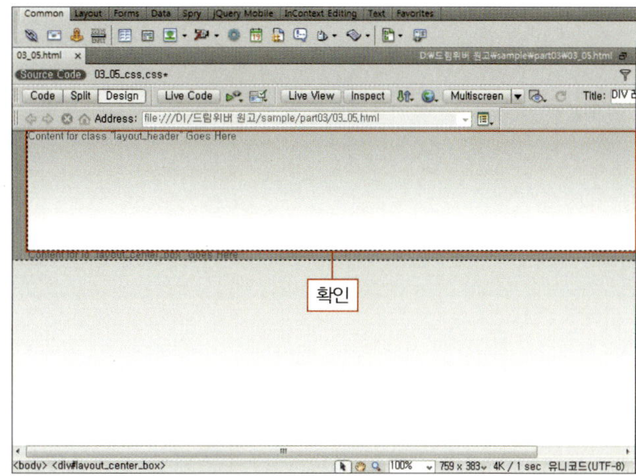

10 웹 브라우저에서 확인하기 위해 〔File〕-〔Preview in Browser〕-〔IExplore〕 메뉴를 클릭하거나 F12를 누릅니다. 웹 브라우저에서 확인하면 왼쪽에 비해 오른쪽이 더 넓은 것을 확인할 수 있습니다.

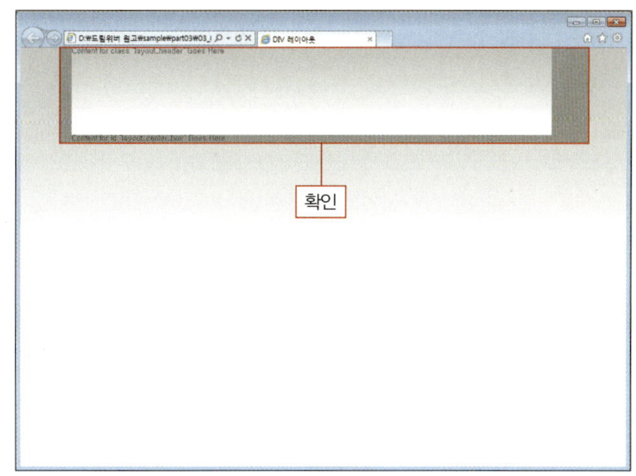

11 드림위버로 돌아온 다음 〔03_05_css.css〕 탭을 클릭하고 〔Split〕 탭을 클릭한 후 코드 화면에서 '#layout_center_box' 부분으로 이동합니다. width의 값을 '800px'로 변경하여 가로 폭을 변경합니다.

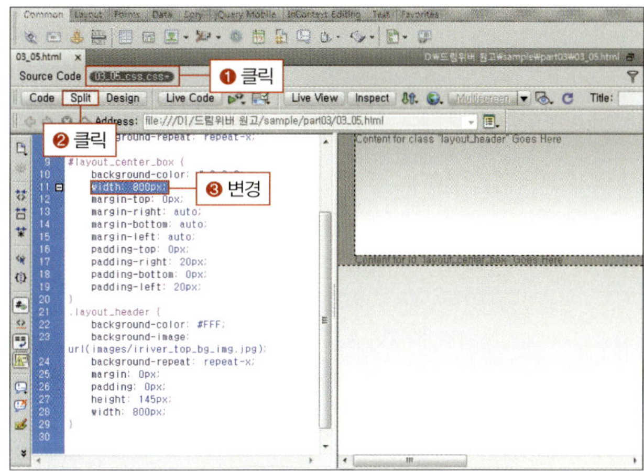

12 〔Design〕 탭을 클릭해 양쪽 폭이 일정하게 변경된 것을 확인합니다.

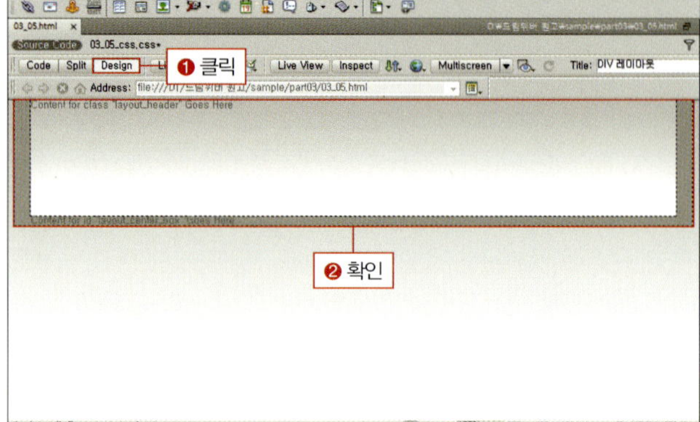

> **Tip**
>
> 문서의 폭을 설정할 경우는 내부 여백으로 좁아진 실제 페이지 영역을 가로 폭으로 설정해야 합니다.

메인 이미지 설정하기

01 메인 이미지 부분을 만들기 위해 layout_center_box 부분에서 Div를 적용할 부분을 클릭하고 위쪽의 Insert 패널에서 〔Common〕 탭의 'Insert Div Tag' 아이콘(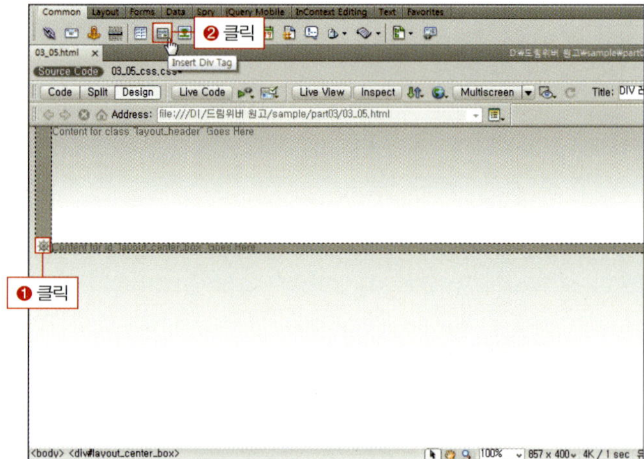)을 클릭합니다.

02 〔Insert Div Tag〕 대화상자가 나타나면 〔New CSS Rule〕 버튼을 클릭합니다.

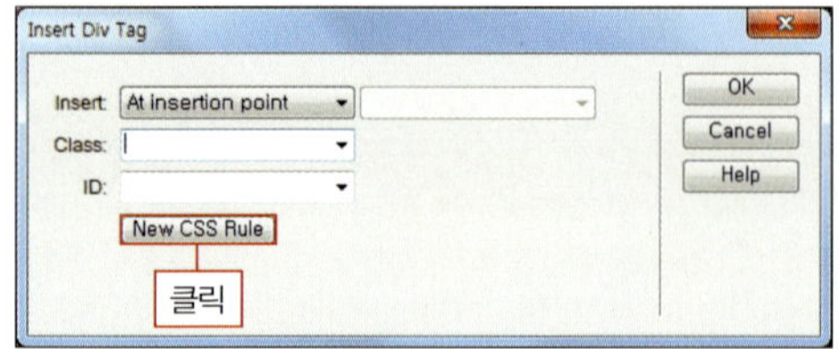

03 그림과 같이 [New CSS Rule] 대화상자가 나타나면 Selector Type을 'Class [can apply to any HTML element]'로 선택합니다. Selector Name에 'layout_main_image'를 입력하고 Rule Definition에서 '03_05_css.css'를 선택한 다음 [OK] 버튼을 클릭합니다.

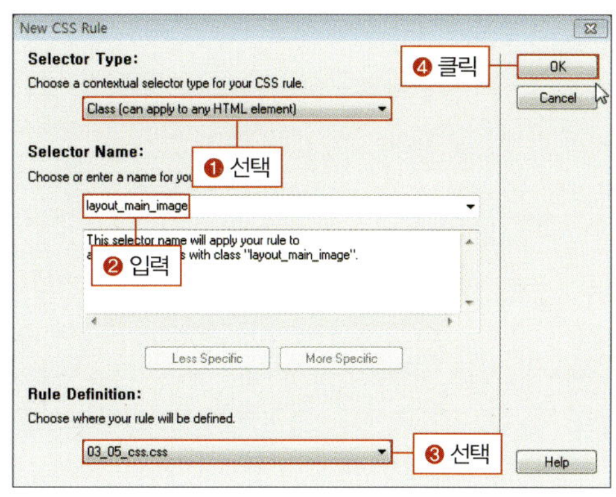

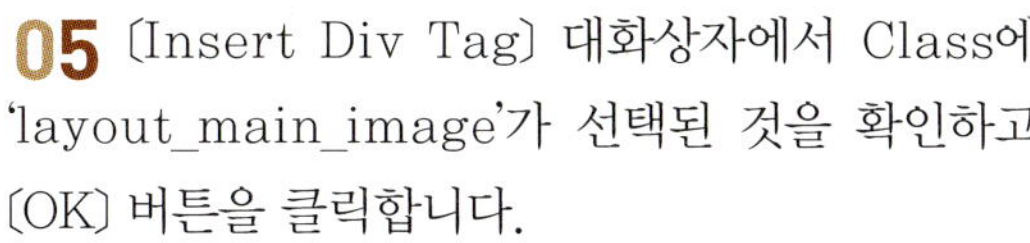

04 [CSS Rule Definition for⋯] 대화상자가 나타나면 크기를 설정하기 위해 [Box] 탭을 선택하고 Width는 '800px', Height는 '440px'로 설정합니다. 여백을 설정하기 위해 Margin 항목의 'Same fot all'을 선택 해제하고 Top은 '20px', Right는 '0px', Bottom은 '20px', Left는 '0px'로 설정하고 [OK] 버튼을 클릭합니다.

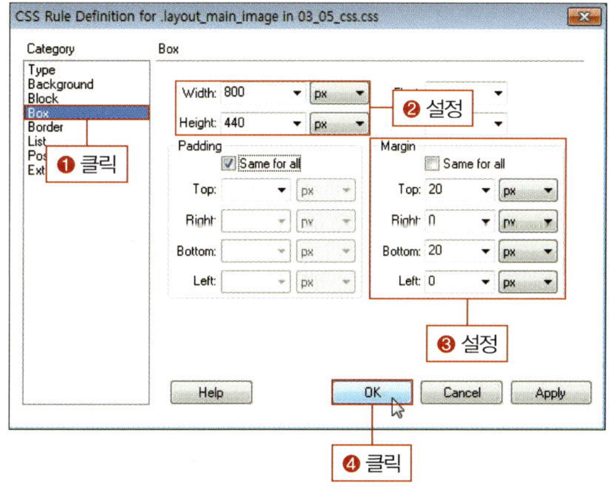

05 [Insert Div Tag] 대화상자에서 Class에 'layout_main_image'가 선택된 것을 확인하고 [OK] 버튼을 클릭합니다.

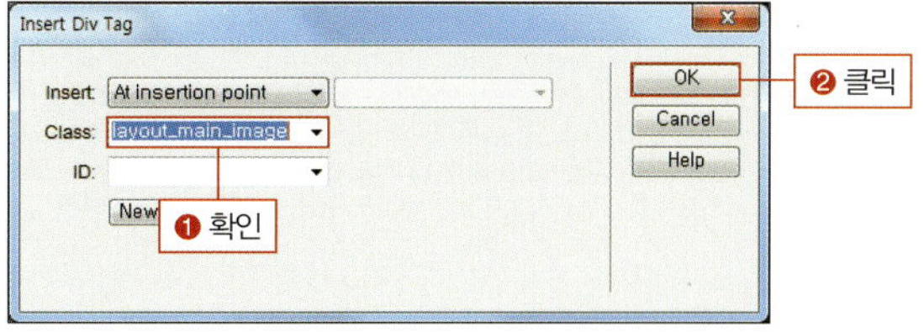

06 메인 이미지 부분에 입력된 텍스트를 선택하고 Delete 를 눌러서 삭제합니다. Div에 이미지를 삽입하기 위해 위쪽의 Insert 패널에서 〔Common〕 탭의 'Images' 아이콘( )을 클릭합니다.

> **Tip**
> 배경 색상 또는 배경 이미지를 적용하지 않았기 때문에 노란색 점선이 설정된 테두리만 보이며 CSS 이름이 문서 영역 내에 표시된 것을 확인할 수 있습니다.

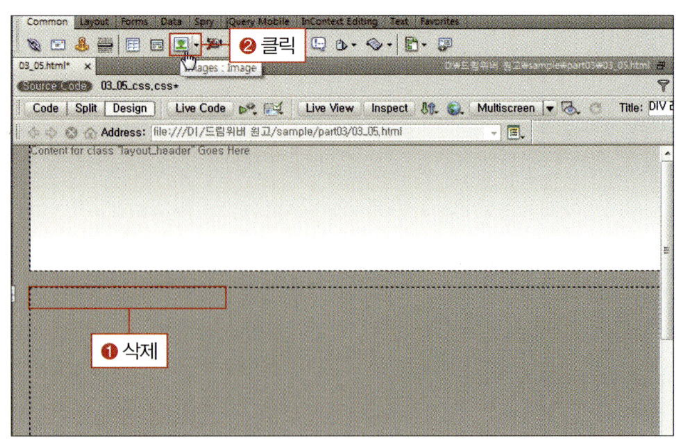

07 〔Select Image Source〕 대화상자가 나타나면 'Part03\images' 폴더의 'iriver_main_img.jpg' 파일을 선택한 다음 〔OK〕 버튼을 클릭합니다.

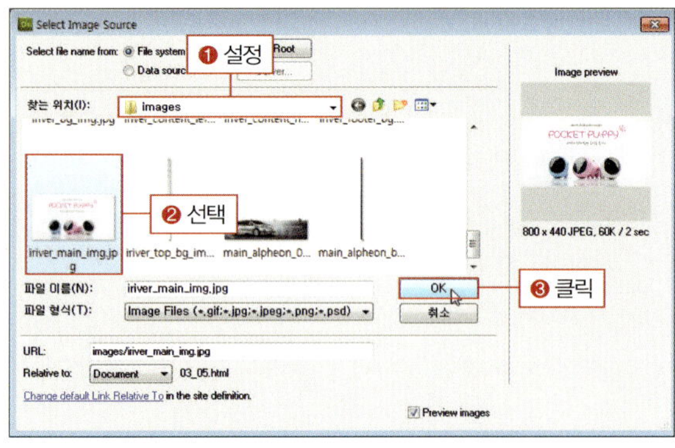

08 〔Image Tag Accessibility Attributes〕 대화상자가 나타나면 Alternate text에 'mainimage'를 입력하고 〔OK〕 버튼을 클릭합니다.

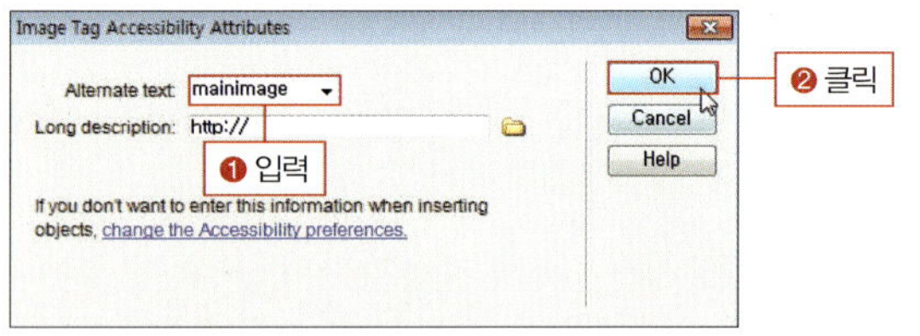

09 이미지 크기에 맞춰 CSS로 영역을 설정했기 때문에 입력한 이미지의 테두리에 맞춰 점선이 표시된 것을 확인할 수 있습니다.

콘텐츠 영역 설정하기

01 이미지가 삽입된 아래쪽의 텍스트 가장 앞쪽을 클릭하고 위쪽의 Insert 패널에서 〔Common〕 탭의 'Insert Div Tag' 아이콘(▣)을 클릭합니다. 〔Insert Div Tag〕 대화상자가 나타나면 〔New CSS Rule〕 버튼을 클릭합니다.

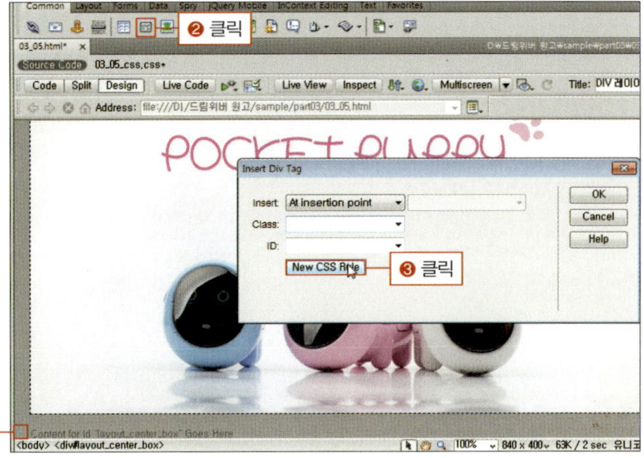

02 그림과 같이 〔New CSS Rule〕 대화상자가 나타나면 Selector Type을 'Class (can apply to any HTML element)'로 선택합니다. Selector Name에 'layout_contents'를 입력하고 Rule Definition에서 '03_05_css.css'를 선택한 다음 〔OK〕 버튼을 클릭합니다.

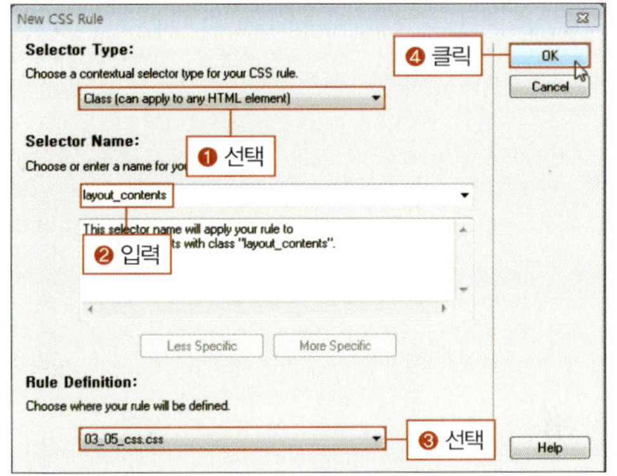

03 〔CSS Rule Definition for…〕 대화상자가 나타나면 〔Box〕 탭을 선택합니다. Width를 '760px'로 설정한 다음 Padding 항목은 모두 '20px', Margin 항목은 모두 '0px'으로 설정합니다.

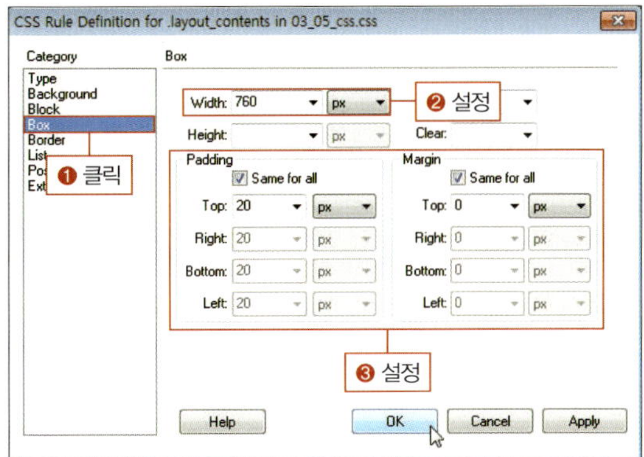

04 〔Background〕 탭을 선택하고 Background-color를 '#FFF'로 설정한 다음 〔OK〕 버튼을 클릭합니다.

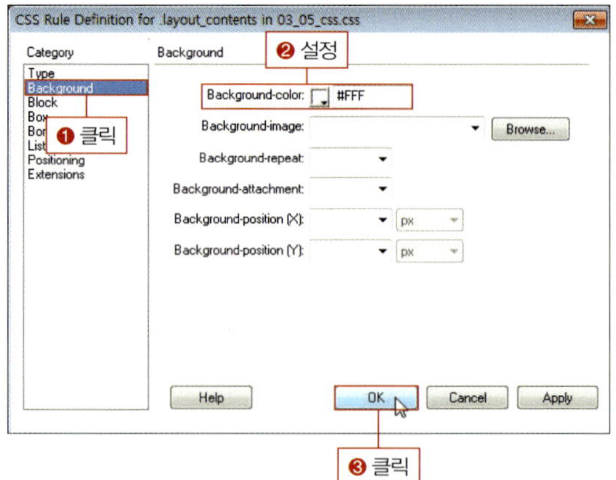

05 〔Insert Div Tag〕 대화상자에서 Class에 'layout_contens'가 선택된 것을 확인하고 〔OK〕 버튼을 클릭합니다.

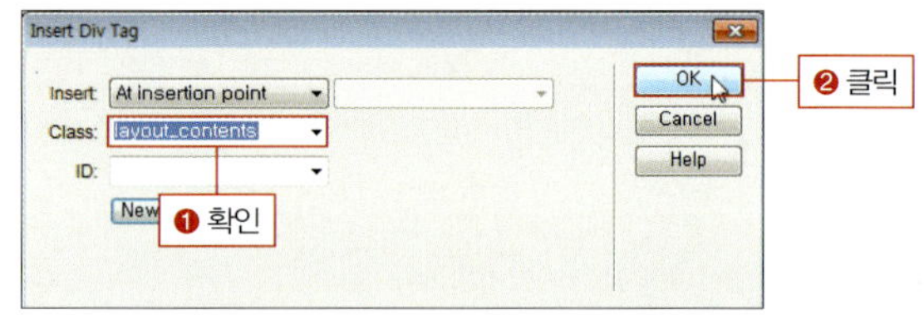

06 콘텐츠 영역의 높이는 내용에 따라서 늘어나므로 설정된 높이는 큰 의미가 없습니다. 그러므로 Enter를 눌러 콘텐츠 영역의 높이를 설정합니다.

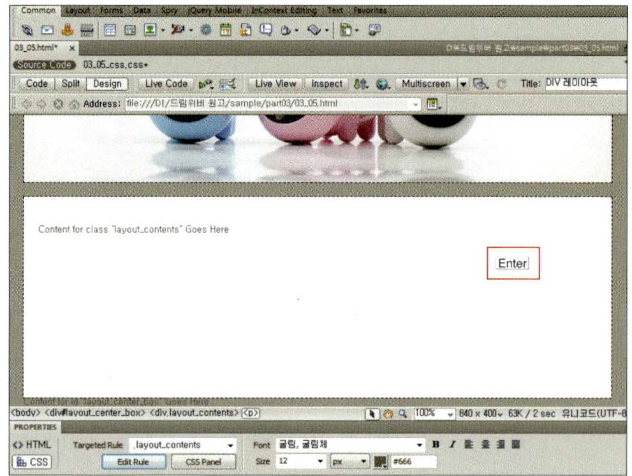

푸터(저작권) 영역 설정하기

01 콘텐츠 영역 아래쪽의 텍스트 가장 앞쪽을 클릭하고 위쪽의 Insert 패널에서 [Common] 탭의 'Insert Div Tag' 아이콘(▣)을 클릭합니다. [Insert Div Tag] 대화상자가 나타나면 [New CSS Rule] 버튼을 클릭합니다.

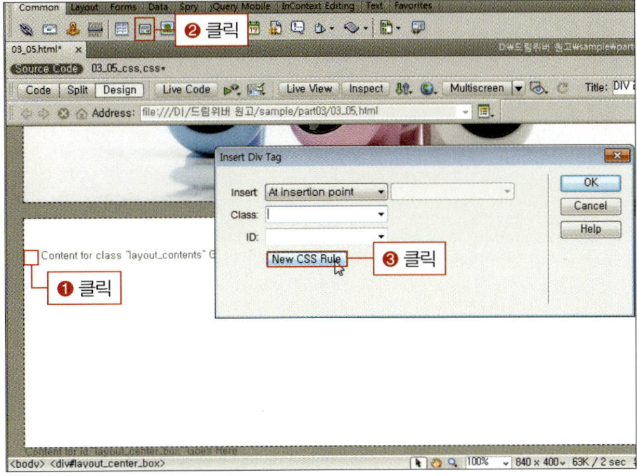

02 [New CSS Rule] 대화상자가 나타나면 Selector Type을 'Class [can apply to any HTML element]'로 선택합니다. Selector Name에 'layout_footer'를 입력하고 Rule Definition에서 '03_05_css.css'를 선택한 다음 [OK] 버튼을 클릭합니다.

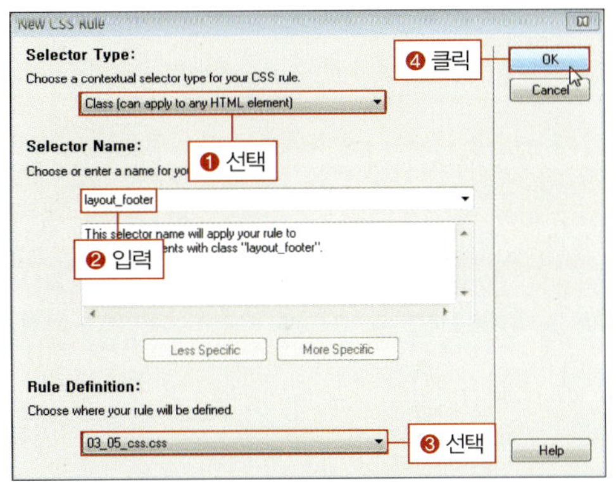

03 [CSS Rule Definition for…] 대화상자가 나타나면 [Background] 탭을 선택합니다. Background-color를 '#64676d'로 설정한 다음 Background-image에서 [Browse] 버튼을 클릭합니다.

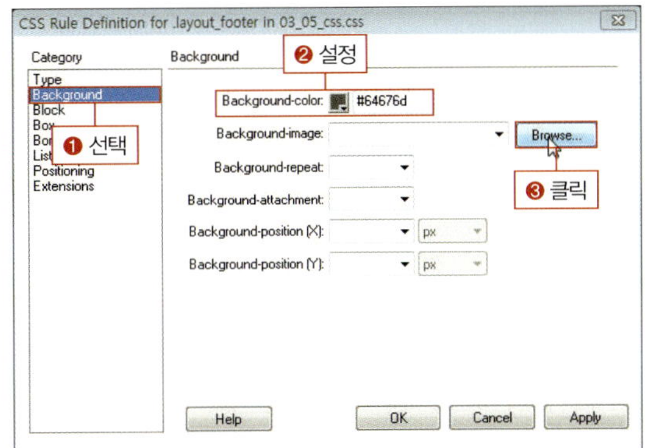

04 〔Select Image Source〕 대화상자가 나타나면 'Part03\images' 폴더의 'iriver_footer_bg.jpg' 파일을 선택한 다음 〔OK〕 버튼을 클릭합니다.

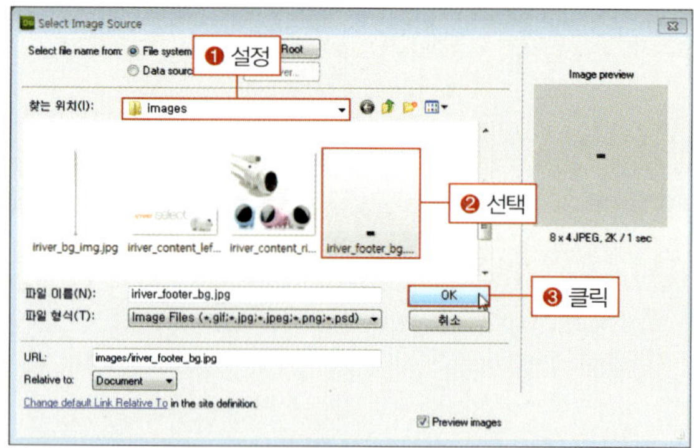

05 배경 이미지가 반복되는 방향을 설정하기 위해 Background-repeat을 'repeat-x'로 선택합니다.

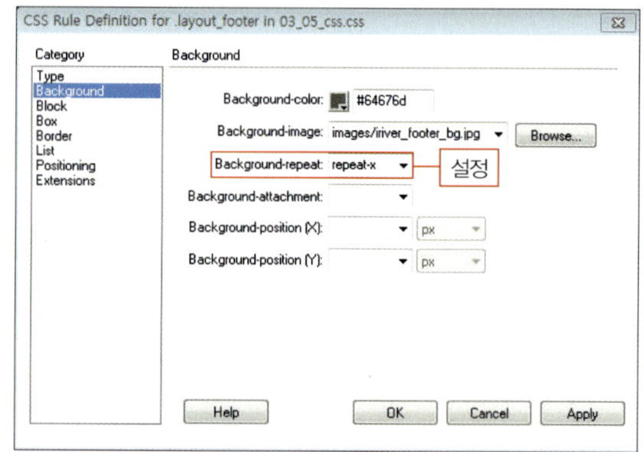

06 〔Box〕 탭을 선택하고 Width는 '800px', Height는 '150px' Margin 항목의 'Same for all'의 선택 해제하고, Top은 '20px', 나머지는 모두 '0px'으로 설정한 다음 〔OK〕 버튼을 클릭합니다.

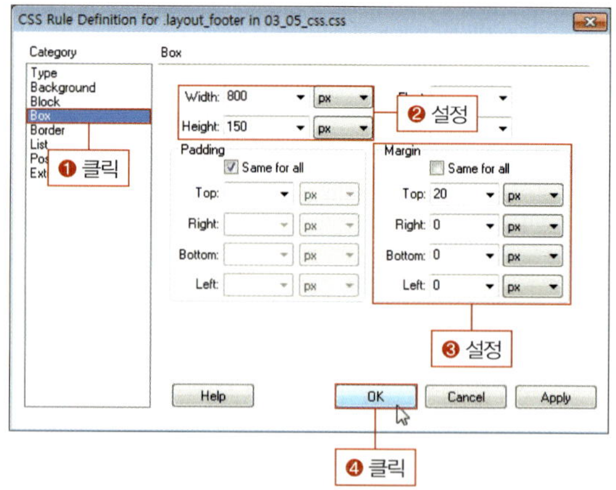

07 〔Insert Div Tag〕 대화상자의 Class에 선택된 CSS 이름을 확인하고 〔OK〕 버튼을 클릭합니다.

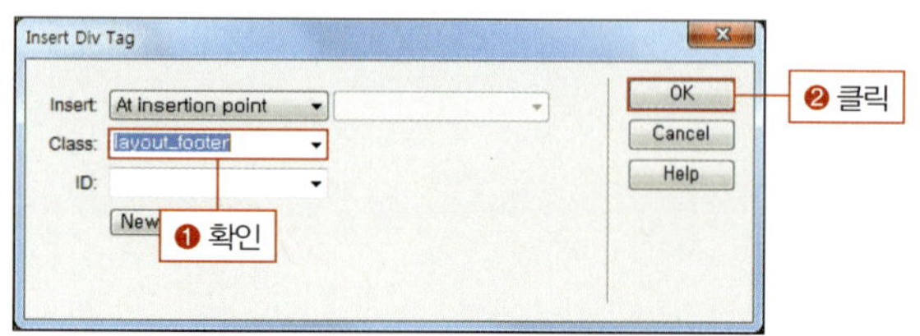

08 푸터 영역과 푸터 영역 아래쪽에 입력된 텍스트를 드래그한 다음 Delete 를 눌러 텍스트를 삭제합니다.

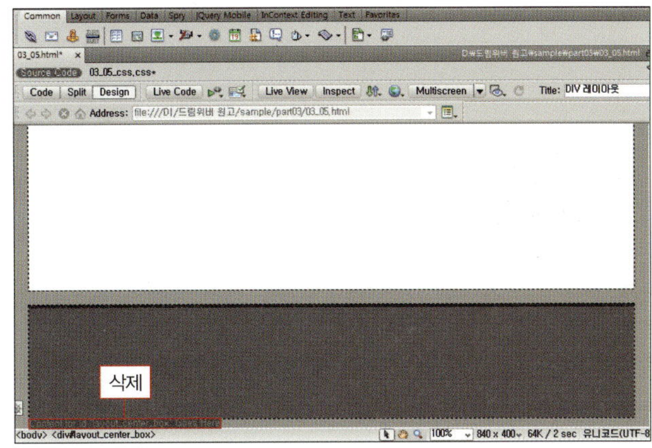

09 〔File〕-〔Preview in Browser〕-〔IExplore〕 메뉴를 클릭하거나 F12 를 눌러 웹 브라우저에서 확인합니다.

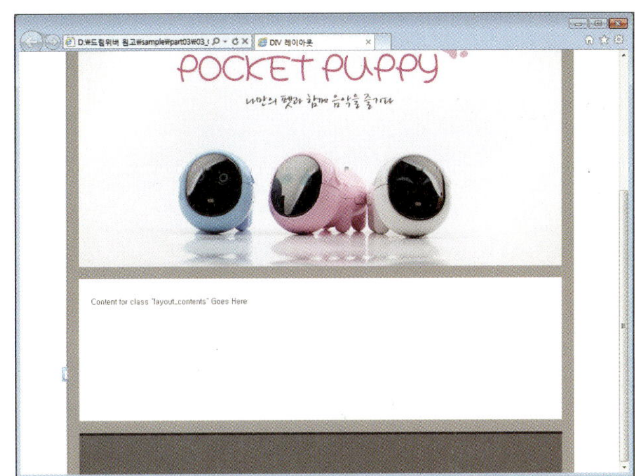

웹 사이트를 조금 더 쉽게 만들고 싶어요

예전에는 유명 포털 사이트에서 '홈페이지 마법사'를 제공하여 간단한 웹 사이트를 쉽고 빠르게 만들고 계정과 웹 공간까지 무료로 제공했지만, 지금은 블로그나 미니홈피 등의 서비스로 인해 사라졌습니다. 웹 사이트를 조금 더 쉽게 만들고 싶다면 어떻게 해야 할까요? 이 경우, XE(XpressEngine) 사용을 추천합니다. 웹 사이트에서 'http://www.xpressengine.com/'에 접속하면 관련 프로그램과 스킨을 내려 받아서 다양한 기능을 간편하게 구현할 수 있고, 스킨 변경으로 디자인을 쉽게 수정할 수 있습니다. 또 일부 기능은 직접 제작하여 적용할 수도 있으니 자세한 정보는 해당 사이트를 방문하여 참고하세요.

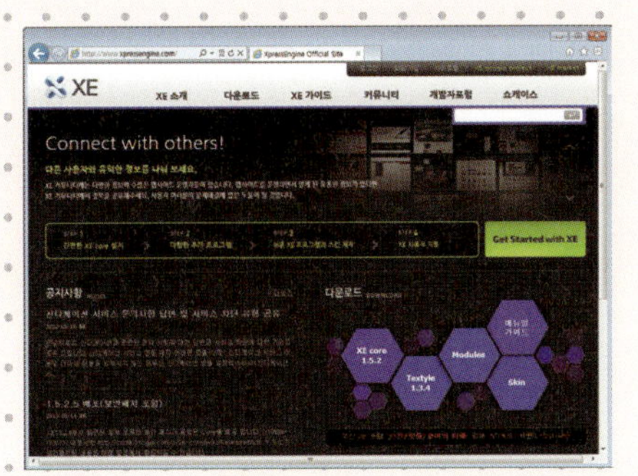

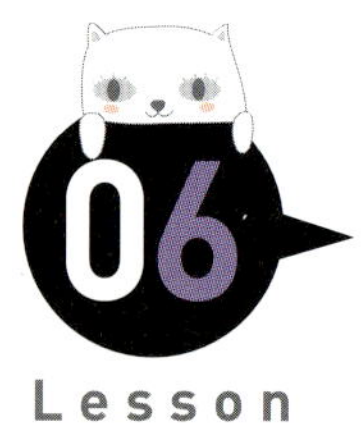

Div 태그와 CSS 활용하여 스타일 적용하기

06
Lesson

지금까지 CSS와 Div를 이용하여 레이아웃을 만들어봤는데, 두 기능은 페이지 레이아웃뿐만 아니라 내용 정리 및 내비게이션 등을 구성할 때에도 활용합니다. 메뉴와 같이 반복되는 요소는 별도의 아이프레임으로 구성하여 모든 페이지에 동일하게 적용할 수 있습니다.

예제 파일 : Part03\03_06.html, 03_06_css.css
완성 파일 : Part03\03_06_완성.html, 03_06_css_완성.css

따라하기

헤더 페이지 구성하기

01 〔File〕-〔Open〕 메뉴를 클릭하거나 `Ctrl` +`O`를 눌러 〔Open〕 대화상자가 나타나면 '03_06.html' 파일을 선택한 다음 〔열기〕 버튼을 클릭합니다.

T i P

작업 영역 위쪽을 살펴보면 '03_06_css.css' 파일이 연결된 것을 확인할 수 있습니다. 이전 단계에서 진행하던 예제를 이용하여 따라해도 좋습니다.

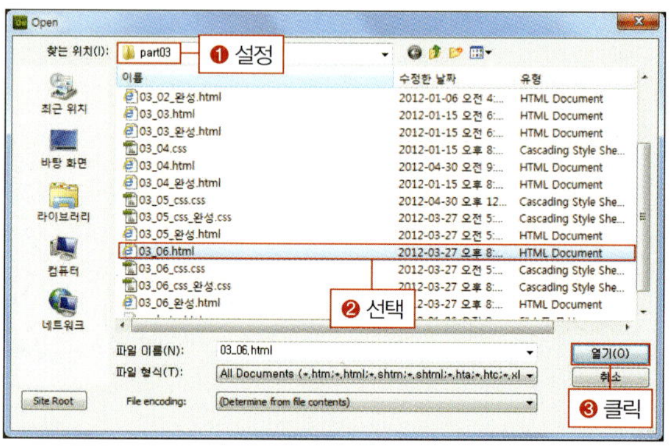

02 헤더 부분에 입력된 텍스트를 삭제하고, 위쪽에 있는 Div 구조에 로고 및 메뉴를 삽입할 수 있도록 준비합니다.

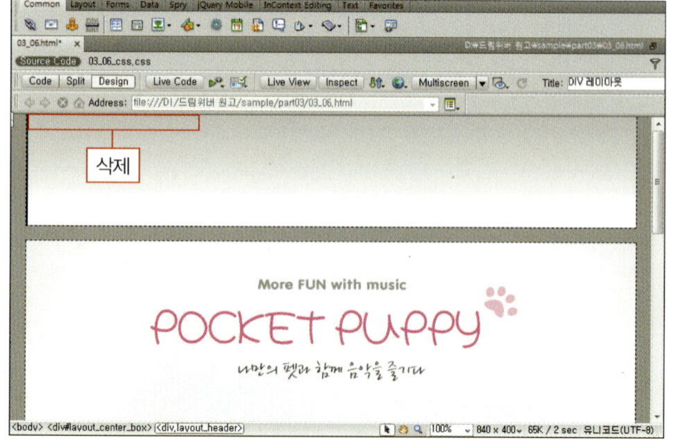

03 헤더 부분에 이미지를 삽입하기 위해 위쪽의 Insert 패널에서 〔Common〕 탭의 'Images' 아이콘 (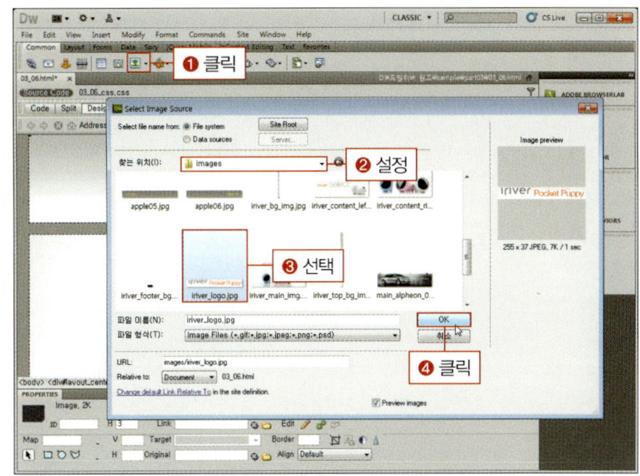)을 클릭합니다. 〔Select Image Source〕 대화상자가 나타나면 'Part03\images' 폴더의 'iriver_logo.jpg' 파일을 선택한 다음 〔OK〕 버튼을 클릭합니다.

04 〔Image Tag Accessibility Attributes〕 대화상자가 나타나면 Alternate text에 'logo'를 입력하고 〔OK〕 버튼을 클릭합니다.

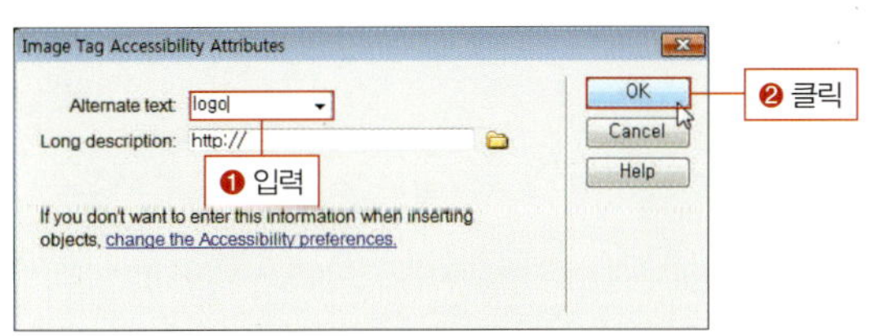

05 삽입된 이미지를 선택한 다음 선택된 이미지에 CSS를 적용하기 위해 위쪽의 Insert 패널에서 〔Common〕 탭의 'Insert Div Tag' 아이콘()을 클릭합니다.

06 그림과 같이 〔Insert Div Tag〕 대화상자가 나타나면 〔New CSS Rule〕 버튼을 클릭합니다.

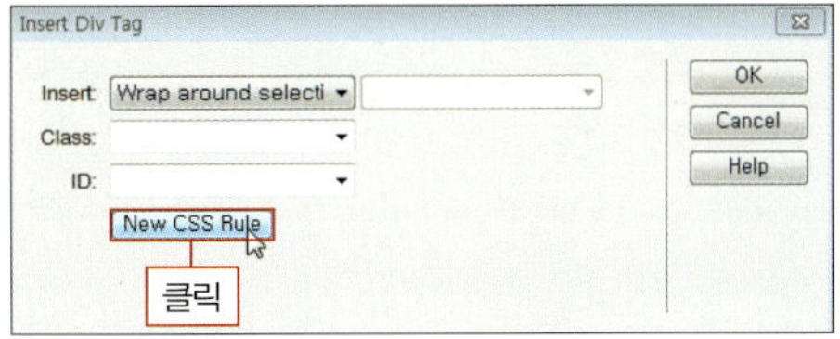

07 그림과 같이 〔New CSS Rule〕 대화상자가 나타나면 Selector Type을 'Class〔can apply to any HTML element〕'로 선택합니다. Selector Name에 'top_logo'를 입력하고 Rule Definition에서 '03_06_css.css'를 선택한 다음 〔OK〕 버튼을 클릭합니다.

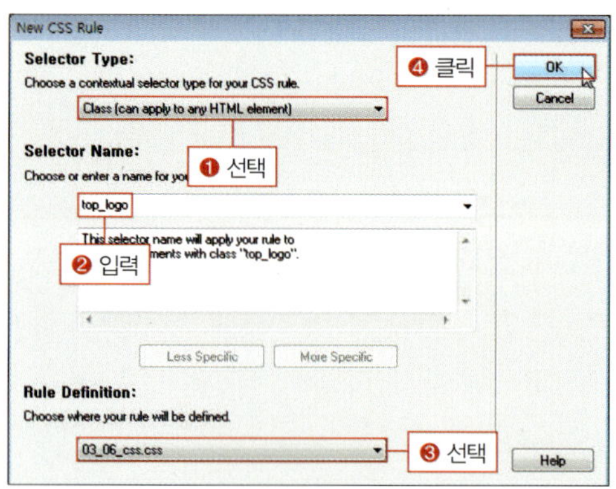

08 〔CSS Rule Definition for…〕 대화상자가 나타나면 〔Box〕 탭을 선택합니다. Float을 'left', Margin 항목의 'Same for all'을 선택 해제하고 Top은 '88px', Right는 'auto', Bottom은 'auto', Left는 '25px'로 설정하고 〔OK〕 버튼을 클릭합니다.

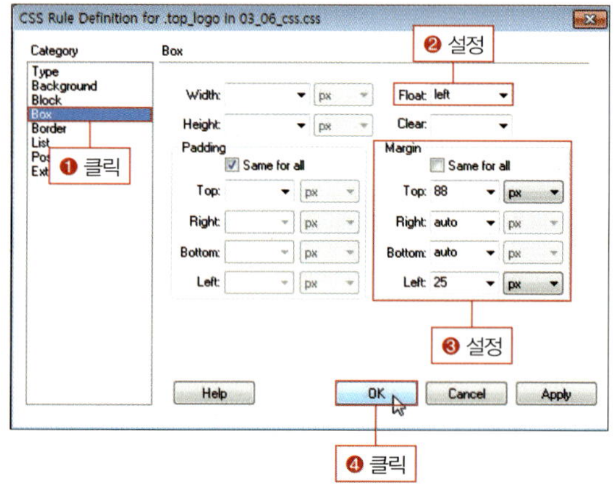

09 〔Insert Div Tag〕 대화상자에서 Class에 선택된 'top_logo'를 확인하고 〔OK〕 버튼을 클릭합니다.

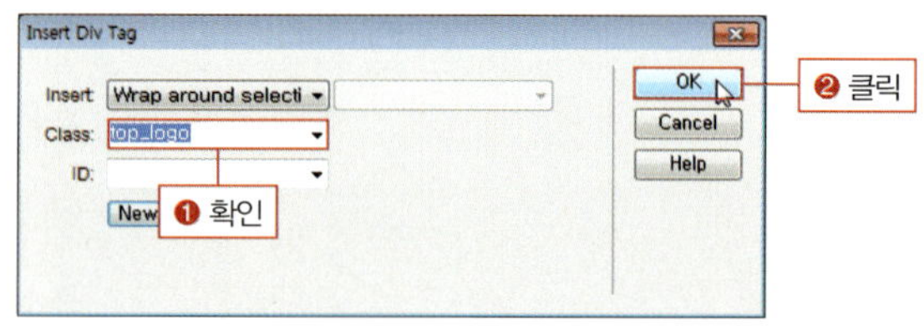

10 지정된 Margin에 맞춰 이미지가 이동된 것을 확인합니다. 〔03_06_css.css〕 탭을 클릭하고 〔Split〕 탭을 클릭하면 코드 화면에서 CSS가 적용된 것을 확인할 수 있습니다.

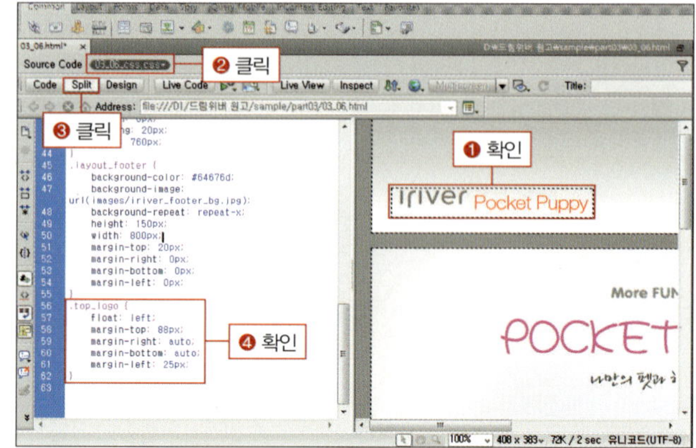

11 이미지의 위치를 수정하기 위해 'top_logo' 부분으로 이동하고 'auto'로 설정된 부분을 제거한 다음 margin-left를 '30px'로 변경하여 위치를 조정합니다.

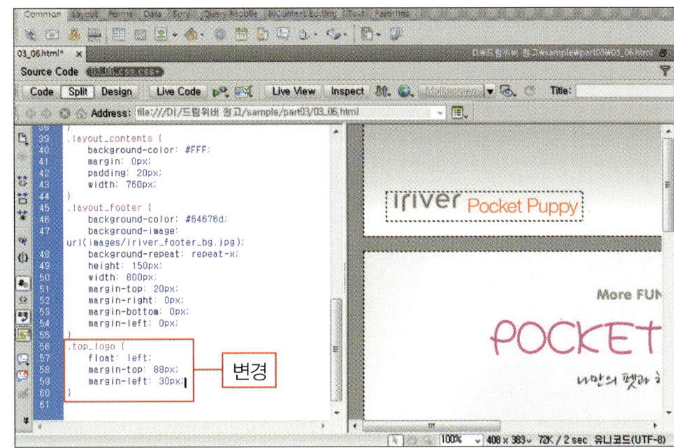

따라하기

메뉴(내비게이션) 만들기

01 그림과 같이 로고 이미지의 오른쪽에 'Over view/Feautres/Design/Spec/Download'를 입력합니다. 입력할 때 각 메뉴별로 Enter 를 눌러 〈p〉 태그를 적용합니다.

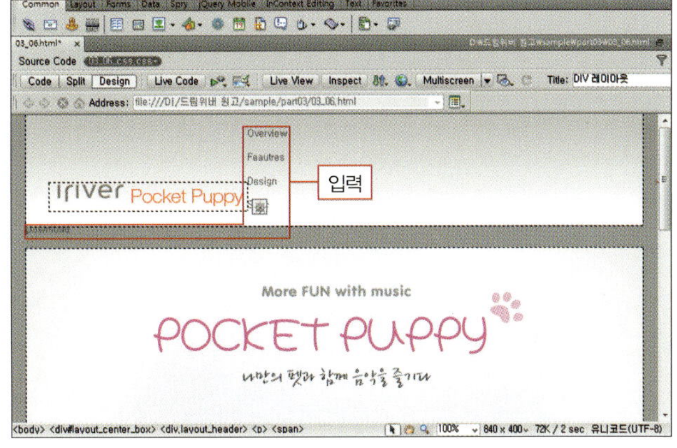

02 입력한 텍스트를 드래그하여 선택한 다음 Properties 패널에서 [HTML] 탭을 클릭합니다. 'Unordered List' 아이콘()을 클릭하여 비연속형 목록으로 만듭니다.

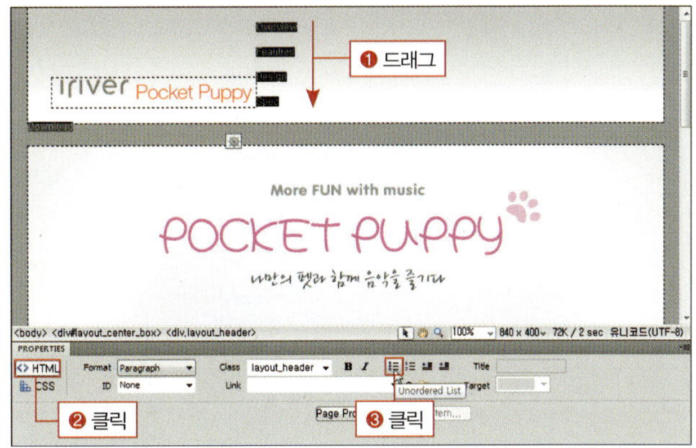

03 텍스트를 드래그하여 선택하고 위쪽의 Insert 패널에서 [Common] 탭의 'Insert Div Tag' 아이콘 (■)을 클릭합니다. [Insert Div Tag] 대화상자가 나타나면 [New CSS Rule] 버튼을 클릭합니다.

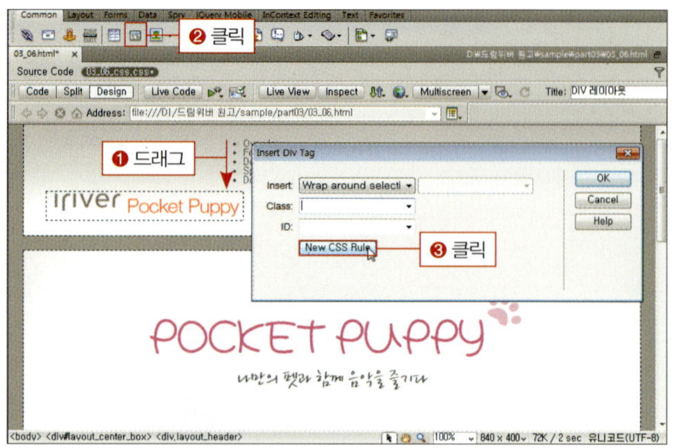

04 그림과 같이 [New CSS Rule] 대화상자가 나타나면 Selector Type을 'Class [can apply to any HTML element]'로 선택합니다. Selector Name에 'top_navigation'을 입력하고 Rule Definition에서 '03_06_css.css'를 선택한 다음 [OK] 버튼을 클릭합니다.

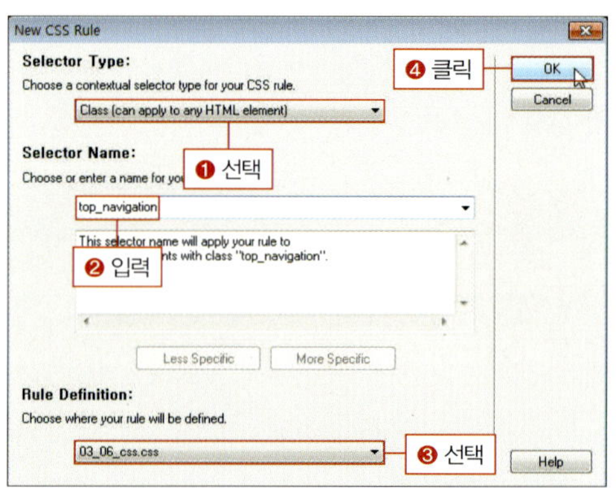

05 [CSS Rule Definition for…] 대화상자가 나타나면 [Box] 탭을 선택합니다. Width를 '480px', Float을 'right', Margin 항목에서 'Same for all'을 선택 해제하고 Top은 '88px', Right는 '20px'로 설정합니다.

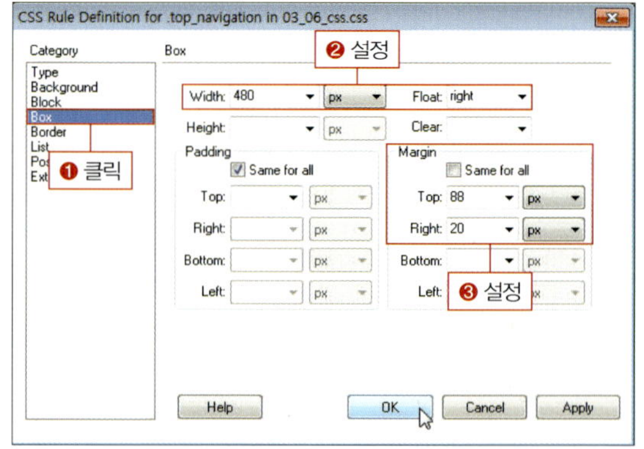

06 〔Type〕 탭을 선택한 다음 Font-family 를 'Arial, Helvetica, sans-serif'로 선택합니다. Font-size는 '12px', Font-weight는 'bold', Color 는 '#999'로 설정한 다음 〔OK〕 버튼을 클릭합니다.

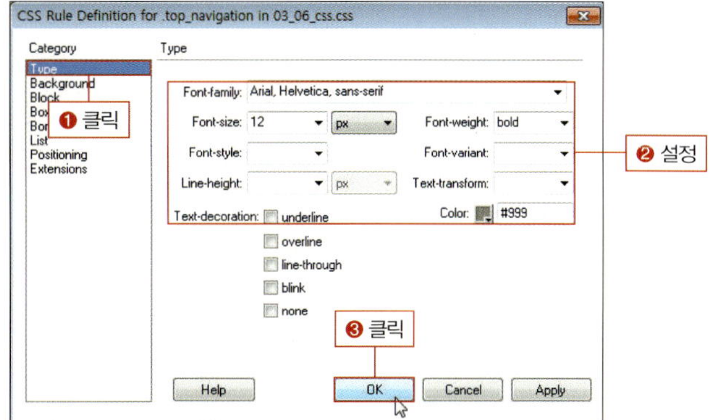

07 〔Insert Div Tag〕 대화상자에서 Class에 'top_navigation'이 선택된 것을 확인하고 〔OK〕 버튼을 클릭합니다.

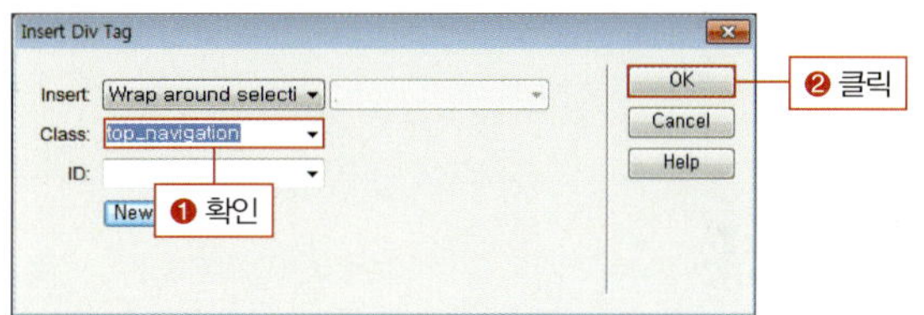

08 목록 태그에 CSS를 적용하기 위해 작업 영역 아래쪽의 태그 선택자에서 '〈ul〉'을 클릭합니다. Properties 패널의 〔CSS〕 탭에서 Targeted Rule을 '〈New CSS Rule〉'로 선택하고 〔Edit Rule〕 버튼을 클릭합니다.

TIP

메뉴의 위치가 설정되었으며 텍스트 크기가 조정된 것을 확인할 수 있습니다.

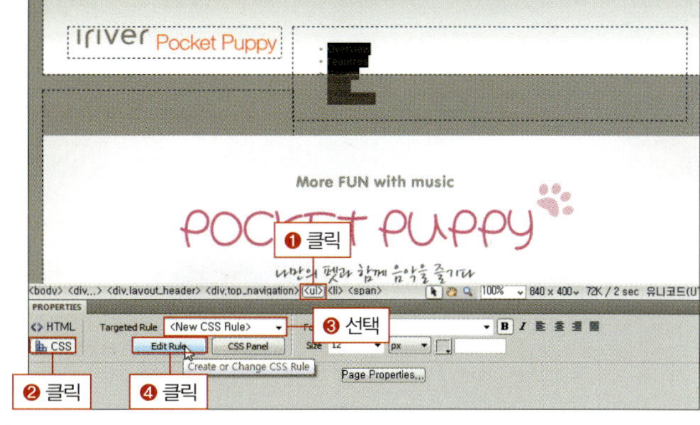

09 그림과 같이 〔New CSS Rule〕 대화상자가 나타나면 Selector Type에 'Compound (based on your selection)'이 선택된 것을 확인합니다. Selector Name에 적용된 CSS Class 이름과 ul 태그가 입력된 것을 확인합니다. Rule Definition에서 '03_06_css.css'를 선택하고 〔OK〕 버튼을 클릭합니다.

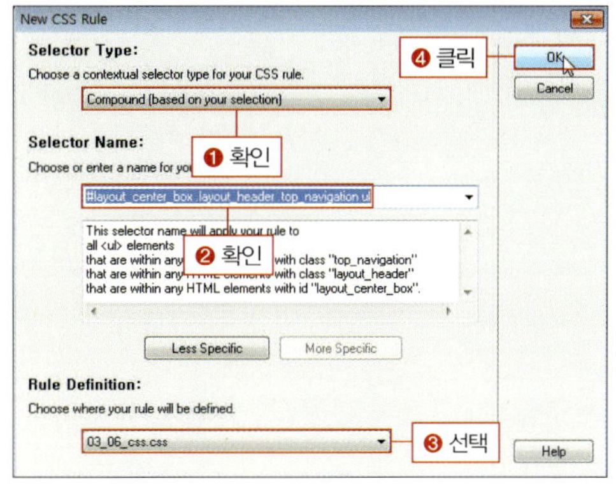

10 [CSS Rule Definition for…] 대화상자가 나타나면 [Box] 탭을 선택합니다. Margin 항목에서 Top을 '0px'으로 설정하고 [OK] 버튼을 클릭합니다.

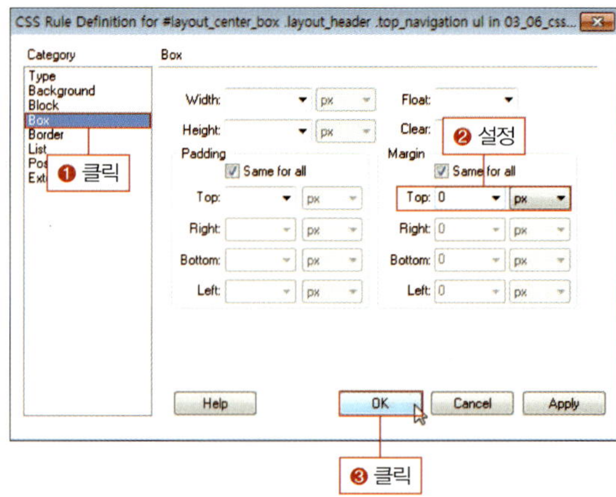

 **Tip**

목록 메뉴 주변의 여백이 없어져 위아래 폭이 좁아진 것을 확인할 수 있습니다.

11 메뉴의 첫 번째 항목을 드래그한 다음 태그 선택자에서 '〈li〉'를 클릭합니다. Properties 패널의 [CSS] 탭에서 Targeted Rule을 '〈New CSS Rule〉'로 선택하고 [Edit Rule] 버튼을 클릭합니다.

12 그림과 같이 [New CSS Rule] 대화상자가 나타나면 Selector Type에 'Compound (based on your selection)'가 선택된 것을 확인합니다. Selector Name에 적용된 CSS Class 이름과 li 태그가 입력된 것을 확인합니다. Rule Definition에서 '03_06_css.css'를 선택한 다음 [OK] 버튼을 클릭합니다.

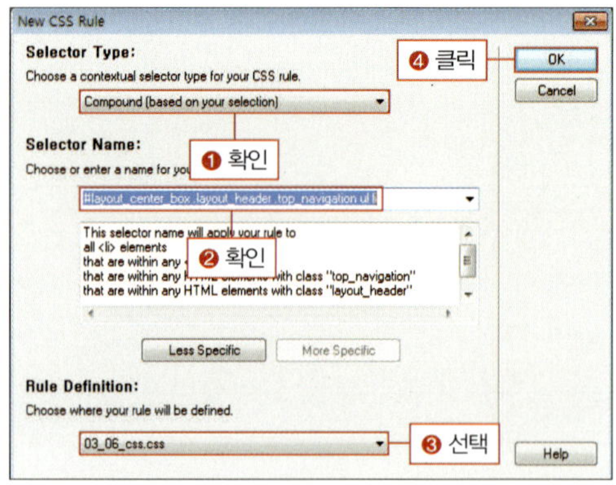

13 〔CSS Rule Definition for…〕대화상자가
나타나면 〔Block〕탭을 선택합니다. 메뉴를 블록
처럼 버튼 형식으로 만들기 위해 Text-align은
'left', Display는 'block'으로 설정합니다.

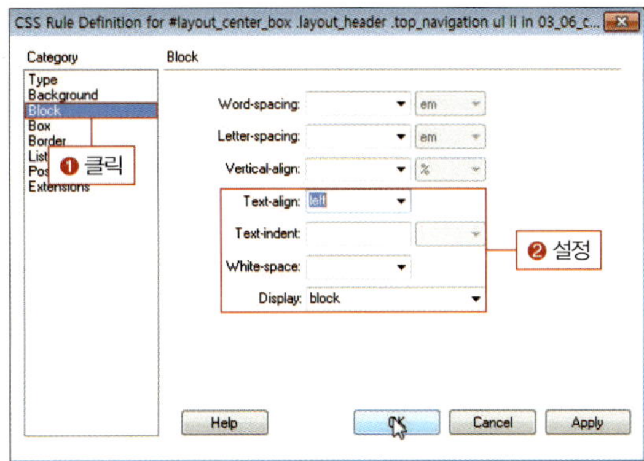

14 〔Box〕탭을 선택하고 Width는 'auto',
Float는 'left', Padding 항목의 'Same for all'을
선택 해제하고 Right와 Left에 각각 '10px'로 설
정합니다.

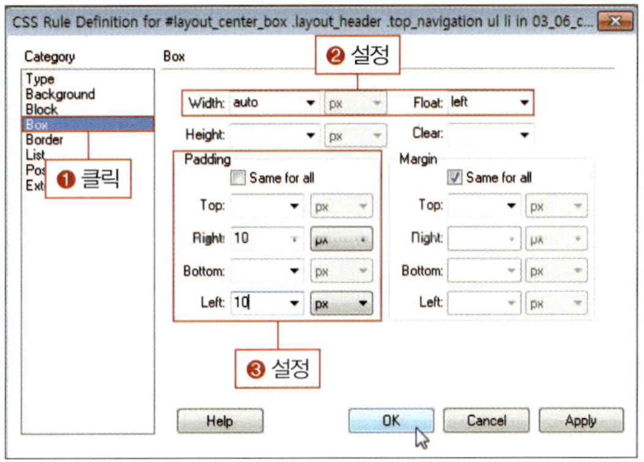

15 〔List〕탭을 선택한 다음 목록 메뉴의 불릿
기호를 없애기 위해 List-style-type을 'none'으
로 선택합니다.

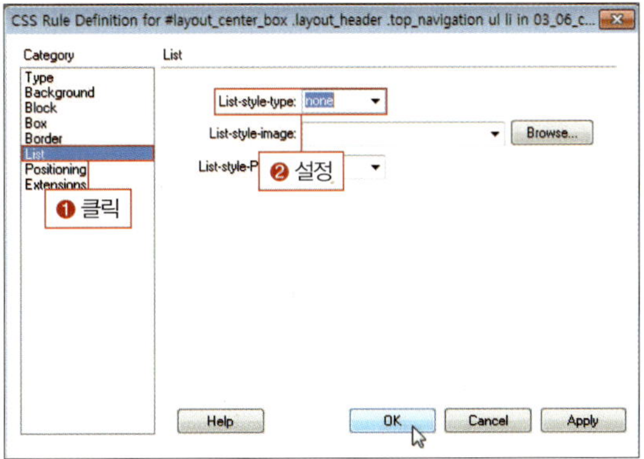

16 〔Positioning〕 탭을 선택하고 Position은 'relative', Width는 'auto'로 설정한 다음 〔OK〕 버튼을 클릭합니다.

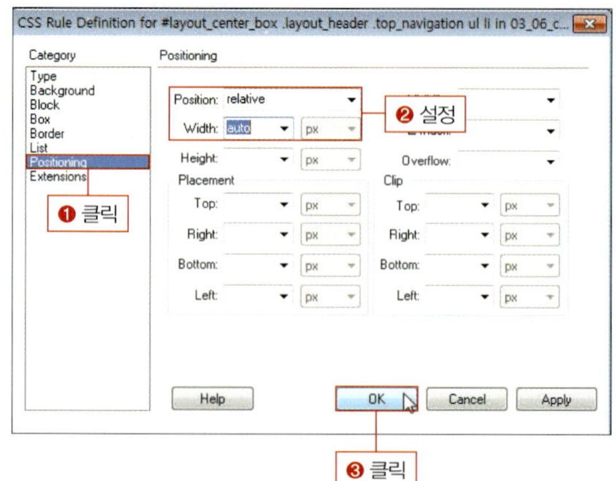

17 예제에서는 링크를 설정하지 않지만 링크가 설정된 것처럼 만들기 위해 각 메뉴를 드래그하여 선택하고 Properties 패널의 〔HTML〕 탭에서 Link에 '#'을 입력합니다. Properties 패널에서 〔Page Properties〕 버튼을 클릭합니다.

Tip
현재 메뉴가 왼쪽 정렬되었습니다. 오른쪽으로 정렬하려면 <ul> 태그에 적용된 CSS를 'right'로 설정해 오른쪽으로 정렬합니다.

18 〔Page Properties〕 대화상자가 나타나면 〔Links 〔CSS〕〕 탭을 선택하고 그림과 같이 Rollover links는 '#F63', 나머지 색상은 '#666'으로 설정한 다음 〔OK〕 버튼을 클릭합니다.

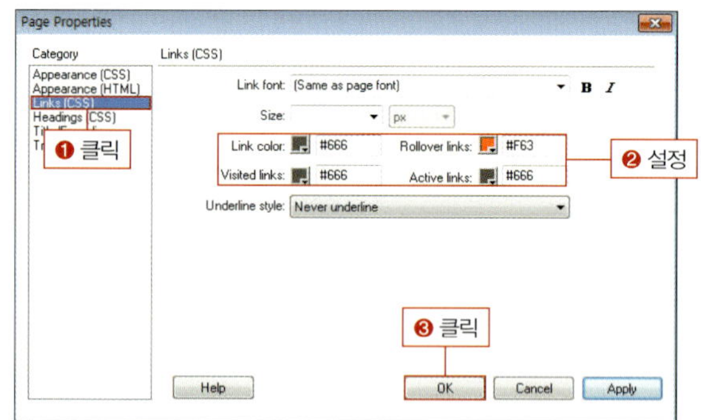

19 웹 브라우저에서 확인하기 위해 〔File〕-〔Preview in Browser〕-〔IExplore〕 메뉴를 클릭하거나 F12를 누릅니다. 웹 브라우저에서 메뉴를 클릭할 수 있으며, 커서가 메뉴 위에 위치하면 주황색으로 변경됩니다.

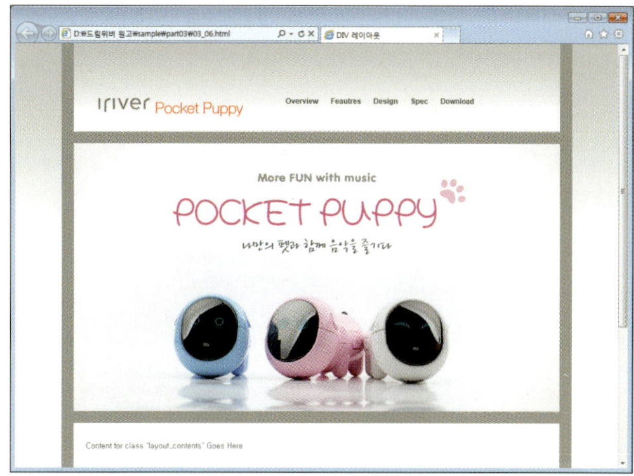

CSS로 푸터(저작권) 만들기

01 푸터 영역에 입력된 텍스트를 삭제하고 위쪽의 Insert 패널에서 〔Common〕 탭의 'Insert Div Tag' 아이콘(🔲)을 클릭합니다. 〔Insert Div Tag〕 대화상자가 나타나면 〔New CSS Rule〕 버튼을 클릭합니다.

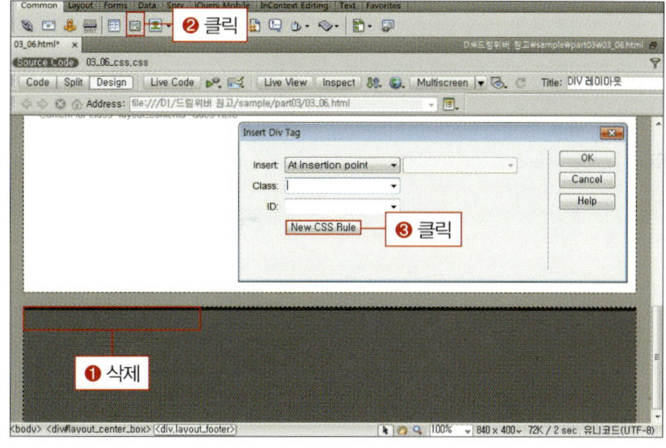

02 그림과 같이 〔New CSS Rule〕 대화상자가 나타나면 Selector Type을 'Class 〔can apply to any HTML element〕'로 선택합니다. Selector Name에 'layout_footer_copyright'를 입력하고 Rule Definition에서 '03_06_css.css'를 선택한 다음 〔OK〕 버튼을 클릭합니다.

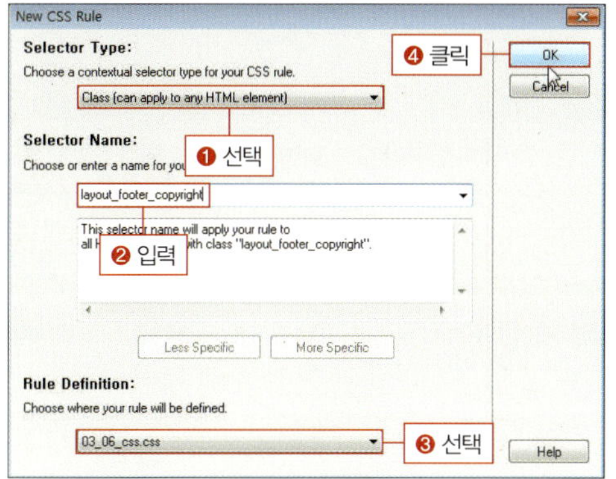

03 〔CSS Rule Definition for…〕 대화상자가 나타나면 〔Box〕 탭을 선택합니다. Width를 '760px', Margin 항목의 Top을 '20px'로 설정하고 〔OK〕 버튼을 클릭합니다. 〔Insert Div Tag〕 대화상자에서 Class 이름을 확인하고 〔OK〕 버튼을 클릭합니다.

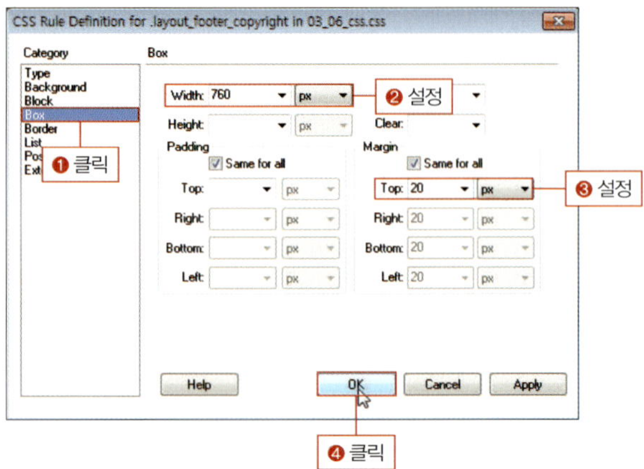

04 〔Split〕 탭을 클릭한 후 오른쪽의 그림을 참고하여 푸터 영역에 다음과 같이 텍스트를 입력합니다. 줄을 바꿀 때 Shift + Enter 를 눌러 〈br /〉 태그를 적용합니다.

COPYRIGHT 2011 IRIVER LTD., ALL RIHGT RESERVED.
137-842 서울시 서초구 방배동 902-5 아이리버 하우스 ㈜아이리버
대표이사 : 박일환 / 사업자등록번호 : 21-86-29288 / 통신판매업신고번호 : 강남-9776호 / 개인정보 책임자 : 이상원

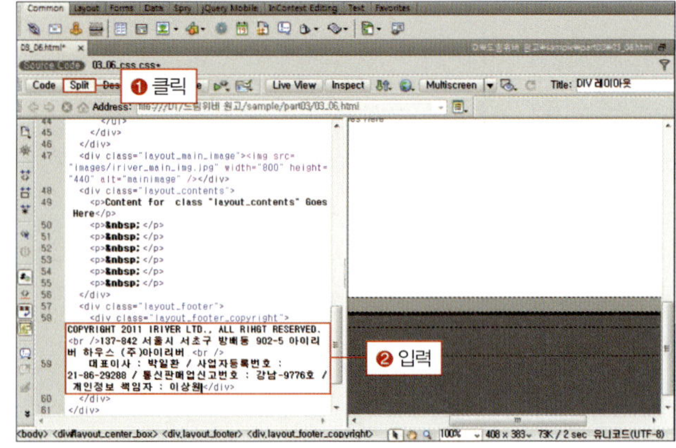

05 텍스트의 색을 변경하기 위해 CSS Styles 패널에서 '.layout_footer_copyright'를 더블 클릭합니다. 〔CSS Rule Definition for…〕 대화상자가 나타나면 〔Type〕 탭을 선택하고 Line-height는 '18px', Color는 '#CCC'로 설정한 다음 〔OK〕 버튼을 클릭합니다.

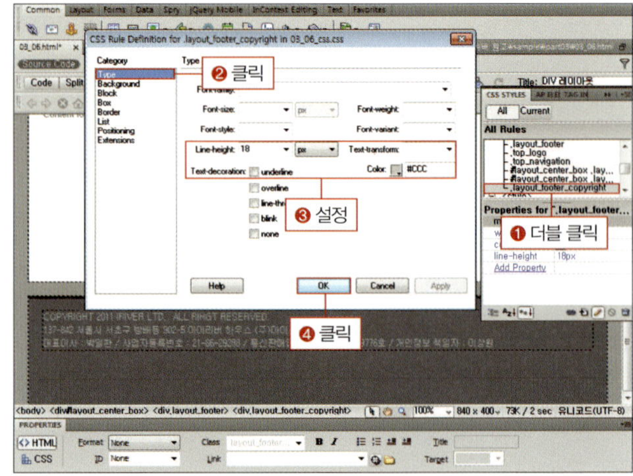

06 [File]-[Preview in Browser]-[IExplore] 메뉴를 클릭하거나 F12를 눌러 웹 브라우저에서 margin으로 설정한 두 영역이 겹쳐 하나만 인식되는 것을 확인합니다. 따라서 위쪽 여백을 설정해야 합니다.

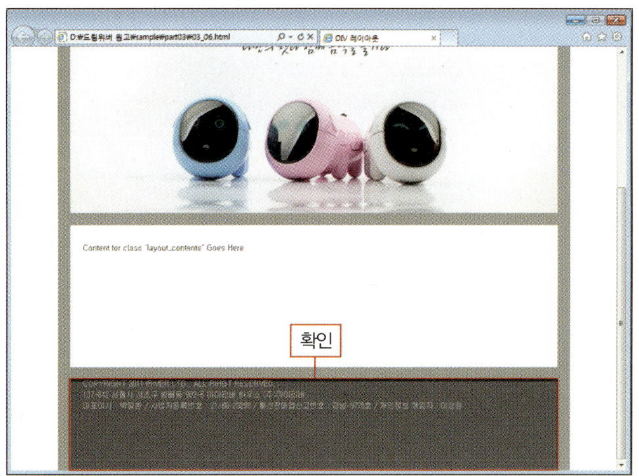

07 CSS 태그를 수정하기 위해 [03_06_css. css] 탭을 클릭하고 [Split] 탭을 클릭하고 그림과 같이 코드 화면의 .layout_footer_copyright에 'padding-top:20px;'을 입력합니다.

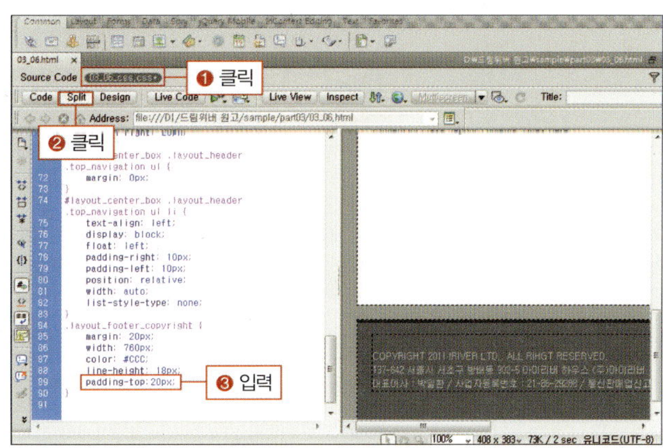

콘텐츠 영역 페이지 설정하기

01 불필요한
 태그나 텍스트를 삭제한 다음 확인합니다.

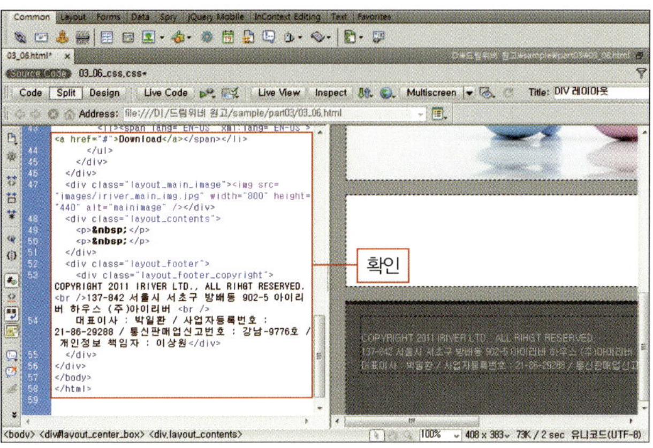

02 콘텐츠 영역의 제일 앞쪽을 클릭하고, 왼쪽 콘텐츠 영역을 만들기 위해 위쪽의 Insert 패널에서 〔Common〕 탭의 'Insert Div Tag' 아이콘(▣)을 클릭합니다. 〔Insert Div Tag〕 대화상자가 나타나면 〔New CSS Rule〕 버튼을 클릭합니다.

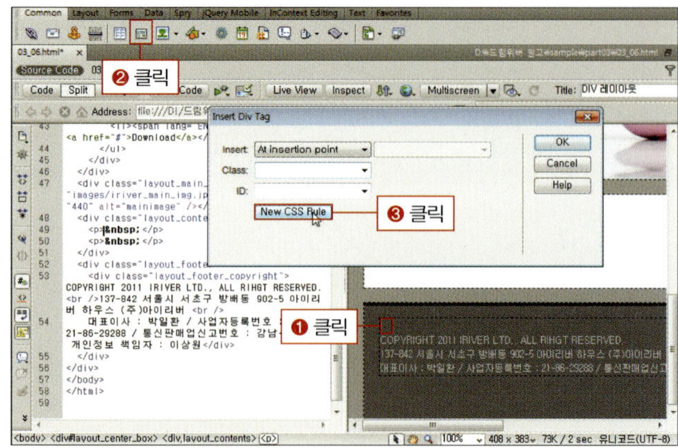

03 그림과 같이 〔New CSS Rule〕 대화상자가 나타나면 Selector Type을 'Class 〔can apply to any HTML element〕'로 선택합니다. Selector Name에 'contents01'을 입력하고 Rule Definition에서 '03_06_css.css'를 선택한 다음 〔OK〕 버튼을 클릭합니다.

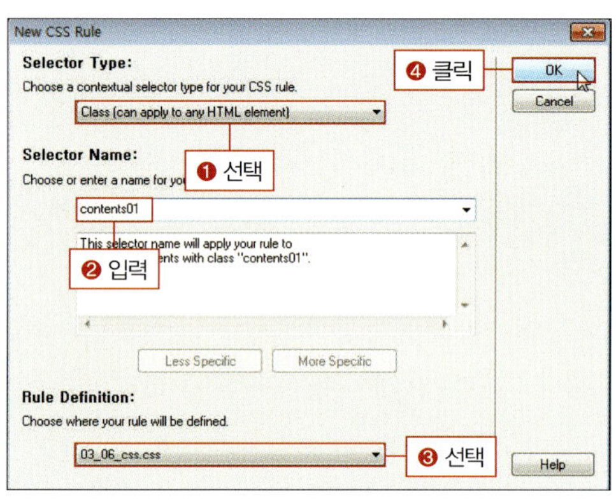

04 〔CSS Rule Definition for…〕 대화상자가 나타나면 〔Box〕 탭을 선택합니다. Width는 '350px', Height는 '250px', Float은 'left', Padding 항목의 Top은 '10px'로 설정합니다.

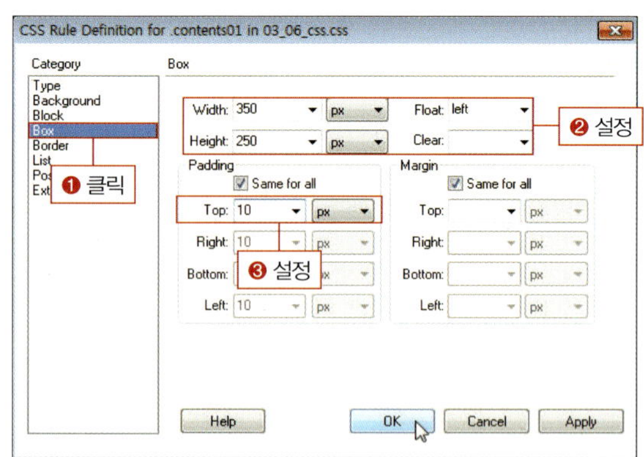

05 〔Border〕 탭을 선택한 다음 테두리를 만들기 위해 Style 항목의 Top은 'solid', Width 항목의 Top은 '1px', Color 항목의 Top은 '#CCC'로 설정한 다음 〔OK〕 버튼을 클릭합니다.

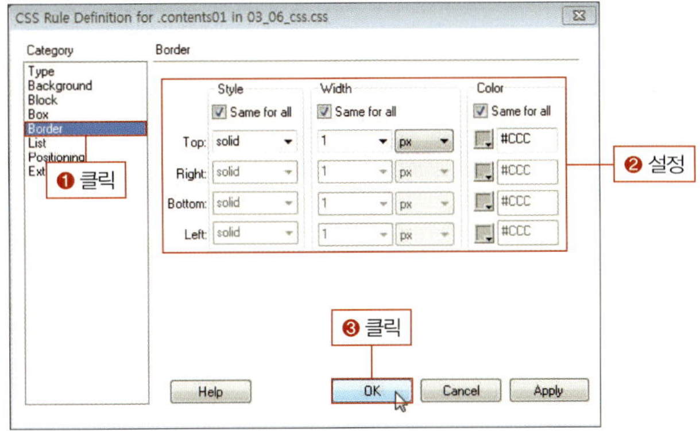

06 〔Insert Div Tag〕 대화상자에서 Class에 'contents01'로 선택된 것을 확인하고 〔OK〕 버튼을 클릭합니다.

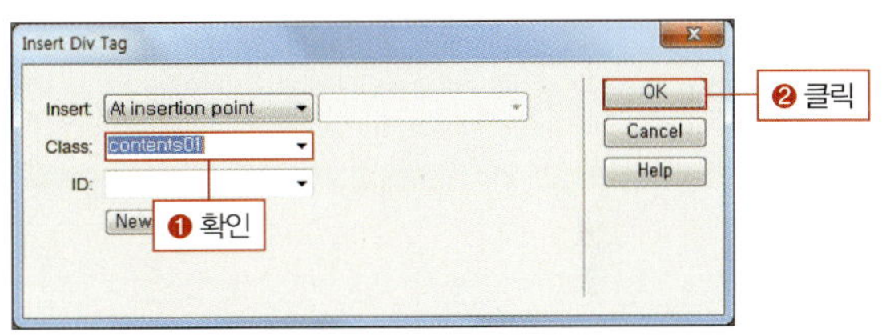

07 화면의 위쪽에 있는 Insert 패널에서 〔Common〕 탭의 'Insert Div Tag' 아이콘(🖼)을 클릭합니다. 〔Insert Div Tag〕 대화상자가 나타나면 〔New CSS Rule〕 버튼을 클릭합니다.

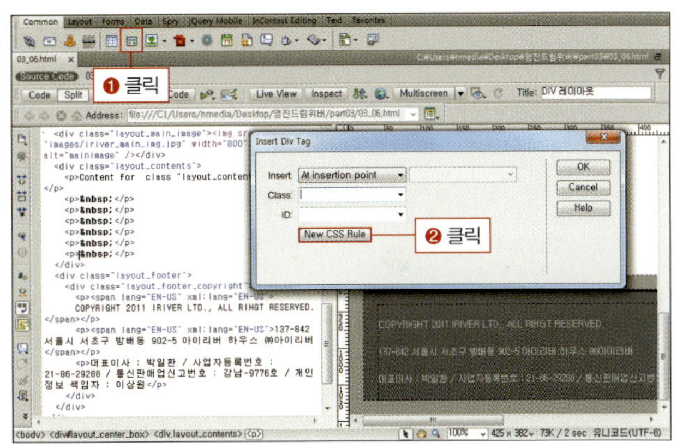

08 그림과 같이 〔New CSS Rule〕 대화상자가 나타나면 Selector Type을 'Class 〔can apply to any HTML element〕'로 선택합니다. Selector Name에 'contents02'를 입력하고 Rule Definition에서 '03_06_css.css'를 선택하고 〔OK〕 버튼을 클릭합니다.

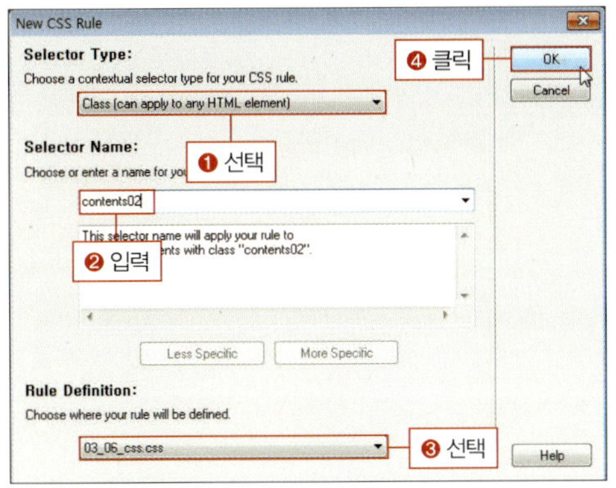

09 〔CSS Rule Definition for…〕 대화상자가 나타나면 〔Box〕 탭을 선택합니다. Width는 '350px', Height는 '250px', Float은 'right', Padding 항목의 Top을 '10px'로 설정합니다.

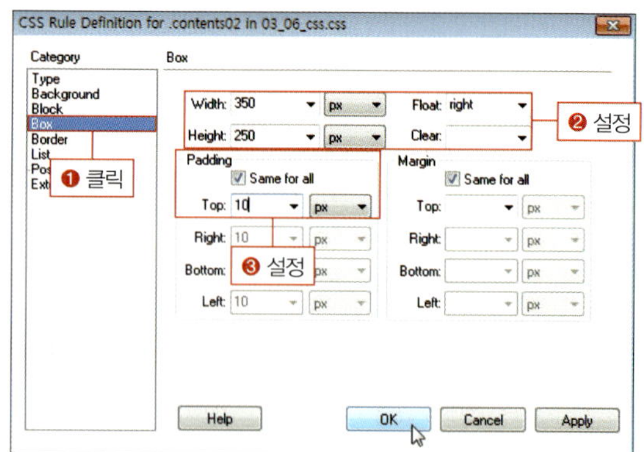

10 〔Border〕 탭을 선택하고 테두리를 만들기 위해 Sytle 항목의 Top은 'solid', Width 항목의 Top은 '1px', Color는 '#CCC'로 설정한 다음 〔OK〕 버튼을 클릭합니다.

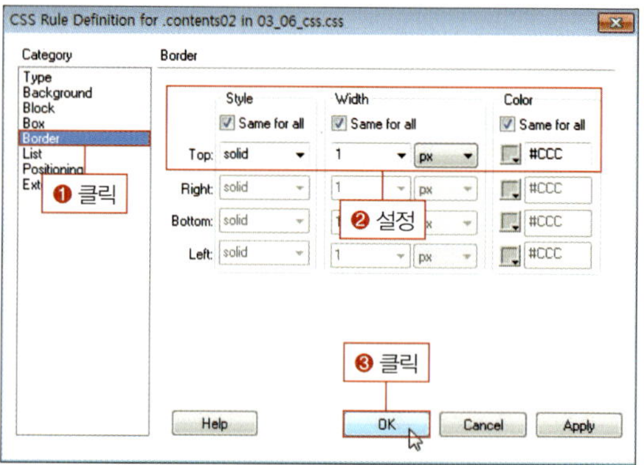

11 〔Insert Div Tag〕 대화상자에서 Class에 'contents02'가 선택된 것을 확인하고 〔OK〕 버튼을 클릭합니다.

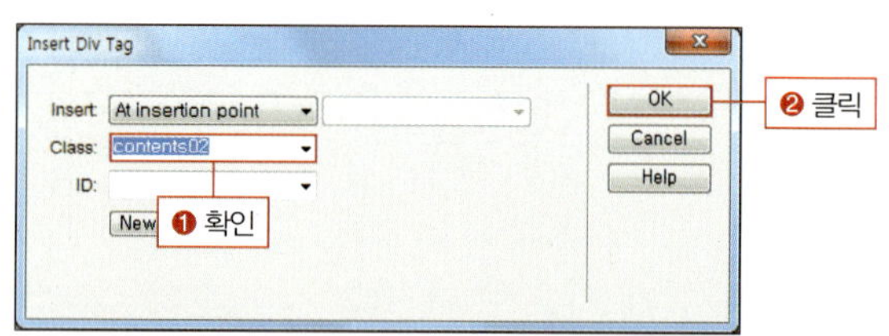

12 왼쪽 콘텐츠 영역의 텍스트를 삭제하고 위쪽의 Insert 패널에서 〔Common〕 탭의 'Images' 아이콘(🖼️)을 클릭합니다. 〔Select Image Source〕 대화상자가 나타나면 'Part03\images' 폴더의 'iriver_content_left_img.jpg' 파일을 선택한 다음 〔OK〕 버튼을 클릭합니다.

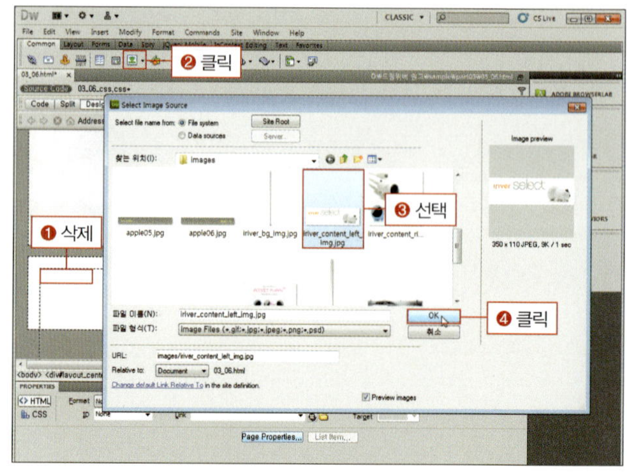

13 [Image Tag Accessibility Attributes] 대화
상자가 나타나면 Alternate text에 'img01'을 입력
하고 [OK] 버튼을 클릭합니다.

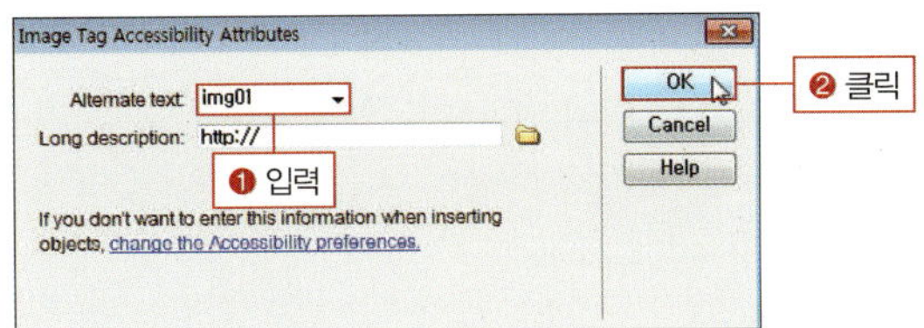

14 콘텐츠의 내용에 따라서 늘어나거나 줄어들
도록 아래쪽에 Div 영역을 추가합니다. 오른쪽 콘
텐츠 영역의 바깥쪽을 클릭하고 위쪽의 Insert 패
널에서 [Common] 탭의 'Insert Div Tag' 아이콘
(圖)을 클릭합니다.

15 [Insert Div Tag] 대화상자가 나타나면 새
로운 CSS로 Clear를 적용하기 위해 [New CSS
Rule] 버튼을 클릭합니다.

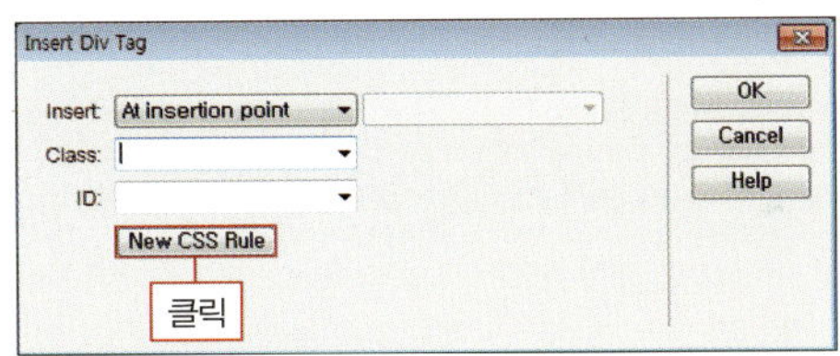

16 그림과 같이 [New CSS Rule] 대화상자가
나타나면 Selector Type을 'Class [can apply to
any HTML element]'로 선택합니다. Selector
Name에 'clear'를 입력하고 Rule Definition에서
'03_06_css.css'를 선택한 다음 [OK] 버튼을 클릭
합니다.

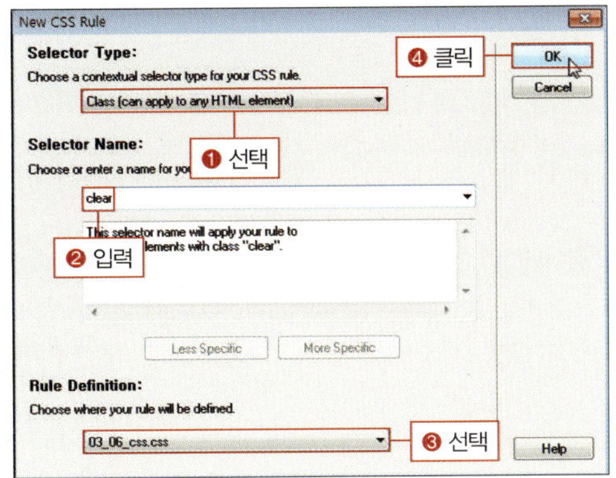

17 〔CSS Rule Definition for…〕 대화상자가 나타나면 〔Box〕 탭을 선택하고 Clear를 'both'로 선택한 다음 〔OK〕 버튼을 클릭합니다. 〔Insert Div Tag〕 대화상자에서 Class 이름을 확인하고 〔OK〕 버튼을 클릭합니다.

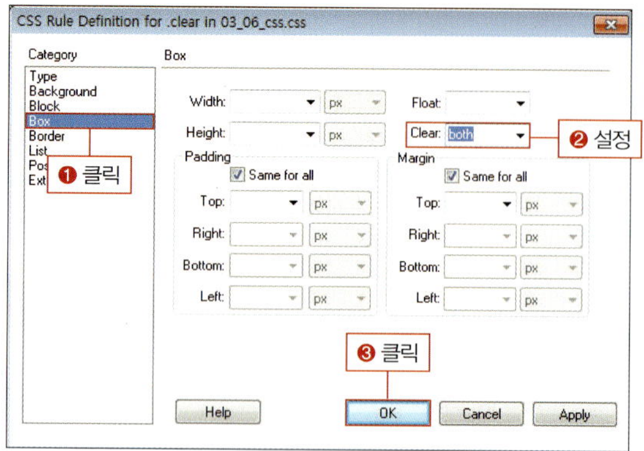

18 아래쪽에 새로운 Div 영역이 생기면서 흰색의 콘텐츠 영역이 자동으로 늘어났습니다.

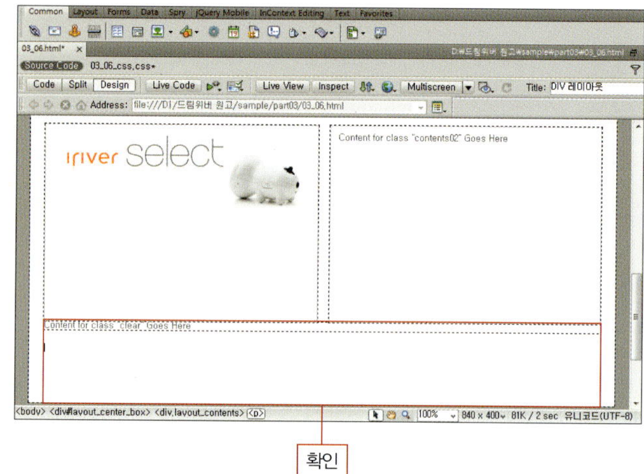

19 Div 영역을 만들 때 자동으로 Div Class 또는 ID 이름이 나타납니다. Clear 영역으로 만든 부분은 내용이 입력되는 부분이 아니므로 입력된 텍스트를 삭제합니다. 또 불필요한
 태그나 <p> 태그가 있다면 삭제합니다.

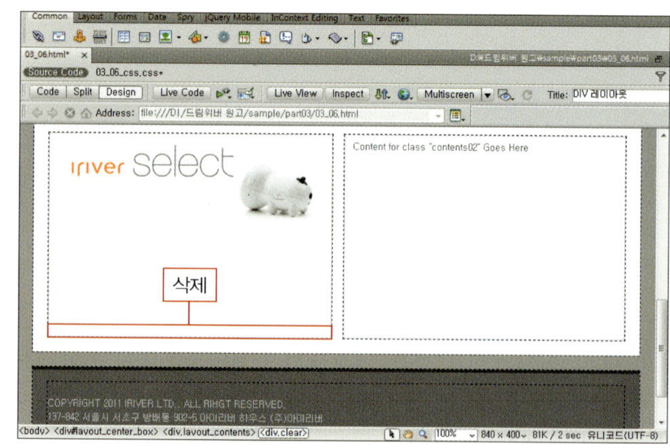

20 왼쪽의 콘텐츠 영역에 아래와 같이 텍스트를 입력합니다.

> iriver SELECT Makes Your Digital Life Better and Cooler
>
> 2011년 아이리버가 좀 더 감성적인 디지털 라이프를 위한 서브 브랜드, 아이리버 셀렉트 (iriver SELECT)를 런칭합니다.
>
> 아이리버 셀렉트를 통해 아이리버는 지난 12년간 진화시켜 온 아이리버만의 디자인 아이덴티티와 고객 중심의 감성적 유저 인터페이스를 적용한 다양한 디지털 기기를 선보입니다.
>
> 새로운 디지털 기기에서 만나는 아이리버, 아이리버 셀렉트입니다.

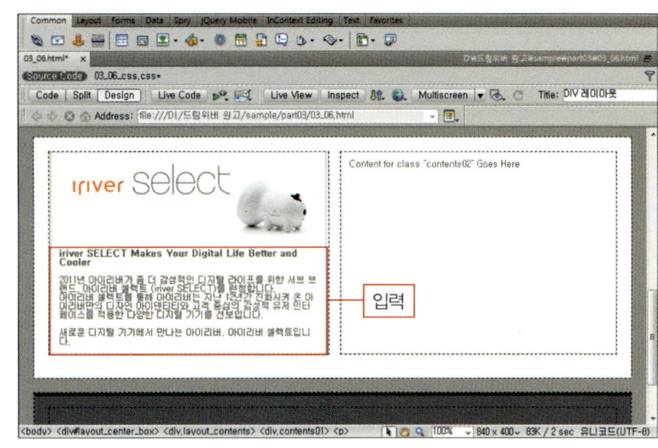

21 오른쪽 콘텐츠 영역을 클릭하고 입력된 텍스트를 삭제합니다. 이미지를 추가하기 위해 위쪽의 Insert 패널에서 〔Common〕 탭의 'Images' 아이콘(🖼️)을 클릭합니다.

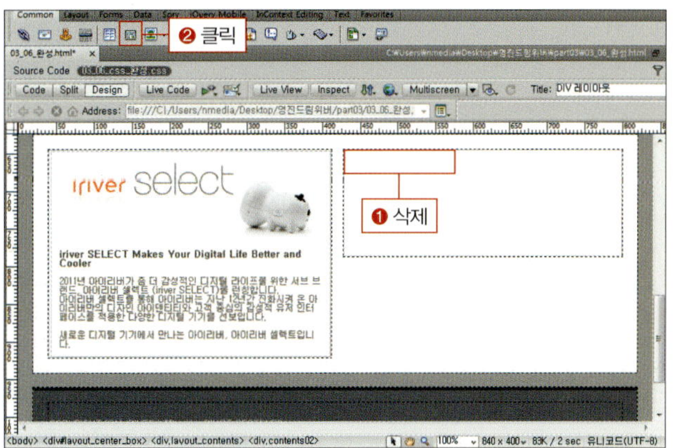

22 〔Select Image Source〕 대화상자가 나타나면 'Part03\images' 폴더의 'iriver_content_right_img.jpg' 파일을 선택한 다음 〔OK〕 버튼을 클릭합니다.

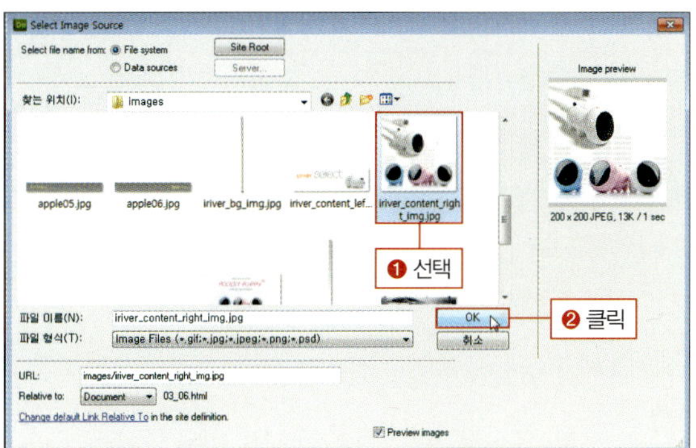

23 〔Image Tag Accessibility Attributes〕 대화
상자가 나타나면 Alternate text에 'img02'를 입
력한 다음 〔OK〕 버튼을 클릭합니다.

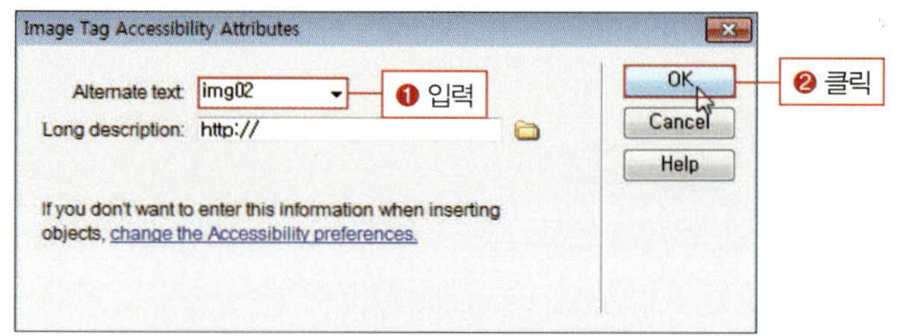

24 이미지를 선택하고 Div를 이용하여 CSS를
적용하기 위해 위쪽의 Insert 패널에서 〔Common〕
탭의 'Insert Div Tag' 아이콘(▣)을 클릭합니다.
〔Insert Div Tag〕 대화상자가 나타나면 〔New CSS
Rule〕 버튼을 클릭합니다.

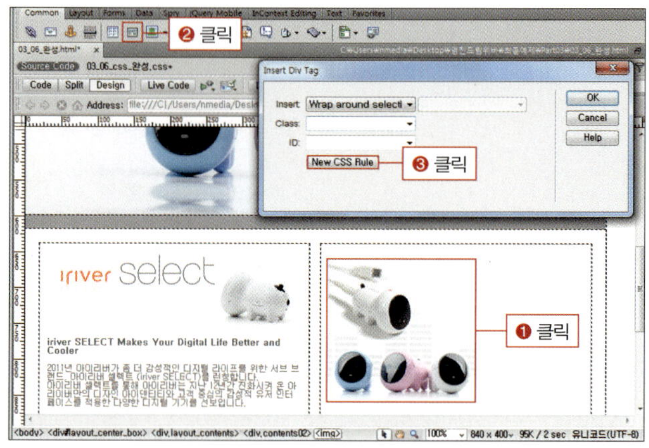

〔T〕〔i〕〔P〕

> 이미지는 텍스트처럼 인식되어 이미지 옆에는 문장이 한
> 줄로만 입력됩니다. 이미지와 텍스트를 편집하려면 CSS를
> 적용하여 이미지를 별도의 영역으로 만들어야 합니다.

25 그림과 같이 〔New CSS Rule〕 대화상자가
나타나면 Selector Type을 'Class 〔can apply to
any HTML element〕'로 선택합니다. Selector
Name에 'image_right'를 입력하고 Rule
Definition에서 '03_06_css.css'를 선택한 다음
〔OK〕 버튼을 클릭합니다.

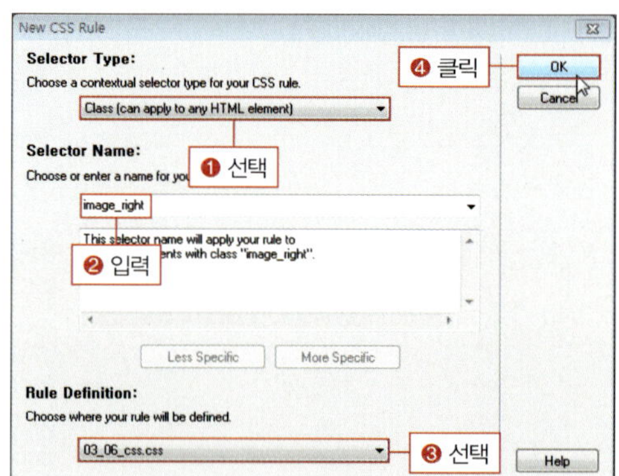

26 〔CSS Rule Definition for…〕 대화상자가 나타나면 〔Box〕 탭을 선택합니다. Float을 'right'로 선택하여 오른쪽 정렬하고 이미지 외부 여백을 설정하기 위해 Margin 항목의 'Same fot all'을 선택 해제하고 Bottom과 Left에 각각 '10px'을 설정한 다음 〔OK〕 버튼을 클릭합니다. 〔Insert Div Tag〕 대화상자에서 Class 이름을 확인하고 〔OK〕 버튼을 클릭합니다.

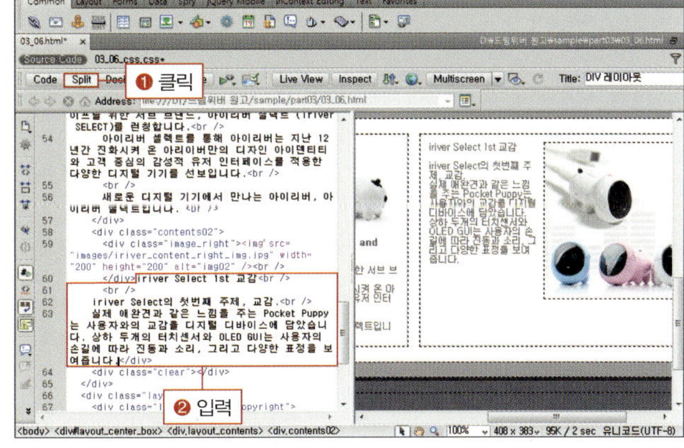

27 이미지가 오른쪽 정렬되면 텍스트를 입력할 수 있습니다. 입력하는 위치에 따라 달라질 수 있으므로 〔Split〕 탭을 클릭하여 코드 화면에서 이미지에 관련된 〈Div〉가 끝나는 〈/Div〉 이후에 아래와 같이 텍스트를 입력합니다.

> iriver Select 1st 교감
>
> iriver Select의 첫 번째 주제, 교감.
> 실제 애완견과 같은 느낌을 주는 Pocket Puppy는 사용자와의 교감을 디지털 디바이스에 담았습니다. 상하 두개의 터치 센서와 OLED GUI는 사용자의 손길에 따라 진동과 소리, 그리고 다양한 표정을 보여줍니다.

28 텍스트 영역의 위쪽에 〈br/〉 태그를 입력하여 줄 바꿈을 적용합니다.

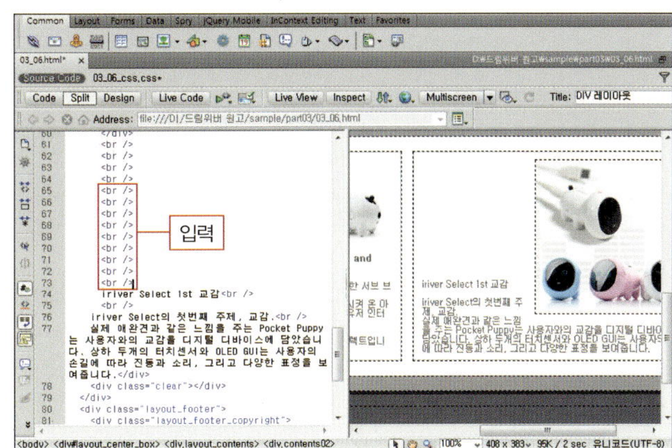

29 〔File〕-〔Preview in Browser〕-〔IExplore〕 메뉴를 클릭하거나 F12를 눌러 웹 브라우저에서 텍스트의 길이로 인해 영역을 벗어나 텍스트가 입력된 것을 확인합니다.

30 CSS Styles 패널에서 'content01'과 'content02' CSS를 선택한 다음 원하는 높이를 설정하거나 height를 'auto'로 변경하여 완성합니다.

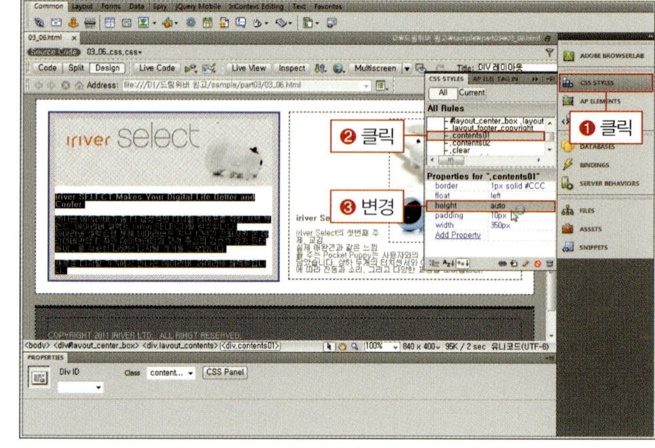

Tip

영역을 넘긴 텍스트가 발생하는 것은 높이가 고정되어 있으나 영역보다 많은 텍스트를 입력했기 때문입니다. Div의 높이를 'auto'로 지정하면 길이에 맞춰 자동으로 늘어납니다.

31 웹 브라우저에서 최종 확인하기 위해 〔File〕-〔Preview in Browser〕-〔IExplore〕 메뉴를 클릭하거나 F12를 누릅니다. 그림과 같이 텍스트 길이에 맞춰 Div가 늘어난 것을 웹 브라우저에서 확인합니다.

도메인과 호스팅 알아보기

• 도메인이란?

도메인은 웹 사이트에 접속하기 위한 'www.**' 형태의 주소를 말합니다. 웹 사이트 주소는 숫자로 이루어져 있으며, 'IP 주소'라고 합니다. 흔히 도메인은 IP 주소를 이해하고 외우기 쉽도록 문자화한 것입니다.

도메인은 최상위 도메인과 서브 도메인, 호스트 이름 등으로 구성되며, 상위 도메인은 국가를 의미합니다. 우리나라에서 사용하는 도메인은 보통 '**.co.kr'인데, 'co'는 조직의 성격을 의미하며 'kr'은 국가 코드를 의미합니다. 미국 등 일부 국가는 국가 코드가 없거나 조직의 성격을 의미하는 영문 이름이 세 자리이기도 합니다.

도메인은 누구나 신청할 수 있지만 매년 수수료를 지불해야 하며 도메인과 서버 신청 또는 호스팅 서비스를 함께 신청하는 것이 관리 면에서 편리합니다.

도메인은 같은 주소가 2개 이상 사용될 수 없으며, 최근에는 회사명을 도메인으로 사용하기도 하므로 신중하게 선정해야 합니다. 하나의 홈페이지에 2개 이상의 도메인을 설정할 수 있으며, 일부 웹 사이트에서는 일반 사용자가 사용할 수 있도록 2차 도메인을 사용하기도 합니다.

▲ 도메인 및 호스팅 신청이 가능한 웹 서비스 전문 업체, 탑마니아
(www.topmania.com)

• 호스팅이란?

웹 사이트를 제작하려면 사람들이 찾아올 수 있는 도메인이 필요하며, 웹 사이트를 업로드할 공간이 필요합니다. 도메인이 있더라도 해당 페이지에 데이터가 없다면 읽을 수 없는 것이 당연하므로 웹 사이트를 업로드할 공간을 확보해야 합니다. 물론 제작자가 서버를 직접 운영할 수 있지만, 서버를 직접 운영하는 것은 매우 복잡합니다. 서버 관리부터 인터넷 전용선 관리 등 부수적인 문제가 발생하기 때문입니다. 그래서 서버 운영은 호스팅 전문 업체에 의뢰하는 것이 일반적입니다.

호스팅은 서버 호스팅과 웹 호스팅으로 나뉩니다. 서버 호스팅은 서버를 통째로 임대하고, 웹 호스팅은 서버의 일정 공간을 할당받는 것이라 생각하면 쉽게 이해할 수 있습니다. 서버 호스팅과 웹 호스팅은 각각의 장단점이 있습니다. 규모가 작은 웹 사이트를 운영할 계획이라면 비용이 저렴한 웹 호스팅을 신청하는 것이 좋지만, 규모가 큰 웹 사이트를 운영할 계획이라면 서버 전체를 사용하는 서버 호스팅을 신청하는 것이 좋습니다.

호스팅을 신청할 때는 호스팅과 도메인을 함께 운영하는 업체를 선정하는 것이 좋습니다. 또 해당 서비스를 제공하는 업체가 다양하므로 해당 서비스의 세부 내용과 운영 실적 등을 비교하여 업체를 선정하는 것을 추천합니다.

배울내용

Dreamweaver CS5.5

모바일을 위한
드림위버 CS5.5 알아보기

스마트 기기가 급속도로 발전하면서 홈페이지도 앱이나 스마트 기기에서 간편하게 활용할 수 있도록 제작하는 경우가 많아졌습니다. 특히 HTML5와 드림위버 CS5.5의 보급으로 인해 웹 사이트뿐만 아니라 웹 앱 형태까지 제공하며 스마트 기기의 운영체제나 종류에 관계없이 작업이 가능하도록 발전하고 있습니다. 이번에는 드림위버 CS5.5를 활용하여 모바일, 스마트 기기를 위한 사이트 및 앱 제작에 대해 알아보겠습니다.

비헤이비어로 인터랙티브한 페이지 만들기

Intro

비헤이비어는 좀 더 인터렉티브한 페이지를 만들 수 있도록 매우 편리한 기능을 제공합니다. 고급 기능을 포함한 웹 사이트를 제작하기 위해 비헤이비어의 사용법에 대해 알아보겠습니다.

다양한 기능을 쉽게 적용하는 비헤이비어

드림위버에서는 간단하면서 다양한 기능을 지원하는 비헤이비어를 제공합니다. Tag Inspector 패널의 〔Behavior〕 탭에서 다양한 기능을 제공하며 'Add behavior' 아이콘(　)을 클릭하여 설정할 수 있습니다. 간단한 팝업 메시지부터 새 창이 열리도록 설정할 수 있으며, AP Element를 제어하거나 움직일 수 있습니다.

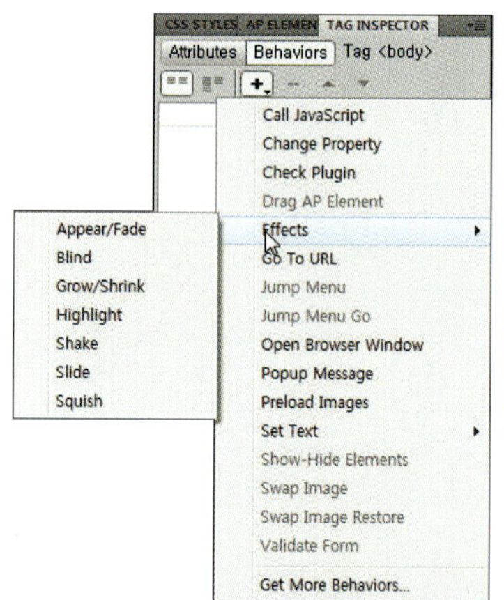

비헤이비어가 적용되었다면 그림과 같이 패널에 해당 목록이 나타나며 적용된 비헤이비어를 추가하거나 삭제할 수 있습니다. 특정 오브젝트나 문서에 적용할 수 있으므로 필요에 따라 추가합니다.

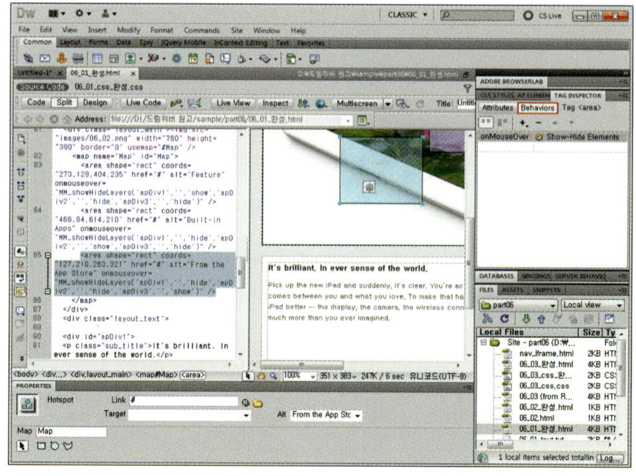

비헤이비어에서 적용할 수 있는 액션

드림위버에서 제공하는 비헤이비어는 버전에 따라 조금씩 다르며, 드림위버 CS5.5는 다음과 같은 비헤이비어를 지원합니다.

비헤이비어	설명
Call JavaScript	자바스크립트 함수를 호출합니다.
Change Property	오브젝트 속성을 변경합니다.
Check Plugin	플러그인을 확인합니다.
Drag AP Element	AP Element를 드래그할 수 있도록 설정합니다.
Effects	Appear/Fade, Blind, Grow/Shrink, Highlight, Shake, Slide, Squish와 같은 트랜지션 효과를 적용합니다.
Go To URL	자바스크립트를 활용하여 URL을 설정합니다.
Jump Menu	목록형 점프 메뉴의 설정을 변경합니다.
Jump Menu Go	점프 메뉴에 (Go) 버튼을 추가합니다.
Open Browser Window	새로운 웹 브라우저를 열며, 팝업 창 형태로 만들 수 있습니다.
Popup Message	메시지를 팝업 창 형태로 나타냅니다.
Preload Images	이미지를 미리 불러옵니다.
Set Text	Set Text of Container, Set Text of Frame, Set Text of Status Bar, Set Text Field와 등의 효과가 있으며 이벤트에 따라 지정한 오브젝트에 메시지를 적용합니다.
Show-Hide Elements	필요에 따라 AP Element를 표시합니다.
Swap Image	이미지를 교체합니다.
Swap Image Restore	교체된 이미지를 원본 이미지로 되돌립니다.
Validate Form	폼으로 설정된 문서의 유효성을 검사합니다.

 ## 비헤이비어를 이용하여 팝업 메시지 창 만들기

비헤이비어 기능을 이용하여 간단한 팝업 메시지 창을 만들어 보겠습니다. 팝업 메시지 창은 경고 메시지 형태로 나타나는 특징이 있습니다.

01 새 문서를 열고 Tag Inspector 패널에서 〔Behaviors〕 탭을 클릭합니다. 'Add behavior' 아이콘(＋)을 클릭하여 〔Popup Message〕를 선택합니다.

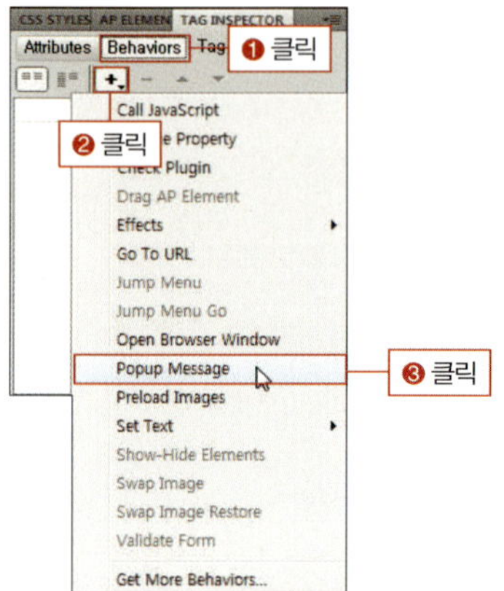

02 〔Popup Message〕 대화상자가 나타나면 메시지 내용을 입력하고 〔OK〕 버튼을 클릭합니다.

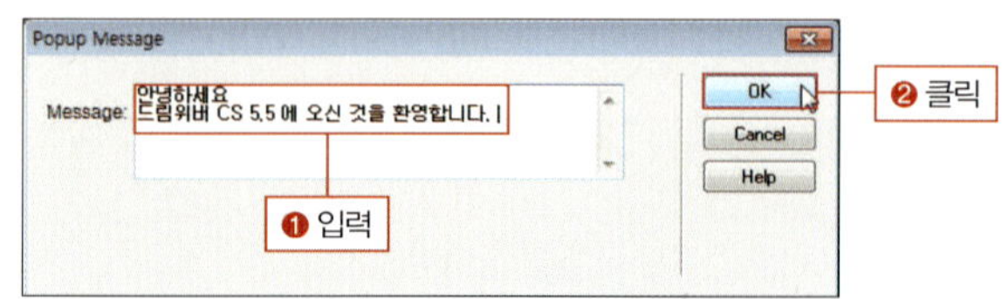

03 웹 브라우저에 표시될 내용을 문서에 입력하고 〔File〕-〔Save〕 메뉴를 클릭하거나 Ctrl + S를 눌러 저장합니다.

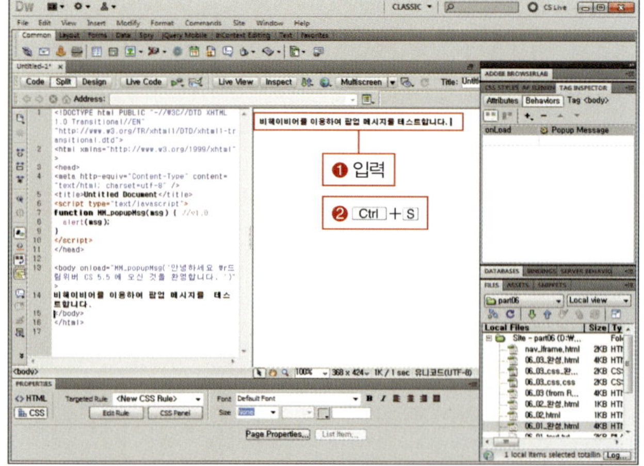

04 〔File〕-〔Preview in Browser〕-〔IExplore〕 메뉴를 클릭하거나 F12를 눌러 웹 브라우저에서 확인하면 입력한 텍스트가 팝업 메시지 창에 나타납니다.

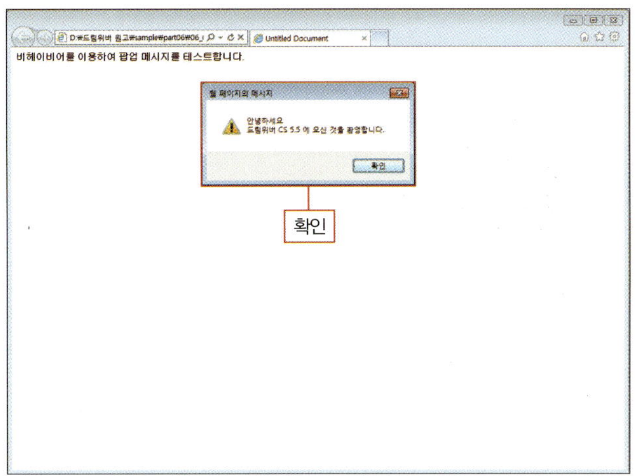

비헤이비어 이벤트 설정하기

비헤이비어는 작동 시점을 설정할 수 있으며 패널에 등록된 비헤이비어 기능을 원하는 이벤트에 적용할 수도 있습니다.

비헤이비어를 적용한 패널을 살펴보면 각 기능의 앞쪽에서 이벤트를 설정할 수 있으며, 원하는 이벤트로 설정할 수 있습니다.

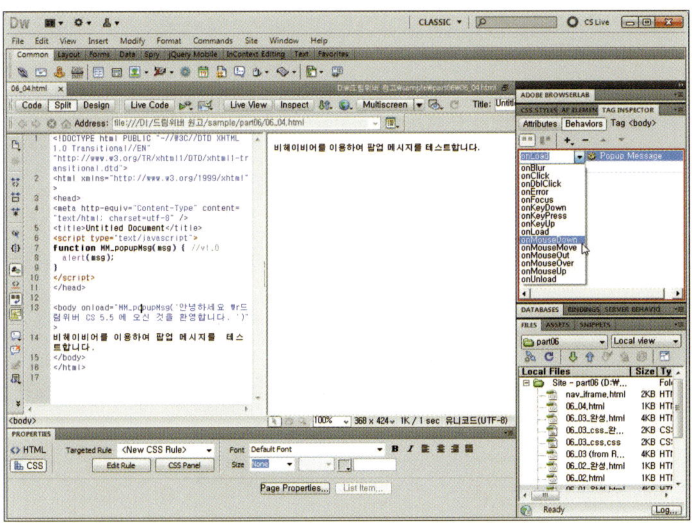

모바일을 위한 문서 설정하기

01 Lesson

모바일과 일반 홈페이지는 플래시의 지원 여부와 해상도가 다르다는 차이점이 있습니다. 그러므로 모바일용 웹 페이지를 제작할 때는 스크롤을 이용하여 페이지 아래쪽으로 드래그할 수 있도록 제작해야 합니다. 먼저 접속 시 자동으로 이동하는 자바스크립트를 살펴보겠습니다.

완성 파일 : Part04\04_01~04.html

 **따라하기**

일정 시간 이후 페이지 이동하기

01 새 문서를 만들기 위해 시작 화면의 (Create New) 항목에서 (HTML)을 선택합니다. 51쪽을 참고하여 Files 패널에서 사이트를 등록합니다.

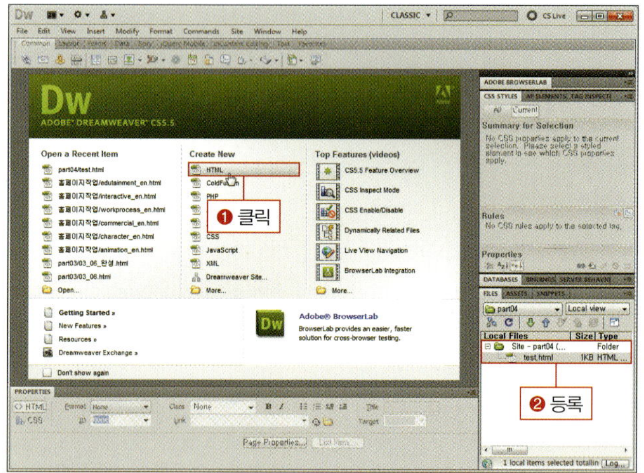

꼭! 알고 가세요 **모바일 페이지 알아보기**

모바일 페이지는 일반적으로 도메인 이름 앞, 뒤에 'm'을 붙이는 것이 일반화되어 있습니다. 물론 다른 도메인이나 페이지를 사용할 수 있으며, 모바일 페이지는 CSS 구분만으로 만들거나 별도로 만들 수도 있습니다.

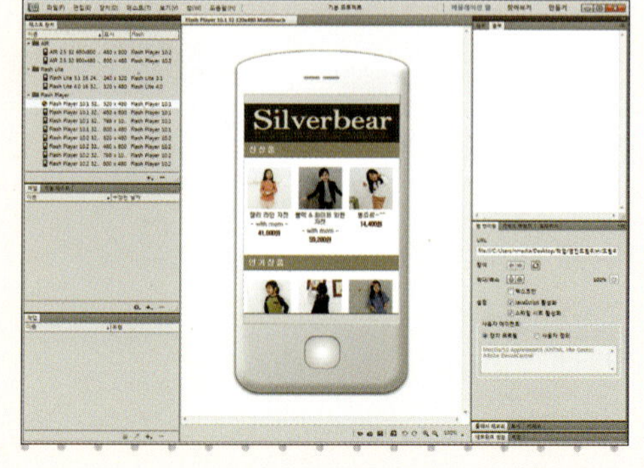

02 새 문서에서 (Split) 탭을 클릭하여 코드와 디자인 화면이 동시에 보이도록 설정합니다. 작업 영역에 '5초 뒤에 네이버로 이동합니다.'를 입력하고 Title에 '페이지이동하기'를 입력합니다.

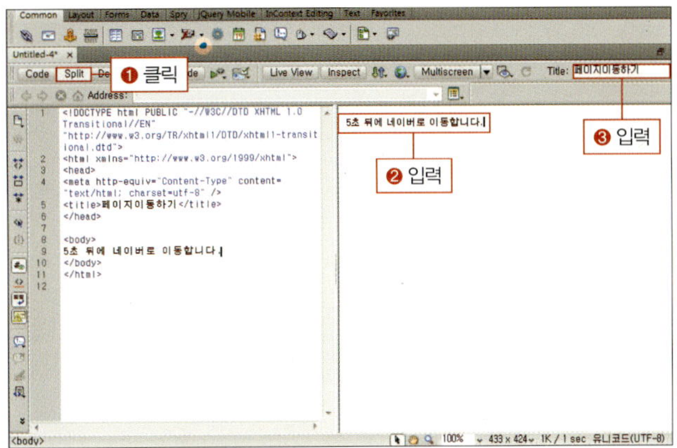

03 코드 화면에서 〈head〉 태그의 아래쪽에 '〈meta http-equiv="refresh" content="5; url=http://www.naver.com"〉'를 입력하여 5초 뒤 네이버로 이동하도록 설정합니다.

> **TIP**
>
> 〈head〉 태그 부분에 아래와 같은 메타 데이터를 추가하면 해당 페이지에 접속하면 일정 시간 이후에 자동으로 페이지가 이동합니다.
> 〈meta http-equiv="refresh" content="이동 전 대기시간(초 단위); url=이동할 주소"〉

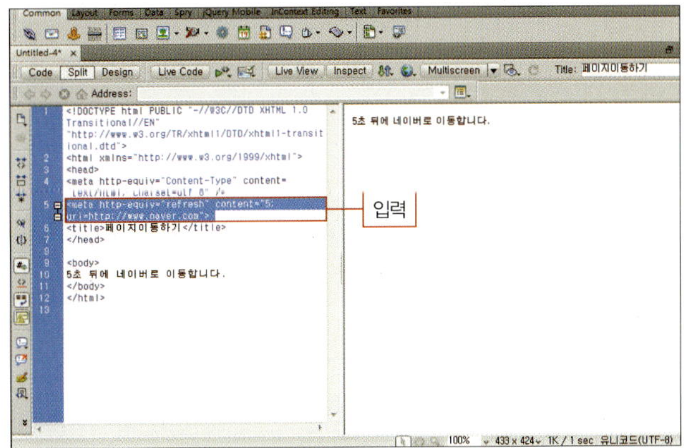

04 문서를 저장하기 위해 (File)-(Save) 메뉴를 클릭하거나 Ctrl + S 를 누릅니다. (Save As) 대화상자가 나타나면 저장 위치를 'Part04' 폴더로 설정하고 파일 이름을 '04_01'로 입력한 다음 (저장) 버튼을 클릭합니다.

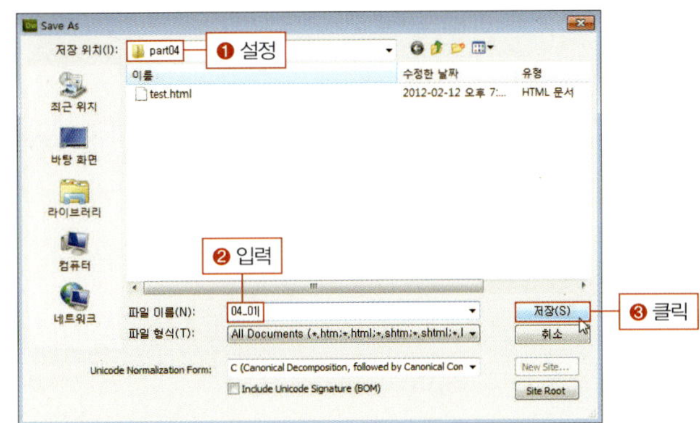

05 웹 브라우저에서 확인하기 위해 〔File〕-〔Preview in Browser〕-〔IExplore〕 메뉴를 클릭하거나 F12를 눌러 웹 브라우저에서 확인합니다.

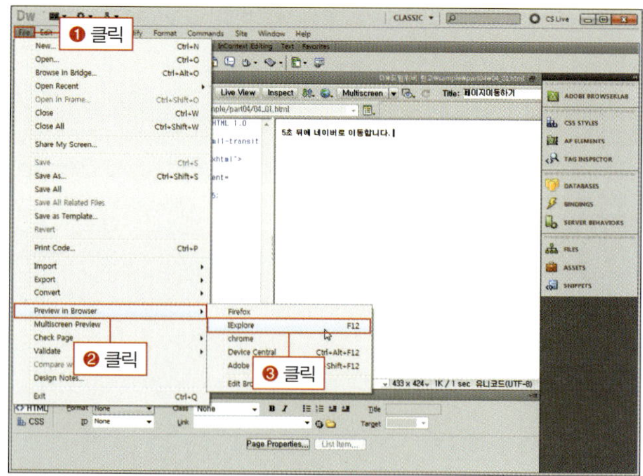

06 웹 브라우저가 실행되면 이전 과정에서 입력한 텍스트가 있는 페이지가 활성화됩니다.

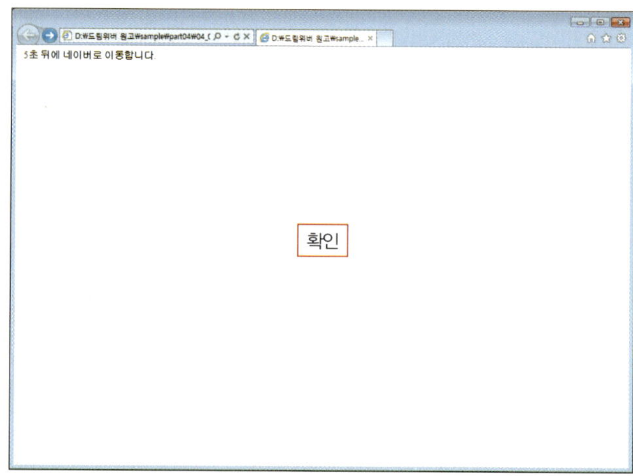

07 약 5초 뒤에 자동으로 네이버의 웹 사이트로 이동하는 것을 확인합니다.

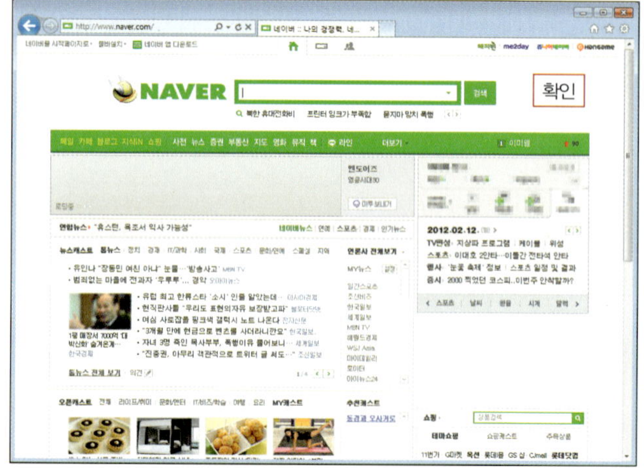

접속과 동시에 페이지 이동하기

01 새 문서를 만들기 위해 시작 화면의 〔Create New〕 항목에서 〔HTML〕을 선택합니다.

메타 데이터를 활용하면 짧은 시간이라도 페이지가 로딩된 후 이동합니다. 자바스크립트 중 'location'과 'href'를 사용하면 원하는 페이지로 이동할 수 있습니다.

〈location.href="이동할 주소";〉

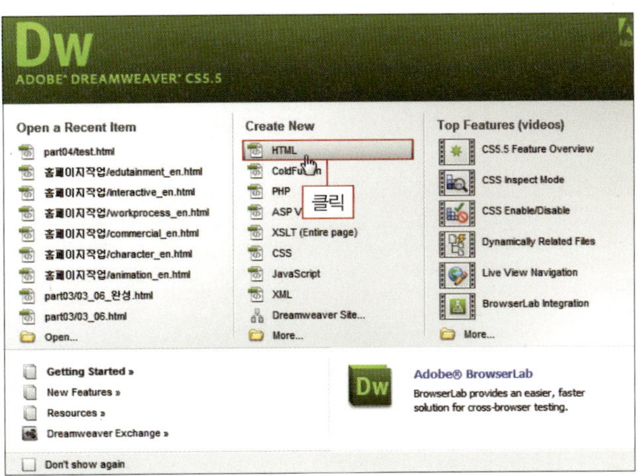

02 새 문서가 열리면 〔Split〕 탭을 클릭하여 코드와 디자인 화면이 동시에 보이도록 설정합니다. 코드 화면에서 문서에 '자동으로 페이지가 이동하는 자바스크립트'를 입력하고, Title에는 '페이지이동자바스크립트'를 입력합니다.

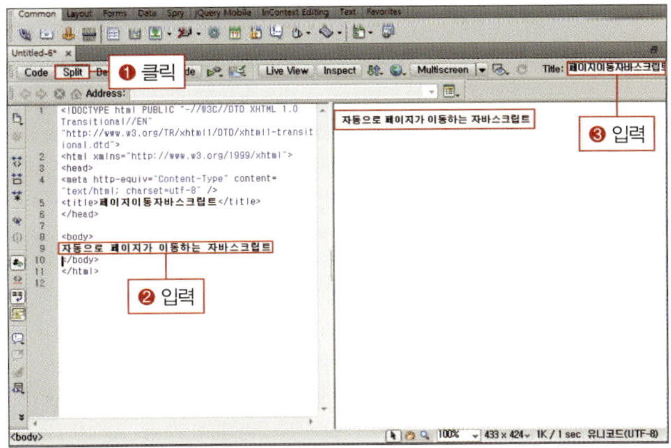

03 코드 화면에 아래의 자바스크립트를 입력합니다. 자바스크립트의 위치는 제한을 받지 않지만 〈body〉 태그의 앞쪽에 위치하는 것이 좋습니다.

```
〈script language="javascript"〉
location.href="http://www.naver.com";
〈/script〉
```

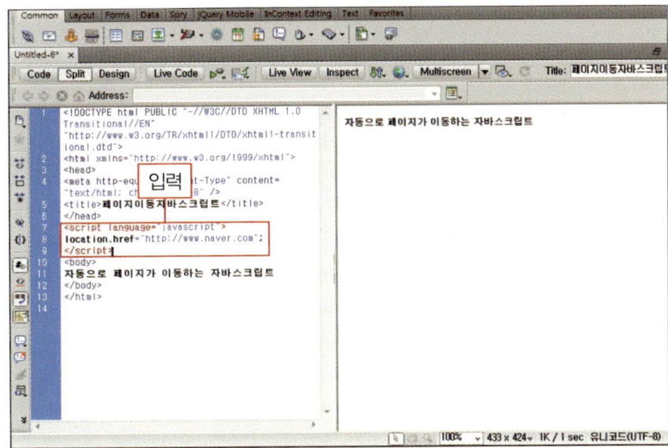

04 문서를 저장하기 위해 〔File〕-〔Save〕 메뉴를 클릭하거나 Ctrl + S 를 누릅니다. 〔Save As〕 대화상자가 나타나면 저장 위치를 'Part04' 폴더로 설정하고 파일 이름을 '04_02'로 입력한 다음 〔저장〕 버튼을 클릭합니다.

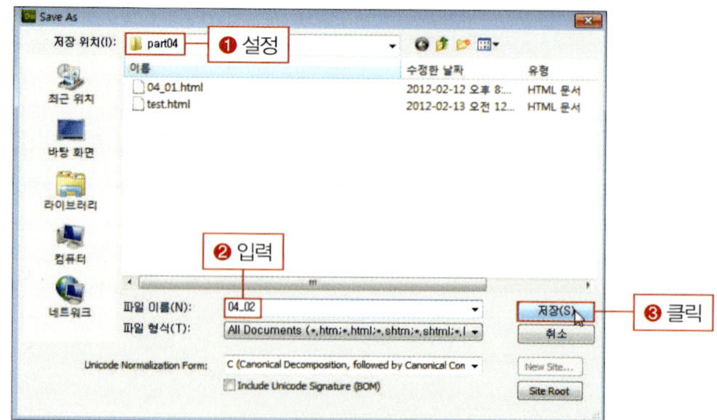

05 웹 브라우저에서 이동하는 것을 확인하기 위해 〔File〕-〔Preview in Browser〕-〔IExplore〕 메뉴를 클릭하거나 F12를 누릅니다.

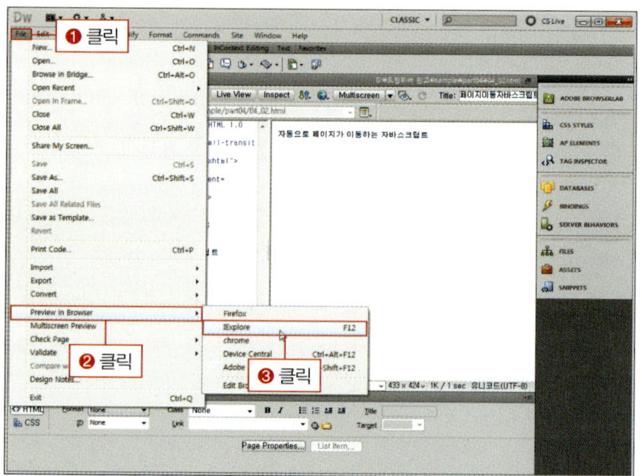

06 웹 브라우저가 실행되면 최초에 입력한 텍스트가 있는 상태의 페이지가 활성화됩니다. 웹 브라우저에서 콘텐츠가 차단된 경우 화면 아래쪽의 〔차단된 콘텐츠 허용〕 버튼을 클릭합니다.

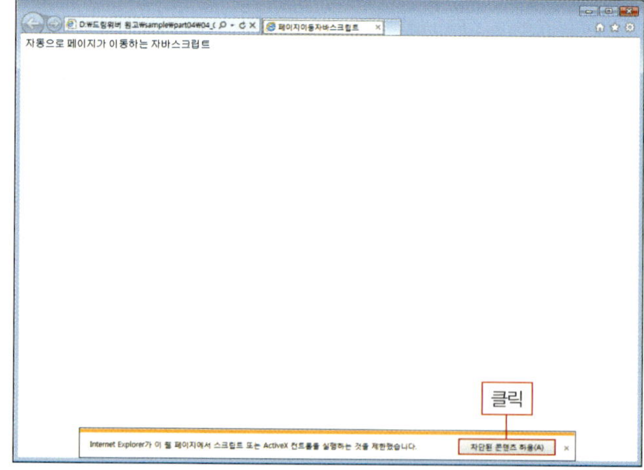

서버에서 실행된 것이 아니라 로컬 폴더에서 실행되었으므로 자바스크립트가 제한될 수 있습니다.

07 차단된 자바스크립트를 허용하여 지정된 웹 사이트로 즉시 이동되는 것을 확인합니다.

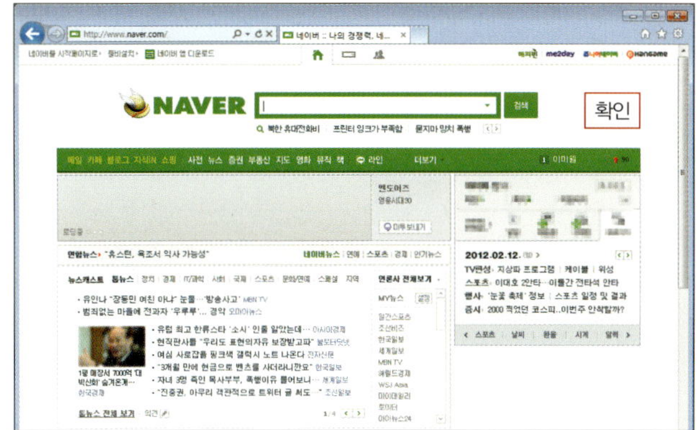

비헤이비어 활용하기

01 새 문서를 만들기 위해 시작 화면의 〔Create New〕 항목에서 〔HTML〕을 선택합니다.

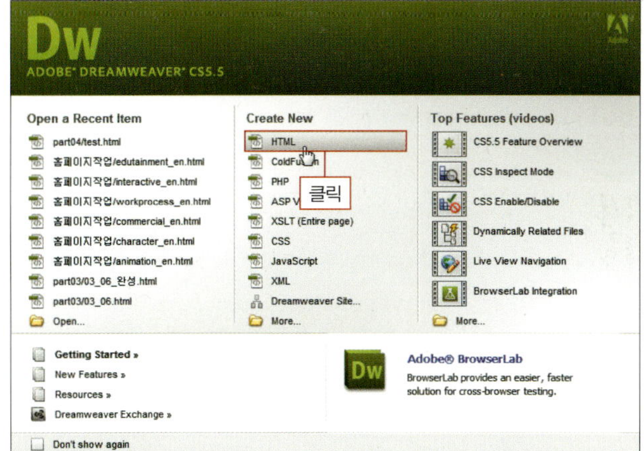

02 문서를 저장하기 위해서 〔File〕-〔Save〕 메뉴를 클릭하거나 Ctrl + S 를 누릅니다. 〔Save As〕 대화상자가 나타나면 폴더 위치를 'Part04' 폴더로 설정하고 파일 이름을 '04_03'으로 입력한 다음 〔저장〕 버튼을 클릭합니다.

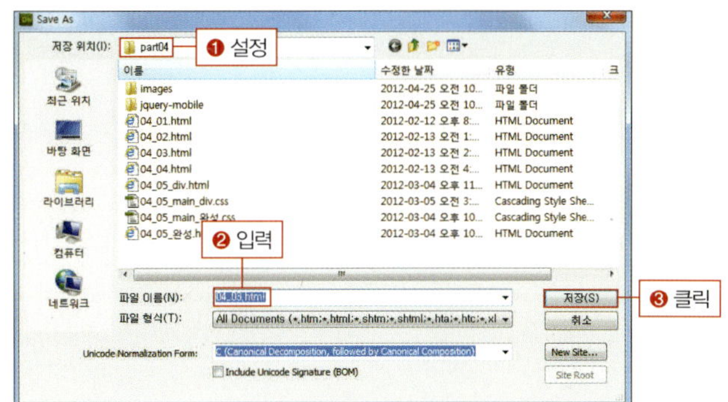

03 Title에 '비헤이비어활용'을 입력하고 디자인 화면에는 '비헤이비어로 이동하기'를 입력합니다.

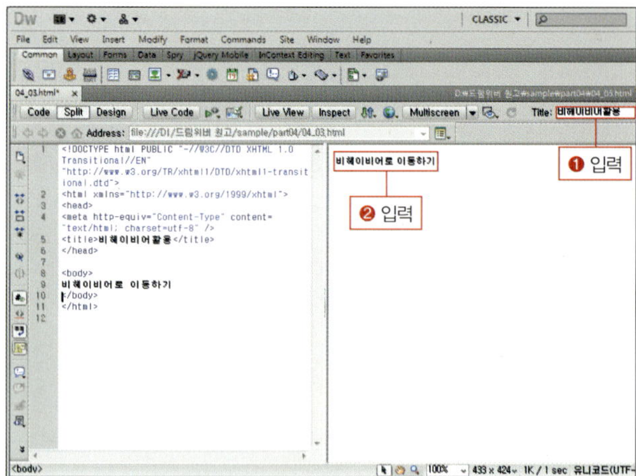

04 오른쪽 패널 그룹의 Tag Inspector 패널에서 〔Behaviors〕 탭을 클릭하고 'Add behavior' 아이콘(　)을 클릭한 다음 〔Go To URL〕을 선택합니다.

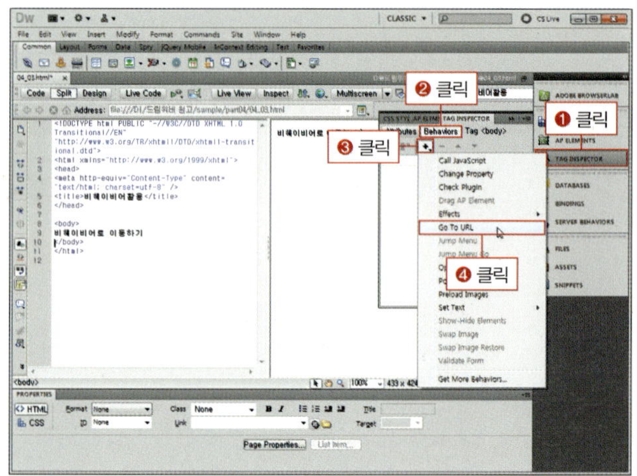

05 〔Go To URL〕 대화상자가 나타나면 URL에 'http://www.google.com'을 입력하고 〔OK〕 버튼을 클릭합니다.

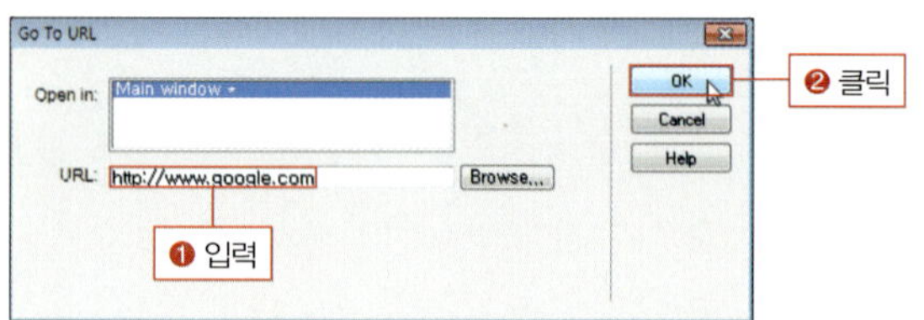

06 코드 화면에 자바스크립트 구문과 〈body〉 태그에 자바스크립트의 작동 시점이 설정되어 있습니다. Tag Inspector 패널에 'onload-Go To URL'이 설정된 것을 확인합니다.

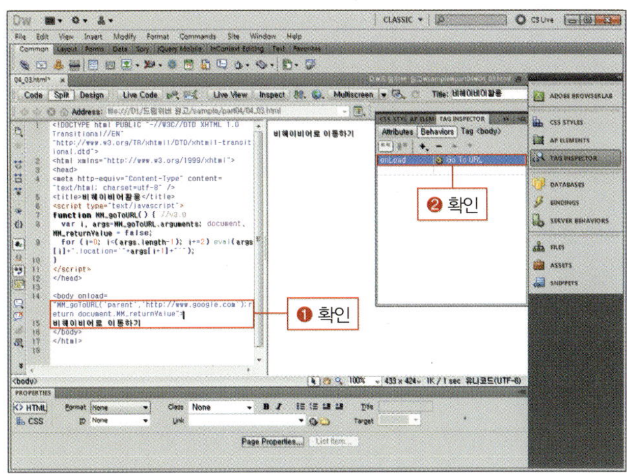

07 〔File〕-〔Preview in Browser〕-〔IExplore〕 메뉴를 클릭하거나 F12를 누릅니다.

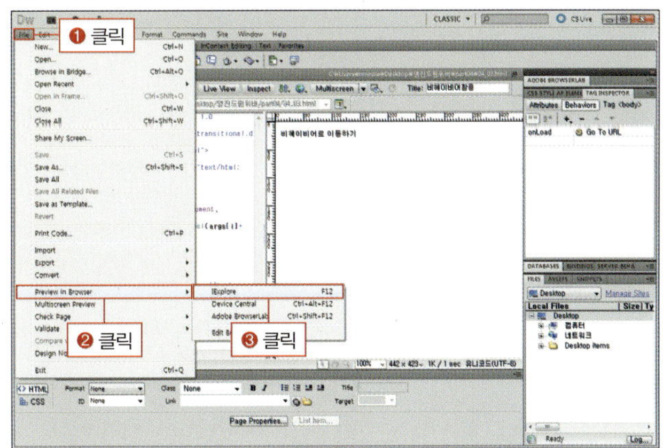

08 웹 브라우저가 실행되면 최초에 입력한 텍스트의 페이지가 활성화됩니다. 지정된 사이트인 구글 사이트로 즉시 이동하는 것을 확인합니다.

TIP

입력한 자바스크립트가 브라우저 상에서 제한될 수 있습니다. 브라우저에서 콘텐츠가 차단된 경우 화면 아래쪽의 〔차단된 콘텐츠 허용〕 버튼을 클릭합니다.

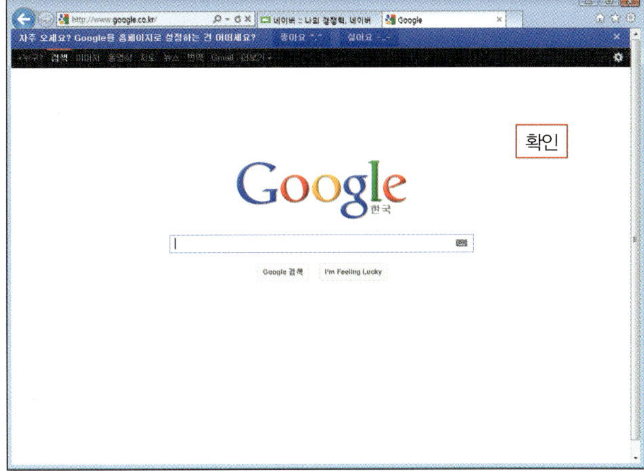

모바일 접속 시 특정 페이지로 이동하기

01 새 문서를 만들기 위해 시작 화면의 〔Create New〕 항목에서 〔HTML〕을 선택합니다.

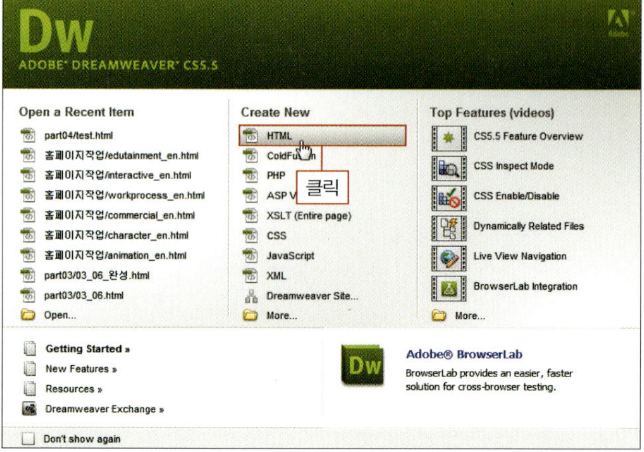

02 문서를 저장하기 위해 〔File〕-〔Save〕 메뉴를 클릭하거나 Ctrl + S 를 누릅니다. 〔Save As〕 대화상자가 나타나면 'Part04' 폴더로 설정하고 파일 이름에 '04_04'를 입력한 다음 〔저장〕 버튼을 클릭합니다.

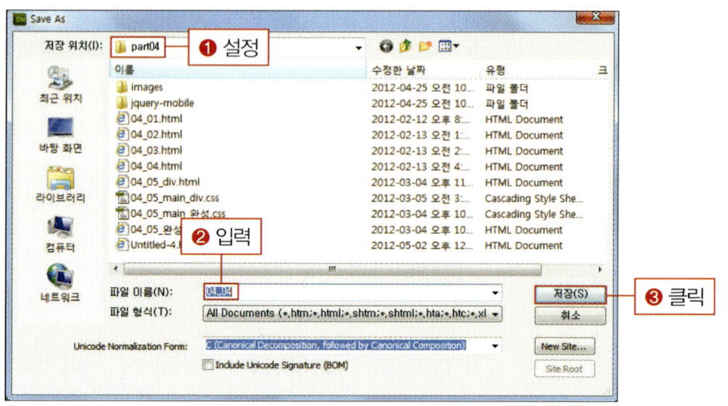

03 Title에 '모바일 페이지로 이동하기'를 입력하고, 아래쪽에 '<sc'를 입력하면 코드 선택 목록이 나타납니다. 'script'를 선택하고 같은 방법으로 '<script type="text/javascript">'를 입력합니다.

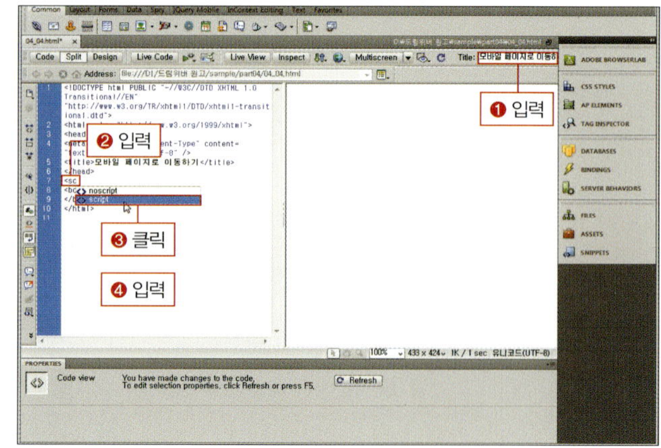

04 코드 화면에 'var'를 입력하면 변수가 선언됩니다. 그러나 변수 선언만 하고 해당 내용이 없기 때문에 오류 메시지가 나타납니다.

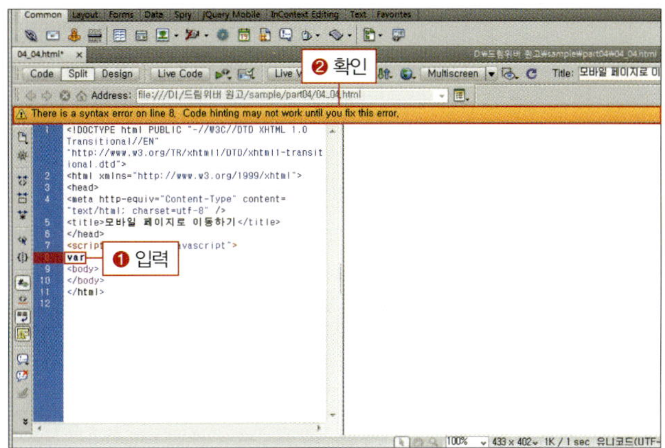

05 모바일 기기나 웹 브라우저 등을 설정하기 위해 'var mobileKeyWords = new Array('iPhone', 'Android', 'Windows CE', 'Chrome') ;'를 입력합니다.

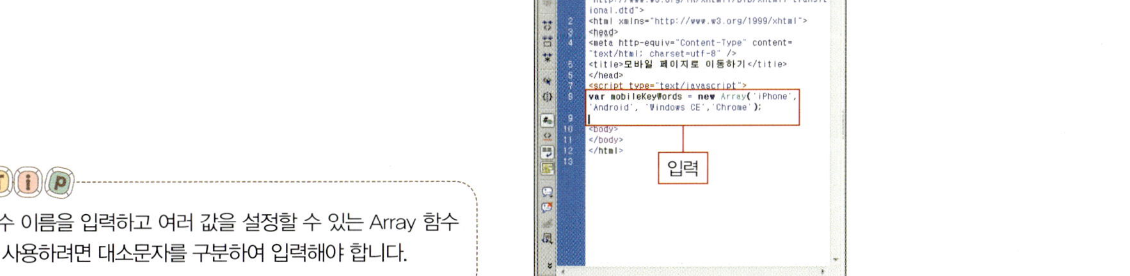

06 변수와 변수로 설정된 값을 실제 기기나 웹 브라우저에서 확인하여 이동하는 자바스크립트를 다음과 같이 입력하여 완성합니다. 해당 브라우저 또는 모바일 기기로 접속 시 모바일 페이지로 이동하도록 설정되었습니다.

```
for (var word in mobileKeyWords){
if (navigator.userAgent.match(mobileKeyWords[word]) !=
null){
location.href = "http://m.daum.net";
break;
}
```

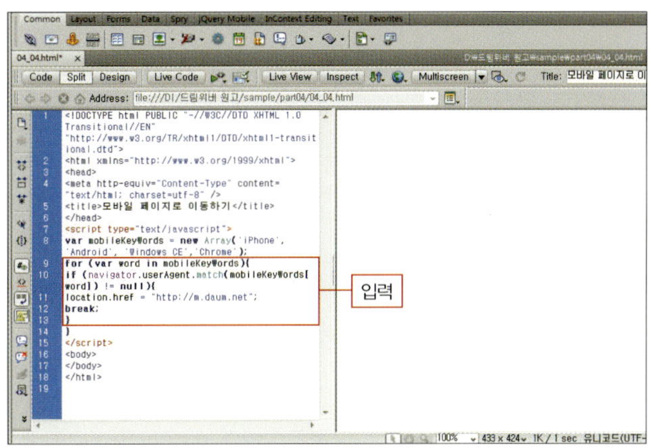

07 디자인 화면에 '특정 브라우저와 스마트기기로 접속시 페이지 이동하기'를 입력합니다. 익스플로러에서 확인하기 위해 〔File〕-〔Preview in Browser〕-〔IExplore〕 메뉴를 클릭하거나 F12를 누릅니다.

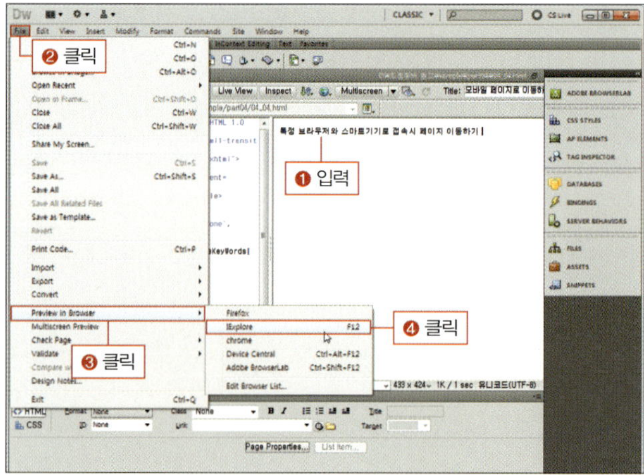

08 익스플로러로 접속했지만 페이지 이동 없이 입력한 텍스트가 그대로 표현됩니다.

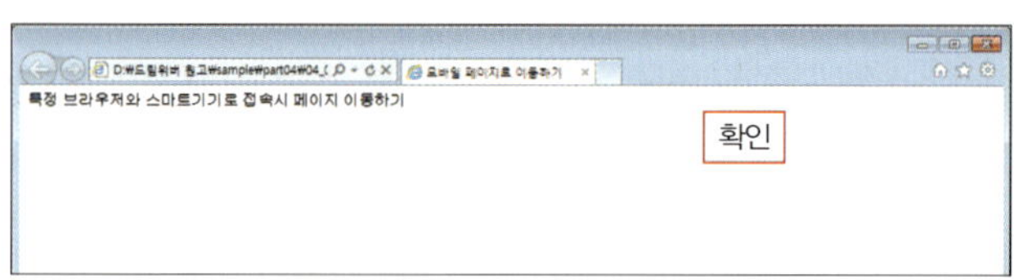

09 같은 페이지를 크롬에서 실행하기 위해 〔File〕-〔Preview in Browser〕-〔chrome〕 메뉴를 클릭합니다.

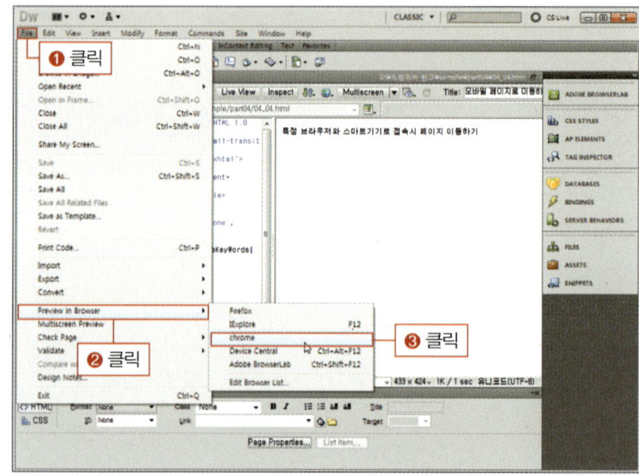

T i P

미리 보기 웹 브라우저를 추가하는 방법은 131쪽을 참고하세요.

10 크롬이 실행되면 자동으로 사이트로 이동합니다. 모바일 홈페이지도 실제로는 일반 웹 브라우저에서 확인할 수 있으며, 화면 비율의 차이가 있습니다.

모바일 기기 해상도 비교하기

모바일 기기는 휴대전화나 스마트폰, 아이패드나 갤럭시 탭 등의 휴대용 기기를 의미합니다. 모바일용 페이지는 가로 크기를 '100%'로 설정하고 제작하기 때문에 모바일 페이지를 웹에서 볼 경우 이미지가 왜곡되거나 왼쪽으로 정렬되는 경우도 있습니다.

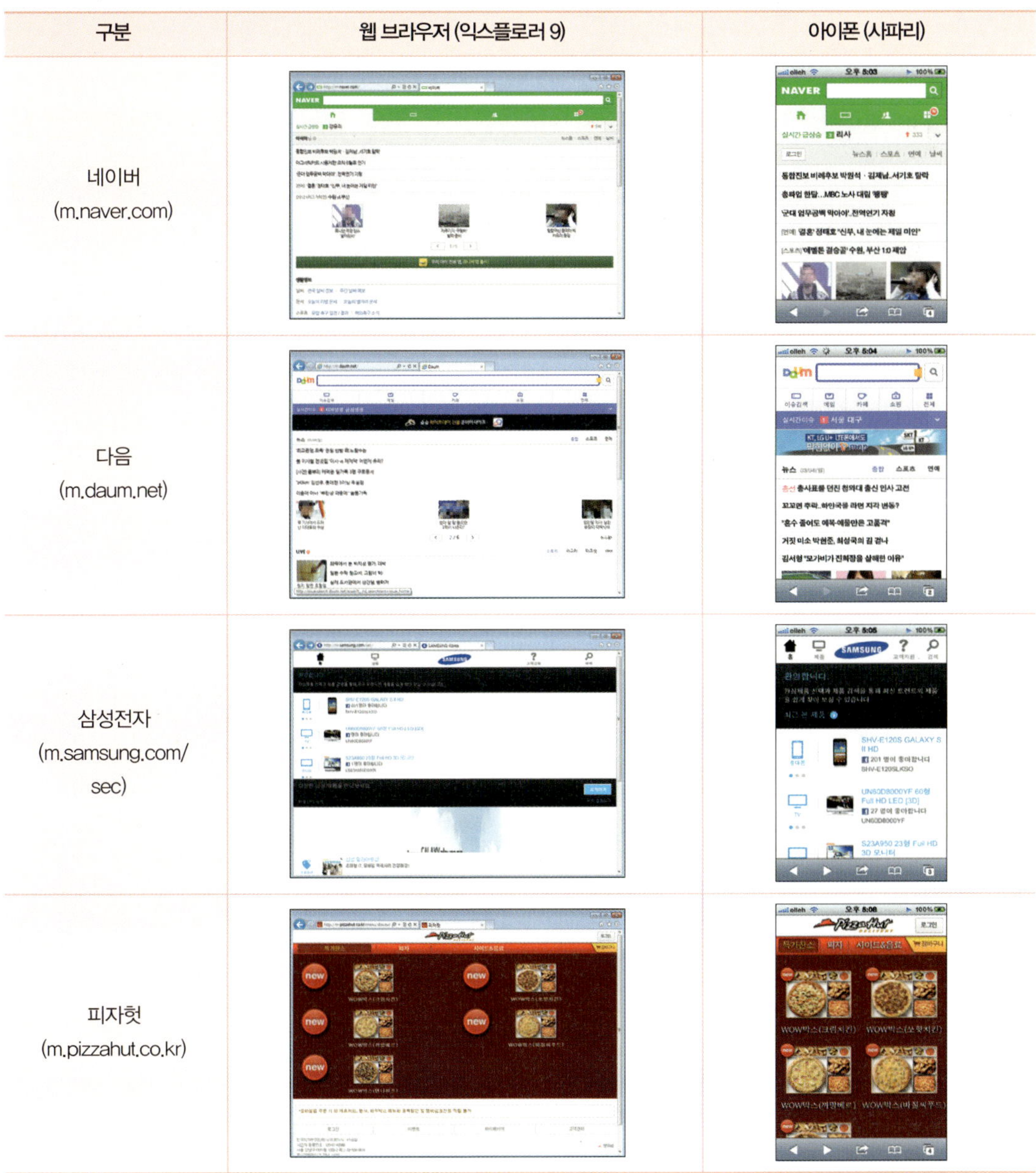

구분	웹 브라우저 (익스플로러 9)	아이폰 (사파리)
네이버 (m.naver.com)		
다음 (m.daum.net)		
삼성전자 (m.samsung.com/ sec)		
피자헛 (m.pizzahut.co.kr)		

▲ 모바일용 웹 브라우저와 스마트 기기의 화면 비교

모바일 페이지는 HTML 구조로 구성되어 일반 웹 브라우저에서도 확인할 수 있습니다. 모바일 페이지에서는 스마트 기기의 특성상 불필요한 용량을 줄이고, 필요한 정보만 간결하게 보여주는 것이 중요합니다. 아이폰은 해상도가 달라도 보이는 비율은 같고, 아이패드 간의 비율도 같습니다. iOS 운영체제의 기기는 따른 화면의 차이가 거의 없지만, 안드로이드는 많이 다릅니다. 특히 화면 비율이나 가로 폭 등이 기기에 따라 다양한데, 사실 화면 비율은 크게 관계가 없습니다. 그러나 가로 폭은 페이지의 영역에 큰 영향을 주기 때문에 해상도를 고려하여 디자인해야 합니다.

그리고 아이폰이나 아이패드는 기본적으로 플래시 콘텐츠가 보이지 않으므로 플래시 사용을 자제해야 합니다.

해상도는 모바일 웹 사이트 외에도 웹 앱을 제작할 때도 중요합니다. 주요 기기별 해상도를 살펴보고 알맞은 해상도로 작업해야 합니다.

운영체제	기기명	해상도 (단위 : px)	화면 크기 (단위 : inch)
iOS	iPhone 3GS	320×480	3.5
	iPhone 4/4S	640×960	3.5
	iPad 1/2	768×1,024	9.7
Android	Galaxy Note	800×1,280	5.3
	Galaxy S2	720×1,280	4.3
	Galaxy Tab 8.9	1,280×800	8.9
	Galaxy Tab 7	600×1,024	7.0
	HTC Sensation XL	480×800	4.7
	Optimus LTE	720×1,280	4.5
	Atrix	720×1,280	4.0
	Xperia arc	480×854	4.2
RIM	BlackBerry Bold 9900	640×480	2.8

▲ 주요 스마트 기기의 해상도 및 화면 크기

안드로이드 기기는 제품별로 해상도가 각각 다르며 블랙베리는 기본적으로 가로 형태의 화면을 가진다는 특징이 있습니다. RIM은 블랙베리 사에서 사용하는 운영체제로, 일부 기기를 제외하면 같은 비율의 화면을 가집니다. 단일 회사에서 단일 운영체제를 사용하는 경우에는 큰 문제가 없지만, 안드로이드 운영체제는 기기별로 해상도나 화면 비율을 고려해야 합니다. 웹 사이트는 가로 폭만 유지되면 스크롤하여 사용하기 때문에 문제없지만, 앱은 스크롤되지 않는 경우가 많기 때문에 해상도의 문제는 일부 기기에 최적화하여 제작하는 경우가 많습니다. 물론 자동으로 크기가 조정되도록 만들기도 하지만, 변수가 많기 때문에 쉽지 않습니다. 각 기기별 화면 해상도가 어떤 차이를 보이는지 살펴보겠습니다.

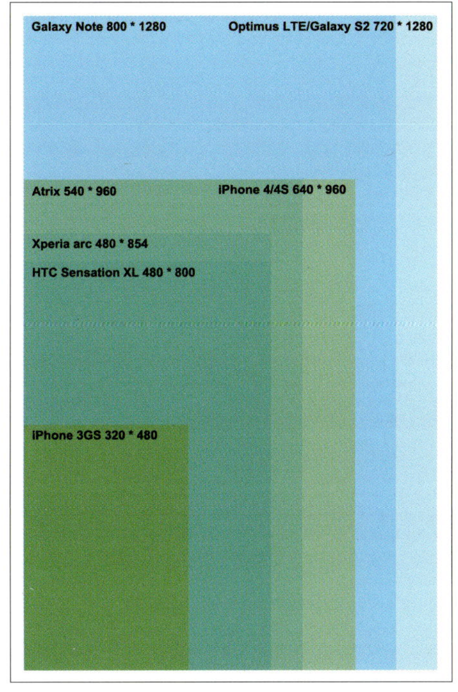

◀ 모바일 기기별 화면 해상도 비교

아이폰은 버전별 해상도는 다르지만 화면 비율이 같은 것을 확인할 수 있습니다. 그러나 안드로이드 기기는 화면 비율과 크기가 각각 다르므로 어느 해상도에 맞춰 제작할 것인지 고려해야 합니다.

물론, 웹 사이트는 가로 크기를 '100%'로 설정하고 최소 크기만 고려하여 제작합니다. 일반 홈페이지는 가로 크기가 Div로 설정된 경우 자동으로 크기가 모바일 페이지의 폭에 맞춰지지만 축소되어 가독성이 떨어질 수 있습니다. 그러므로 가로 폭은 '320px'을 기준으로 디자인하고 가로 크기를 '100%'로 설정하여 제작하는 것이 좋습니다.

대부분의 모바일 페이지의 가로 폭이 '320px'에 맞춰진 이유도 위와 같은 이유입니다. 물론 일부 기기는 화면 크기가 5~6인치로 크기 때문에 생각했던 것보다 텍스트나 이미지가 크게 나타날 수 있지만, 보통 4인치 전후의 화면이기 때문에 화면 크기가 전체적으로 5~6인치로 커지지 않는 한 '320px'의 가로 화면 크기가 적당합니다.

Div 활용하여 모바일용 웹 사이트 구성하기

모바일용 웹 사이트를 제작할 때 일반적인 HTML을 이용하여 화면 크기와 해상도를 기준으로 제작하는 것이 좋습니다. 모바일용 웹 사이트는 일반적으로 가로를 '320px'로 설정하지만, 이미지의 크기를 고려하여 화면 크기를 설정하는 것이 좋습니다. Div를 이용하여 이미지를 배치한 모바일용 웹 사이트를 제작해 보겠습니다.

완성 파일 : Part04\04_05_Div.html, 04_05_main_Div.CSS

페이지 전체 영역 설정하기

01 새 문서를 만들기 위해 시작 화면의 〔Create New〕 항목에서 〔HTML〕을 선택합니다.

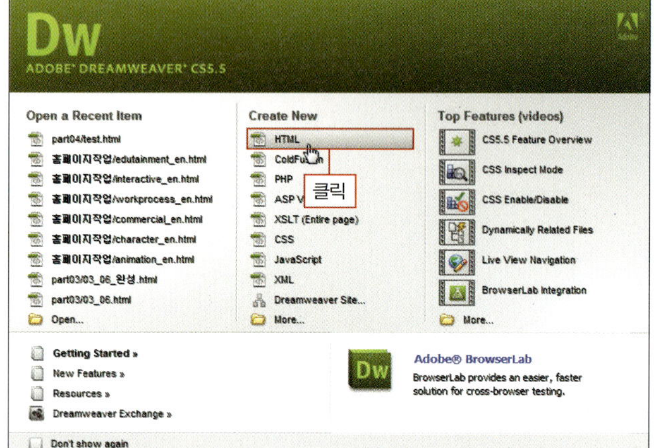

02 'Part04' 폴더에 저장되도록 〔File〕-〔Save〕 메뉴를 클릭하거나 Ctrl + S 를 눌러 파일 이름을 '04_05'로 입력하고 〔저장〕 버튼을 클릭합니다.

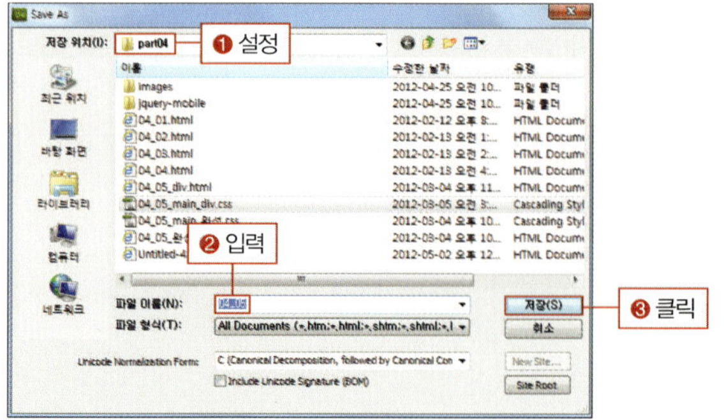

03 기본 페이지 설정을 위해 Properties 패널
의 〔Page Properties〕 버튼을 클릭합니다. 〔Page
Properties〕 대화상자가 나타나면 〔Appearance
〔CSS〕〕 탭을 선택하고 Page font에서 'Edit Font
List'를 선택합니다.

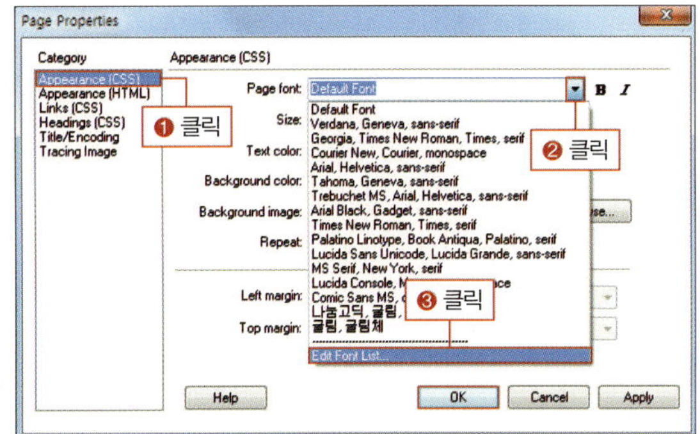

04 〔Apperance 〔CSS〕〕 탭의 〔Edit Font List〕
대화상자가 나타나면 Available fonts에서 '굴림,
굴림체'를 선택하고 '이동' 아이콘(《)을 클릭하여
Chosen fonts 항목에 글꼴을 추가한 다음 〔OK〕
버튼을 클릭합니다.

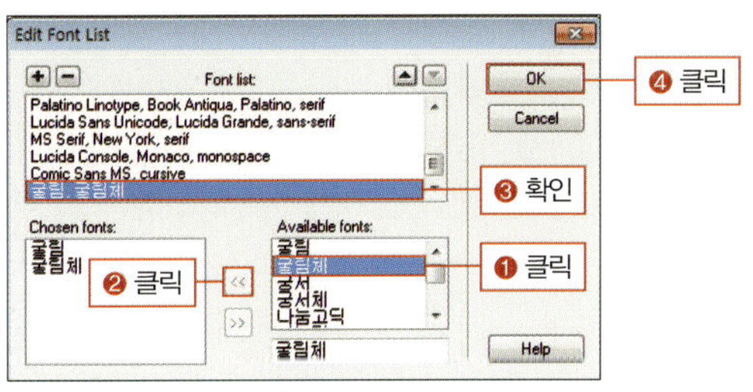

05 Page font를 '굴림, 굴림체', Size를 '12px',
Text color를 '#333'으로 설정합니다. 페이지의 여
백을 제거하기 위해 margin을 모두 '0px'로 설정하
고 〔OK〕 버튼을 클릭합니다.

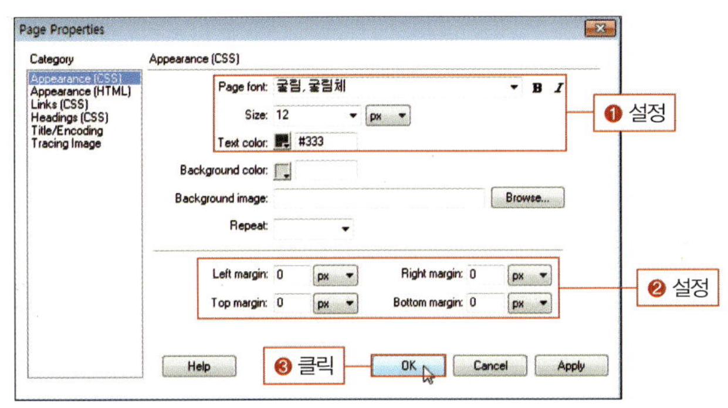

06 문서에 Div를 적용하여 페이지의 틀을 구성
하기 위해 위쪽의 Insert 패널에서 〔Common〕 탭
의 'Insert Div Tag' 아이콘(▤)을 클릭합니다.
〔Insert Div Tag〕 대화상자가 나타나면 〔New CSS
Rule〕 버튼을 클릭합니다.

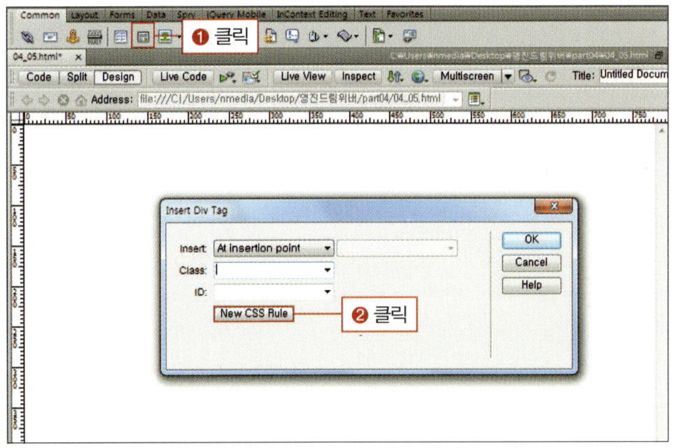

07 그림과 같이 〔New CSS Rule〕 대화상자가 나타나면 Selector Type을 'Class〔can apply to any HTML element〕'로 선택합니다. Selector Name에 'main_body_box'를 입력하고 Rule Definition에 별도의 CSS 문서를 만들기 위해 '〔New Style Sheet File〕'로 선택한 다음 〔OK〕 버튼을 클릭합니다.

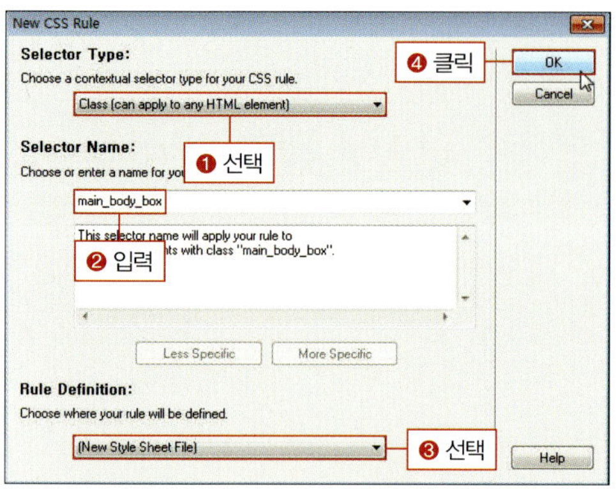

08 〔Save Style Sheet File As〕 대화상자가 나타나면 새로운 CSS 문서를 만들기 위해 저장 위치를 'Part04' 폴더로 설정하고 파일 이름을 '04_05_main'으로 입력한 다음 〔저장〕 버튼을 클릭합니다.

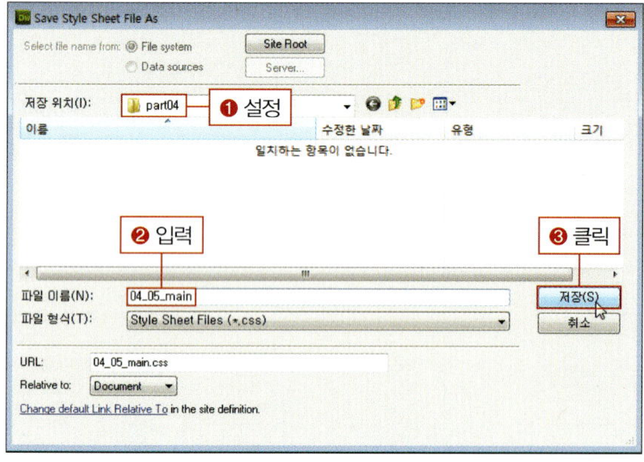

09 〔CSS Rule Definition for…〕 대화상자가 나타나면 〔Box〕 탭을 선택합니다. Width를 '100%', Padding과 Margin 항목의 Top을 각각 '0px'로 설정한 다음 〔OK〕 버튼을 클릭합니다.

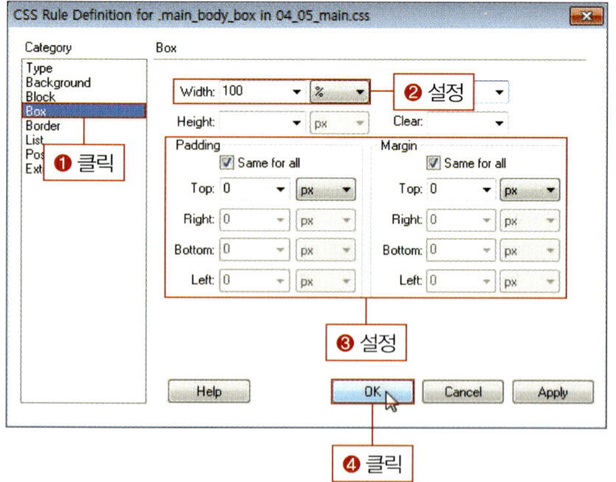

10 〔Insert Div Tag〕 대화상자에서 Class에 설정한 'main_body_box'가 입력된 것을 확인하고 〔OK〕 버튼을 클릭합니다.

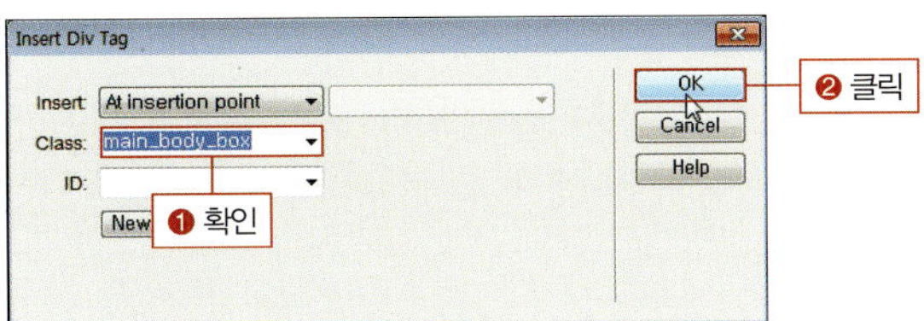

로고 이미지 적용하기

01 〔Split〕 탭을 클릭합니다. 문서에 Div 구조가 만들어지며 해당 Class 이름이 입력된 텍스트도 확인됩니다. 입력된 문장의 앞부분을 클릭하고 위쪽의 Insert 패널에서 〔Common〕 탭의 'Insert Div Tag' 아이콘(📰)을 클릭합니다.

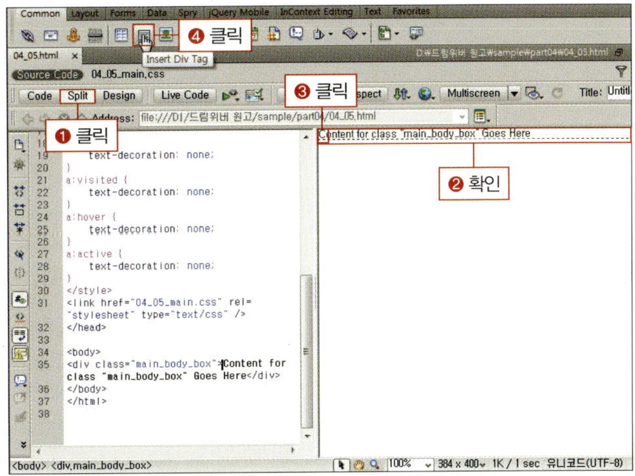

02 〔Insert Div Tag〕 대화상자가 나타나면 새로운 CSS Class를 적용하기 위해 〔New CSS Rule〕 버튼을 클릭합니다.

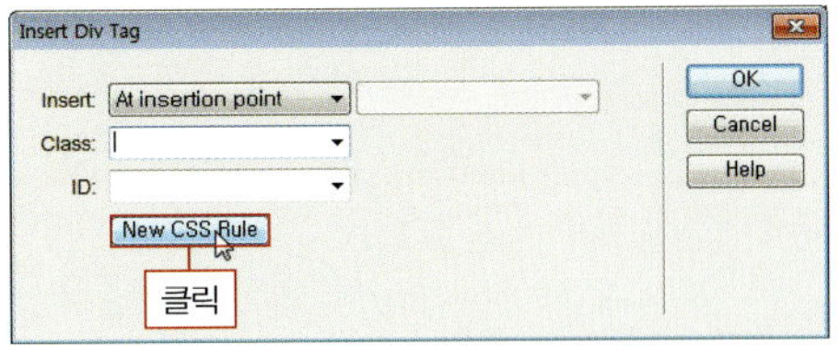

03 그림과 같이 〔New CSS Rule〕 대화상자가 나타나면 Selector Type을 'Class 〔can apply to any HTML element〕'로 선택합니다. Selector Name에 'top_logo'를 입력하고 Rule Definition을 '04_05_main.css'로 선택한 다음 〔OK〕 버튼을 클릭합니다.

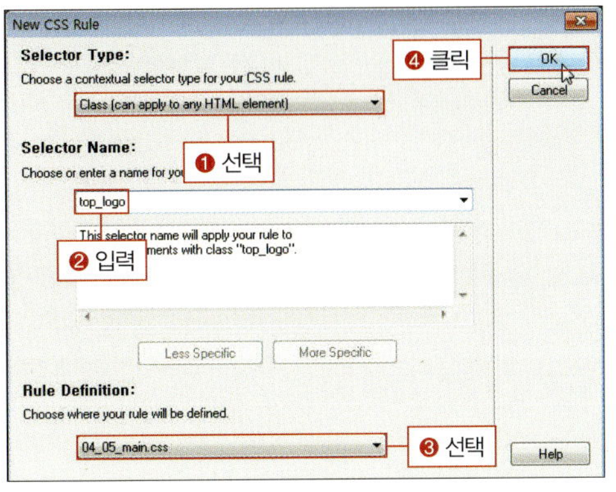

04 〔CSS Rule Definition for…〕 대화상자가 나타나면 〔Box〕 탭을 선택합니다. Width를 '100%', Height를 '80px'로 설정하여 로고의 크기를 설정합니다.

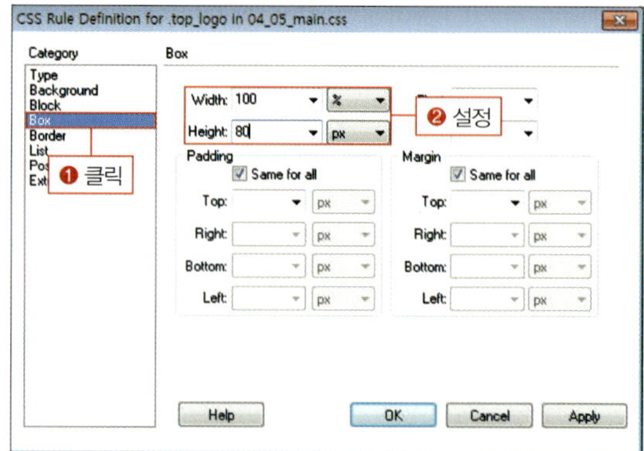

05 〔Background〕 탭을 선택하고 이미지를 선택하기 위해 Background-image의 〔Browse〕 버튼을 클릭합니다.

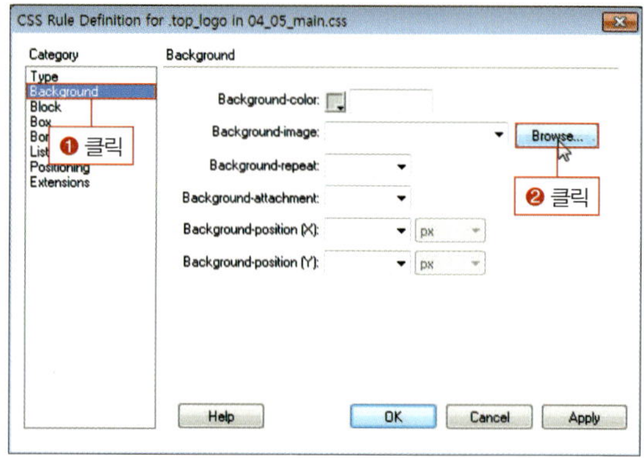

로고 이미지를 가운데 정렬하기 위해 배경 이미지로 설정하는 것이 좋습니다.

06 〔Select Image Source〕 대화상자가 나타나면 찾는 위치를 'Part04\images' 폴더로 설정하고 '04_001.jpg' 파일을 선택한 다음 〔OK〕 버튼을 클릭합니다.

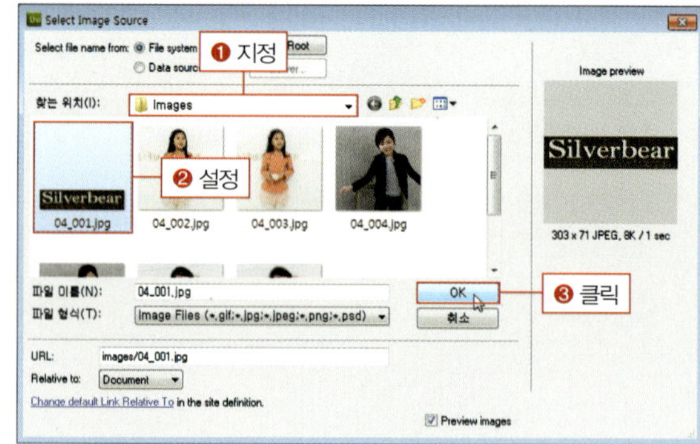

07 Background-color를 '#373123'으로 설정하고 Background-repeat는 'no-repeat', Background -position [X]/[Y]는 모두 'center'로 선택한 다음 [OK] 버튼을 클릭합니다.

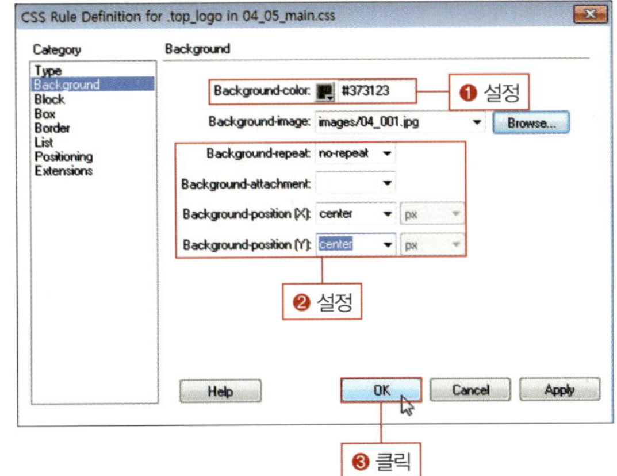

08 [Insert Div Tag] 대화상자의 Class에 'top_logo'가 입력된 것을 확인하고 [OK] 버튼을 클릭합니다.

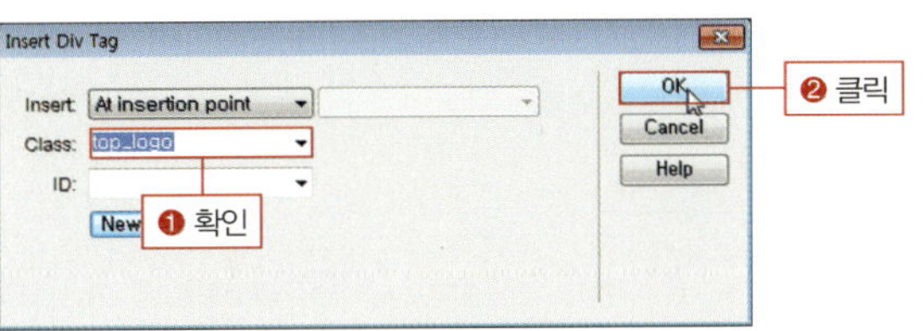

09 위쪽을 살펴보면 CSS와 Div를 설정하면서 텍스트가 자동 입력되었기 때문에 삭제해야 합니다. 코드 화면에서 그림과 같이 불필요한 태그 부분을 드래그하여 선택한 다음 Delete를 눌러 삭제합니다.

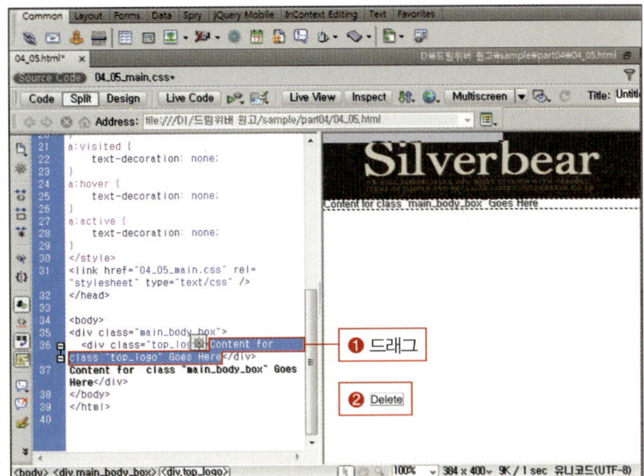

타이틀 영역 만들기

01 텍스트의 가장 앞부분을 클릭하고 위쪽의 Insert 패널에서 〔Common〕 탭의 'Insert Div Tag' 아이콘(▣)을 클릭합니다. 〔Insert Div Tag〕 대화상자가 나타나면 〔New CSS Rule〕 버튼을 클릭합니다.

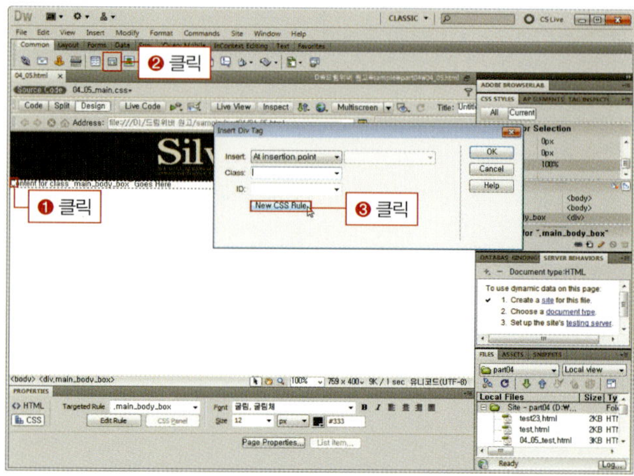

02 그림과 같이 〔New CSS Rule〕 대화상자가 나타나면 Selector Type에서 'Class〔can apply to any HTML element〕'로 선택합니다. Selector Name에 'new_title'을 입력하고 Rule Definition을 '04_05_main.css'로 선택한 다음 〔OK〕 버튼을 클릭합니다.

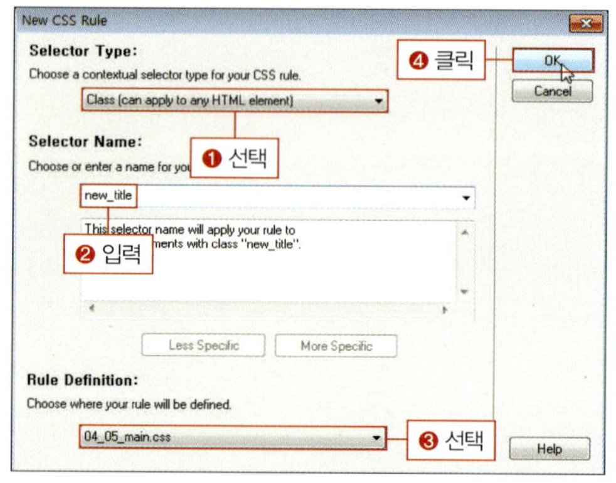

03 〔CSS Rule Definition for…〕 대화상자가 나타나면, 〔Box〕 탭을 선택합니다. Width를 '100%', Height를 '30px'로 설정하여 Div 영역의 크기를 설정합니다.

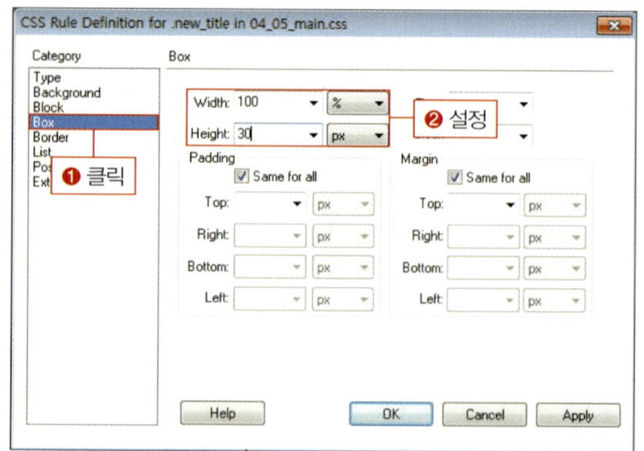

04 〔Background〕 탭을 선택하고 Background-color에 '#988d7a'로 설정한 다음 〔OK〕 버튼을 클릭합니다.

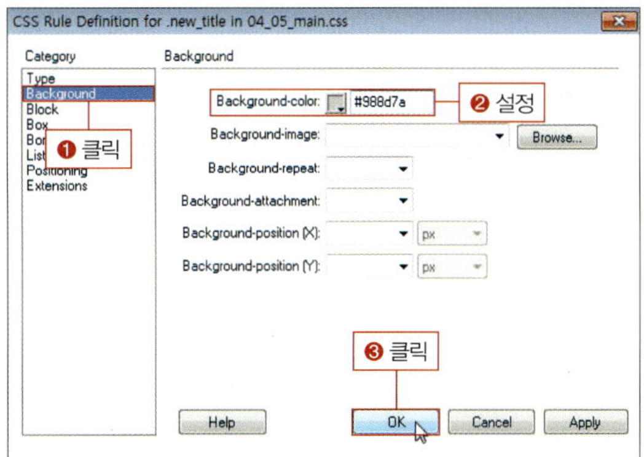

05 〔Insert Div Tag〕 대화상자의 Class에 'new_title'이 입력된 것을 확인하고 〔OK〕 버튼을 클릭합니다.

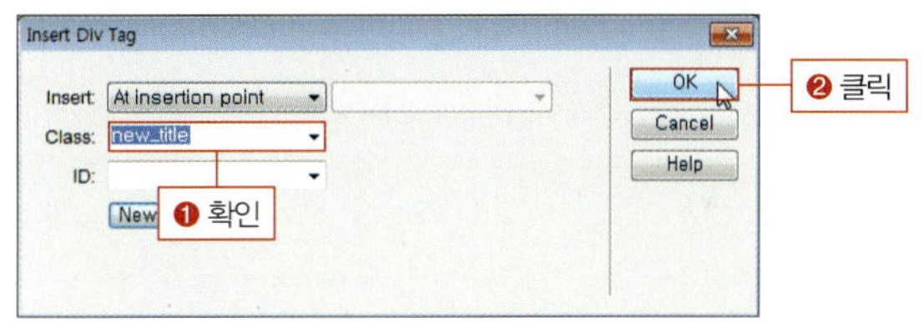

06 Div 영역에 '신상품'을 입력합니다. 입력한 텍스트를 드래그하여 선택한 다음 Properties 패널의 〔HTML〕 탭에서 Format을 'Heading 4'로 선택하여 〈h4〉 태그를 적용합니다.

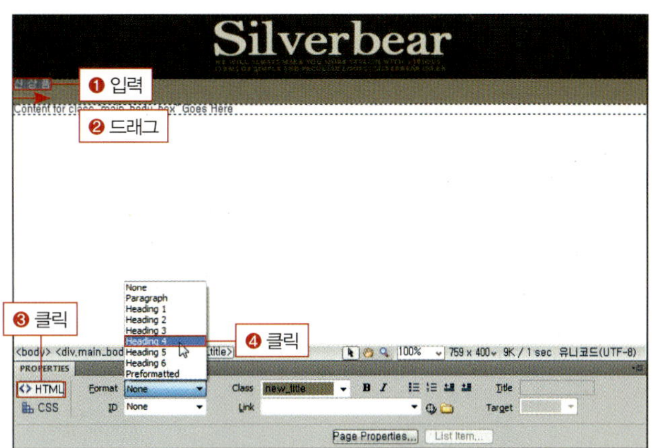

07 상태 표시줄의 태그 선택자에서 '〈h4〉'를 클릭합니다. Properties 패널의 〔CSS〕 탭에서 Targeted Rule을 '〈New CSS Rule〉'로 선택한 다음 〔Edit Rule〕 버튼을 클릭합니다.

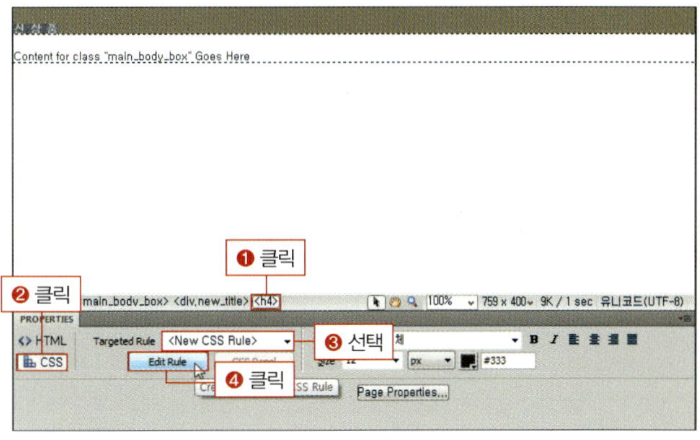

08 그림과 같이 〔New CSS Rule〕 대화상자가 나타나면 Selector Type에 'Compound 〔based on your selection〕'을 선택하고 Selector Name 에 '.main_body_box .new_title h4'가 입력된 것을 확인합니다. Rule Definition을 '04_05_main. css'로 선택한 다음 〔OK〕 버튼을 클릭합니다.

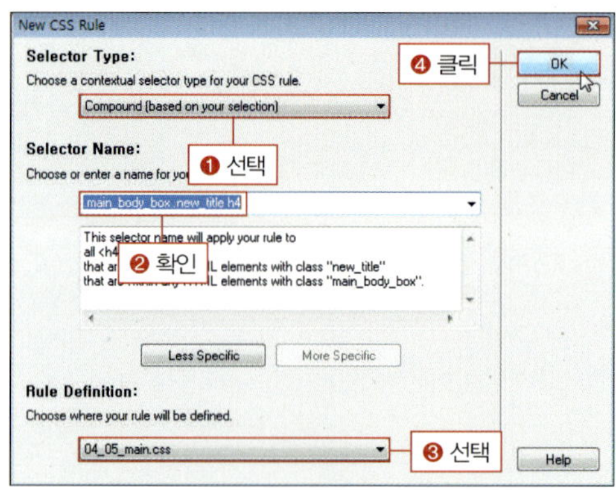

09 〔CSS Rule Definition for…〕 대화상자가 나타나면 〔Type〕 탭을 선택합니다. Font-size를 '14px', Font-weight를 'bold', Color를 '#FFF'로 설정합니다.

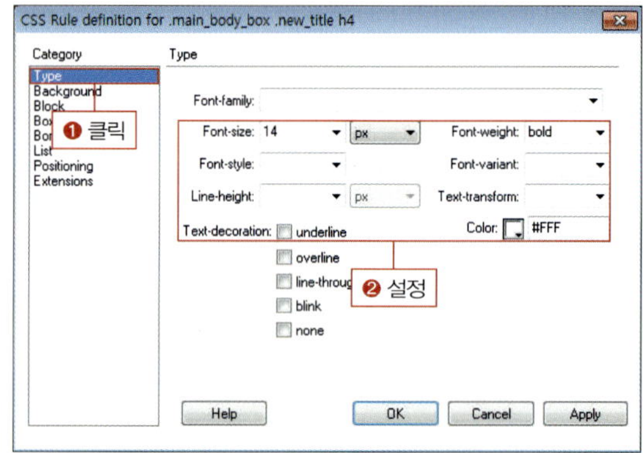

10 〔Box〕 탭을 선택한 다음 여백을 설정하기 위해 Padding 항목의 'Same for all'을 선택 해제합니다. Top은 '8px', Right는 '10px', Bottom은 '8px', Left는 '10px', margin은 모두 '0px'로 설정한 다음 〔OK〕 버튼을 클릭합니다.

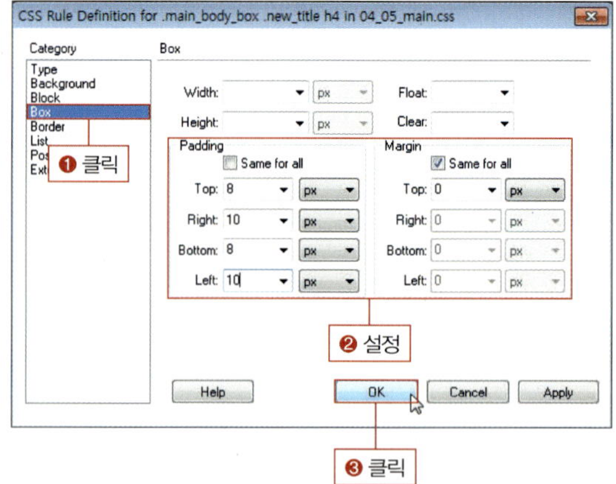

11 텍스트 크기와 색상 및 위치가 변경된 것을 확인합니다. 단색인 타이틀 영역 아래쪽에 테두리를 추가하고 CSS를 수정하기 위해 CSS Styles 패널에서 〔.new_title〕을 더블 클릭합니다.

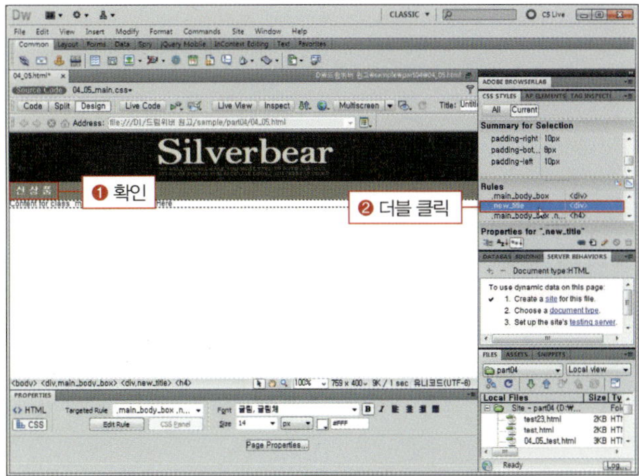

12 〔CSS Rule Definition for…〕 대화상자가 나타나면 〔Border〕 탭을 선택합니다. 'Same for all'을 선택 해제합니다. 아래쪽에 테두리를 추가하기 위해 Style, Width, Color 항목의 Bottom을 각각 'solid', '2px', '#676258'로 설정하고 〔OK〕 버튼을 클릭합니다.

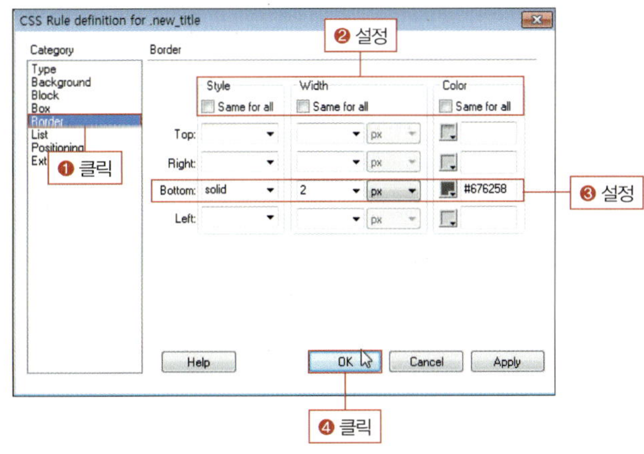

상품 목록 만들기

01 이전 단계에서 적용한 CSS로 타이틀 부분 아래쪽에만 테두리가 적용된 것을 확인합니다. 상품 영역을 만들기 위해 Div를 적용할 부분인 'Content'의 앞쪽을 클릭하고 위쪽의 Insert 패널에서 〔Common〕 탭의 'Insert Div Tag' 아이콘(📖)을 클릭합니다.

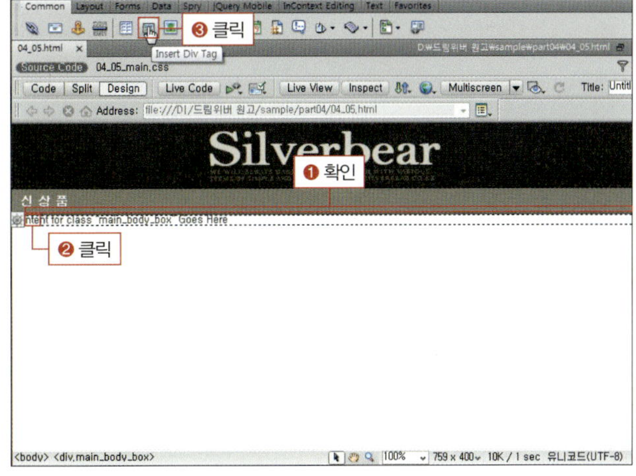

02 〔Insert Div Tag〕 대화상자가 나타나면 새
로운 CSS를 만들기 위해 〔New CSS Rule〕 버튼을
클릭합니다.

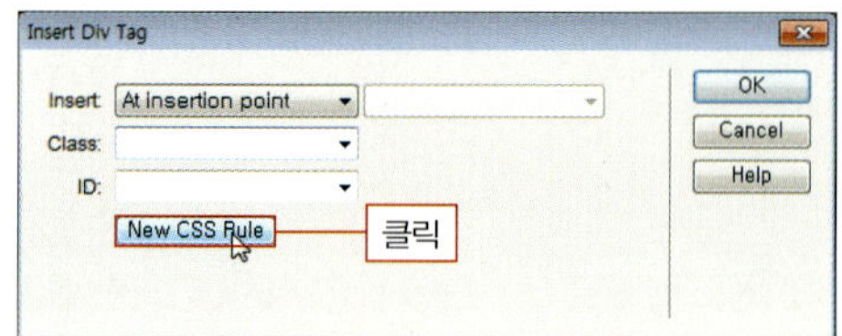

03 그림과 같이 〔New CSS Rule〕 대화상자가 나
타나면 Selector Type을 'Class〔can apply to any
HTML element〕'로 선택합니다. Selector Name에
'goods_list'를 입력하고 Rule Definition을 '04_05_
main.css'로 선택한 다음 〔OK〕 버튼을 클릭합니다.

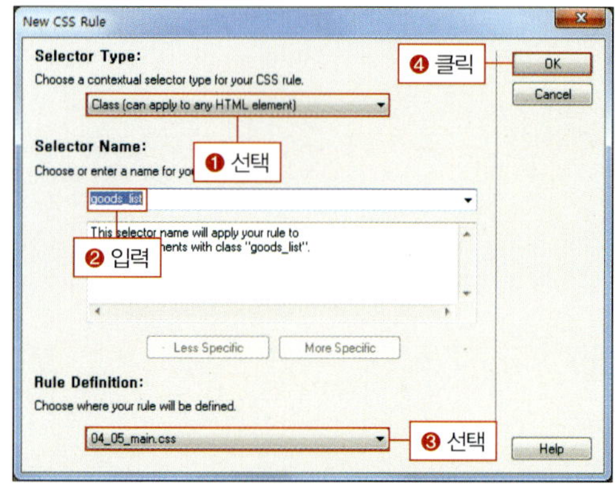

04 〔CSS Rule Definition for…〕 대화상자가
나타나면 〔Box〕 탭을 선택하고 Width를 '100%'
Padding 항목에서 'Same for all'을 선택 해제하고
Top과 Bottom에 '20px', Right와 Left에 '0px'을
설정한 다음 〔OK〕 버튼을 클릭합니다.

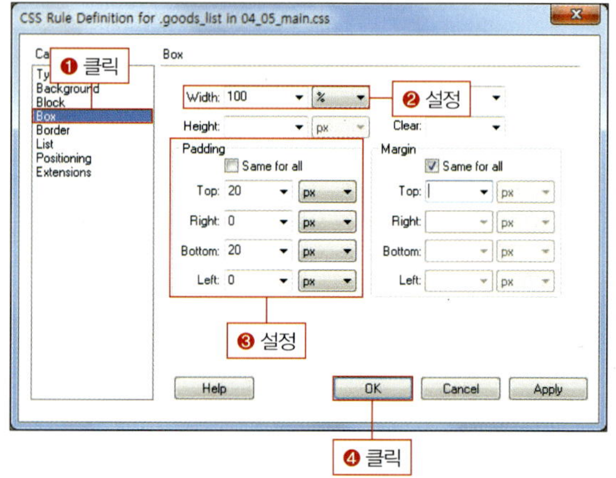

05 〔Insert Div Tag〕 대화상자에서 Class로 설
정한 'goods_list'가 입력된 것을 확인하고 〔OK〕
버튼을 클릭합니다.

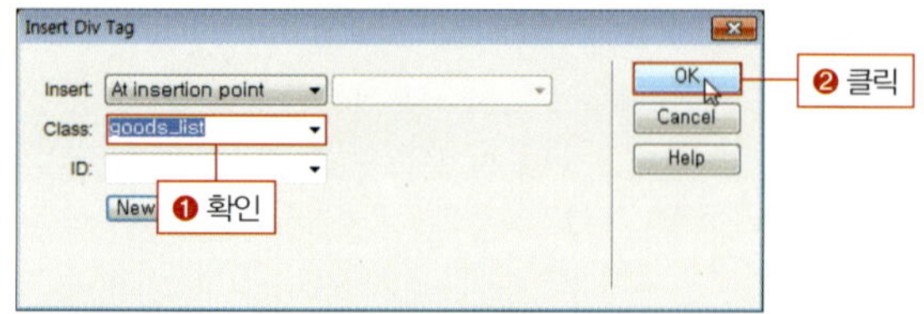

06 목록 내에 Div 영역을 추가하기 위해 셀을 클릭한 다음 위쪽의 Insert 패널에서 〔Common〕 탭의 'Insert Div Tag' 아이콘(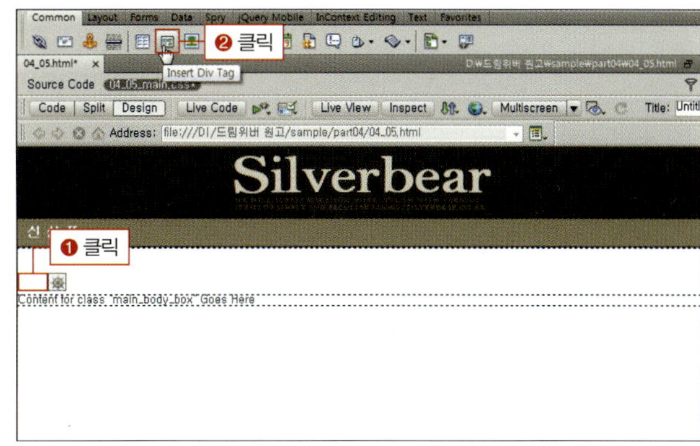)을 클릭합니다.

07 〔Insert Div Tag〕 대화상자가 나타나면 새로운 CSS를 추가하기 위해 〔New CSS Rule〕 버튼을 클릭합니다.

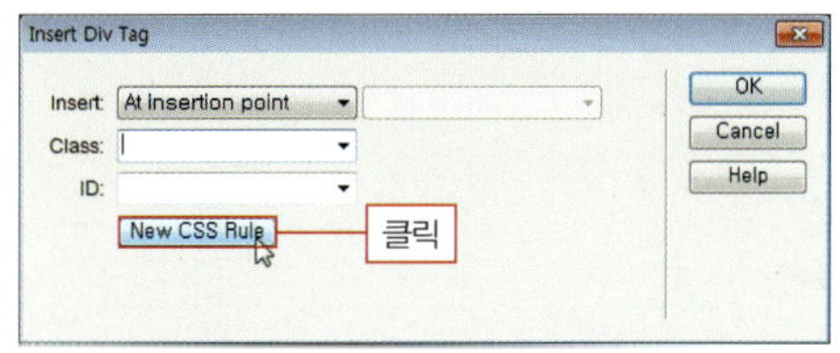

08 그림과 같이 〔New CSS Rule〕 대화상자가 나타나면 Selector Type을 'Class (can apply to any HTML element)'로 선택합니다. Selector Name에 'new_goods'를 입력하고 Rule Definition을 '04_05_main.css'로 선택한 다음 〔OK〕 버튼을 클릭합니다.

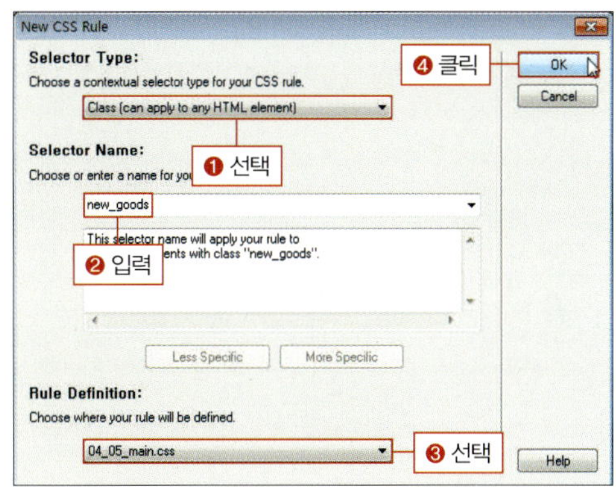

09 〔CSS Rule Definition for…〕 대화상자가 나타나면 〔Box〕 탭을 선택하고 Width를 '33%', Float을 'left', Padding 항목의 'Same for all'을 선택 해제하고 Right와 Left에 '5px'을 설정합니다.

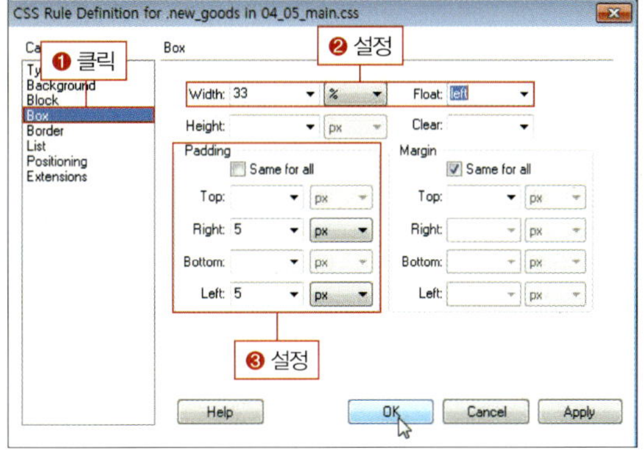

10 〔Block〕 탭을 선택하고 Text-align을 'center'로 선택한 다음 〔OK〕 버튼을 클릭합니다.

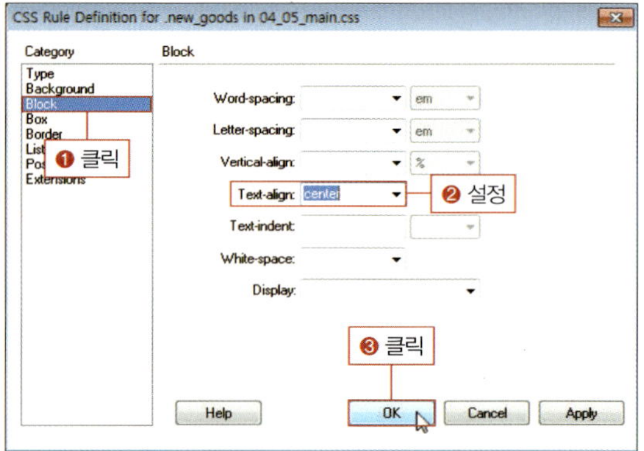

11 〔Insert Div Tag〕 대화상자에서 Class로 설정한 'new_goods'가 입력된 것을 확인하고 〔OK〕 버튼을 클릭합니다.

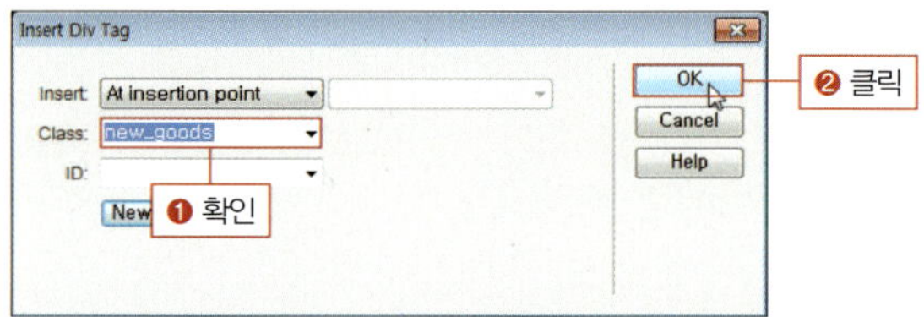

12 Div 영역의 텍스트를 삭제한 다음 위쪽의 Insert 패널에서 〔Common〕 탭의 'Images' 아이콘 (📷ㆍ)을 클릭합니다.

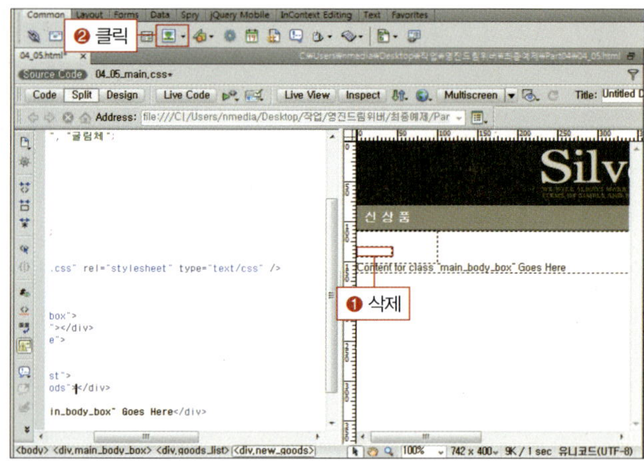

13 〔Select Image Source〕 대화상자가 나타나면 'Part04\image' 폴더의 '04_002.jpg' 파일을 선택한 다음 〔OK〕 버튼을 클릭합니다.

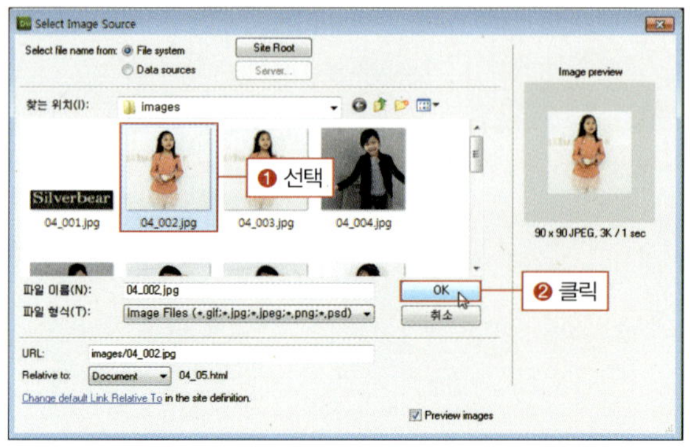

14 〔Image Tag Accessibility Attributes〕 대화 상자가 나타나면 Alternate text에 '01'을 입력하고 〔OK〕 버튼을 클릭합니다.

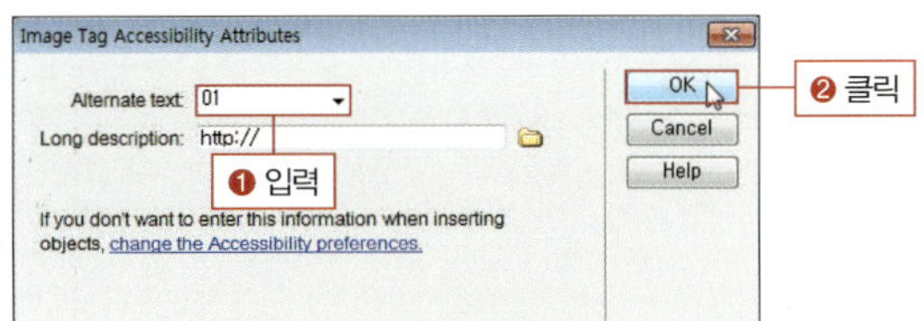

15 이미지가 입력되면 〔Enter〕를 눌러 줄을 바꾸고 '켈리 라인 자켓/- with mom -/41,600원'을 입력하여 각 문장별로 〈p〉 태그를 적용합니다.

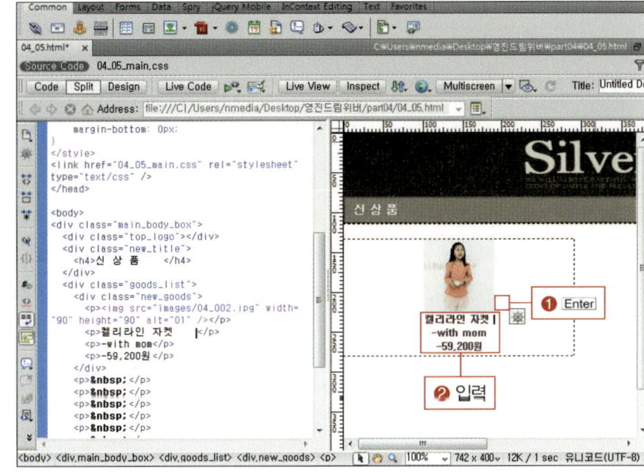

16 첫 번째 문장을 드래그하여 선택한 다음 태그 선택자에서 '〈p〉'를 클릭합니다. Properties 패널의 〔CSS〕 탭에서 Targeted Rule을 '〈New CSS Rule〉'로 선택하고 〔Edit Rule〕 버튼을 클릭합니다.

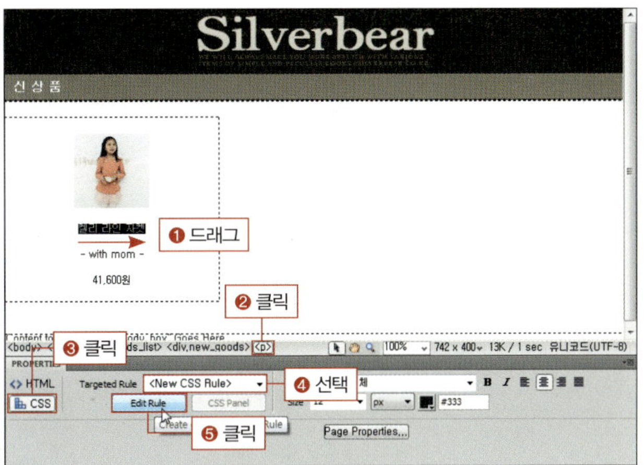

17 그림과 같이 〔New CSS Rule〕 대화상자가
나타나면 Selector Type에 'Compound 〔based
on your selection〕'를 선택하고 Selector Name
에 '.main_body_box .goods_list .new_goods p'
가 입력된 것을 확인합니다. Rule Definition을
'04_05_main.css'로 선택한 다음 〔OK〕 버튼을 클
릭합니다.

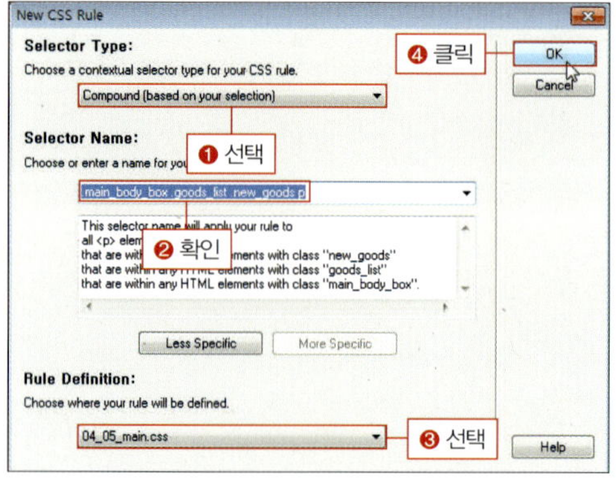

18 〔CSS Rule Definition for…〕 대화상자가 나
타나면 〔Box〕 탭을 선택합니다. Padding 항목의
'Same for all'을 선택 해제하고 Bottom을 '5px'로
설정한 다음 Margin 항목의 Top을 '0px'으로 설
정하고 〔OK〕 버튼을 클릭합니다.

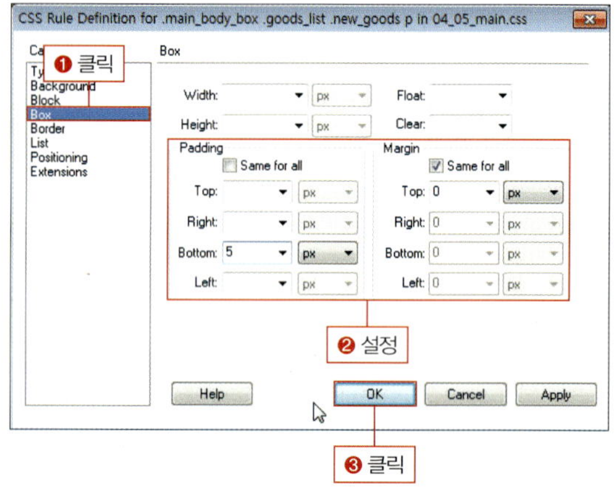

19 가격에도 CSS를 별도로 적용하기 위해 가격
부분을 드래그하여 선택하고 Properties 패널에서
〔CSS〕 탭의 Targeted Rule을 '〈New CSS Rule〉'
로 선택한 다음 〔Edit Rule〕 버튼을 클릭합니다.

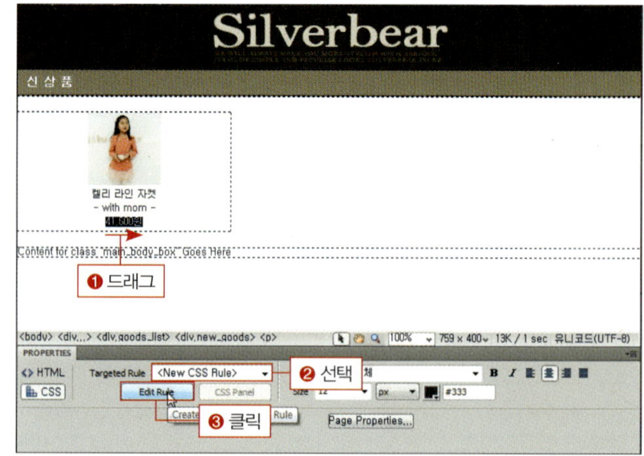

20 그림과 같이 〔New CSS Rule〕 대화상자가 나타나면 Selector Type을 'Class 〔can apply to any HTML element〕'로 선택합니다. Selector Name에 'price'를 입력하고 Rule Definition을 '04_05_main.css'로 선택한 다음 〔OK〕 버튼을 클릭합니다.

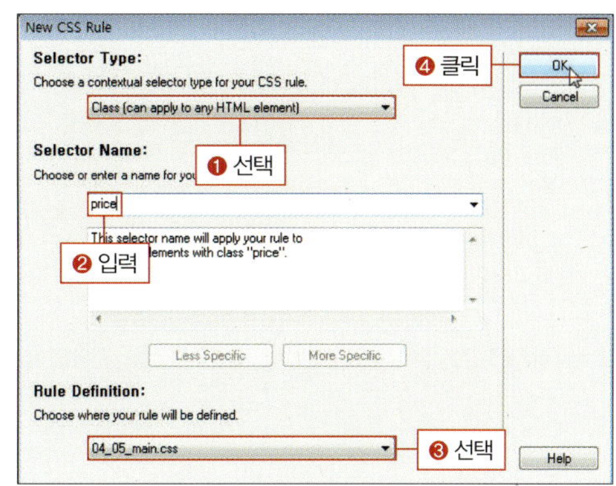

21 〔CSS Rule Definition for…〕 대화상자가 나타나면 〔Type〕 탭을 선택합니다. Font-weight를 'bold', Color를 '#53211A'로 설정한 다음 〔OK〕 버튼을 클릭합니다.

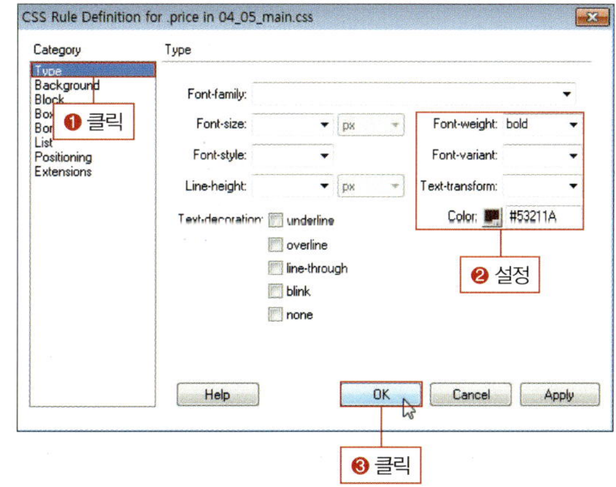

22 상품 부분의 이미지와 텍스트에 CSS가 적용됩니다. 두 번째 상품을 입력하기 위해 이전에 입력된 CSS를 활용합니다. 상품이 배치될 부분을 클릭하고 위쪽의 Insert 패널에서 〔Common〕 탭의 'Insert Div Tag' 아이콘(📄)을 클릭합니다.

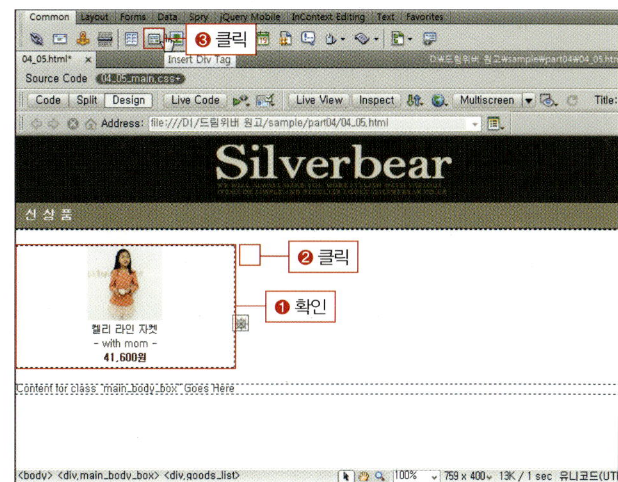

23 〔Insert Div Tag〕 대화상자가 나타나면 이미 만든 CSS Class를 이용하여 Div 영역을 만들기 위해 Class를 'new_goods'로 선택하고 〔OK〕 버튼을 클릭합니다.

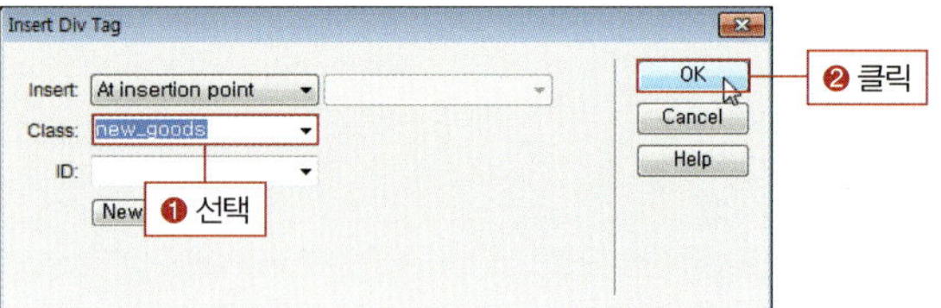

24 Div 영역에 이미지를 추가하기 위해 영역 내부를 클릭하고 위쪽의 Insert 패널에서 〔Common〕 탭의 'Images' 아이콘(▦▾)을 클릭합니다. 〔Select Image Source〕 대화상자가 나타나면 'Part04\images' 폴더의 '04_004.jpg' 파일을 선택한 다음 〔OK〕 버튼을 클릭합니다.

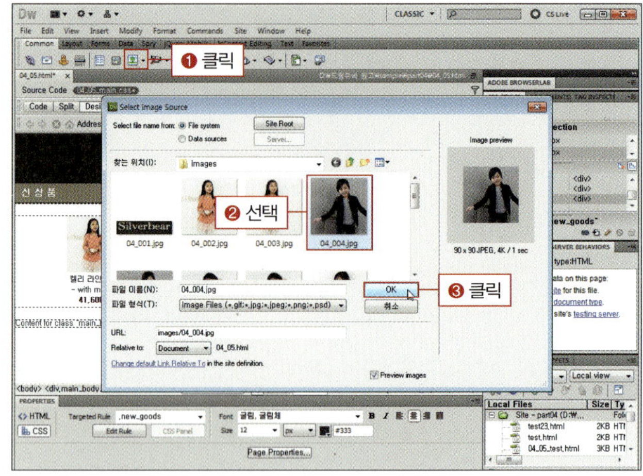

25 〔Image Tag Accessibility Attributes〕 대화상자가 나타나면 Alternate text에 '02'를 입력하고 〔OK〕 버튼을 클릭합니다.

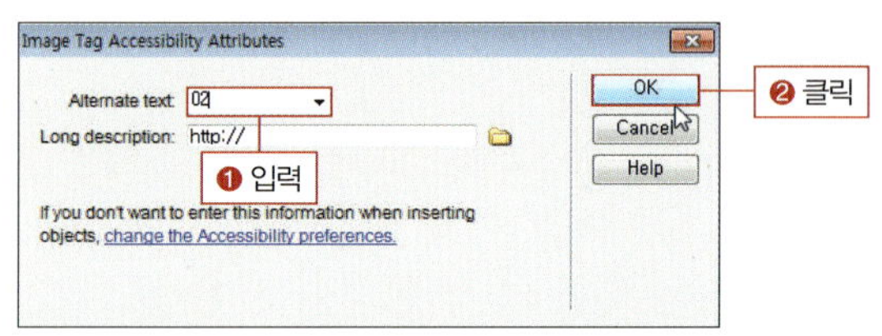

26 그림과 같이 Enter 를 눌러 줄을 바꾸면서 '블랙 & 화이트 외펜 자켓/− with mom −/59,200원'을 입력하면 자동으로 CSS가 적용됩니다.

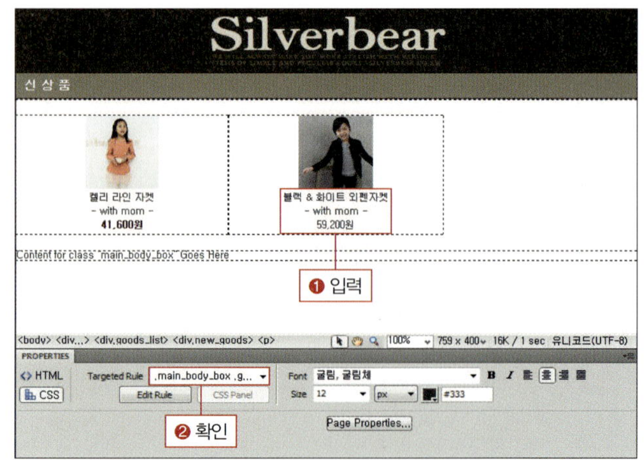

27 가격 부분을 드래그하여 선택하고 Properties 패널의 [CSS] 탭의 Targeted Rule에서 'price'를 선택하여 CSS를 적용합니다.

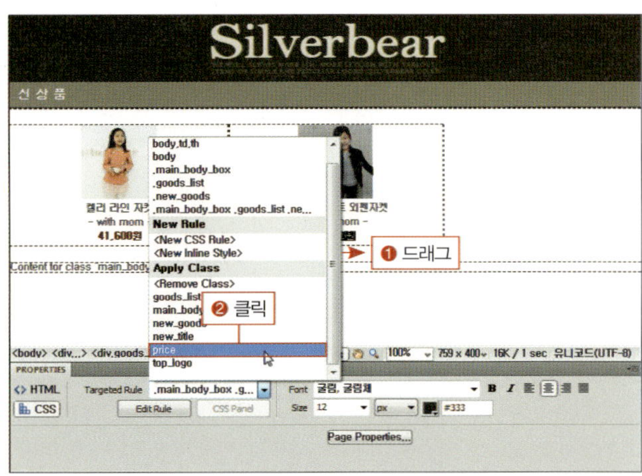

28 위와 같은 방법으로 세 번째 상품 영역을 만들고 '04_006.jpg' 파일을 삽입한 다음 '봉쥬르 ~^^/14,400원'을 입력합니다.

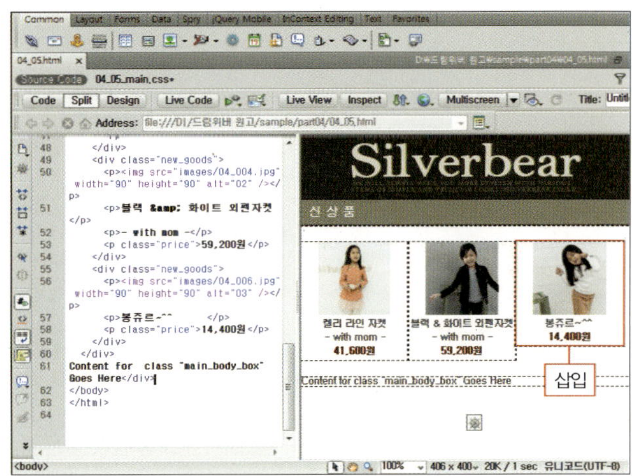

29 웹 브라우저에서 확인하기 위해 [File]-[Preview in Browser]-[IExplore] 메뉴를 클릭하거나 F12를 누릅니다. 가로 크기를 '100%'로 설정했기 때문에 확장되어 나타납니다.

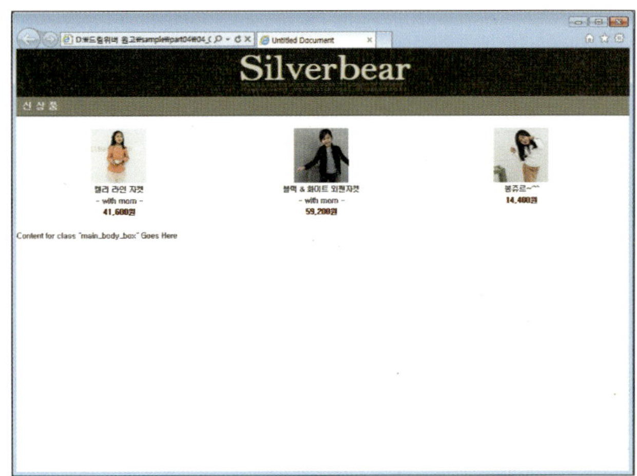

30 웹 브라우저의 크기를 조정하면 그림과 같이 가로 폭에 따라 이미지와 텍스트의 위치가 변경됩니다

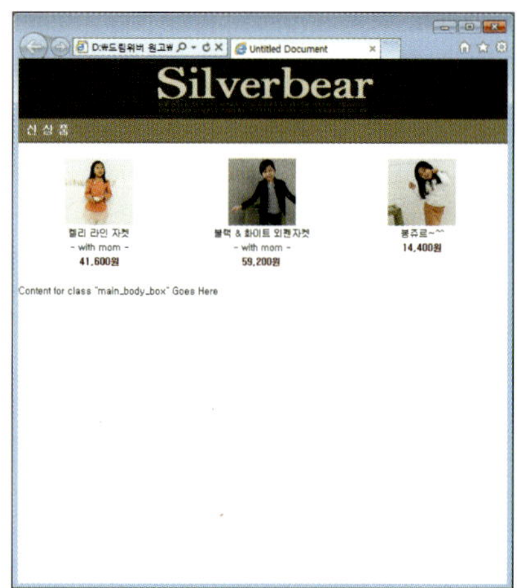
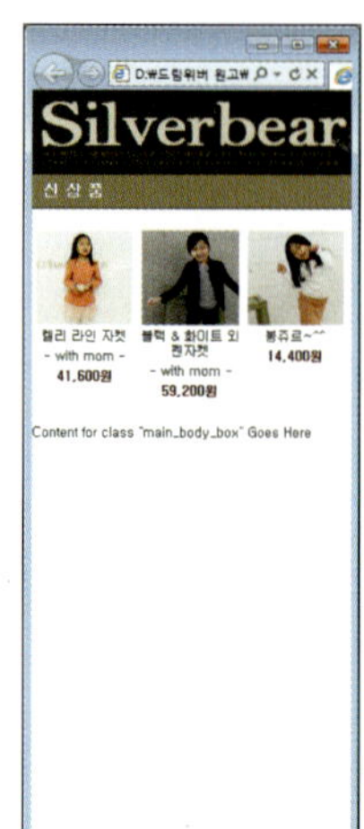

 Insert 패널에 자주 사용하는 기능 등록하기

[Window]-[Insert] 메뉴를 클릭하거나 Ctrl +F12를 눌러 메뉴 아래쪽에 Insert 패널을 나타내어 편리하게 작업할 수 있습니다. 화면의 오른쪽 위쪽에서 작업 환경 설정을 [Classic]으로 선택하면 Insert 패널이 위쪽에 배치되며, [Favorites] 탭을 활용하면 자주 사용하는 기능을 등록할 수 있습니다.

❶ Insert 패널의 [Favorites] 탭에서 마우스 오른쪽 버튼을 클릭하여 [Customize Favorites]를 선택합니다.

❷ [Customize Favorite Objects] 대화상자가 나타나면 Available objects 항목에서 필요한 메뉴를 클릭하고 '이동' 아이콘(>>)을 클릭하면 Favorite objects 항목에 메뉴가 추가됩니다. 이때 [Add separator] 버튼을 클릭하여 구분 선을 만듭니다. [OK] 버튼을 클릭하여 해당 기능을 Favorites 패널에 등록합니다.

목록을 활용한 모바일용 웹 사이트 구성하기

Lesson 03

Div로 상품 페이지를 구성할 때는 100% 크기로 설정하는 것과 각각의 Div 크기로 설정하는 것이 중요합니다. 이번 예제는 이전 예제에서 연속하여 진행되며 목록 태그인 〈li〉 태그를 활용하겠습니다. 목록을 구성하는 〈li〉 태그는 테이블로도 활용하므로 사용 방법에 익숙해지는 것이 좋습니다.

> **예제 파일** : Part04\04_05.html(이전 예제에서 계속 진행), 04_05_main.css
> **완성 파일** : Part04\04_05_완성.html, 04_05_main_완성.CSS

타이틀 영역 설정하기

01 〔File〕-〔Open〕 메뉴를 클릭하거나 Ctrl +O를 눌러 'Part04' 폴더의 '04_05.html' 파일을 불러옵니다.

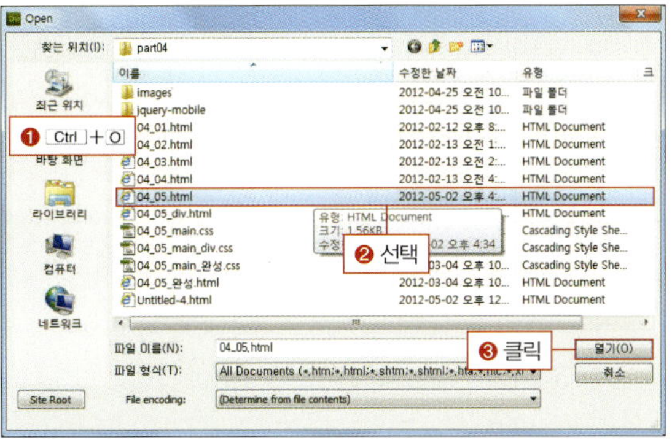

> **Tip**
>
> 이전 예제의 완성 파일인 '04_05_Div.html', '04_05_main_Div.CSS'를 활용해도 됩니다.

02 상품 목록 아래쪽에 타이틀을 추가하기 위해 텍스트의 'Content~'의 앞부분을 클릭하고 위쪽의 Insert 패널에서 〔Common〕 탭의 'Insert Div Tag' 아이콘(圖)을 클릭합니다.

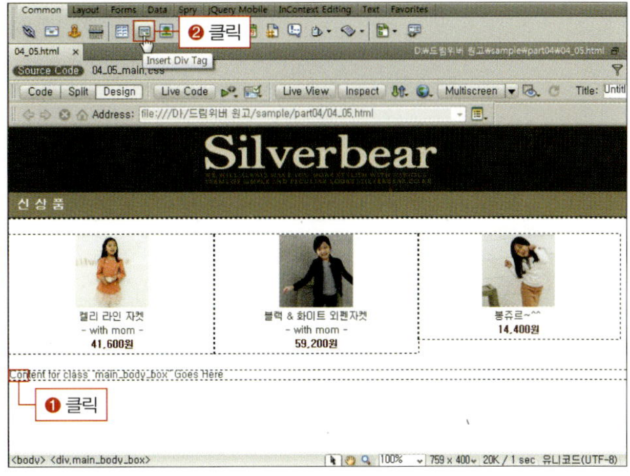

03 그림과 같이 〔Insert Div Tag〕 대화상자가 나타나면 Class에 미리 설정된 'new_title'을 선택하고 〔OK〕 버튼을 클릭합니다.

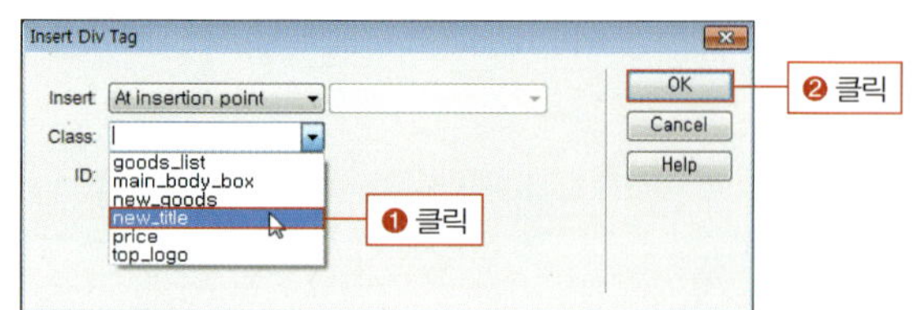

04 새로운 Div 영역을 추가했지만 영역이 넓어지고 Div 영역이 생기면서 텍스트가 화면에서 보이지 않습니다. 좌우 스크롤을 이동하여 상품 영역의 바깥쪽으로 텍스트가 만들어진 것을 확인합니다.

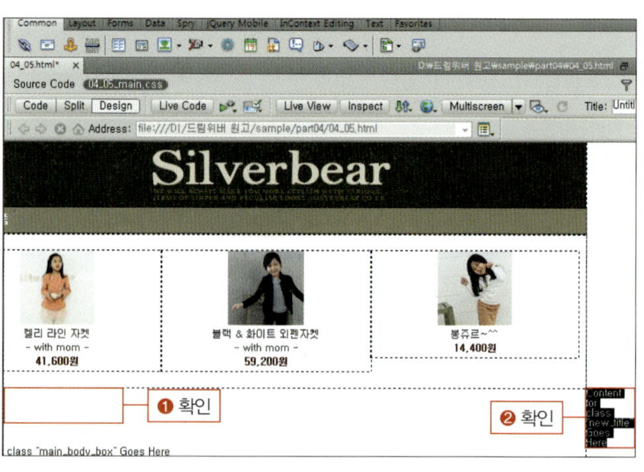

> 이전에 설정된 상품 목록의 Float이 'left'로 설정되었기 때문에 텍스트가 보이지 않습니다.

05 Clear를 CSS에 추가하기 위해 CSS Styles 패널에서 타이틀 영역의 CSS인 '.new_title'을 더블 클릭합니다.

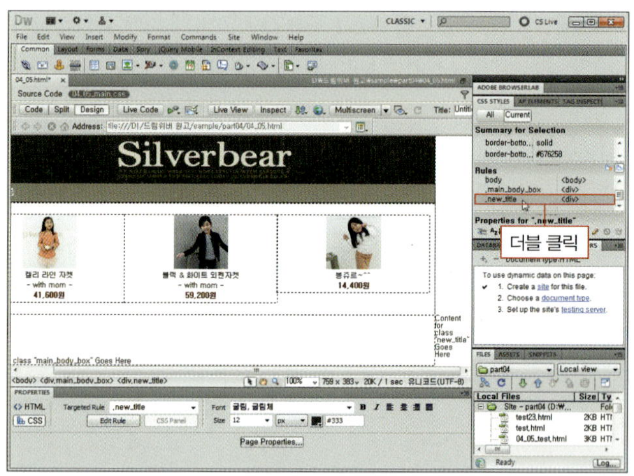

> 만약 '.new_title'이 보이지 않는다면 Properties 패널에서 수정하거나 또는 오른쪽으로 돌출된 텍스트를 선택하면 목록에 나타납니다.

06 〔CSS Rule Definition for…〕 대화상자가 나타나면 〔Box〕 탭을 선택하고 Clear를 'both'로 선택한 다음 〔OK〕 버튼을 클릭합니다.

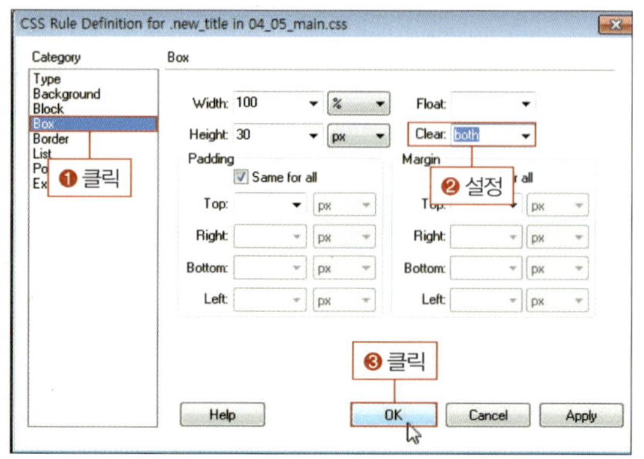

07 타이틀 영역이 이전과 신상품과 같은 형식으로 적용된 것을 확인합니다.

TIP

색상이나 형태를 변경하려면 새로운 CSS를 적용해야 합니다.

08 타이틀 영역의 텍스트를 삭제하고 '인기상품'을 입력합니다. 입력한 텍스트를 선택한 다음 Properties 패널의 〔HTML〕 탭에서 Format을 'Headign 4'로 선택하여 〈h4〉 태그를 적용합니다.

따라하기

상품 목록 적용하기

01 상품 목록을 적용할 위치인 'Content~' 텍스트의 가장 앞쪽을 클릭하여 선택하고 위쪽의 Insert 패널에서 〔Common〕 탭의 'Insert Div Tag' 아이콘()을 클릭합니다.

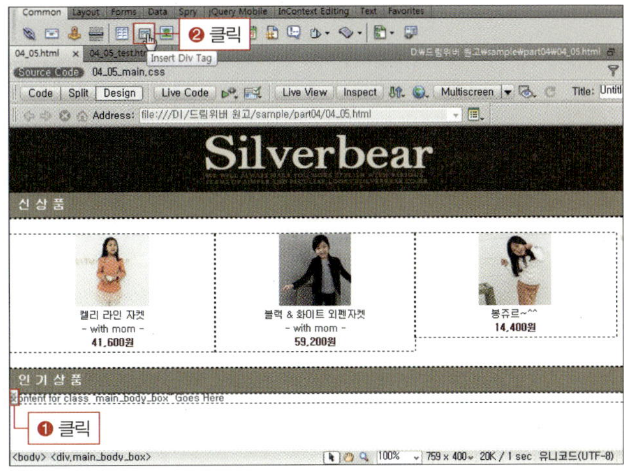

02 〔Insert Div Tag〕 대화상자가 나타나면 Class에 'goods_list'를 선택하고 〔OK〕 버튼을 클릭합니다.

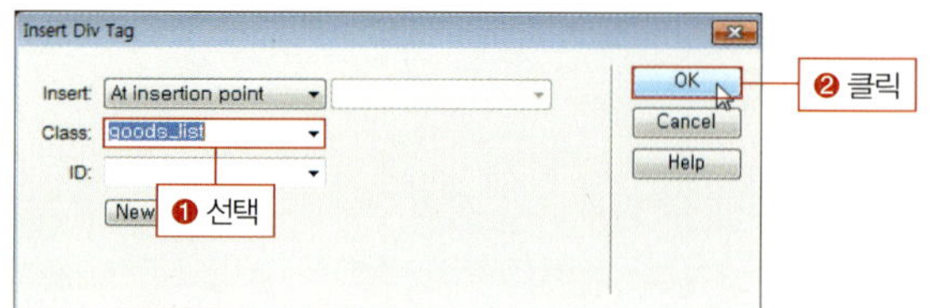

03 Div 영역이 생성되면 해당 영역의 텍스트를 삭제합니다. 이미지를 추가하기 위해 위쪽의 Insert 패널에서 〔Common〕 탭의 'Images' 아이콘(🖼️)을 클릭합니다.

04 〔Select Image Source〕 대화상자가 나타나면 'Part04\images' 폴더의 '04_008.jpg' 파일을 선택한 다음 〔OK〕 버튼을 클릭합니다.

05 〔Image Tag Accessibility Attributes〕 대화상자가 나타나면 Alternate text에 '04'를 입력하고 〔OK〕 버튼을 클릭합니다.

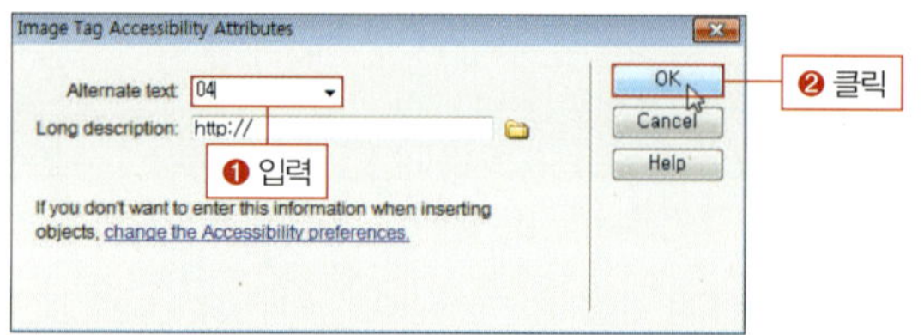

06 Shift + Enter 를 눌러
 태그를 적용한 다음 그림과 같이 '스프링 raglan t/- with mom -/16,000원'을 입력합니다.

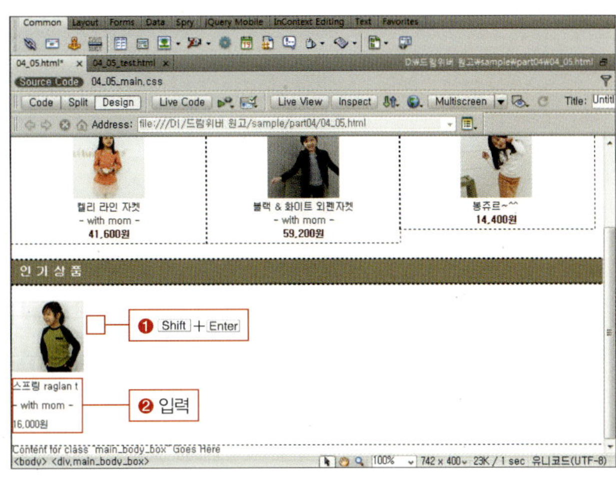

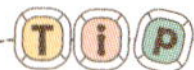

> 목록을 만들 때 <p> 태그로 구분되어 단위별로 만들어지므로 입력 시 Enter 를 눌러 줄을 바꾸지 않아도 됩니다.

07 다음 상품 이미지를 적용하기 위해 Enter 를 눌러 줄을 바꾸고, 위쪽의 Insert 패널에서 〔Common〕 탭의 'Images' 아이콘()을 클릭합니다. 〔Select Image Source〕 대화상자가 나타나면 'Part04\images' 폴더의 '04_010.jpg' 파일을 선택한 다음 〔OK〕 버튼을 클릭합니다.

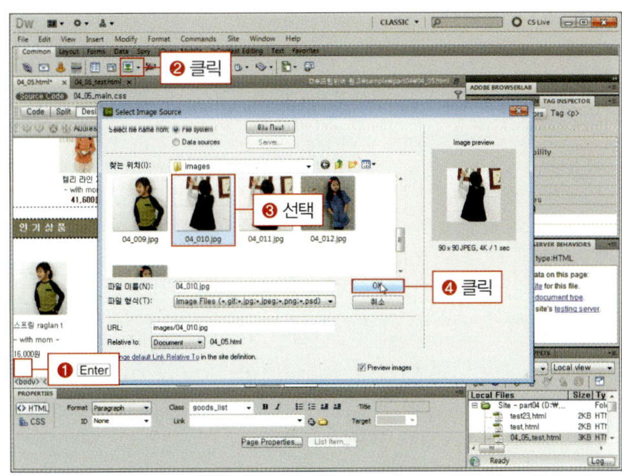

08 〔Image Tag Accessibility Attributes〕 대화상자가 나타나면 Alternate text에 '05'를 입력하고 〔OK〕 버튼을 클릭합니다.

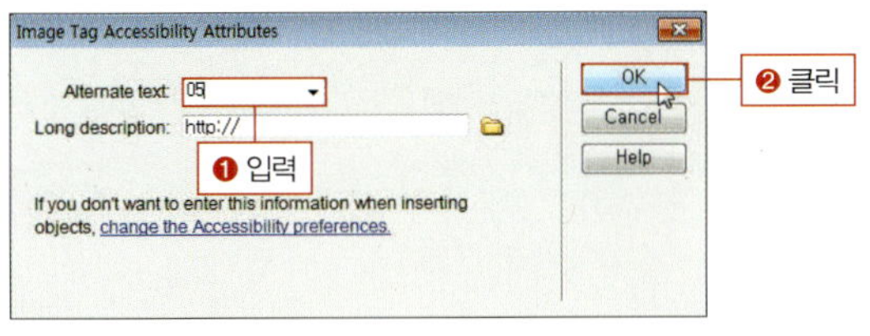

09 위와 같은 방법으로 Shift + Enter 를 눌러 ⟨br⟩ 태그를 적용하고 '폴카 vest/28,800원'을 입력합니다.

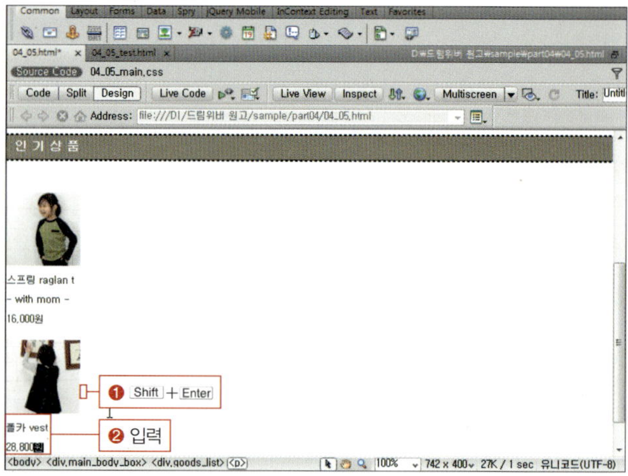

10 **07~08**번과 같은 방법으로 'Part04\images' 폴더의 '04_012.jpg' 파일을 추가하고, Shift + Enter 를 이용하여 ⟨br⟩ 태그가 적용된 형태로 그림과 같이 'stella 데님 원피스/– with mom –/46,600원'을 입력합니다.

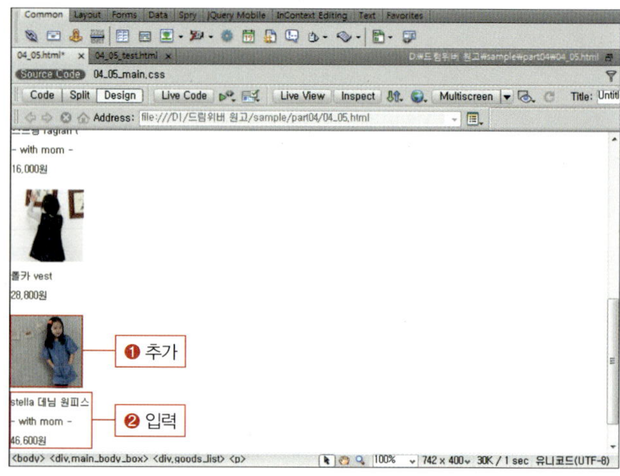

목록 태그 적용하기

01 추가한 3가지 상품을 드래그하여 모두 선택하고 Properties 패널의 〔HTML〕 탭에서 'Unordered List' 아이콘(☰)을 클릭합니다.

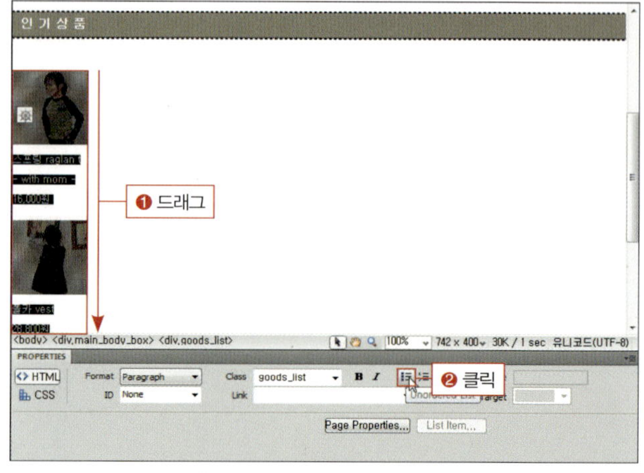

02 비순차적 목록으로 적용했기 때문에 사진마다 불릿 기호가 적용됩니다.

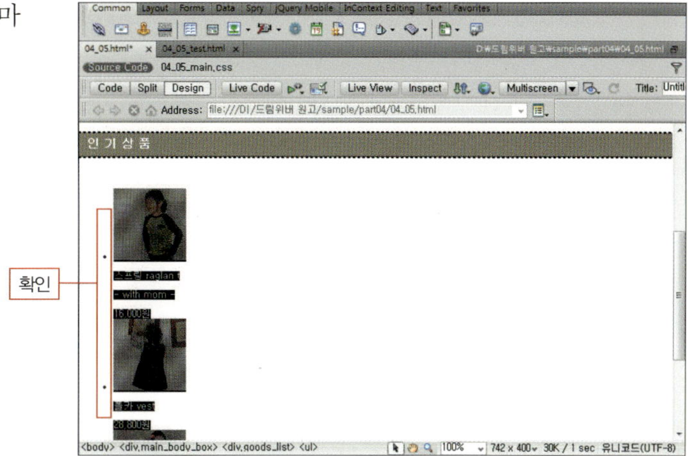

03 그림과 같이 상품이 선택된 상태로 태그 선택자에서 '〈ul〉'를 클릭합니다. Properties 패널의 [CSS] 탭에서 Targeted Rule을 '〈New CSS Rule〉'로 선택한 다음 [Edit Rule] 버튼을 클릭합니다.

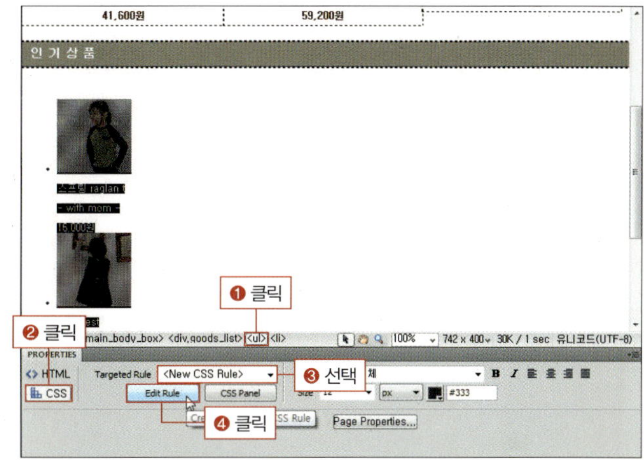

04 그림과 같이 [New CSS Rule] 대화상자가 나타나면 Selector Type에 'Compound (based on your selection)'을 선택하고 Selector Name에 '.main_body_box .goods_list ul'가 입력된 것을 확인합니다. Rule Definition을 '04_05_main.css'로 선택한 다음 [OK] 버튼을 클릭합니다.

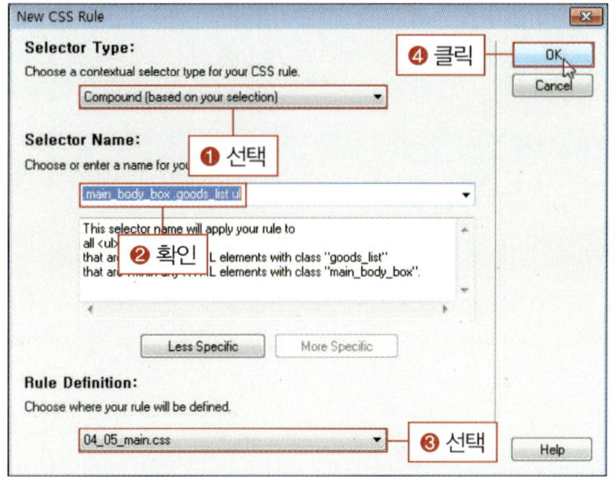

05 〔CSS Rule Definition for…〕 대화상자가 나타나면 〔Box〕 탭을 선택합니다. Width를 '100%'로 설정하고 Padding과 Margin 항목의 Top을 각각 '0px'으로 설정한 다음 〔OK〕 버튼을 클릭합니다.

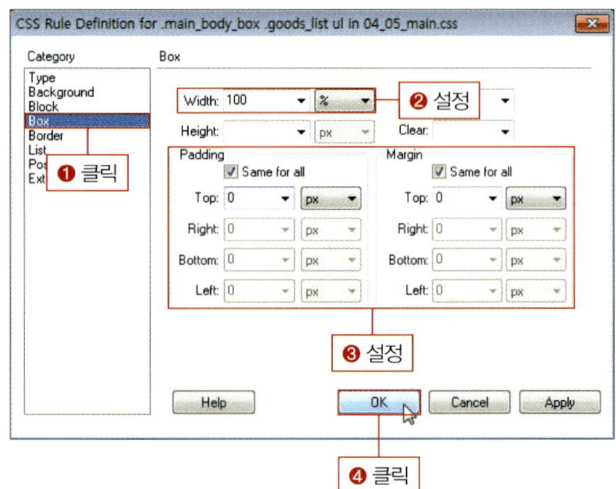

06 〈li〉 태그에 CSS를 적용하기 위해 태그 선택자에서 '〈li〉'를 클릭하고 Targeted Rule을 '〈New CSS Rule〉'로 설정한 다음 〔Edit Rule〕 버튼을 클릭합니다.

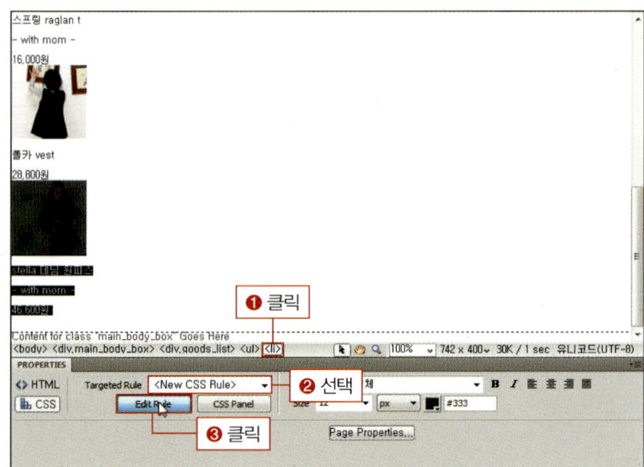

07 그림과 같이 〔New CSS Rule〕 대화상자가 나타나면 Selector Type에 'Compound (based on your selection)'이 선택되고 Selector Name에 '.main_body_box .goods_list ul li'가 입력된 것을 확인합니다. Rule Definition을 '04_05_main.css'로 선택하고 〔OK〕 버튼을 클릭합니다.

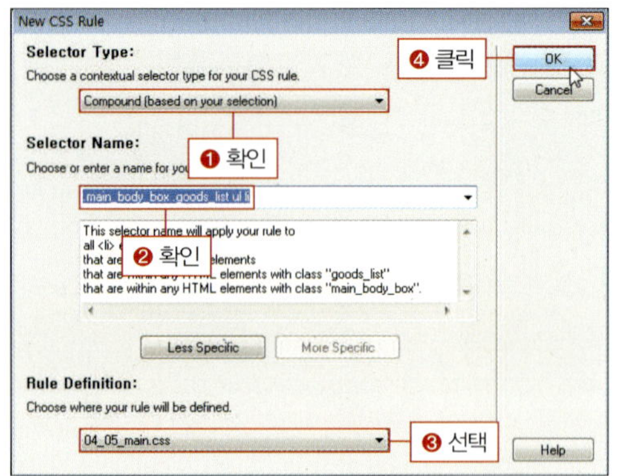

08 〔CSS Rule Definition for…〕 대화상자가 나타나면 〔Block〕 탭을 선택하고 Text-align을 'center'로 선택합니다.

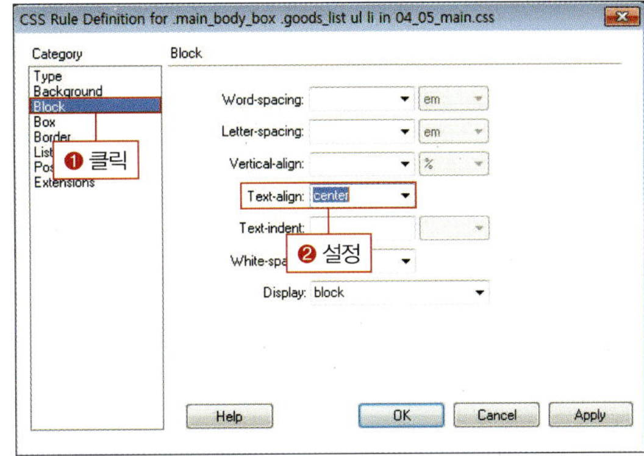

09 〔Box〕 탭을 선택하고 Width는 '33%', Float 은 'left'로 선택하여 목록의 크기와 위치를 설정합 니다.

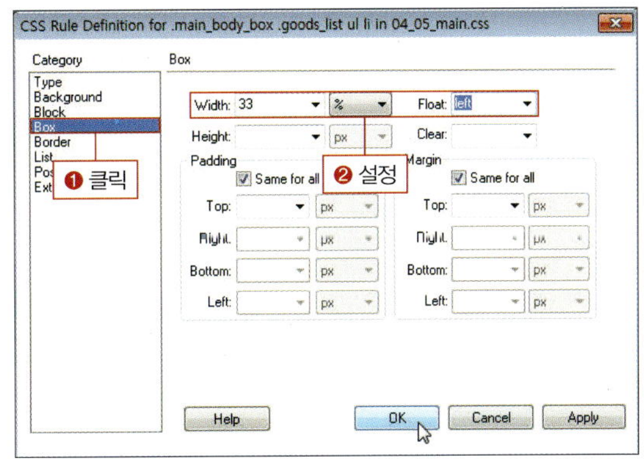

10 〔List〕 탭을 선택하고 목록의 불릿 기호를 제 거하기 위해 List-style-type을 'none'으로 선택 합니다.

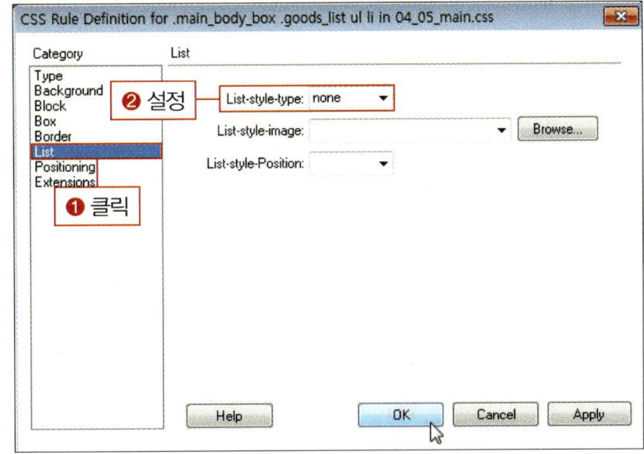

11 〔Positioning〕 탭을 선택한 다음 Position을 'relative'로 선택하고 〔OK〕 버튼을 클릭합니다.

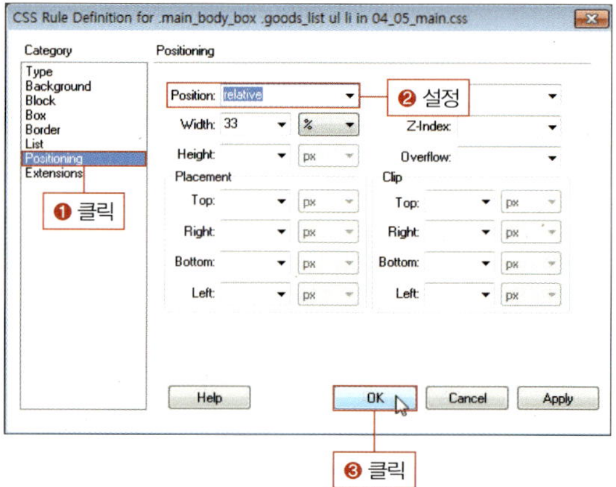

12 세로로 배치되었던 상품이 〈li〉 태그에 적용된 CSS로 인해 가로 방향으로 배치된 것을 확인합니다.

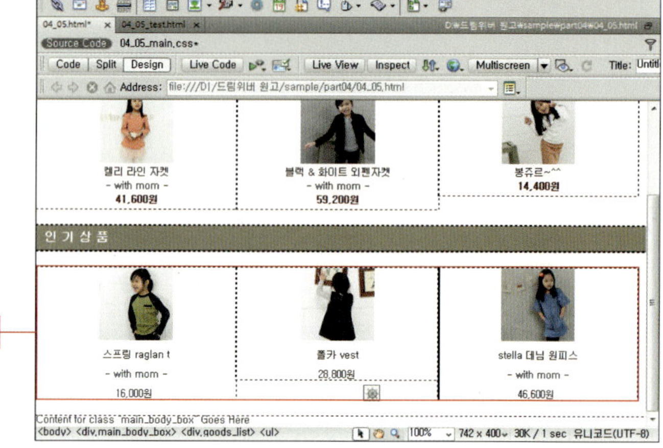

13 웹 브라우저에서 확인하기 위해 〔File〕-〔Preview in Browser〕-〔IExplore〕 메뉴를 클릭하거나 F12를 누릅니다.

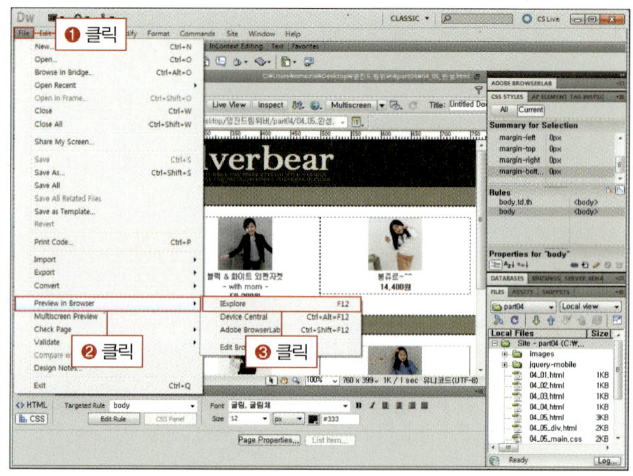

저작권 적용하기

01 아래쪽에 적용된 'Content~'의 텍스트를 삭제하고 저작권이 적용될 부분을 클릭합니다. 위쪽의 Insert 패널에서 (Common) 탭의 'Insert Div Tag' 아이콘()을 클릭합니다.

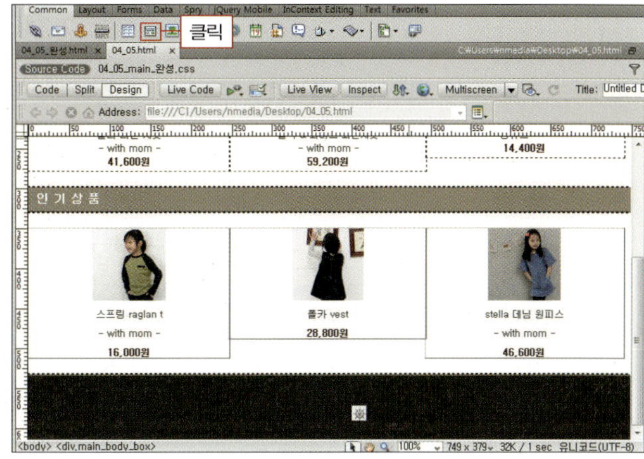

02 (Insert Div Tag) 대화상자가 나타나면 새로운 CSS를 추가하기 위해 (New CSS Rule) 버튼을 클릭합니다.

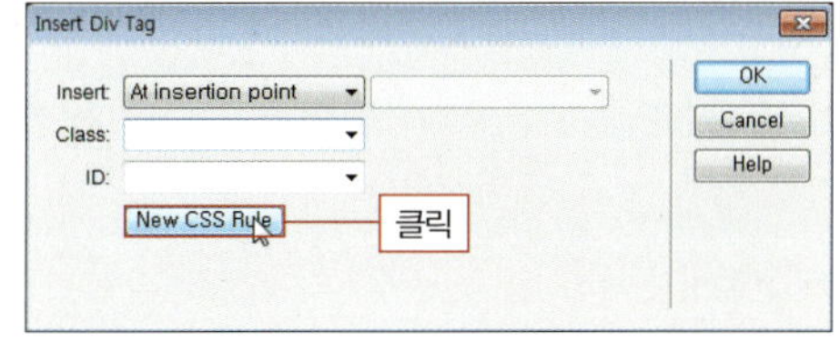

03 그림과 같이 (New CSS Rule) 대화상자가 나타나면 Selector Type을 'Class (can apply to any HTML element)'로 선택합니다. Selector Name에 'copyright'를 입력하고 Rule Definition을 '04_05_main.css'로 선택한 다음 (OK) 버튼을 클릭합니다.

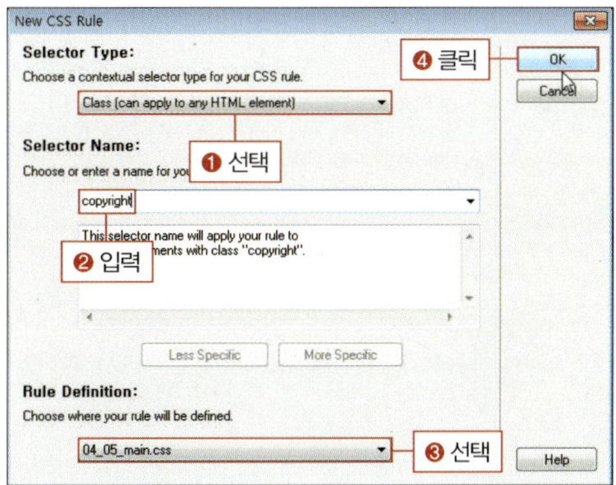

04 〔CSS Rule Definition for…〕 대화상자가 나타나면 〔Background〕 탭을 선택하고 Background-color를 '#373123'로 설정합니다.

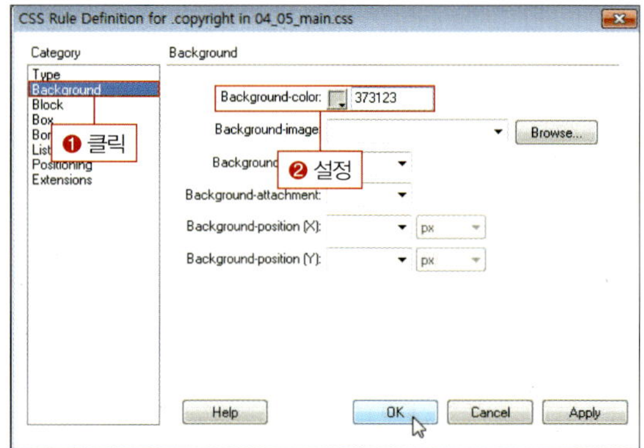

05 〔Block〕 탭을 선택하고 Text-align을 'center'로 선택하여 텍스트를 가운데 정렬합니다.

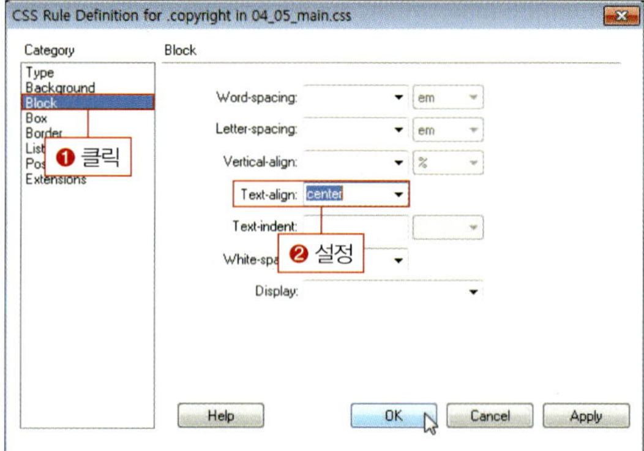

06 〔Box〕 탭을 선택한 다음 Width를 '100%', Height를 '70px', Clear를 'both', Padding 항목의 'Same for all'을 선택 해제하고 Top을 '10px', Margin 항목은 모두 '0px'으로 설정합니다.

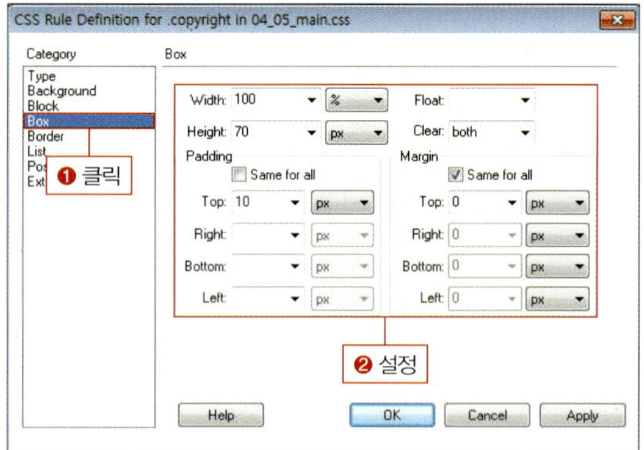

07 저작권 영역 위쪽에 테두리를 추가하기 위해 〔Border〕 탭을 선택하고 'Same for all'을 선택 해제합니다. Style, Width, Color 항목의 Top을 'solid', '2px', '#988d7a'로 설정합니다.

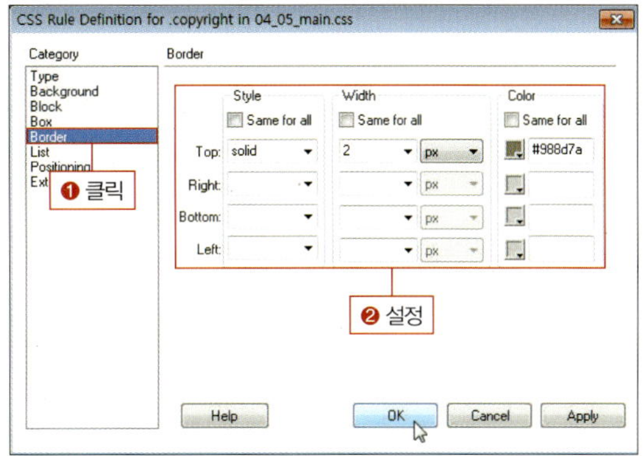

08 〔Type〕 탭을 선택하고 Color를 '#CCC'로 설정한 다음 〔OK〕 버튼을 클릭합니다.

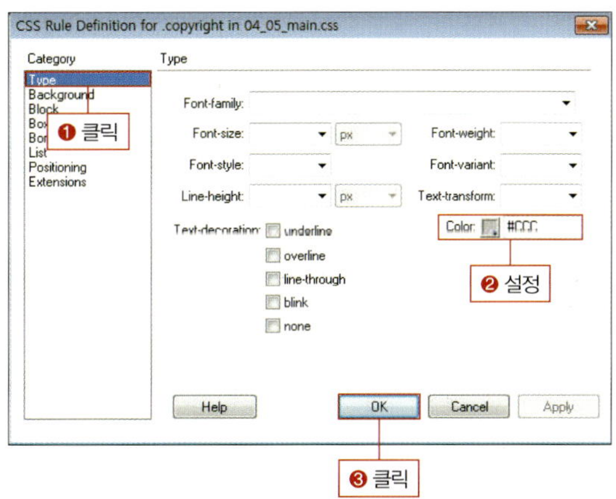

09 그림과 같이 〔Insert Div Tag〕 대화상자의 Class에 'copyright'가 입력된 것을 확인하고 〔OK〕 버튼을 클릭합니다.

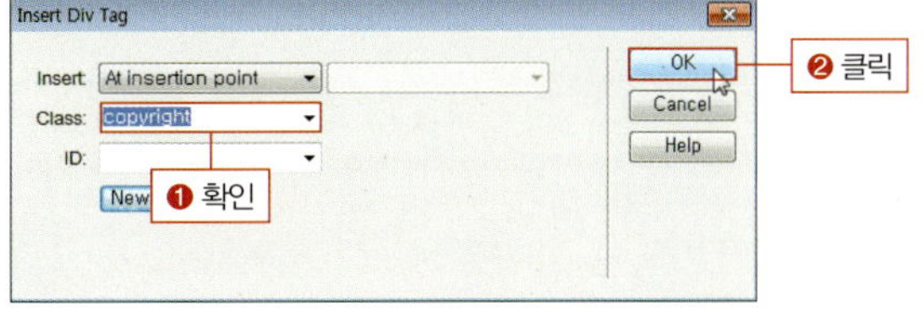

10 저작권 부분에 그림과 같이 'COPYRIGHT (c) SILVERBEAR. ALL RIHGTS RESERVED.'를 입력합니다.

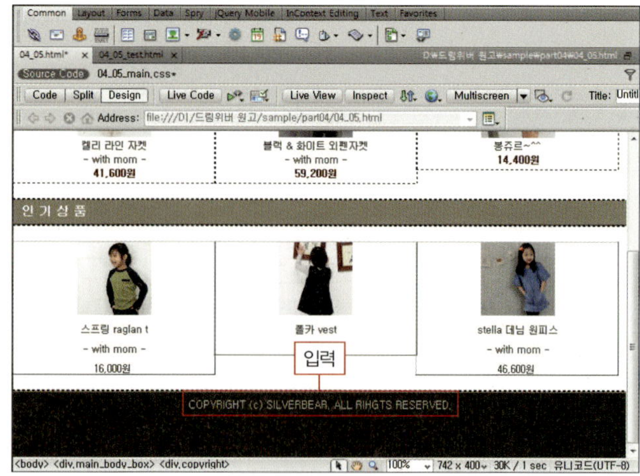

11 인기상품에 적용한 3개의 가격을 각각 드래그하여 선택하고 Properties 패널의 (CSS) 탭에서 Targeted Rule을 'price'로 선택합니다.

12 웹 브라우저에서 완성된 사이트를 확인하기 위해 (File)-(Preview in Browser)-(IExplore) 메뉴를 클릭하거나 F12를 누릅니다.

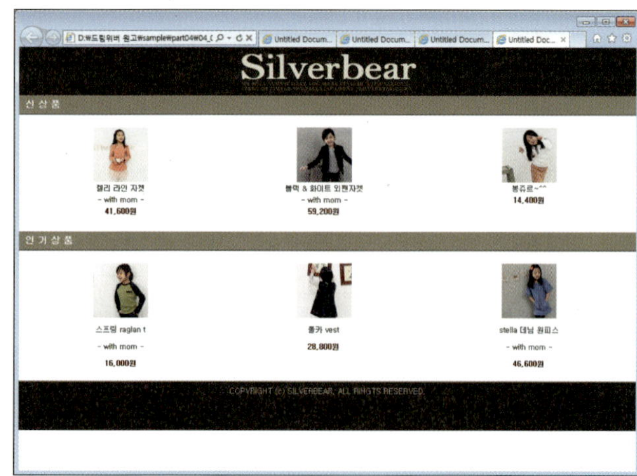

T i P

웹 브라우저에서 크기를 조정하면 자동으로 상품의 위치가 자동으로 변경됩니다.

목록 형태 자유롭게 설정하기

목록에는 순차적 목록과 비순차적 목록이 있으며 비순차적인 목록은 〈ul〉, 순차적인 목록은 〈ol〉 태그로 만들어집니다. 목록의 기본적인 형태는 불릿 기호와 숫자 형태의 목록입니다. 목록의 구분자, 즉 불릿 기호나 숫자는 다른 형태로 변경할 수 있으며 직접 제작한 디자인의 이미지를 활용할 수도 있습니다. CSS를 활용하지 않으면 목록에 관련된 〈ul〉 또는 〈ol〉 태그에 〈type〉 태그를 적용합니다.

기본 비순차 목록의 형태는 그림과 같이 작은 원형의 불릿 기호이며 'disc'입니다. 원형 외에도 다른 도형으로 설정할 수 있습니다.

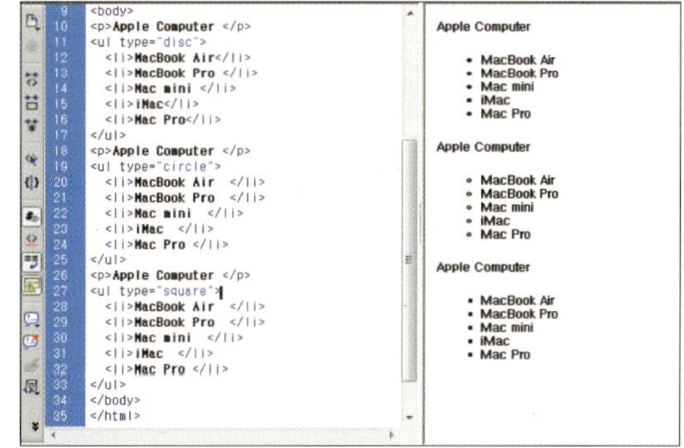

순차적인 목록은 숫자를 사용하지만 알파벳이나 로마자로도 표기할 수 있습니다. 코드 화면에서 태그를 입력하면 자동으로 완성형을 지원하기 때문에 간단하게 선택할 수 있습니다.

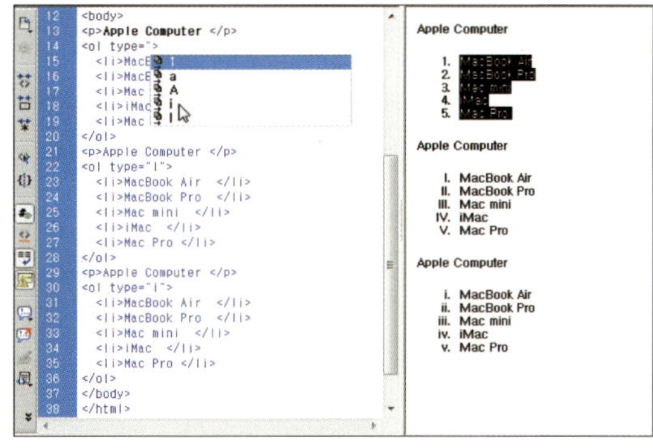

순차적 목록은 시작 위치를 설정할 수 있는데, 순차적 목록의 형태를 선택하고 start를 이용하여 값을 입력하면 해당 값부터 시작합니다. 예를 들어 '〈ol type="1" start="3"〉'의 순차적 목록은 1부터가 아니라 '3'부터 숫자가 적용됩니다.

순차적 목록이나 비순차적인 목록의 〈type〉 태그에 직접 적용하는 것보다 CSS로 적용하는 것이 유리하므로 CSS를 활용할 때에는 [List] 탭을 활용하는 것이 좋습니다.

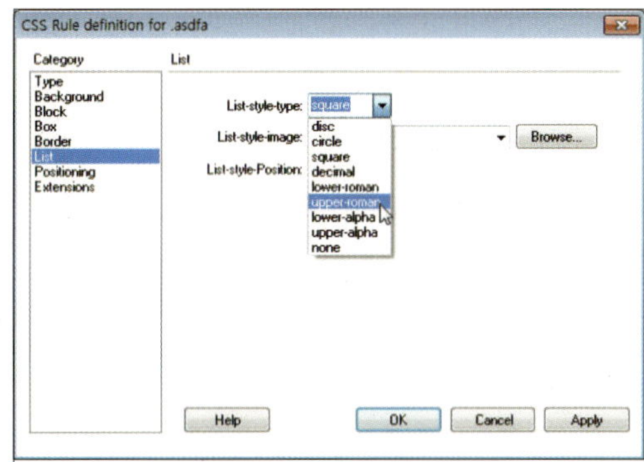

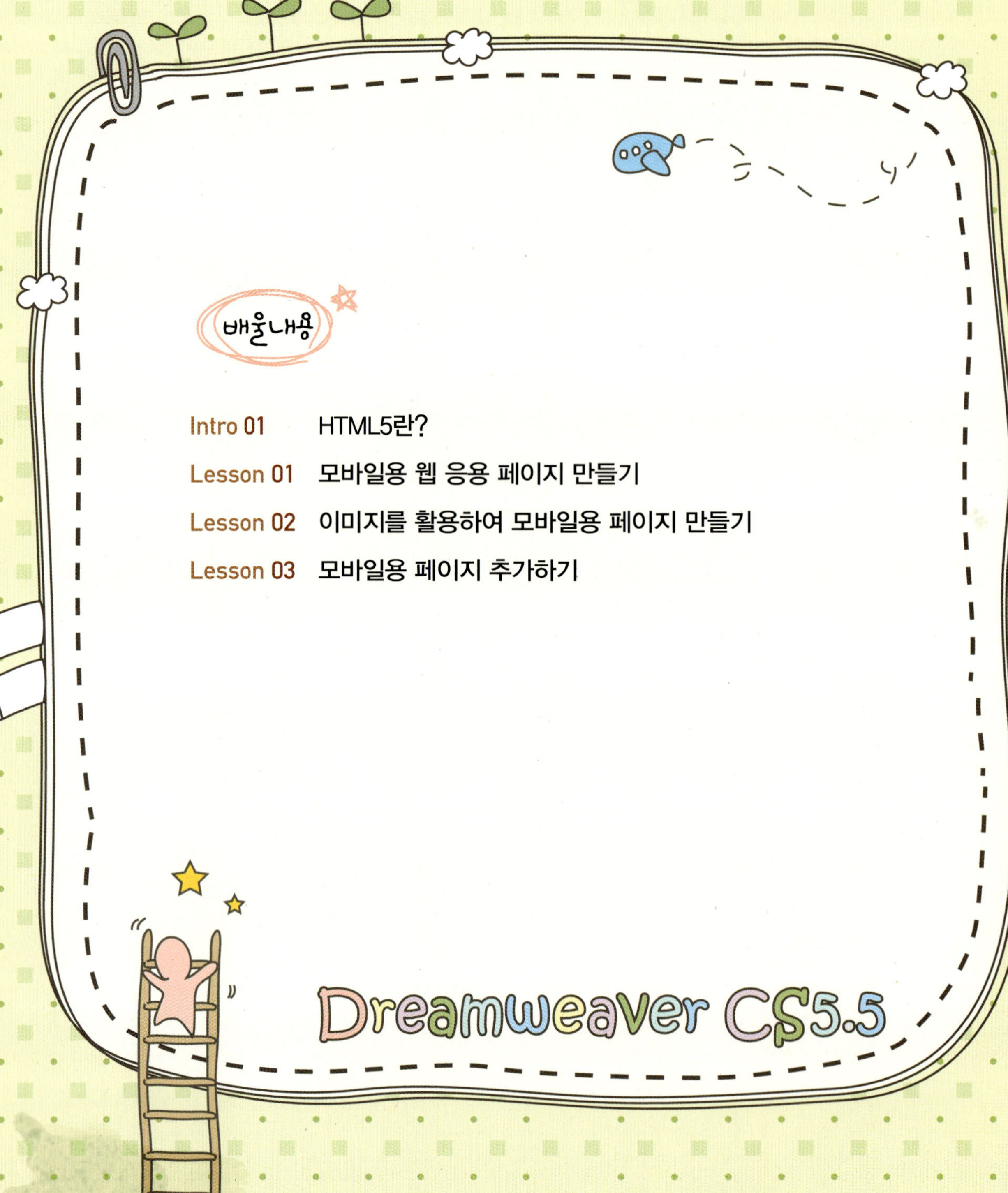

배울내용

Dreamweaver CS5.5

모바일 웹 사이트 & 패키지 제작하기

HTML을 이용하여 모바일용 웹 사이트를 제작하는 방법을 알아보겠습니다. 가로 크기의 비율과 보이는 형태를 확실히 숙지하고 있다면 모바일용 페이지를 제작하는 것은 크게 어렵지 않으며, 홈페이지를 만드는 방법과 크게 다르지 않음을 알 수 있습니다. HTML5를 이용하여 모바일용 페이지를 제작해 보겠습니다.

HTML5란?

HTML5는 웹의 마크업 언어로, 실제로는 웹의 표준화가 목적이지만 모바일과 웹에서도 표준 규격으로 적용할 수 있습니다. 또 HTML5로 이전에 제작한 모바일용 앱(애플리케이션)을 HTML5로 제작할 수 있습니다. HTML5를 활용한 모바일 페이지를 만들기 위해 HTML5에 대해 알아보겠습니다.

HTML5의 특징

HTML5는 차세대 웹 표준으로 제안된 웹용 마크업 언어로, 플러그인 기반의 애플리케이션 사용을 줄이기 위해 사용됩니다. 쉽게 말해서 보안에 취약한 Active X의 무분별한 사용을 줄이고 다양한 웹 브라우저에서도 같은 상태로 보이도록 만드는 것입니다. 현재 대부분의 최신 웹 브라우저는 HTML5를 지원하며, HTML5로 제작해도 현재 웹 브라우저에서 대부분의 기능을 사용할 수 있습니다.

■ 캔버스와 SVG 지원

캔버스는 HTML5에서 지원하는 기능으로, 웹 브라우저에 2D 그래픽 이미지를 직접 만들고 표현할 수 있습니다. 캔버스로 사용할 영역을 지정하고 그 영역 내에 어떻게 사각형을 그릴지 좌표를 입력하여 그릴 수 있습니다. 또한 플래시와 같은 벡터 이미지 처리를 위하여 Scalable Vector Graphic이라는 기본 태그로 HTML5에서 구현할 수 있도록 지원합니다.

■ 데이터의 로컬 저장

기존의 웹은 필요한 데이터를 서버에 저장하여 제한적으로 사용자의 기기에 저장했지만, 이제는 서버에 저장할 필요없이 사용하는 기기에 정보를 저장할 수 있습니다. 이로 인하여 활용 폭이 넓어졌으며 모바일에서 사용할 수 있는 앱도 HTML5를 활용하여 개발할 수 있습니다.

■ 간단한 비디오/오디오 재생

HTML5 이전에는 동영상과 오디오를 재생하려면 플러그인을 통해 재생해야 했지만 HTML5에서는 간단하게 〈video〉 태그를 이용하여 웹 브라우저 내에서 재생할 수 있습니다.

이 외에도 여러 가지 특징과 기능을 포함하고 있으며, 태그의 기본 형태를 유지하지만 새로운 방식으로 변경되거나 추가된 태그가 있습니다. HTML5 이전에는 복잡하게 HTML을 선언하고 3가지 방식으로 DTD를 설정해야 했지만, 이제는 간단하게 〈!DOCTYPE HTML〉을 선언하면 됩니다.

```
1    <!DOCTYPE html PUBLIC "-//W3C//DTD XHTML 1.0 Transitional//EN"
     "http://www.w3.org/TR/xhtml1/DTD/xhtml1-transitional.dtd">
2    <html xmlns="http://www.w3.org/1999/xhtml">
3    <head>
4    <meta http-equiv="Content-Type" content="text/html; charset=utf-8" />
5    <title>Untitled Document</title>
6    </head>
7
8    <body>
9    </body>
10   </html>
11
```

▲ XHTML1.0

```
1    <!DOCTYPE HTML>
2    <html>
3    <head>
4    <meta charset="utf-8">
5    <title>Untitled Document</title>
6    </head>
7
8    <body>
9    </body>
10   </html>
11   |
```

▲ HTML5

위의 그림은 드림위버에서 새 문서를 만들 때 HTML5와 XHTML1.0를 비교한 것입니다. 두 문서를 살펴보면 매우 간단하게 설정할 수 있음을 볼 수 있습니다. 또한 더 이상 TYPE에 속성을 사용할 필요가 없고, XHTML1.0 태그에서는 큰 따옴표("")로 속성을 감싸야했지만 HTML5 반드시 사용하지 않아도 됩니다.

최근에는 HTML5로의 전환을 위해 대형 포털 사이트들의 준비가 시작되었습니다. 단계적으로 플래시 사용을 중단하며, HTML5에 맞춘 포맷으로 유튜브나 비메오 등이 이미 서비스를 시작했습니다. 아직 HTML5가 표준화되지 않았기 때문에 필수로 HTML5에 맞춰 웹 사이트나 모바일을 제작해야 하는 것은 아니지만 차세대 웹을 위해, 기기나 웹 브라우저에 관계없이 같은 화면의 웹 사이트를 위해 HTML5의 활용은 필수적입니다.

HTML5 문서 만들기

드림위버에서 HTML5 문서를 제작하려면 시작 화면의 세부 설정을 이용하여 Doc Type으로 설정하는 것이 편리합니다.

01 시작 화면의 〔Create New〕 항목에서 〔More〕를 선택합니다.

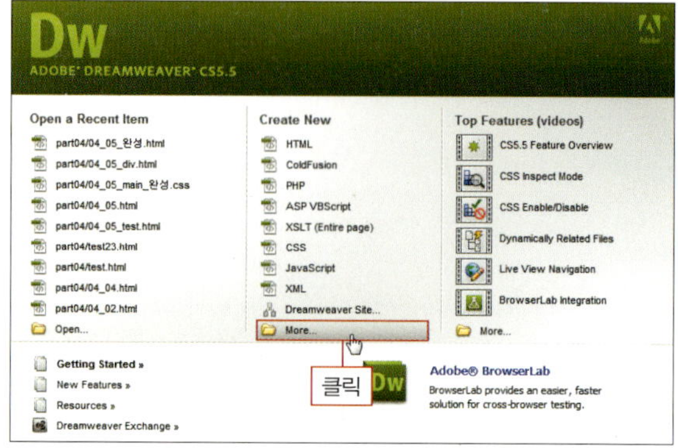

02 〔New Document〕 대화상자가 나타나면 〔Blank Page〕 탭을 선택합니다. 〔Page Type〕 항목에서 'HTML'을 선택하고 〔Layout〕 항목에서 '〈none〉'을 선택한 다음 문서의 HTML 형식을 설정하기 위해 〔DocType〕 항목에서 'HTML5'를 선택하고 〔Create〕 버튼을 클릭합니다.

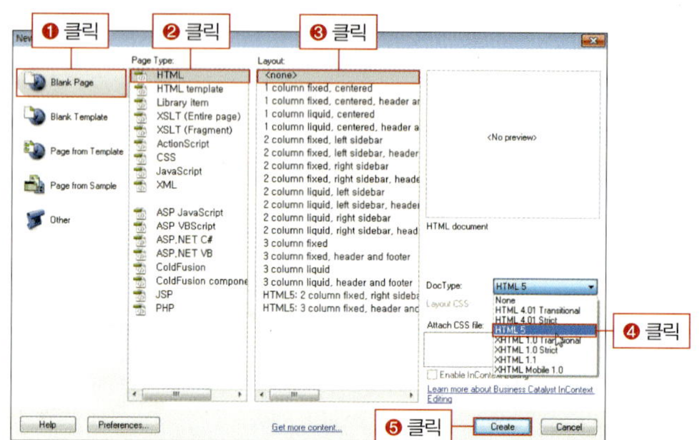

03 그림과 같이 HTML5 형식으로 문서가 만들어집니다.

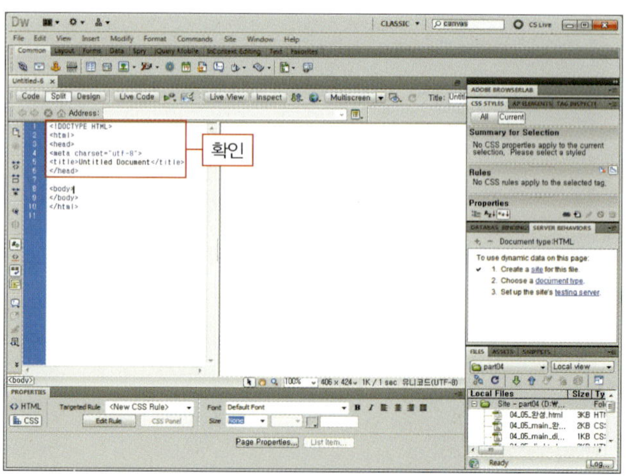

드림위버에서 만들어진 문서는 버전에 따라 달라지는 것이 아니라 태그 부분만 달라지므로 기본 화면의 변화는 없습니다.

템플릿을 활용하여 HTML5 문서 만들기

〔New Document〕 대화상자에서 레이아웃의 형태를 갖춘 HTML5 문서를 만들 수 있습니다.
Layout 항목에서 HTML5를 활용하여 만들어 보겠습니다.

01 시작 화면의 〔Create New〕 항목에서 〔More〕를 선택한 다음 〔New Document〕 대화상자가 나타나면 〔Blank Page〕 탭을 선택합니다. 〔Page Type〕 항목에서 'HTML'을 선택하고 〔Layout〕 항목에서 'HTML5: 2…'를 선택한 다음 〔Create〕 버튼을 클릭하여 문서를 만듭니다.

> **Tip**
>
> Layout 항목에서 'HTML5: 2 column fixed…'를 선택하면 오른쪽의 미리 보기 화면과 같은 구조의 웹 사이트 제작에 활용되며 문서의 타입은 HTML5 방식으로 선택됩니다.

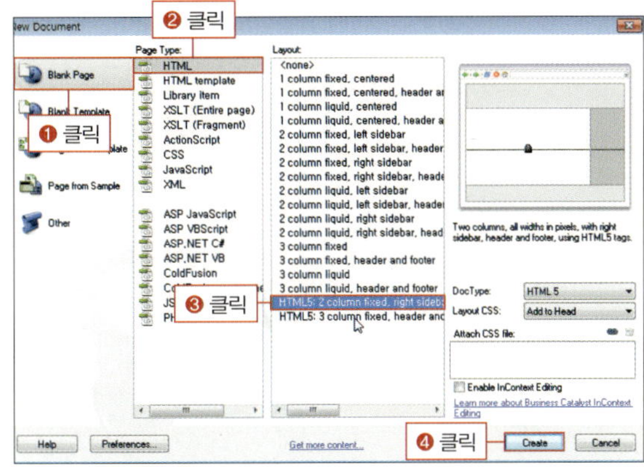

02 Div를 이용한 화면이 구성되었으며 내용을 변경하면 문서를 완성할 수 있습니다.

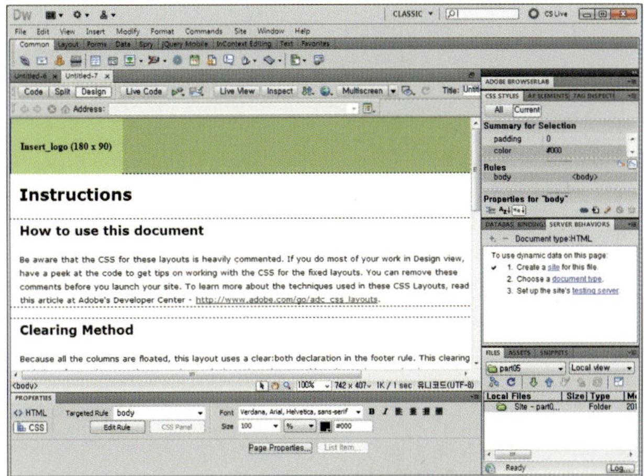

03 〔File〕-〔Preview in Browser〕-〔IExplore〕 메뉴를 클릭하거나 F12를 눌러 웹 브라우저에서 확인합니다.

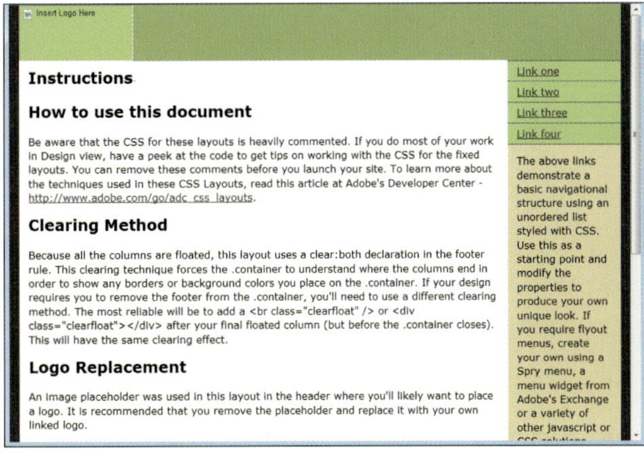

모바일용 템플릿 페이지 만들기

드림위버 CS5.5는 모바일용 페이지 또는 앱으로 제작할 수 있는 템플릿을 지원합니다. 설정 방법이 간단하여 초보자도 쉽게 제작할 수 있습니다.

01 〔New Document〕 대화상자에서 〔Page from Sample〕 탭을 선택합니다. 〔Sample Folder〕 항목에서 'Mobile Starters', 〔Sample Page〕 항목에서 'jQuery Mobile(PhoneGap)'을 선택한 다음 〔Create〕 버튼을 클릭합니다.

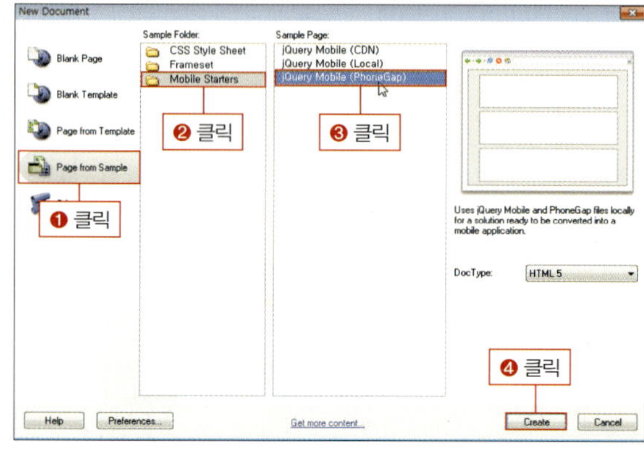

모바일용 앱 개발을 위해서는 jQuery를 사용해야 합니다.

02 새 문서에서 〔Split〕 탭을 클릭하면 코드 화면과 디자인 화면으로 나뉩니다. 디자인 화면은 텍스트와 박스 형태, 즉 Div 형태로 나타나는 것을 확인합니다.

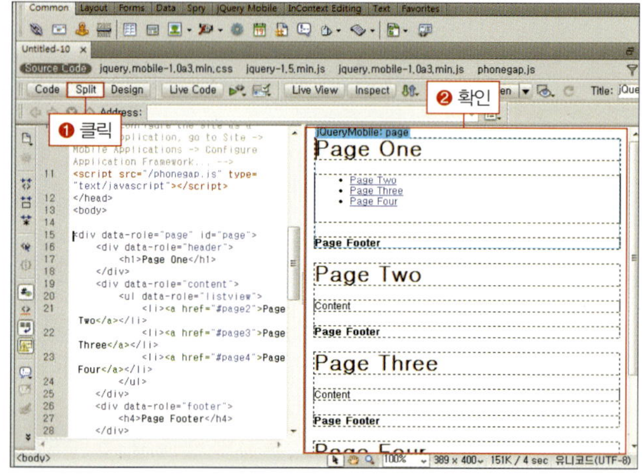

03 위쪽의 〔Live View〕 버튼을 클릭하면 완성된 형태의 페이지를 확인할 수 있습니다.

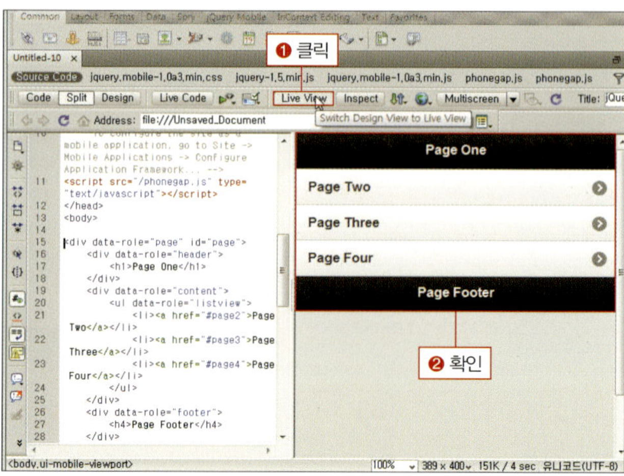

04 [File]-[Preview in Browser]-[Device Central] 메뉴를 클릭하거나 Ctrl + Alt + F12 를 누릅니다.

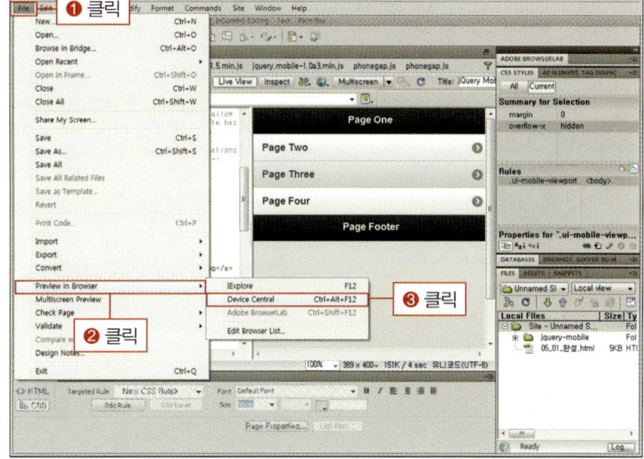

Tip

웹 브라우저에서 문서를 확인할 수 없지만 [Device Central] 을 이용하여 확인할 수 있습니다.

05 [Copy Dependent Files] 대화상자가 나타나 면 [Copy] 버튼을 클릭합니다.

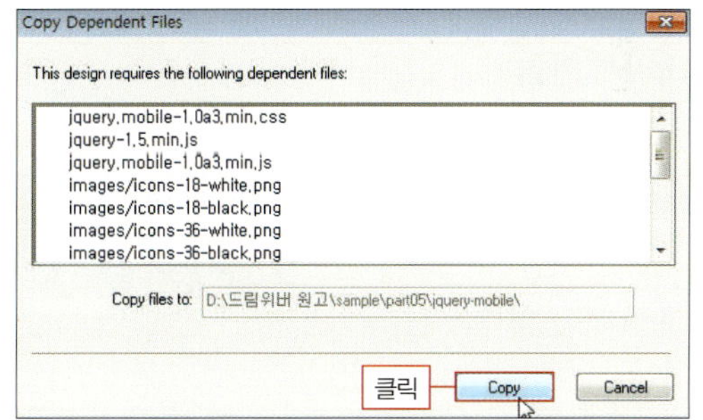

06 같이 테스트 기기 중에서 선택하여 형태를 미리 확인하고 작동할 수 있습니다.

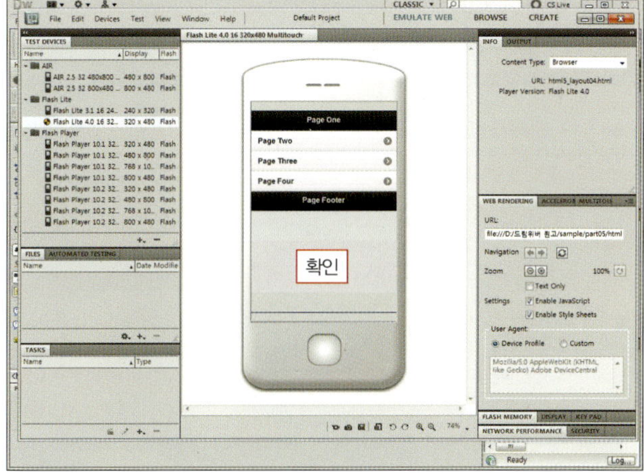

모바일용 웹 응용 페이지 만들기

모바일용 응용 프로그램 중 배포용은 PhoneGap을 활용하여 apk나 ipa로 만들 수 있습니다. 또 CDN에 호스팅하거나 직접 호스팅할 때는 로컬을 활용하여 제작할 수 있습니다.

완성 파일 : Part05\05_01_완성.html

모바일용 페이지 만들기

01 시작 화면의 〔Create New〕 항목에서 〔More〕를 선택합니다. 이때 〔File〕-〔New〕 메뉴를 클릭하거나 Ctrl + N 을 눌러도 됩니다.

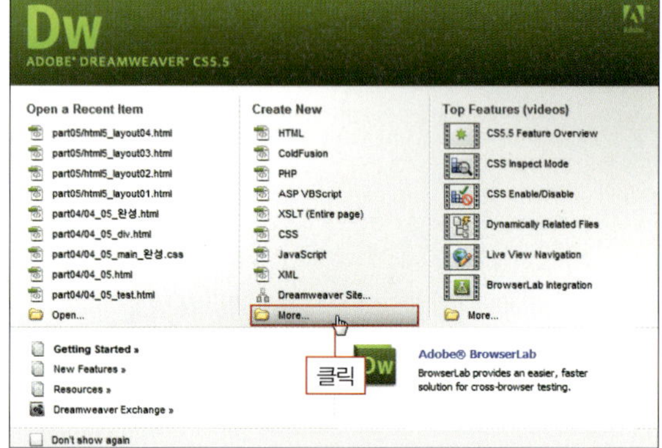

02 그림과 같이 〔New Document〕 대화상자가 나타나면 〔Page from Sample〕 탭을 선택한 다음 〔Sample Folder〕 항목에서 'Mobile Starters'를 선택합니다. 〔Sample Page〕 항목에서 'jQuery Mobile (Local)'을 선택한 다음 〔Create〕 버튼을 클릭합니다.

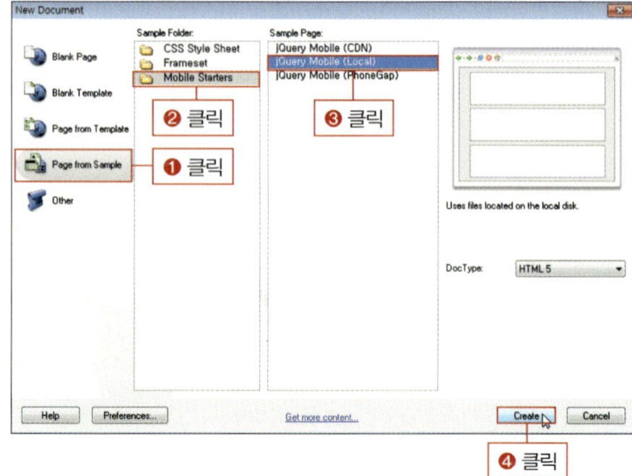

03 새 문서가 만들어지면 〔Split〕 탭을 클릭하여 코드 화면과 디자인 화면으로 나눕니다. 〔Live View〕 버튼을 클릭합니다.

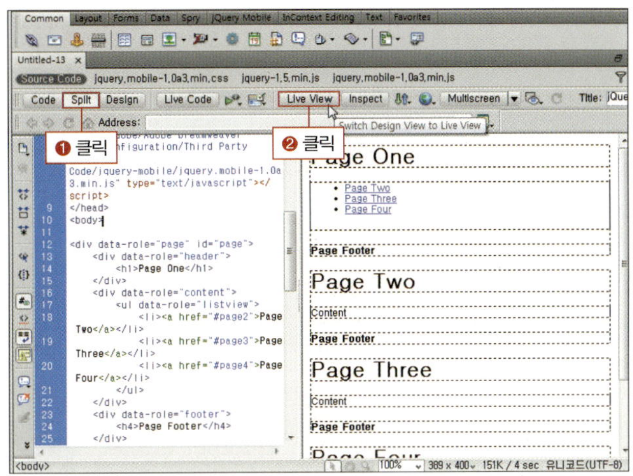

04 디자인 화면의 Page One은 메인 페이지로, 메뉴가 있는 페이지입니다. 따라서 첫 번째로 나타날 페이지가 되며 Page Two~Four는 각 페이지로 이동하는 링크입니다.

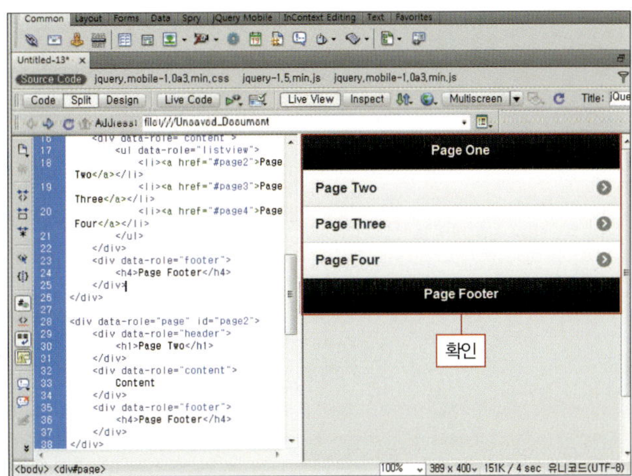

05 다시 〔Live View〕 버튼을 클릭하여 디자인 화면에서 Page One 텍스트를 삭제한 다음 '한양여자대학교'를 입력합니다. 입력된 내용을 확인하기 위해 〔Live View〕 버튼을 클릭합니다.

입력 중에는 오른쪽 디자인 화면이 변경되지 않습니다. 변경된 모습을 확인하려면 입력하던 문장 외에 다른 부분을 클릭해야 합니다.

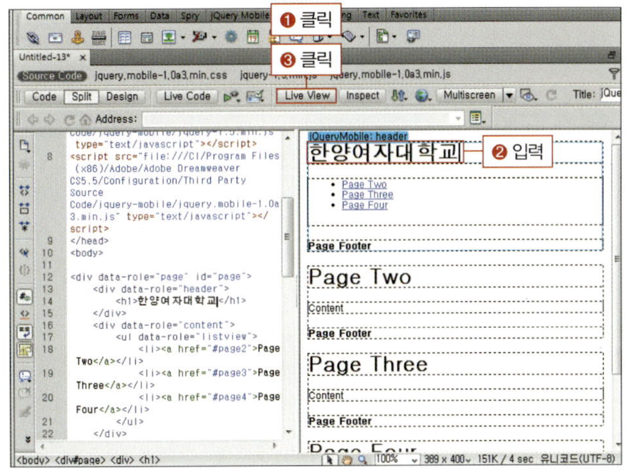

06 설명을 추가로 입력하기 위해 코드 화면의 〈ul〉 태그 이후에 그림과 같이 '〈li〉사랑의 실천을 이념으로〈br〉세상에 이바지하는 훌륭한 여성 인재를 키우는〈br〉한양여자대학교〈/li〉'를 입력합니다.

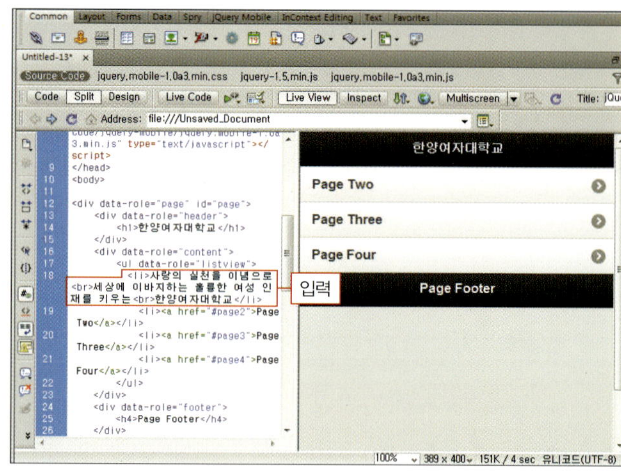

〈li〉 태그는 테이블처럼 각 영역을 구분하여 사용할 수 있으며, 메뉴로 만들어 사용할 수도 있습니다.

07 〔Live view〕 버튼을 클릭하고 텍스트를 가운데 정렬하기 위해 텍스트를 드래그하여 선택하고 Properties 패널의 〔CSS〕 탭에서 'Align Center' 아이콘(틀)을 클릭합니다.

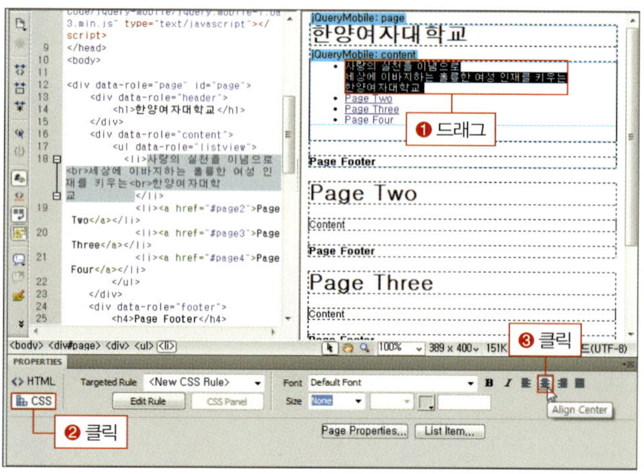

08 그림과 같이 〔New CSS Rule〕 대화상자가 나타나면 Selector Type을 'Class 〔can apply to any HTML element〕'로 선택합니다. Selector Name에 'text_align_center'를 입력하고 〔OK〕 버튼을 클릭합니다.

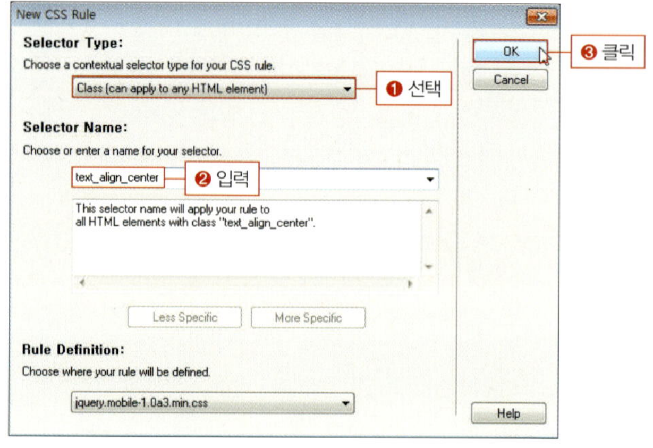

09 텍스트의 크기를 조정하기 위해 그림과 같이 Properties 패널의 〔CSS〕 탭에서 Size를 '12'로 설정합니다.

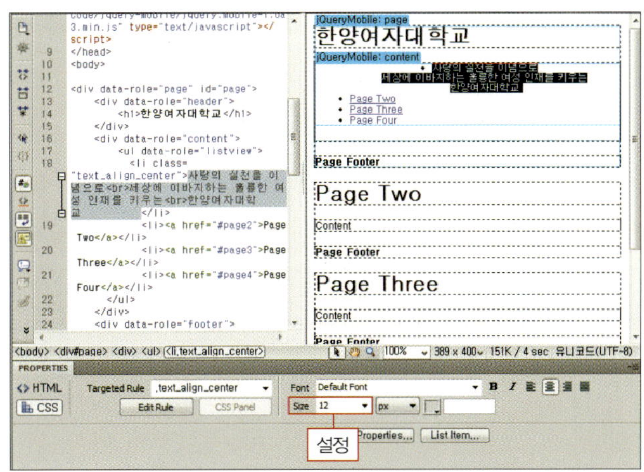

10 작업 중인 문서를 확인하거나 오류 방지를 위해서 〔File〕-〔Save〕 메뉴를 클릭하거나 Ctrl + S 를 누릅니다. 〔Save As〕 대화상자가 나타나면 저장 위치를 'Part05'로 설정하고 파일 이름을 '05_01'로 입력한 다음 〔저장〕 버튼을 클릭합니다.

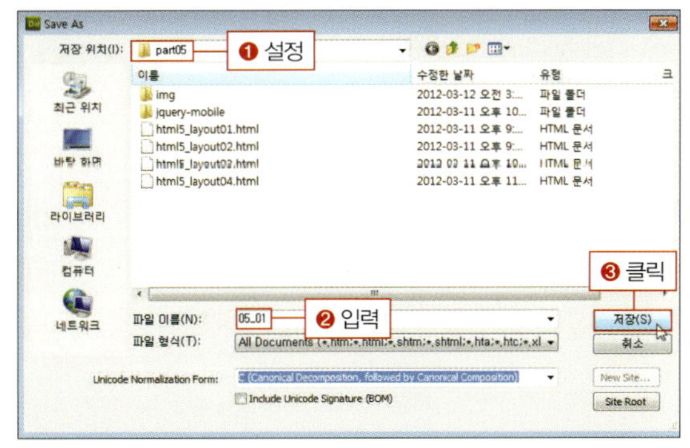

11 문서를 저장할 때 필요한 여러 문서들을 동시에 저장합니다. 지정된 폴더에 저장하기 위해서 〔Copy〕 버튼을 클릭합니다.

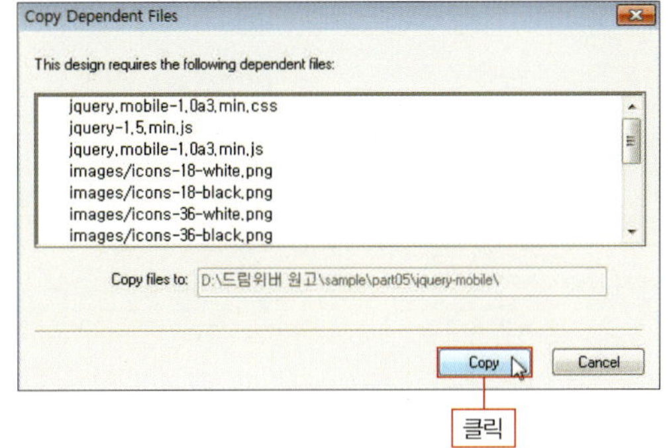

페이지 설정하기

01 디자인 화면에서 'Page Footer'를 드래그하여 선택한 다음 삭제하고 아래와 같이 저작권을 입력합니다. 입력할 때 Shift + Enter 를 눌러 줄을 바꾸면서 입력합니다.

> 한양여자대학교
> 서울특별시 성동구 살곶이길 200(사근동) 한양여자대학교
> 02-2290-3114
> Copyright(c) 2012 by Hanyang Women's University. All Right Reserved.

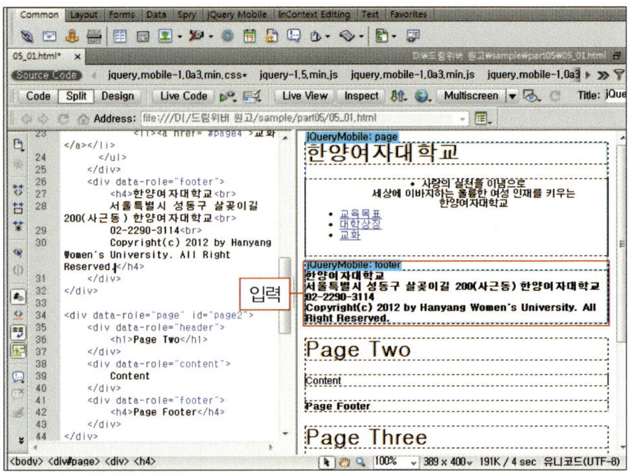

02 Page Two 부분도 아래와 같이 저작권을 입력합니다.

> 교육목표
> 근면, 정직, 겸손, 봉사의 덕목을 갖춘 한양여자대학교
> 한양여자대학교는 우리나라 전문대학의 교육목적과 본 대학의 교육이념인 〈사랑의 실천〉을 바탕으로 학문과 기술의 전문적 이론과 실무를 연구, 교육함으로써 개인의 자아를 실현하고 지역사회와 국가, 나아가 인류의 번영에 기여하는 여성인재 양성을 목적으로 한다.

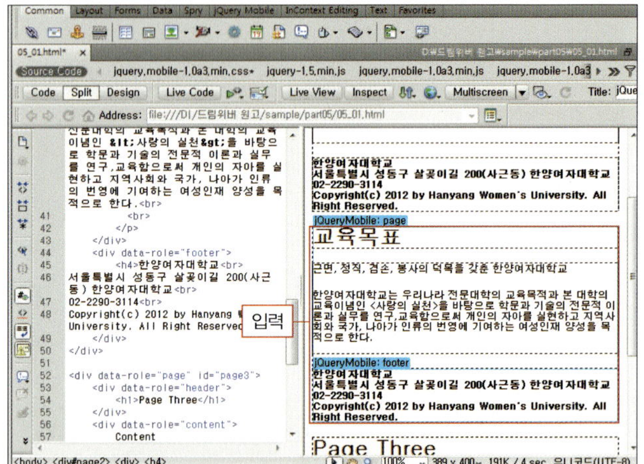

03 Page Three 부분에도 아래의 내용과 저작권을 입력합니다.

> 대학상징
> 심볼과 로고
> 한양여자대학교의 심벌은 한양학원의 건학이념을 공유하는 한양대학교의 심벌에 기본하여 제정되었다
> 심벌의 한가운데 위치한 한양로고는 '으뜸'과 '큼'을 상징하는 '한'자의 윤곽에 한양을 새긴 한양대학교 최초의 배지를 축소한 것으로 한양을 상징하던 배지의 대표성과 의미를 살리면서, 개교 이래 면면히 이어온 한양의 정기와 굳건한 기반을 나타내고자 하였다.

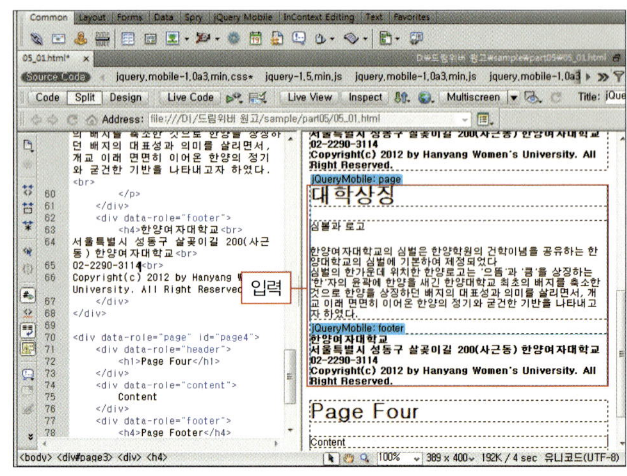

04 Page Four 부분에도 아래의 내용과 저작권을 입력합니다.

> 교화
> 개나리는 살 수 있는 자리를 탐하지 않는다. 모래땅이든, 습지든, 기름진 땅이든 관여하지 않는다. 뿌리를 내리면 거기에 만족하고 적응하는 무서운 생명력을 간직한다. 가장 먼저 봄을 맞이하니 추운 겨울에 이미 꽃피울 약속을 하였음을 천하에 알린다.
> 한 잎의 개나리는 초라하지만 모두가 모여서 가장 화사한 꽃떨기를 무리로 이룩한다. 서로 의지하고 서로 도우려하는 듯이 개나리는 자기를 고집하기에 앞서 이웃을 생각하려고 한다. 생명력이 끈질기며 서로 함께 뭉쳐서 꽃밭을 이룩하려는 개나리야 말로 겸손하고 봉사하려는 마음의 꽃이다. 나아가 어떠한 땅이든 뿌리를 내려서 생명력을 이어가니 근면하며 실천하는 마음의 꽃이다. 그리하여 개나리는 사랑의 실천을 피우는 꽃이 된다.
> 근면하라는 꽃, 정직하라는 꽃, 겸손하라는 꽃, 그리고 봉사하라는 꽃 이러한 네 덕목의 꽃이 개나리인 것이다.

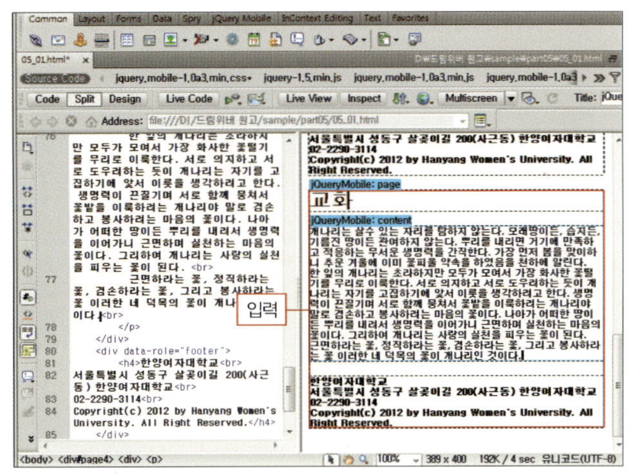

05 〔Live View〕 버튼을 클릭하여 형태를 미리 봅니다. 페이지를 이동하면 각 페이지 내용을 볼 수 있지만 저작권의 내용이 일부가 잘려서 '…' 표시로 바뀐 것을 확인할 수 있으며, 텍스트 크기도 큰 것을 확인할 수 있습니다.

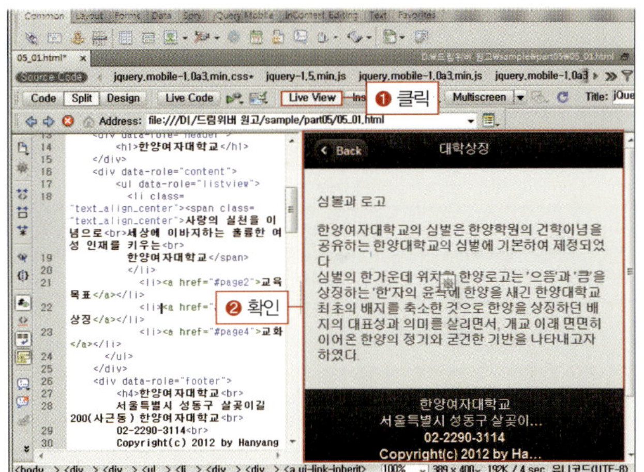

06 작업 영역 위쪽에서 〔jquery.mobile-1.0a3. min.CSS〕 탭을 클릭한 다음 CSS Styles 패널에서 '.ui-header .ui-title,.ui-footer .ui-title'을 선택합니다. 코드 화면에서 Font-size를 '12px', magin을 '6em, 10px, 8em'으로 수정합니다.

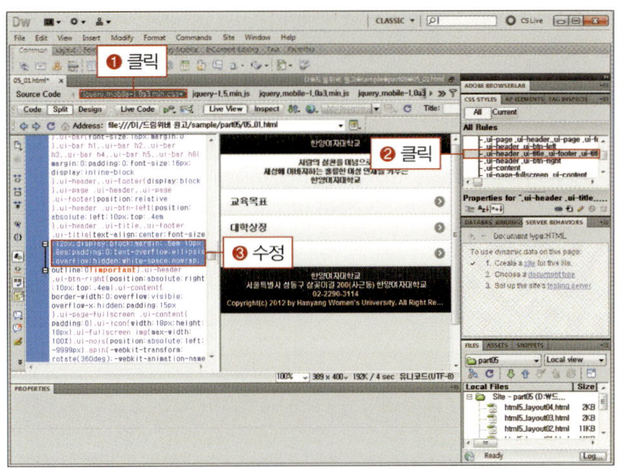

Tip

> CSS를 직접 적용할 수도 있지만 이미 저작권 부분에 CSS가 적용되었기 때문에 적용된 CSS를 찾아서 수정하는 것이 편리합니다.

07 텍스트 크기와 여백은 조정되었지만 영역을 넘어가는 텍스트는 계속 '…'로 표시됩니다. 줄 바꿈을 방지하는 'white-space:nowrap'을 삭제합니다.

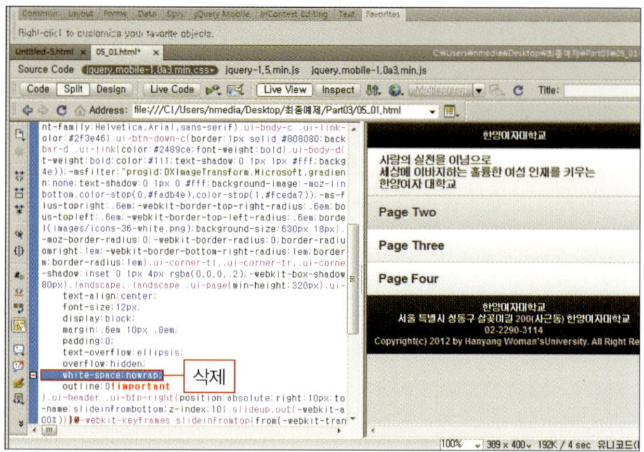

08 교육목표에 해당하는 내용을 드래그하여 선택하고 텍스트 크기를 줄이기 위해 Properties 패널의 (CSS) 탭에서 Size를 '12'로 설정합니다.

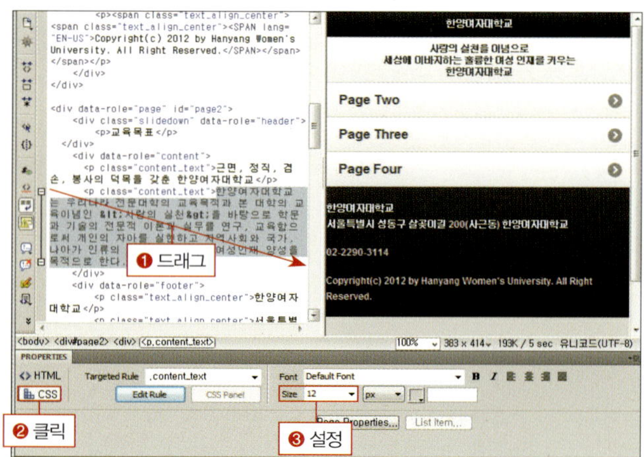

09 그림과 같이 (New CSS Rule) 대화상자가 나타나면 Selector Type을 'Class (can apply to any HTML element)'로 선택합니다. Selector Name에 'content_text'를 입력하고 (OK) 버튼을 클릭합니다.

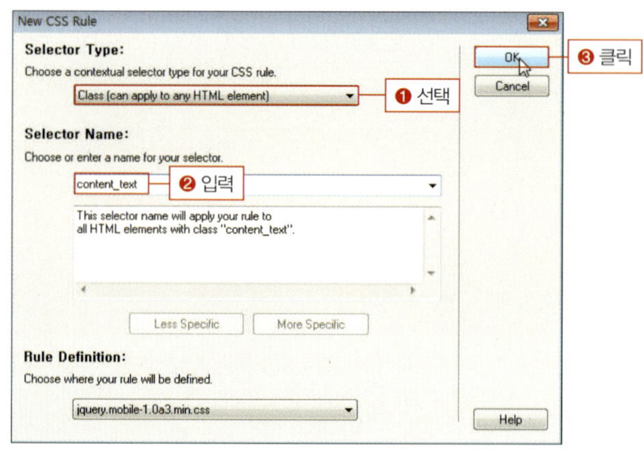

10 줄 간격을 조정하기 위해 Properties 패널의 〔CSS〕 탭에서 Target Rule에 'content_text'가 선택된 것을 확인하고 〔Edit Rule〕 버튼을 클릭합니다.

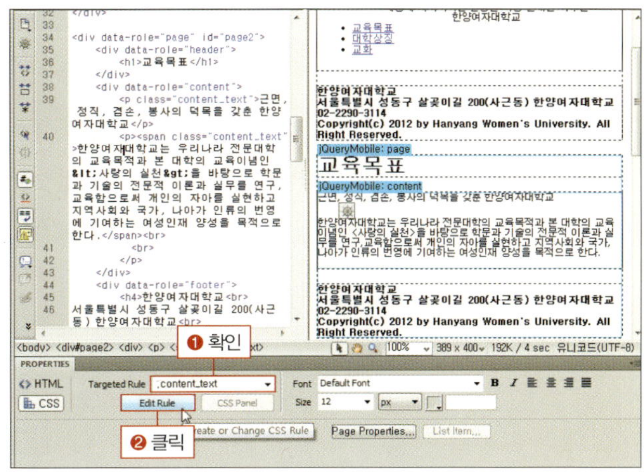

11 〔CSS Rule Definition for…〕 대화상자가 나타나면 〔Type〕 탭을 선택합니다. Line-height을 '18px'로 설정한 다음 〔OK〕 버튼을 클릭합니다.

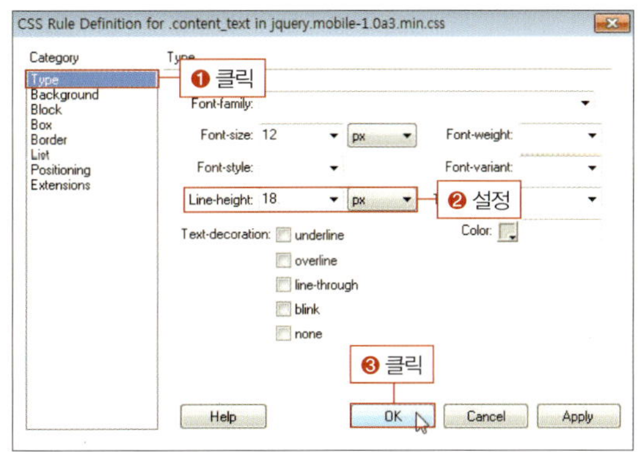

12 다른 내용을 드래그하여 선택하고 Properties 패널의 〔HTML〕 탭에서 Class를 'content_text'로 선택합니다.

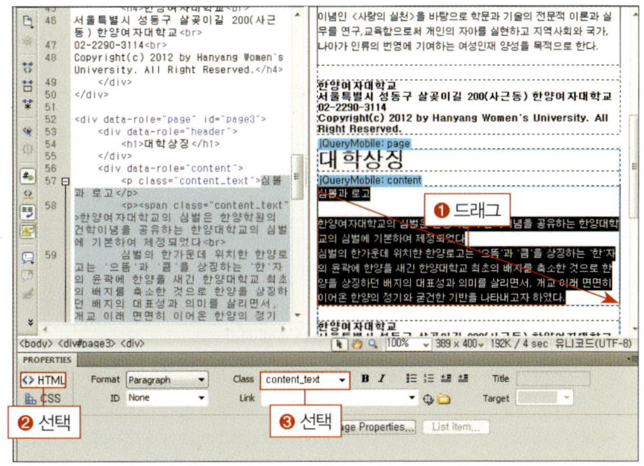

13 내용을 확인하기 위해 〔Live View〕 버튼을 클릭하고 각 페이지 내용이 잘 적용되어 있는지 확인합니다.

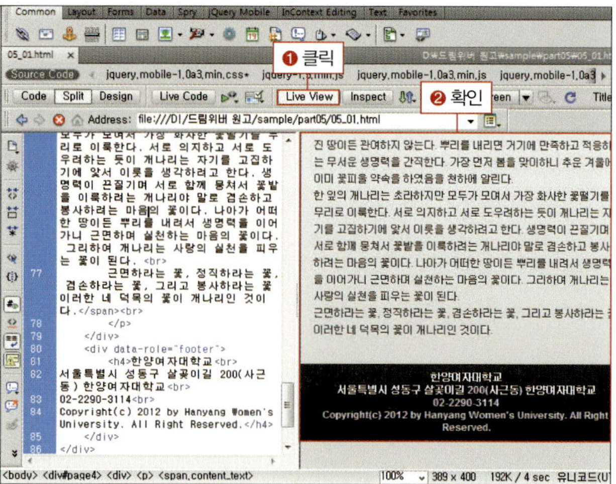

14 모바일용 화면에서 확인하기 위해 〔File〕-〔Preview in Browser〕-〔Device Central〕 메뉴를 클릭하거나 Ctrl + Alt + F12를 누릅니다.

미리 보기 위해 관련된 다른 파일의 저장 여부를 묻는 경고 창이 나타나면 〔예〕 버튼을 클릭합니다.

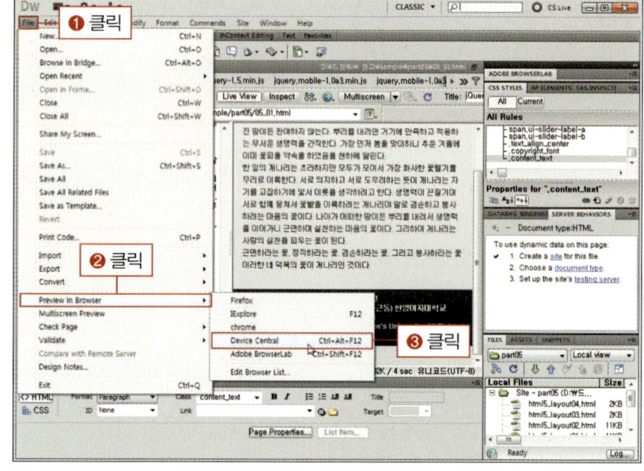

15 Navigation을 클릭하여 뒤로 돌아갑니다.

Device Central 프로그램이 실행되면 각 장비의 해상도에 맞춰 미리 보기를 확인할 수 있으며 페이지 이동이 가능하지만 Back 기능이 나타나지 않을 수 있습니다.

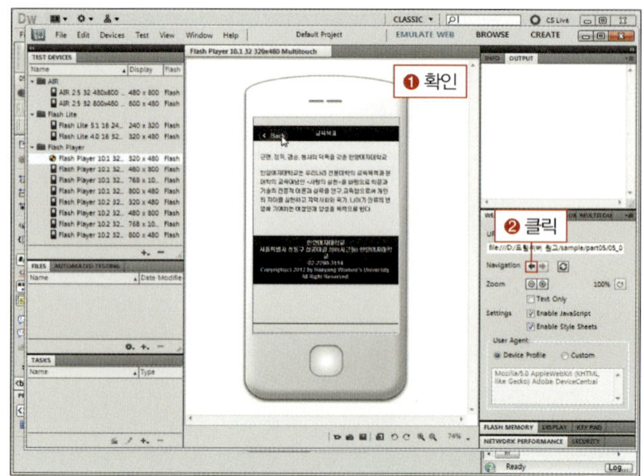

16 쿼티 자판을 제공하는 'AIR 2.5 32 800×
480…'을 선택하여 각 페이지의 제목을 직접 입력
합니다.

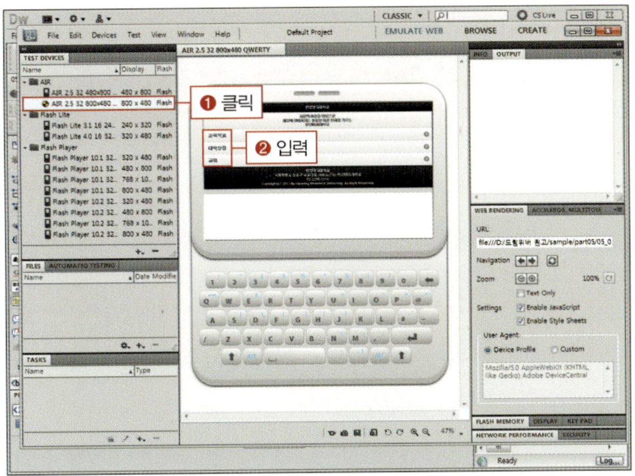

 사이트맵 제작과 아이디어 정리에 도움을 주는 마인드맵

아이디어를 정리하는 방법 중 가장 많이 활용하는 방법은 브레인스토밍과 마인드맵
입니다. 두 방법 중 브레인스토밍은 여러 사람의 의견이 필요하지만, 마인드맵은 적
은 인원으로도 진행할 수 있다는 장점이 있습니다.

마인드맵은 '생각의 지도'라고도 하는데, 나무처럼 시작점에서부터 여러 가지로 연장
하며 자신의 생각을 정리하는 방법입니다. 두뇌 계발 및 아이디어 정리 방법으로 여
러 분야에서 활용할 수 있으며 웹 사이트를 제작 및 기획할 때나 참신한 아이디어를
위해 많은 키워드를 생각해야할 때 도움이 됩니다.

마인드맵은 일반적인 종이에 제작할 수 있지만, 마인드맵 제작을 돕는 무료 프로그
램을 활용하여 제작할 수도 있습니다. 마인드맵 프로그램을 기능적으로 활용하면
내용 정리도 편리하고, 사이트맵을 제작할 때도 활용할 수 있습니다. 또 조직도 구
성 및 논문이나 리포트 작성에 활용하면 더욱 짜임새 있는 문서를 작성할 수도 있
습니다.

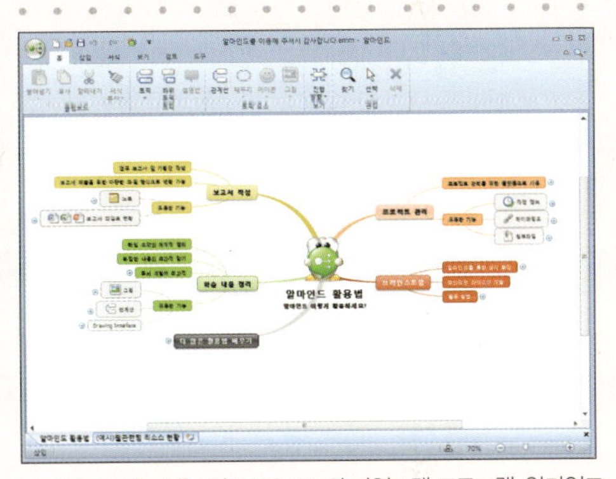

▲ 무료로 제공되는 이스트소프트의 마인드맵 프로그램, 알마인드

PhoneGap 알아보기

PhoneGap은 다양한 스마트 기기의 플랫폼을 지원하는 하이브리드 앱 개발용 플랫폼입니다. 기본적으로 스마트 기기에 관련된 개발 업체 또는 운영체제 개발 업체에서 제공하는 플랫폼을 이용하여 제작했을 때 네이티브 앱이라고 하며 Object-C나 Java 언어를 이용하여 개발합니다. 사실 두 언어는 많은 차이가 있고 개발 환경 자체가 다르기 때문에 각각의 플랫폼에 대한 연구가 필요하며 동시에 2가지 언어를 활용하기는 쉽지 않습니다. 또한 이외에도 RIM 등의 다른 운영체제를 위1개발까지 염두에 둔다면 그만큼 더 힘든 작업이 될 수밖에 없습니다.

개발자의 힘든 작업을 덜어주고자 개발된 것이 바로 PhoneGap입니다. 'Multi phone web-based application framework'라고도 하며 PhoneGap 외에도 여러 프로그램이 있습니다. 각 프로그램에 따라 기능적인 차이가 있습니다.

PhoneGap에 대한 자세한 정보는 'http://phonegap.com/'에서 확인할 수 있습니다. PhoneGap은 iOS 뿐만 아니라 안드로이드, 윈도우, 림, 심비안, 바다까지 지원하며 PhoneGap 웹 사이트에서 살펴보면 아래의 표와 같이 지원되는 기능이 조금씩 다릅니다.

	iOS iPhone / iPhone 3G	iOS iPhone 3GS and newer	Android	OS 4.6-4.7	OS 5.x	OS 6.0+	WebOS	WP7	Symbian	Bada
ACCELEROMETER	✓	✓	✓	✗	✓	✓	✓	✓	✓	✓
CAMERA	✓	✓	✓	✗	✓	✓	✓	✓	✓	✓
COMPASS	✗	✓	✓	✗	✗	✗	✗	✓	✗	✓
CONTACTS	✓	✓	✓	✗	✓	✓	✗	✓	✓	✓
FILE	✓	✓	✓	✗	✓	✓	✗	✓	✗	✗
GEOLOCATION	✓	✓	✓	✓	✓	✓	✓	✓	✓	✓
MEDIA	✓	✓	✓	✗	✗	✗	✗	✓	✗	✗
NETWORK	✓	✓	✓	✓	✓	✓	✓	✓	✓	✓
NOTIFICATION (ALERT)	✓	✓	✓	✓	✓	✓	✓	✓	✓	✓
NOTIFICATION (SOUND)	✓	✓	✓	✓	✓	✓	✓	✓	✓	✓
NOTIFICATION (VIBRATION)	✓	✓	✓	✓	✓	✓	✓	✓	✓	✓
STORAGE	✓	✓	✓	✗	✓	✓	✓	✓	✓	✗

▲ 운영체제별 지원 기능

같은 운영체제라도 지원하는 기기에 따라 기능의 차이가 있기 때문에 다를 수 있습니다. 기본적으로 안드로이드와 3GS 이후의 아이폰, 윈도우 모바일폰 기능에 최적화된 것을 확인할 수 있습니다.

그렇다면 PhoneGap은 어떻게 작동할까요?

PhoneGap은 아래의 그림과 같이 PhoneGap을 통하여 멀티 플랫폼을 만들며, 웹 브라우저의 기능을 실행할 수 없는 스마트 기기의 실행 가능한 인터페이스를 활용합니다. 즉, HTML5 기반으로 만들어진 HTML과 자바스크립트 및 CSS를 이용한 웹 표준을 기반으로 네이티브 API에 PhoneGap을 통한 액세스가 가능하도록 작동하며 이를 통하여 다중 플랫폼에 맞춰 배포합니다.

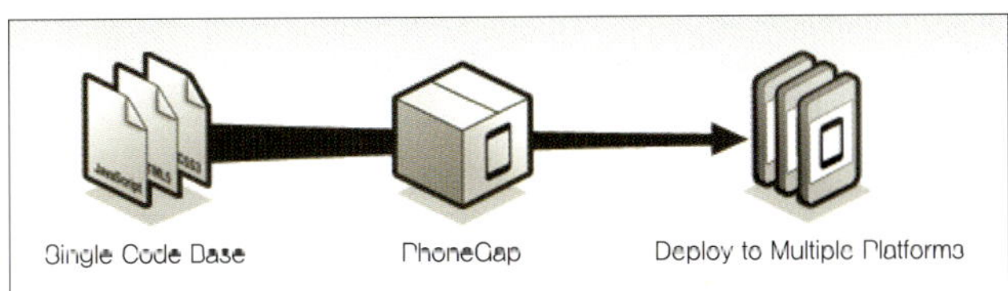

◀ PhoneGap의 작동 원리

PhoneGap은 어도비 사에서 인수하면서 드림위버 CS5.5에 포함되었으며, 별도의 웹 사이트에서 1.5 버전을 내려 받아 활용할 수 있습니다.

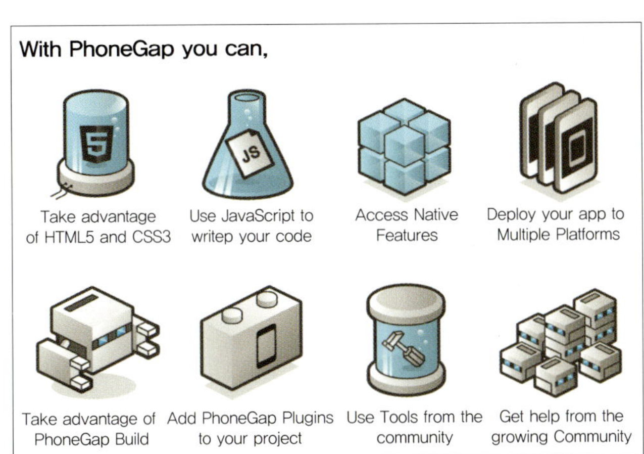

◀ PhoneGap의 구현 범위

PhoneGap과 HTML5, JavaScript, CSS를 이용하면 대부분의 기능을 구현할 수 있지만 원하는 기능 모두를 지원하지 않을 수 있으므로 일부 기능은 각각의 개발 언어에 대한 이해가 필요합니다. 멀티 플랫폼을 지원한다고 하지만 일부는 기능별로 다를 수 있으며, PhoneGap은 HTML이 기반이기 때문에 모바일 웹 브라우저가 표현할 수 있는 범위 이상의 화면을 구현하는 데 한계가 있을 수 있습니다. 그러나 현재 PhoneGap이 개발자의 수고를 덜어주는 강력한 플랫폼인 것은 부인하기 어려울 듯합니다. 앞으로 더 좋은 방법으로 개발을 도와줄 수 있지만, 현재 무료 멀티 플랫폼으로 강력한 기능과 편리한 사용성을 무장한 PhoneGap은 HTML5을 활용한 앱 개발 과정의 필수 언어입니다.

이미지를 활용하여 모바일용 페이지 만들기

이번 예제에서는 이미지를 추가하여 모바일용 페이지를 만드는 방법을 알아보겠습니다. 문서를 시작할 때 PhoneGap으로 설정하고 문서를 만들어 보겠습니다(자료출처 : www.iriver.co.kr).

◎ **완성 파일** : PhoneGap_완성\05_02_완성.html

모바일용 페이지 만들기

01 새 문서를 만들기 전 사이트 등록을 위해 시작 화면의 [Create New] 항목에서 [Dreamweaver Site]를 선택합니다.

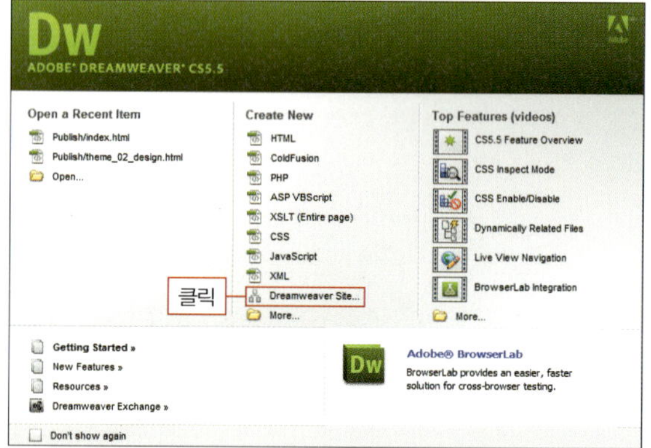

02 [Site Setup for phonegap] 대화상자가 나타나면 [Site] 탭에서 Site Name에 'phonegap'으로 입력하고 Local Site Folder를 설정한 다음 [Save] 버튼을 클릭합니다.

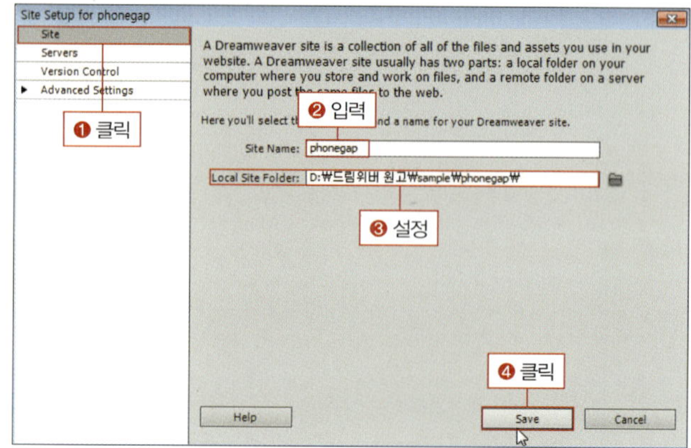

03 시작 화면의 〔Create New〕 항목에서 〔More〕를 선택합니다.

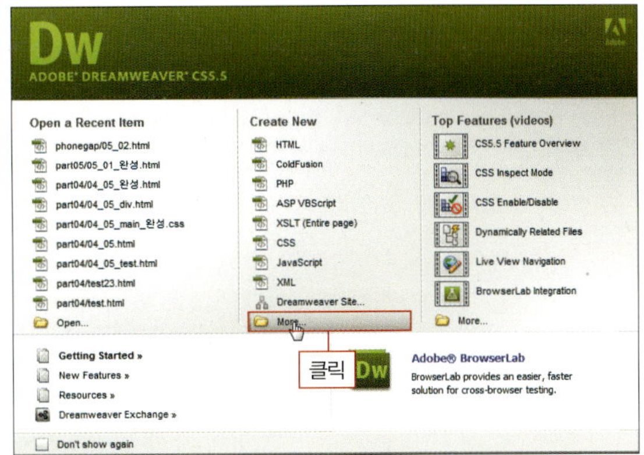

04 〔New Document〕 대화상자가 나타나면 〔Page from Sample〕 탭을 선택합니다. 〔Sample Folder〕 항목에서 'Mobile Starters'를 선택하고 〔Sample Page〕 항목에서 'jQuery Mobile (PhoneGap)'을 선택한 나음 〔Create〕 버튼을 클릭합니다.

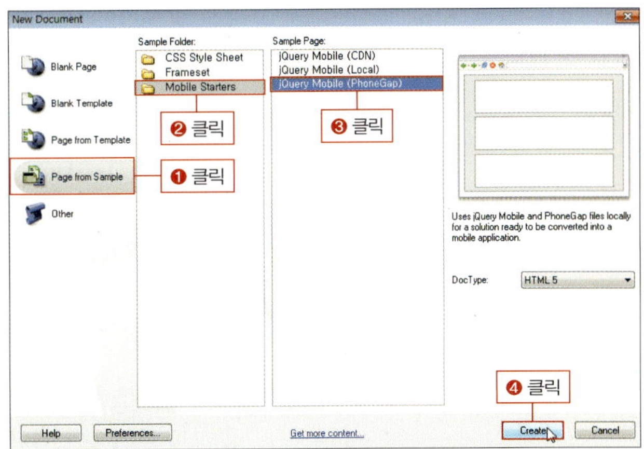

05 실제 화면 크기에 맞추기 위해 상태 표시줄의 'Window Size'를 클릭합니다. '320×480 Smart Phone'을 선택하여 크기를 조절합니다.

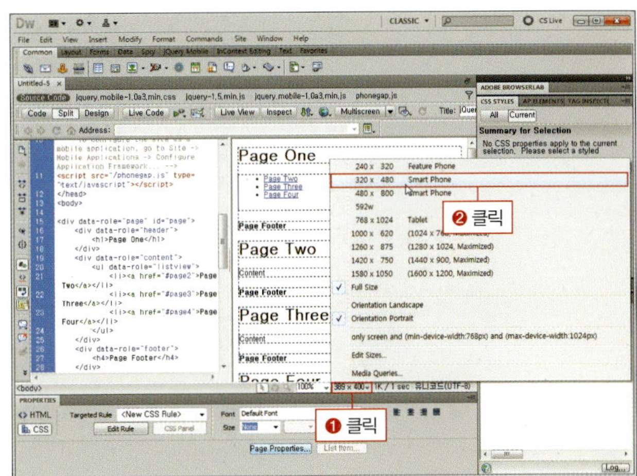

06 실제 모바일 페이지를 확인하기 위해 [Live View] 버튼을 클릭합니다.

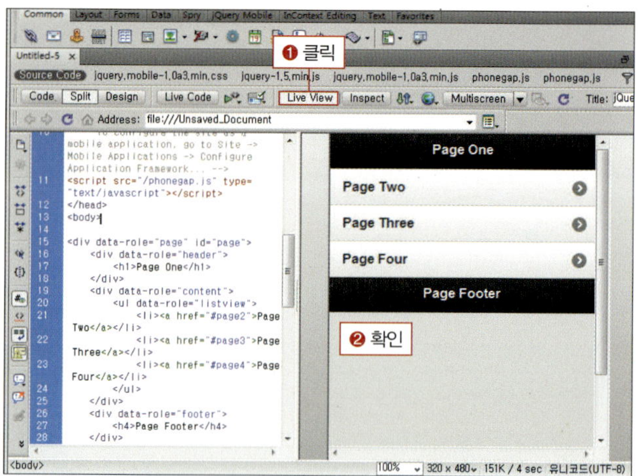

07 문서를 저장하기 위해 [File]-[Save] 메뉴를 클릭하거나 ⬚Ctrl⬚ + ⬚S⬚를 누릅니다. [Save As] 대화상자가 나타나면 저장 위치를 'phonegap'으로 설정하고 파일 이름을 '05_02'로 입력한 다음 [저장] 버튼을 클릭합니다.

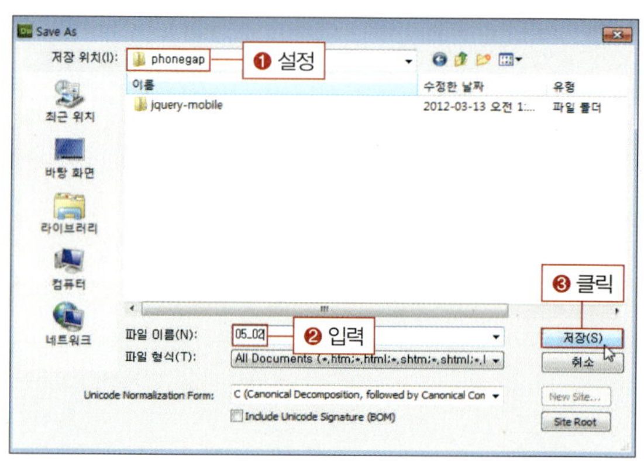

08 [Copy Dependent Files] 대화상자가 나타나면 그림과 같이 각각의 저장할 파일들을 지정된 폴더로 복사하기 위해 [Copy] 버튼을 클릭합니다.

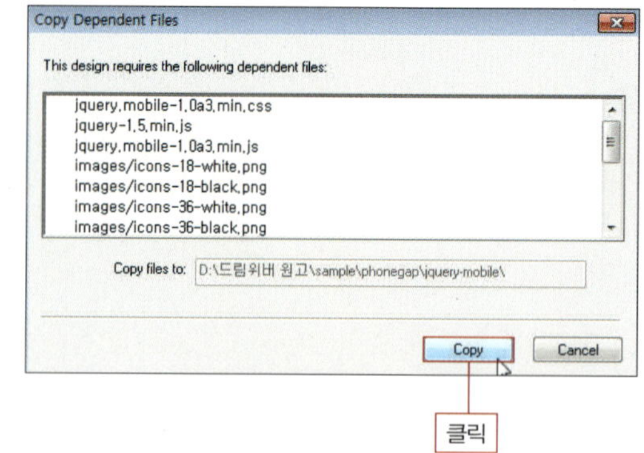

문서 설정하기

01 Page One 부분에 이미지를 삽입하기 위해 〔Live View〕 버튼을 클릭하고 입력된 'Page One' 텍스트를 삭제한 다음 위쪽의 Insert 패널에서 〔Common〕 탭의 'Images' 아이콘(📷)을 클릭합니다.

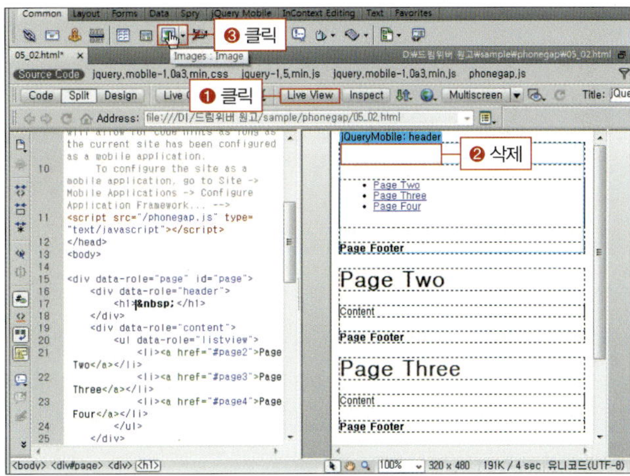

02 〔Select Image Source〕 대화상자가 나타나면 찾는 위치를 'Part05\jquery-moblie\images' 폴더로 설정하고 'main_img_01.jpg' 파일을 선택한 다음 〔OK〕 버튼을 클릭합니다.

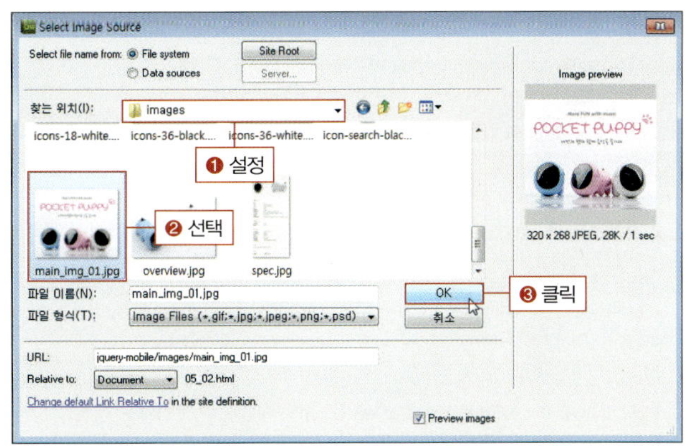

03 〔Image Tag Accessibility Attributes〕 대화상자가 나타나면 Alternate text에 'main_image'를 입력한 다음 〔OK〕 버튼을 클릭합니다.

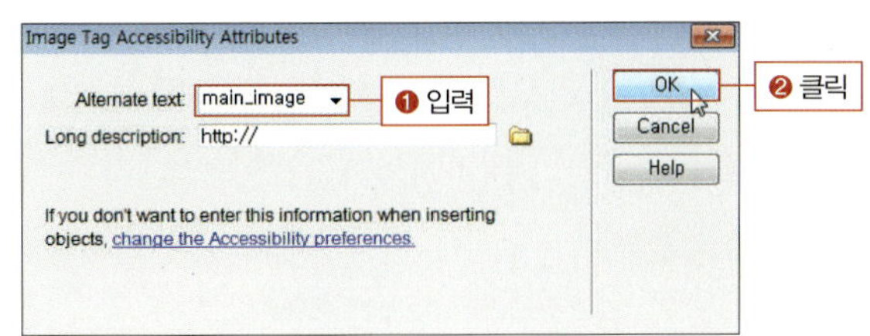

04 이미지가 Div 안에 삽입된 것을 디자인 화면에서 확인합니다. 실제 화면에서 확인하기 위해 〔Live View〕 버튼을 클릭합니다.

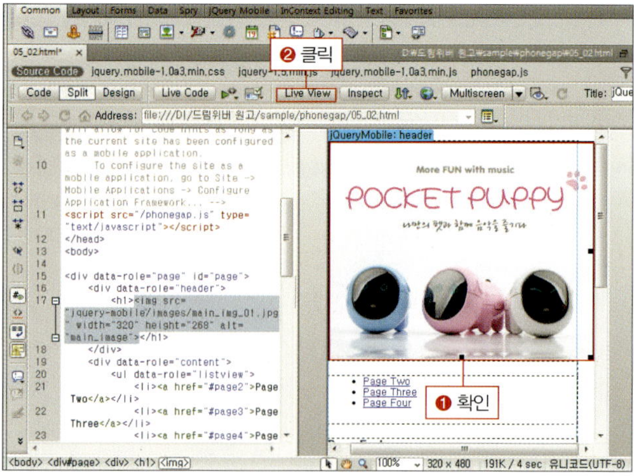

05 타이틀에 이미지가 삽입되었지만, 그림과 같이 일부분만 보입니다.

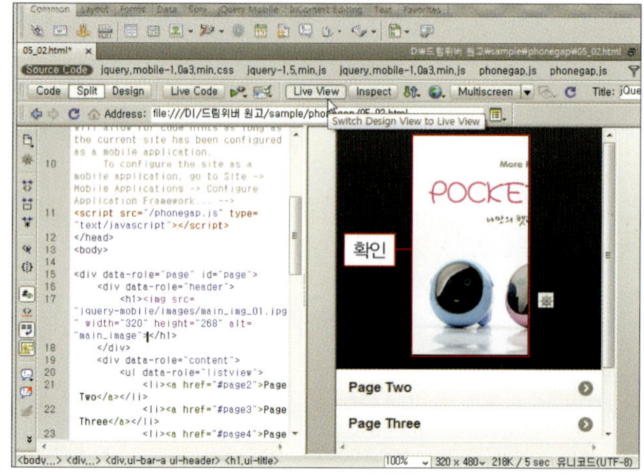

TiP

Div 구조 내의 margin의 영향을 받기 때문에 margin을 조정해야 합니다.

06 위쪽 탭에서 〔jquery.mobile-1.0a3.min. css〕 탭을 클릭하고, 코드 화면의 중간 부분에서 '}.ui-header .ui-title,.ui-footer .ui-title{'의 margin을 '0'으로 변경하면 이미지의 크기가 변경됩니다.

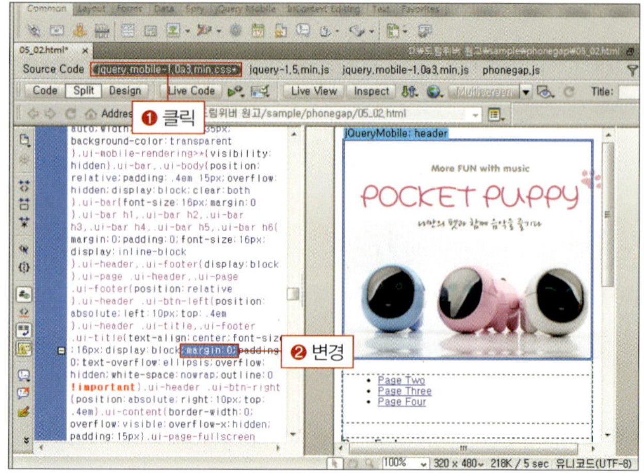

07 첫 페이지에 나타나는 메뉴를 그림과 같이 'Overview, Feature, Design'으로 변경합니다.

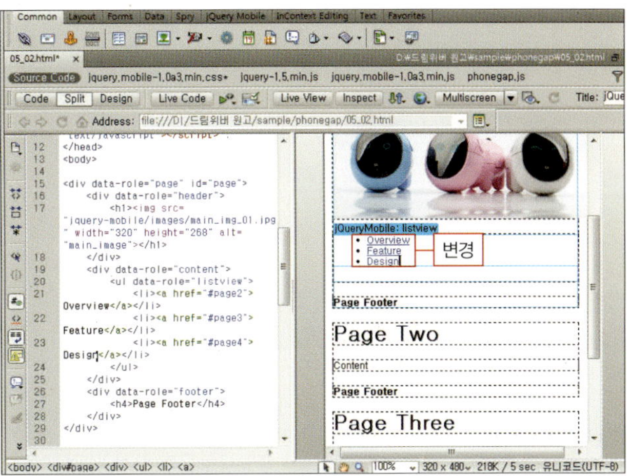

08 〔Live View〕 버튼을 클릭하고 〔Source Code〕 탭을 클릭합니다. 코드 화면에 그림과 같이 'COPYRIGHT 2011 IRIVER LTD., ALL RIGHT RESERVED.'를 입력합니다.

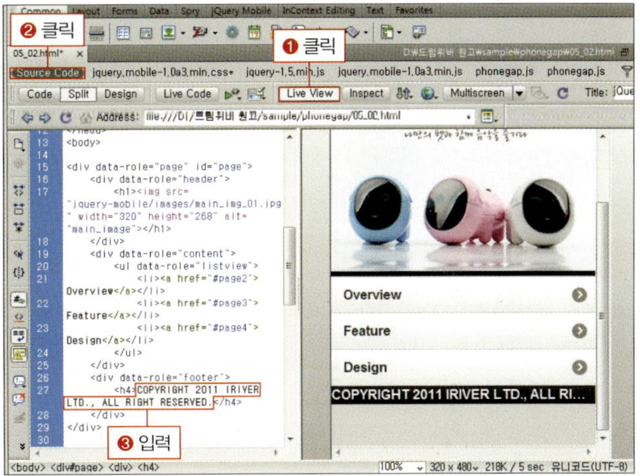

09 다시 〔jQuery.mobile-1.0a3.min.css〕 탭을 클릭하고 저작권의 텍스트 크기를 변경하기 위해 '}.ui-header .ui-title,.ui-footer .ui-title{'에서 font-size를 '10px'로 변경합니다.

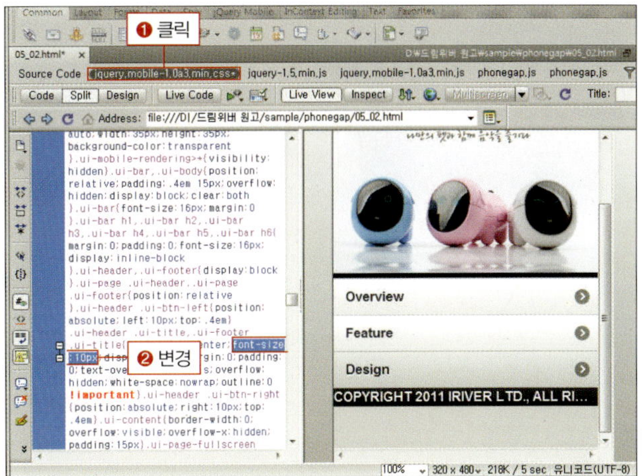

10 텍스트 크기가 작아진 것을 볼 수 있으며, 이미지 때문에 margin을 '0'으로 설정하였으므로 크기도 텍스트 크기에 맞춰 조정됩니다.

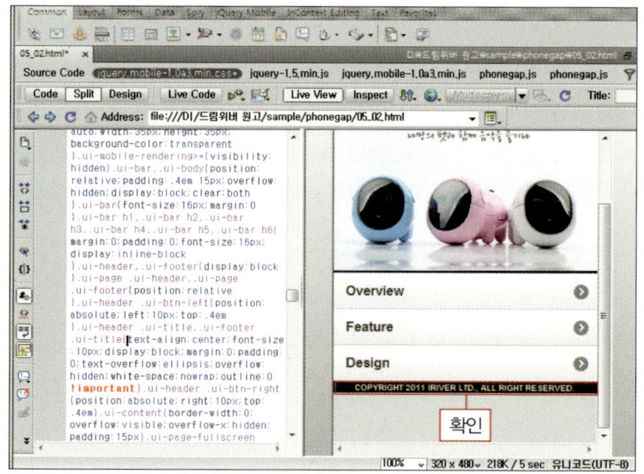

Tip

저작권 부분의 세로 폭을 늘리기 위해서 '}.ui-header .ui-title,.ui-footer .ui-title{' 부분에 height를 설정하면 현재 CSS는 동일하게 위쪽과 아래쪽에 적용되므로 위쪽 이미지 부분의 높이도 '80px'로 설정되어 그림과 같이 위쪽 이미지가 잘려 보입니다.

11 저작권이 입력된 부분에 새로운 Div를 적용하기 위해 (Source Code) 탭을 클릭하고 코드 화면의 저작권 부분을 클릭합니다. 위쪽의 Insert 패널에서 (Common) 탭의 'Insert Div Tag' 아이콘을 클릭합니다. (Insert Div Tag) 대화상자가 나타나면 (New CSS Rule) 버튼을 클릭합니다.

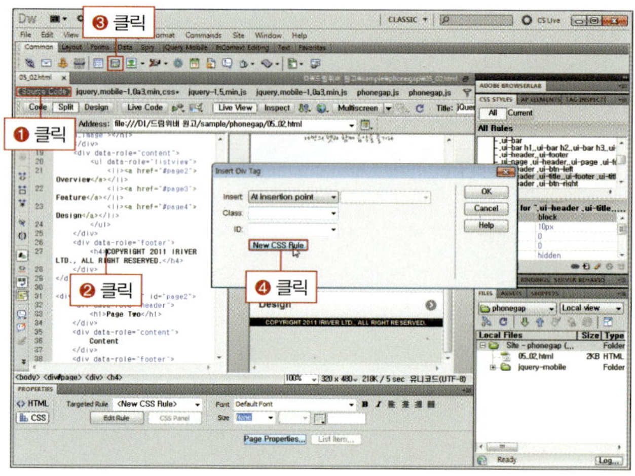

12 그림과 같이 (New CSS Rule) 대화상자가 나타나면 Selector Type을 'Class (can apply to any HTML element)'로 선택합니다. Selector Name에 'copyright_height'를 입력하고 (OK) 버튼을 클릭합니다.

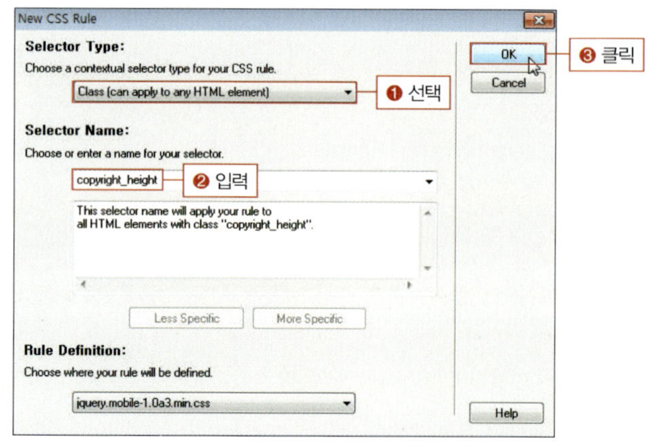

13 〔CSS Rule Definition for…〕 대화상자가 나타나면 〔Box〕 탭을 선택합니다. Width를 '100%', Height를 '80px'로 설정하고 〔OK〕 버튼을 클릭합니다.

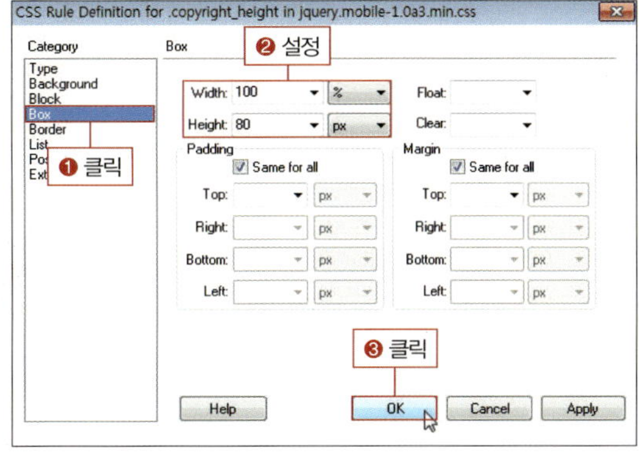

14 그림과 같이 〔Insert Div Tag〕 대화상자의 Class에 'copyright_height'가 선택된 것을 확인한 다음 〔OK〕 버튼을 클릭합니다.

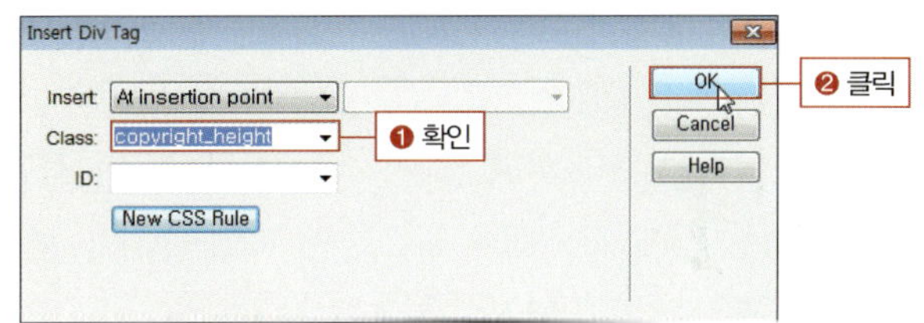

15 새로 만든 Div로 이동하고 기존의 저작권은 삭제합니다. 그림과 같이 CSS Styles 패널에서 해당 CSS의 font-size를 '16px'로 설정합니다.

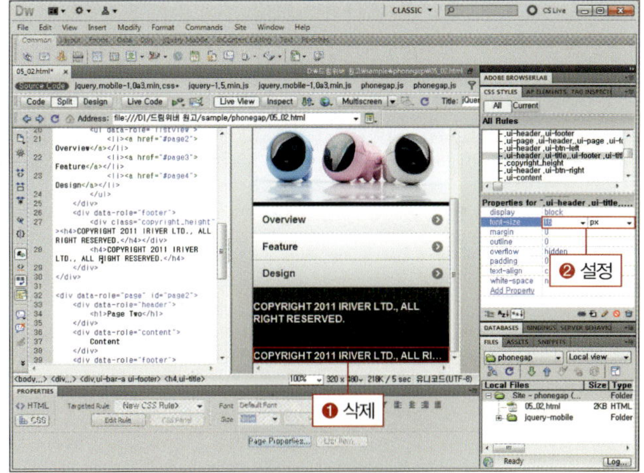

16 Div 영역의 크기가 변경되었지만 텍스트 크기가 크고 여백도 설정되지 않아 어색한 부분을 수정합니다. CSS Styles 패널에서 '.copyright_height'를 더블 클릭합니다.

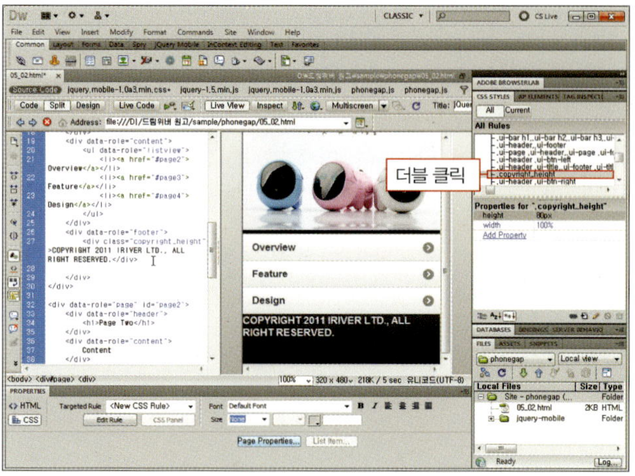

17 〔CSS Rule Definition for…〕 대화상자가 나타나면 〔Type〕 탭을 선택한 다음 Font-size를 '10px'로 설정합니다.

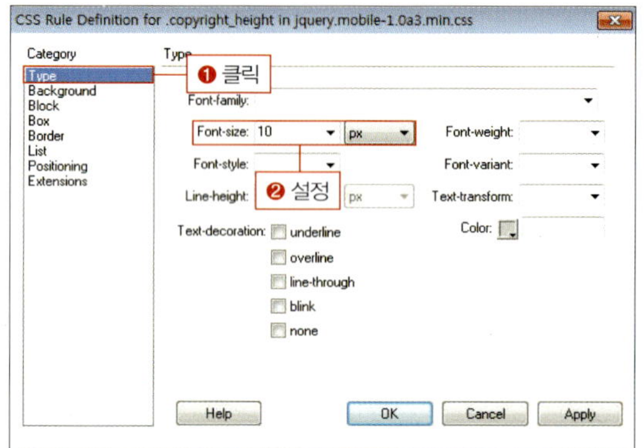

18 정렬 방식을 변경하기 위해 〔Block〕 탭을 선택하고 Text-align을 'center'로 선택하여 가운데 정렬합니다.

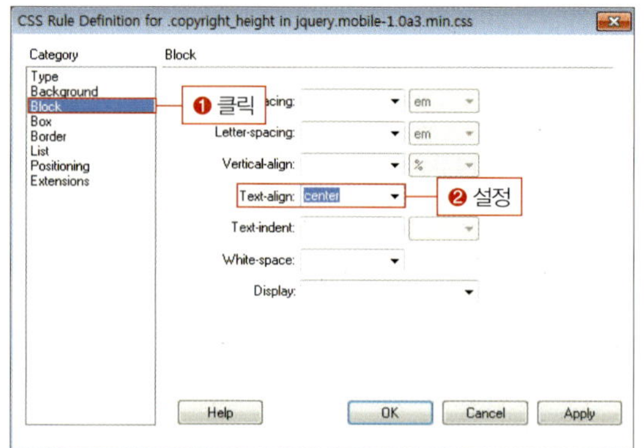

19 〔Box〕 탭을 선택한 다음 Width를 '100%', Height를 '60px'로 설정합니다. 여백을 변경하기 위해 Padding 항목의 Top을 '10px'로 설정하고 〔OK〕 버튼을 클릭합니다.

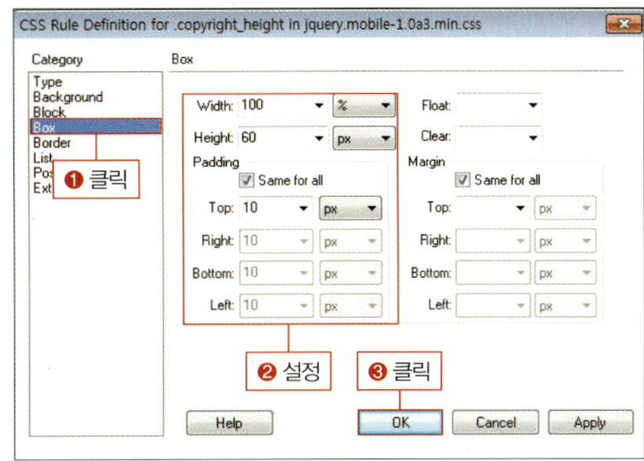

20 저작권의 텍스트 크기가 변경되고 가운데 정렬되었으며 여백도 설정됩니다.

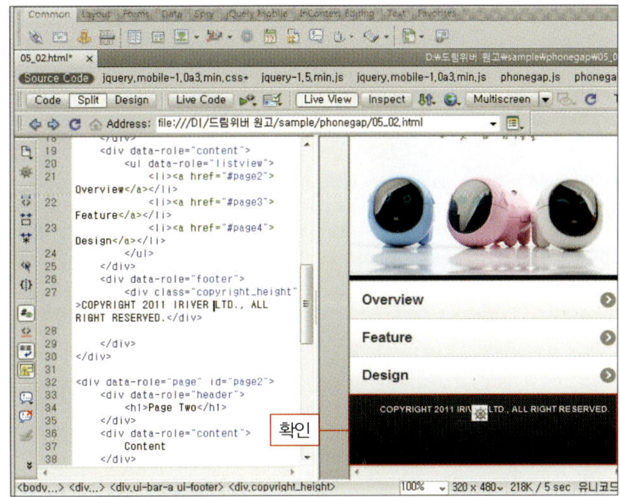

21 저작권으로 만든 태그를 그림과 같이 드래그 하여 선택하고 Ctrl + C 를 눌러 복사합니다.

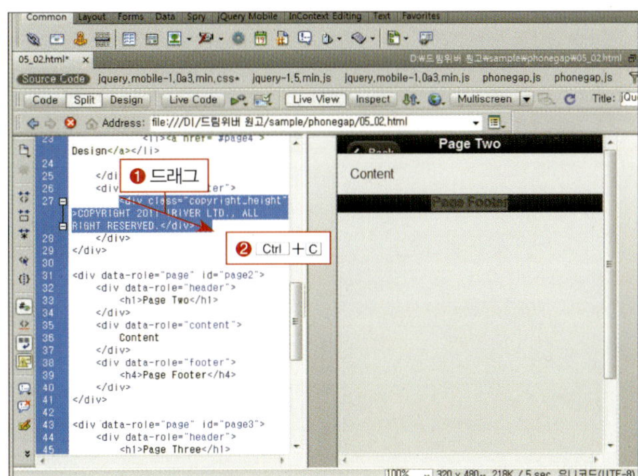

22 그림과 같이 코드 화면의 Page Footer를 드래그하여 선택하고 ⌈Ctrl⌉+⌈V⌋를 눌러 붙여 넣습니다. 다른 페이지의 저작권 부분에도 붙여 넣습니다.

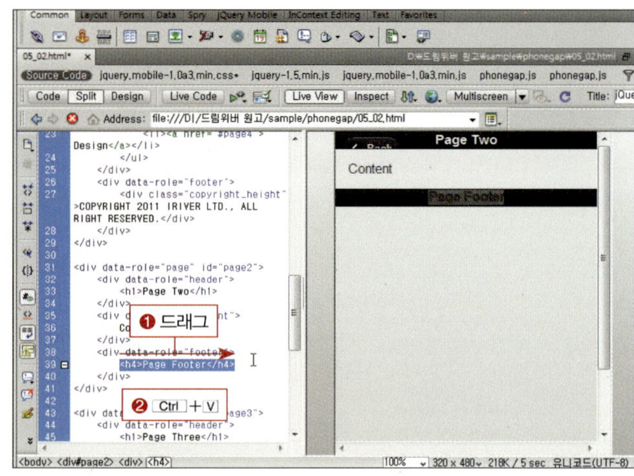

23 Div를 추가하여 영역의 크기를 변경하기 위해 〔Live View〕 버튼을 클릭하고 그림과 같이 디자인 화면의 Page Two 부분을 드래그하여 삭제합니다. 위쪽의 Insert 패널에서 〔Common〕 탭의 'Insert Div Tag' 아이콘(▣)을 클릭합니다.

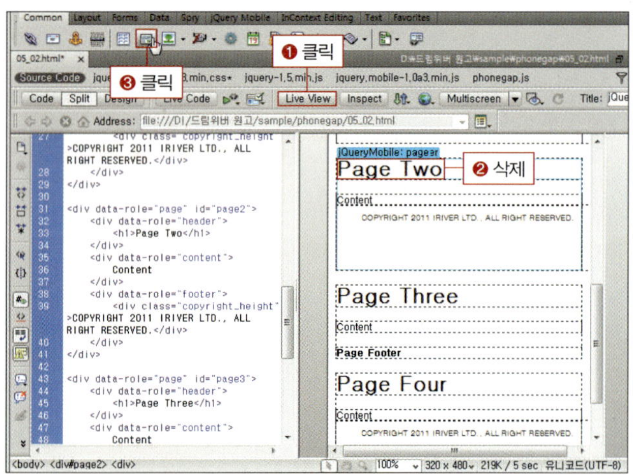

24 〔Insert Div Tag〕 대화상자가 나타나면 새로운 CSS를 만들기 위해 〔New CSS Rule〕 버튼을 클릭합니다.

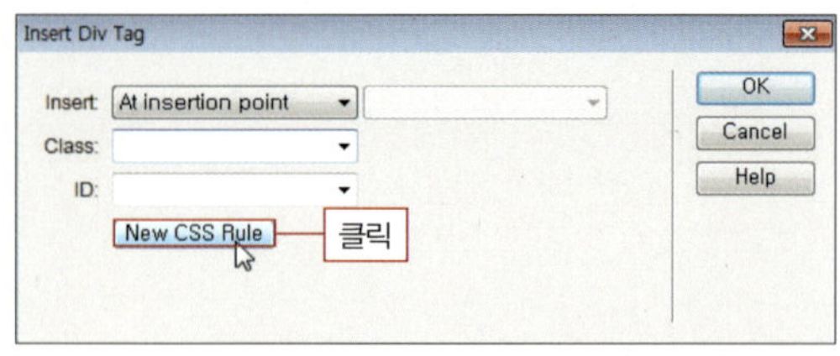

25 그림과 같이 〔New CSS Rule〕 대화상자가 나타나면 Selector Type을 'Class 〔can apply to any HTML element〕'로 선택합니다. Selector Name에 'headline_title'을 입력하고 〔OK〕 버튼을 클릭합니다.

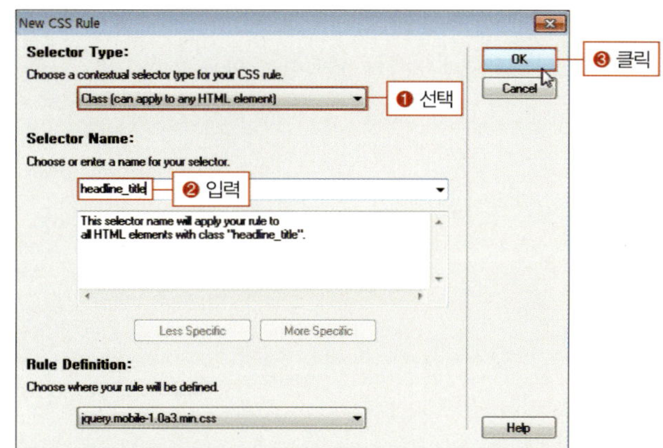

26 〔CSS Rule Definition for…〕 대화상자가 나타나면 〔Box〕 탭을 선택합니다. Height를 '23px', Padding 항목의 'Same for all'을 선택 해제하고 Right/Bottom/Left를 각각 '10px'로 설정한 다음 〔OK〕 버튼을 클릭합니다.

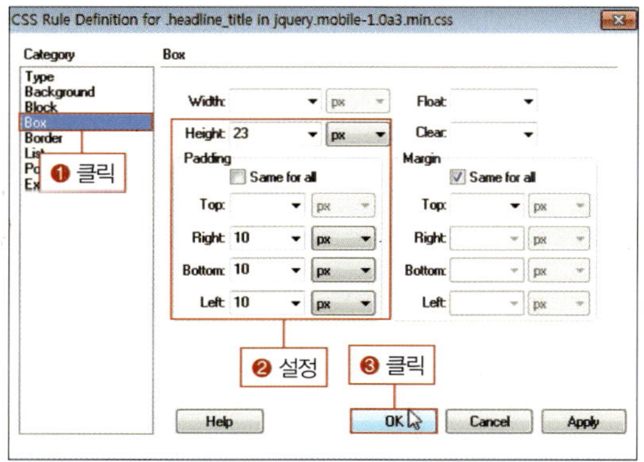

27 〔Insert Div Tag〕 대화상자의 Class에 설정한 'headline_title'이 선택된 것을 확인하고 〔OK〕 버튼을 클릭합니다.

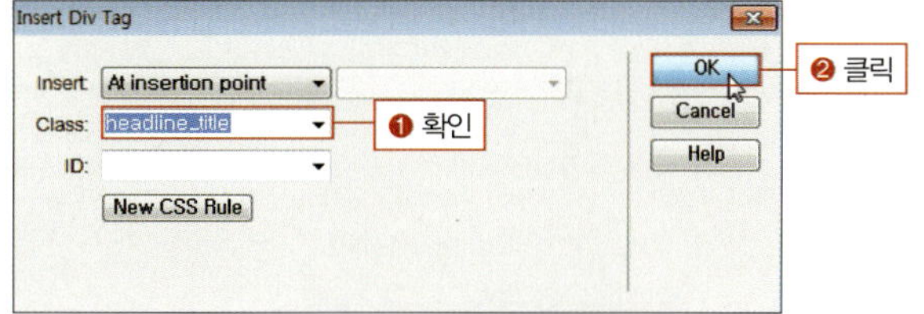

28 〔Live View〕 버튼을 클릭하고 Page Two 부분에서 텍스트를 드래그하여 선택하고 코드 화면에서 'Overview'로 변경합니다. 〔Overview〕를 클릭하면 입력된 텍스트는 여백이나 가운데 정렬을 지정하지 않았기 때문에 〔Back〕 버튼과 겹쳐집니다.

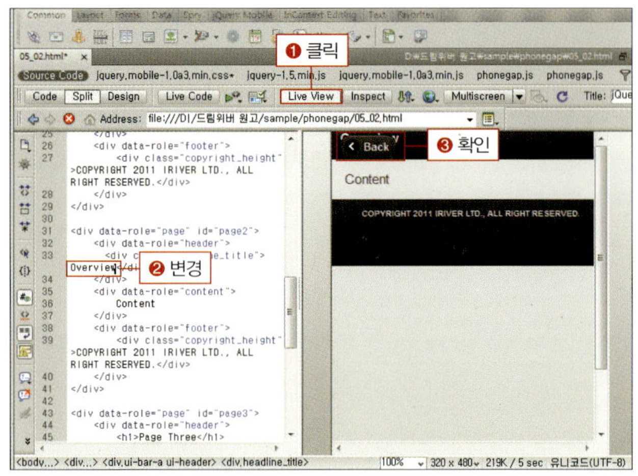

29 CSS Styles 패널에서 '.headline_title'을 더블 클릭하여 〔CSS Rule Definition for…〕 대화상자가 나타나면 〔Block〕 탭을 선택합니다. 가운데 정렬하기 위해 Text-align을 'center'로 선택한 다음 〔OK〕 버튼을 클릭합니다.

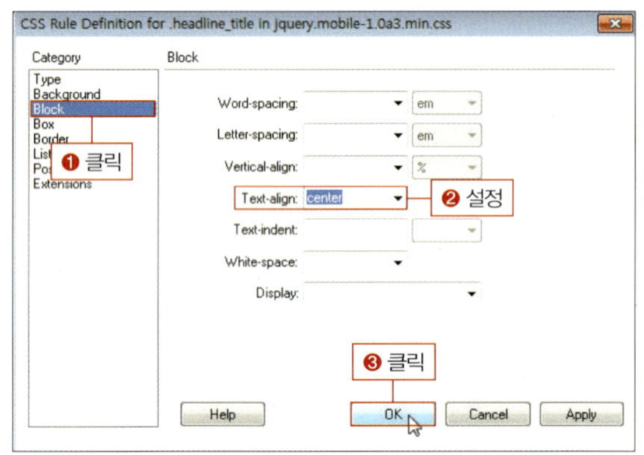

30 텍스트가 위쪽으로 이동한 것을 확인할 수 있습니다. CSS Styles 패널에서 '.headline_title'을 선택하고 Add Property의 아이콘을 클릭해 'padding-top'을 선택합니다.

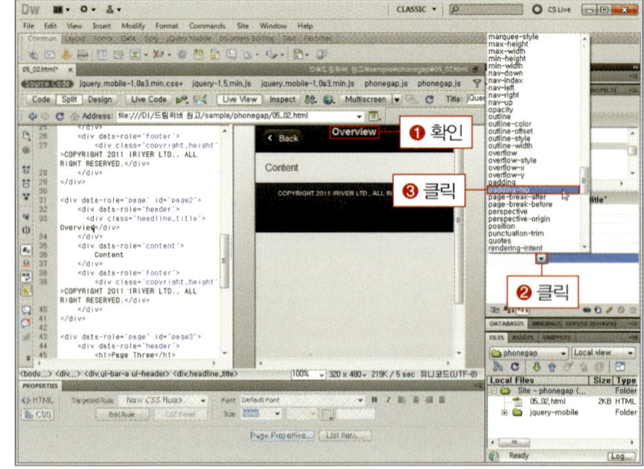

31 CSS Styles 패널에 추가된 height는 '33px', padding-bottom은 '0px', padding-top은 '10px' 로 설정합니다.

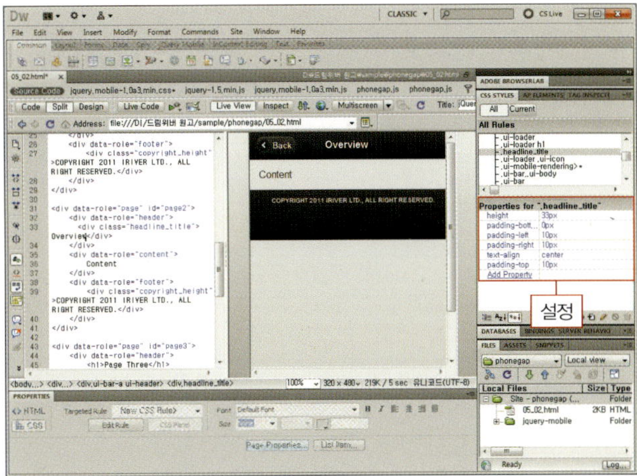

32 〔Live View〕 버튼을 클릭하고 코드 화면에서 Overview에서 사용한 Div 및 CSS 태그를 Ctrl +C를 눌러 복사합니다.

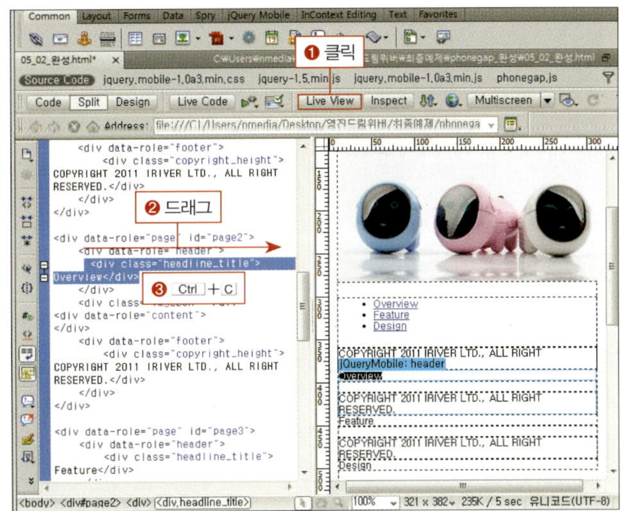

33 Ctrl +V를 눌러 붙여 넣고 세 번째 페이지는 'Feature', 네 번째 페이지는 'Design'으로 변경합니다.

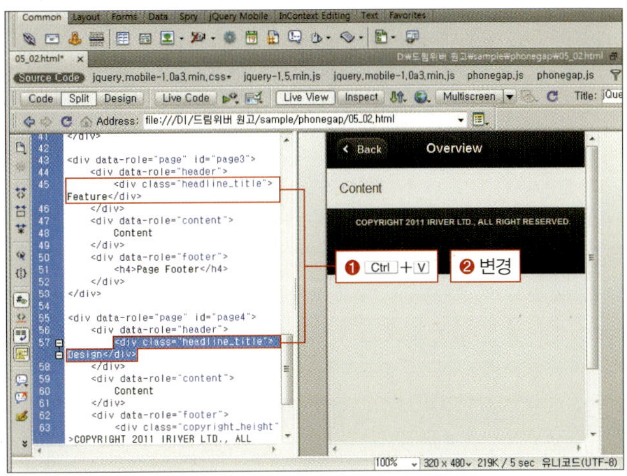

콘텐츠 삽입하기

01 콘텐츠 부분에 입력할 이미지는 Div 태그를 추가하여 만들겠습니다. Div가 입력될 content Div 태그 앞부분을 클릭하고 위쪽의 Insert 패널에서 (Common) 탭의 'Insert Div Tag' 아이콘(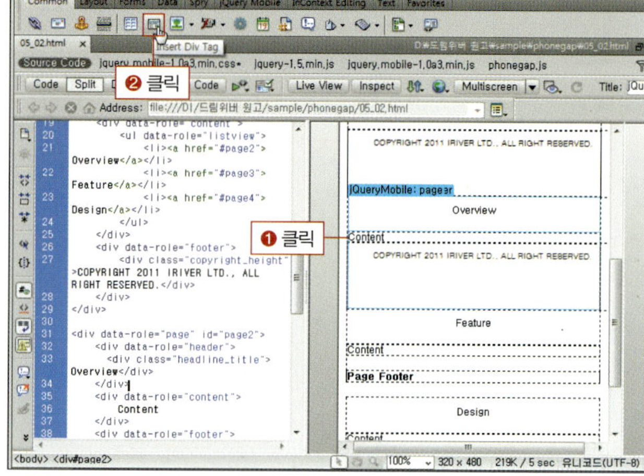)을 클릭합니다.

02 새로운 Div를 이용하여 (Insert Div Tag) 대화상자가 나타나면 CSS를 적용하기 위해 (New CSS Rule) 버튼을 클릭합니다.

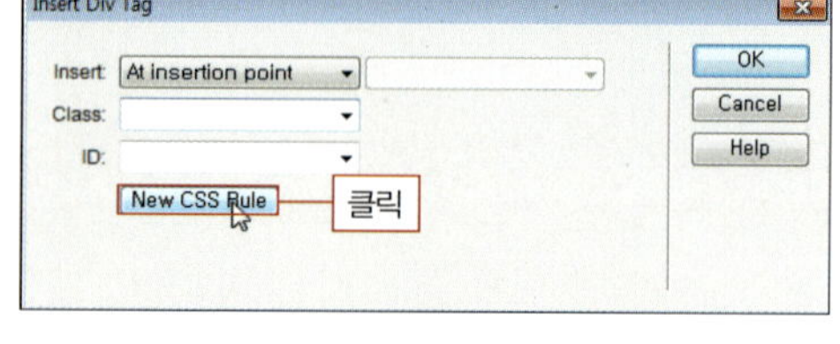

03 그림과 같이 (New CSS Rule) 대화상자가 나타나면 Selector Type을 'Class (can apply to any HTML element)'로 선택합니다. Selector Name에 'img_box'를 입력하고 (OK) 버튼을 클릭합니다.

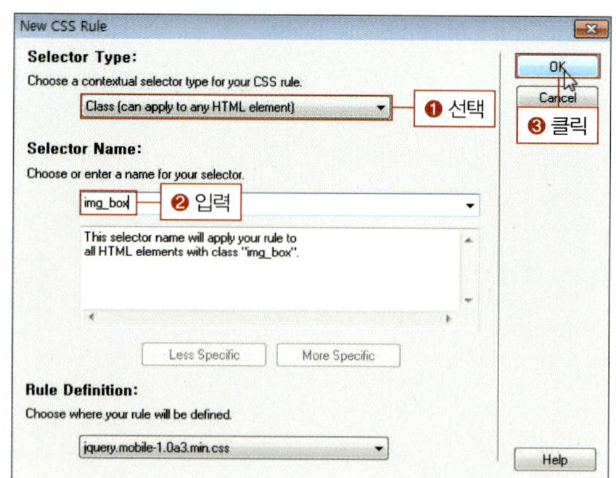

04 〔CSS Rule Definition for…〕 대화상자가 나타나면 〔Box〕 탭을 선택합니다. Width를 '100%', Height를 '235px'로 설정하고 Padding과 Margin 항목의 Top을 모두 '0px'로 설정한 다음 〔OK〕 버튼을 클릭합니다.

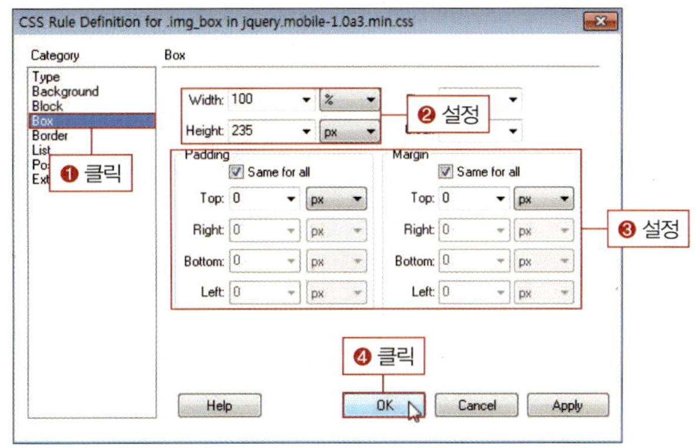

05 〔Insert Div Tag〕 대화상자의 Class에 'img_box'가 입력된 것을 확인하고 〔OK〕 버튼을 클릭합니다.

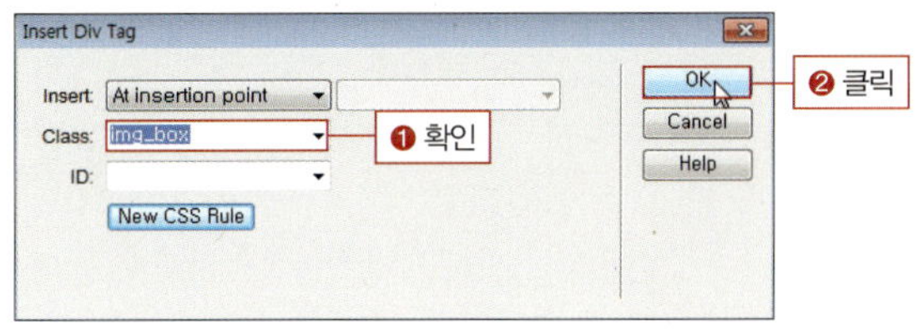

06 추가된 Div에 입력된 텍스트를 삭제하고 이미지를 추가하기 위해 위쪽의 Insert 패널에서 〔Common〕 탭의 'Images' 아이콘(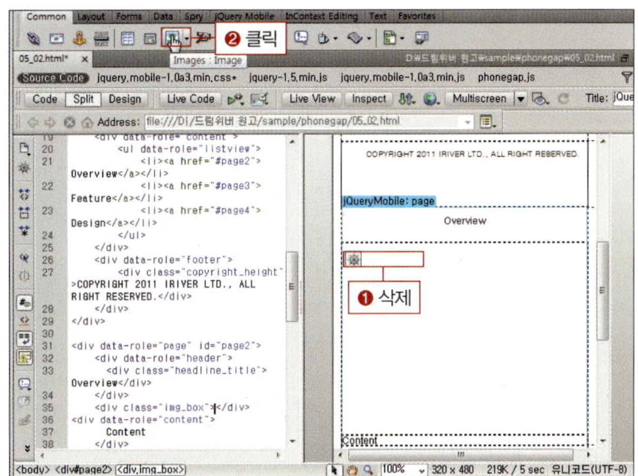)을 클릭합니다.

07 〔Select Image Source〕 대화상자가 나타
나면 찾는 위치를 'Part05\jquery-mobile\
images' 폴더로 설정하고 'overview.jpg' 파일을
선택한 다음 〔OK〕 버튼을 클릭합니다.

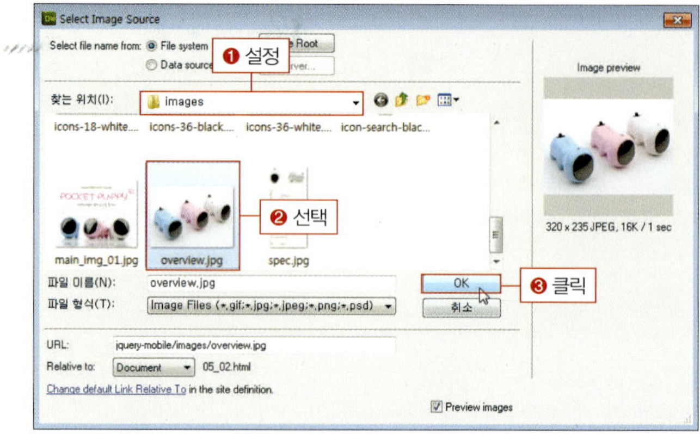

08 〔Image Tag Accessibility Attributes〕 대화
상자가 나타나면 Alternate text에 'overview'를
입력하고 〔OK〕 버튼을 클릭합니다.

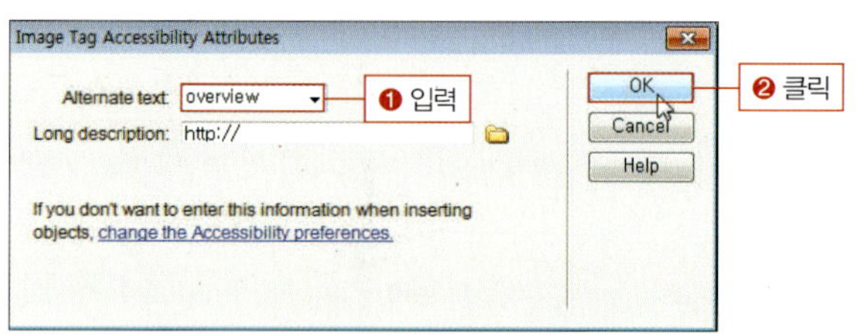

09 Content 텍스트를 삭제하고 아래와 같이 입
력합니다.

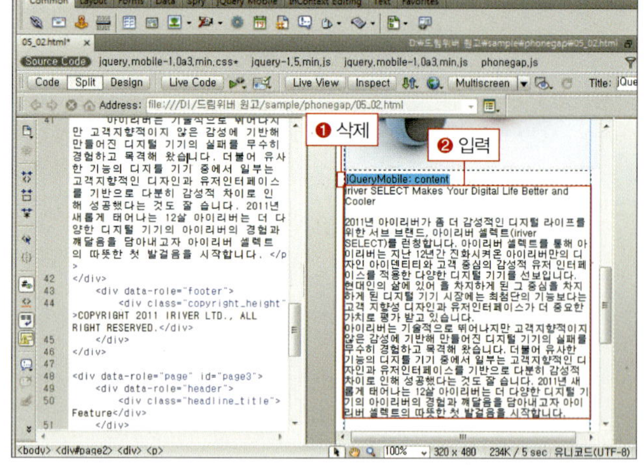

> river SELECT Makes Your Digital Life Better and Cooler
>
> 2011년 아이리버가 좀 더 감성적인 디지털 라이프를 위한 서
> 브 브랜드, 아이리버 셀렉트(iriver SELECT)를 런칭합니다. 아
> 이리버 셀렉트를 통해 아이리버는 지난 12년간 진화시켜온
> 아이리버만의 디자인 아이덴티티와 고객 중심의 감성적 유저
> 인터페이스를 적용한 다양한 디지털 기기를 선보입니다.
> 현대인의 삶에 있어 그 중심을 차지하게 된 디지털 기기 시장
> 에는 최첨단의 기능보다는 고객 지향성 디자인과 유저인터페
> 이스가 더 중요한 가치로 평가 받고 있습니다.
> 아이리버는 기술적으로 뛰어나지만 고객 지향적이지 않은 감
> 성에 기반해 만들어진 디지털 기기의 실패를 무수히 경험하
> 고 목격해 왔습니다. 더불어 유사한 기능의 디지털 기기 중에
> 서 일부는 고객 지향적인 디자인과 유저인터페이스를 기반으
> 로 다분히 감성적 차이로 인해 성공했다는 것도 잘 알고 있습
> 니다. 2011년 새롭게 태어나는 12살 아이리버는 더 다양한 디
> 지털 기기의 아이리버의 경험과 깨달음을 담아내고자 아이리
> 버 셀렉트의 따뜻한 첫 발걸음을 시작합니다.

10 Feature 부분에도 이미지를 추가하기 위해 위와 같이 Content 영역의 Div 앞쪽을 클릭하고 위쪽의 Insert 패널에서 〔Common〕 탭의 'Insert Div Tag' 아이콘(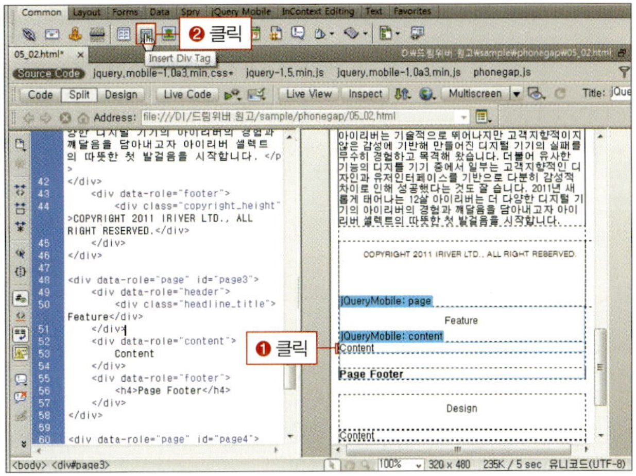)을 클릭합니다.

11 〔Insert Div Tag〕 대화상자가 나타나면 Class에 이전에 적용한 'img_box'를 선택하고 〔OK〕 버튼을 클릭합니다.

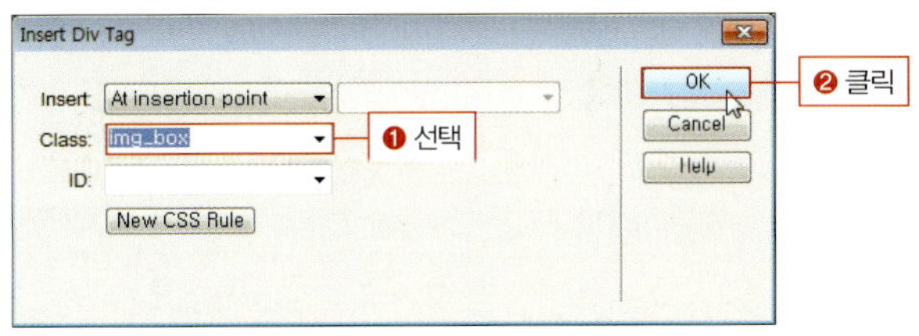

12 **09**번과 같은 방법으로 Div의 텍스트를 삭제하고 위쪽의 Insert 패널에서 〔Common〕 탭의 'Images' 아이콘(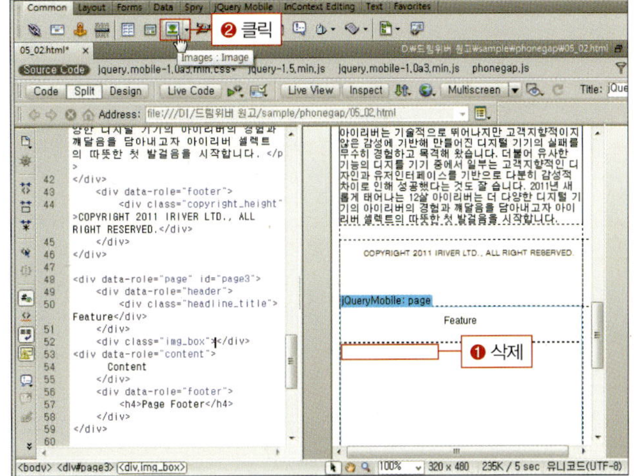)을 클릭합니다.

13 〔Select Image Source〕 대화상자가 나타
나면 'Part05\jquery-mabile\images' 폴더의
'feature.jpg' 파일을 선택한 다음 〔OK〕 버튼을 클
릭합니다.

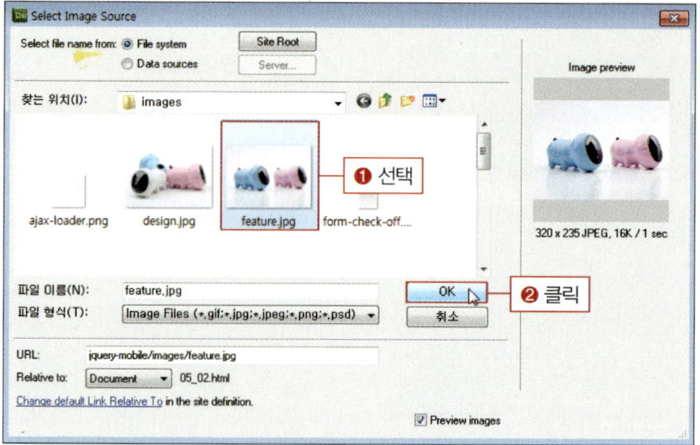

14 〔Image Tag Accessibility Attributes〕 대화
상자가 나타나면 Alternate text에 'feature'를 입
력하고 〔OK〕 버튼을 클릭합니다.

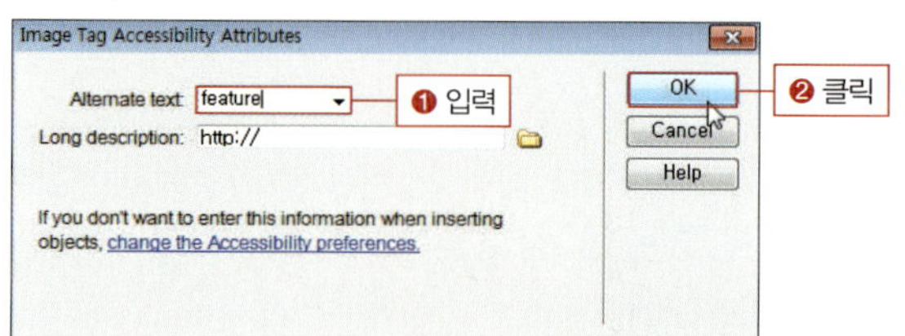

15 이미지가 입력된 것을 확인합니다. Content
부분에는 아래의 내용을 입력합니다. feature의 이
미지에 적용된 태그를 그림과 같이 코드 화면에서
드래그하고 〔Ctrl〕+〔C〕를 눌러 복사합니다.

> **iriver Select 1st교감**
>
> iriver Select 의 첫번째 주제, 교감, 실제 애완견과 같은 느낌
> 을 주는 Pocket Puppy는 사용자와의 교감을 디지털 기기에
> 담았습니다. 상하 두개의 터치센서와 OLED GUI는 사용자의
> 손길에 따라 진동과 소리, 그리고 다양한 표정을 보여줍니다.
> 사용자의 손길에 따라 교감하듯이 반응하는 Pocket Puppy는
> 또 하나의 애완견입니다.

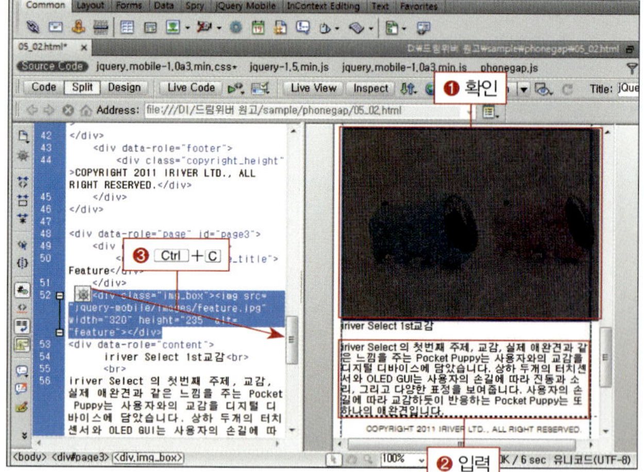

16 입력된 텍스트에 해당하는 〈/Div〉 태그의 뒤쪽을 클릭한 다음 Ctrl + V 를 눌러 이미지 관련 태그를 붙여 넣습니다.

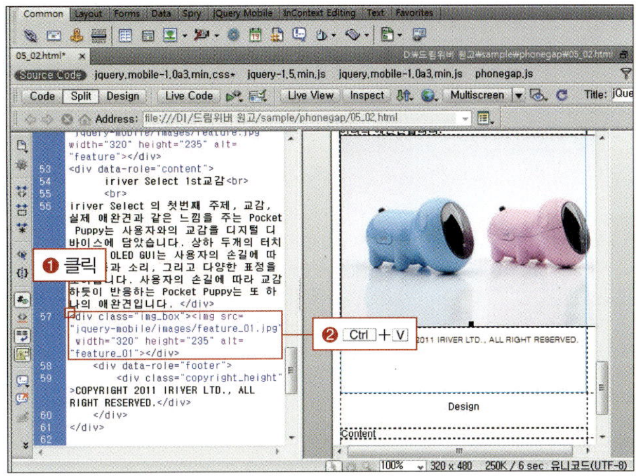

17 같은 이미지가 아닌 다른 이미지를 적용하기 위해 'feature.jpg'를 'feature_01.jpg'로 변경하고 alt에 해당하는 'feature'를 'feature_01'로 변경하면 자동으로 이미지가 변경됩니다.

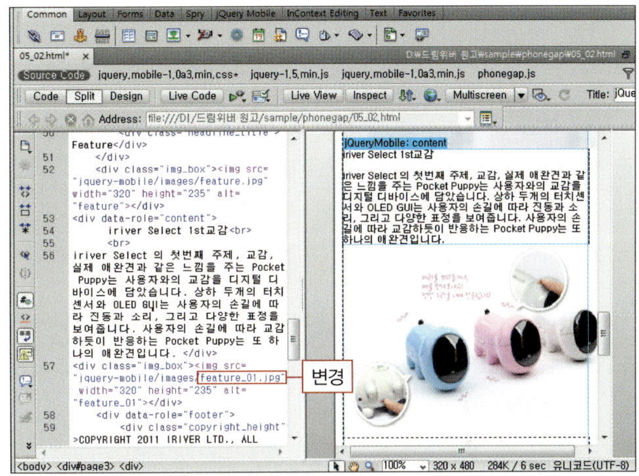

18 Design의 Content 부분의 〈Div〉 태그 앞쪽을 클릭한 다음 Ctrl + V 를 눌러 붙여 넣습니다. 복사한 태그는 feature로 되어 있기 때문에 src와 alt를 각각 'design.jpg'와 'design'으로 변경합니다.

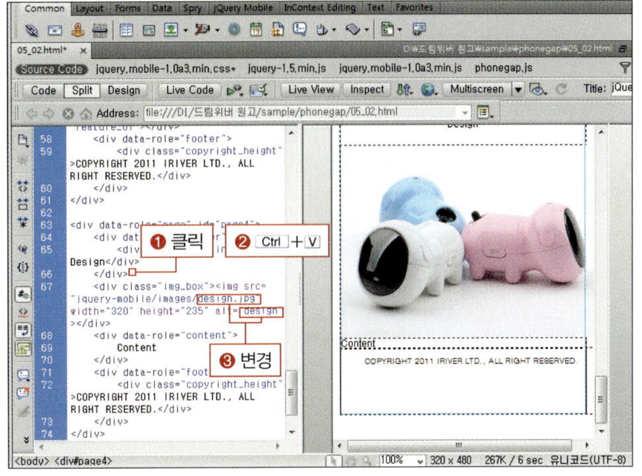

19 Content 부분의 텍스트를 변경하기 위해서 입력된 텍스트를 지우고 아래의 내용을 입력합니다.

> Cute & Lovely
> 귀엽고 사랑스러운 모습.
> 애완동물의 모습을 그대로 재현한 Pocket Puppy는 우리 곁에 함께 있는 사랑스러운 애완견의 모습을 디자인감각으로 재탄생시켰습니다. 디지털기기의 느낌을 최대한 배제한 Pocket Puppy의 4방향 내비게이션키는 꼬리를 연상시키며, 아래쪽에 작은 발 네 개와 큰 얼굴은 영락없는 개구쟁이 강아지의 모습을 연상시킵니다.
> 충전포트도 일반적인 USB케이블 타입과 차별화함으로써 Cute & Lovely 디자인을 완성하였습니다.

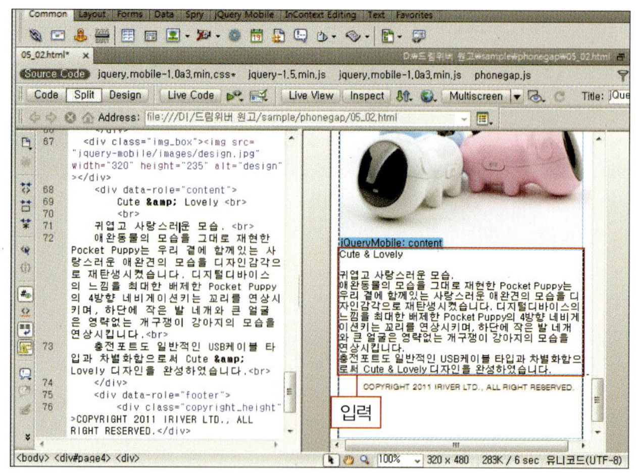

20 〔Live View〕 버튼을 클릭합니다. 각각의 페이지로 이동하면서 적용된 내용과 이미지를 확인합니다.

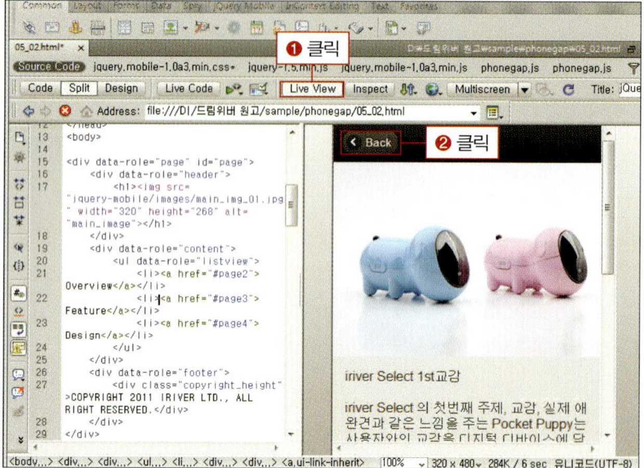

페이지 확인하고 세부 설정하기

01 모바일용 기기에서 확인하기 위해서 〔File〕 -〔Preview in Browser〕-〔Device Central〕 메뉴를 클릭하거나 Ctrl + Alt + F12 를 누릅니다.

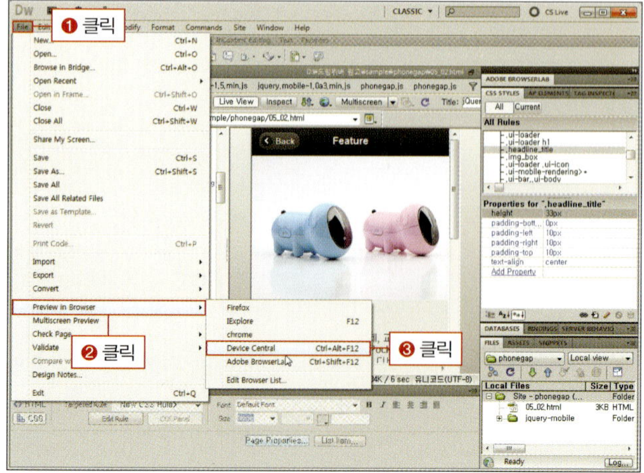

02 미리 보기 전에 문서를 저장할지 묻는 메시지 팝업 창이 나타나면 〔예〕 버튼을 클릭하여 작업한 내용을 저장합니다.

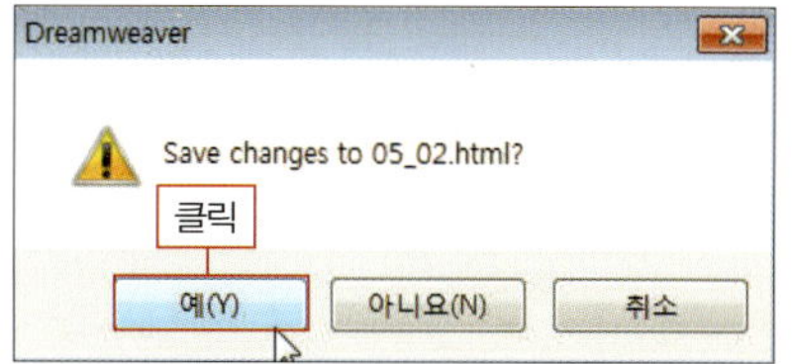

03 필요한 파일의 저장 여부를 묻는 메시지 창이 나타나면 〔예〕 버튼을 클릭하여 저장합니다.

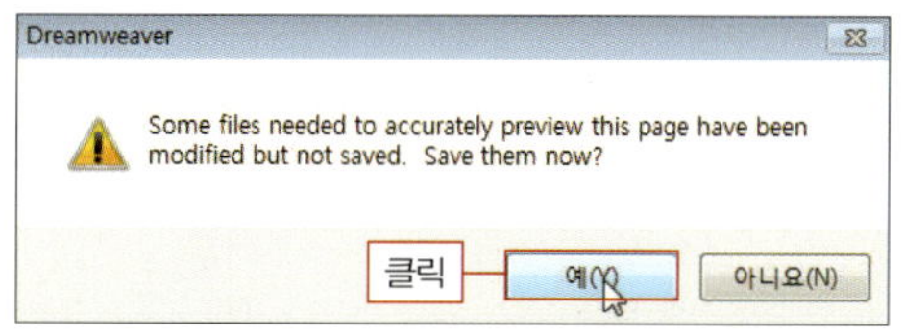

04 설정한 크기대로 320×480 화면 크기의 스마트 기기를 선택하면 그림과 같이 스마트 기기에 최적화된 화면을 확인할 수 있습니다.

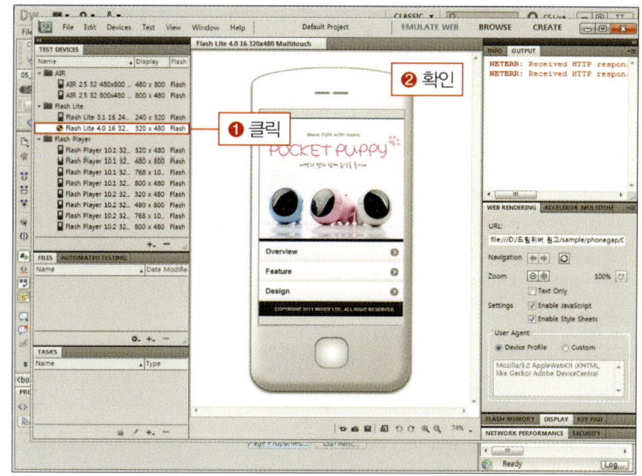

05 페이지를 이동하여 내용을 확인할 수 있습니다. 위쪽의 〔Back〕 버튼이 적용되지 않으면 오른쪽에 있는 Web Rendering 패널의 〔Navigation〕을 클릭하고 페이지를 이동합니다.

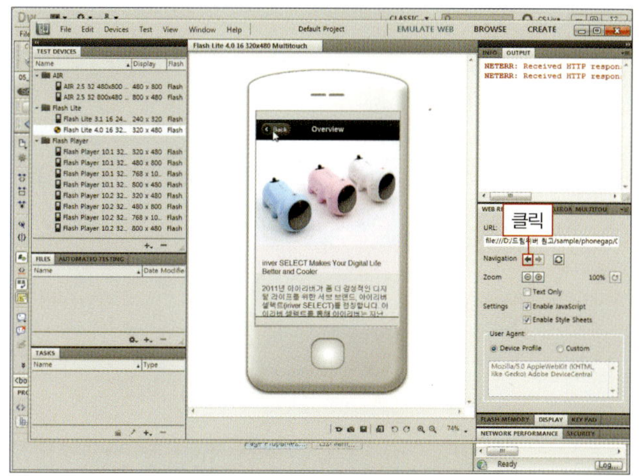

06 실제 내용 부분의 텍스트 크기가 설정되지 않았기 때문에 텍스트 크기를 변경합니다. 드림위버 화면으로 돌아온 다음 CSS Styles 패널에서 '.ui-content'를 선택하면 해당 CSS의 내용이 표시됩니다.

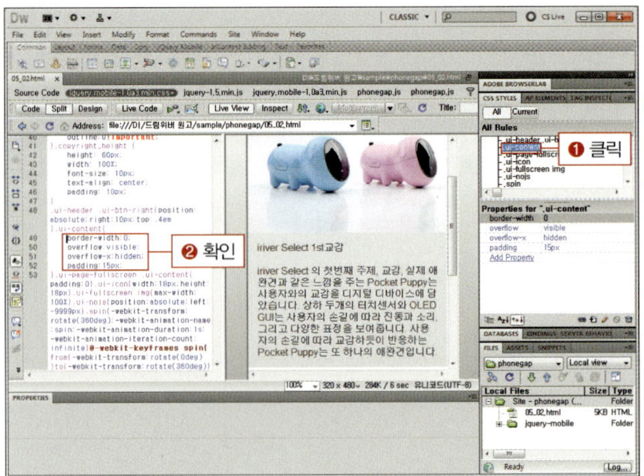

07 텍스트 크기를 변경하기 위해 CSS Styles 패널에서 Add Property의 ▣ 아이콘을 클릭합니다. 'font-size'와 'Line-height'를 선택하여 CSS 항목을 추가합니다.

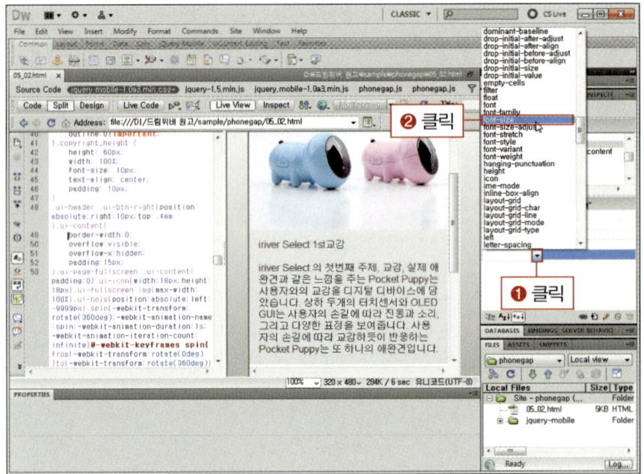

08 font-size를 '12pt'로 변경합니다. 줄 간격을 변경하기 위해 'line-height'를 선택하고 '18px'로 변경합니다.

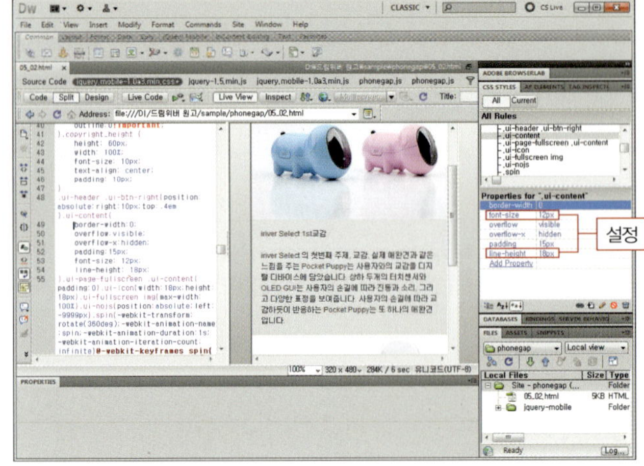

09 모바일 기기에서의 형태를 확인하기 위해서 (File)-(Preview in Browser)-(Device Central) 메뉴를 클릭하거나 Ctrl + Alt + F12 를 누릅니다.

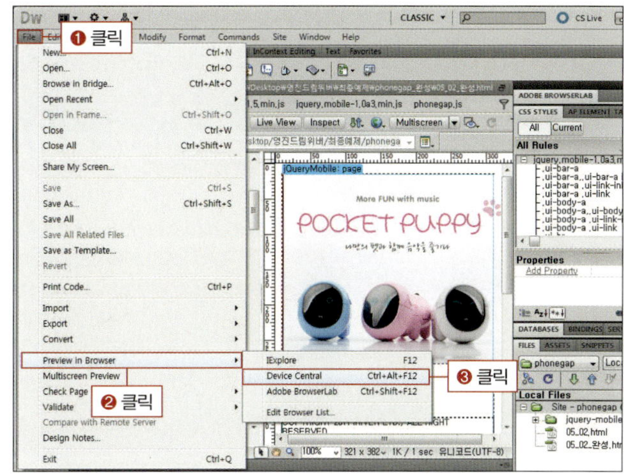

10 Device Central에서 폰트의 크기가 조정되고 간격도 적당하게 변경된 것을 확인합니다.

모바일용 페이지 추가하기

기존의 HTML 문서에 페이지를 추가하면 메뉴가 늘어나면서 첫 페이지의 길이가 늘어납니다. 또 메뉴의 높이를 CSS로 조절할 수 있습니다. 이번 예제에서는 메뉴와 추가 페이지를 적용하고 메뉴의 높이를 직접 조정해 보겠습니다.

- **예제 파일** : phoneGap_완성\05_02_완성.html(이전 단계에 이어서)
- **완성 파일** : phoneGap_완성2\05_02_완성.html

페이지 추가하고 확인하기

01 〔File〕-〔Open〕 메뉴를 클릭하거나 [Ctrl] +[O]를 누릅니다. 〔Open〕 대화상자가 나타나면 'phoneGap_완성' 폴더에서 '05_02_완성.html' 파일을 선택한 다음 〔열기〕 버튼을 클릭합니다.

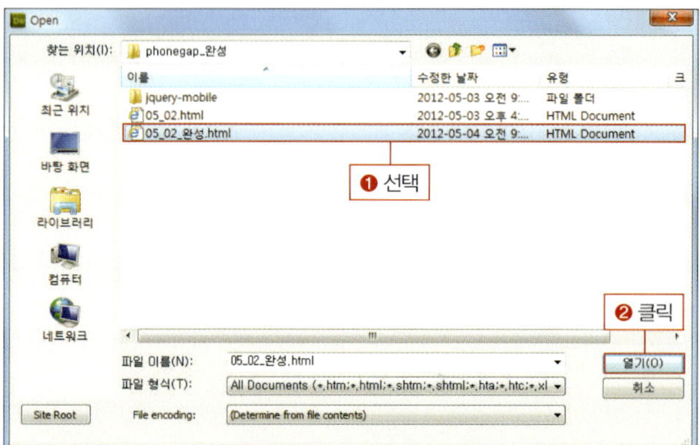

02 〔Split〕 탭을 클릭합니다. 코드 화면의 태그 중 Design의 '<li>~</li>' 태그를 드래그하여 선택하고 [Ctrl]+[C]를 눌러서 복사합니다.

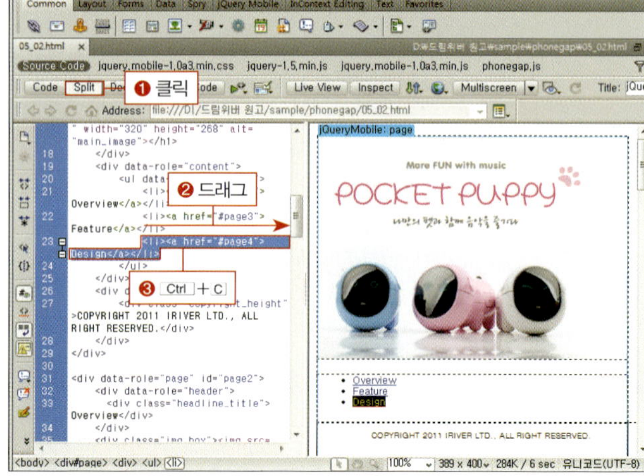

03 복사한 태그의 바로 아래쪽에서 `Ctrl` +`V`를 눌러 붙여 넣습니다. 링크의 #page4는 '#page5'로, Design은 'Specifications'로 변경합니다.

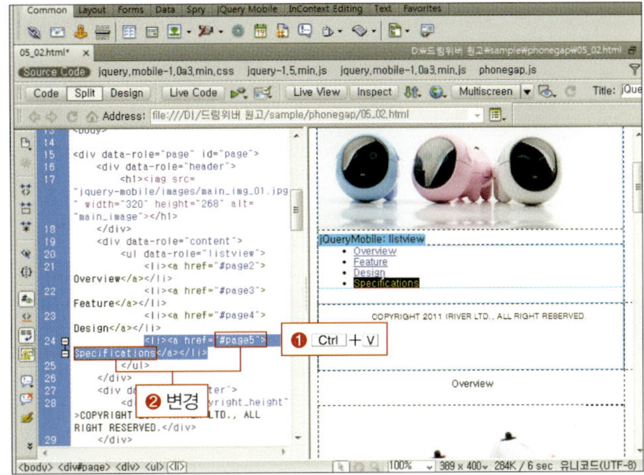

04 메뉴를 추가했다면 page5에 해당하는 내용을 추가로 만듭니다. 태그 중에서 Design 페이지에 해당하는 〈Div〉의 시작 부분부터 드래그합니다.

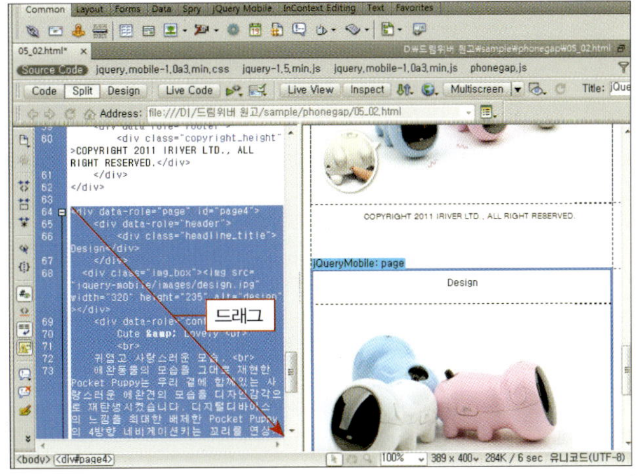

Tip

페이지를 추가하기 위해서는 Div로 새로운 구조를 만드는 것보다 이전 페이지의 태그를 복사하여 붙여 넣는 것이 간단합니다.

05 그림과 같이 〈/Div〉 태그의 끝 부분까지 드래그하여 선택하고 `Ctrl` +`C`를 눌러 복사합니다.

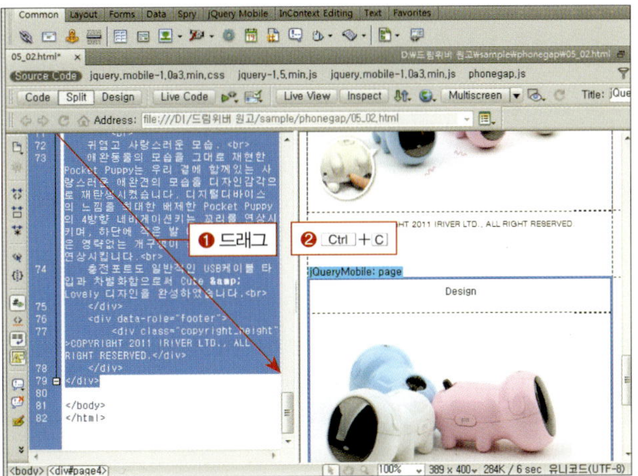

06 복사한 태그의 뒤쪽을 선택하고 `Ctrl` + `V`
를 눌러 복사한 page4의 페이지를 그림과 같이 붙
여 넣습니다.

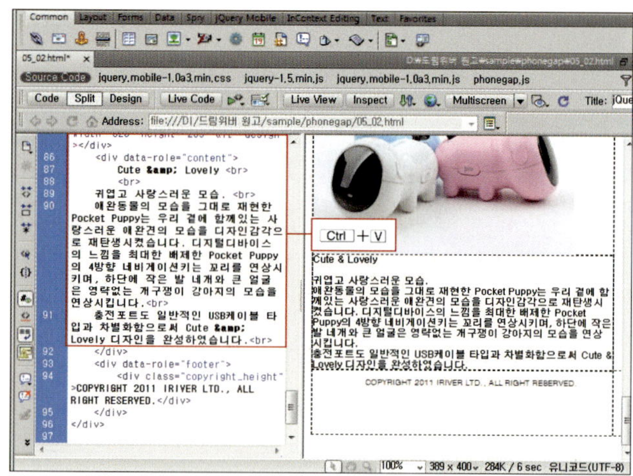

07 코드 화면에서 복사한 태그의 가장 위쪽의
page4를 'page5'로 변경합니다. 타이틀도 Design
에서 'Specifications'로 변경합니다.

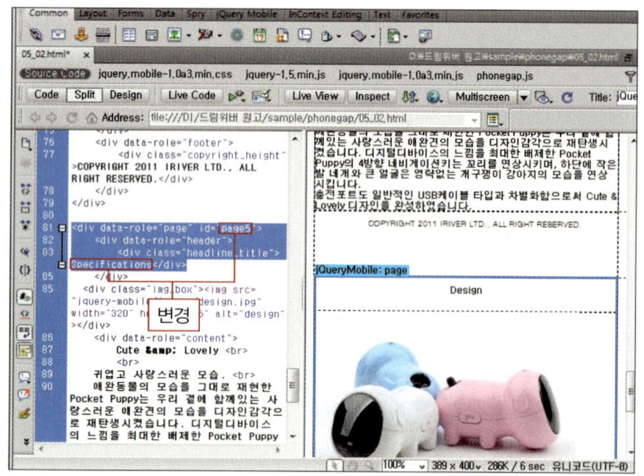

08 이미지가 삽입된 부분의 태그를 선택하여 삭
제하고 새이미지를 삽입하기 위해 위쪽의 Insert
패널에서 〔Common〕 탭의 'Images' 아이콘(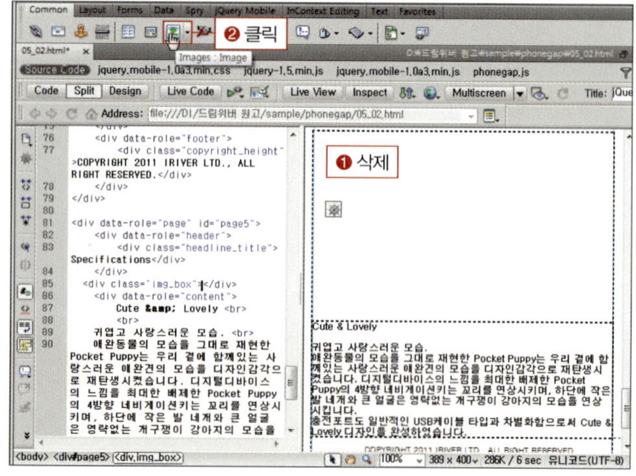)
을 클릭합니다.

09 〔Select Image Source〕 대화상자가 나타나
면 찾는 위치를 'Part\jquery-movile\images'
폴더로 설정하고 'spec.jpg' 파일을 선택한 다음
〔OK〕 버튼을 클릭합니다.

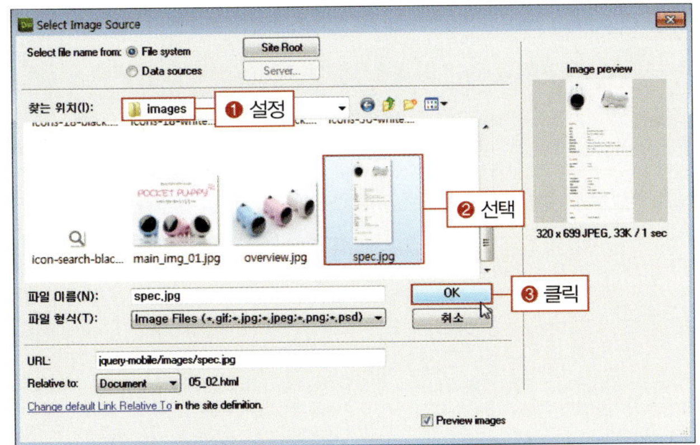

10 〔Image Tag Accessibility Attributes〕 대화
상자가 나타나면 Alternate text에 'spec'을 입력
한 다음 〔OK〕 버튼을 클릭합니다.

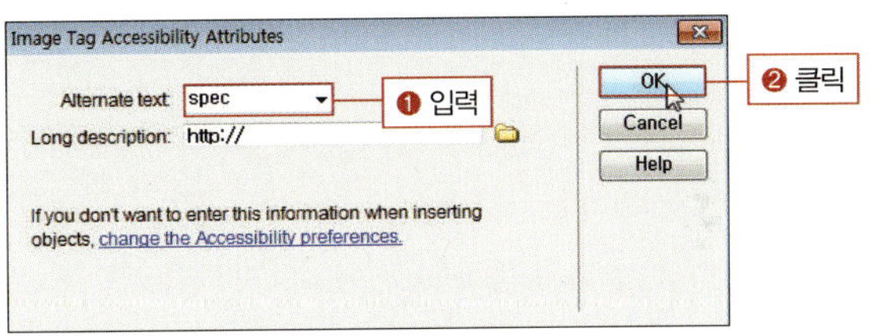

11 입력된 텍스트는 필요 없기 때문에 그림과
같이 해당 부분의 텍스트를 삭제합니다.

T i P

예제에서는 텍스트만 삭제했지만 해당 〈Div〉 태그를 모두 삭
제해도 됩니다.

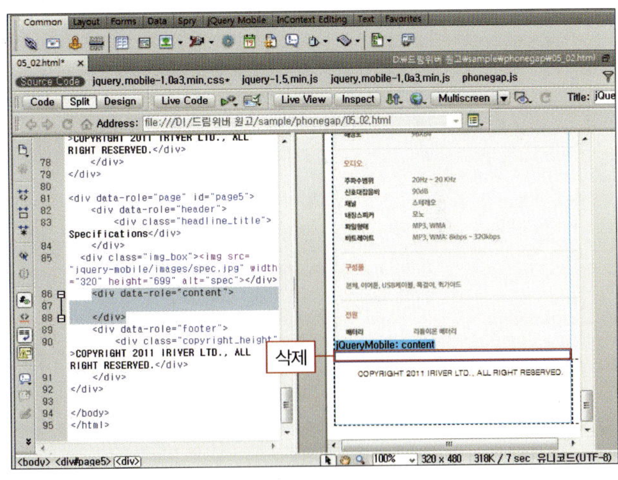

12 해당 CSS를 찾기 위해 CSS Styles 패널에서 (jquery.mobile-1.0a3.min.css)를 클릭하고 (Edit)-(Find and Replace) 메뉴를 클릭하거나 `Ctrl` + `F`를 누릅니다.

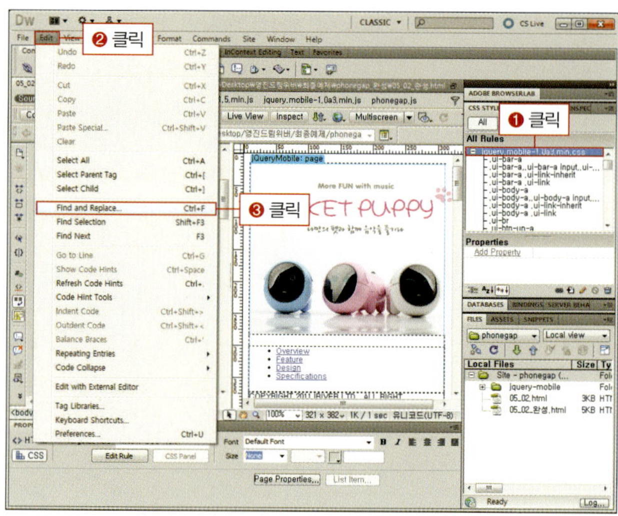

Tip

이미지에 관련된 img_box CSS를 적용할 때 높이를 설정해서 추가된 spec 이미지는 아래쪽이 잘려 보이므로 CSS를 수정하거나 별도의 CSS를 적용해야 합니다.

13 (Find and Replace) 대화상자가 나타나면 Find에 'img_box'를 입력하고 (Find Next) 버튼을 클릭합니다.

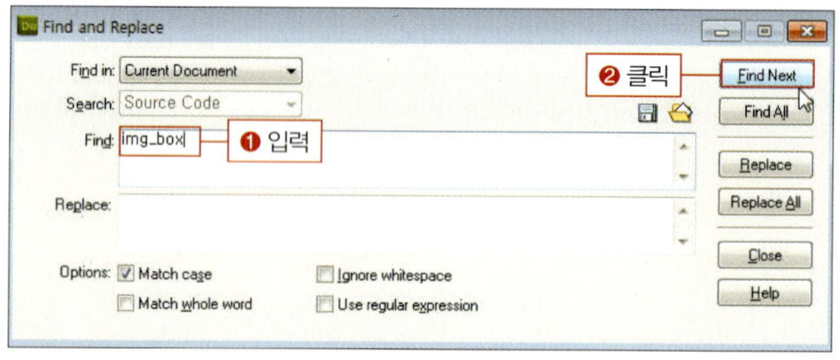

14 코드 화면에서 img_box CSS가 적용된 부분을 드래그하여 선택하고 `Ctrl` + `C`를 눌러 복사합니다.

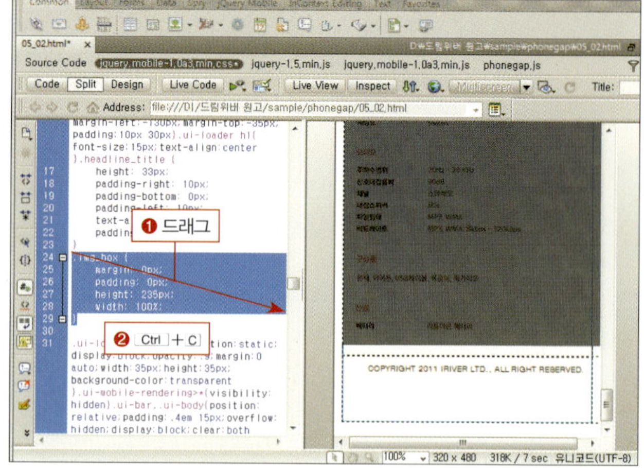

15 복사한 CSS의 아래쪽을 선택하고 [Ctrl] +[V]를 눌러 복사한 CSS를 붙여 넣은 다음 CSS 클래스의 이름을 'img_box2'로 변경합니다. 높이를 설정하기 위해 height를 '699px'로 변경합니다.

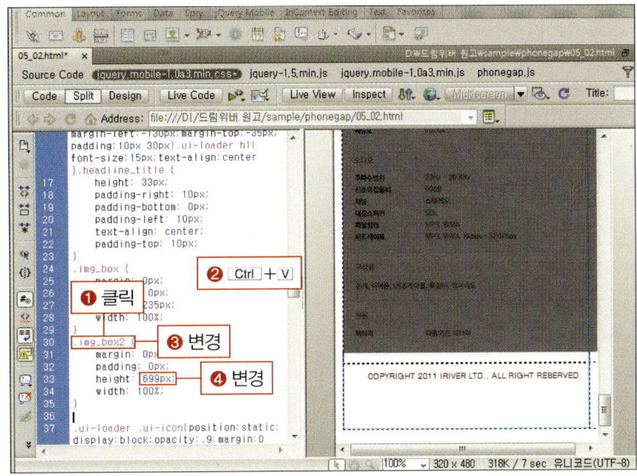

16 작업 영역 위쪽에서 [Live View] 버튼을 클릭하여 페이지가 추가되고 변경된 것을 확인합니다.

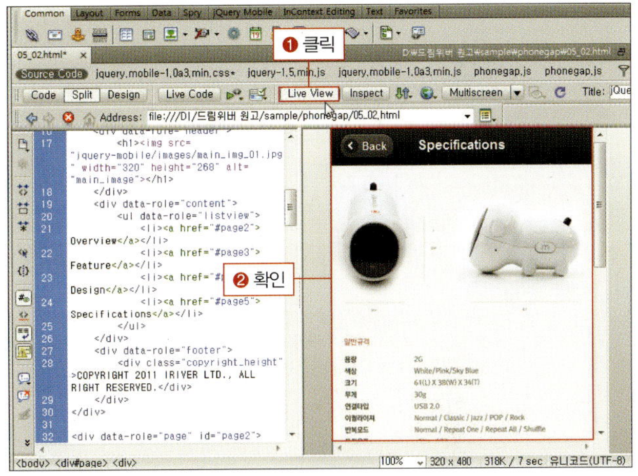

17 모바일용 페이지를 확인하기 위해 [File]-[Preview in Browser]-[Device Central] 메뉴를 클릭하거나 [Ctrl]+[Alt]+[F12]를 누릅니다.

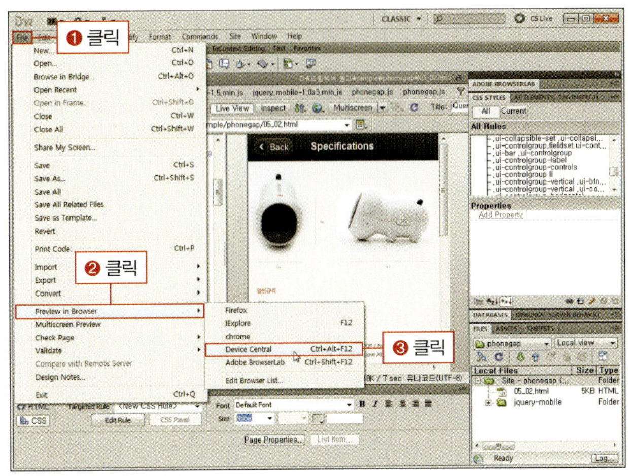

18 현재 문서의 저장 여부를 묻는 메시지 팝업 창이 나타나면 [예] 버튼을 클릭합니다.

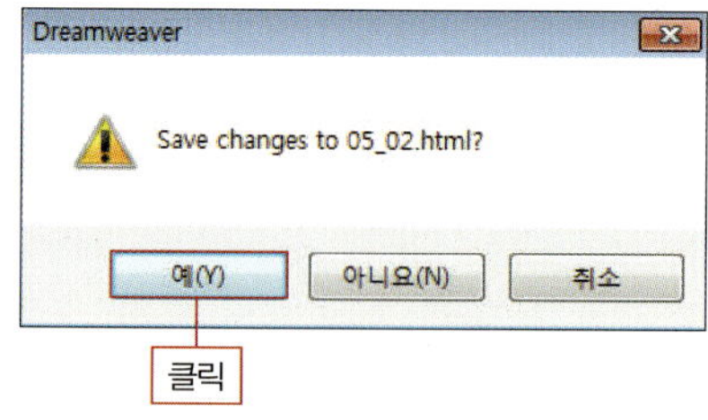

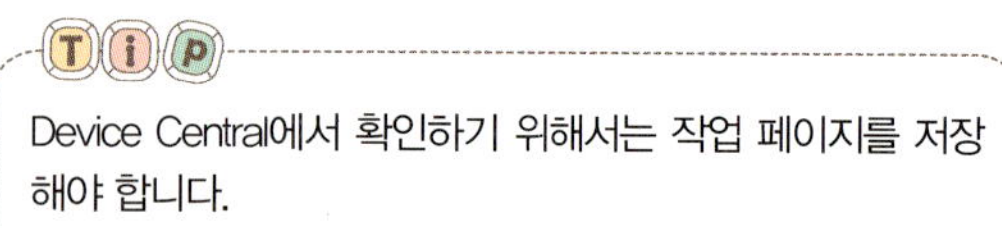
Device Central에서 확인하기 위해서는 작업 페이지를 저장해야 합니다.

19 관련 파일의 저장 여부를 묻는 메시지 팝업 창이 나타나면 [예] 버튼을 클릭합니다.

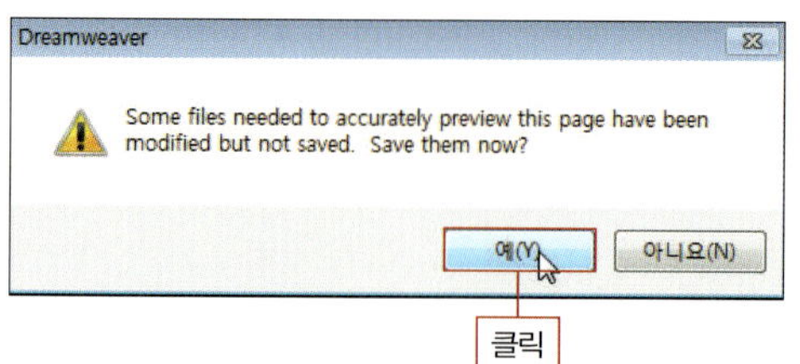

20 현재 제작된 페이지를 확인하고 페이지를 작동할 수 있습니다. 작동된 페이지는 그림과 같이 추가된 페이지로 이동 가능하며 페이지 스크롤도 확인할 수 있습니다.

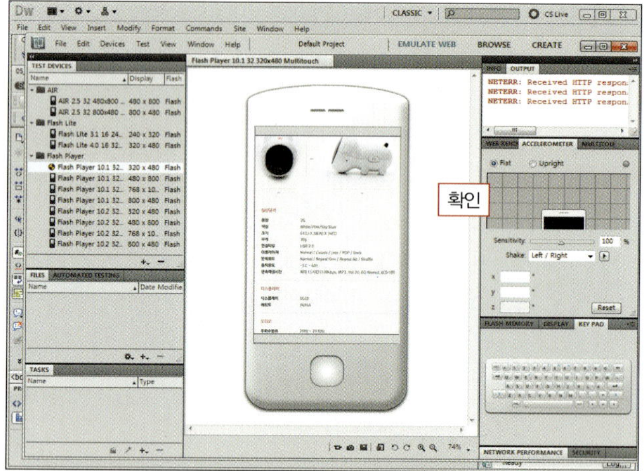

Android SDK 설치하기

안드로이드용 패키지를 제작하기 위해 드림위버에서 Android SDK를 설치해야 하고, 안드로이드용 앱을 개발하기 위해서는 Android SDK를 설치하는 과정이 필요합니다. 지금부터 Android SDK와 자바 관련 프로그램의 설치 방법을 살펴보겠습니다.

01 'http://developer.android.com/sdk/index.html' 웹 사이트에 접속한 다음 〔SDK〕 탭을 클릭합니다. Download 항목의 'installer_r16-windows.exe'를 클릭합니다.

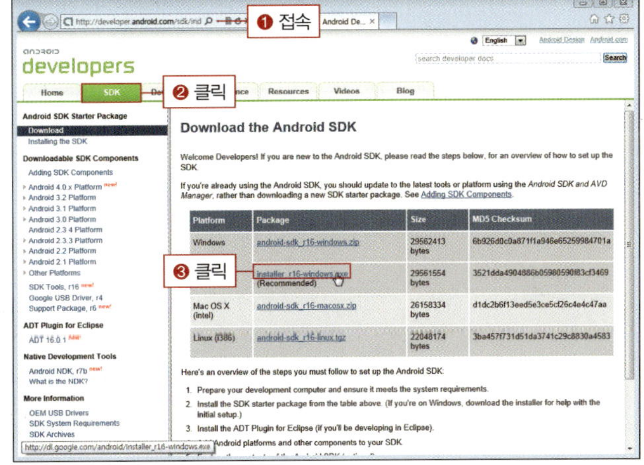

02 사용하는 윈도우 버전이나 설정에 따라 프로그램 실행에 대한 메시지 팝업 창이 나타날 수 있습니다. 선택한 프로그램은 보안상 문제가 없으므로 〔실행〕 버튼을 클릭합니다.

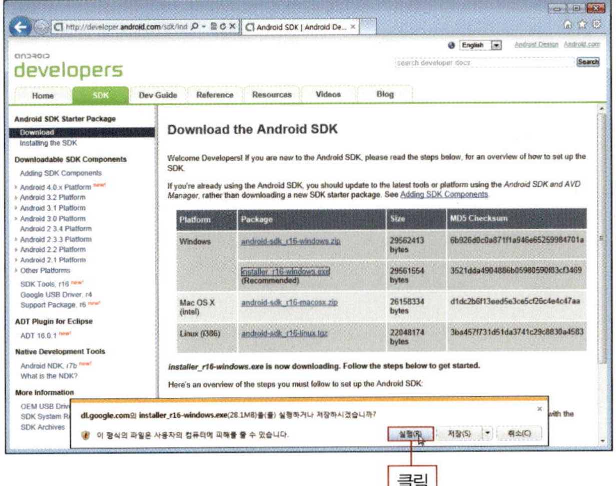

03 게시자에 대한 정보가 없다는 메시지 팝업 창이 나타나지만 프로그램을 계속 실행하기 위해 〔실행〕 버튼을 클릭합니다.

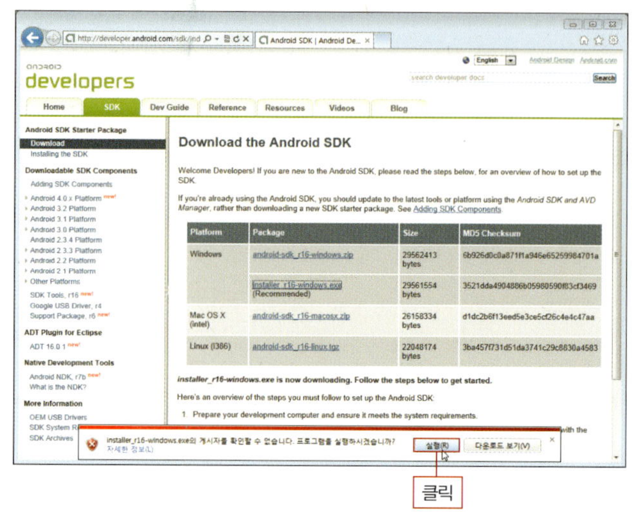

04 설치를 시작하기 위한 〔Android SDK Tools Setup〕 대화상자가 나타나며 설치 마법사 진행에 관련된 메시지가 나타납니다. 다음 단계를 진행하기 위해 〔Next〕 버튼을 클릭합니다.

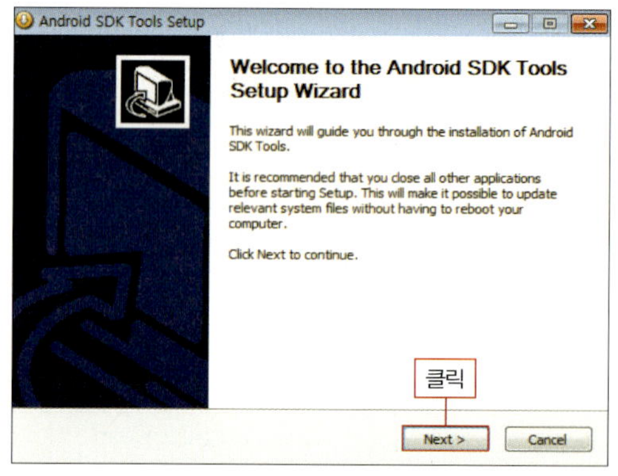

05 그림과 같은 메시지가 나타나면 〔Visit java. oracle.com〕 버튼을 클릭하여 관련된 자바 프로그램을 설치합니다.

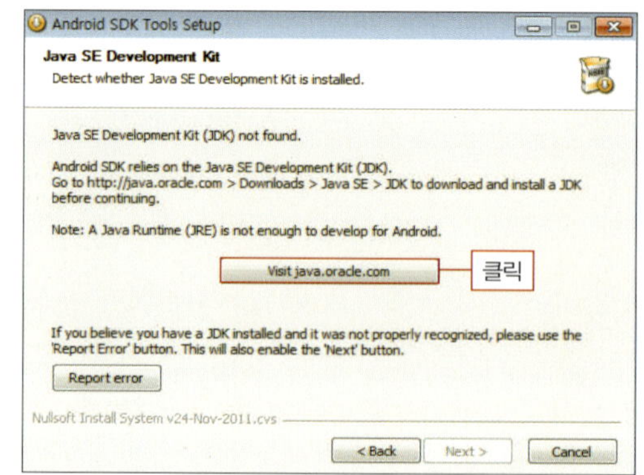

06 자바 관련 웹 사이트로 자동으로 이동합니다. 자바 관련 프로그램을 설치하기 위해 그림과 같이 'Java platform(JDK)'을 클릭합니다.

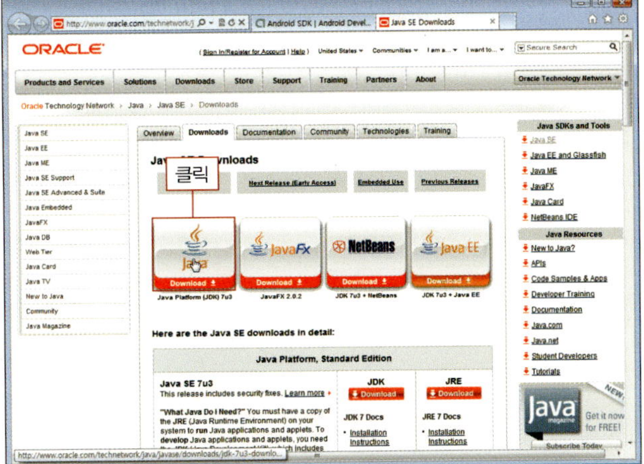

> **TiP**
>
> 버전은 설치 시점에 따라 달라질 수 있습니다.

07 프로그램 라이선스 동의를 위해 'Accept License Agreement'를 선택하고 사용하는 윈도우 버전에 맞는 JDK를 선택합니다.

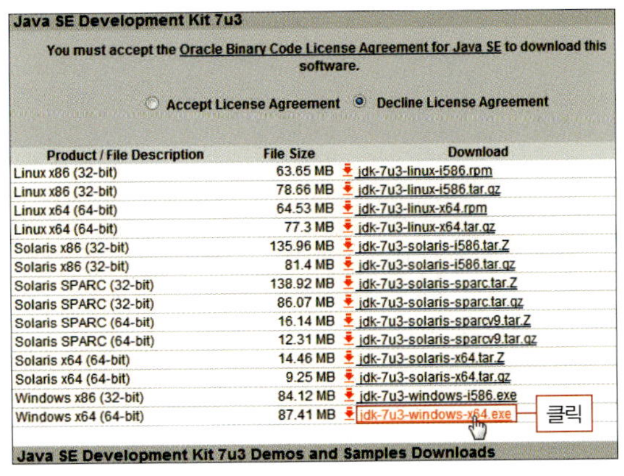

08 프로그램의 저장 또는 실행을 위한 메시지 팝업 창이 나타나면 [실행] 버튼을 클릭합니다.

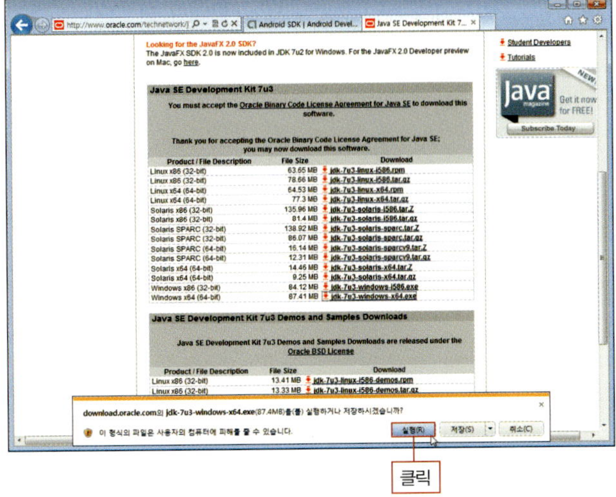

> **TiP**
>
> [저장] 버튼을 클릭하면 저장이 완료된 다음 설치를 실행할 수 있습니다.

09 Java 관련 대화상자가 나타나면 [Next] 버튼을 클릭하여 다음 단계로 진행합니다.

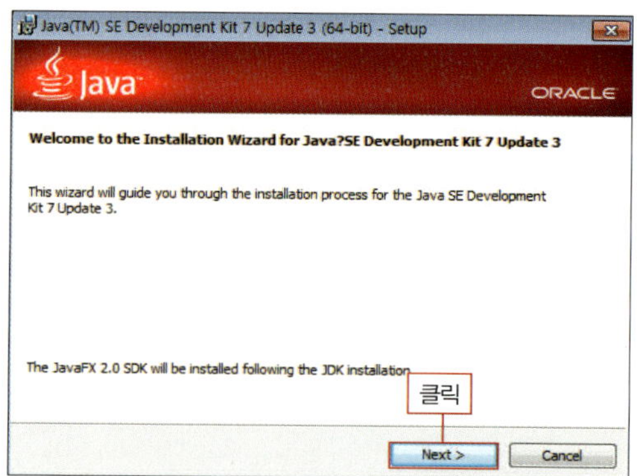

10 기본 설정 단계를 유지한 상태로 다음 단계를 진행하기 위해 [Next] 버튼을 클릭합니다.

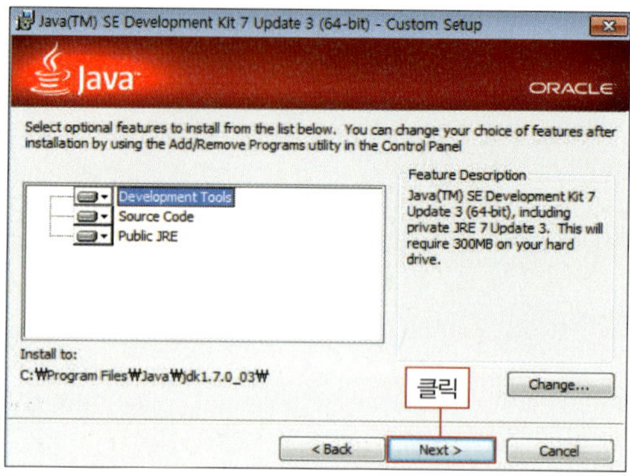

11 설치가 진행되고 경로를 변경할 수 있는 화면이 나타납니다. 설치를 진행하기 위해 [Next] 버튼을 클릭합니다.

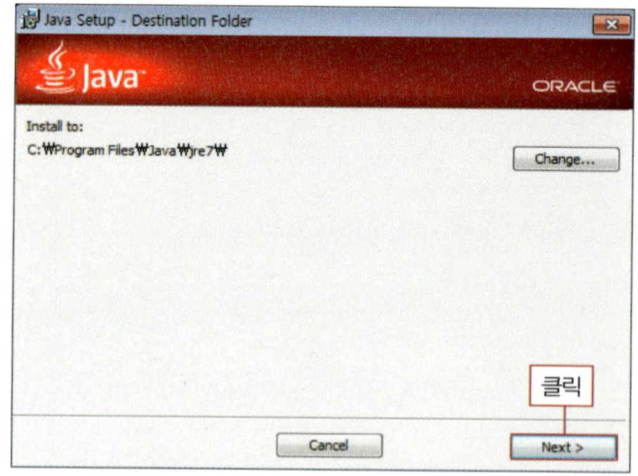

12 설치가 진행되고 설치 시간이 필요합니다.

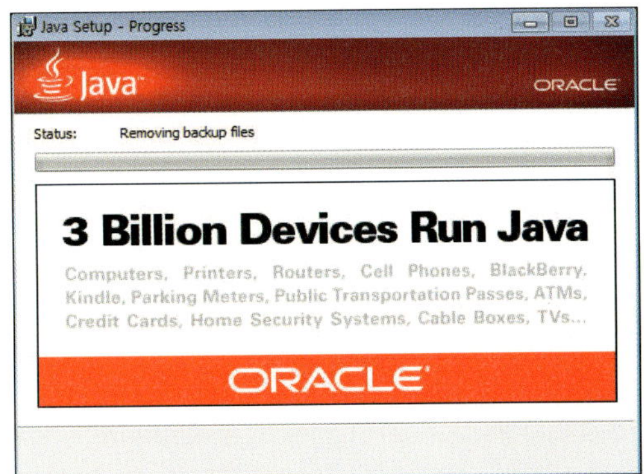

13 설치가 완료되면 그림과 같은 메시지가 나타납니다. 설치가 완료되면 〔Continue〕 버튼을 클릭합니다.

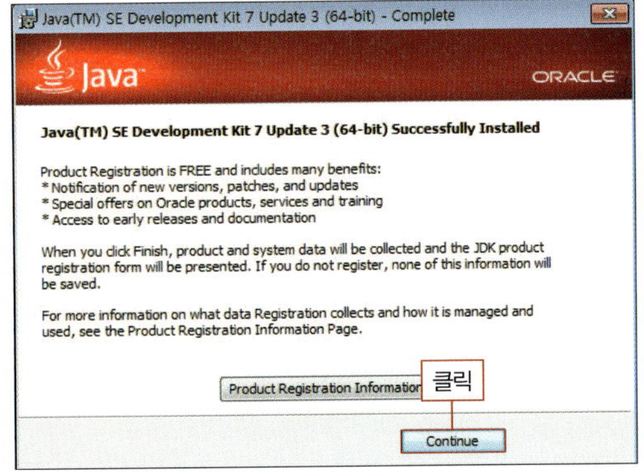

14 Java FX SDK를 설치하라는 메시지가 나타납니다. 다음 단계로 진행하기 위해 〔Next〕 버튼을 클릭합니다.

15 설치될 경로를 확인하고 〔Next〕 버튼을 클릭합니다.

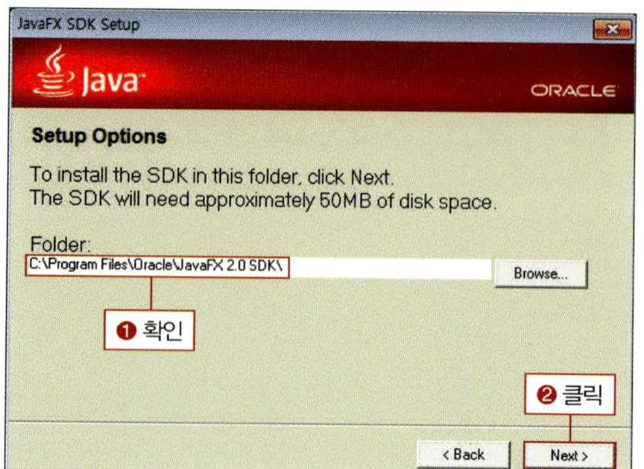

16 다음과 같은 메시지가 나타나면 Java FX의 설치가 완료된 것입니다. 〔Close〕 버튼을 클릭합니다.

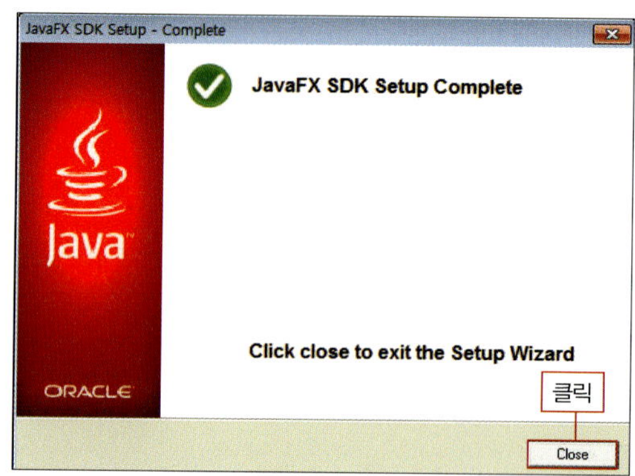

17 JDK의 사용자 등록 메시지가 나타납니다. 필요에 따라 새 계정을 만들거나 기존 계정을 사용합니다.

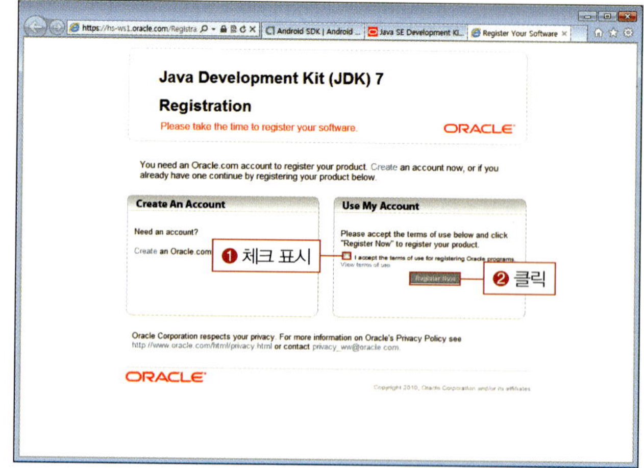

18 [SDK Tools Setup] 대화상자에서 [Next] 버튼을 클릭하여 프로그램 설치를 진행합니다.

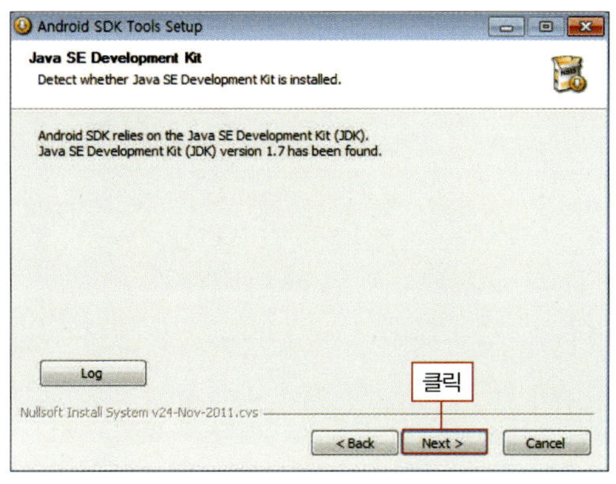

[Android SDK Tools Setup] 대화상자가 유지되지 않은 경우 319쪽의 **01~04** 과정을 참고하세요.

19 SDK의 설치 경로를 확인한 다음 [Next] 버튼을 클릭합니다.

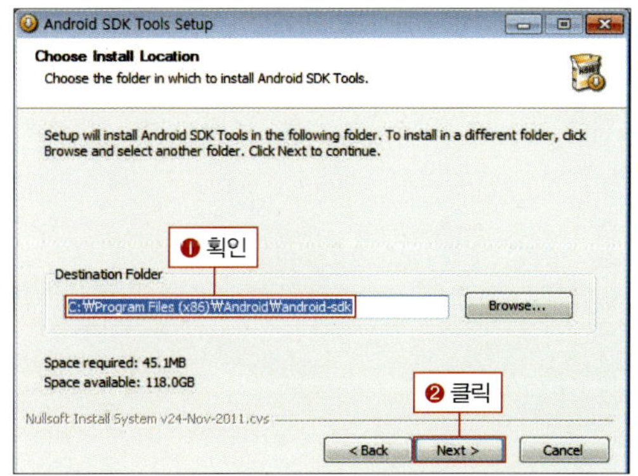

20 프로그램 그룹의 생성 여부를 묻는 창이 나타납니다. [Install] 버튼을 클릭합니다.

프로그램 선택을 실행하는 기능을 만들지 않으려면 'Do no create shortcuts'를 선택합니다.

21 설치가 완료되면 다음과 같은 메시지가 나타
납니다. 설치를 완료한 다음 (Finish) 버튼을 클릭
합니다.

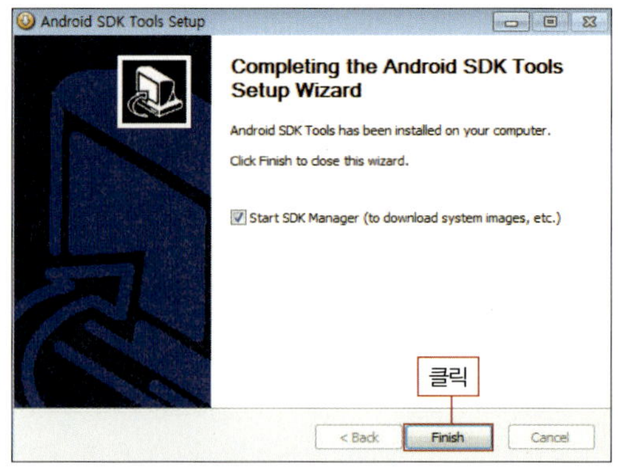

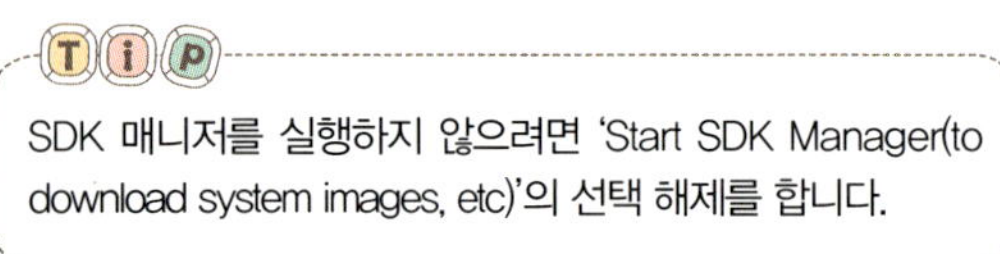

22 (Android SDK Manager) 대화상자가 나타나
면 필요한 프로그램들을 추가로 설치하거나 업데이
트할 수 있습니다. (Install 7 packages) 버튼을 클
릭합니다.

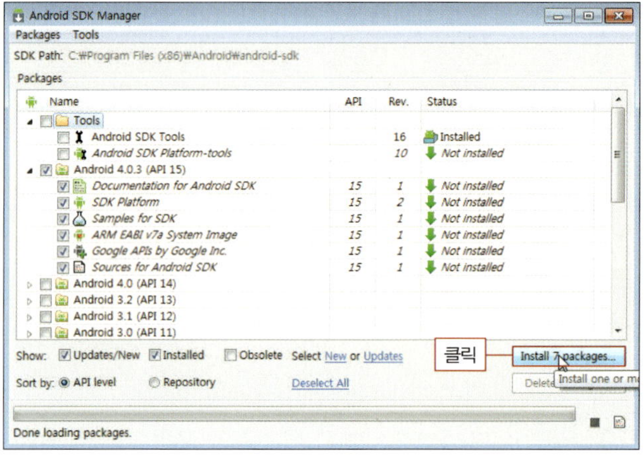

23 (Choose Packages to Install) 대화상자가
나타나면 'Accept'를 선택한 다음 (Install) 버튼을
클릭합니다.

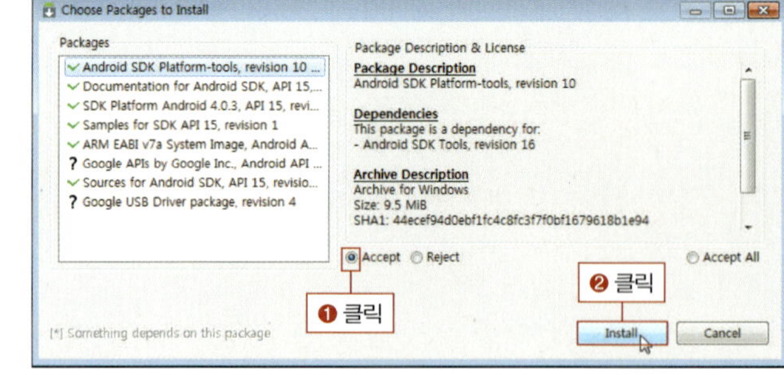

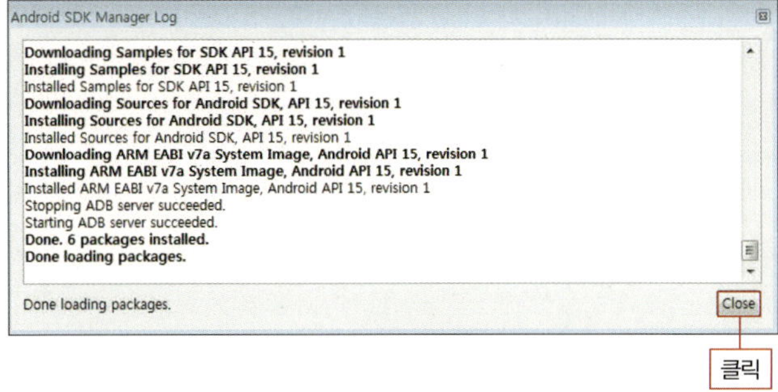

24 모든 업데이트가 완료되면 다음과 같이 모든 과정이 완료되었다는 메시지가 나타납니다. 〔Close〕 버튼을 클릭하여 대화상자를 닫습니다.

클릭

꼭! 알고 가세요 **웹 사이트 제작 전 살펴볼 만한 웹 사이트**

웹 사이트를 제작하려면 많은 웹 사이트를 살펴보고 참고 자료로 만드는 것이 중요합니다. 자신이 좋아하거나 유행하는 웹 사이트를 자료로 만들기 위해 웹 사이트를 많이 보고 분석하는 과정이 필요합니다. 아래는 필자가 추천하는 몇 개의 웹 사이트입니다. 아래의 웹 사이트뿐만 아니라 다양한 웹 사이트를 참고 자료로 활용하여 멋진 웹 사이트를 제작해 보세요.

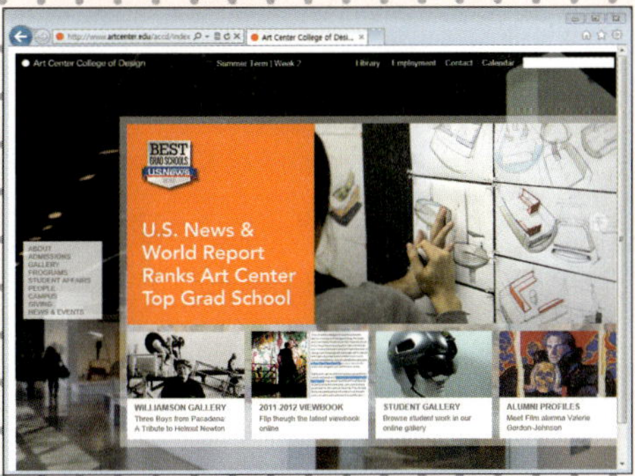

▲ 미국 디자인 대학 사이트 (http://www.artcenter.edu/)

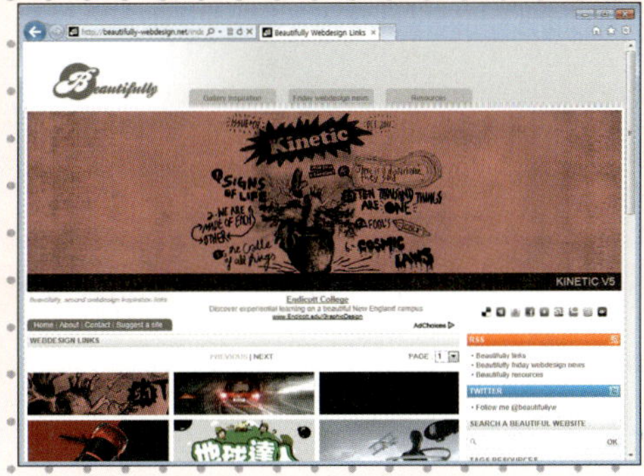

▲ 디자인 추천 링크 사이트 (http://beautifully-webdesign.net)

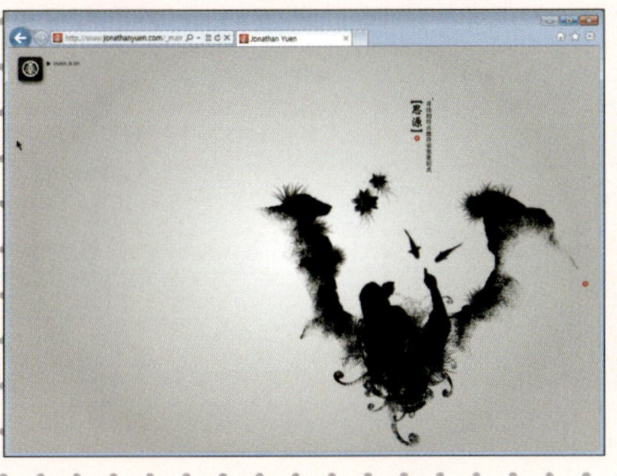

▲ Jonathan Yeun 사이트 (http://www.jonathanyuen.com)

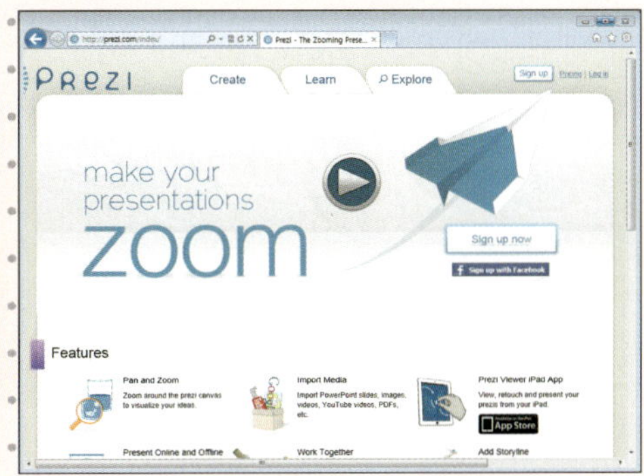

▲ 프레젠테이션 관련 사이트 (http://prezi.com)

Android 패키지로 저장하기

지금부터 Android를 패키지 형태로 저장하는 방법을 살펴보겠습니다. 패키지 형태로 저장하려면 Android SDK 설치가 필수입니다. 물론 드림위버 내에서도 설치 가능하며, 수동으로 설치할 수도 있습니다. 드림위버에서 수동으로 설치할 때에는 설치 경로를 지정해야 합니다.

01 Android SDK를 드림위버에 등록하거나 설치하기 위해 〔Site〕-〔Mobile Applications〕-〔Configure Application Framework〕 메뉴를 클릭합니다.

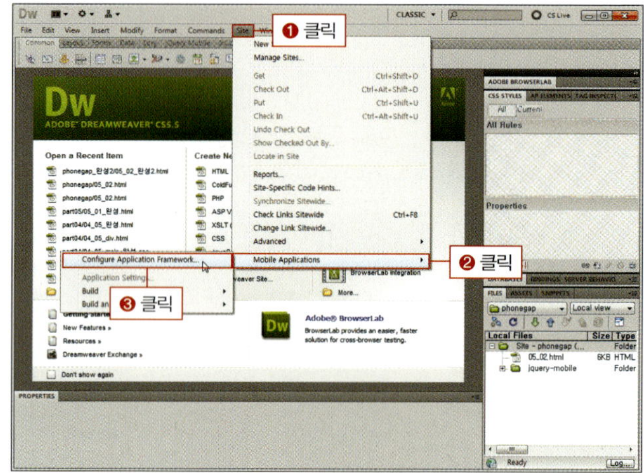

02 〔Configure Application Framework〕 대화 상자가 나타나면 Android SDK Path의 위치를 설정하고 〔Easy Install〕 버튼을 클릭하여 간단하게 설치할 수 있도록 합니다.

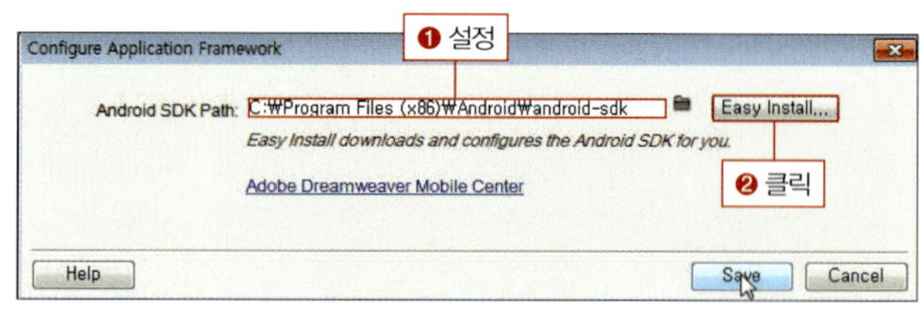

03 해당 경로에 설치되지 않았다면 Android SDK의 다운로드와 설치에 대한 메시지 팝업 창의 〔Yes〕 버튼을 클릭하여 진행합니다.

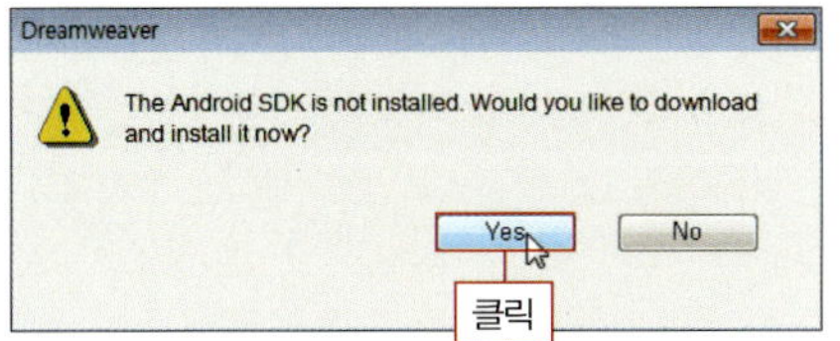

04 드림위버 CS5.5를 설치했다면 대부분의 사용자에게 오류가 발생합니다. 이때 CS5.5 버전을 5.51 버전으로 업데이트해야 합니다. 아래의 사이트에 접속하여 도움을 받을 수 있습니다.

http://helpx.adobe.com/dreamweaver/kb/error-android-sdk-failed-install.html

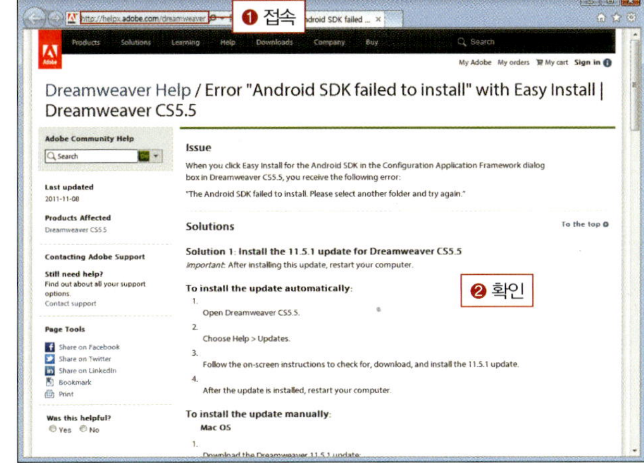

05 〔Configure Application Framework〕 대화상자가 나타나면 경로를 설정한 다음 〔Save〕 버튼을 클릭합니다.

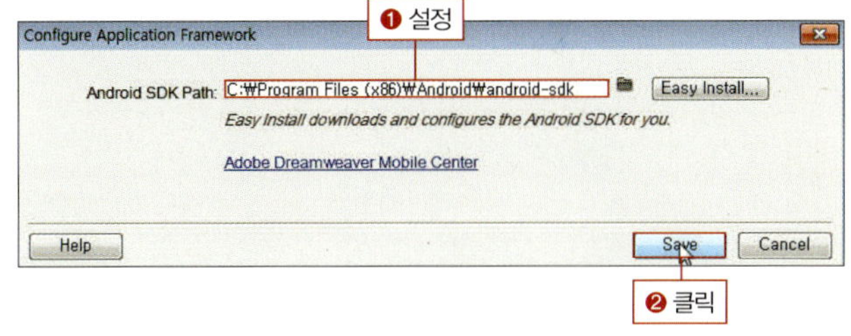

> **Tip**
> 만약 업데이트 이후에도 Easy Install 기능이 작동하지 않는다면, 수동으로 SDK를 설치하고 Android SDK Path에 설치할 경로를 수동으로 선택합니다.

06 패키지 형태로 저장할 문서를 열고 파일 설정을 위해 (Site)-(Mobile Applications)-(Application Settings) 메뉴를 클릭합니다.

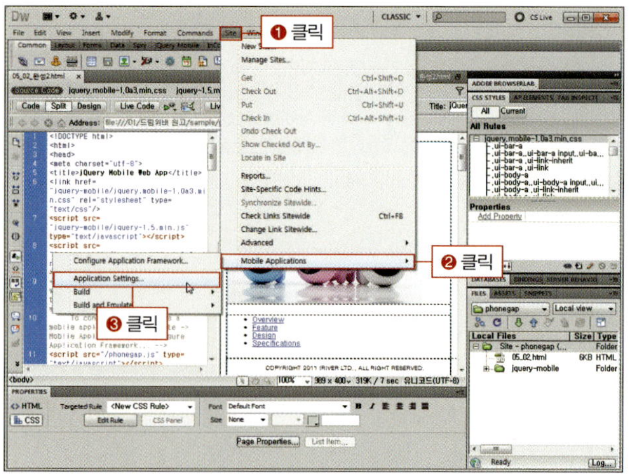

07 (Native Application Settings) 대화상자가 나타납니다. Bundle ID는 기본으로 보이는 것과 같은 'com.company.appname'의 형태를 유지해야 합니다. Application Icon PNG의 경우 좌우를 같은 크기로 설정해야 하며, 설정이 완료되면 (Save) 버튼을 클릭하여 저장합니다.

그림에 입력된 내용은 예시로, 사용자에 따라 다르게 입력해야 합니다.

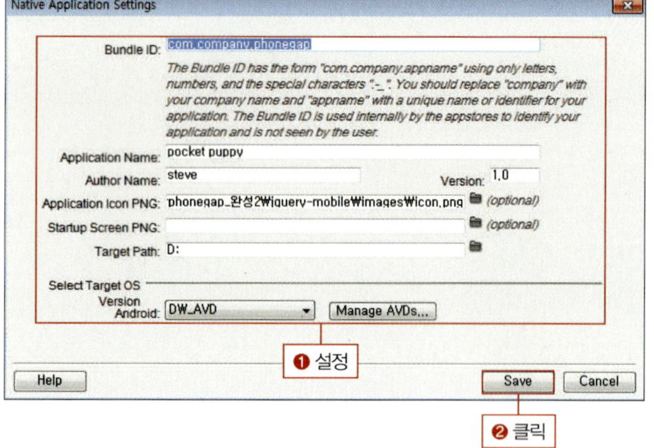

08 SDK 및 애플리케이션 설정을 완료한 다음 (Site)-(Mobile Applications)-(Build)-(Android) 메뉴를 클릭합니다.

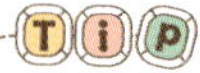

'Build and Emulate'를 선택하면 상당한 시간이 소요됩니다.

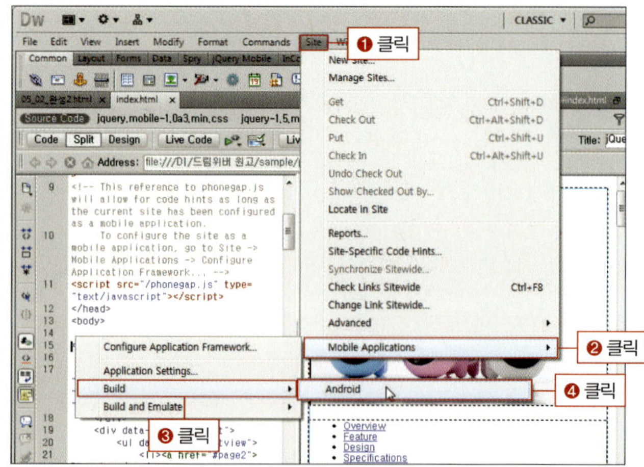

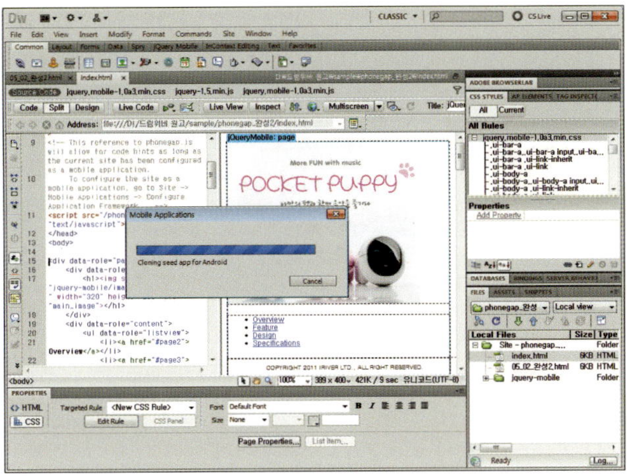

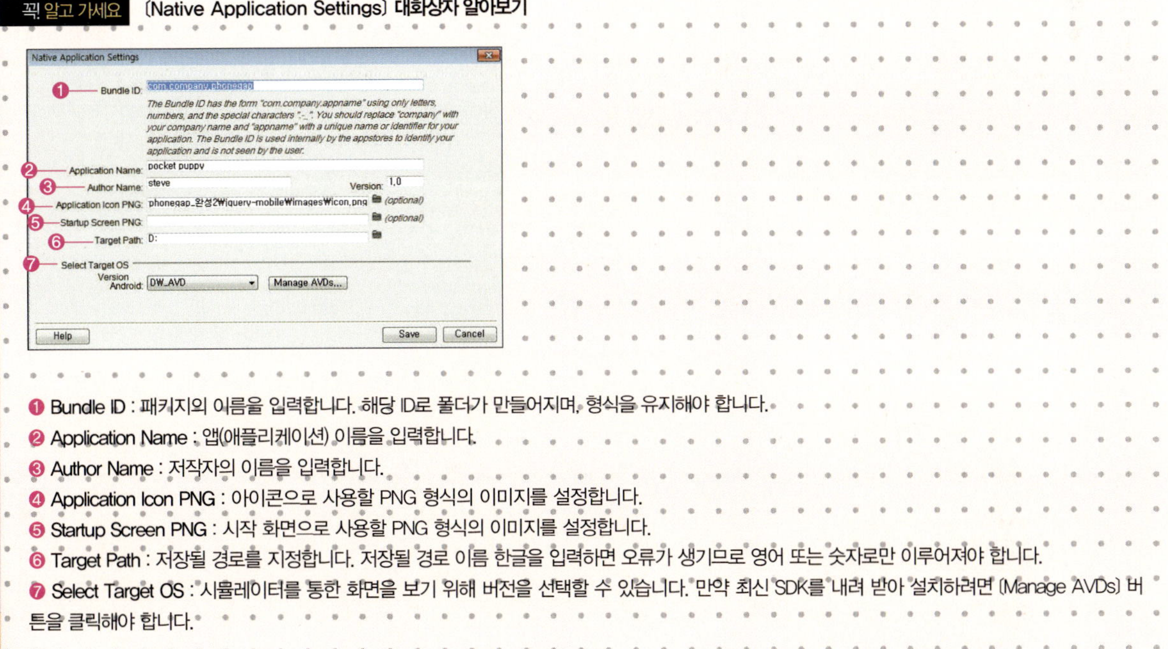

꼭! 알고 가세요 〔Native Application Settings〕 대화상자 알아보기

❶ **Bundle ID** : 패키지의 이름을 입력합니다. 해당 ID로 폴더가 만들어지며, 형식을 유지해야 합니다.

❷ **Application Name** : 앱(애플리케이션) 이름을 입력합니다.

❸ **Author Name** : 저작자의 이름을 입력합니다.

❹ **Application Icon PNG** : 아이콘으로 사용할 PNG 형식의 이미지를 설정합니다.

❺ **Startup Screen PNG** : 시작 화면으로 사용할 PNG 형식의 이미지를 설정합니다.

❻ **Target Path** : 저장될 경로를 지정합니다. 저장될 경로 이름 한글을 입력하면 오류가 생기므로 영어 또는 숫자로만 이루어져야 합니다.

❼ **Select Target OS** : 시뮬레이터를 통한 화면을 보기 위해 버전을 선택할 수 있습니다. 만약 최신 SDK를 내려 받아 설치하려면 〔Manage AVDs〕 버튼을 클릭해야 합니다.

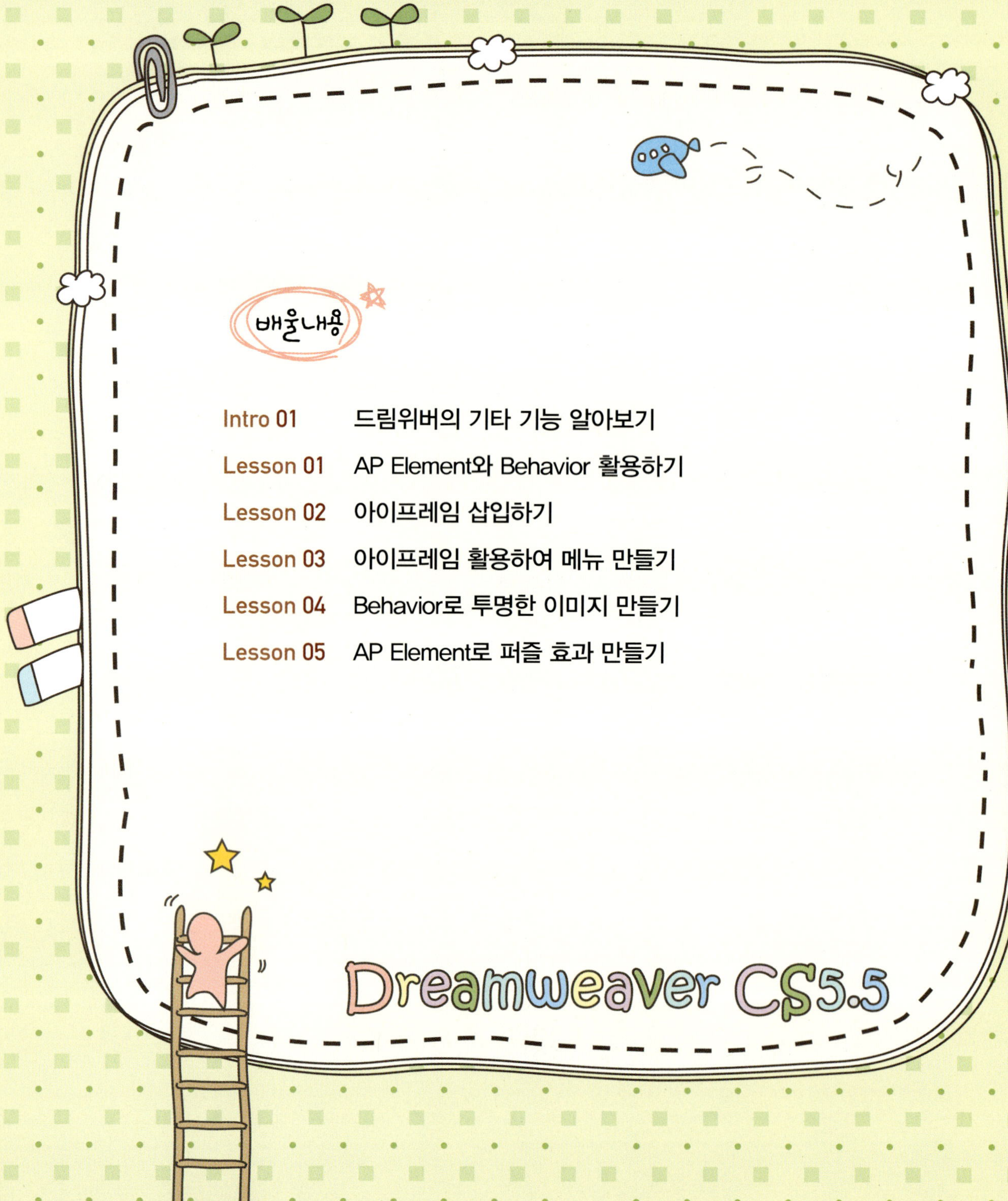

배울내용

Dreamweaver CS5.5

드림위버의 기타 기능 활용하기

지금까지 드림위버의 기본 기능과 그 활용에 대해 알아보았습니다. 드림위버는 웹 사이트 제작을 위한 프로그램이므로 HTML의 기능을 대부분 구현할 수 있으며 다양한 웹 프로그래밍 언어를 지원합니다. 드림위버는 많은 기능을 포함하고 있는데, 그 중에서도 활용도가 높은 몇 가지 기능을 살펴보겠습니다.

01 드림위버의 기타 기능 알아보기

Intro

드림위버는 웹 브라우저와 연동하는 것이 기본이므로 서버와 연동하거나 웹 브라우저에서 필요한 기능을 포함하거나 적용할 수 있도록 지원합니다. 드림위버는 지원하는 기능이 다양하기 때문에 꼭 알아야 하는 기능이 있으며 그 중 몇 가지를 살펴보겠습니다.

프레임과 프레임셋 만들기

프레임 형태의 웹 사이트는 페이지를 운영할 때 각각의 페이지를 로딩하여 페이지 적용이 편리하고, 페이지를 따로 관리할 수 있다는 장점이 있습니다. 최근에는 프레임(Frame)과 프레임셋(Frameset) 구조의 웹 사이트를 만들어 프로그래밍 공부를 하기도 합니다.

프레임은 프레임셋 문서와 각각의 웹 사이트를 구성하는 페이지로 구성됩니다. 프레임셋은 HTML 문서로 각 프레임의 크기나 옵션, 불러온 문서의 HTML 경로를 표시합니다. 각각의 페이지는 별다른 설정이 필요 없지만, 각 페이지의 링크를 설정할 때는 Target을 이용하여 필요한 부분의 페이지가 변경되도록 만들어야 합니다.

프레임 구조는 위쪽의 Insert 패널에서 [Layout] 탭의 'Frames' 아이콘(▦▾)을 클릭하여 원하는 구조를 선택할 수 있습니다. 기본 프레임 구조는 다음과 같습니다.

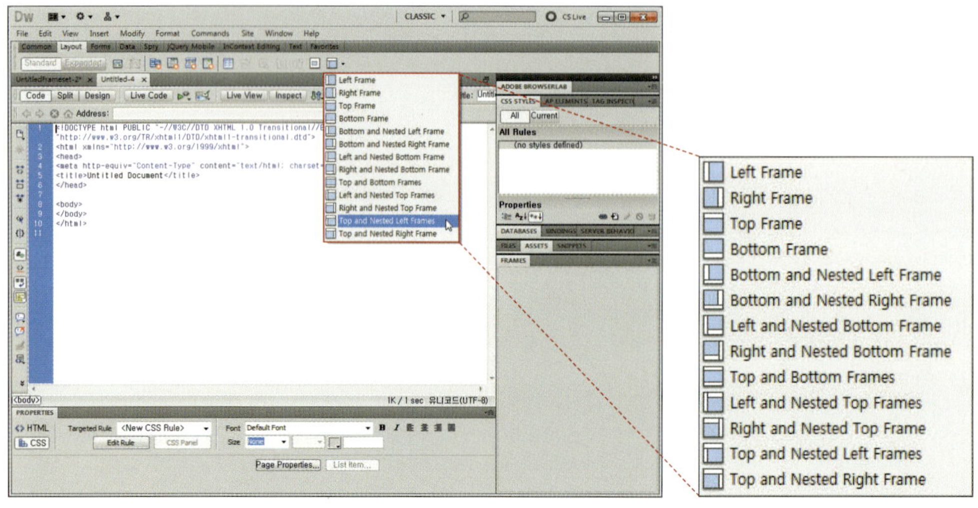

원하는 메뉴를 클릭하면 해당 프레임 구조가 아래의 그림과 같이 만들어집니다. 다양한 프레임 구조 중 많이 활용하는 구조는 'Top and Nested Left Frames'입니다.

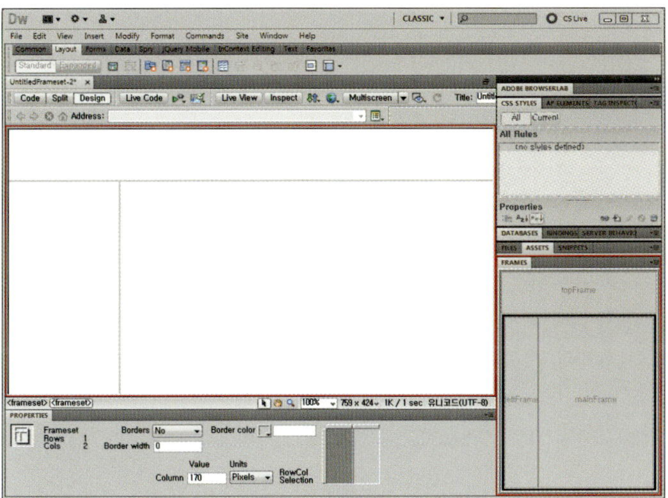

HTML 문서는 자동으로 프레임셋 문서로 변경되며 그림과 같이 각각의 프레임 문서나 크기 등의 옵션을 설정합니다.

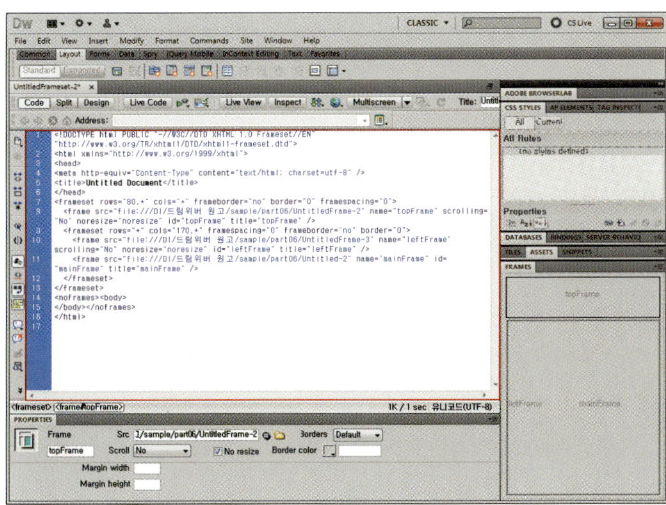

프레임셋은 크기와 기본적인 설정을 지정하며 〈frame〉 태그를 이용하여 각 페이지에 표시합니다. 또한 〈frame〉 태그는 프레임 내부의 옵션 등을 설정하며 태그 내에 'title'이라는 이름으로 설정됩니다. 이때 타이틀은 타깃으로 설정하는 이름이며, 타깃을 해당 프레임의 타이틀로 설정하면 링크로 연결한 문서를 해당 위치에서 확인할 수 있습니다. 이처럼 프레임 타이틀과 링크를 연결할 때에는 타깃이 매우 중요합니다.

폼 관련 태그 이해하기

웹 사이트를 이용할 때 회원 가입을 요구하는 경우가 많습니다. 최근에는 간단한 형태로 회원 인증을 하거나 기본적인 정보 입력만으로 가입하기도 하지만, 이전에 만들어진 웹 사이트는 회원 가입을 할 때 많은 개인 정보 입력과 선택이 필요했습니다.

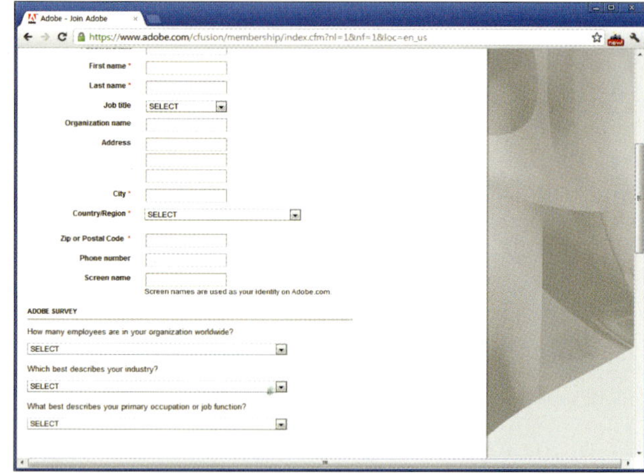

오른쪽의 그림은 어도비 웹 사이트의 회원 가입 형식을 크롬 웹 브라우저를 통해 살펴본 결과입니다. 회원 가입 양식은 개인 정보에 따라 많은 텍스트 입력 공간과 점프 메뉴로 구성된 것을 확인할 수 있습니다. 이러한 폼 관련 태그는 데이터베이스와 연동하여 활용할 수 있으며 회원 가입부터 설문 조사 등 그 활용 범위가 매우 넓습니다. 또 로그인을 위한 아이디와 패스워드 입력 공간도 모두 폼 태그를 활용하여 만듭니다.

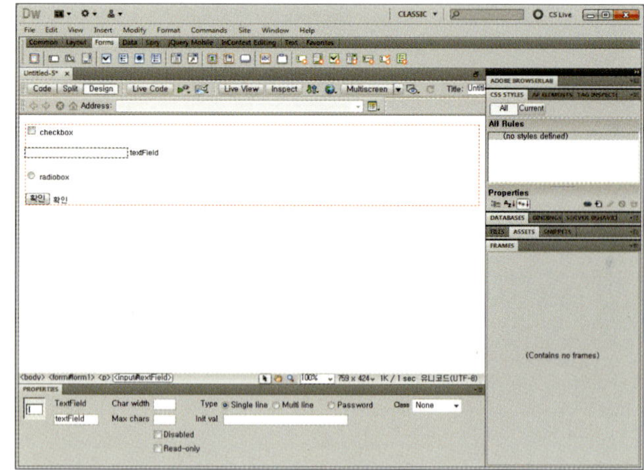

기본적으로 제공되는 폼 관련 기능은 Insert 패널의 〔Forms〕 탭에서 확인할 수 있습니다. 폼 태그는 〈form〉 태그로 관련 기능을 감싸고 있으며, 드림위버에서는 빨간색 점선으로 해당 영역을 표시합니다. 세부 설정은 Properties 패널에서 설정할 수 있지만 기본적으로 각 기능을 실행할 때 설정하는 것이 좋습니다.

 ## 점프 메뉴 만들기

폼에 관련된 많은 기능 중 점프 메뉴를 만드는 방법을 알아보겠습니다. 폼에 관련된 태그는 자주 사용하지만 간단한 내용이므로 쉽게 익힐 수 있으며, 클릭하거나 내용을 입력하면 완성됩니다. 점프 메뉴는 점프 목록과 메뉴가 있으며 점프 목록은 값을 선택할 수 있고, 점프 메뉴는 해당 링크로 이동할 수 있습니다.

01 〔File〕-〔New〕 메뉴를 클릭하거나 **Ctrl**+**N**을 눌러 〔New Document〕 대화상자가 나타나면 〔Blank Page〕 탭을 선택한 다음 〔Page Type〕 항목에서 'HTML'을 선택합니다. 〔Layout〕 항목의 '〈none〉'을 선택한 다음 〔Create〕 버튼을 클릭해 새 문서를 만듭니다.

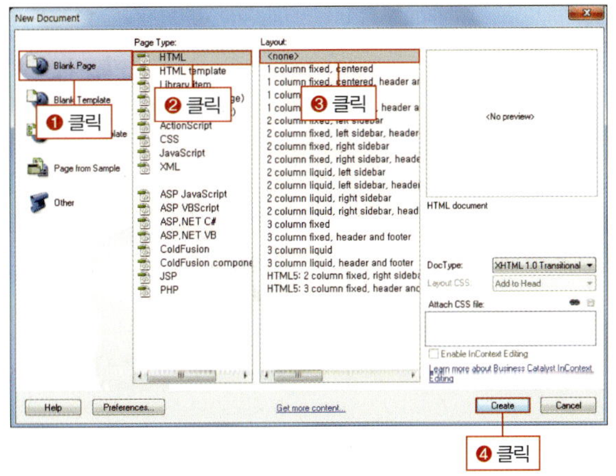

02 점프 메뉴를 만들기 위해 위쪽의 Insert 패널에서 〔Forms〕 탭을 선택한 다음 'Jump Menu' 아이콘(📄)을 클릭합니다.

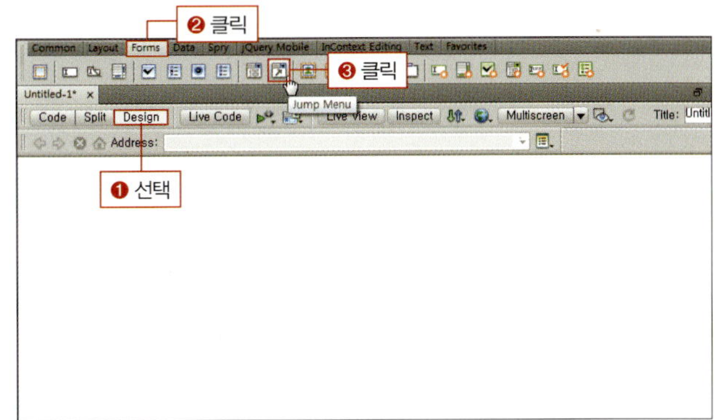

03 〔Insert Jump Menu〕 대화상자가 나타나면 Text에 메뉴로 표시될 내용인 '네이버'를 입력하고 When selected, go to URL에 이동할 주소를 입력합니다. 내용을 확인하고 〔OK〕 버튼을 클릭합니다.

> **T i P**
> '추가' 아이콘(➕)을 클릭하면 메뉴를 추가할 수 있으며 ▾ 아이콘을 클릭하면 링크를 이동할 수 있습니다.

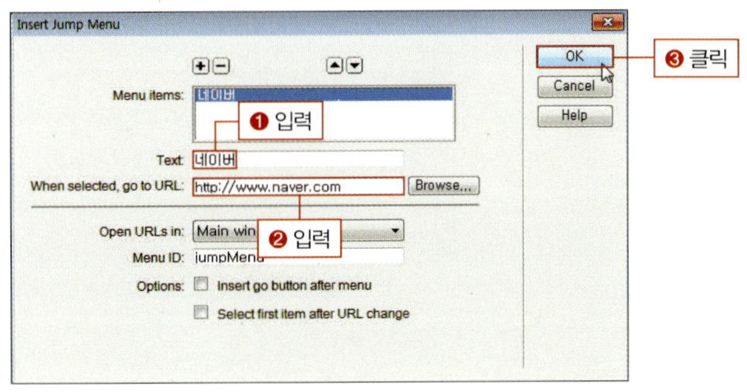

04 (Preview in Browser)-(IExplore) 메뉴를 클릭하거나 F12를 눌러 웹 브라우저에서 확인합니다.

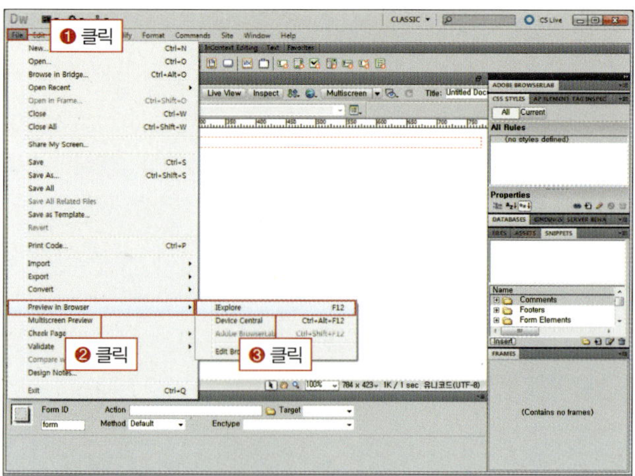

05 아이콘을 클릭하면 입력한 메뉴를 클릭할 수 있으며 각 메뉴에 입력한 페이지로 이동합니다.

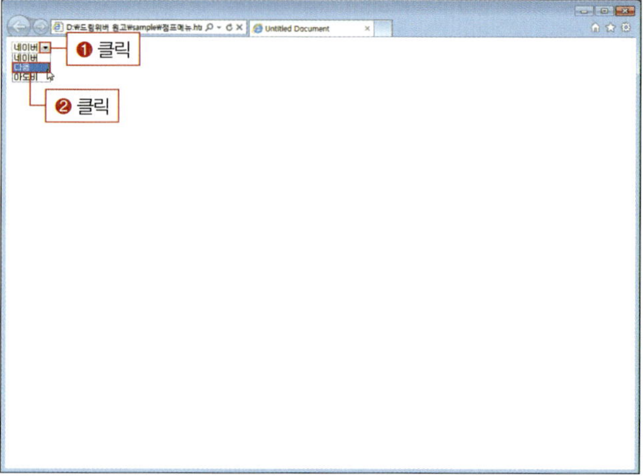

AP Element와 Behavior 활용하기

01 Lesson

포토샵의 레이어 개념은 드림위버도 가지는데, 사용 방법과 기능이 약간 다릅니다. 특히 드림위버에서는 움직임을 만들 때에도 활용하며, 한 페이지 내에서 메뉴에 따른 페이지 이동 없이 내용 보기를 만들 수 있습니다.

예제 파일 : Part06\06_01.html
완성 파일 : Part06\06_01_완성.html

AP Element 설정하기

01 〔File〕-〔Open〕 메뉴를 클릭하거나 **Ctrl** +**O**를 눌러 〔Open〕 대화상자가 나타나면 찾는 위치를 'Part06' 폴더로 설정하고 '06_01.html' 파일을 선택한 다음 〔OK〕 버튼을 눌러 파일을 불러옵니다.

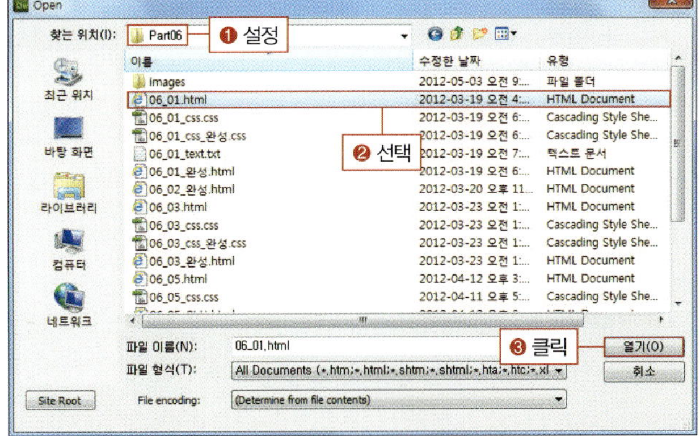

02 그림과 같이 이미지 아래쪽의 흰색 박스 영역 안을 클릭합니다. AP Element를 적용하기 위해 위쪽의 Insert 패널에서 〔Layout〕 탭을 선택한 다음 'Draw AP Div' 아이콘()을 클릭합니다.

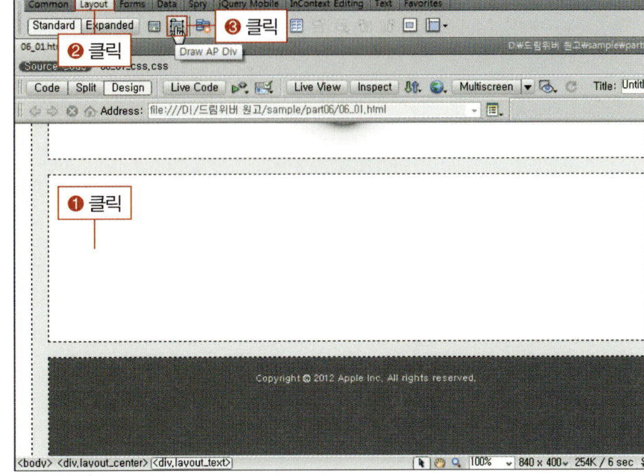

03 그림과 같이 드래그하여 AP Element 영역을 만듭니다. 이때 Properties 패널을 이용하여 수정할 것이기 때문에 정확한 위치는 지정하지 않아도 됩니다.

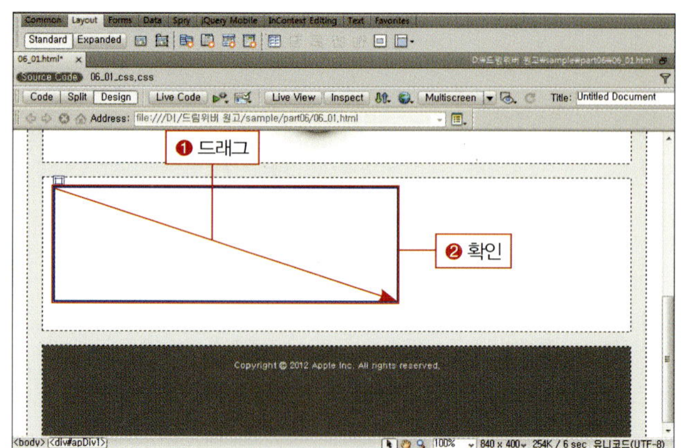

04 AP Element 영역의 크기와 위치를 변경하기 위해 Properties 패널에서 L은 '50px', T는 '540px', W는 '740px', H는 '180px'로 설정합니다.

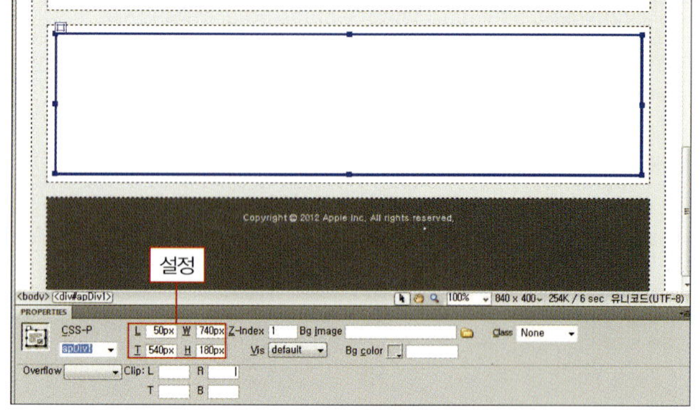

T i P

L/T는 위치 설정, W/H는 크기 설정에 사용됩니다.

05 〔File〕-〔Open〕 메뉴를 클릭하거나 Ctrl + O 를 눌러 'Part06' 폴더의 '06_01_text.txt' 파일을 선택하고 〔열기〕 버튼을 클릭해 파일을 불러옵니다.

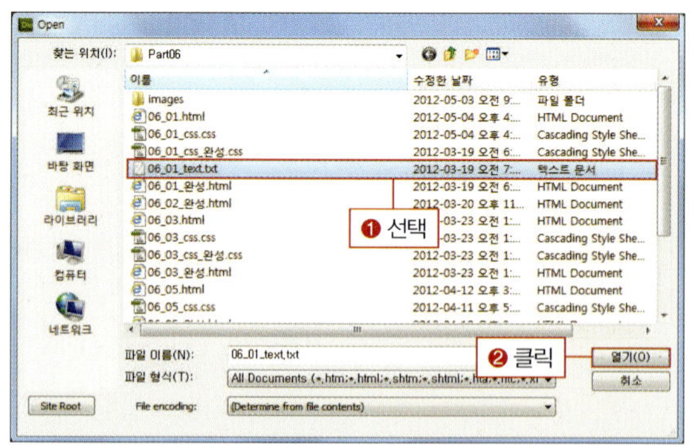

06 가장 위쪽에 있는 텍스트를 드래그하고 Ctrl + C를 눌러 복사합니다.

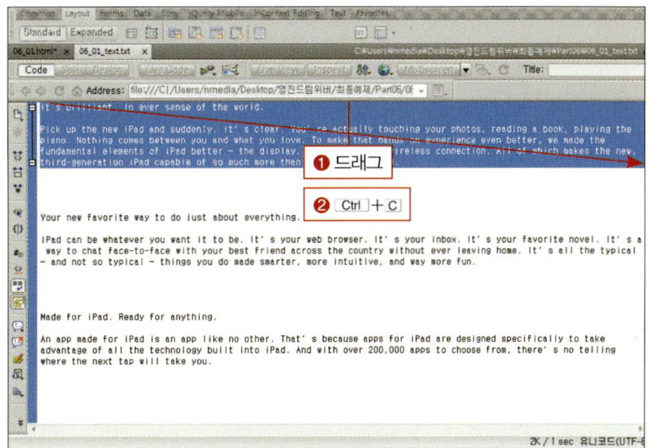

07 '06_01.html' 파일의 AP Element 영역에 Ctrl + V를 눌러 붙여 넣습니다.

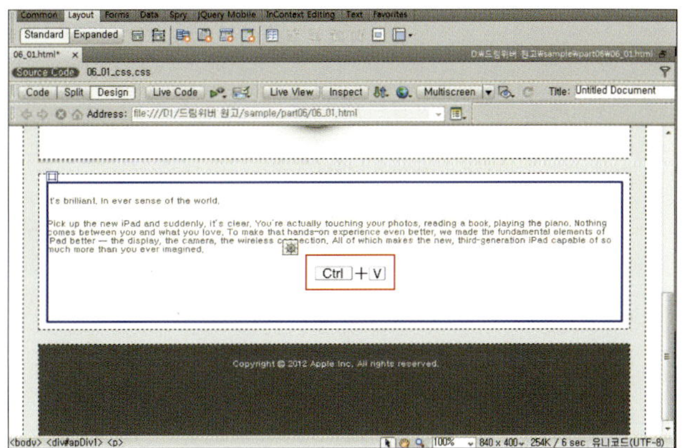

08 텍스트에 CSS를 적용하여 줄 간격 및 문단 조정을 하기 위해 텍스트가 입력된 부분을 클릭합니다. Properties 패널의 〔CSS〕 탭에서 Targeted Rule을 '〈New CSS Rule〉'로 선택하고 〔Edit Rule〕 버튼을 클릭합니다.

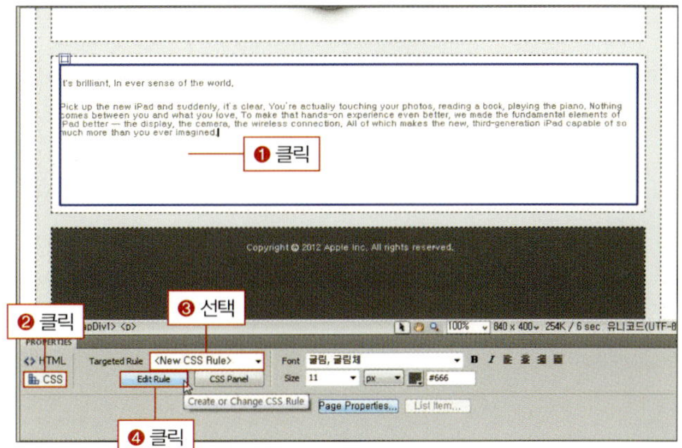

09 그림과 같이 〔New CSS Rule〕 대화상자가 나타나면 Selector Type을 'Tag〔redefines an HTML element〕'로 선택합니다. Selector Name에 'p'를 입력하고 별도의 CSS 문서로 저장하기 위해 Rule Definition을 '06_01_css.css'로 선택한 다음 〔OK〕 버튼을 클릭합니다.

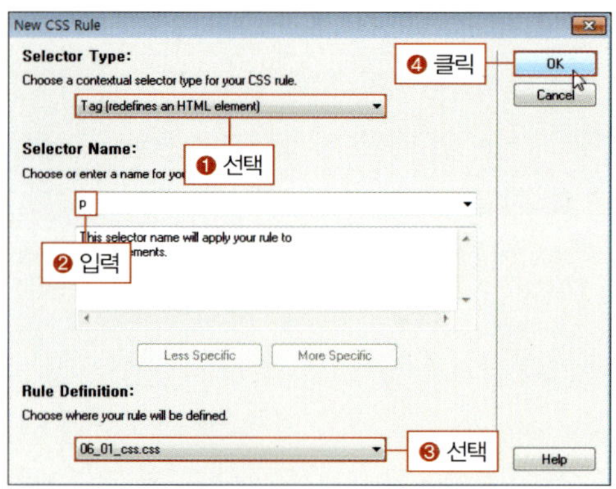

10 〔CSS Rule Definition for…〕 대화상자가 나타나면 텍스트 크기와 줄 간격을 변경하기 위해 〔Type〕 탭을 선택하고 Font-size는 '11px', Line-height는 '18px'로 설정합니다.

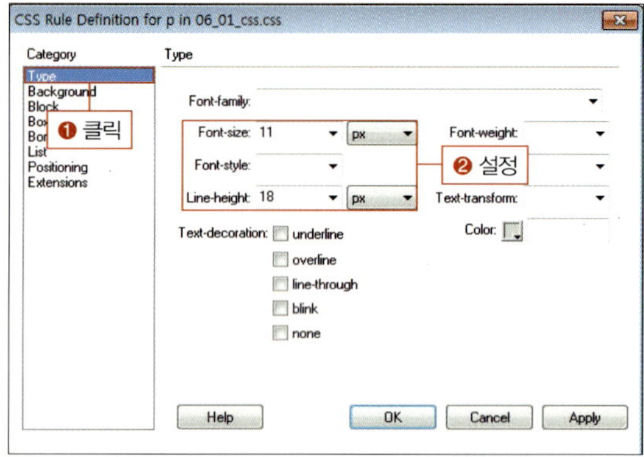

11 〔Box〕 탭을 선택하고 아래쪽에만 여백을 적용하여 문단 간의 간격을 만들기 위해 Margin 항목에서 'Same for all'을 선택 해제하고 Top은 '0px', Bottom은 '10px'로 설정한 다음 〔OK〕 버튼을 클릭합니다.

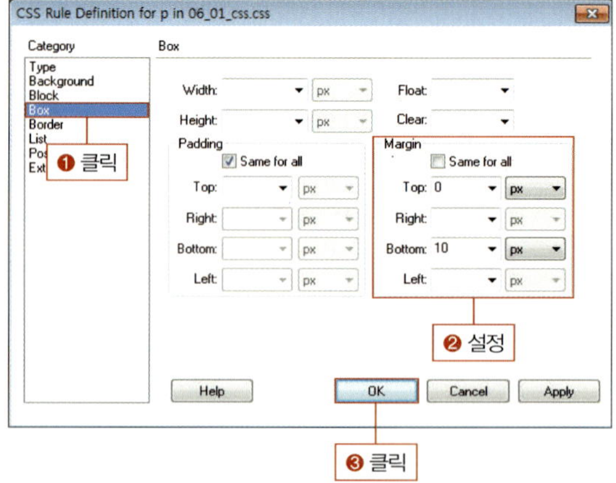

12 줄 간격, 제목으로 사용될 부분은 Margin으로 인해 간격이 넓게 조정된 것을 확인합니다. Top의 여백은 '0px'로 설정했기 때문에 AP Element 영역의 위쪽에 정렬됩니다.

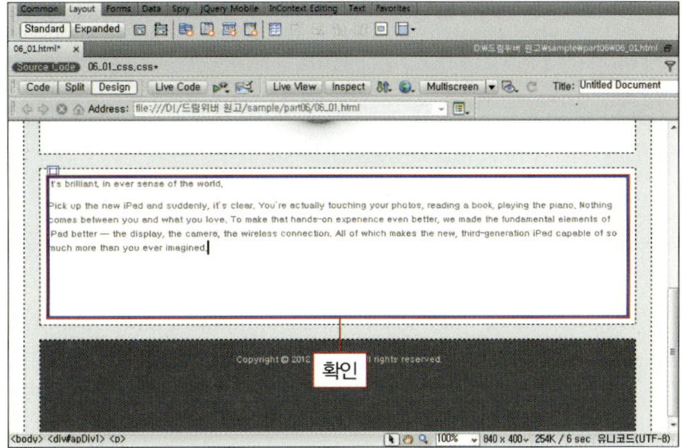

13 입력된 텍스트의 첫 번째 줄을 드래그하여 선택합니다. 텍스트의 크기와 굵기를 조정하기 위해 Properties 패널의 (CSS) 탭에서 Targeted Rule을 '〈New CSS Rule〉'로 선택하고 (Edit Rule) 버튼을 클릭합니다.

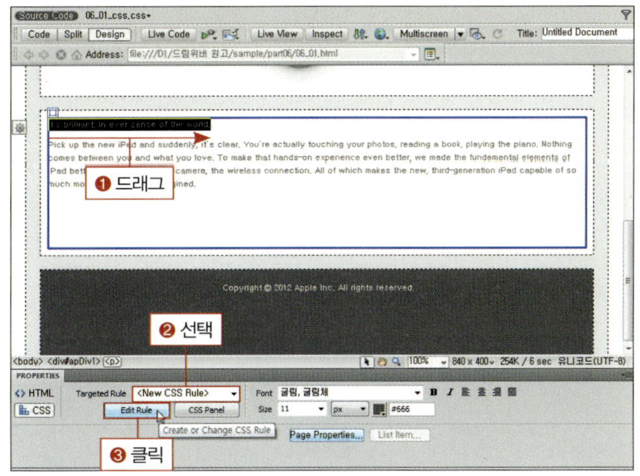

14 그림과 같이 (New CSS Rule) 대화상자가 나타나면 Selector Type을 'Class (can apply to any HTML element)'로 선택합니다. Selector Name에 'sub_title'을 입력하고 (OK) 버튼을 클릭합니다.

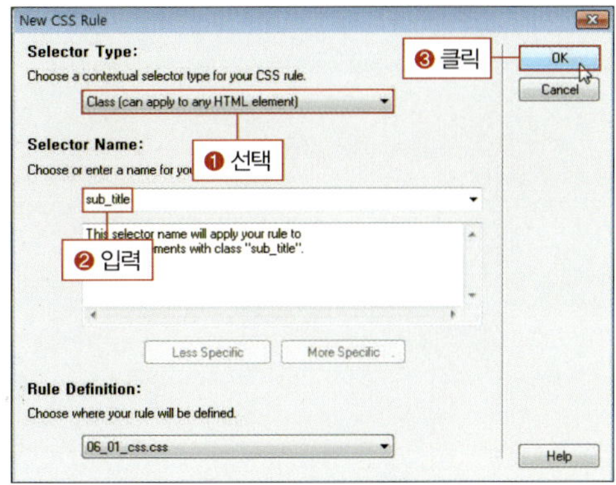

15 〔CSS Rule Definition for…〕 대화상자가
나타나면 〔Type〕 탭을 선택합니다. Font-size는
‘12px’, Font-weight는 ‘bold’, Color는 ‘#333’으
로 설정하고 〔OK〕 버튼을 클릭합니다.

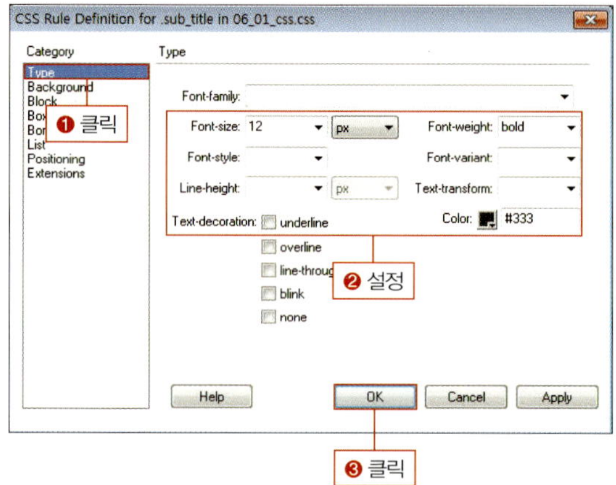

16 그림과 같이 텍스트의 색상과 크기, 굵기가
변경된 것을 확인합니다.

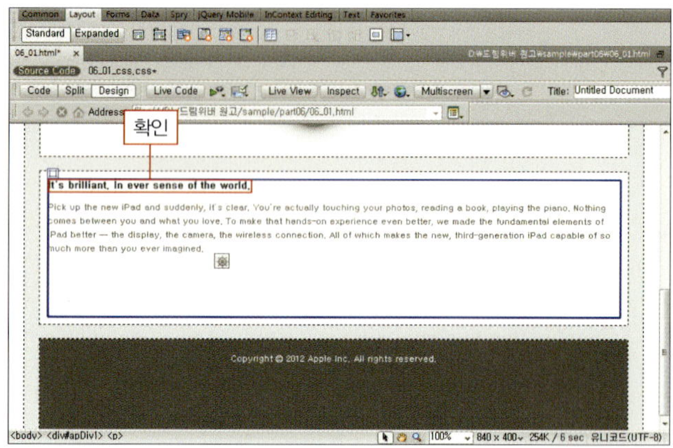

17 AP Element를 숨기기 위해 AP Elements
패널을 선택한 다음 그림과 같이 apDiv1의 👁 아
이콘을 클릭하여 숨깁니다.

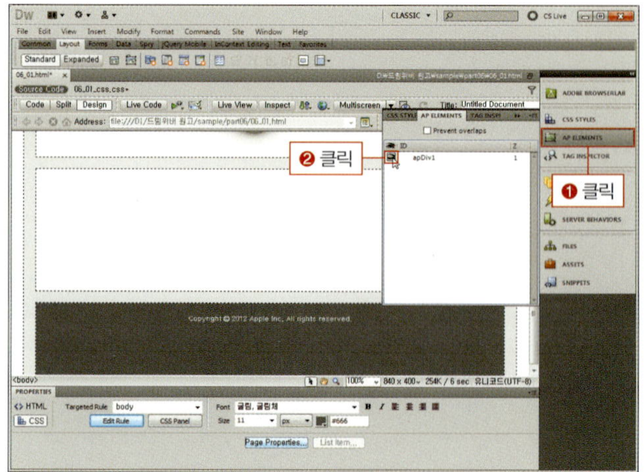

18 두 번째 AP Element 영역을 만들기 위해 위쪽의 Insert 패널에서 〔Layout〕 탭의 'Draw AP Div' 아이콘(image)을 클릭한 다음 그림과 같이 드래그합니다.

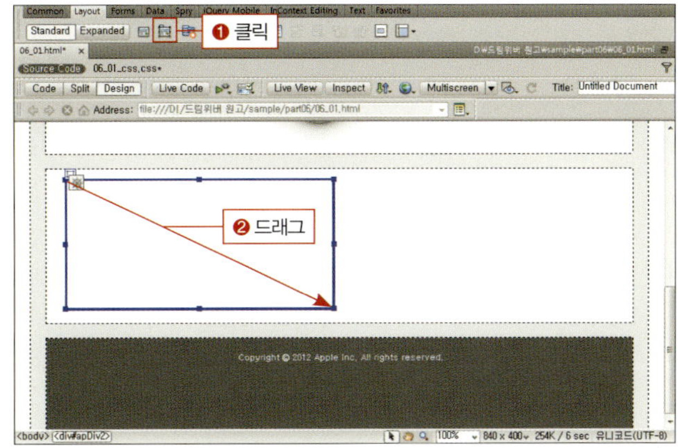

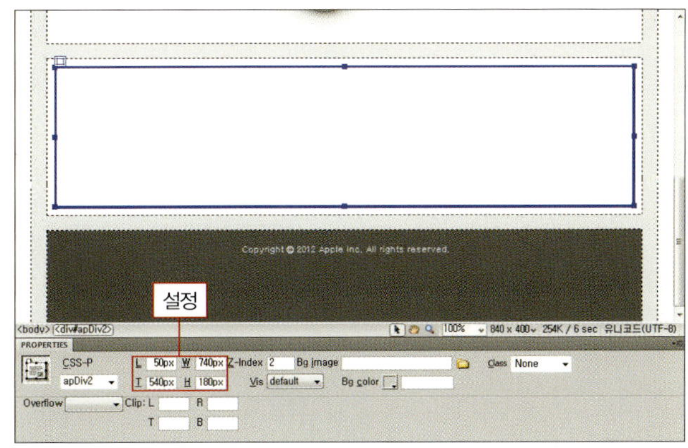

19 AP Element 영역의 크기와 위치를 설정하기 위해 Properties 패널에서 L은 '50px', T는 '540px', W는 '740px', H는 '180px'로 설정합니다.

20 **06**번을 참고하여 '06_01_text.txt' 파일의 두 번째 단락을 드래그하여 선택하고 복사합니다. '06_01.html' 파일의 두 번째 AP Element에 Ctrl + V 를 눌러 붙여 넣습니다.

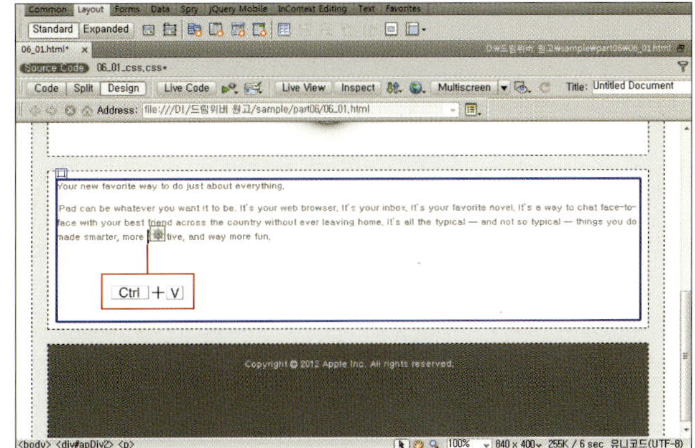

21 타이틀에 CSS를 적용하기 위해 드래그하여 선택한 다음 Properties 패널의 〔CSS〕 탭에서 Targeted Rule를 'sub_title'로 선택합니다.

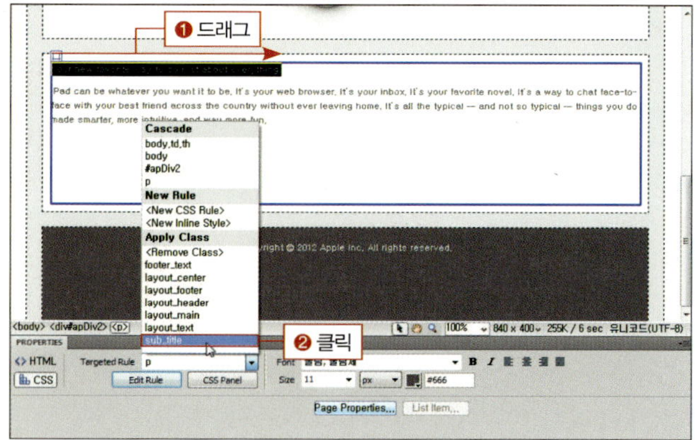

22 apDiv2의 AP Element 영역을 화면에서 숨기기 위해 AP Elements 패널을 선택한 다음 apDiv2의 👁 아이콘을 클릭하여 그림과 같이 숨깁니다.

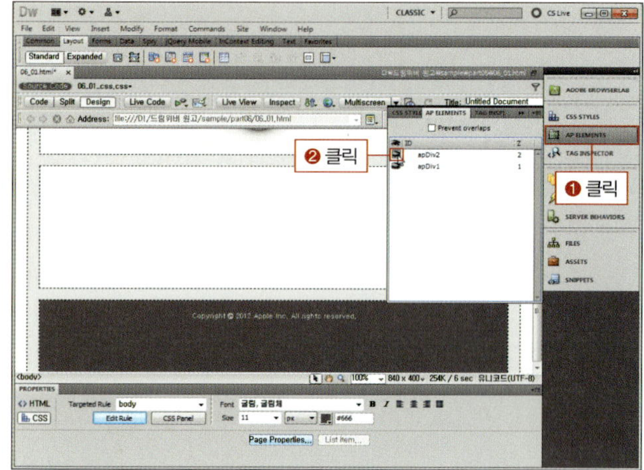

23 세 번째 AP Element를 만들기 위해 위쪽의 Insert 패널에서 〔Layout〕 탭의 'Draw AP Div' 아이콘(🖾)을 클릭한 다음 그림과 같이 드래그합니다.

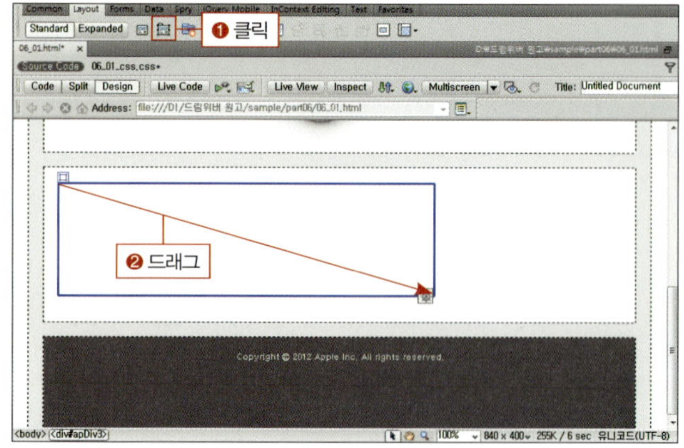

24 AP Element 영역의 크기와 위치를 변경하기 위해 Properties 패널에서 L은 '50px', T는 '540px', W는 '740px', H는 '180px'로 설정합니다.

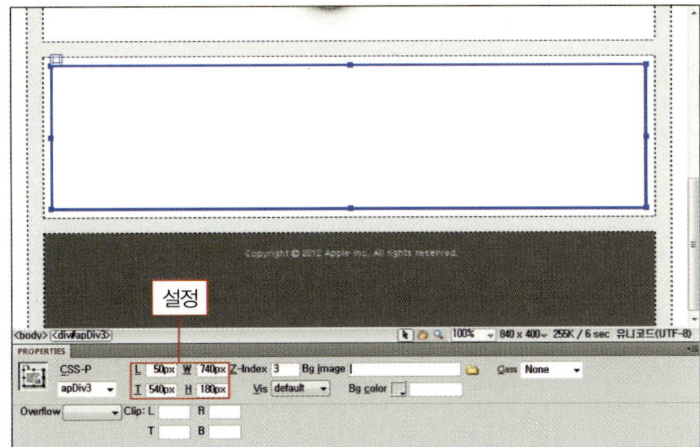

25 **06**번을 참고하여 '06_01_text' 파일의 세 번째 문단 부분을 드래그하여 선택하고 복사하여 추가한 AP Element에 Ctrl + V 를 눌러 붙여 넣습니다.

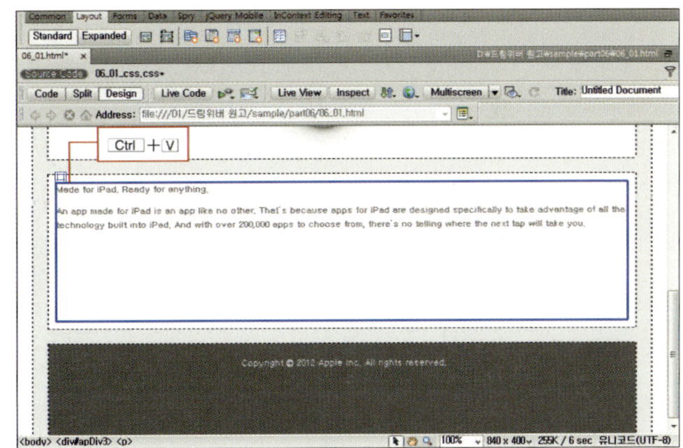

26 타이틀로 사용할 부분을 드래그하여 선택하고 Targeted Rule을 'sub_title'로 선택하여 CSS를 적용합니다.

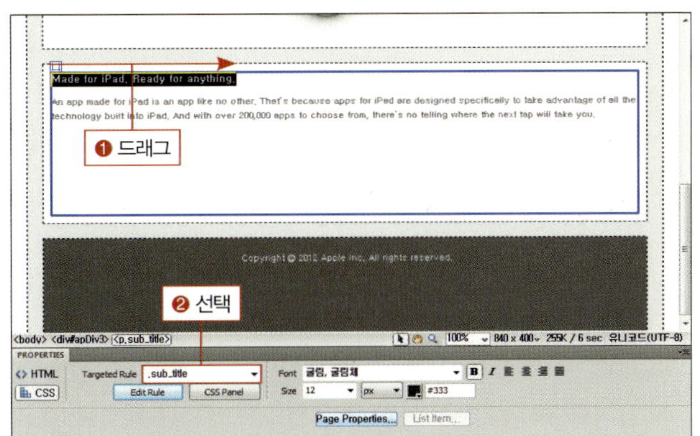

27 AP Element를 숨기기 위해 AP Elements 패널을 선택한 다음 apDiv3의  아이콘을 클릭하여 숨깁니다.

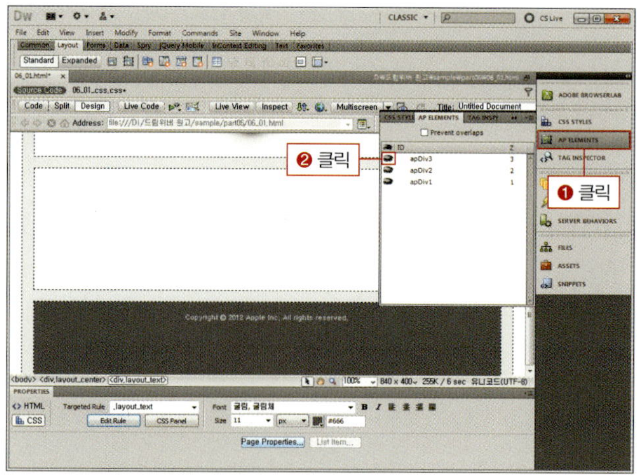

28 기본적인 AP Element 작업이 완료되었습니다. 문서를 처음 불러올 때 화면에 나타날 부분을 표시하기 위해 AP Element 패널의 apDiv1의 아이콘을 클릭합니다.

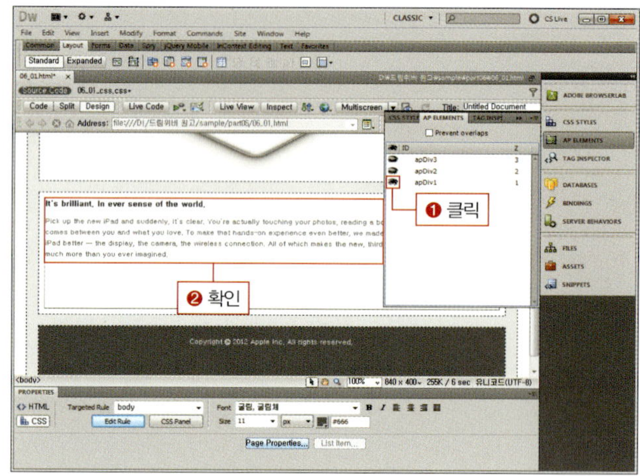

Behavior 설정하기

01 이미지를 선택한 다음 Properties 패널의 'Rectangle Hotspot Tool' 아이콘(□)을 클릭합니다. 이미지의 적당한 부분에 드래그하여 사각형 이미지맵을 만듭니다.

02 alt에 관련된 내용을 입력하라는 메시지 팝업 창이 나타나면 〔확인〕 버튼을 클릭합니다.

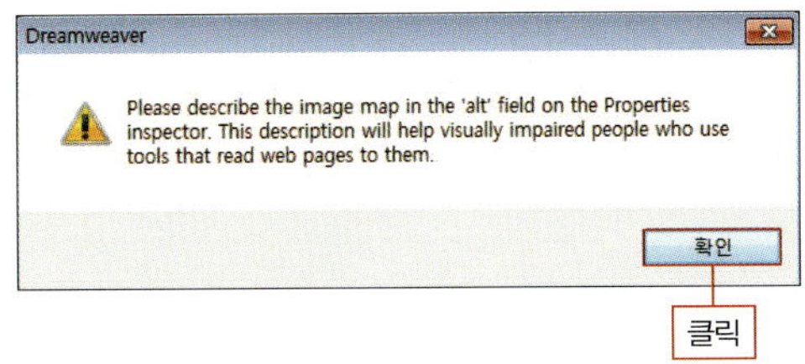

Tip

이미지맵을 추가할 때마다 메세지 팝업 창이 나타나며 추가할 때마다 〔확인〕 버튼을 클릭합니다.

03 이미지맵이 선택된 상태로 Tag Inspector 패널을 선택한 다음 〔Behaviors〕 탭을 클릭합니다. 아이콘을 클릭하여 〔Show-Hide Elements〕를 선택합니다.

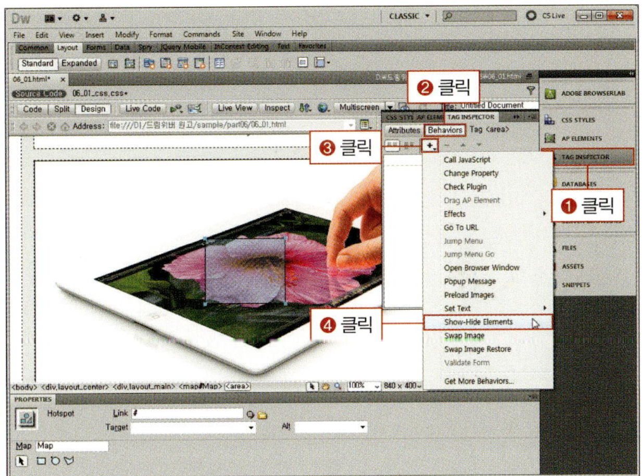

04 〔Show-Hide Elements〕 대화상자가 나타나면 'apDiv1'을 선택하고 아래쪽의 〔Show〕 버튼을 클릭합니다. 다른 AP Element도 선택하고 〔Hide〕 버튼을 클릭한 다음 〔OK〕 버튼을 클릭합니다.

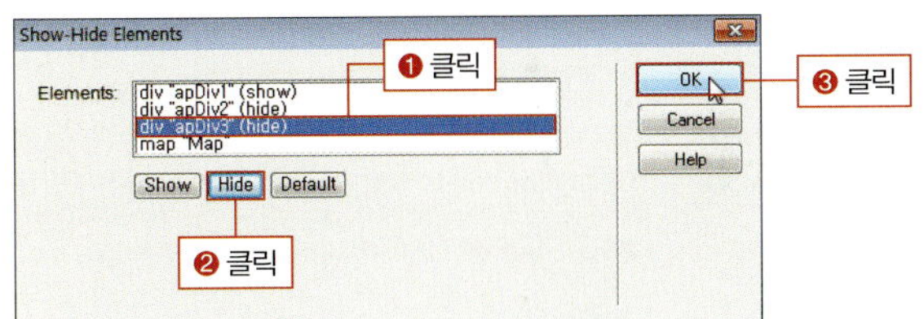

05 **01**번을 참고하여 손가락 부분에 사각형 이미지맵 영역을 추가합니다. 메시지 팝업 창이 나타나면 [확인] 버튼을 클릭합니다.

06 이미지맵이 선택된 상태로 Tag Inspector 패널을 선택한 다음 [Behaviors] 탭을 클릭합니다. ⊞ 아이콘을 클릭하여 [Show-Hide Elements]를 선택합니다.

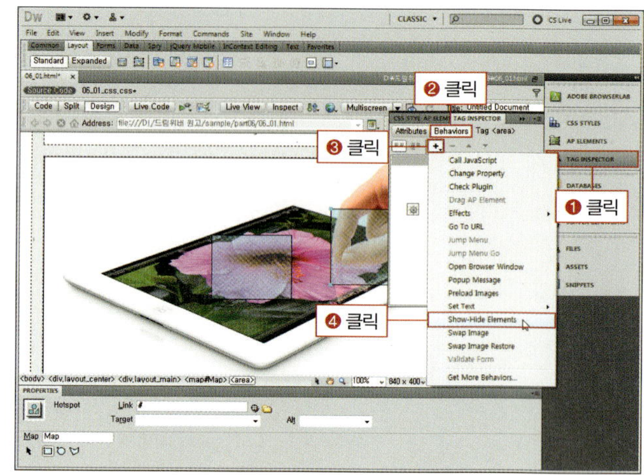

07 [Show-Hide Elements] 대화상자가 나타나면 'apDiv2'를 선택하고 [Show] 버튼을 클릭합니다. 다른 AP Element도 선택하고 [Hide] 버튼을 클릭한 다음 [OK] 버튼을 클릭합니다.

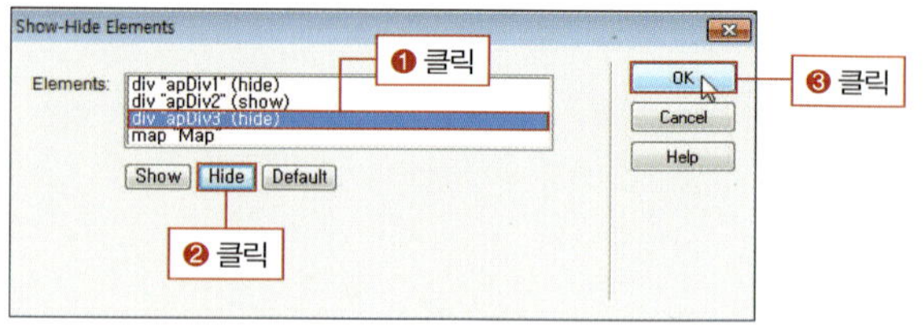

08 세 번째 이미지맵은 그림과 같이 홈 버튼 위치에 드래그하여 만듭니다. 메시지 팝업 창이 나타나면 (확인) 버튼을 클릭합니다.

09 위와 같은 방법으로 Tag Inspector 패널을 선택한 다음 (Behaviors) 탭을 클릭합니다. (Behaviors) 탭의 ➕ 아이콘을 클릭하여 (Show-Hide Elements)를 선택합니다.

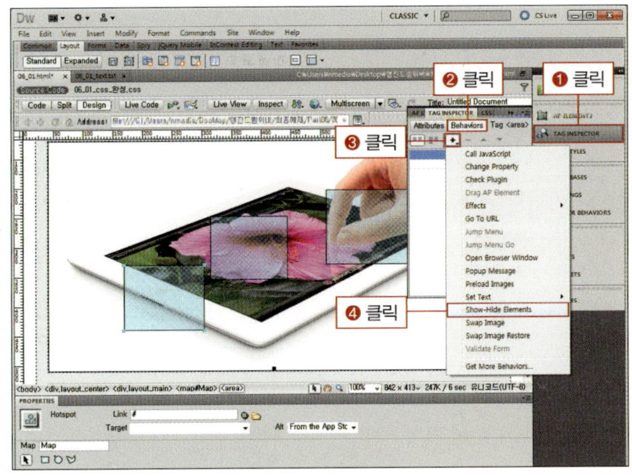

10 (Show-Hide Elements) 대화상자가 나타나면 'apDiv3'을 선택하고 (Show) 버튼을 클릭합니다. 다른 AP Element도 선택하고 (Hide) 버튼을 클릭한 다음 (OK) 버튼을 클릭합니다.

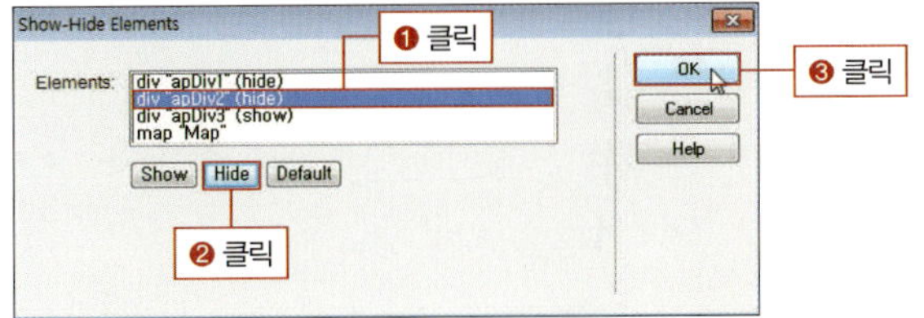

11 Alt를 설정하기 위해 첫 번째 이미지맵의 가운데 이미지맵을 선택하고 Properties 패널의 Alt에 'Feature'를 입력합니다.

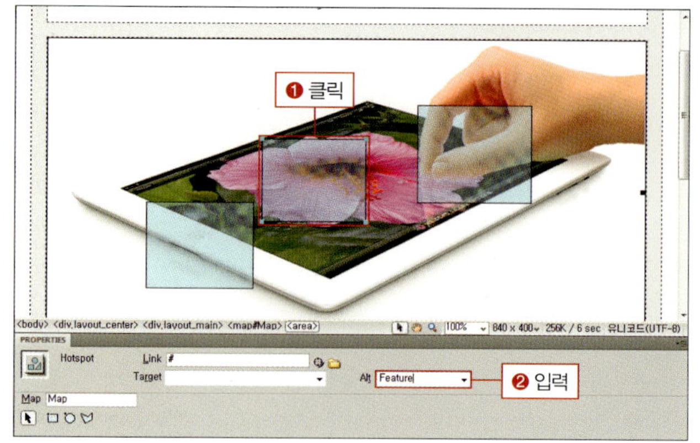

12 두 번째 이미지맵을 선택하고 Properties 패널에서 Alt에 'Built-in Apps'를 입력합니다. 같은 방법으로 세 번째 이미지맵의 Alt에 'From the App Store'를 입력합니다.

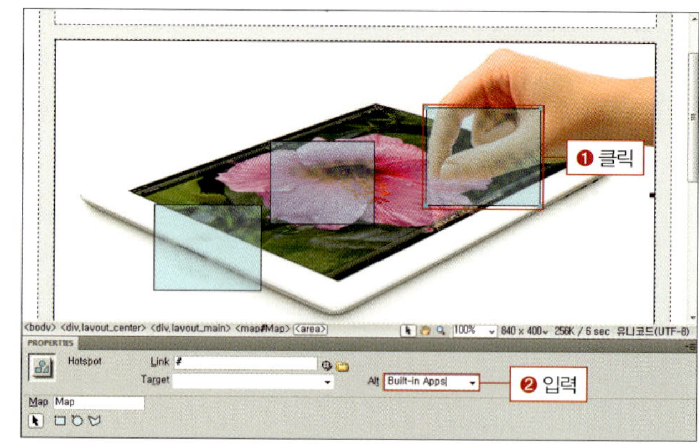

13 AP Element를 웹 브라우저의 크기 변형에 따르지 않고 원하는 위치에 고정하기 위해 (Split) 탭을 클릭합니다.

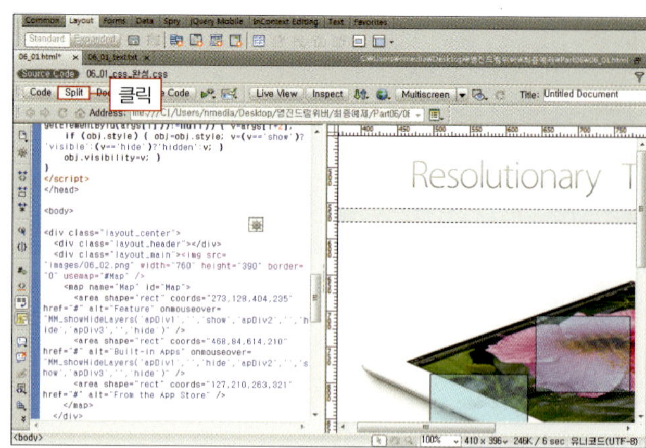

14 코드 화면의 ⟨Div id="apDiv1"⟩부터 ⟨/Div⟩ 영역까지 3개의 모든 AP Element에 해당하는 부분을 드래그한 다음 `Ctrl`+`X`를 눌러 코드를 잘라냅니다.

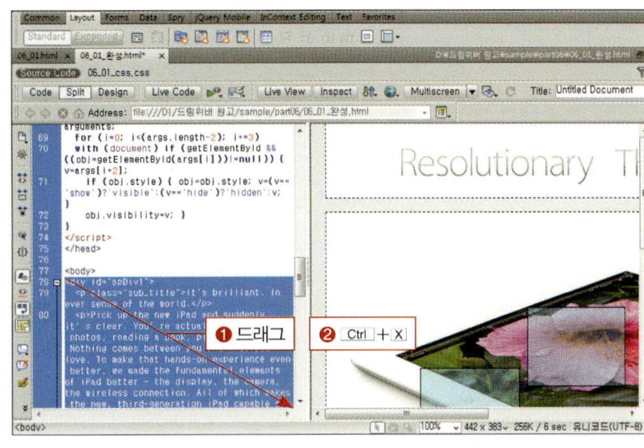

Tip

예제에서는 ⟨body⟩ 다음에 해당 태그들이 있지만 다른 부분에 있을 수도 있습니다.

---

15 코드 화면에서 ⟨Div class="layout_text"⟩ 부분으로 이동한 다음 그림과 같이 ⟨/Div⟩ 사이에 커서를 위치시키고 `Enter`를 눌러 영역을 넓힙니다.

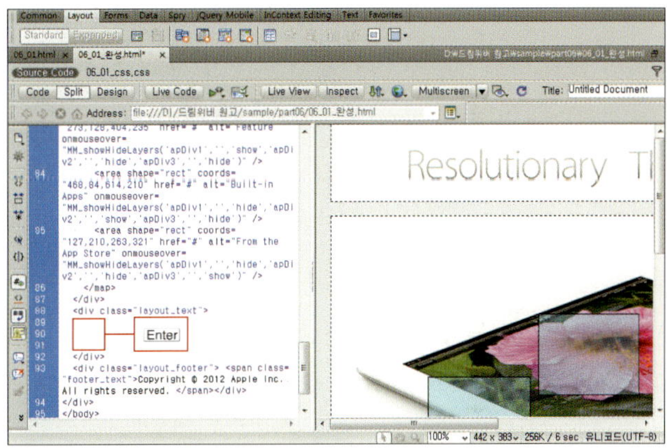

---

16 해당 영역에 `Ctrl`+`V`를 눌러 잘라둔 AP Element 관련 태그를 붙여 넣습니다.

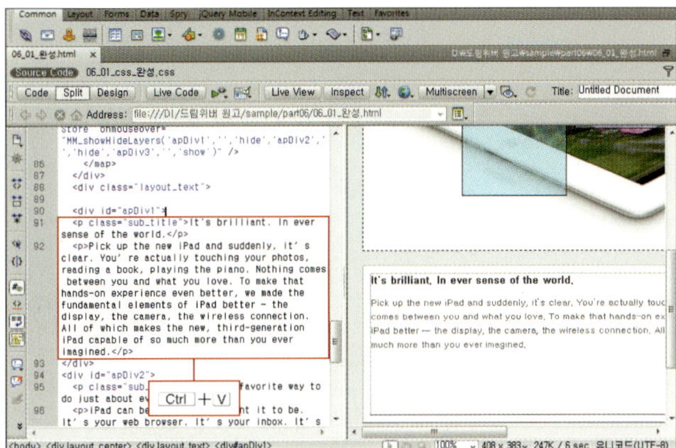

17 CSS Styles 패널을 선택한 다음 '.layout_
text'를 선택합니다. Add Property의 아이콘
을 클릭해 Position을 추가한 다음 'relative'로 설
정합니다.

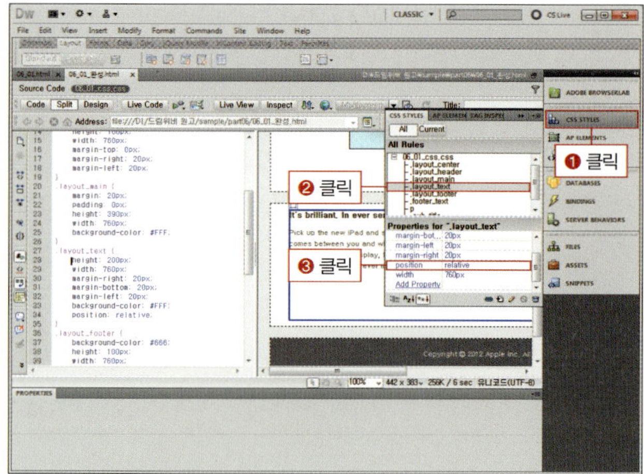

18 CSS Styles 패널에서 '#apDiv1'을 선택한 다
음 left와 top을 각각 '10px'로 변경합니다.

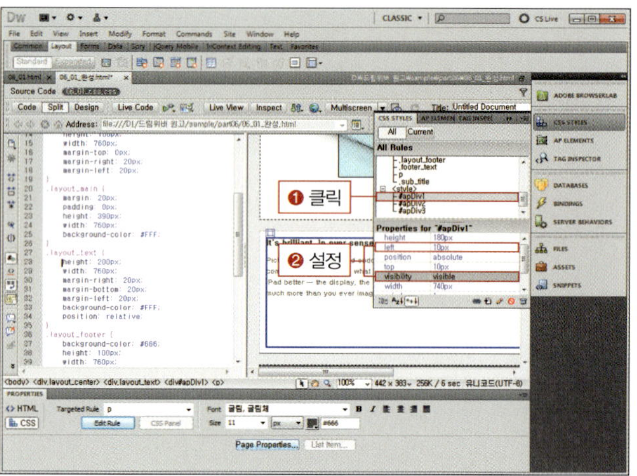

19 위와 같은 방법으로 '#apDiv2'와 '#apDiv3'의
left와 top도 각각 '10px'로 변경합니다.

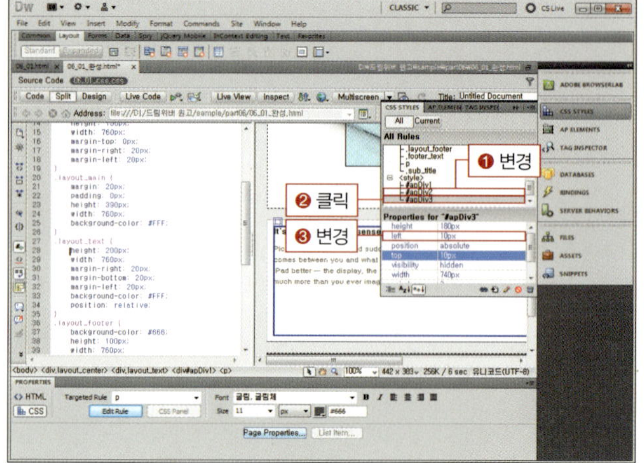

20 웹 브라우저에서 확인하기 위해 〔File〕-〔Preview in Browser〕-〔IExplore〕 메뉴를 클릭하거나 F12를 누릅니다.

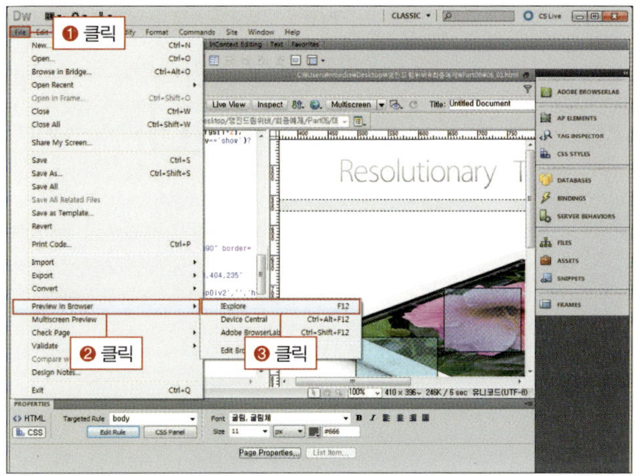

21 AP EImeent 영역의 위치가 고정되었으며 웹 브라우저의 크기가 변경되더라도 같은 위치에 고정되는 것을 확인합니다.

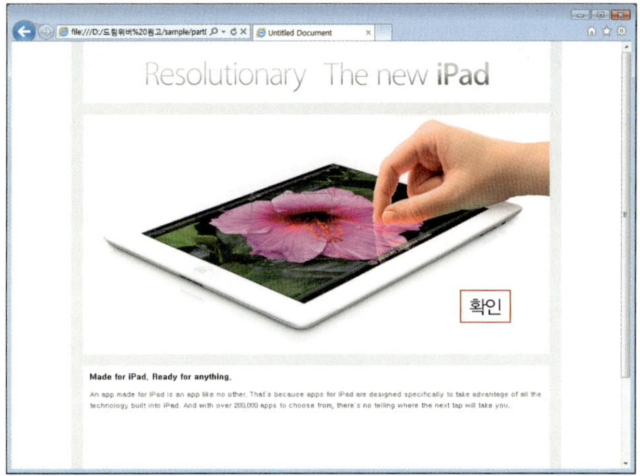

아이프레임 삽입하기

최근 프레임 구조의 홈페이지를 제작하지 않는 추세지만, 아이프레임은 원하는 웹 사이트를 사이트 내부로 불러오는 등 다양한 방법으로 활용할 수 있습니다. 아이프레임을 이용하여 웹 사이트를 제작한 경우 보안 문제로 인하여 아이프레임이 차단되는 경우도 있으므로, 아이프레임 지원 및 호환 여부를 확인한 후 작업해야 합니다.

💿 **완성 파일** : Part06\06_02_완성.html

아이프레임 활용하기

01 새 문서를 만들기 위해 시작 화면의 (Create New) 항목에서 (HTML)을 선택합니다.

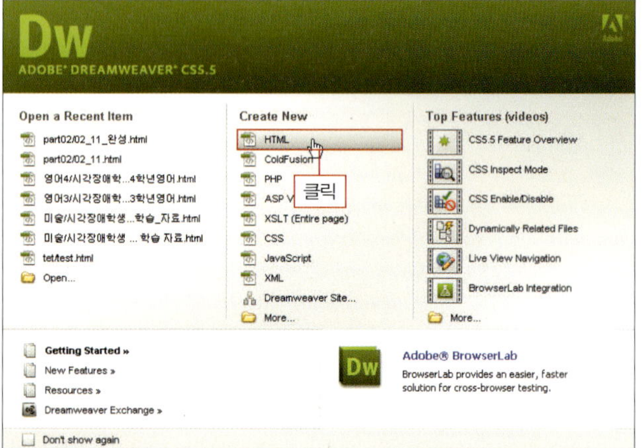

02 작업을 진행하기 전에 파일을 저장하기 위해 (File)-(Save) 메뉴를 클릭하거나 Ctrl + S 를 누릅니다. (Save As) 대화상자가 나타나면 저장 위치를 설정하고 파일 이름을 '06_02'로 입력한 다음 (저장) 버튼을 클릭합니다.

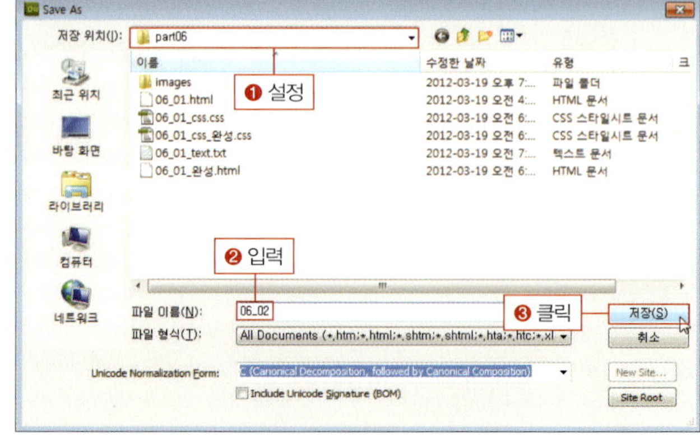

03 아이프레임을 추가하기 위해 위쪽의 Insert 패널에서 [Layout] 탭을 클릭한 다음 'IFrame' 아이콘(▣)을 클릭합니다.

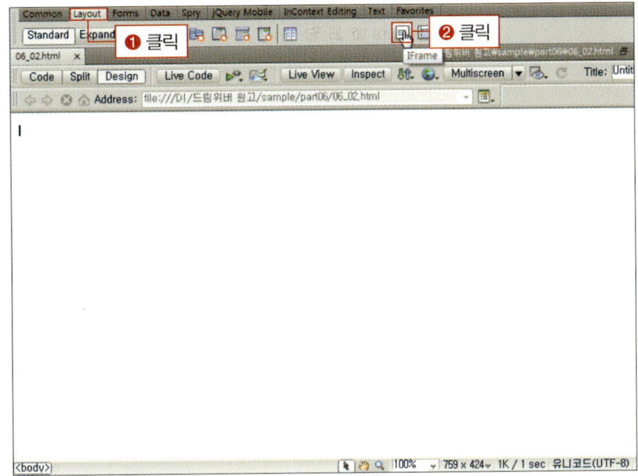

04 [Split] 탭 상태로 변경되며 아이프레임 관련 태그가 적용됩니다. 디자인 화면에는 아이프레임에 관련되 사각형 오브젝트가 적용된 것을 확인합니다.

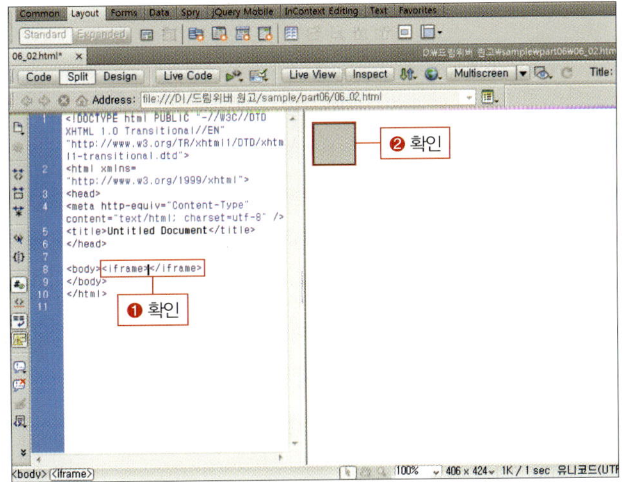

05 아이프레임은 직접 태그를 입력해야 합니다. 코드 화면에 그림과 같이 아이프레임 뒤에 'src="http://www.adobe.co.kr"'을 입력합니다.

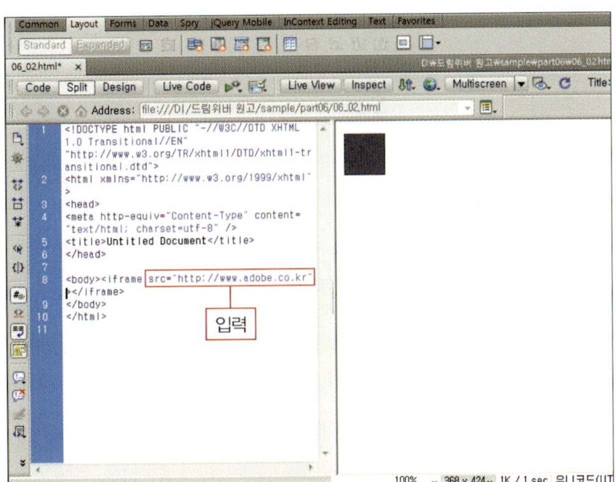

06 적용된 아이프레임을 확인하기 위해 (Live View) 버튼을 클릭합니다. 해당 사이트가 문서에 삽입된 것을 확인합니다.

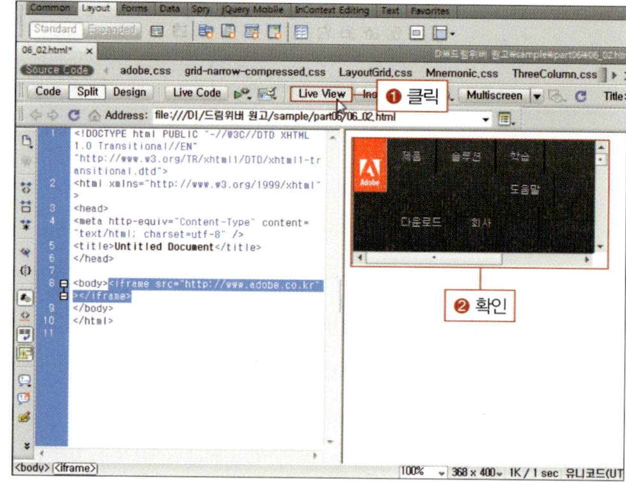

07 크기와 테두리를 설정하기 위해 코드 화면의 입력한 주소의 뒤쪽에 'frameborder="1" width="800px" height="480px"'를 입력합니다.

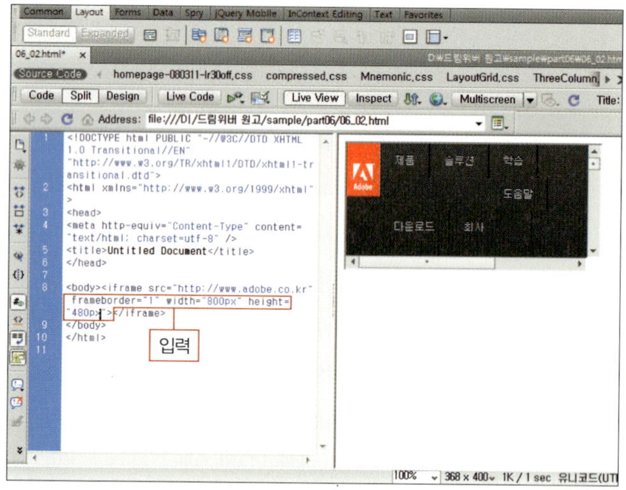

08 웹 사이트의 크기가 창의 크기보다 크기 때문에 자동으로 스크롤이 나타납니다. 스크이 나타나지 않도록 코드 화면의 크기를 지정한 태그 뒤쪽에 'scrolling="no"'를 입력합니다.

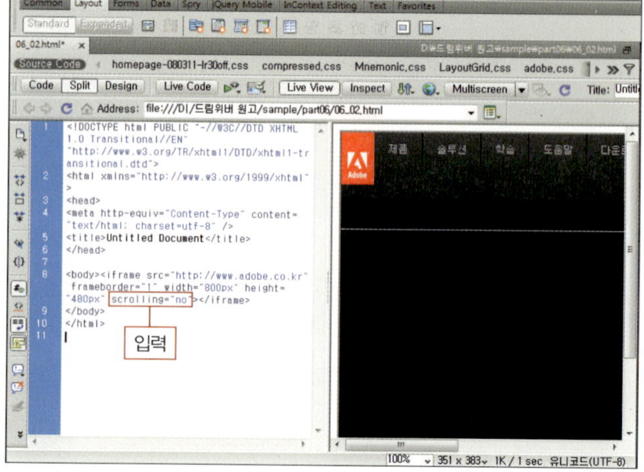

09 웹 브라우저에서 확인하기 위해 〔File〕–
〔Preview in Browser〕–〔IExplore〕 메뉴를 클릭하
거나 F12를 누릅니다. 문서 저장 메시지 창이 나타
나면 〔예〕 버튼을 클릭하여 문서를 저장합니다.

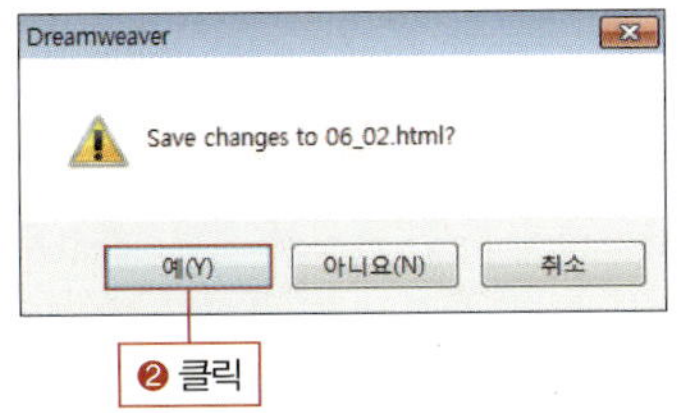

10 웹 브라우저 보안에 대한 메시지 팝업 창이
나타나면 〔차단된 콘텐츠 허용〕 버튼을 클릭하여
차단된 스크립트를 허용합니다.

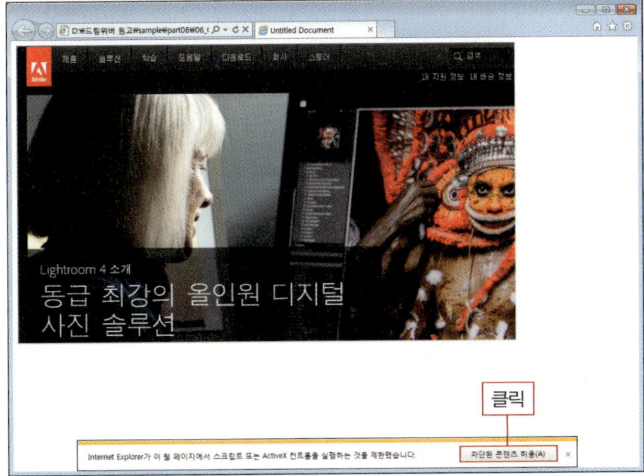

11 웹 사이트가 지정된 크기로 나타난 것을 확
인합니다.

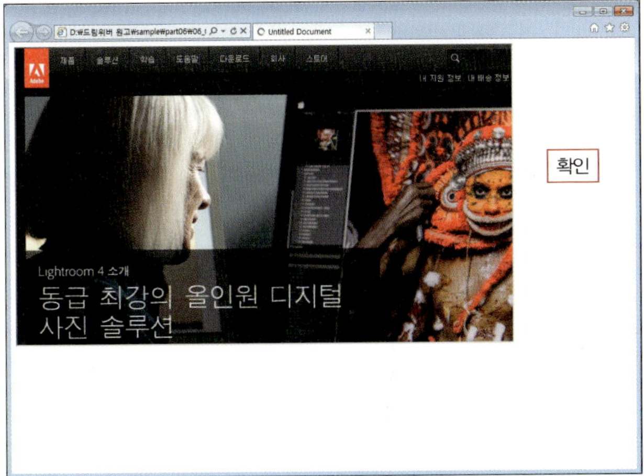

아이프레임 활용하여 메뉴 만들기

아이프레임으로 문서 내에 페이지를 삽입하는 기능은 반복적인 내용을 불필요하게 각 문서마다 설정하여 수정할 때마다 문서를 모두 확인해야 하는 번거로움을 줄여줍니다. 따라서 단순하게 웹 사이트를 불러오기보다는 아이프레임을 이용하여 반복되는 페이지 작업을 줄여 볼 수 있습니다.

예제 파일 : Part06\06_03.html
완성 파일 : Part06\06_03_완성.html, 06_03_CSS_완성.CSS, nav_iframe.html

따라하기

아이프레임 적용하기

01 〔File〕-〔Open〕 메뉴를 클릭하거나 `Ctrl`+`O`를 눌러 〔Open〕 대화상자가 나타나면 찾는 위치를 'Part06' 폴더로 설정하고 '06_03.html' 파일을 선택한 다음 〔열기〕 버튼을 클릭합니다.

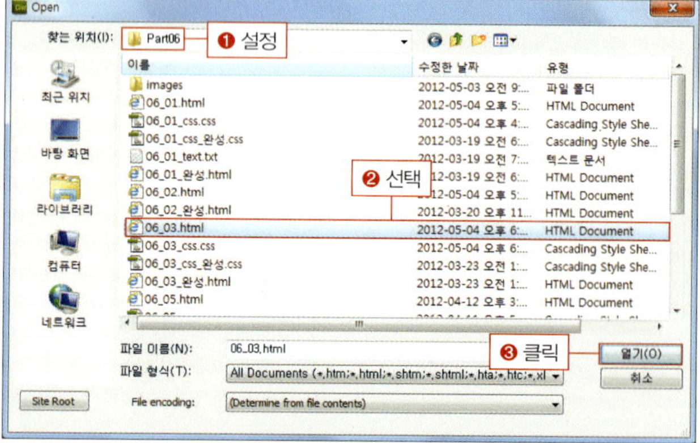

02 〔Split〕 탭을 클릭한 다음 코드 화면에서 아래쪽의 <Div class="layout_header"></Div> 사이에 커서를 위치합니다. 위쪽의 Insert 패널에서 〔Common〕 탭의 'Insert Div Tag' 아이콘(🖼)을 클릭합니다.

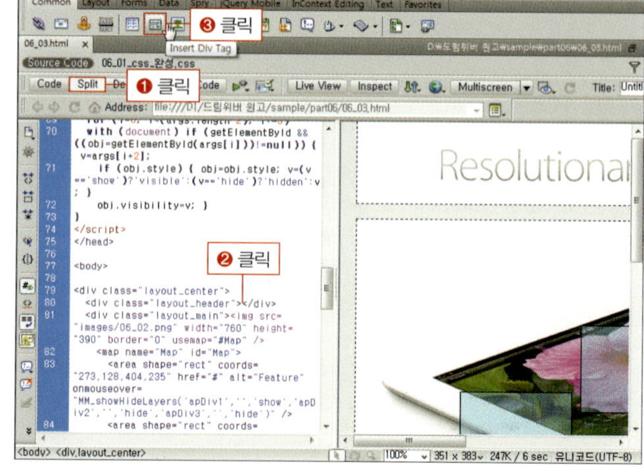

03 〔Insert Div Tag〕 대화상자가 나타나면 새로운 CSS를 만들기 위해 〔New CSS Rule〕 버튼을 클릭합니다.

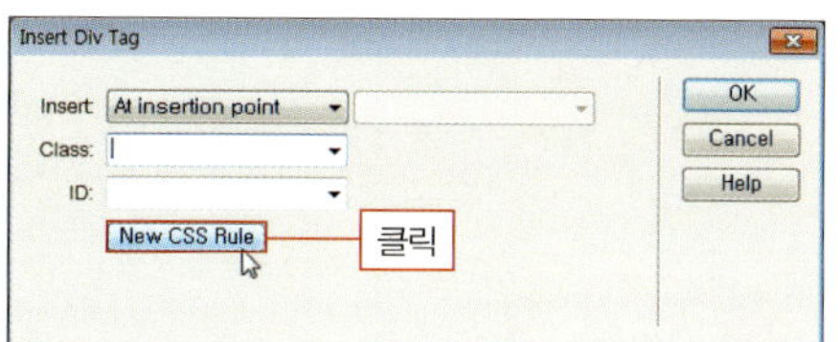

04 그림과 같이 〔New CSS Rule〕 대화상자가 나타나면 Selector Type을 'Class 〔can apply to any HTML element〕'로 선택합니다. Selector Name에 'layout_nav'를 입력하고 Rule Definition을 '06_03_css.css'로 선택한 다음 〔OK〕 버튼을 클릭합니다.

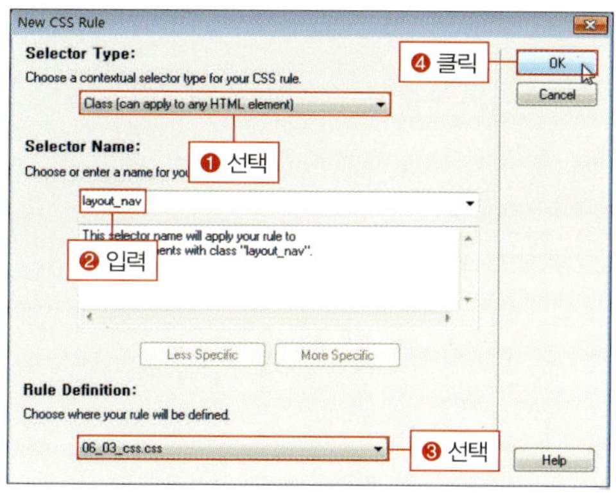

05 〔CSS Rule Definition for…〕 대화상자가 나타나면 〔Box〕 탭을 선택합니다. Width는 '760px', Height는 '40px', Padding 항목의 Top은 '0px', Margin 항목에서 'Same for all'을 선택 해제하고 Top\Right\Left를 각각 '20px'로 설정합니다.

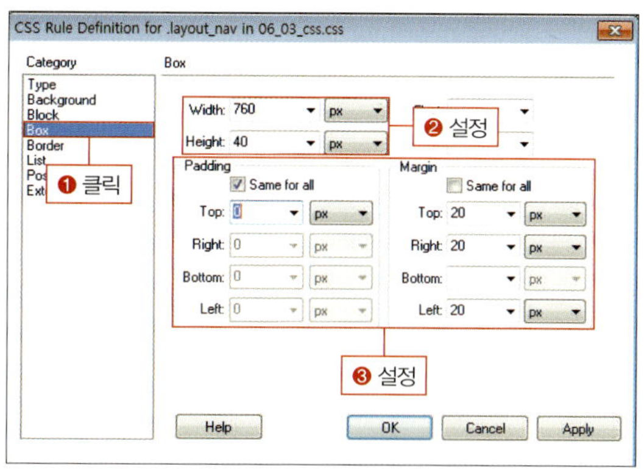

06 〔Background〕 탭을 선택하고 Background-color를 '#FFF'로 설정한 다음 〔OK〕 버튼을 클릭합니다.

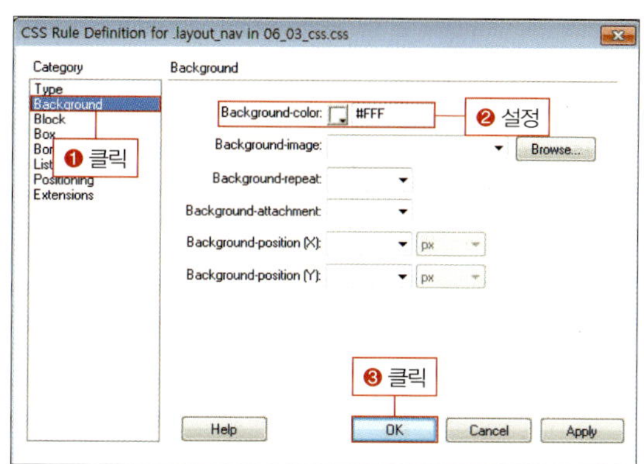

07 그림과 같이 〔Insert Div Tag〕 대화상자가 나타나면 Class를 확인하고 〔OK〕 버튼을 클릭합니다.

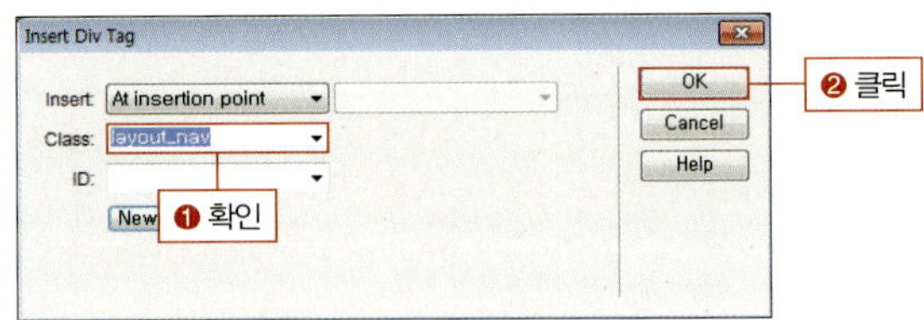

08 디자인 화면에 흰색 사각형 오브젝트가 추가된 것을 확인합니다. 이 부분에 아이프레임을 적용할 것입니다.

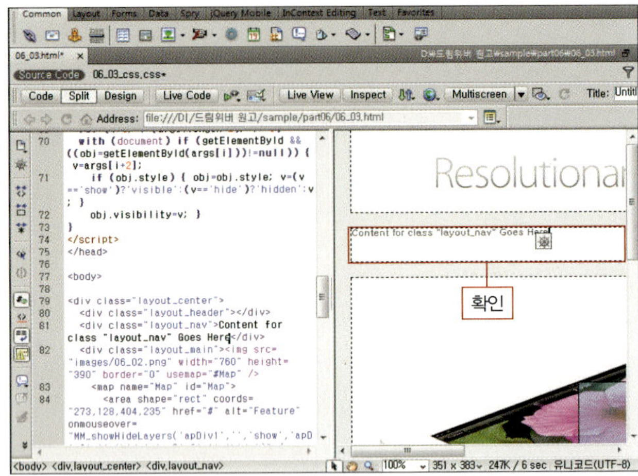

09 사각형 오브젝트에 아이프레임을 적용하기 위해 입력된 텍스트를 드래그하여 선택하고 Delete 를 눌러 삭제합니다.

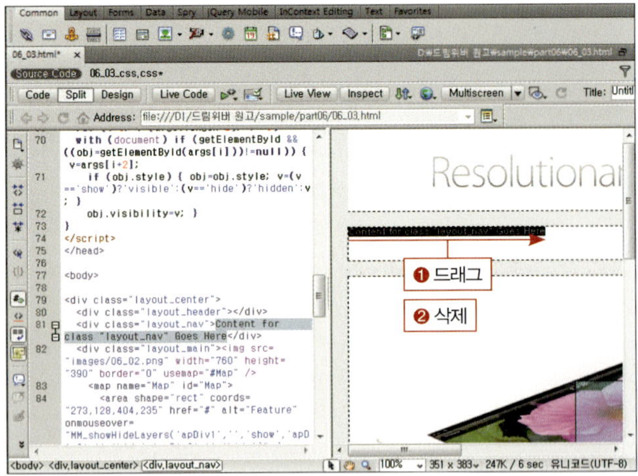

10 텍스트를 삭제한 부분에 아이프레임을 적용하기 위해 위쪽의 Insert 패널에서 [Layout] 탭의 'IFrame' 아이콘(回)을 클릭합니다.

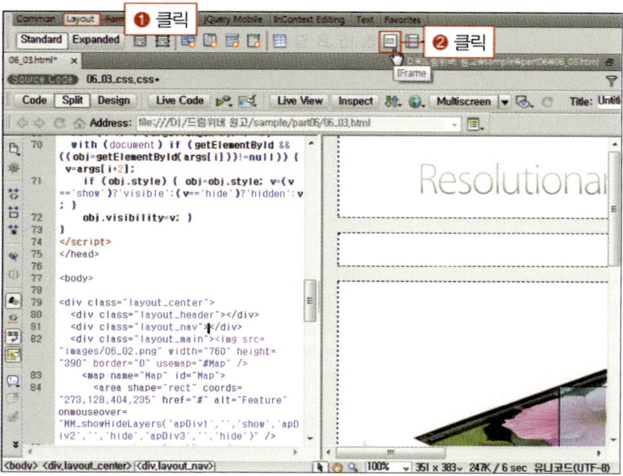

11 적용된 아이프레임에 옵션이 설정되지 않은 것을 확인합니다.

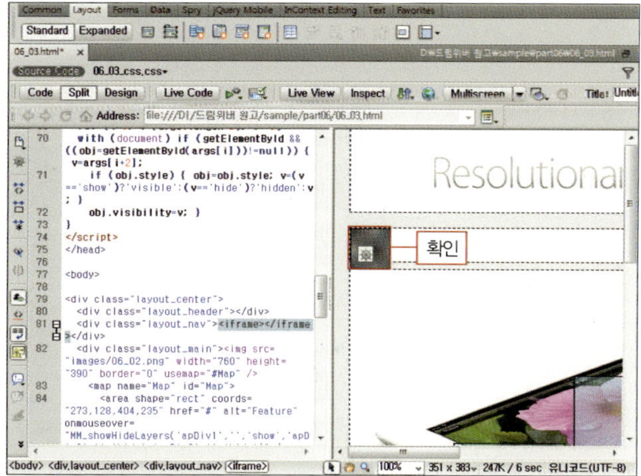

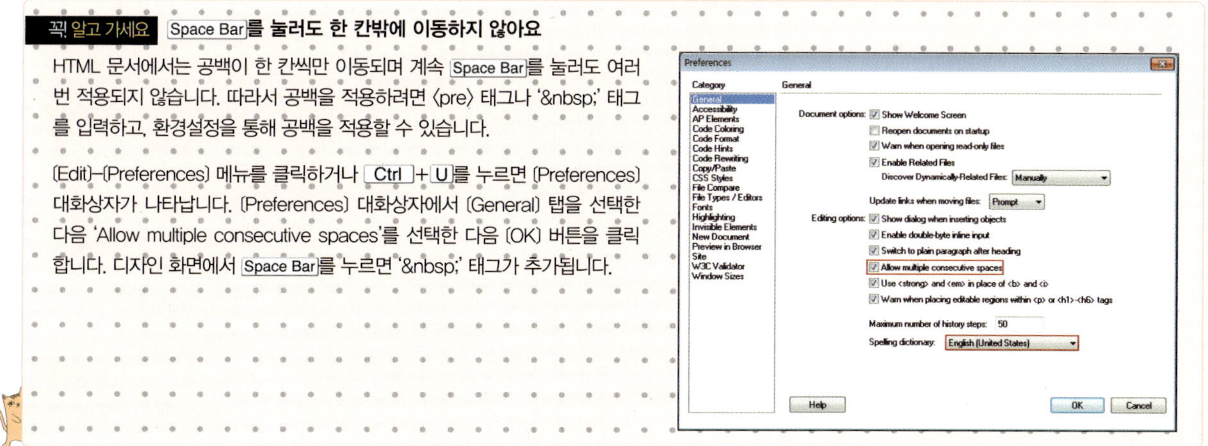

12 아이프레임 내로 불러올 문서를 경로로 설정하기 위해 코드 화면의 〈iframe〉 태그에 'src="nav_iframe.html"'를 입력합니다.

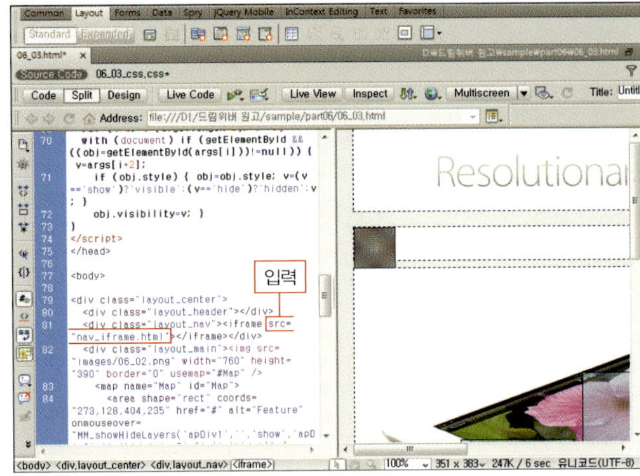

13 아이프레임의 크기를 설정하기 위해 src 태그 뒤쪽에 이어서 'width="760px", height="40px"'을 입력합니다.

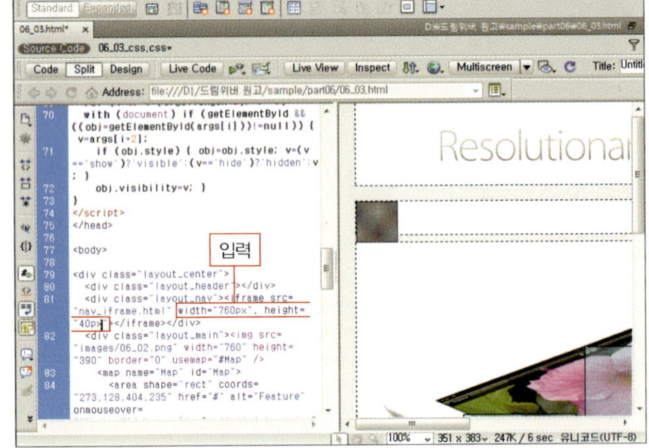

Ｔｉｐ
설정한 아이프레임의 크기는 Div 구조의 크기와 같습니다.

14 크기를 설정한 태그의 뒤쪽에 'scrolling=no' 를 입력하여 설정한 문서의 크기보다 더 큰 문서가 적용되었을 때 스크롤이 나타나지 않도록 설정합니다.

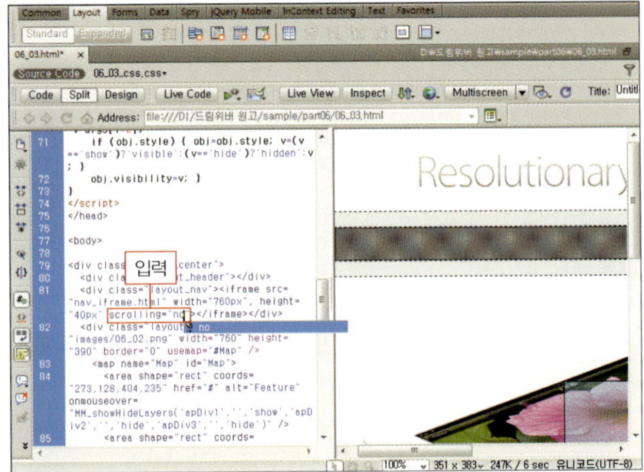

15 프레임에 관련된 테두리를 없애기 위해 스크롤을 설정한 태그의 뒤쪽에 'frameborder="0"'을 입력합니다.

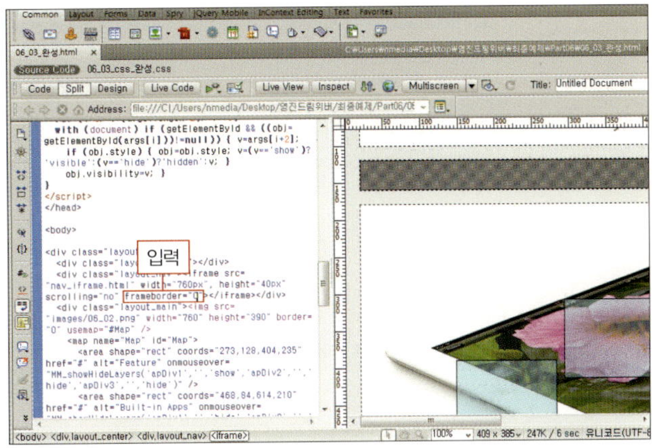

16 완성된 형태를 웹 브라우저에서 확인하기 위해 [File]-[Preview in Browser]-[IExplore] 메뉴를 클릭하거나 F12를 누릅니다. 메뉴가 적용되었지만 해당 메뉴에 관련된 부분은 작성하지 않았으므로 표시되지 않습니다.

메뉴 설정하기

01 아이프레임 메뉴에 관련된 새로운 HTML 문서를 만들기 위해 [File]-[New] 메뉴를 클릭하거나 Ctrl + N 을 누릅니다.

02 〔New Document〕 대화상자가 나타나면 〔Blank Page〕 탭을 선택하고 〔Page Type〕 항목에서 'HTML', 〔Layout〕 항목에서 '〈none〉'을 선택하고 〔Create〕 버튼을 클릭합니다.

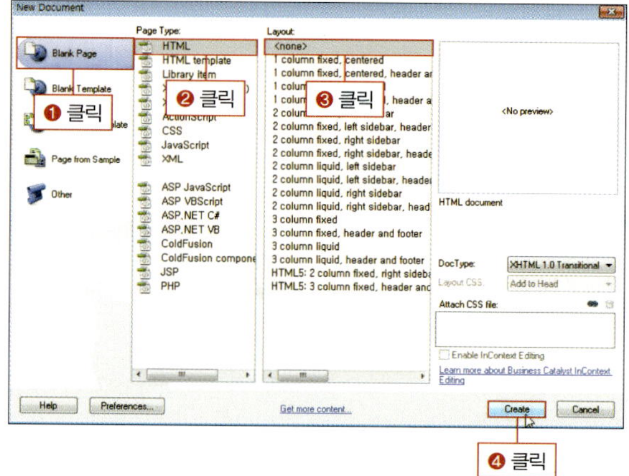

03 〔File〕-〔Save〕 메뉴를 클릭하거나 Ctrl + S 를 누릅니다. 〔Save As〕 대화상자가 나타나면 저장 위치를 설정하고 파일 이름에 'nav_iframe'을 입력한 다음 〔저장〕 버튼을 클릭합니다.

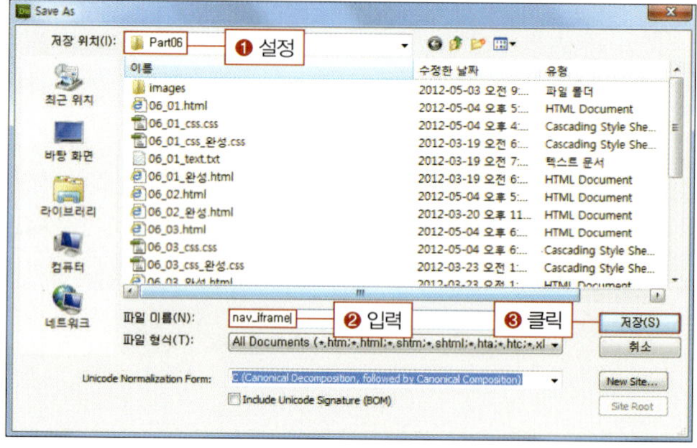

04 문서의 여백을 조정하기 위해 Properties 패널에서 〔CSS〕 탭의 〔Page Properties〕 버튼을 클릭합니다.

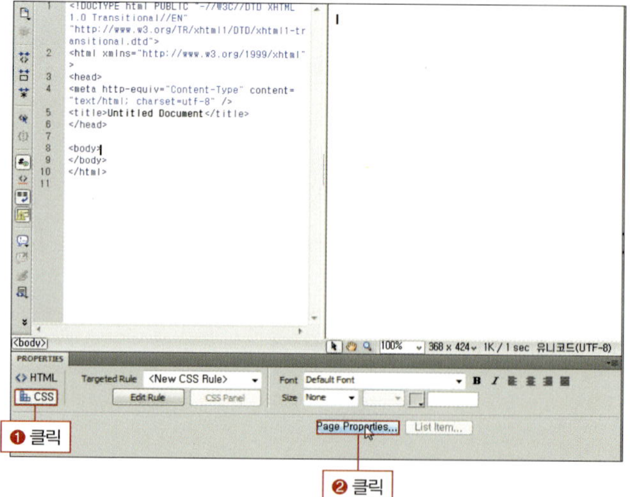

05 그림과 같이 〔Page Properties〕 대화상자
가 나타나면 〔Appeqrance(CSS)〕 탭을 선택하고
Left \ Right \ Top \ Bottom margin을 '0px'로 설
정한 다음 〔OK〕 버튼을 클릭합니다.

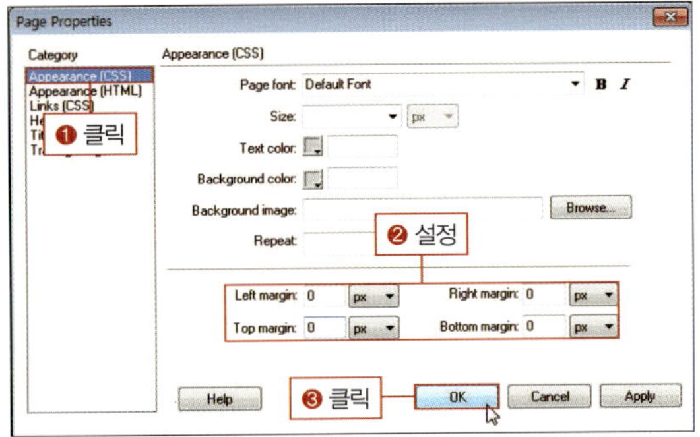

06 메뉴를 만들기 위해 디자인 화면에 아래와
같이 메뉴 텍스트를 입력한 다음 Enter 를 눌러 줄
을 바꿉니다.

Features/Built-in Apps/From the App Store/iOS/iCloud/
Tech Specs

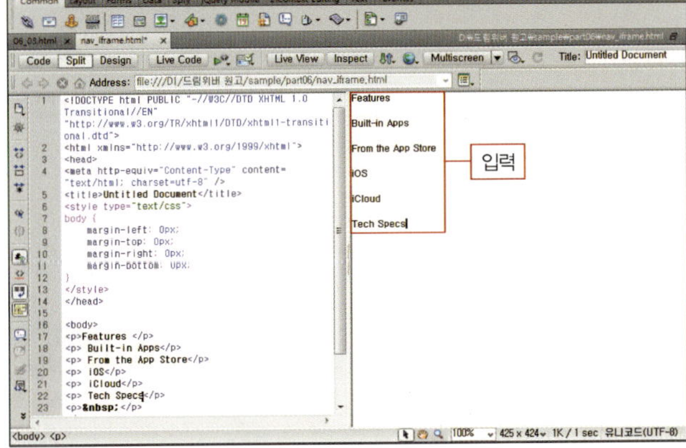

07 입력한 텍스트를 드래그하여 선택한 다음
Properties 패널에서 〔HTML〕 탭의 'Unordered
List' 아이콘(⊞)을 클릭합니다.

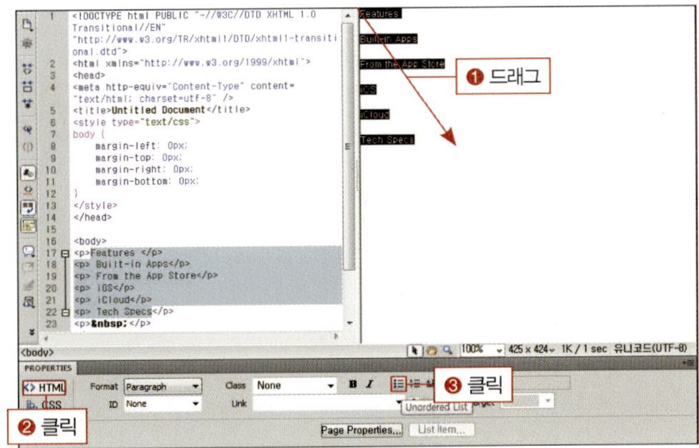

08 비순차 목록으로 설정되었기 때문에 각각의 텍스트 앞쪽에 불릿 기호가 추가됩니다. 목록 전체를 드래그하여 선택하고 Div를 적용하기 위해 위쪽의 Insert 패널에서 〔Common〕 탭의 'Insert Div Tag' 아이콘(▦)을 클릭합니다.

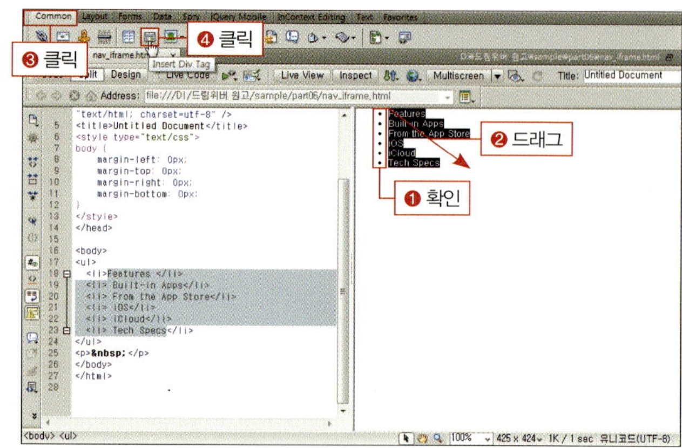

09 〔Insert Div Tag〕 대화상자가 나타나면 새로운 CSS를 적용하기 위해 〔New CSS Rule〕 버튼을 클릭합니다.

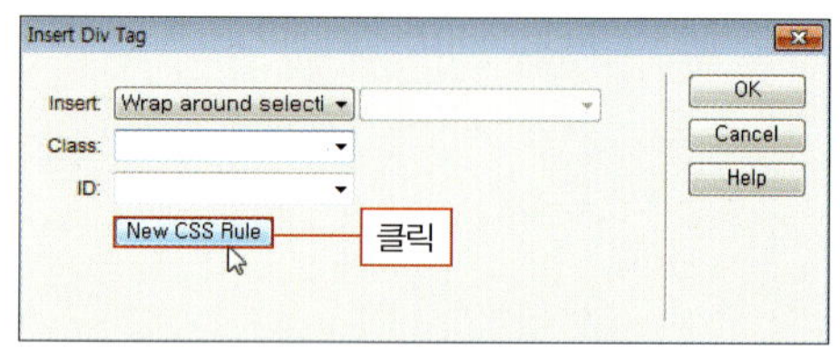

10 그림과 같이 〔New CSS Rule〕 대화상자가 나타나면 Selector Type을 'Class 〔can apply to any HTML element〕'로 선택합니다. Selector Name에 'layout_nav_list'를 입력하고 Rule Definition을 '〔This document only〕'로 선택한 다음 〔OK〕 버튼을 클릭합니다.

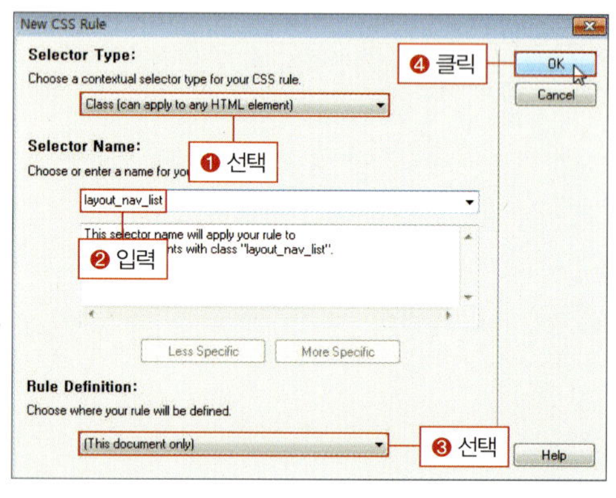

11 〔CSS Rule Definition for…〕 대화상자가 나타나면 〔Type〕 탭을 선택합니다. Font-family에 'Arial, Helvetica, sans-serif', Font-size는 '14px', Font-weight는 'bold', Color는 '#666'으로 설정합니다.

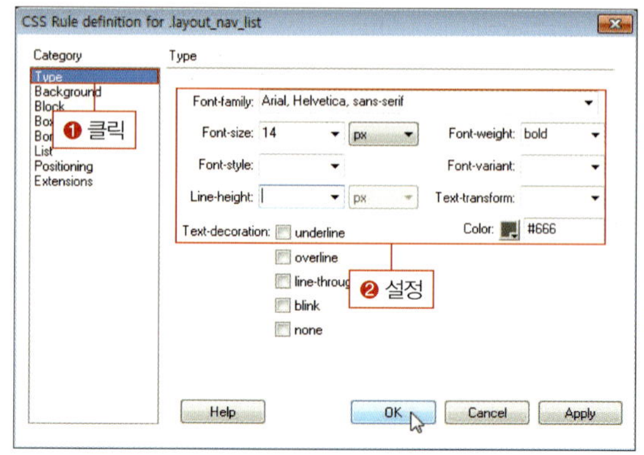

12 〔Box〕 탭을 선택하고 Width는 '720px', Height는 '30px'으로 설정합니다. Padding 항목에서 'Same for all'을 선택 해제하고 Top은 '5px', Right는 '20px', Bottom은 '5px', Left는 '20px'으로 설정합니다. Margin 항목의 Top은 '0px'으로 설정한 다음 〔OK〕 버튼을 클릭합니다.

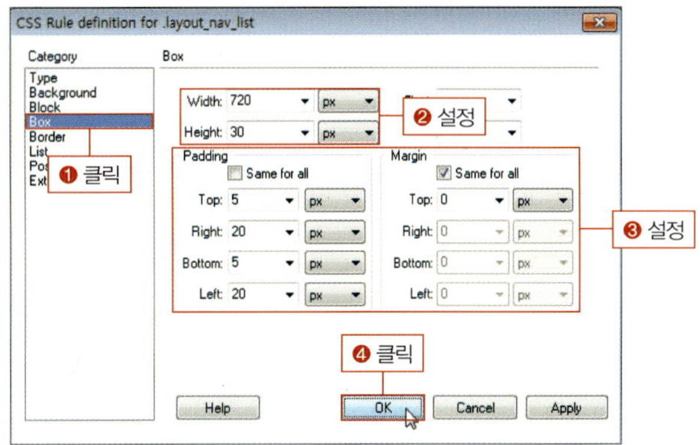

13 〔Insert Div Tag〕 대화상자가 나타나면 Class에 입력된 이름을 확인한 다음 〔OK〕 버튼을 클릭합니다.

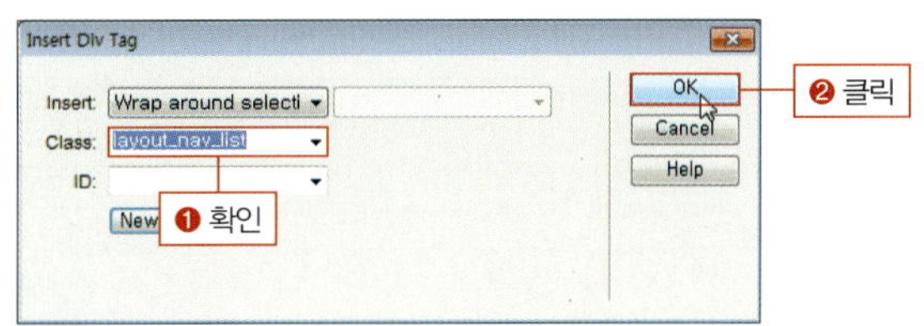

14 디자인 화면에서 불릿 기호가 보이지 않는다면 Div가 〈ul〉 태그의 안쪽으로 적용된 것입니다. 코드 화면에서 〈Div〉 태그를 〈ul〉 태그의 바깥쪽으로 이동해야 합니다. 이때 〈Div〉 태그가 〈ul〉 태그 바깥쪽으로 적용되었다면 다음 단계로 진행합니다.

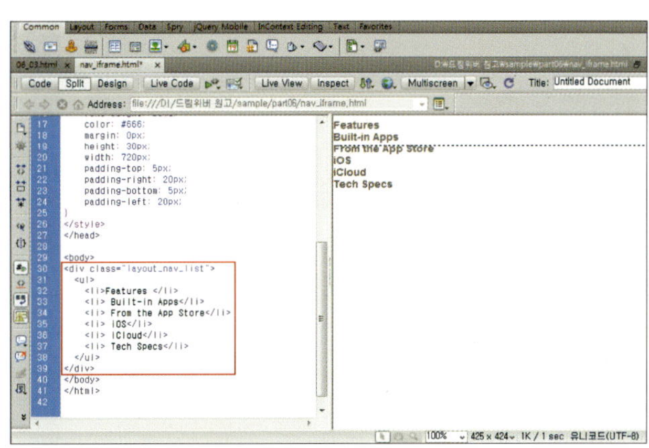

15 디자인 화면에 불릿 기호가 나타나면 태그 선택자에서 '〈ul〉'을 클릭합니다.

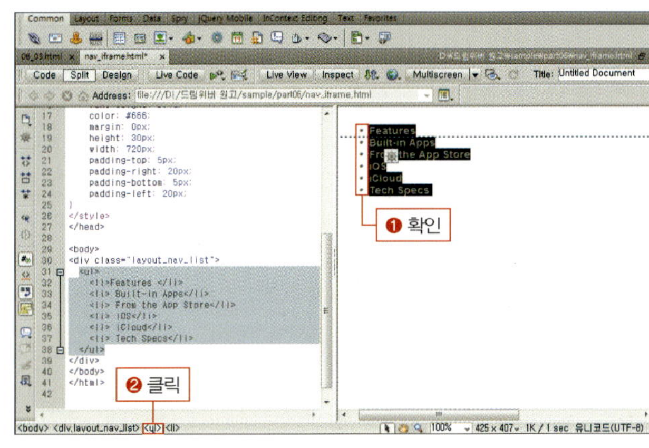

16 Properties 패널의 [CSS] 탭에서 Targeted Rule을 '〈New CSS Rule〉'로 선택하고 [Edit Rule] 버튼을 클릭합니다.

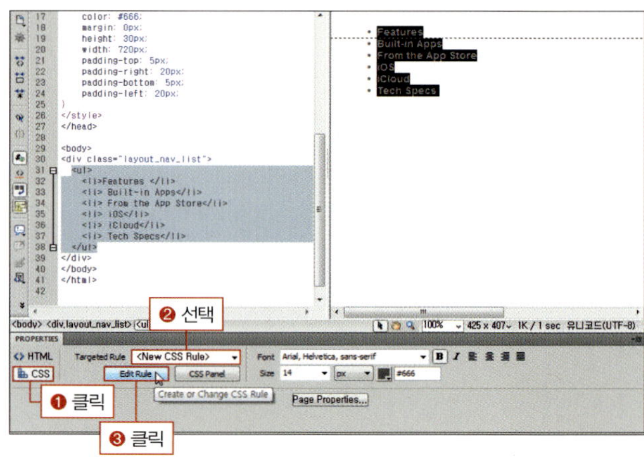

〈ul〉 태그가 선택된 상태에서 CSS를 지정하기 때문에 〈ul〉 태그와 관련된 CSS가 적용됩니다.

17 그림과 같이 [New CSS Rule] 대화상자가 나타나면 Selector Name에 '.layout_nav_list ul'이 입력된 것을 확인하고 [OK] 버튼을 클릭합니다.

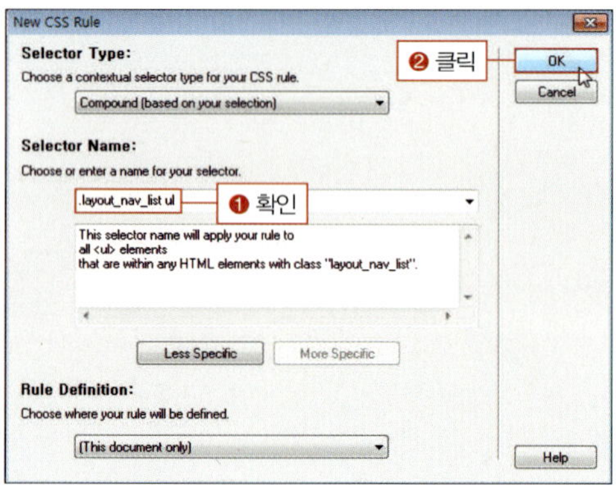

18 [CSS Rule Definition for…] 대화상자가 나타나면 [Box] 탭을 선택하고 Margin 항목의 Top에 '0px'을 설정한 다음 [OK] 버튼을 클릭합니다.

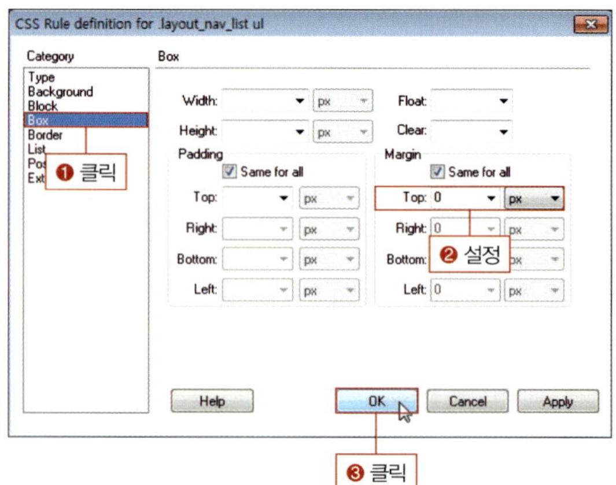

19 여백을 없앴기 때문에 문서의 위쪽에 텍스트가 위치한 것을 확인할 수 있습니다.

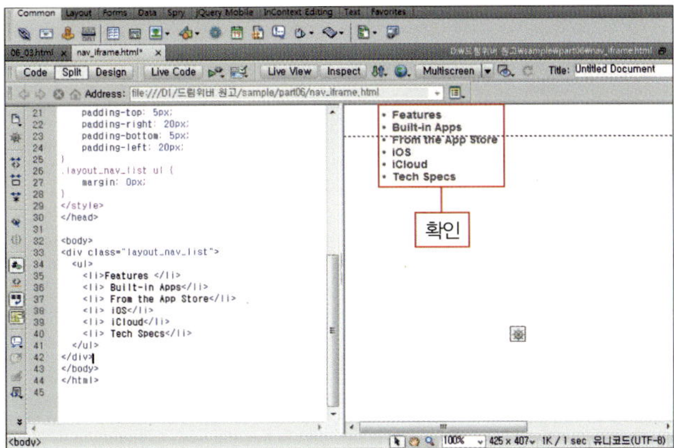

20 그림과 같이 태그 선택자에서 '⟨li⟩'를 선택한 다음 Properties 패널의 〔CSS〕 탭에서 Targeted Rule을 '⟨New CSS Rule⟩'로 선택한 다음 〔Edit Rule〕 버튼을 클릭합니다.

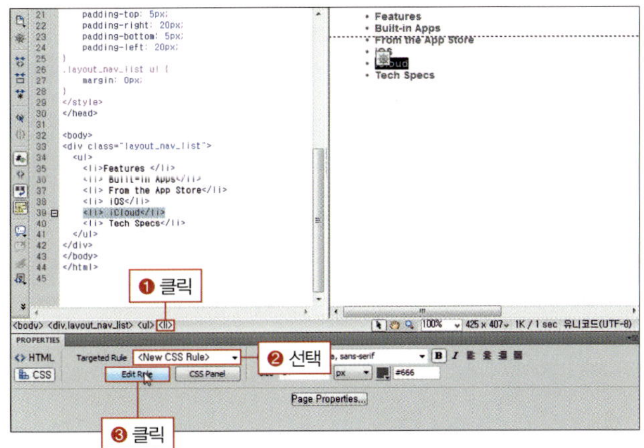

21 〔New CSS Rule〕 대화상자가 나타나면 항목이 자동으로 설정됩니다. ⟨li⟩ 태그에 CSS를 적용하기 위해 〔OK〕 버튼을 클릭합니다.

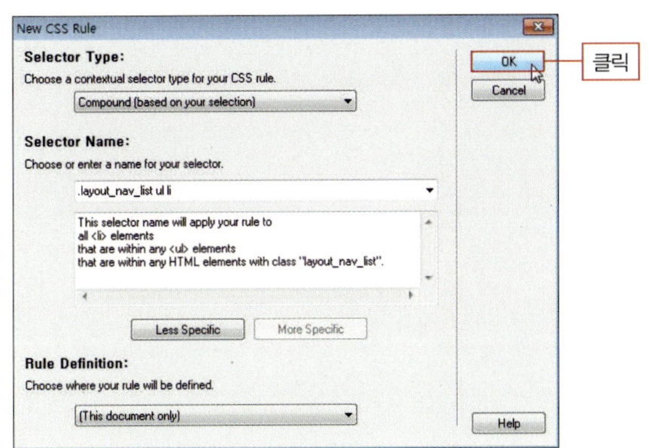

22 〔CSS Rule Definition for…〕 대화상자가 나타나면 〔Block〕 탭을 선택합니다. Text-align은 'center', Display는 'block'으로 설정합니다.

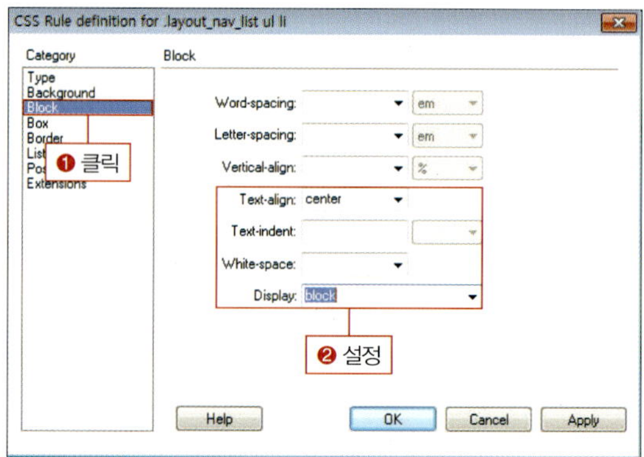

23 〔Box〕 탭을 선택하고 Width는 'auto', Float은 'left'로 설정합니다. Padding 항목에서 'Same for all'을 선택 해제하고 Right는 '10px', Left는 '10px'으로 설정합니다.

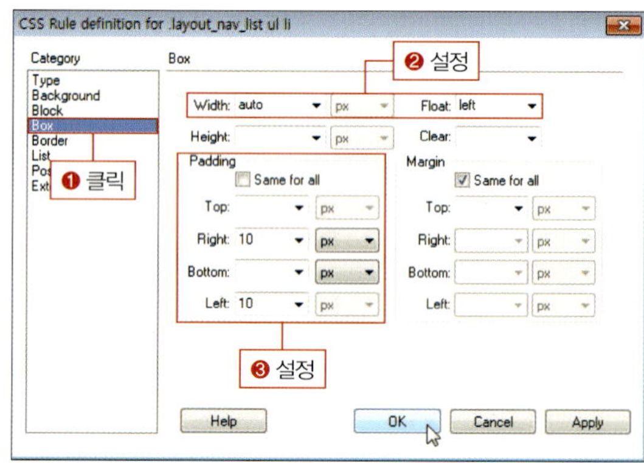

24 〔List〕 탭을 선택하고 불릿 기호를 없애기 위해 List-style-type을 'none'으로 선택합니다.

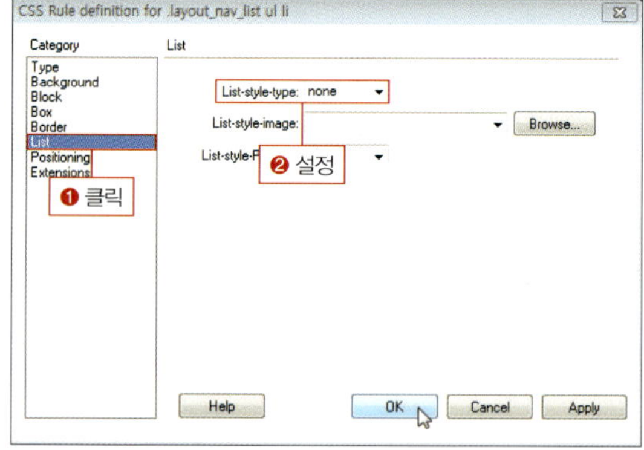

25 〔Positioning〕 탭을 선택하고 Position은 'relative', Width는 'auto'로 설정한 다음 〔OK〕 버튼을 클릭합니다.

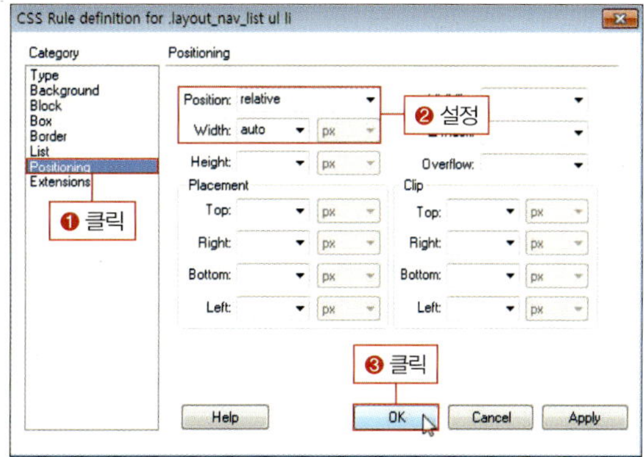

26 〔Design〕 탭을 클릭하여 메뉴가 가로로 배치된 것과 각 메뉴 양쪽에 지정한 여백을 확인합니다.

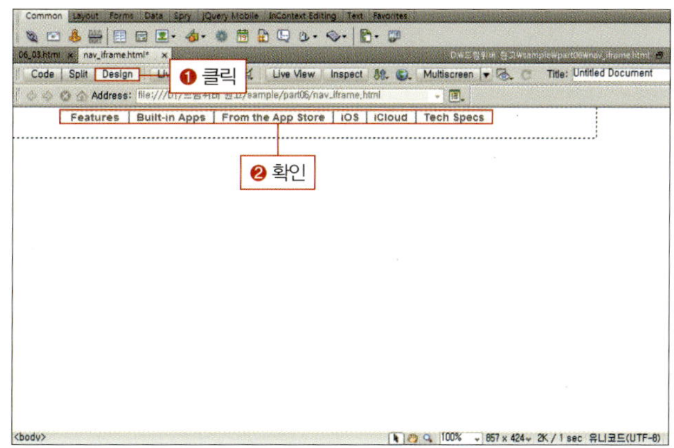

27 메뉴가 지정된 영역의 크기보다 위쪽에 있는 것을 확인합니다. 위쪽에 여백을 추가하기 위해 CSS Styles 패널에서 '.layout_nav_list ul li'를 선택하고 'Add Property'를 클릭합니다.

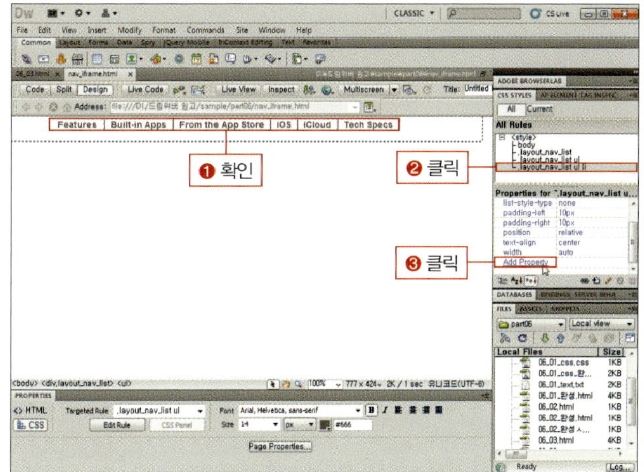

28 padding-top을 추가하고 '5px'로 설정합니다. 위쪽에 여백이 추가되며 메뉴가 전체적으로 아래쪽으로 이동된 것을 확인합니다.

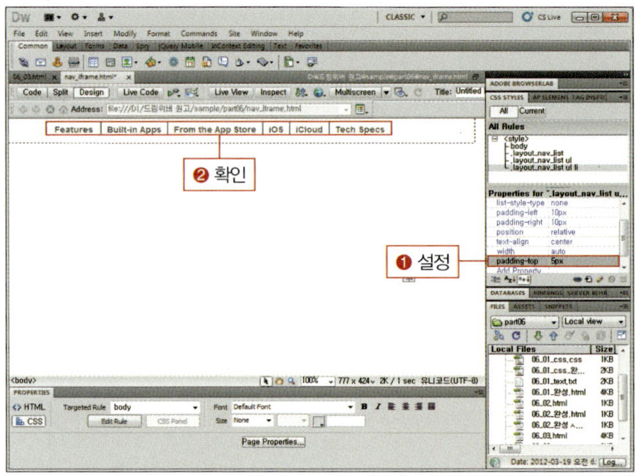

메뉴 세부 설정하고 확인하기

01 메뉴에 링크를 추가하기 위해 (Split) 탭을 클릭하고 문서에서 첫 번째 메뉴 텍스트를 드래그하여 선택합니다. Properties 패널의 (HTML) 탭에서 Link에 'http://www.apple.com/ipad/features/'를 입력합니다.

TiP

Div 구조를 가진 웹 사이트는 페이지를 이동할 때 전체 페이지가 이동되며 Link에 해당 주소를 입력해야 합니다.

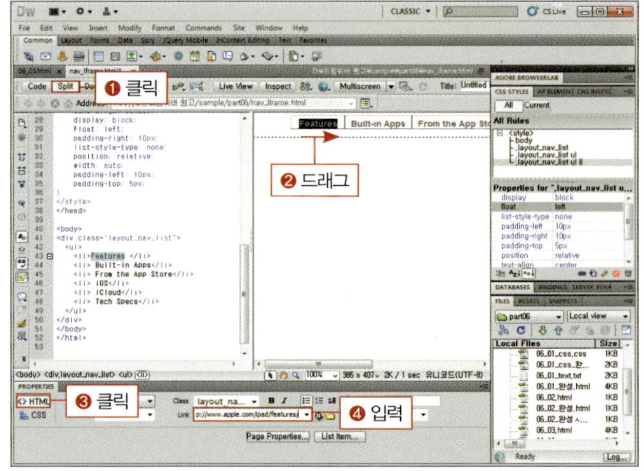

02 01번과 같은 방법으로 아래의 표를 참고하여 나머지 메뉴에 링크를 설정합니다.

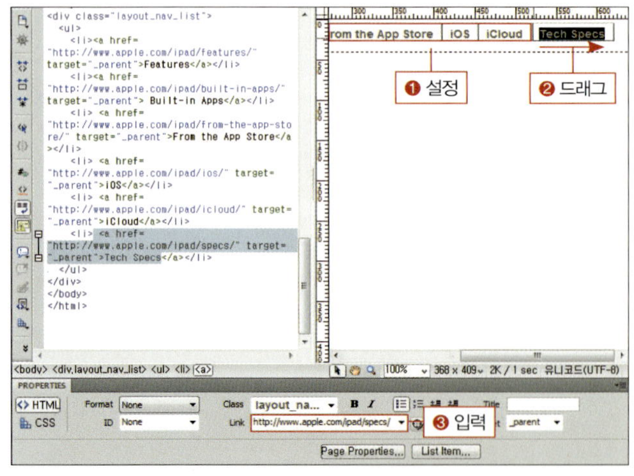

텍스트	링크
Built-in Apps	http://www.apple.com/ipad/built-in-apps/
From the App Store	http://www.apple.com/ipad/from-the-app-store/
iOS	http://www.apple.com/ipad/ios/
Cloud	http://www.apple.com/ipad/icloud/
Tech Specs	http://www.apple.com/ipad/specs/

03 링크가 나타나면서 텍스트가 파란색으로 변경됩니다. 밑줄을 없애고 텍스트 색상을 설정하기 위해 Properties 패널에서 〔Page Properties〕 버튼을 클릭합니다.

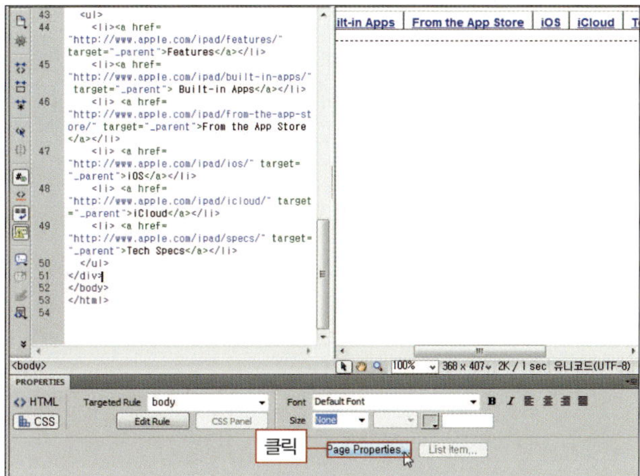

04 그림과 같이 〔Page Properties〕 대화상자가 나타나면 〔Links 〔CSS〕〕 탭을 선택합니다. Link color\Visited color\Active links를 각각 '#666', Rollover links를 '#333'으로 설정하고 Underline style을 'Never underline'으로 선택한 다음 〔OK〕 버튼을 클릭합니다.

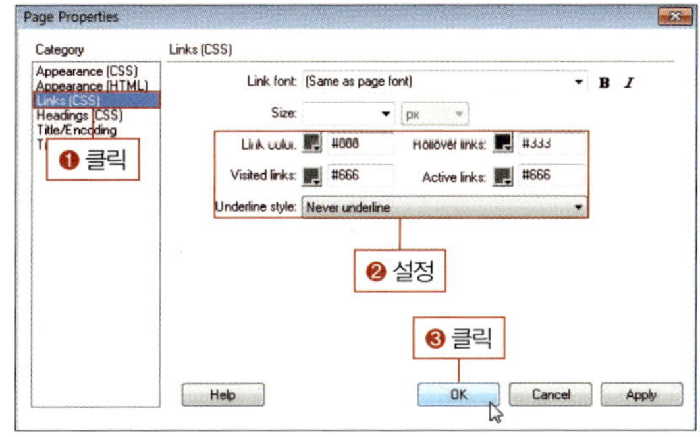

05 메뉴에 링크와 CSS가 조정되어 그림과 같이 텍스트에 링크가 적용되었습니다. 파란색 밑줄과 텍스트 색이 링크 전과 같은 것을 확인합니다.

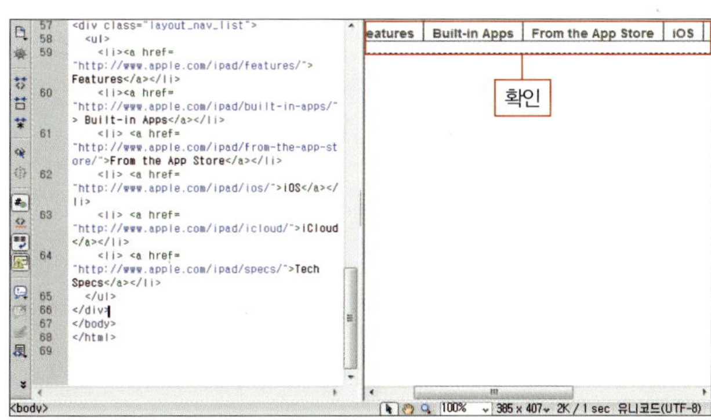

06 〔File〕-〔Preview in Browser〕-〔IExplore〕 메뉴를 클릭하거나 F12를 누릅니다. 웹 브라우저를 실행하면 그림과 같이 커서가 메뉴에 위치할 때 텍스트 색상이 진하게 변경되는 것을 확인할 수 있습니다.

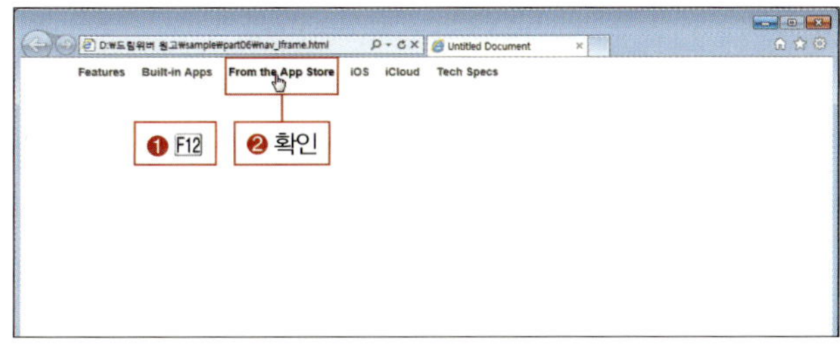

07 메뉴 중에서 하나를 클릭하면 해당 웹 사이트로 이동하는 것을 확인합니다.

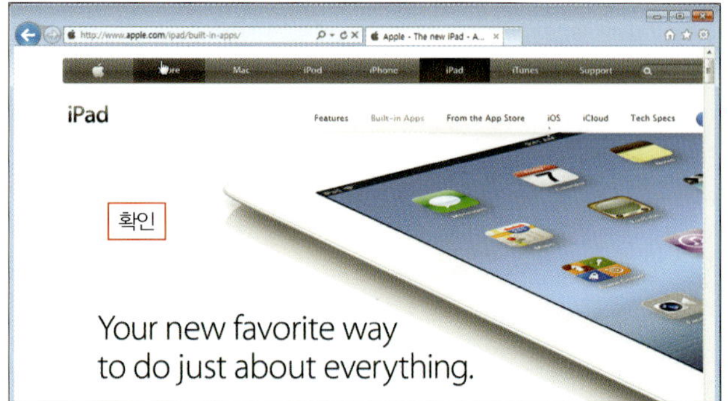

08 '06_03.html' 파일을 웹 브라우저에서 확인하면 메뉴를 설정한 'nav_iframe.html' 파일이 열리며 해당 링크가 작동됩니다.

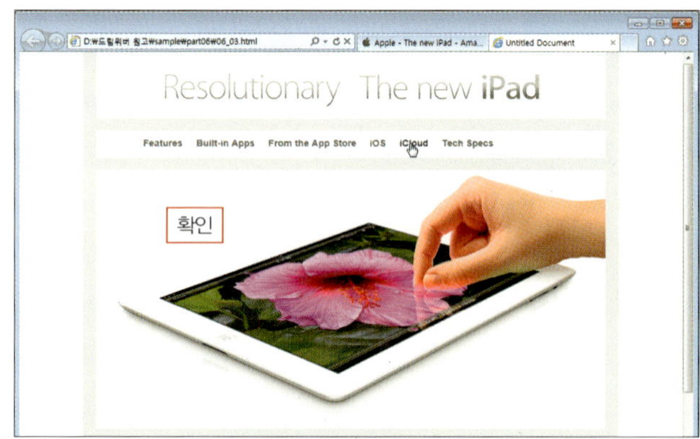

09 드림위버 화면으로 돌아온 다음 왼쪽 정렬된 메뉴를 오른쪽 정렬로 변경하기 위해 CSS Styles 패널에서 '.layout_nav_list'를 선택하고 width를 '600px'로 설정합니다.

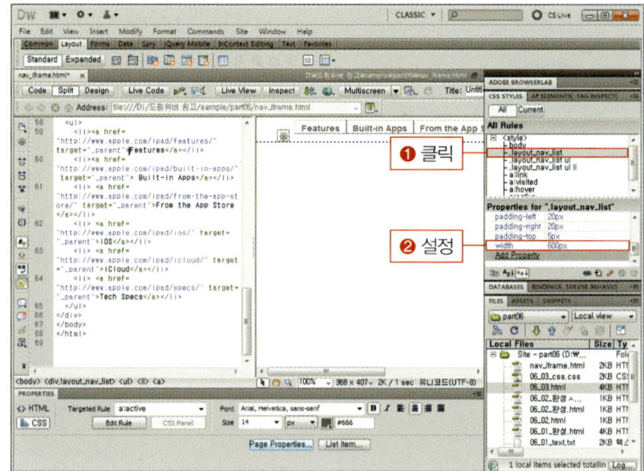

10 'Add Property'를 선택하여 float을 추가하고 'right'로 설정합니다.

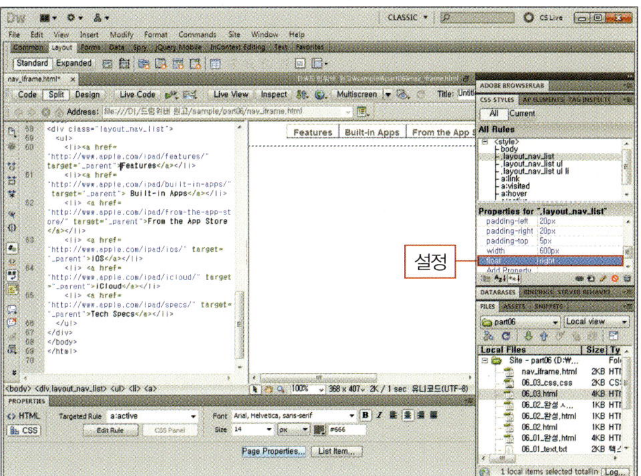

11 〔File〕-〔Preview in Browser〕-〔IExplore〕 메뉴를 클릭하거나 F12를 그림과 같이 메뉴가 오른 쪽으로 정렬된 것을 확인합니다.

Tip 크기를 줄인 것은 영역 내에서 이동이 가능하도록 설정하기 위한 것이며 〈li〉 태그에 적용된 float는 메뉴 자체의 정렬이 므로 오른쪽으로 이동하려면 Div에 적용해야 합니다.

12 '06_03.html' 파일을 웹 브라우저에서 실행하여 메뉴가 오른쪽으로 정렬된 것을 확인합니다.

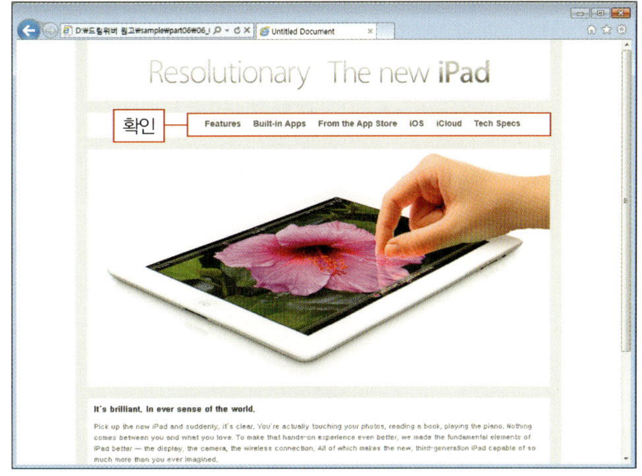

13 메뉴를 클릭하면 아이프레임 내에서 페이지가 이동되므로 전체 페이지가 이동하도록 설정해야 합니다.

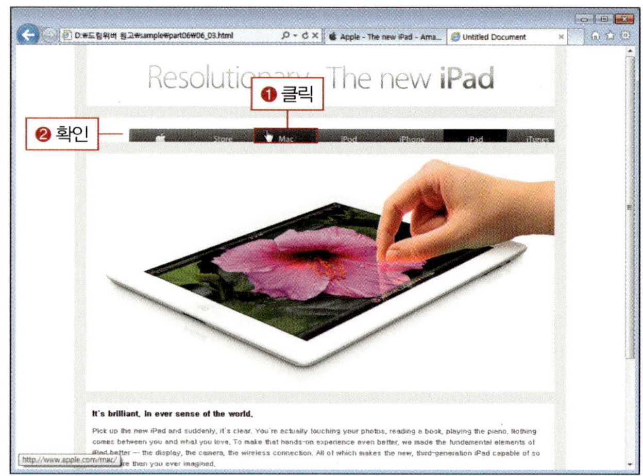

14 드림위버로 돌아온 다음 메뉴를 드래그하여 선택합니다. Properties 패널에서 Target을 '_parent'로 선택한 다음 모든 메뉴에 같은 방법으로 Target을 선택합니다.

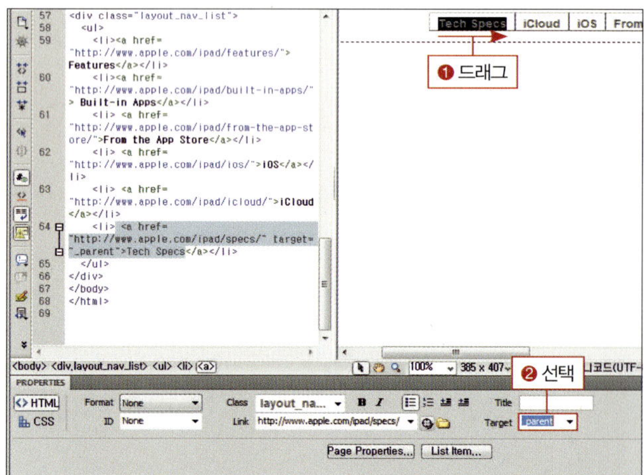

15 (File)-(Preview in Browser)-(IExplore) 메뉴를 클릭하거나 F12를 눌러 완성된 페이지를 웹 브라우저에서 확인합니다. 정상적으로 페이지 전체에서 해당 링크가 열리는 것을 확인합니다.

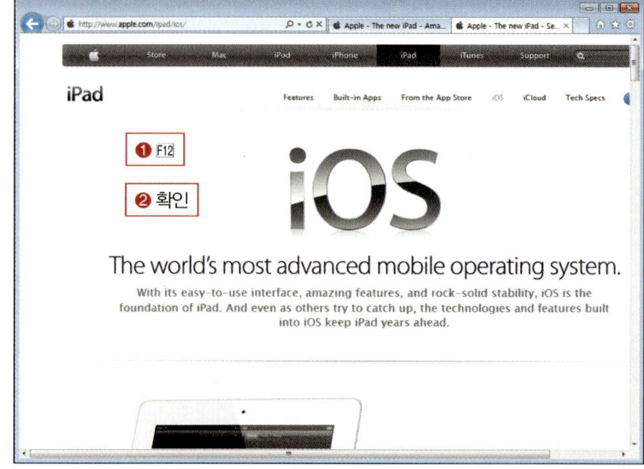

Behavior로 투명한 이미지 만들기

04 Lesson

Behavior는 Appear와 Fade를 지원하는데, Appear는 서서히 나타나며 Fade는 사라지는 효과입니다.
AP Element와 Behavior로 마우스 포인터의 위치에 따라 투명해지는 이미지를 만들어 보겠습니다.

> 예제 파일 : Part06\06_05.html
> 완성 파일 : Part06\06_05_완성.html

AP Element 설정하기

01 〔File〕-〔Open〕 메뉴를 클릭하거나 `Ctrl`
+`O`를 눌러 'Part06' 폴더의 '06_05.html' 파일을
선택한 다음 〔열기〕 버튼을 클릭합니다.

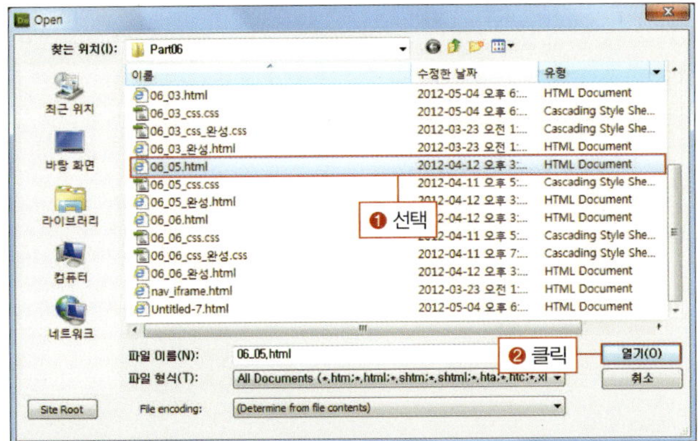

02 Insert 패널에서 〔Layout〕 탭을 선택하고
'Draw AP Div' 아이콘(📄)을 클릭한 다음 그림과 같
이 문서에 드래그하여 AP Element 영역을 만듭니다.

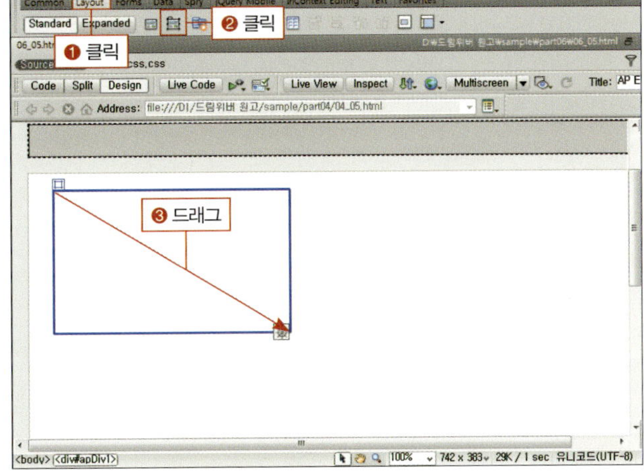

03 AP Element 영역을 선택한 다음 Properties 패널의 L을 '0px', T를 '0px'로 설정해 왼쪽 윗부분으로 이동합니다.

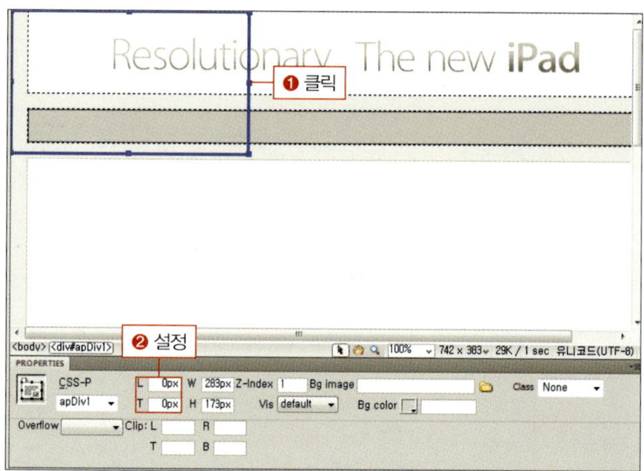

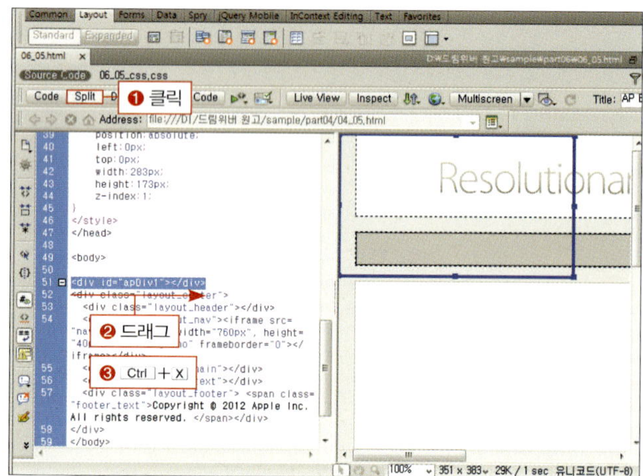

04 문서를 기준으로 위치가 설정되기 때문에 원하는 위치로 이동하려면 태그를 수정해야 합니다. 〔Split〕 탭을 클릭하고 코드 화면의 〈div id="apDiv1"〉〈/div〉 태그를 드래그하여 선택한 다음 Ctrl + X 를 눌러 잘라 냅니다.

05 〈div class="layout_main"〉 태그의 뒤쪽에서 Ctrl + V 를 누르면 그림과 같이 AP Element 영역이 Div 구조의 안쪽으로 이동되며, 해당 영역을 기준으로 좌표가 설정됩니다.

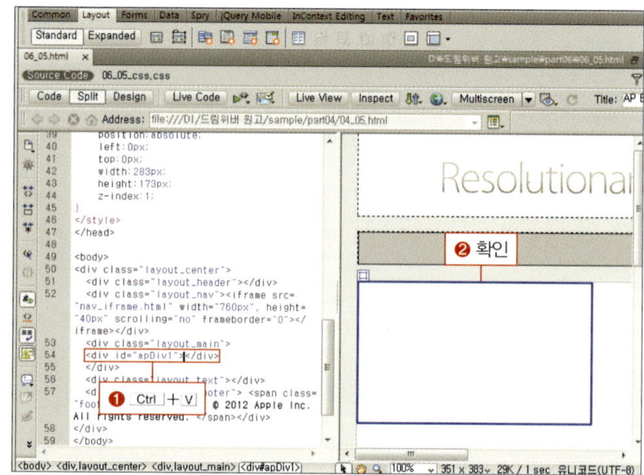

06 크기를 조정하기 위해 AP Element영역을 선택한 다음 Properties 패널에서 W를 '152px', H를 '130px'로 설정합니다.

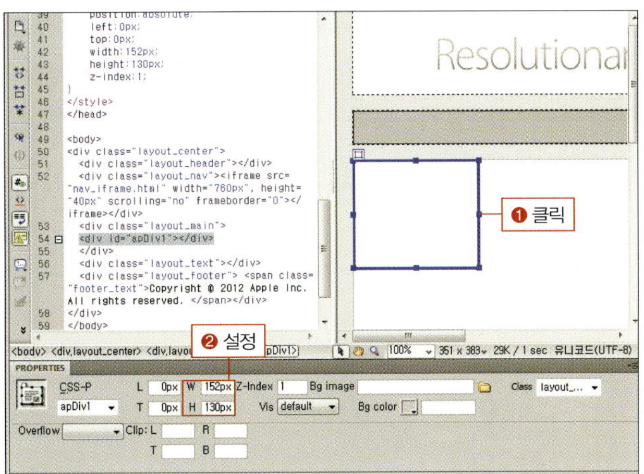

07 AP Element 영역을 추가하기 위해 〔Layout〕 탭의 'Draw AP Div' 아이콘(圖)을 클릭한 다음 그림과 같이 드래그합니다. Properties 패널에서 L은 '152px', T는 '0px', W는 '152px', H는 '130px'로 설정합니다.

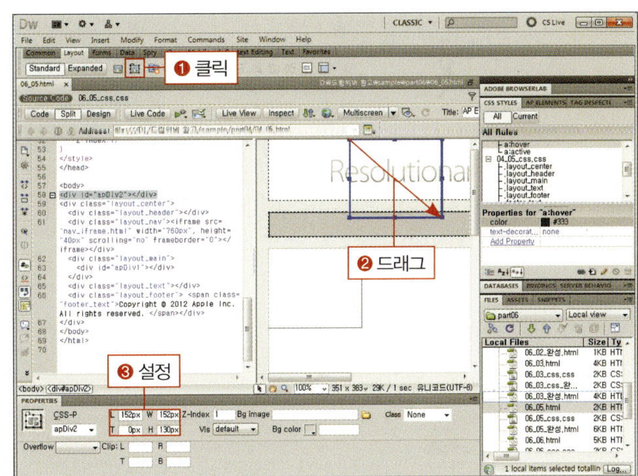

꼭! 알고 가세요 **절대 경로와 상대 경로**

HTML 문서에서 이미지를 불러오면 '<img src="이미지 위치">'처럼 이미지 관련 태그가 적용됩니다. 이때 'src'는 'source'의 단축어로, 경로이며 개념이 발생합니다. 해당 이미지의 위치를 지정할 때 현재 페이지가 기준인 절대 경로와 루트가 기준인 상대 경로가 있습니다. 대부분 상대 경로를 이용하여 작업합니다.

웹 사이트를 제작할 때 절대 경로를 이용하면 주소의 길이가 불필요하게 길어지며 외부의 특정 이미지를 불러오는 경우가 아니라면 주소를 길게 지정하는 것만으로도 용량이 커집니다. 또한 도메인을 변경하거나 웹 사이트를 전체 이동할 때 일일이 경로를 수정하는 것을 방지합니다.

08 **07**번과 같은 방법으로 아래의 표를 참고하여 AP Element 영역을 만듭니다.

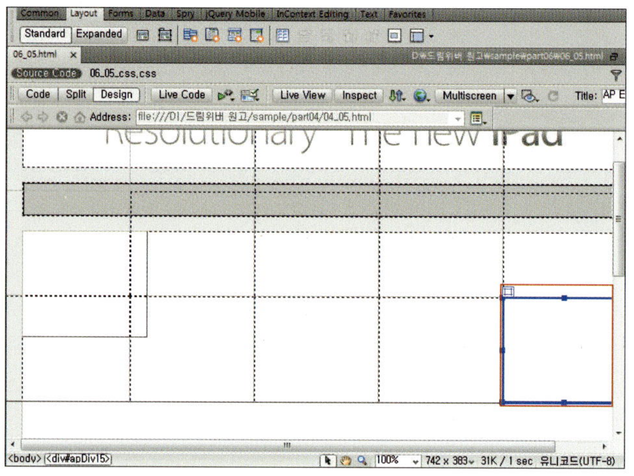

구분	apDiv1	apDiv2	apDiv3	apDiv4	apDiv5
L	0px	152px	304px	456px	608px
T	0px	0px	0px	0px	0px
W	152px	152px	152px	152px	152px
H	130px	130px	130px	130px	130px
구분	apDiv6	apDiv7	apDiv8	apDiv9	apDiv10
L	0px	152px	304px	456px	608px
T	130px	130px	130px	130px	130px
W	152px	152px	152px	152px	152px
H	130px	130px	130px	130px	130px
구분	apDiv11	apDiv12	apDiv13	apDiv14	apDiv15
L	0px	152px	304px	456px	608px
T	260px	260px	260px	260px	260px
W	152px	152px	152px	152px	152px
H	130px	130px	130px	130px	130px

09 위치를 조정하기 위해 (Split) 탭을 클릭하고, 그림과 같이 2~15번째 AP Element 영역에 해당하는 태그 부분을 드래그하여 선택한 다음 [Ctrl]+[X]를 눌러 잘라냅니다.

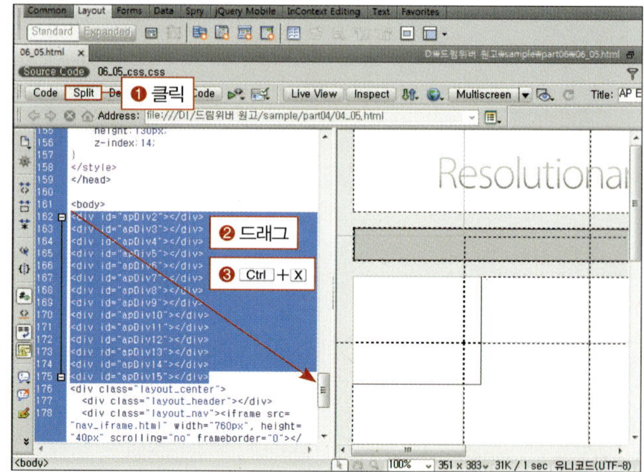

10 그림과 같이 〈div class="layout_main"〉 태그의 뒤쪽에 [Ctrl] + [V]를 눌러 원하는 위치로 모두 이동합니다.

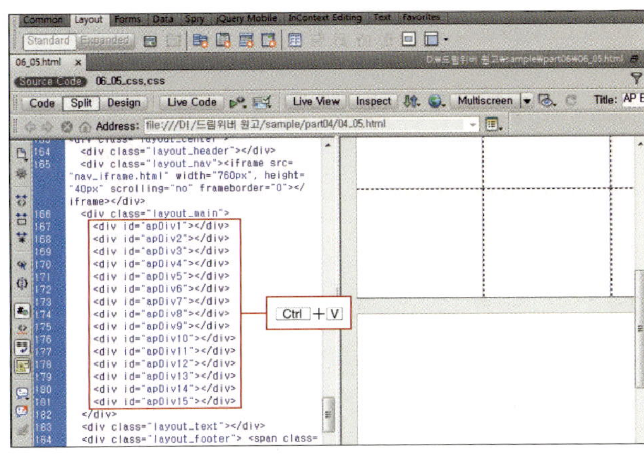

미리 설정한 위치도 이동한 Div 영역을 기준으로 적용되기 때문에 해당 이미지 부분에 정확하게 일치합니다.

11 이미지를 적용하기 위해 첫 번째 AP Element 영역을 선택하고 Insert 패널의 〔Common〕 탭을 선택한 다음 'Images' 아이콘(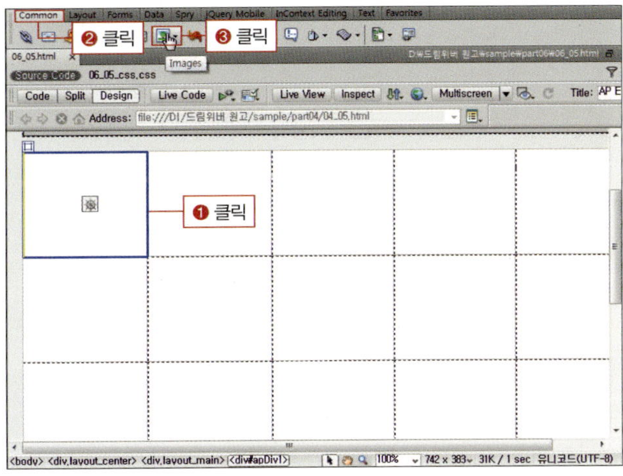)을 클릭합니다.

12 〔Select Image Source〕 대화상자가 나타나면 찾는 위치를 'Part06\images' 폴더로 설정하고 '04_021.jpg' 파일을 선택한 다음 〔OK〕 버튼을 클릭합니다.

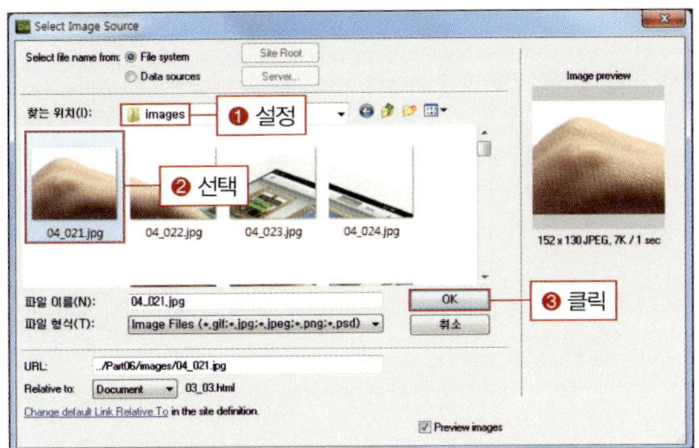

13 〔Image Tag Accessibility Attributes〕대화
상자가 나타나면 Alternate text에 'img01'을 입력
하고 〔OK〕 버튼을 클릭합니다.

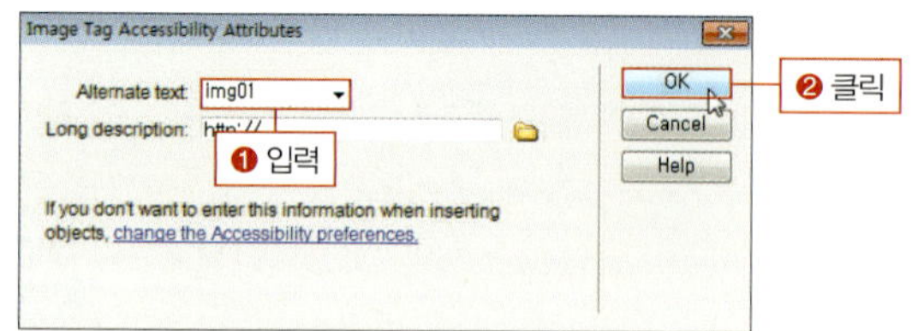

14 두 번째 AP Element 영역을 선택하고 **11~13**
번과 같은 방법으로 '04_022.jpg' 파일을 선택한 다
음 〔OK〕 버튼을 클릭합니다.

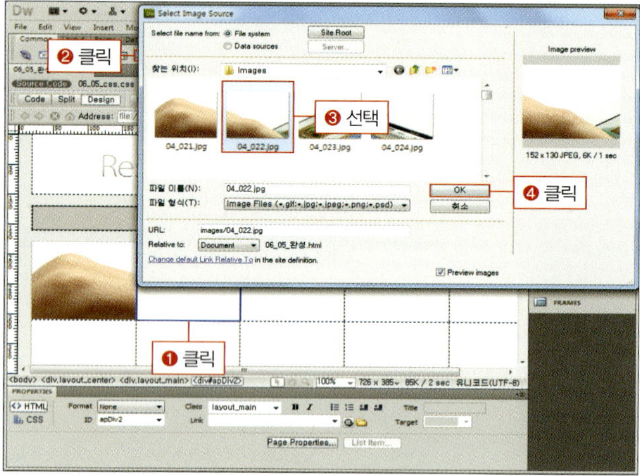

15 〔Image Tag Accessibility Attributes〕대화
상자가 나타나면 Alternate text에 'img02'를 입
력하고 〔OK〕 버튼을 클릭합니다.

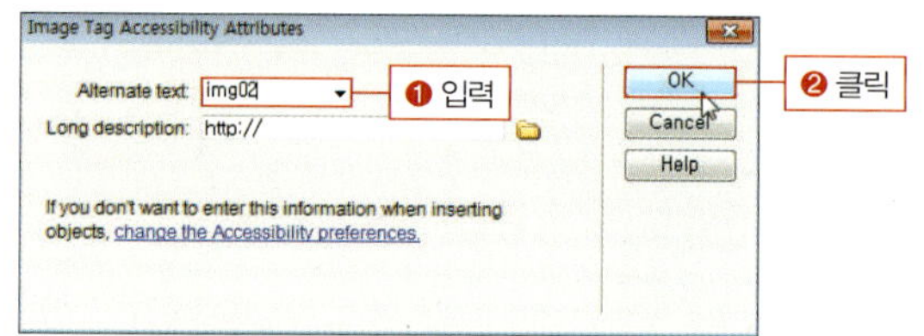

꼭! 알고 가세요 태그를 이용하여 빠르게 작업하세요

〔Code〕 탭을 클릭하고 코드 화면에서 태그를 복사한 다음
이미지 경로 및 alt를 수정하여 적용하면 조금 더 빠르게
작업할 수 있습니다.

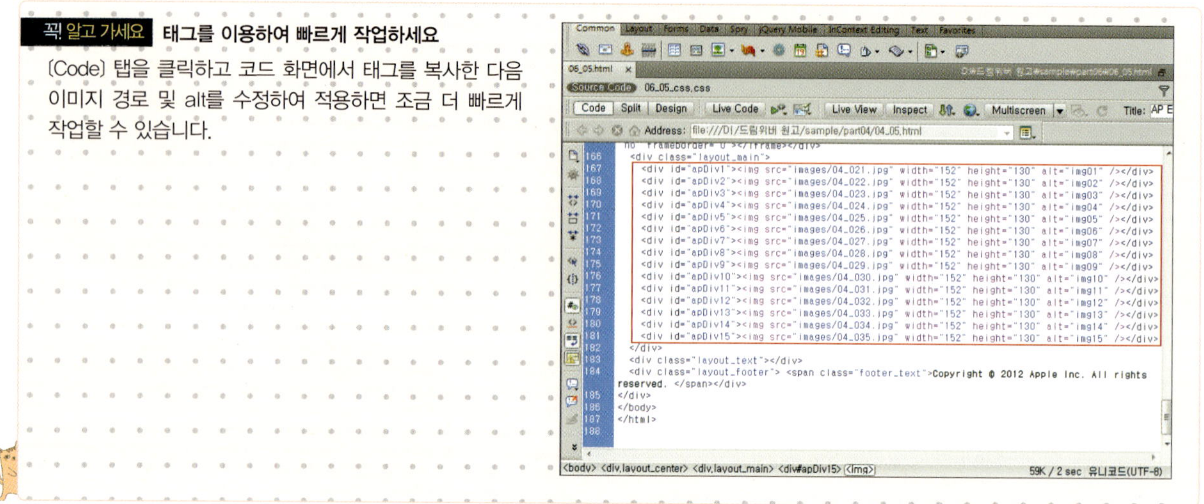

16 **11~13**번과 같은 방법으로 아래의 표를 참고
하여 이미지를 적용합니다.

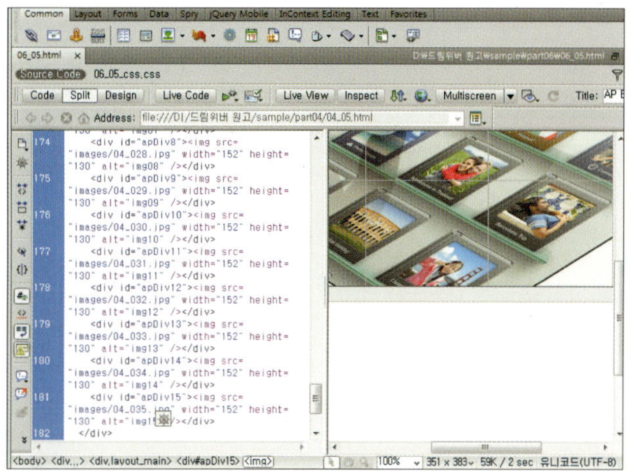

구분	apDiv1	apDiv2	apDiv3	apDiv4	apDiv5
이미지	04_021.jpg	04_022.jpg	04_023.jpg	04_024.jpg	04_025.jpg
Alternate text	img01	img02	img03	img04	img05
구분	apDiv6	apDiv7	apDiv8	apDiv9	apDiv10
이미지	04_026.jpg	04_027.jpg	04_028.jpg	04_029.jpg	04_030.jpg
Alternate text	img06	img07	img08	img09	img10
구분	apDiv11	apDiv12	apDiv13	apDiv14	apDiv15
이미지	04_031.jpg	04_032.jpg	04_033.jpg	04_034.jpg	04_035.jpg
Alternate text	img11	img12	img13	img14	img15

17 〔Design〕 탭을 클릭하여 이미지 적용이 잘
되었는지 확인합니다. AP Element 영역의 위치
가 겹친 곳이 없는지 확인합니다.

문서 설정하기

01 첫 번째 이미지를 선택하고 Tag Inspector 패널에서 〔Behaviors〕 탭을 선택합니다. 'Add Behavior' 아이콘(⊞)을 클릭하고 〔Effects〕- 〔Appear/Fade〕 메뉴를 클릭합니다.

02 그림과 같이 〔Appear/Fade〕 대화상자가 나타나면 Effect는 'Appear', Appear from은 '10%'로 설정한 다음 〔OK〕 버튼을 클릭합니다.

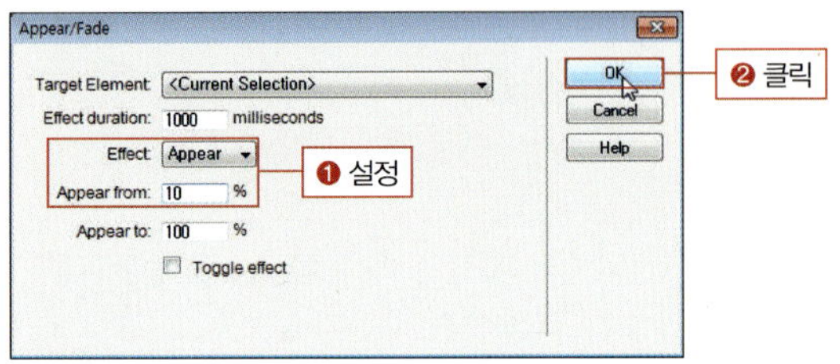

03 마우스 포인터가 이미지 위쪽으로 이동했을 때 Appear가 적용되도록 Tag Inspector 패널에서 'onClick'으로 설정된 이벤트를 'onMouseOver'로 변경합니다.

04 두 번째 이미지를 선택하고 Inspector 패널에서 〔Behaviors〕 탭의 'Add Behavior' 아이콘(+)을 클릭한 다음 〔Effect〕-〔Appear/Fade〕 메뉴를 클릭합니다.

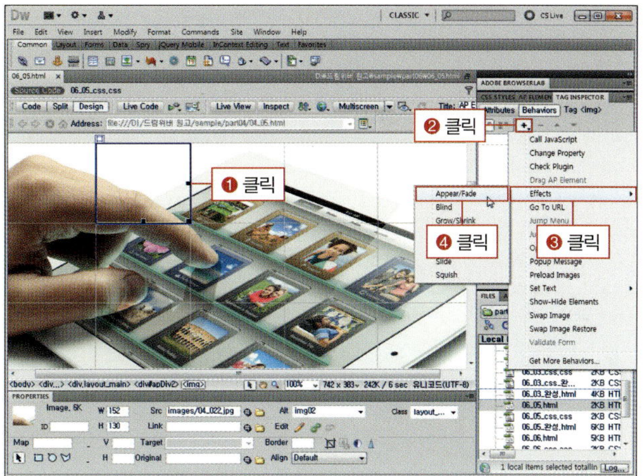

05 〔Appear/Fade〕 대화상자가 나타나면 Effect는 'Appear', Appear from은 '10%'로 설정한 다음 〔OK〕 버튼을 클릭합니다.

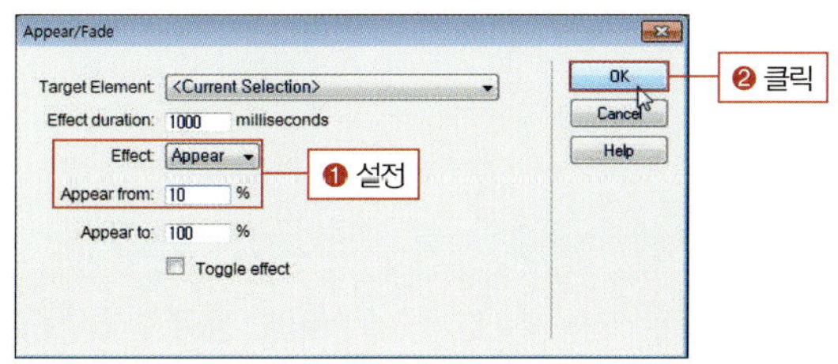

06 **03~04**번과 같은 방법으로 Appear/Fade의 작동 지점을 조정하기 위해 이벤트를 'onMouseOver'로 변경합니다.

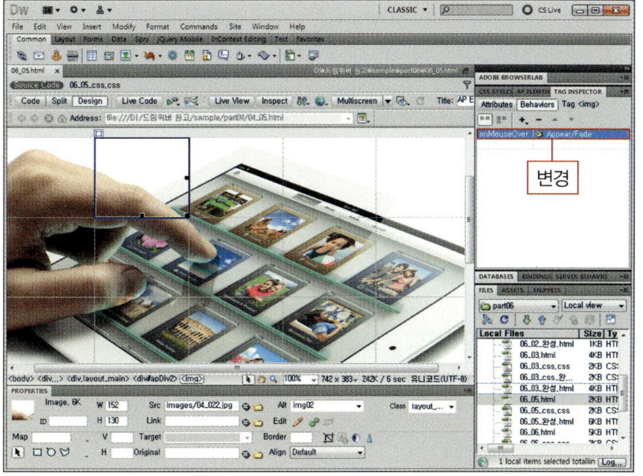

07 〔Split〕 탭을 클릭해 그림과 같이 스크립트가 적용된 것과 해당 이미지에 'onmouseover'가 포함된 태그가 적용된 것을 확인합니다.

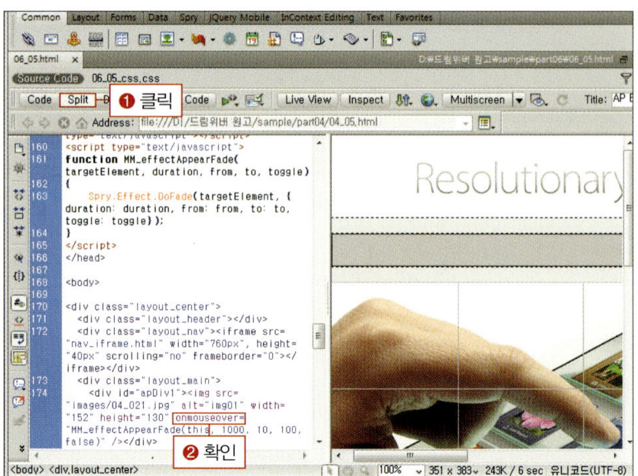

08 그림과 같이 〔Design〕 탭을 클릭한 다음 나머지 이미지에도 같은 방법으로 'Appear/Fade' 기능의 'onMouseOver' 이벤트를 적용합니다.

09 웹 브라우저에서 확인하기 위해 〔File〕-〔Preview in Browser〕-〔IExplore〕 메뉴를 클릭하거나 F12를 누릅니다.

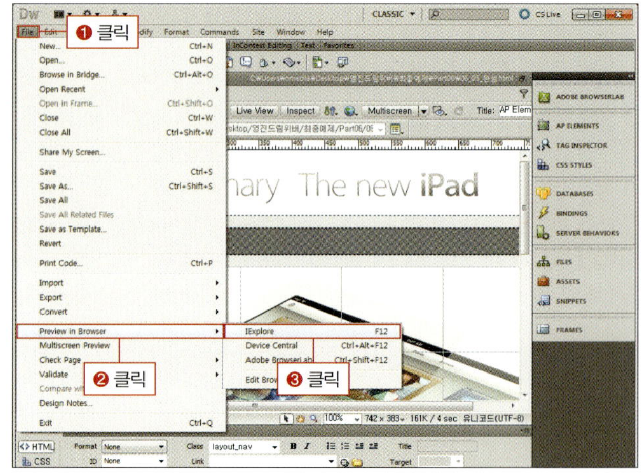

10 마우스 포인터를 이미지 위쪽으로 이동하면
이미지가 투명해졌다가 나타납니다.

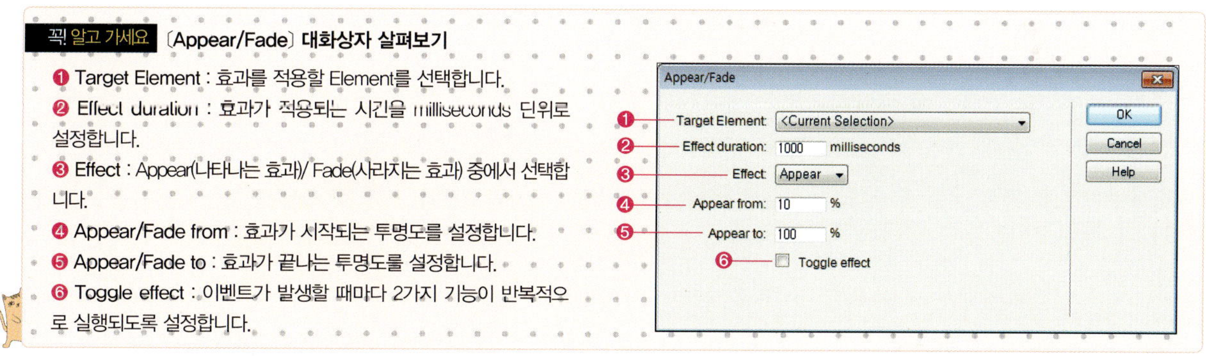

❶ Target Element : 효과를 적용할 Element를 선택합니다.

❷ Effect duration : 효과가 적용되는 시간을 milliseconds 단위로
설정합니다.

❸ Effect : Appear(나타나는 효과)/ Fade(사라지는 효과) 중에서 선택합
니다.

❹ Appear/Fade from : 효과가 시작되는 투명도를 설정합니다.

❺ Appear/Fade to : 효과가 끝나는 투명도를 설정합니다.

❻ Toggle effect : 이벤트가 발생할 때마다 2가지 기능이 반복적으
로 실행되도록 설정합니다.

AP Element로 퍼즐 효과 만들기

05 Lesson

AP Element를 응용하여 간단한 퍼즐 효과를 만들어 보겠습니다. 만들어진 각 AP Element는 이동할 수 있도록 Behavior에서 Drag AP Element를 적용합니다.

> 예제 파일 : Part06\06_06.html
> 완성 파일 : Part06\06_06_완성.html

AP Element 설정하기

01 (File)-(Open) 메뉴를 클릭하거나 Ctrl +O를 눌러 'Part06' 폴더의 '06_06.html' 파일을 불러옵니다.

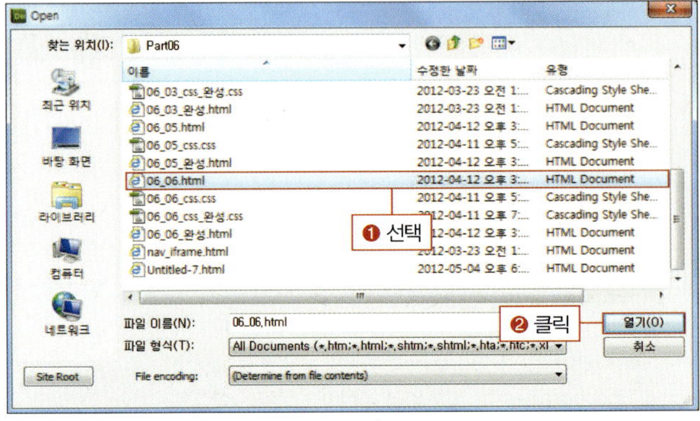

02 왼쪽 윗부분의 첫 번째 AP Element를 선택하고 Tag Inspector 패널의 (Behaviors) 탭을 선택하고 'Add Behavior' 아이콘(+)을 클릭해 (Drag AP Element) 메뉴가 비활성화된 것을 확인합니다.

퍼즐을 만들기 위해 AP Element를 움직이려면 (Drag AP Element) 메뉴가 활성화되어야 합니다.

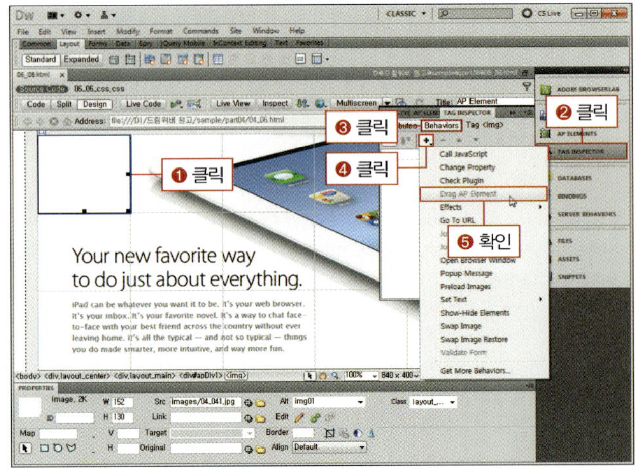

03 〔Split〕 탭을 클릭한 다음 코드 화면에서 〈body〉 태그 아래쪽을 클릭합니다. Tag Inspector 패널에서 〔Behaviors〕 탭을 선택하고 'Add Behavior' 아이콘(＋▾)을 클릭한 다음 〔Drag AP Element〕 메뉴를 클릭합니다.

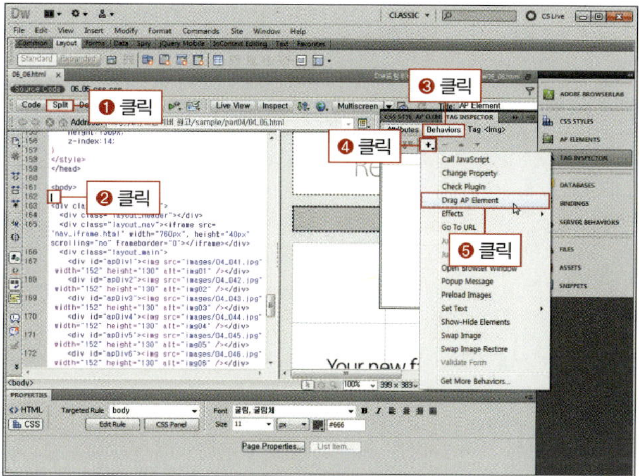

04 〔Drag AP Element〕 대화상자가 나타나면 AP Element를 'div "apDiv1"', Movement를 'Unconstrained'으로 설정합니다.

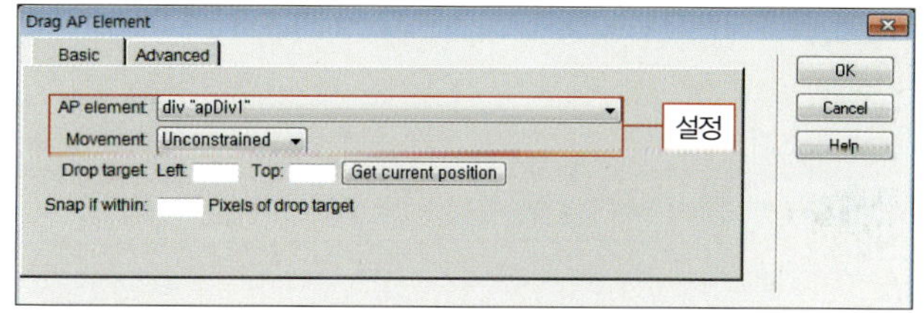

〔Basic〕 탭

❶ AP Element : 드래그할 수 있도록 AP Element를 선택합니다.

❷ Movement : AP Element의 움직임 범위를 선택합니다. 'Unconstrained'는 제한 없이 움직이는 영역을 설정할 수 있으며 'Constrained'는 제한된 영역에서 움직입니다.

❸ Drop target : 드래그하여 이동할 때 배치해야 하는 위치를 설정합니다.

❹ Get current position : 선택된 AP Element의 위치를 자동으로 Drop target의 좌표로 입력합니다.

❺ Snap it within : Drop target을 기준으로 Drop target에 자동 정렬할 수 있는 영역을 설정합니다.

〔Advanced〕 탭

❶ Drag handle : AP Element의 드래그하는 위치를 설정하며 전체 또는 지정한 범위만 드래그할 수 있도록 만듭니다.

❷ While dragging : 다른 AP Element와 겹칠 때 처리하며 자바스크립트를 호출하여 실행할 수도 있습니다.

❸ When dropped : 드래그를 마치면 실행할 자바스크립트를 설정할 수 있으며, 정확한 위치에 정렬되었을 때와 그렇지 않은 때를 설정할 수 있습니다.

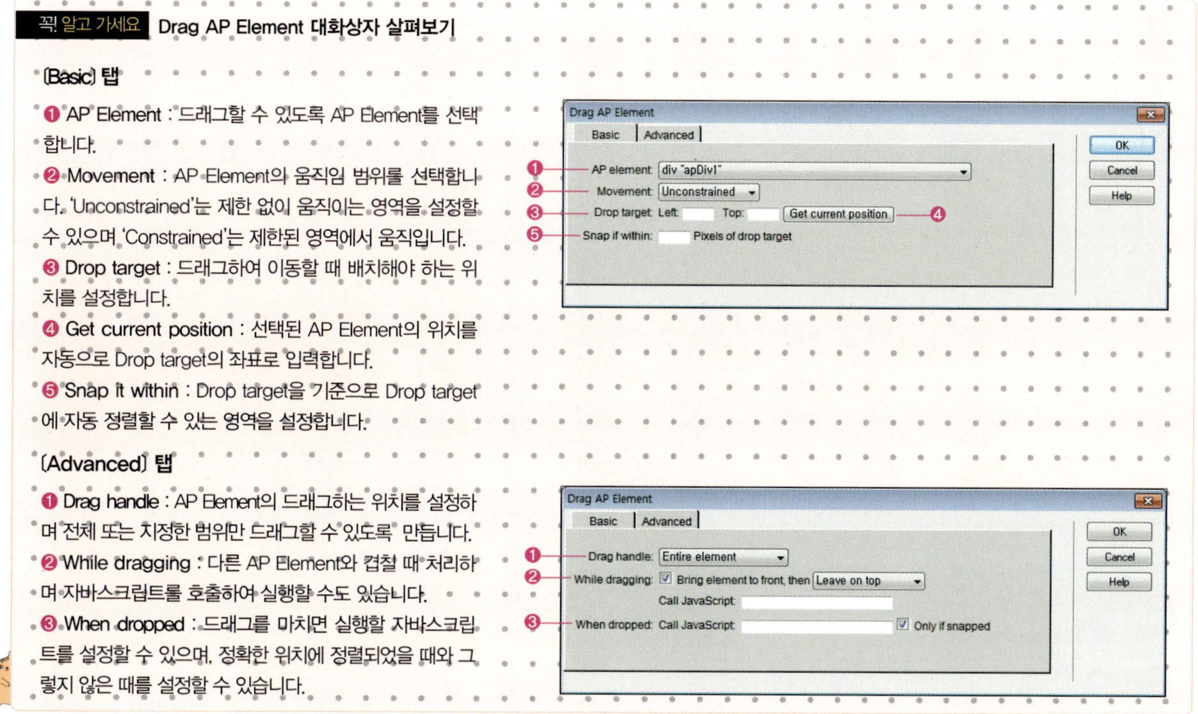

05 〔Get current position〕 버튼을 클릭하여 선택된 AP Element 영역의 위치를 설정하고 좌표를 자동으로 입력한 다음 설정이 완료되면 〔OK〕 버튼을 클릭합니다.

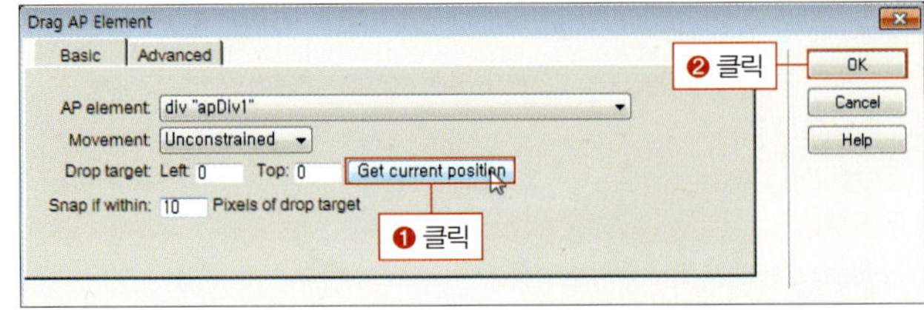

06 Tag Inspector 패널의 〔Behaviors〕 탭을 선택하면 Drag AP Element에 적용된 것을 확인할 수 있습니다. 해당 이벤트를 'onMouseDown'으로 변경합니다.

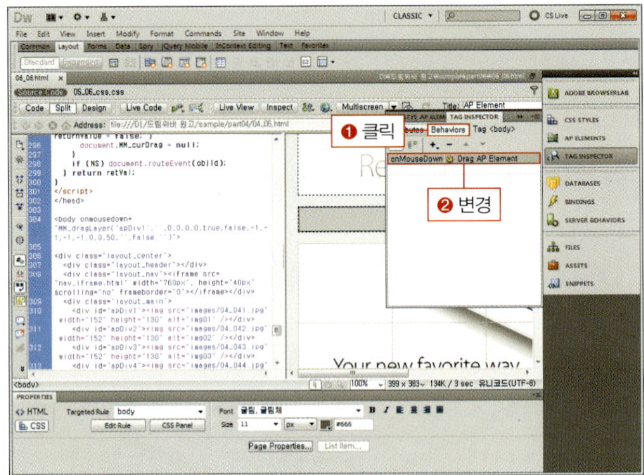

07 나머지 AP Element 영역을 이동하기 위해 Tag Inspector 패널의 〔Behaviors〕 탭을 선택합니다. 'Add Behaviors' 아이콘(   )을 클릭하고 〔Drag AP Element〕 메뉴를 클릭합니다.

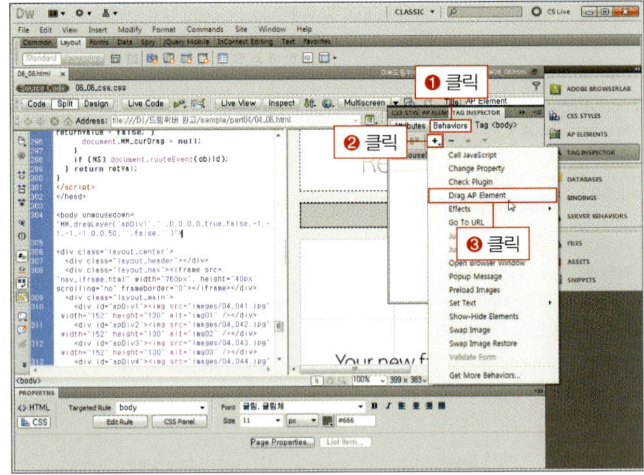

08 〔Drag AP Element〕대화상자가 나타나면 위와 같은 방법으로 AP Element를 'apDiv2'로 선택하고 〔Get current position〕 버튼을 클릭한 다음 〔OK〕 버튼을 클릭합니다.

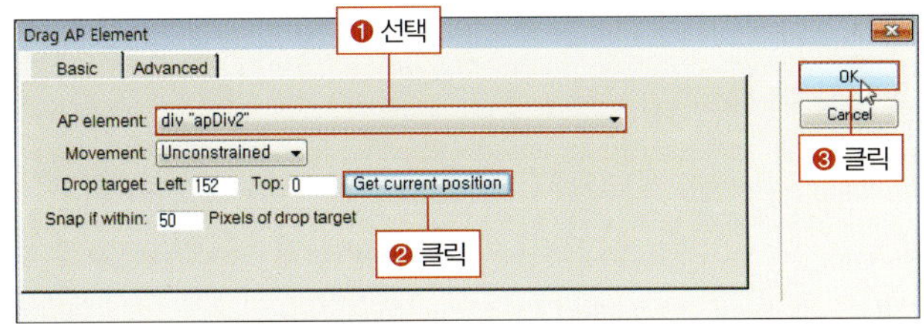

09 그림과 같이 **06**번과 같은 방법으로 이벤트를 'onMouseDown'으로 변경합니다. 나머지 AP Element 영역도 **04~07**번과 같은 방법으로 Behavior와 이벤트를 설정합니다.

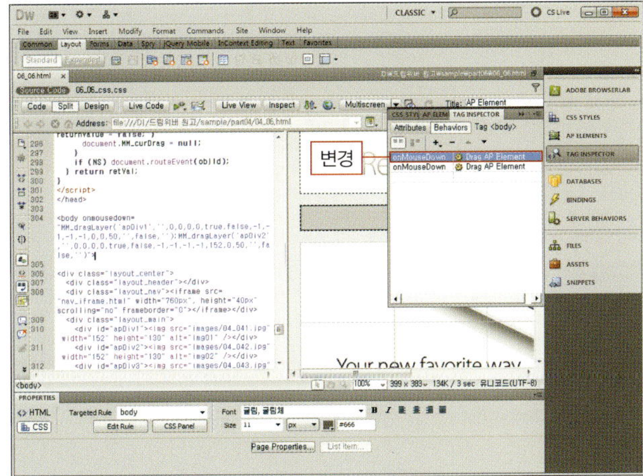

10 총 15개의 AP Element 영역에 같은 방법으로 Drag AP Element를 설정합니다.

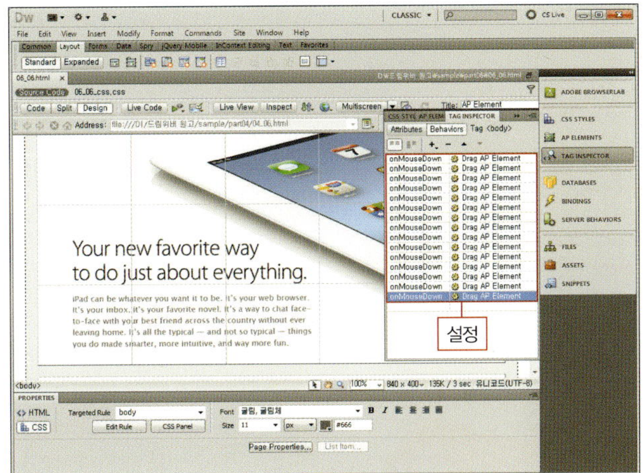

11 화면에 배치된 AP Element 영역을 자유롭게 드래그하여 배치합니다.

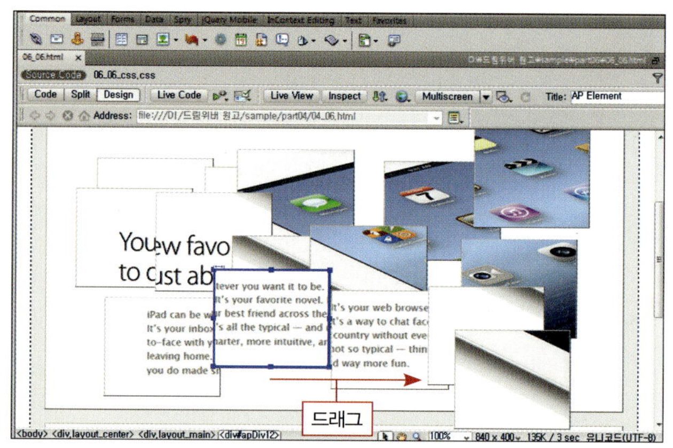

12 Div 영역에 배경을 적용하여 이미지 조각이 흐트러진 상태에서도 기본적으로 이미지가 보이도록 설정할 것입니다. 태그 선택자에서 '⟨Div.layout_main⟩' 태그를 클릭하고 Properties 패널의 Bg image에서 'Browse for File' 아이콘(📁)을 클릭합니다.

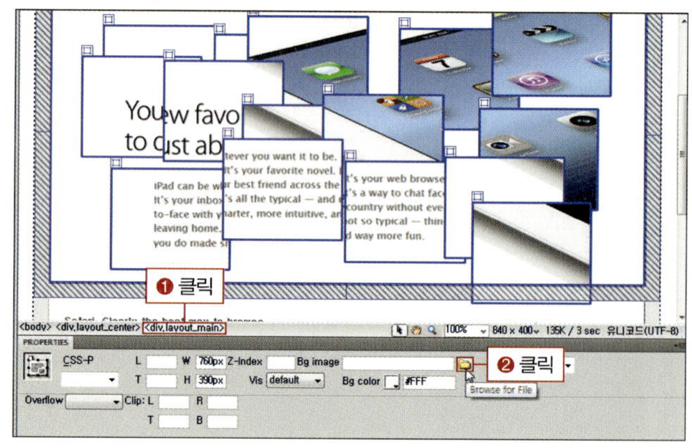

13 〔Select Image Source〕 대화상자가 나타나면 찾는 위치를 'Part06\images' 폴더로 설정하고 '04_056.jpg' 파일을 선택한 다음 〔OK〕 버튼을 클릭합니다.

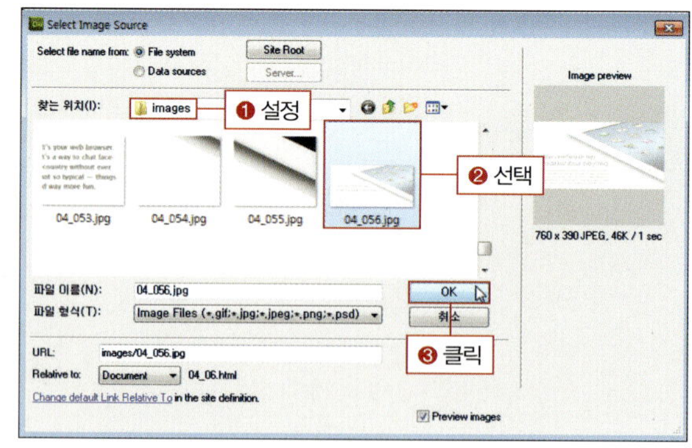

14 배경에 적용된 투명한 이미지를 확인합니다. CSS에 자동으로 적용되며 Properties 패널을 통해 이미지 경로도 확인할 수 있습니다.

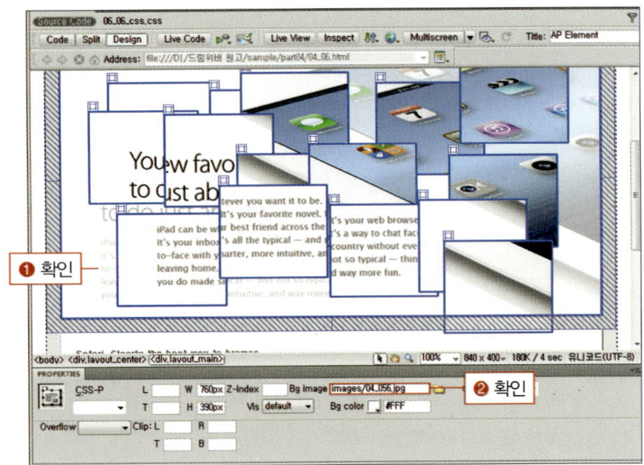

15 웹 브라우저에서 확인하기 위해 〔File〕- 〔Preview in Browser〕-〔IExplore〕 메뉴를 클릭하거나 F12를 누릅니다.

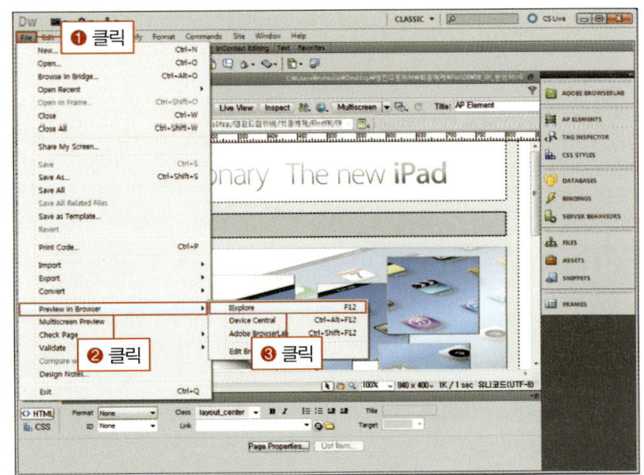

16 웹 브라우저에서 배경 이미지와 각각의 이미지가 AP Element 영역으로 배치된 것을 확인합니다. 이미지를 드래그하여 정확한 위치로 이동했을 때 자동으로 배치되는 것을 확인합니다.

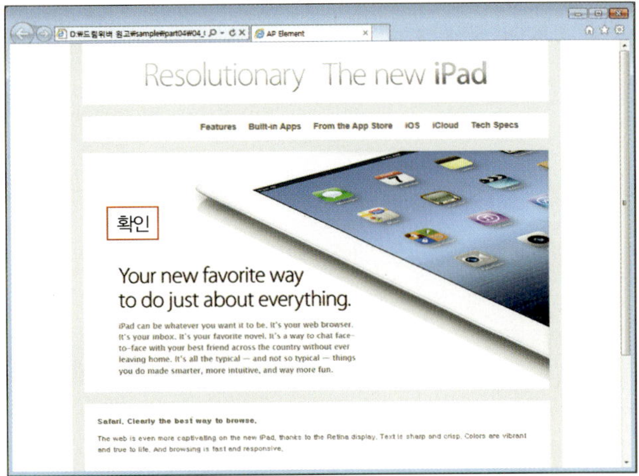

찾아보기

생각보다 쉽네요!
드림위버로 앱 만들기

1판 1쇄 발행 2012년 7월 9일

저　　자 | 이문형
발 행 인 | 김길수
발 행 처 | (주)영진닷컴
주　　소 | 서울시 금천구 가산동 664번지 대륭테크노타운 13차 10층
　　　　　(우)153–803

대표전화 | 1588–0789
대표팩스 | (02) 2105–2200

등　　록 | 2007. 4. 27. 제16–4189호

가격 **20,000원**

(부록 CD 포함)

ⓒ2012. (주)영진닷컴
ISBN | 978–89–314–4264–9

YoungJin.com **Y.**
영진닷컴